Percorsi

L'Italia attraverso la lingua e la cultura

Percorsi

L'Italia attraverso la lingua e la cultura

FRANCESCA ITALIANO

University of Southern California

IRENE MARCHEGIANI

State University of New York at Stony Brook

PEARSON
Prentice Hall

world Languages

UPPER SADDLE RIVER, NEW JERSEY 07458

Senior Acquisitions Editor: *Rachel McCoy*

Editorial Assistant: *Alexei Soma*

Editorial Coordinator/Assistant Developmental Editor: *Jennifer Murphy*

Director of Marketing: *Kristine Suárez*

Senior Marketing Manager: *Denise Miller*

Marketing Coordinator: *Bill Bliss*

Director of Editorial Development: *Julia Caballero*

Development Editor: *Barbara Lyons*

Development Editor for Assessment: *Melissa Marolla Brown*

Senior Managing Editor (Production): *Mary Rottino*

Associate Managing Editor (Production): *Janice Stangel*

Production Supervision: *Nancy Stevenson*

Media/Supplements Editor: *Meriel Martínez*

Senior Media Editor: *Samantha Alducin*

Senior Operations Supervisor: *Brian Mackey*

Operations Specialist: *Cathleen Petersen*

Interior and Cover Design: *Lisa Delgado, Delgado and Company, Inc.*

Illustrator: *Emilcomp/Comix*

Director, Image Resource Center: *Melinda Patelli*

Manager, Rights and Permissions, IRC: *Zina Arabia*

Manager, Visual Research: *Beth Brenzel*

Image Permissions Coordinator: *Kathy Gavilanes*

Photo Researcher: *Elaine Soares*

Composition/Full-Service Project Management: *Assunta Petrone, Preparé Inc.*

Publisher: *Phil Miller*

Printer/Binder: *R. R. Donnelley*

Cover Printer: *Phoenix Color Corp.*

Typeface: *12/13.5 Perpetua*

Credits and acknowledgments borrowed from other sources and reproduced, with permission, in this textbook appear on page 571.

10 9 8 7 6 5 4 3 2 1

Student Edition:
ISBN 0-13-192969-0 / 978-0-13-192969-2

Annotated Instructor's Edition:
ISBN 0-13-193790-1 / 978-0-13-193790-1

Pearson Education LTD.
Pearson Education Singapore, Pte. Ltd
Pearson Education, Canada, Ltd
Pearson Education-Japan
Pearson Education, Upper Saddle River, New Jersey

Pearson Education Australia PTY, Limited
Pearson Education North Asia Ltd
Pearson Educación de Mexico, S.A. de C.V.
Pearson Education Malaysia, Pte. Ltd

PEARSON
Prentice
Hall

Brief Contents

CAPITOLO
PRELIMINARE Tanto per cominciare 1

1 Come va, ragazzi ? 12

2 Che bella la vita da studente ! 42

3 Mi riconosci? 76

4 Giorno per giorno 106

5 Ecco la mia famiglia 140

6 Casa mia, casa mia. . . 174

7 Che hai fatto di bello? 208

8 Ti ricordi quando? 238

9 Buon divertimento! 270

10 Che ricordo splendido! 304

11 E dopo, che farai? 336

12 La vita che vorrei 368

13 Dove andiamo in vacanza? 400

14 Quante cose da fare in città! 434

15 Alla salute! 466

16 Gli italiani di oggi 498

Scope and Sequence

	Per comunicare	Percorsi
CAPITOLO PRELIMINARE **TANTO PER COMINCIARE** 1	• Pronounce and spell Italian words • Keep a conversation going	• Percorso I Italian pronunciation and spelling: the Italian alphabet 2 • Percorso II Useful expressions for keeping a conversation going 8
CAPITOLO 1 **COME VA, RAGAZZI?** 12	• Greet people and make introductions • Express dates • Count from 1 to 100 • Exchange personal information	• Percorso I Ciao, sono. . . 13 • Percorso II Le date, i giorni e i mesi 22 • Percorso III Informazioni personali 26
CAPITOLO 2 **CHE BELLA LA VITA DA STUDENTE!** 42	• Identify people and things in an Italian-language classroom • Describe campus buildings and facilities • Describe everyday activities in different locations on campus	• Percorso I In classe 43 • Percorso II L'università 50 • Percorso III Le attività a scuola 58
CAPITOLO 3 **MI RICONOSCI?** 76	• Describe people's appearance and personality • Identify and describe articles of clothing • Talk about your favorite activities	• Percorso I La descrizione delle persone 77 • Percorso II L'abbigliamento 85 • Percorso III Le attività preferite 92
CAPITOLO 4 **GIORNO PER GIORNO** 106	• Tell time • Describe your everyday activities • Talk about food and your eating habits • Describe weather conditions and seasonal activities	• Percorso I Le attività di tutti i giorni 107 • Percorso II I pasti e il cibo 116 • Percorso III Le stagioni e il tempo 122

Grammatica	Andiamo avanti!	Cultura: Lo sai che?	Attraverso . . .
• The Italian alphabet		• The Italian Language • Spelling in Italian • The Italian Peninsula	• La Penisola italiana **10**
• I pronomi soggetto • Il presente di *stare* • I numeri da 0 a 100 • Il presente di *essere*	• Ricapitoliamo **33** • Leggiamo: *Pubblicità* • Scriviamo • Guardiamo	• Social Exchanges • Greetings • Addressing People • Italian First Names • Using Titles with Names • The Italian Calendar	• Il Piemonte **38**
• Il genere dei nomi • L'articolo indeterminativo • Il presente di *avere* • Il plurale dei nomi • L'articolo determinativo • Il presente dei verbi in *-are* • Il presente di *fare*	• Ricapitoliamo **66** • Leggiamo: *Dublino* • Scriviamo • Guardiamo	• The Italian University • Bologna la Dotta	• L'Emilia-Romagna **72**
• L'aggettivo • La quantità: *dei, degli, delle* • *Bello* e *quello* • Il presente dei verbi in *-ere* e in *-ire*	• Ricapitoliamo **97** • Leggiamo: *Domina* • Scriviamo • Guardiamo	• Italian Fashion • Important Centers of Italian Fashion	• La Lombardia **102**
• Il presente dei verbi riflessivi • La quantità: *del, dello, dell', della* • Il presente di *bere* • Il presente di *andare, venire, e uscire* • Espressioni con *avere*	• Ricapitoliamo **130** • Leggiamo: *Voglio tornare alle 5* • Scriviamo • Guardiamo	• The 24-hour Clock • Business Hours • Meals in Italy • Celsius *versus* Fahrenheit	• Le Marche **136**

Scope and Sequence

	Per comunicare	Percorsi
CAPITOLO 5 ECCO LA MIA FAMIGLIA **140**	• Talk about your family and relatives • Describe family holidays and parties • Talk about household chores	• Percorso I La famiglia e i parenti **141** • Percorso II Le feste in famiglia **152** • Percorso III Le faccende di casa **159**
CAPITOLO 6 CASA MIA, CASA MIA... **174**	• Describe the rooms and furniture in your home • Talk about household furnishings and their prices • Talk about what you did at home recently	• Percorso I Le stanze e i mobili **175** • Percorso II L'arredamento della casa **182** • Percorso III Le attività in casa **190**
CAPITOLO 7 CHE HAI FATTO DI BELLO? **208**	• Discuss how you spent your free time • Talk about sports • Make plans for the weekend and other occasions	• Percorso I Le attività del tempo libero **209** • Percorso II Le attività sportive **216** • Percorso III I programmi per divertirsi **223**
CAPITOLO 8 TI RICORDI QUANDO? **238**	• Talk about your childhood • Discuss past school experiences • Describe the way things used to be and talk about changes	• Percorso I I ricordi d'infanzia e di adolescenza **239** • Percorso II I ricordi di scuola **246** • Percorso III La vita com'era **254**

Grammatica	Andiamo avanti!	Cultura: Lo sai che?	Attraverso ...
• Gli aggettivi possessivi • I pronomi possessivi • Il presente di *conoscere* e *sapere* • Il presente di *dare* e *dire* • I pronomi diretti *lo, la, li, le* • Il presente di *dovere, potere* e *volere*	• Ricapitoliamo **164** • Leggiamo: *Interviste* • Scriviamo • Guardiamo	• La famiglia italiana • Le feste in famiglia	• La Toscana **170**
• Le preposizioni • *Ci* • *Ne* • I numeri dopo 100 • Il passato prossimo con *avere* • Participi passati irregolari • L'accordo del participio passato con i pronomi di oggetto diretto	• Ricapitoliamo **198** • Leggiamo: *Case annunci* • Scriviamo • Guardiamo	• La città e le abitazioni degli italiani • L'euro • Gli italiani e la ricerca del «bello»	• Il Friuli-Venezia Giulia e la Puglia **204**
• Il passato prossimo con *essere* • Il *si* impersonale • I pronomi tonici • Interrogativi	• Ricapitoliamo **229** • Leggiamo: *Macché Vienna! Hai mai provato a pattinare? Il calcio al cinema e alla TV.* • Scriviamo • Guardiamo	• Gli italiani e il tempo libero • Il calcio e altri sport • La musica in Italia	• La Valle d'Aosta e il Trentino-Alto Adige **234**
• L'imperfetto • Espressioni negative • Gli avverbi • Gli aggettivi e i pronomi dimostrativi	• Ricapitoliamo **261** • Leggiamo: *Vestivamo alla marinara*, Susanna Agnelli • Scriviamo • Guardiamo	• La scuola in Italia • L'Italia di ieri e di oggi	• Il Lazio **266**

Scope and Sequence

	Per comunicare	Percorsi
CAPITOLO 9 BUON DIVERTIMENTO! **270**	• Talk about holidays • Describe holiday meals • Discuss food and order in a restaurant	• Percorso I Le feste e le tradizioni **271** • Percorso II I pranzi delle feste **280** • Percorso III Al ristorante **288**
CAPITOLO 10 CHE RICORDO SPLENDIDO! **304**	• Discuss important events and relationships in your life • Describe good and bad memories • Talk about unforgettable trips and vacations	• Percorso I Avvenimenti importanti **305** • Percorso II Ricordi belli e brutti **314** • Percorso III Viaggi e vacanze indimenticabili **321**
CAPITOLO 11 E DOPO, CHE FARAI? **336**	• Talk about your plans for the immediate future • Make plans on the telephone • Discuss your long-term goals	• Percorso I I progetti per i prossimi giorni **337** • Percorso II I programmi al telefono **345** • Percorso III I piani per il futuro **352**
CAPITOLO 12 LA VITA CHE VORREI **368**	• Discuss your career goals • Express hopes, dreams, and aspirations • Talk about finding a place to live	• Percorso I La scelta della carriera **369** • Percorso II Speranze e desideri **376** • Percorso III La casa ideale **383**
CAPITOLO 13 DOVE ANDIAMO IN VACANZA? **400**	• Talk about your travel plans • Discuss hotel arrangements • Describe vacation activities	• Percorso I I mezzi di trasporto **401** • Percorso II Alberghi e campeggi **410** • Percorso III Le vacanze **417**

Grammatica	Andiamo avanti!	Cultura: Lo sai che?	Attraverso . . .
• I pronomi di oggetto diretto • I pronomi di oggetto indiretto • Il partitivo • L'imperativo • Il verbo *piacere*	• Ricapitoliamo **295** • Leggiamo: *Perché non possiamo fare a meno del Natale.* • Scriviamo • Guardiamo	• Le feste, le tradizioni e le sagre • Carnevale e la commedia dell'arte • I ristoranti in Italia	• L'Umbria **300**
• L'imperfetto e il passato prossimo • Azioni reciproche • I pronomi relativi *che* e *cui* • Il trapassato prossimo	• Ricapitoliamo **327** • Leggiamo: *Così è nata la più bella voce del mondo.* • Scriviamo • Guardiamo	• La scuola e lo sport • Il turismo in Italia	• La Calabria e la Sardegna **332**
• Il futuro • Il futuro di probabilità • Il gerundio e il progressivo • *Prima di* e *dopo di* + infinito	• Ricapitoliamo **358** • Leggiamo: *La stazione spaziale*, Gianni Rodari • Scriviamo • Guardiamo	• Il telefono • L'Italia, un Paese di «mammoni»?	• La Liguria **364**
• Il condizionale presente di *dovere, potere* e *volere* • Il condizionale presente • I pronomi doppi	• Ricapitoliamo **390** • Leggiamo: *Margherita Hack, astrofisica*, Margherita Hack • Scriviamo • Guardiamo	• Le donne e il lavoro • Lotterie in Italia	• Il Veneto **396**
• I comparativi • Il superlativo relativo • Il superlativo assoluto • Aggettivi e pronomi indefiniti: un riepilogo	• Ricapitoliamo **423** • Leggiamo: *Mare*, Goffredo Parise • Scriviamo • Guardiamo	• In automobile, in treno e in autobus • Gli alberghi in Italia • Viaggi e vacanze degli italiani	• La Campania **430**

Scope and Sequence

	Per comunicare	Percorsi
CAPITOLO 14 **QUANTE COSE DA FARE IN CITTÀ!** 434	• Talk about where to shop • Give orders and instructions • Give and follow directions to get around town • Tell where to go for different services • Talk about shopping for clothes	• Percorso I Fare acquisti in città **435** • Percorso II In giro per la città **444** • Percorso III Le spese per l'abbigliamento **451**
CAPITOLO 15 **ALLA SALUTE!** 466	• Identify parts of the body and discuss issues relating to health and well-being • Describe ailments and give and follow health-related advice • Express opinions on health and environmental issues	• Percorso I Il corpo e la salute **467** • Percorso II Dal medico **473** • Percorso III L'ambiente e le nuove tecnologie **483**
CAPITOLO 16 **GLI ITALIANI DI OGGI** 498	• Discuss Italian politics and Italy's role in the European Union • Talk about contemporary Italian society • Talk about Italian people around the world	• Percorso I Il governo italiano e gli altri Paesi **499** • Percorso II I nuovi italiani **509** • Percorso III La presenza italiana nel mondo **517**

GRAMMATICAL EXPANSION: ANCORA UN PO'

A presentation of the following structures, and related exercises, is found in the Student Activities Manual.

- The past conditional
- The pluperfect subjunctive
- Conjunctions that require the subjunctive

- **If** sentences of improbability (e.g., Se fossi andato, lo avresti capito)
- Other uses of **ci** and **ne**
- Other uses of the subjunctive

Grammatica	Andiamo avanti!	Cultura: Lo sai che?	Attraverso . . .
• Il plurale di nomi e aggettivi • L'imperativo informale con i pronomi • L'imperativo formale • I verbi riflessivi con i pronomi di oggetto diretto	• Ricapitoliamo 457 • Leggiamo: *Palermo* • Scriviamo • Guardiamo	• Fare acquisti • La piazza italiana	• La Sicilia 462
• Le espressioni impersonali + l'infinito • Il congiuntivo presente • Usi del congiuntivo • Il congiuntivo presente dei verbi irregolari • Il congiuntivo passato	• Ricapitoliamo 489 • Leggiamo: *Dal medico*, Dino Buzzati • Scriviamo • Guardiamo	• L'assistenza sanitaria • Il cibo biologico	• L'Abruzzo 494
• Il congiuntivo o l'indicativo • Il congiuntivo o l'infinito • Il congiuntivo imperfetto • Il congiuntivo imperfetto (II) • Frasi con il *se* • Il congiuntivo: l'uso dei tempi • Il passato remoto	• Ricapitoliamo 527 • Leggiamo: *Wash*, Luigi Fontanella • Scriviamo • Guardiamo	• L'Italia oggi • L'Italia e l'Europa • L'immigrazione in Italia • L'emigrazione italiana nel mondo	• Il Molise e la Basilicata 534

PERCORSI: L'Italia attraverso la lingua e la cultura

Percorsi is an introductory program that promotes the acquisition of Italian language and culture through the integration of the "5 Cs" principles of the National Standards for Foreign Language Education. *Percorsi* is designed to provide beginning learners with a variety of tools to develop their communicative competence in the four major language skills—listening, speaking, reading, and writing—as they acquire familiarity with Italian culture. All of the features in *Percorsi* have been carefully thought out to support the two key aspects of the language acquisition process: language comprehension and language production.

From the start, carefully structured communicative activities based on authentic materials and texts encourage students to use Italian in everyday situations. Generous use of authentic content also offers students a chance to develop reading skills while gaining cultural awareness and understanding of Italian communities and traditions throughout the world. In addition, each chapter explicitly promotes cultural exploration through illustrated presentations that are followed by activities facilitating comprehension and highlighting cultural comparisons. Students are encouraged to analyze and compare extremely varied aspects of Italian culture while making connections to their own experiences.

Communicative activities that have real-world relevance are at the heart of the *Percorsi* program. Within culturally authentic contexts, role-plays, pair and group work provide students with numerous opportunities to interact in Italian with other learners. Authentic materials, such as advertisements, brochures, and newspaper and magazine articles, provide extensive exposure to contemporary Italian language and culture. The exercises and activities, together with the cultural presentations, are organized using the three modes of communication: Interpersonal, Interpretive, and Presentational. The communicative activities offer ample opportunity for students to practice interpersonal skills. The listening exercises, together with the numerous realia- and reading-based activities, facilitate practice in the interpretive mode. Writing tasks and strategies, along with activities in which students are asked to report to the class, provide a variety of tools for practice in the presentational mode.

Other outstanding features of the *Percorsi* program include the following:

■ **Thoughtful integration of the chapter topics, vocabulary, and functionally sequenced grammar within a rich cultural framework.** This integration is enhanced by *Percorsi*'s cyclical Scope and Sequence, which emphasizes the recycling of vocabulary and structures taught in previous chapters; students are given ample opportunity to learn the material gradually and thoroughly. The focus is on helping them to understand and speak Italian in a variety of settings with increasing accuracy and at expanding levels of sophistication. The clear and manageable grammar presentation complements this focus.

■ **Adaptability to different course structures and teaching needs.** As the title indicates, *Percorsi* is a rich, highly flexible program that provides instructors and learners with many pathways, or options. Instructors can emphasize the features most suited to their courses and students, and they can choose as well from a wide array of supplementary materials. They also have flexibility in deciding how to work with the various chapter elements. The teaching of grammar, for example, can be done inductively, through integration of grammar into the overall **Percorso** thematic content, or through more traditional work with the **Grammatica** sections. Instructors can also decide how much emphasis to give to the presentation of grammar, since much of the presentation and related practice can be assigned as homework.

■ **A concise, functionally organized grammar presentation.** *Percorsi* offers a concise, functionally organized grammar enhanced by a cyclical syllabus. New structures are introduced visually through captioned illustrations, photos, or realia at the beginning of each **Percorso**, then embodied in the **In contesto** language samples. In turn, the **Occhio alla lingua!** questions encourage students to analyze inductively or to review the **Percorso**'s linguistic input. The streamlined grammar explanations that follow present structures in the context of communicative needs.

■ **A well-developed process approach to skill development.** Students are provided with a well-thought-out framework for carrying out authentic speaking, reading, writing, and viewing tasks. Pre-reading, pre-writing, and pre-viewing activities provide advance preparation for these sections. Students are then guided as they carry out the assignment, and encouraged through appropriate follow-up. This process approach helps students gain confidence in carrying out highly varied tasks in Italian.

■ **An outstanding video filmed in Italy to accompany the textbook.** Through a series of unscripted interviews, the video introduces an engaging cast of Italian speakers who talk about high-interest topics related to each chapter, including their families, work, and leisure activities. Richly authentic cultural footage accompanies each interview segment.

■ **Rich annotations for the instructor.** Extensive annotations provide suggestions for presentation of new vocabulary and grammar, background information, and ideas for expansion and enrichment activities. The annotations also include the scripts for listening activities and answers for the exercises.

Chapter organization

Percorsi includes 16 chapters preceded by a short Capitolo preliminare, which introduces the Italian language, gives an overview of the Italian regions, and introduces basic classroom vocabulary. The individual chapters include three main components: the three **Percorso** sections, **Andiamo Avanti!** and **Attraverso. . . .** There is also an end-of-chapter **Vocabolario** section.

PERCORSO I, II, III

Each **Percorso** develops within a cultural framework an aspect of the chapter theme, presenting and practicing vocabulary essential for communicating about the topic along with related grammar structures. The three **Percorsi** include the following components:

VOCABOLARIO

Key vocabulary is presented primarily through photos, artwork, realia, and assorted language samples. The related exercises and activities reinforce new vocabulary as well as reviewing and recycling thematic vocabulary from other chapters. The vocabulary presentation is complemented by the following elements:

- **Così si dice** boxes are used to present very briefly a grammar or linguistic structure necessary for communicating about a given topic. Key grammar points appearing in **Così si dice** are subsequently treated in depth in later chapters.

- **In contesto** includes a brief conversation, recorded on the text audio CD, or a short authentic text, such as an e-mail, that draws together in an interesting, contextualized way the **Percorso**'s theme, vocabulary, and grammar structures.

- **Occhio alla lingua!** encourages students to examine the **Percorso**'s linguistic input featured in the **Vocabolario** and **In contesto** sections in order to discover inductively or to review new grammar points.

- **Lo sai che?** boxes provide illustrated cultural information relevant to the **Percorso** and encourage students to think analytically about both Italian culture and their own.

GRAMMATICA

Grammatical structures are presented concisely in English. They are enhanced by numerous examples and well-designed charts. Carefully sequenced related exercises provide practice within meaningful contexts, reinforcing the chapter theme and vocabulary. To assist students in the first four chapters, exercise directions are in English; thereafter, they are in simple Italian. Each **Percorso** includes one listening activity recorded on the audio CD that accompanies the text.

Percorsi includes the essential points of Italian grammar for a first-year course. For those who wish to provide a complete presentation of Italian grammar, a supplementary chapter is included in the Student Activities Manual. It includes topics and tenses not presented in the textbook itself.

Scambi is the wrap-up section that appears after each Percorso's **Grammatica** section. The thematically oriented **Scambi** activities have an interactive focus and encourage creative yet relevant use of new **Percorso** vocabulary and grammar structures.

ANDIAMO AVANTI!

This section, which follows the three **Percorsi**, provides in-depth exploration of the chapter theme from varied perspectives while promoting development of the four skills.

- **Ricapitoliamo** focuses on creative, mostly interactive activities that review and synthesize the chapter's thematic content, vocabulary, and grammatical structures. Often these activities involve role-playing or pair and group work so that students can practice meaningful communication in real-life situations. Many are based upon interesting visual content or realia.

- **Leggiamo**, based on an authentic, thematically appropriate reading text, takes a process approach to development of the reading skill. This section begins with a reading strategy and then guides students through pre-reading preparation, the actual reading task, including application of the strategy, and post-reading work. The post-reading activities check comprehension at different levels and encourage students to use critical-thinking skills and make inferences. In the second half of the book, many of the readings are literary selections.

- **Scriviamo** also uses a process approach, beginning with a specific strategy and related pre-writing preparation. A framework for carrying out the actual writing task is then provided, along with suggestions for appropriate follow-up. The **Scriviamo** activities give students opportunities to practice writing for diverse practical and academic purposes. The writing topics draw upon the chapter themes, vocabulary, and grammatical structures.

- **Guardiamo** guides students as they view chapter-related clips from the *Percorsi* video. Again, a process approach is used, starting with introduction of an initial comprehension strategy and pre-viewing preparation. In turn, relevant activities assist students during viewing, and follow-up work checks comprehension and encourages reflection. This approach helps students improve their listening skills, become sensitive to visual clues, including facial expressions and body language common to Italians when speaking, and develop increased cultural awareness.

ATTRAVERSO. . .

This visually rich section provides a concise regionally based overview of Italian art and architecture along with related historical, geographic, and economic information. Beautiful photos expose students to Italy's rich cultural heritage and stunning landscapes, towns, and cities. The brief introductions are in English, but starting with the first chapter, the informative photo captions are in simple Italian so that students can begin immediately to learn about Italy's regions in the target language. Related exercises and activities check comprehension and encourage students to make inferences and cross-cultural comparisons.

VOCABOLARIO

Each chapter concludes with a list of the chapter's active vocabulary that has been presented in the three **Percorsi**. This section is recorded on the text audio CD to help students master pronunciation of each word and expression.

Program Components

INSTRUCTOR RESOURCES

Annotated Instructor's Edition

This version of the textbook is a rich resource for both seasoned and novice instructors. The annotations offer detailed suggestions for presentation of new material and creative use of the exercises and activities, including options for variations and expansion. Answers for exercises and activities are also provided where appropriate.

Instructor's Resource Manual (IRM) with Testing Program

This manual provides sample syllabi and lesson plans for 2- and 3-term sequences as well as additional teaching tips. The IRM also provides the scripts for the listening comprehension activities within the Student Activities Manual and the interview video transcript.

In addition, a highly flexible testing program provides two types of tests for each chapter—one that solicits more open-ended answers, and one that elicits more discrete answers. This is available in paper and electronic formats (on the IRC, which allows instructors to customize the tests more easily), including chapter tests and comprehensive examinations that test listening, reading, and writing skills, as well as cultural knowledge.

Audio CD to Accompany the Testing Program

All aural sections are recorded for the instructor's use in a classroom or laboratory setting.

Video Program to Accompany *Percorsi* on VHS

The **Percorsi** video, filmed specifically to accompany the textbook, helps bring Italy to the classroom. Through a series of unscripted interviews, the video introduces an engaging cast of Italian speakers who converse on high-interest themes from the text. These include their families, work and leisure activities, and their experiences. Rich and authentic cultural footage accompanies each interview segment. The video is also available on DVD.

Image Resource CD

This CD contains labeled and unlabeled versions of all of the line art images from the textbook. Instructors will be able to incorporate these images into presentation slides, worksheets, and transparencies, as well as finding many other creative uses for them.

STUDENT RESOURCES

Audio CD to Accompany the Text

Each chapter's **In contesto** dialogues, listening activities, and end-of-chapter vocabulary are available on CD.

Student Activities Manual (SAM)

The Student Activities Manual provides complete coordination with the structure and approach of the **Percorsi** text and offers an ample variety of written and listening activities correlated to the topics and grammar components presented in each of the textbook chapters. The traditional workbook exercises provide meaningful practice of the vocabulary and grammar structures introduced in each chapter, as well as practice in reading comprehension and writing skills. The audio exercises are integrated within each chapter and provide listening practice based on authentic speech and real-life situations. The video activities, also integrated within each chapter, complement the activities in the **Guardiamo** section of the textbook. These exercises offer students the ability to expand their understanding of the plot of the video segments while making connections between their own lives and the lives of the characters.

Audio CDs to Accompany the Student Activities Manual

All recordings for the listening comprehension activities of the SAM are available on this program.

Answer Key to Accompany the Student Activities Manual

This provides answers to all activities in the Student Activities Manual.

Video Program to Accompany *Percorsi* on DVD

The video to accompany the program is also available on DVD with an easy-to-access transcript.

ONLINE RESOURCES

Companion Website (CW)

The Companion Website, located at www.prenhall.com/percorsi, offers a wealth of material to the student and instructor. Organized by chapter, the site offers automatically graded vocabulary and grammar practice, web-based activities for language and cultural learning, study material resources, the in-text and SAM audio programs, and other resources.

My Italian Lab

MYITALIANLAB ™ is a new online learning system created specifically for students in college-level language courses. It brings together—in one convenient, easily navigable site—a wide array of language-learning tools and resources, including an interactive version of the *Percorsi* Student Activities Manual and all materials from the *Percorsi* audio and video programs. Readiness checks and English grammar tutorials personalize instruction to meet the unique needs of individual students. Instructors can use the system to make assignments, set grading parameters, listen to student-created audio recordings, and provide feedback on student work. Instructor access is provided at no charge. Students can purchase access codes online or at their local bookstore.

Instructor's Resource Center (IRC)

The IRC located on www.prenhall.com provides instructors access to an electronic version of the printed instructor resources. This material is available electronically for downloading.

Acknowledgments

• •

We would like to express our deep appreciation to all the people at Prentice Hall who so generously devoted their time and energy to this project. We are especially grateful to Rachel McCoy, Senior Acquisitions Editor, for her unfailing enthusiam and endless efforts to make this program a success, and to

Phil Miller, Prentice Hall's Publisher for World Languages, for his continual encouragement from the very early stages. We would also like to express our thanks to Alex Soma, Editorial Assistant; Julia Caballero, Director of Editorial Development; Mary Rottino, Senior Managing Editor; Nancy Stevenson, Senior Production Editor; Meriel Martínez, Media Supplements Editor; and Samantha Alducin, Senior Media Editor, for her creativity and guidance in producing the beautiful *Percorsi* video. For the production of the video special thanks go to Jane Pittman, who embraced the project with such great enthusiasm and dedication. Special thanks go to Lynn L. Westwater for her efforts in the early stages of development, and to Barbara Lyons for her ongoing guidance and devotion—this book would never have been possible without her. We are especially grateful to Antonella Giglio for her meticulous work on the text permissions and for proofreading the final pages of *Percorsi*. A special thanks goes also to professor Charles Franco, who so thoroughly prepared the glossary.

Francesca would like to thank all her colleagues and friends at USC for their continuous support and encouragement. She would like to express her deep appreciation to Richard Collins, Alessio Filippi, Caterina Crisci, Paolo Matteucci, Sabrina Ovan, Federica Santini, Cecilia Boggio, and Cristina Villa for all their valuable comments and suggestions; and to all her USC students, to whom this book is dedicated, for their invaluable feedback on the content of *Percorsi*. Special thanks go to Dan Bayer for always being there to listen; and to her best friend, Day Jones, for always finding the time to help and advise.

Irene is particularly grateful for all her colleagues and friends in Italy, especially those whose names appear at the end of the video, who offered their time and opened their houses during the production of the video: Their generosity, imagination, and inventiveness will never be forgotten. She also wishes to express her gratitude in particular to her husband, Professor Luigi Fontanella, and her friend Tina Pelosi for their assistance, patience, and precious suggestions throughout the whole project. Irene dedicates *Percorsi* to her daughters, Arianna and Olivia, and her son-in-law, Ryan, for their love for Italy and all that is Italian.

Finally, we would like to thank the following colleagues for reviewing the manuscript and always offering valuable suggestions:

Reviewers

Karen Abbondanza de la Motte—*Belmont Abbey College*
Nadia Ceccacci—*University of Oregon*
Gary P. Cestaro—*DePaul University*
Priscilla Craven—*University of Colorado*
Giuseppe Faustini—*Skidmore College*
Marina de Fazio—*University of Kansas*
Luigi G. Ferri—*University of Central Florida, Orlando*
Fabio Girelli-Carasi—*Brooklyn College*
Lina Insana—*University of Pittsburgh*
Debra Karr—*University of Kansas*

Madeleine Kernen—*Missouri State University*
Cristina Mazzoni—*University of Vermont*
Shirley Melston—*Niagara County Community College*
Olga M. Muñiz—*Hillsdale College*
Cinzia D. Noble—*Brigham Young University*
Colleen Ryan-Scheutz—*University of Notre Dame*
Riccarda Saggese—*University of Delaware*
Barbara Spinelli—*Columbia University*
Elissa Tognozzi—*University of California, Los Angeles*
Iva Youkilis—*University of Washington in St. Louis*

Focus Group Participants

Michela di Bella—*Italian Community Center; Poway Adult Education*

Marina Bezzati—*Grant Elementary School*

Laura Bianconcini—*University of California, San Diego Extension; Italian Community Center*

Barbara Bird—*University of Wisconsin, Madison*

Francesco Bonavita—*Kean University*

Maria Bonavita—*Wagner College*

Antonello Borra—*University of Vermont*

Rossella Broglia—*Italian Community Center*

Serena Camozzo—*University of California, San Diego; Italian Community Center*

Chiara Carnelos—*University of California, San Diego; Italian Community Center*

Daniela Cavallero—*DePaul University*

Clarissa Clo—*San Diego State University*

Monica Ercolani—*University of Houston*

Patrizia Farina—*Purchase College; Western Connecticut State University*

Teresa Fiore—*California State University, Long Beach*

Luigi Fontanella—*State University of New York, Stony Brook*

Spinelli Graziella—*San Diego State University*

Beatrice Hepp—*University of San Diego*

Alexandra Hirsch—*Mesa College*

Vincenzo Melilli—*Fordham University*

Marcia Melo—*University of California, San Diego*

Frank Nuessel—*University of Louisville*

Angela Pantaleone—*Cima-SDHEC*

Cristina Pausini—*Wellesley College*

Maria Paynter—*Hunter College*

Gregory Pell—*Hofstra University*

Joseph Perricone—*Fordham University*

Luca dal Pubel—*Italian Community Center, San Diego*

Alicia Ramos—*Hunter College*

Mary Refling—*Fordham University*

Louise Rozier—*University of Arkansas*

Rosamaria Ruggeri—*San Diego State University*

Marina Schroeder—*San Diego State University*

Patricia Di Silvio—*Tufts University*

Giovanna Summerfiend—*Auburn University*

Josephine Sylvers—*San Diego State University*

Hoang Truag—*University of California, Los Angeles*

Lori Ultsch—*Hofstra University*

Pasquale Verdicchio—*University of California, San Diego*

Robin Worth—*University of Wisconsin, Madison*

Francesca Italiano   Irene Marchegiani

Tanto per cominciare

Lo sai che?

◆ The Italian Language
◆ Spelling in Italian
◆ The Italian Peninsula

La torre di Pisa

IN THIS CHAPTER YOU WILL LEARN HOW TO:
◆ **Pronounce and spell Italian words**
◆ **Keep a conversation going**

PERCORSO I   **Italian Pronunciation and Spelling:**
               The Italian Alphabet
PERCORSO II   **Useful Expressions for Keeping**
               a Conversation Going
ATTRAVERSO LA PENISOLA ITALIANA

PERCORSO I
ITALIAN PRONUNCIATION AND SPELLING: THE ITALIAN ALPHABET

"Ecco alcuni Yankee d'Italia"

LOMBARDIA
Joe Venuti (musicista)

LIGURIA
Bruce Springsteen (musicista)
Lawrence Ferlinghetti (poeta)

SARDEGNA
Franco Colombo
(culturista)

SICILIA
Frank Zappa (musicista)
Frank Sinatra (cantante)
Nick La Rocca (musicista)
Perry Como (cantante)
Tony Scott (musicista)
Chick Corea (musicista)
Frank Rosolino (musicista)
Pete Rugolo (musicista)
John Travolta (attore)
Bob Guccione (editore)
Vincenzo Impellitteri (politico)
Joe Di Maggio (sportivo)
Mario Puzo (scrittore)
Sal Mineo (attore)
Mike Bongiorno (conduttore tv)
Jake La Motta (pugile)
Francis F. Coppola (regista)

VENETO
Primo Carnera (pugile)
Mario Andretti (pilota)
Gore Vidal (scrittore)

EMILIA-ROMAGNA
Bon Jovi (musicista)
Peter Kolosimo (scrittore)

ABRUZZO
Madonna (cantante)
Quentin Tarantino (regista)
Joseph La Palombara (politologo)
Rocky Marciano (pugile)
Pascal D'Angelo (scrittore)

MOLISE
Rocky Graziano (pugile)
Don DeLillo (scrittore)
Henry Mancini (musicista)
Eddie Lang (musicista)

LAZIO
Camille Paglia (scrittrice)
Pier Angeli (attrice)

PUGLIA
Sylvester Stallone (attore)
Brian De Palma (regista)
Rodolfo Valentino (attore)
John Turturo (attore)
Jennifer Capriati (tennista)

CAMPANIA
Robert De Niro (attore)
Fiorello La Guardia (politico)
Alphonse D'Amato (politico)
Jimmy Durante (attore)
Joe Petrosino (poliziotto)
Frank Serpico (poliziotto)
Lee Iacocca (manager)
Mario Cuomo (politico)
Rudolph Giuliani (politico)
Jimmy Roselli (cantante)
Santo & Johnny (musicisti)
Geraldine Ferraro (politico)

CALABRIA
Martin Scorsese (regista)
Gregory Corso (poeta)
Vincent Minelli (regista)
Liza Minelli (attrice)
Sonny Bono (musicista-politico)
Connie Francis (cantante)
Danny De Vito (attore)
Ed McBain (scrittore)
Gay Talese (scrittore)
Timi Yuro (cantante)

P.01 Che parole italiane sai già? List the Italian words you already know in the following categories.

   a. food   **b.** desserts   **c.** music   **d.** art   **e.** other

P.02 Cosa sai dell'Italia? Do you know any Italian regions or cities? How about famous people of Italian origin?

Occhio alla lingua!

1. What do you notice about the sounds and the corresponding spelling of Italian words?
2. What do you notice about the endings of Italian words?
3. What do you notice about how vowels are pronounced?

Così si dice: **The Italian alphabet: Pronunciation**

• •

Italian is easy to pronounce because it is a phonetic language, which means that it is pronounced the way it is written. Italian and English use the Latin alphabet, but the sound of many letters differs in the two languages. Once you become familiar with the sounds of the Italian alphabet, you will have no trouble spelling Italian words and pronouncing them correctly.

    The Italian alphabet has 21 letters. In addition, the letters *j, k, w, x,* and *y* are used in words of foreign origin. Every letter in Italian is pronounced except *h*. Below is the complete alphabet and a key to pronouncing it.

 The Italian alphabet. Repeat each letter after the speaker.

a	*a*	f	*effe*	l	*elle*	p	*pi*	t	*ti*
b	*bi*	g	*gi*	m	*emme*	q	*cu*	u	*u*
c	*ci*	h	*acca*	n	*enne*	r	*erre*	v	*vu*
d	*di*	i	*i*	o	*o*	s	*esse*	z	*zeta*
e	*e*								

j (*i lunga*)   k (*kappa*)   w (*doppia vu*)   x (*ics*)   y (*i greca* or *ipsilon*)

P.03 Le regioni italiane. Look at the regional map of Italy opposite the inside front cover of this book and locate the following regions. Repeat the name of each region.

   a. Piemonte   **g.** Umbria   **o.** Basilicata

   b. Lombardia   **h.** Lazio   **p.** Calabria

   c. Veneto   **i.** Abruzzo   **q.** Sicilia

   d. Emilia-Romagna **l.** Molise   **r.** Sardegna

   e. Toscana   **m.** Campania

   f. Marche   **n.** Puglia

Lo sai che? The Italian Language

Painting of Dante Alighieri explaining the *Divine Comedy* (1465) by Domenico di Michelino, Florence, Duomo Santa Maria del Fiore.

Italian is a Romance language. Like the other Romance languages—French, Spanish, Portuguese, and Rumanian—it derives from Latin, the language of the ancient Romans.

The Italian language is based on the dialect spoken in Tuscany, and in particular in Florence. This historical development can be traced to the cultural and political importance of Florence and all of Tuscany in the 1300s. Tuscan writers such as Dante, Petrarch, and Boccaccio wrote some of their most illustrious works in the Tuscan-Florentine idiom, giving this particular dialect prominence and prestige.

The Florentine poet Dante Alighieri wrote his greatest work, *La Divina Commedia*, in his dialect. This work became the linguistic model for all writers who followed him and who chose not to write in Latin. Because of this, Dante is considered the father of the Italian language.

Italian is the official language of Italy, but it is also spoken in southern Switzerland, in parts of Croatia, and in parts of the French territories of Corsica and Savoy. In addition to standard Italian, many Italians speak the dialect of their region or city, which can differ in significant ways from the official language. In Italy, there are also a number of linguistic and ethnic minorities who still speak their own language as well as Italian.

Le vocali

Italian has five basic vowel sounds: *a, e, i, o,* and *u.* Italian vowels are always pronounced with short, clear-cut sounds; they are never glided or elongated as in English. The vowels *e* and *o* have open and closed sounds, which vary according to different words. These sounds can also change from region to region.

Repeat each vowel and the related words.

a (*father*)	data	male	sta
e (*day*)	mese	e	sera (*closed e*)
e (*pet*)	bene	neo	sei (*open e*)
i (*machine*)	libro	grazie	italiano
o (*cold*)	nome	come	giorno (*closed o*)
o (*soft*)	buono	notte	nove (*open o*)
u (*rule*)	uno	tu	lunedì

o sai che? Spelling in Italian

Italians use the names of major cities to spell their surnames. For example, to spell the last name **Boggio** they would say: **Bologna, Otranto, Genova, Genova, Imola, Otranto.**

You can use the following cities and words to spell your name in Italian.

A	Ancona	**H**	Hotel	**Q**	Quadro	Foreign letters can be expressed as:
B	Bologna	**I**	Imola	**R**	Roma	
C	Caserta	**L**	Livorno	**S**	Siena	**J** Jeans
D	Domodossola	**M**	Milano	**T**	Torino	**K** Kappa
E	Empoli	**N**	Napoli	**U**	Udine	**W** Washington
F	Firenze	**O**	Otranto	**V**	Venezia	**X** Xilofono
G	Genova	**P**	Perugia	**Z**	Zara	**Y** York

P.04 E adesso le città italiane. Now look at the three regional maps inside the back cover of this book and locate these Italian cities as you repeat their names.

a. Asti

b. Arezzo

c. Assisi

d. L'Aquila

e. Agrigento

f. Ancona

g. Ostia

h. Urbino

i. Nuoro

l. Pisa

m. Brindisi

n. Siracusa

o. Sassari

p. Marsala

q. Reggio Calabria

r. Trieste

s. Napoli

t. Cosenza

Le consonanti

Many consonants in Italian are pronounced as in English, except that they are never aspirated, that is, never pronounced with a puff of air. Only a few consonants and some consonant combinations need particular attention.

1. The consonants *c* and *g* have a hard, guttural sound, when they precede the vowels *a, o,* and *u.* The *c* is equivalent to the English *call* and the *g* to the English *go*.

   calendario   come   amico   acuto

   gatto   agosto   guida   auguri

2. The letters *c* and *g* have a soft sound when they precede the vowels *e* and *i.* The *c* is equivalent to the English *church* and the *g* to the English *gentle*.

   cena   piacere   ciao   cinese

   gennaio   gelato   giorno   oggi

3. *Ch* and *gh* have a hard, guttural sound and are pronounced like the English *c* in *cat* and the *g* in *ghost*.

chi	chiami	Michelangelo	cherubino
ghetto	luoghi	spaghetti	ghirlanda

4. *Gli* is pronounced like the English *lli* in *million*.

luglio	foglio	famiglia	ciglio

5. *Gn* is similar to the English *ny* in *canyon*.

cognome	compagna	lasagne	spagnolo

 ## Le consonanti doppie

In contrast to single consonants, double consonants are pronounced more forcefully and the sound is longer than a single consonant. Compare the sounds of the following words as you repeat them.

camino / cammino	casa / cassa
pena / penna	rosa / rossa
sete / sette	sono / sonno
speso / spesso	tuta / tutta

 ## L'accento tonico

1. Most Italian words are stressed on the next-to-the-last syllable.

studen**tes**sa	la**va**gna	ca**pi**to	par**la**re stu**dia**re

2. If the stress falls on the last vowel, there is a written accent.

citt**à**	universit**à**	nazionalit**à** caff**è**	tiramis**ù**

3. Some words, however, are stressed on the third syllable from the last and a few on the fourth syllable from the last. Only consulting a dictionary will clarify where the stress falls.

ri**pe**tere	**nu**mero	si**gni**fica	te**le**fono
abitano	te**le**fonano	di**cia**moglielo	

4. Some one-syllable words have a written accent to distinguish them from words that are spelled and pronounced the same, but have a different meaning.

e (*and*)	è (*is*)	da (*from*)	dà (*gives*)
la (*the*)	là (*there*)	li (*them*)	lì (*there*)
se (*if*)	sé (*self*)	si (*oneself*)	sì (*yes*)

Suggestion: Activity P.05 can be assigned as homework, or it can be completed in class in pairs.

P.05 Le regioni e i capoluoghi. Take turns looking at the regional map of Italy opposite the inside front cover of this book and filling in the names of the missing regions on the map on p. 2 of this chapter. Write also the name of the capital (**capoluogo**) of each region (**regione**).

P.06 Come si scrive? How would you spell your name in Italian? Look at the list on p. 5 for the names of important cities you can use.

Lo sai che? The Italian Peninsula

The Italian peninsula is easily recognizable because of its characteristic boot shape. Italy is divided into twenty regions, each one with its own capital. Rome is the capital (**capitale**) of the nation. The two major islands are Sardinia and Sicily, but there are many other smaller islands along the Italian coast: Capri, Ischia, Elba, and the Eolie Islands are among the most famous. There are also two independent states within Italy: Vatican City and the Republic of San Marino.

An aerial view of the Italian peninsula and the continent of Europe

P.07 Geografia. Take turns looking at the regional map of Italy opposite the inside front cover and completing the map on p. 2 of this chapter with the following information. Help your partner write unfamiliar words by spelling them in Italian.

1. The seas that surround Italy
2. The nation's capital
3. Two major chains of mountains
4. Two important rivers

Answers: P.07

1. Mar Ligure, Mar Tirreno, Mar Ionio, Mare Adriatico
2. Roma
3. Alpi, Appennini
4. Po, Tevere, Arno

P.08 Dove sono? Take turns locating the following cities and islands on the three maps inside the back cover of this book, and indicating in which part of Italy (**nord, centro, sud**) and/or region they can be found.

a. Mantova
b. Assisi
c. Siena
d. Parma
e. Agrigento
f. Pescara
g. Reggio Calabria
h. Pompei
i. Potenza
l. Verona
m. Sassari
n. Isole Lipari
o. Elba
p. Capri

Answers: P.08

a. nord, Lombardia
b. centro, Umbria
c. centro, Toscana
d. nord, Emilia-Romagna
e. sud, Sicilia
f. sud, Abruzzo
g. sud, Calabria
h. sud, Campania
i. sud, Puglia
l. nord, Veneto
m. Sardegna
n. sud, Sicilia
o. centro, Toscana
p. sud, Campania

P.09 Chi è? Take turns guessing who each of the following people is, finding him or her on the map on p. 2, and spelling the name in Italian. Don't forget to use the names of important Italian cities to clarify sounds and letters.

1. Veneto: uno scrittore
2. Puglia: un regista
3. Lombardia: un musicista
4. Calabria: un'attrice
5. Campania: un politico
6. Sicilia: uno sportivo
7. Liguria: un poeta
8. Emilia-Romagna: un musicista

PERCORSO II
USEFUL EXPRESSIONS FOR KEEPING A CONVERSATION GOING

 ## Per fare conversazione

Now that you have a better understanding of Italian sounds and letters, you're ready to start speaking Italian. The following expressions will help you keep a conversation going. Repeat each expression.

Non capisco.	*I don't understand.*
Non lo so.	*I don't know.*
Che significa. . .?	*What does. . .mean?*
Che vuol dire. . .?	*What does. . .mean?*
Come si dice. . .?	*How do you say. . .?*
Come si pronuncia. . .?	*How do you pronounce. . .?*
Come si scrive. . .?	*How do you write. . .?*
Ripeta, per favore.	*Please repeat. (polite)*
Ripeti, per favore.	*Please repeat. (informal)*

 ## Espressioni in classe

Learning the following expressions will help you understand your instructor's and classmates' instructions in class. Repeat each expression.

Aprite il libro, per favore.	*Open your books, please.*
Ascoltate!	*Listen!*
Bene! Benissimo!	*Good! Very good!*
Capite?	*Do you understand?*
Chiudete il libro.	*Close your books.*
Come?	*What?*
Leggete.	*Read.*
Prendete un foglio di carta.	*Get a piece of paper.*
Ripetete.	*Repeat.*
Rispondete.	*Answer.*
Scrivete.	*Write.*
Studiate.	*Study.*

P.10 Che cosa diresti tu? What would you say in the following situations?

1. You didn't hear what the teacher said.
2. You want to know what **regione** means.
3. You didn't understand something the teacher said.
4. You want to know how to say *river* in Italian.
5. You want to know how to spell **montagna** in Italian.
6. You don't know the answer to something.
7. You want to know what **mare** means.
8. You want to know how to pronounce **Alpi**.

Così si dice: **Cognates**

• •

Your understanding of Italian will be enhanced by learning to recognize and use cognates. Cognates are words that look similar in different languages and have a similar meaning. Since in both English and Italian there are many words that derive from Latin and Greek, there are many cognates, and you will be able to understand numerous Italian words by using your knowledge of English.

Can you guess what the following words mean in English?

università	città
professore	studente
espressione	attenzione
televisione	musica
vocabolario	dizionario
regione	nazione
nazionalità	calendario
matematica	biologia
automobile	ingegnere
conversazione	dottore
montagna	attore

Attraverso La penisola italiana

L'Italia e gli italiani

Gran Paradiso, Valle d'Aosta

Lago Maggiore, Lombardia

Suggestion: The *Attraverso...* reading and related work can be completed in class or assigned as homework.

The terrain of the Italian peninsula is as diverse as the many different regions that it encompasses. Traditions, customs, architecture, dialects, cuisine, and even the physical appearance of its inhabitants differ from one region to another. Each region reflects the varied historical events that over the centuries helped shape Italy as a country and gave it its unique character.

Italy became a nation-state in 1861. The various states of the peninsula and the islands of Sicily and Sardinia were united at that time under King Victor Emmanuel II,

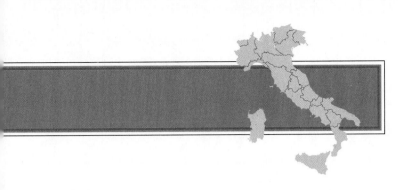

but it was only in 1870 that the final phase of unification took place. And even after more than a century and a half of unification, Italians have remained very attached to their own cities and regions. Interesting regional differences are still noticeable; this is an aspect of Italian culture that makes the country distinctive and fascinating.

Verifichiamo

P.11 Cosa sai dell'Italia? Which of the following statements are true?

1. Italy is about as large as California.
2. The Italian language varies from region to region.
3. Italy became a nation in 1920.
4. There are many beautiful beaches in Italy.
5. Sicily is its most populated region.
6. Lombardy is the largest region in Italy.
7. Italy used to be a monarchy.
8. Italy is a relatively young nation.
9. Valle d'Aosta is a region in Italy.
10. Sardinia is part of the Italian nation.
11. Italy is a relatively culturally homogeneous country.
12. Italy is a mountainous country.
13. The Italian flag is similar to the American flag.
14. Italians are very proud of their cities.

Caltagirone, Sicilia

Answers: P.11

1. T
2. T
3. F
4. T
5. F
6. F
7. T
8. T
9. T
10. T
11. F
12. T
13. F
14. T

Answers: P.12

1. Venezia, Veneto
2. Roma, Lazio

P.12 Conosci l'Italia? Which Italian cities and regions do you associate with the following scenes? Explain your answers.

1.

2.

Come va, ragazzi?

Lo sai che?

◆ **Social Exchanges**
◆ **Greetings**
◆ **Addressing People**
◆ **Italian First Names**
◆ **Using Titles with Names**
◆ **The Italian Calendar**

Giovani ragazzi in piazza

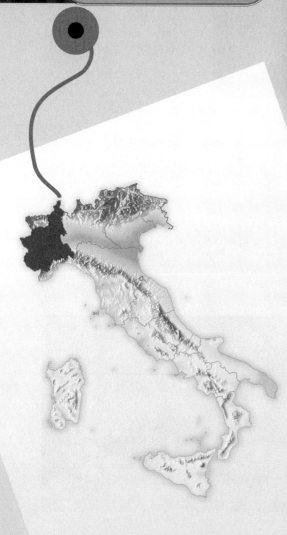

IN THIS CHAPTER YOU WILL LEARN HOW TO:
◆ **Greet people and make introductions**
◆ **Express dates**
◆ **Count from 1 to 100**
◆ **Exchange personal information**

PERCORSO I   **Ciao, sono. . .**

PERCORSO II   **Le date, i giorni e i mesi**

PERCORSO III   **Informazioni personali**

ANDIAMO AVANTI!

ATTRAVERSO IL PIEMONTE

PERCORSO I
CIAO, SONO...

Vocabolario: Buongiorno! Come ti chiami?

SIGNOR BIANCHI:	Buongiorno, Signora. Come va?
SIGNORA:	Molto bene, grazie. E Lei?
SIGNOR BIANCHI:	Bene, grazie.
SIGNORA:	Signor Bianchi, Le presento il professor Crivelli.
SIGNOR BIANCHI:	Piacere, professore. Come si chiama?
PROFESSOR CRIVELLI:	Mi chiamo Daniele, Daniele Crivelli.
SIGNORA:	Oh! È tardi. Devo andare. Arrivederci!

GIUSEPPE:	Ciao, Mariella, come stai?
MARIELLA:	Non c'è male. E tu, Giuseppe?
GIUSEPPE:	Abbastanza bene. Mariella, ti presento una mia amica.
MARIELLA:	Ciao! Come ti chiami?
TERESA:	Mi chiamo Teresa. Teresa Baldi. Buonasera, Mariella. Piacere.
GIUSEPPE:	A domani, Mariella.
MARIELLA:	Sì, a domani, Giuseppe. Teresa, a presto!
GIUSEPPE:	Ciao, a domani.
TERESA:	A presto!

I saluti

buongiorno *good morning, good afternoon*
buonasera *good afternoon, good evening, good night*
buonanotte *good night*
ciao *hi, hello, goodbye*
salve *hello*

Le presentazioni

Come ti chiami? *What's your name? (informal)*
Come si chiama Lei? *What's your name? (formal)*
Mi chiamo. . . *My name is. . .*
Sono. . . *I am. . .*
E tu? *And you? (informal)*
E Lei? *And you? (formal)*
Ti presento. . . *This is. . . (informal)*
Le presento. . . *This is. . . (formal)*
Molto lieto/a. *Delighted.*
Piacere. *Pleased to meet you.*

Chiedere alle persone come stanno

Come stai? *How are you? (informal)*
Come sta? *How are you? (formal)*
Come va? *How is it going?*
Sto. . . *I'm. . .*
   abbastanza bene *pretty well*
   bene *fine*

benissimo *very well, great*
molto bene *very well*
così così *so-so*
male *badly*
Non sto bene. *I'm not well.*
Non c'è male. *Not too bad.*
Bene, grazie, e tu? *Fine, thank you, and you? (informal)*
Bene, grazie, e Lei? *Fine, thank you, and you? (formal)*

Salutare le persone

arrivederci *goodbye (informal)*
arrivederLa *goodbye (formal)*
a domani *see you tomorrow*
a presto *see you soon*
ci vediamo *see you*
È tardi. Devo andare. *It's late. I have to go.*

Espressioni di cortesia

grazie *thank you*
prego *you are welcome*
scusa *excuse me (informal)*
scusi *excuse me (formal)*

I titoli

professor(e)/professoressa *professor*
signora *Mrs./Ms.*
signor(e) *Mr.*
signorina *Miss*

Lo sai che? Social Exchanges

In Italy it is very common to shake hands when greeting someone. Frequently, close friends and family members also kiss each other on both cheeks, and at times they may embrace.

1.1 L'intruso. Circle the word or expression that doesn't belong in each group.

1. grazie, ci vediamo, a presto
2. buongiorno, buonasera, benissimo
3. abbastanza bene, non c'è male, non sto bene
4. ciao, arrivederci, così così
5. grazie, scusa, prego
6. non sto bene, sto male, sto benissimo

7. Come ti chiami?, Come stai?, Come va?
8. Piacere, Buonanotte, Molto lieto/a
9. professore, signore, professoressa
10. Sono. . ., Mi chiamo. . ., Come va?

o sai che? Greetings

Italians tend to be formal in their social exchanges. They use **buongiorno, buonasera, buonanotte,** and **arrivederLa** or **arrivederci** with people they do not know or with whom they do not have a close relationship. **Buongiorno** is used to greet people in the morning and until late afternoon. **Buonasera** is used starting in the late afternoon or early evening until late at night. **Buonanotte** is used only when parting for the night, before going to sleep. With family members, close friends, young children, and classmates, Italians are more informal, and **Ciao!** is frequently used as a greeting, as well as to say goodbye.

Così si dice: **Saying what your name is**
● ●

To find out someone's name you can ask **Come si chiama (Lei)?** with people you don't know well, or **Come ti chiami (tu)?** with friends and classmates. To respond to this question, you can simply use your name or answer with a complete sentence: **Mi chiamo Linda.**

mi chiamo	*my name is*
ti chiami	*your name is (informal)*
si chiama	*your name is (formal)*
si chiama	*his/her name is*

Presentation: The singular forms of **chiamarsi** are taught here as lexical items. Help students with use, but keep grammatical detail to a minimum. Reflexives are explained in Capitolo 5.

1.2 Formale o informale? Indicate which of the following expressions are formal and which are informal by placing an X in the appropriate column.

	Formale	**Informale**
1. Come ti chiami?	_____	_____
2. Come sta?	_____	_____
3. E Lei?	_____	_____
4. ArrivederLa.	_____	_____
5. Scusa.	_____	_____
6. Ciao.	_____	_____
7. Come stai?	_____	_____
8. Bene, grazie, e tu?	_____	_____

Answers: 1.2

1. Informale
2. Formale
3. Formale
4. Formale
5. Informale
6. Informale
7. Informale
8. Informale

1.3 L'opposto. Give the formal equivalent of the informal expressions and the informal equivalent of the formal ones.

1. Come ti chiami?
2. Come sta Lei?
3. E tu?
4. Ciao!
5. Scusi!
6. Ti presento. . .

1.4 Come si risponde? Match each sentence in column A with the appropriate response in column B.

A
1. Come va?
2. Come ti chiami?
3. Ti presento Giuliano.
4. A domani.

B
a. Mi chiamo Roberto.
b. Non c'è male.
c. Arrivederci.
d. Piacere.

1.5 Cosa risponderesti? How would you respond to the following questions and statements?

1. Come ti chiami?
2. Ti presento Paolo.
3. Come va?
4. Come sta Lei?
5. Piacere.
6. Sono. . .

In contesto: Piacere!

Giuseppe and Chiara, two students, meet on the first day of school.

GIUSEPPE: Ciao! Come ti chiami?
CHIARA: Chiara. E tu?
GIUSEPPE: Giuseppe. Come va?
CHIARA: Bene, grazie. E tu?
GIUSEPPE: Abbastanza bene. Ti presento il mio amico, Roberto.
CHIARA: Piacere.
ROBERTO: Molto lieto. Scusa, come ti chiami?
CHIARA: Mi chiamo Chiara.

G **1.6 Presentazioni.** Rewrite the *In contesto* conversation using a formal register. Then act it out with two other classmates.

Occhio alla lingua!

1. Look at the people shown in the illustrations on p. 13. Do you think they know each other well? Why?

2. Note how old the various people seem to be and how they are dressed. Do you think they are addressing each other in a formal or informal way?

3. What do you notice about the following verb endings: **mi chiam*o*, ti chiam*i*, si chiam*a***. Can you detect a pattern?

1. When asking a question in Italian, the pitch of the voice rises at the end of the question. The subject of the verb can be placed at the end of the sentence, at the beginning, or at times immediately after the verb.

Come sta Maria?

Maria come sta?   *How is Maria?*

2. **Sì** is used to answer a question affirmatively. If the answer to a question is negative, **no** is used.

—Stai bene?   —*Are you well?*

—No. Sto così così.   —*No. I feel so-so.*

—Sta bene il signor Baldi? —*Is Mr. Baldi well?*

—Sì, sta benissimo!   —*Yes, he is very well.*

3. To make a sentence negative, **non** is used in front of the verb.

—Non state bene oggi?   —*You are not well today?*

—No. Non stiamo bene oggi. —*No, we are not well today.*

1.10 Come stai? Use the verb **stare** to ask how the following people are.

ESEMPIO: Alessandra

               Come sta Alessandra?

1. Tu   4. Francesca
2. Riccardo e Rachele   5. Tu e Paolo
3. I signori Berti   6. Roberto

Answers: 1.10

1. Come stai?
2. Come stanno Riccardo e Rachele?
3. Come stanno i signori Berti?
4. Come sta Francesca?
5. Come state tu e Paolo?
6. Come sta Roberto?

1.11 Chi sta. . .? Listen to the following greetings and indicate whether each speaker is using a formal or informal register, and whether he or she is addressing one person or more than one. Each greeting will be repeated twice.

	Formale	**Informale**	**Una persona**	**Più persone**
1.				
2.				
3.				
4.				

Have students listen to **1.11** as homework or in class.

Script for **1.11 Chi Sta. . .?**

1. Giovanni: Ciao, ragazzi! Come state?
2. Luisa: Buongiorno, come sta?
3. Paolo: Salve! Stai bene?
4. Renata: Buonasera, signori Martelli. Come state?

Answers: 1.11

1. Informale   Più persone
2. Formale   Una persona
3. Informale   Una persona
4. Formale   Più persone

1.12 Come va? Complete the following exchanges with the correct pronouns and/or the correct forms of the verb **stare**.

1. —Ciao, Giulio. Come _____?

   —_____ sto bene, ma Marco _____ piuttosto male oggi.

   Come _____ Lisa e Paolo?

   —Bene, grazie.

2. —Buongiorno, Signora. Come _____?

   —Bene, grazie. E _____?

3. —Salve, come _____ voi?

   —_____ abbastanza bene, grazie.

Answers: 1.12

1. —Ciao, Giulio. Come stai?
   —Io sto bene, ma Marco sta piuttosto male oggi. Come stanno Lisa e Paolo?
   —Bene, grazie.
2. —Buongiorno, Signora. Come sta?
   —Bene, grazie. E Lei?
3. —Salve, come state voi?
   —Stiamo abbastanza bene, grazie.

Scambi

 1.13 Formale o informale? Look at the conversations on p. 13 and list all of the words and expressions used in each of the following categories:

	Formale	**Informale**
Greetings	_____	_____
Introductions	_____	_____
Small talk	_____	_____
Saying goodbye	_____	_____

1.14 Che nome è? Can you guess the English equivalents of these Italian names?

Nomi maschili			**Nomi femminili**		
Alberto	Giuseppe	Gabriele	Anna	Ilaria	Rachele
Alfredo	Riccardo	Luigi	Chiara	Irene	Paola
Antonio	Giovanni	Michele	Daniela	Lucia	Luisa
Carlo	Gregorio	Daniele	Francesca	Maria	Stefania
Vincenzo	Giacomo	Stefano	Giulia	Giovanna	Alessandra

Lo sai che? Italian First Names

Most Italian first names end in **-o** for males and in **-a** for females: Robert**o**, Carl**o**, Renat**o**; Robert**a**, Carl**a**, Renat**a**. Some exceptions are Luc**a**, Andre**a**, and Nicol**a**, which are masculine first names.

Note that each day in the Italian Catholic calendar is dedicated to a saint. People celebrate their "name day," **l'onomastico**, as well as their birthday.

APRILE

1 sabato *s. Ugo*	**17** lunedi *dell'Angelo*
2 domenica *V di Quaresima*	**18** martedi *s. Galdino*
3 lunedi *s. Riccardo*	**19** mercoledi *s. Emma di G.*
4 martedi *s. Isidoro*	**20** giovedi *s. Adalgisa*
5 mercoledi *s. Vincenzo Ferrer* ☽	**21** venerdi *s. Anselmo v.* ☾
6 giovedi *s. Virginia*	**22** sabato *s. Leonida*
7 venerdi *s. G. Battista de La Salle*	**23** domenica *in Albis*
8 sabato *s. Dionigi*	**24** lunedi *s. Fedele da S.*
9 domenica *delle Palme*	**25** martedi *s. Marco evang.*
10 lunedi *s. Terenzio*	**26** mercoledi *s. Marcellino m.*
11 martedi *s. Stanislao*	**27** giovedi *s. Zita* ●
12 mercoledi *s. Zeno*	**28** venerdi *s. Pietro Chanel*
13 giovedi *s. Martino I* ○	**29** sabato *s. Caterina da Siena*
14 venerdi *s. Tiburzio*	**30** domenica *s. Pio V papa*
15 sabato *s. Annibale*	
16 domenica *Pasqua di Resurrezione*	

1.15 Ciao! Go around the room and introduce yourself to at least four classmates. Find out their names and how they are. Don't forget to say goodbye.

ESEMPIO: S1: Ciao! Mi chiamo. . . Come ti chiami? Come va?

S2: Mi chiamo. . . Non c'è male.

S1: Ciao, a più tardi!

S2: Ciao!

1.16 Ti presento! Take turns saying how you would introduce your classmate to the following people:

1. your best friend
2. signora Rossi
3. another classmate
4. professor Dini

1.17 Piacere! Go around the room and introduce yourself to some of your classmates, using formal expressions as if you were in a new job environment.

Lo sai che? Using Titles with Names

In Italy, women are frequently greeted with the title **signora**, as in **Buongiorno, signora**, and, at times, the last name is also used: **Buongiorno, signora Pelosi.** **Signorina** is sometimes used to greet young or unmarried women. The title **signore**, on the other hand, is generally used with a man's last name, rather than alone, and the final **-e** is dropped: **Buonasera, signor Pirelli.** To greet teachers, the titles **professore**, for males, and **professoressa**, for females, are used with or without the last name: **Buonasera, professor Dini. Buonanotte, professoressa.** The final **-e** of **professore** is dropped in front of a name.

PERCORSO II
LE DATE, I GIORNI E I MESI

Vocabolario: Che giorno è oggi? Qual è la data di oggi?

Presentation: Introduce numbers from 1–10, using your office phone number and area code. As you say what your number is, write it on the board. Have students repeat each number after you. Continue by introducing different area codes for the area where you live. Then ask individuals: **Qual è il tuo prefisso?** Write each number on the board and then have the whole class read it. Gradually ask individuals: **Qual è il tuo numero di telefono?** Write the phone numbers on the board and have the whole class read them. Then as a whole class activity, have students count from 0–5 and then from 6–10. Ask individuals to count from 1–5, from 6–10, or by twos and threes.

Suggestion: For additional practice, you may choose to have students do simple addition and subtraction problems: **Quanto fa due più due? Quanto fa quattro meno due?** Write the first few problems on the board and use gestures to introduce: **più, meno, per, diviso, fa.**

Expansion: Introduce and practice numbers from 11 to 31. Then go around the room and have students count; or, dictate numbers and write the answers on the board so that students can correct their work; or, have students write four to six numbers on a piece of paper and take turns dictating their numbers to their partner; or, do simple addition, subtraction, and multiplication problems.

Presentation: Using an Italian calendar, introduce the days of the week. Pointing to a calendar or using the one in the book, ask students: **Che giorno è oggi? È martedì?** Then model the answer: **No. Non è martedì. È giovedì.** After giving the appropriate response, continue using **domani, dopodomani,** etc., and elicit responses from students. Then write on the board the questions and the answers, and the days of the week. Have students repeat the days of the week.

Expansion: Teach dates. Ask: **Qual è la data di oggi? È il sette settembre?** Model the answer: **No. Non è il sette settembre, è l'otto settembre,** etc. Write the question and the answer on the board. Point out that the day precedes the month and that a masculine singular definite article always precedes the day. In front of a number that begins with a vowel, **l'** is used. The first day of the month is always expressed with: **il primo.**

Presentation: Teach months. Write the months on the board and have the whole class read them aloud.

OTTOBRE

lunedì	martedì	mercoledì	giovedì	venerdì	sabato	domenica
1 uno	**2** due	**3** tre	**4** quattro	**5** cinque	**6** sei	**7** sette
8 otto	**9** nove	**10** dieci	**11** undici	**12** dodici	**13** tredici	**14** quattordici
15 quindici	**16** sedici	**17** diciassette	**18** diciotto	**19** diciannove	**20** venti	**21** ventuno
22 ventidue	**23** ventitré	**24** ventiquattro	**25** venticinque	**26** ventisei	**27** ventisette	**28** ventotto
29 ventinove	**30** trenta	**31** trentuno				

La data

Che giorno è oggi?
  What day is it today?
Oggi è lunedì. *Today is Monday.*
Domani è martedì.
  Tomorrow is Tuesday.
Dopodomani è mercoledì.
  The day after tomorrow is Wednesday.
Qual è la data di oggi?
  What's today's date?
Oggi è l'otto ottobre.
  Today is October eighth.
Oggi è il primo gennaio.
  Today is January first.
Quand'è il tuo compleanno?
  When is your birthday?
Il mio compleanno è. . .
  My birthday is. . .

I mesi

gennaio *January*
febbraio *February*
marzo *March*
aprile *April*
maggio *May*
giugno *June*
luglio *July*
agosto *August*
settembre *September*
ottobre *October*
novembre *November*
dicembre *December*

Answers: 1.18

1. lunedì
2. sabato
3. domenica
4. martedì
5. giovedì
6. mercoledì

1.18 Che giorno è? Fill-in the missing vowels and say what day it is.

1. l_n_d_
2. s_b_t_
3. d_m_n_c_
4. m_rt_d_
5. g_ _v_d_
6. m_rc_l_d_

Scambi

1.24 I numeri. Write down the twelve numbers that you hear. Each will be repeated twice. Then exchange your list with a classmate and check his/her answers as you listen to the recording a second time.

a. _____   g. _____

b. _____   h. _____

c. _____   i. _____

d. _____   l. _____

e. _____   m. _____

f. _____   n. _____

1.25 Indovina che numero è! Write down eight numbers between 0 and 100. Then take turns guessing your partner's numbers. Help your partner by saying: **(molto) (un po') più alto,** *(a lot) (a little) higher;* **(molto) (un po') più basso,** *(a lot) (a little) lower.*

ESEMPIO: S1: 26
                S2: Un po' più alto.
                S1: 27
                S2: Sì. Bene!

1.26 Le feste nordamericane. Take turns saying the following holidays and giving their dates.

1. Halloween
2. San Patrizio
3. San Valentino
4. Il giorno dell'indipendenza degli Stati Uniti (*United States*)

1.27 Qual è la data di oggi? Take turns reading and writing the following dates. Then check your answers.

ESEMPIO: S1: 5/11
                S2: il cinque novembre

| 1. 6/10 | 3. 12/5 | 5. 1/12 | 7. 30/3 | 9. 8/9 |
| 2. 10/1 | 4. 11/7 | 6. 21/6 | 8. 28/2 | 10. 23/8 |

1.28 Quand'è il tuo compleanno? Find out the birthday of at least three classmates and write the dates in Italian.

ESEMPIO: S1: Quand'è il tuo compleanno?
                S2: Il 20 settembre.

1.29 Verifichiamo. Give the following information in Italian.

1. the days of the weekend
2. a summer month
3. two autumn months
4. the months you don't go to school
5. the first day of the week in Italy
6. a month with only 28 days
7. two months with 30 days
8. a month with 31 days
9. the birthday of a classmate
10. your favorite day of the week

Presentation: Start by introducing adjectives of nationality and the expression **Di dove sei?** by asking individual male and female students their nationalities and gradually providing the adjectives in the *Vocabolario*, as needed. Model the answers: **Io sono italiana. Tu sei italiano? Francese? Cinese? Di dove sei tu? E tu?** Write their responses on the board. Continue: **Lui è messicano e anche lei è messicana, ma lui no. Lui è cinese e anche lei è cinese.** Emphasize masculine and feminine forms by pointing to male and female students and saying their nationality: **Lei è americana. Lui è americano. Lei è francese e lui è irlandese,** etc.

PERCORSO III
INFORMAZIONI PERSONALI

Suggestion: For recognition only, introduce: **data di nascita, luogo di nascita, età, cittadinanza, stato civile, nubile** for women, and **celibe** for men. Explain that **coniugato/a** and **non coniugato/a** are also frequently used to indicate marital status.

Expansion: Use the drawings and the two ID cards to introduce personal information. Start with information students already know and move to new expressions. Use gestures and props to make meaning comprehensible. Ask yes/no questions or questions that require a one-word answer. **Di dov'è Roberta? Qual è il suo cognome? Quand'è il suo compleanno? Sì, è nata il 22 agosto. Dove è nata? Sì, è nata a Firenze. È di Firenze e abita anche a Firenze.**

You may choose to gradually personalize questions and to help students use the first three persons of **essere** and **abitare: Io sono di. . ., ma abito a. . . Tu di dove sei? Dove abiti? Qual è il tuo indirizzo?** etc.

Suggestion: Show students photos of famous people from different countries, name them, and ask: **Di dov'è?**

Vocabolario: Di dove sei?
Qual è il tuo numero di telefono?

Origine e nazionalità

Di dove sei (tu)? *Where are you from? (informal)*

Di dov'è (Lei)? *Where are you from? (formal)*

Sono di + città. *I am from + city.*

Sono italiano/a / americano/a. *I am Italian / American.*

Sono italo-americano/a. *I am Italian-American.*

Dove sei nato/a (tu)? *Where were you born? (informal)*

Dov'è nato/a (Lei)? *Where were you born? (formal)*

Sono nato/a a + città. *I was born in + city.*

1.34 Il formale. Complete the chart with the correct formal equivalents of the informal expressions in the left column.

Informale	Formale
Come ti chiami?	Come
E tu?	E
Di dove sei?	Di dov'
Dove abiti?	Dove
Qual è il tuo indirizzo?	Qual
E il tuo?	E
Qual è il tuo numero di telefono?	Qual
Qual è la tua e-mail?	Qual

1.35 Quali sono le domande? Complete the chart with the formal and informal questions that would elicit the responses shown.

Domanda		Risposta
Formale	**Informale**	
1.		Bene, grazie.
2.		Paolo Settembrini.
3.		Sono di Roma.
4.		Abito a Milano.
5.		Via Garibaldi, 22.
6.		02. 798566

1.36 Quale? Complete the questions with one of the following words or expressions: **quanti, di dove, qual è, dove, di dov'è, come.**

1. _____ ti chiami?

2. _____ abiti tu?

3. _____ il tuo numero di telefono?

4. _____ anni hai?

5. _____ sei?

6. _____ Paolo?

In contesto: All'Università di Torino

Two students at the University of Turin, Pablo and Maria, are getting acquainted before class.

PABLO: Maria, di dove sei? Sei italiana, vero?

MARIA: Sì. Sono di Reggio Calabria, sono nata a Reggio Calabria, ma abito a Torino. E tu, di dove sei? Dove sei nato?

PABLO: Sono nato a Madrid. Sono spagnolo.

MARIA: Dove abiti?

PABLO: Abito a New York. Senti°, Maria, mi dai° il tuo indirizzo?

MARIA: Certo! Abito in Via Mazzini, 26.

PABLO: Qual è il tuo numero di telefono?

MARIA: Il mio numero di telefono è 0347.462537.

PABLO: Hai anche l'e-mail? Qual è?

MARIA: Certo! È lmariani@yahoo.it.

PABLO: Grazie! Ciao, Maria, a domani!

Listen / give me

Expressing possession

il mio	la mia	*my*
il tuo	la tua	*your (informal)*
il Suo	la Sua	*your (formal)*
il suo	la sua	*his / her*

Suggestion: A partial paradigm of possessive adjectives is given here so students can communicate successfully; the complete paradigm appears in Capitolo 5. You may choose to model relevant use of the possessive adjectives.

Answers: 1.34

Come *si chiama Lei?*
E *Lei?*
Di dov'è *Lei?*
Dove *abita?*
Qual è *il Suo indirizzo?*
E *il Suo?*
Qual è *il Suo numero di telefono?*
Qual è *la Sua e-mail?*

Answers: 1.35

Formale	**Informale**
1. Come sta Lei?	Come stai tu?
2. Come si chiama Lei?	Come ti chiami tu?
3. Di dov'è Lei?	Di dove sei tu?
4. Dove abita Lei?	Dove abiti tu?
5. Qual è il Suo indirizzo?	Qual è il tuo indirizzo?
6. Qual è il Suo numero di telefono?	Qual è il tuo numero di telefono?

Answers: 1.36

1. Come	4. Quanti
2. Dove	5. Di dove
3. Qual è	6. Di dov'è

Suggestion: Pair students and have them practice reading the dialogue. Circulate around the room and help them with pronunciation. If time permits, ask for volunteers to read the dialogue to the class. Or, you may choose to use the dialogue as a listening comprehension activity to be covered in class or at home. You might also want to use the dialogue to emphasize the difference between: **Di dove sei?** and **Dove abiti?**

Suggestion: Partial paradigms presented in the margins are designed to help students communicate successfully and/or to preview material. Help students with meaning and use, keeping grammatical details to a minimum.

essere	
io **sono**	*I am*
tu **sei**	*you are (informal)*
Lei **è**	*you are (formal)*
lui/lei **è**	*he/she is*

abitare	
io **abito**	*I live*
tu **abiti**	*you live (informal)*
Lei **abita**	*you live (formal)*
lui/lei **abita**	*he/she lives*

avere	
io **ho**	*I have*
tu **hai**	*you have (informal)*
Lei **ha**	*you have (formal)*
lui/lei **ha**	*he/she has*

The complete conjugation of **essere** appears later in this chapter; the complete conjugations of **avere** and verbs ending in **-are** are presented in Capitolo 2.

Answers: 1.38

	Pablo	Maria
Luogo di nascita	Madrid	Reggio Calabria
Indirizzo	X	Via Mazzini, 26
Indirizzo elettronico	X	lmariani@yahoo.it
Numero di telefono	X	0347.462537
Stato civile	X	X

Suggestion: You can use the questions in *Occhio alla lingua!* to present, summarize, and/or review the usage of adjectives of nationality.

Suggestion: You may choose to keep your grammar explanations to a minimum and assign as homework *Grammatica* and the related exercises.

1.37 Tu di dove sei? Indicate which of the following statements are true (**Vero**) and which are false (**Falso**) according to the *In contesto* conversation. Correct the statements that are false.

1. Maria è di Reggio Calabria.
2. Maria non abita a Torino.
3. Pablo abita a Madrid.
4. Pablo è di New York.

Answers: 1.37
1. Vero
2. Falso
3. Falso
4. Falso

1.38 Dati personali. Complete the chart with information about Pablo and Maria. Indicate with an X if you don't have the information.

	Pablo	**Maria**
Luogo di nascita		
Indirizzo		
Indirizzo elettronico		
Numero di telefono		
Stato civile		

Occhio alla lingua!

1. Reread the *In contesto* conversation on p. 29. How can you distinguish the male speaker from the female speaker?
2. What words do you notice that are not capitalized in Italian but would be capitalized in English?

𝒢rammatica

●●

Il presente di *essere*

The verb **essere** (*to be*) is an irregular verb; it is used to identify and describe people, places, and things. It is also used with **di** to indicate place of origin.

—Chi è?	—*Who is that?*
—È Giovanni.	—*It's Giovanni.*
—Sono professore d'italiano.	—*I am a professor of Italian.*
—Sei studente?	—*Are you a student?*
—Di dove siete?	—*Where are you from?*
—Siamo di Cosenza.	—*We're from Cosenza.*
—Che cos'è?	—*What is it?*
—È un passaporto.	—*It's a passport.*

essere	
Singolare	**Plurale**
io **sono** *I am*	noi **siamo** *we are*
tu **sei** *you are (informal)*	voi **siete** *you are (informal)*
Lei **è** *you are (formal)*	Loro **sono** *you are (formal)*
lui/lei **è** *he/she is*	loro **sono** *they are*

1.39 Chi sono? Identify the following people's nationality and profession by completing the sentences with the appropriate form of **essere**.

1. Paola _____ studentessa.
2. Noriko _____ giapponese.
3. Io e Paolo _____ studenti.
4. Lei _____ professoressa.
5. Pablo _____ spagnolo.
6. Il signor Martelli _____ professore.
7. Sara e Linda _____ studentesse.
8. Tu e Juan _____ messicani.
9. Pierre e Paul _____ francesi.
10. Tu e Roberto _____ italiani.

Answers: 1.39
1. è
2. è
3. siamo
4. è
5. è
6. è
7. sono
8. siete
9. sono
10. siete

1.40 Di dove sono? Take turns asking and telling where the following people are from.

ESEMPIO: il professor Rossini / Firenze
S1: Di dov'è il professor Rossini?
S2: Il professor Rossini è di Firenze.

1. il professor Rosati / Roma
2. Rosalba / Palermo
3. io e Giuseppe / Napoli
4. Laura e Filippo / Torino
5. io / Napoli
6. tu e Paolo / Milano

Answers: 1.40
1. Di dov'è il professor Rosati? Il professor Rosati è di Roma.
2. Di dov'è Rosalba? Rosalba è di Palermo.
3. Di dove siamo noi? Io e Giuseppe siamo di Napoli.
4. Di dove sono Laura e Filippo? Laura e Filippo sono di Torino.
5. Di dove sono io? Io sono di Napoli.
6. Di dove siete tu e Paolo? Tu e Paolo siete di Milano.

1.41 Chi sono? Complete the exchanges with the correct form of **essere**.

1. —Gianni, di dove _____?
   — _____ di Roma.
2. —Carlo e Mario, _____ italiani?
   —Sì, _____ di Napoli.
3. —Signora, Lei _____ francese?
   —Sì, _____ di Grenoble.
4. —Paolo, dove _____ Giuseppe e Luigi?
   —Giuseppe _____ a casa e Luigi _____ a scuola.

Answers: 1.41
1. sei, Sono
2. siete, siamo
3. è, sono
4. sono, è, è

Scambi

1.42 Chi è? Answer the following questions, using the information from the identification cards on p. 26.

1. Come si chiama la studentessa?
2. Dove abita?
3. Dov'è nata?
4. Qual è il suo indirizzo?
5. È americana?
6. Chi abita a Milano?
7. Qual è l'indirizzo di Mario Cioni?
8. Qual è la professione di Mario Cioni?
9. Quanti anni ha Mario Cioni?

Answers: 1.42
1. La studentessa si chiama Roberta Marcolini.
2. Abita a Firenze.
3. È nata a Firenze.
4. Via dei Serragli, 23.
5. No, è italiana.
6. Mario Cioni abita a Milano.
7. Via Bardelli, 49.
8. Mario Cioni è professore.
9. *Answers will vary.*

1.43 Sai di dove sono *(Do you know where they are from)*? Write down the names of four famous people from different countries. Then find out if your partner knows the nationality of each person on your list.

ESEMPIO: S1: Di dov'è Romano Prodi?
              S2: È italiano.

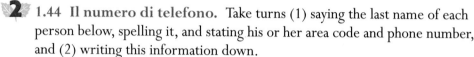

Così si dice: **Italian phone numbers**

Italian phone numbers and area codes can vary in length. The **prefisso** can consist of two, three, or four digits. The **prefisso** is usually stated in single digits and the phone number two digits at a time.

1.44 Il numero di telefono. Take turns (1) saying the last name of each person below, spelling it, and stating his or her area code and phone number, and (2) writing this information down.

Baldi, Piero	06.4392567	Damiani, Filippo	055.2104976
Burci, Daniela	02.4832531	Manfredi, Nicola	070.3459810
Corsi, Lucia	0966.7618902	Nunzi, Andrea	0963.3247610

1.45 Quale numero? You are vacationing in Rome. Take turns saying which telephone number you would call in the following situations.

Numeri di telefono	
Ospedale S. Giovanni di Dio	06.4936572
Farmacia Comunale	06.9356721
Aeroporto Leonardo da Vinci	06.3457698
Dottor Roberto Baldi, Dentista	06.9873000
Teatro «La Pergola»	06.3210567
Cinema Odeon	06.4670033
Università degli Studi	06.7659234
Fotografia «Superottica»	06.2235567

1. You need to buy some medicine.
2. You want to see a play.
3. You want to go to the movies.
4. You have a toothache.
5. You need to know a teacher's telephone number.
6. You need to have your picture taken for your new passport.
7. You want to talk to a friend who is in the hospital.
8. You need to find out a flight schedule.

1.46 Chi è? Write in Italian all the personal information you remember about a classmate. Then read your list to the class and see who can guess his or her name.

1.47 Dati personali. Signora Rossini is applying for a passport. A clerk is asking her for information about herself. As you listen, complete the chart with information about signora Rossini. The conversation will be repeated twice.

Nome: _____   Cognome: _____

Luogo di nascita: _____   Data di nascita: _____

Indirizzo: _____   C.A.P.: _____

Prefisso: _____   Numero di telefono: _____

Stato civile: _____

Prima di guardare

1.62 In the video clip that you are about to see, several people introduce themselves briefly.

1. List the kinds of information they are likely to give.

2. Now write down appropriate Italian expressions that you have learned for presenting these kinds of information.

Mentre guardi

1.63 Answer these questions as you view the video clip.

Indica chi. . .

1. ha 28 anni: _____

2. è di Pisa: _____

3. abita a Roma: _____

4. è nato/a a Firenze: _____

5. è sposato/a: _____

6. ha 21 anni: _____

7. ha 23 anni: _____

Dopo aver guardato

1.64 Now answer the following questions.

1. Match people's photos on the left with the correct information about them by filling in their names in the spaces provided.

Felicita

Dejan

Vittorio

Emma

Plinio

a. _____ fa lo scrittore

b. _____ fa l'avvocato

c. _____ studia filosofia all'università

d. _____ studia al liceo

e. _____ è professoressa al liceo

2. How do people introduce themselves? Which words and expressions did you recognize?

3. With which of the people you have met can you most closely identify? Which people would you most like to meet at a party and get acquainted with? Why?

Suggestion: Remind students that people in the video segment will use some vocabulary they have learned in this chapter. If you wish, quickly review the vocabulary for telling one's name, where one is from, how old one is, and what one's occupation is.

Suggestion: Since this is students' first experience with the video, you may want to work together through the previewing section—or even all three sections. However, if class time is limited, this section can be assigned as homework.

Answers: 1.63

1. Dejan
2. Chiara
3. Fabrizio
4. Ilaria
5. Felicita
6. Laura
7. Gaia

Answers: 1.64

1. a. Plinio; b. Vittorio; c. Dejan; d. Emma; e. Felicita
2. *Answers will vary.*
3. *Answers will vary.*

Suggestion: Ask students if they recognize any of the cities and/or structures they have seen.

Attraverso Il Piemonte

Suggestion: These cultural readings can be covered in class or assigned as homework. Remind students that they don't have to understand every word to understand the general concepts. Encourage students to use visual clues, cognates, and key words to get meaning.

Suggestion: Before presenting and/or assigning the Piedmont region, refer students to the maps inside the front cover, and briefly review the geographical information covered in Capitolo preliminare. Ask: **Dov'è l'Italia? È un'isola o una penisola? Sì, è una penisola. Ha la forma di uno stivale, vero? Come si chiamano le nazioni al nord d'Italia? Qual è la capitale dell'Italia? Dov'è? Nel nord, nel centro o nel sud? Come si chiamano i mari che circondano l'Italia? E le due catene di montagne? Dove sono? Come si chiamano i fiumi importanti? Dove sono? Come si chiamano le due grandi isole? Dove sono? Ci sono anche piccole isole. Come si chiamano?**

Presentation: Using the map of northern Italy at the back of the book, gradually introduce information about the Piedmont region. Use gestures, yes/no questions, or questions that require a one-word answer: **Il Piemonte è una grande regione nel nord-ovest dell'Italia. Cosa c'è al nord del Piemonte? Come si chiamano le regioni che circondano il Piemonte? Qual è il capoluogo del Piemonte? Come si chiamano le altre città importanti?**

*P*iedmont, or **"al piè dei monti"** (*at the foot of the mountains*), is located just south of the Alps. Because of its proximity to the border, Piedmont has been influenced by many different cultures, especially that of France. After World War II, a wave of migrants from all over Italy, and particularly the southern agricultural regions, flocked to Piedmont in search of better working conditions and helped it become one of the most important centers of the Italian economy. Today it is one of the regions with the largest number of foreign migrants.

Piedmont, a fertile region, is also renowned for its unique agricultural products.

Panorama di Torino, con la Mole Antonelliana. Torino è il capoluogo del Piemonte. La Mole Antonelliana è considerata il simbolo della città. Costruita nel 1863 dall'architetto Alessandro Antonelli, è alta 167 metri. Nel 2006 a Torino si sono tenuti i Giochi Olimpici Invernali.

Il Lingotto, a Torino. L'ex stabilimento (*plant*) industriale della Fiat (**F**abbrica **I**taliana **A**utomobili **T**orino) oggi è una struttura multifunzionale con hotel, negozi, uffici, centro conferenze e spazi per esposizioni. È famoso per la sua pista per le prove automobilistiche sul tetto (*rooftop test track*). Gli Agnelli, i proprietari della Fiat, sono una delle famiglie più ricche d'Italia. Possiedono anche l'Alfa Romeo, la Ferrari e altre aziende automobilistiche. Gli Agnelli sono anche i proprietari della Juventus, una famosa squadra di calcio (*soccer team*).

PERCORSO I
IN CLASSE

𝒱ocabolario: Cosa c'è in classe?

Un'aula

una luce
un calendario
un quaderno
una carta geografica
una lavagna
un orologio
una porta
uno studente
un gesso
una finestra
una sedia
una studentessa
un cancellino
un computer
uno zaino
una professoressa
una cattedra
un libro
un cestino
un banco
una calcolatrice
una matita un foglio di carta una penna

Gli oggetti in classe

un'agenda *appointment book*
una borsa *handbag*
un dizionario *dictionary*
un giornale *newspaper*
una gomma *eraser*
uno schermo *screen*
un televisore *television*

Le persone

un amico/un'amica *friend*
un compagno/una compagna
    classmate
una donna *woman*
un professore *male teacher, professor*
un ragazzo/una ragazza *boy/girl*
un uomo *man*

Le domande

Che cosa c'è. . .? *What is there. . .?*
Che cos'è? *What is it?*
Chi è? *Who is it?*

Presentation: Introduce new vocabulary by providing students with comprehensible input. Ask students questions such as: **Che cosa c'è in classe? C'è una porta? Sì o no? Sì!** Point out items as you respond: **Sì, ecco una porta! C'è un libro? Sì, ecco un libro!** Then pick up various items and ask: **Questo è un libro, vero? No, non è un libro; è un quaderno**, etc. Continue asking questions such as **Questo è un quaderno o uno zaino?** and have students answer **Non è uno zaino. È un quaderno.** Ask: **Dov'è una finestra? Ecco una finestra**, etc. You may wish quickly to go over the use of **ecco** and to draw students' attention to the related *Così si dice* box.

Così si dice: *Ecco*

To point out people and things, you can use **ecco**. It is equivalent to the English: *here (it) is, here (they) are; there (it) is, there (they) are*. **Dov'è uno zaino?** *Where is a backpack?* **Ecco uno zaino!** *Here (There) is a backpack!* **Ecco** is never followed by a verb, and it can be used with singular and plural nouns. **Ecco un ragazzo.** *Here (There) is a boy.* **Ecco due ragazze.** *Here (There) are two girls.*

2.1 L'intruso. Circle the word that doesn't belong in each group.

1. un computer, una calcolatrice, una finestra
2. un gesso, una penna, un cestino
3. una sedia, un banco, una borsa
4. un giornale, un libro, un orologio
5. un quaderno, una cattedra, una gomma
6. uno zaino, una lavagna, un cancellino
7. un computer, uno schermo, una luce
8. una donna, una ragazza, un uomo

2.2 Mettiamoli in ordine (*Let's put them in order*)! Organize all the words that refer to people and things in the classroom according to the following categories.

1. people
2. things you can read
3. things you use to write
4. things that don't fit in your backpack
5. things with numbers
6. things you use to do your homework
7. things you keep in your backpack

2.3 Che cos'è? Write the Italian words for six people or things in the classroom on six sticky notes. Then exchange sticky notes with a classmate and go around the room to post his/her labels where they belong.

In contesto: In classe

Marco, who has left everything at home, asks a classmate to help him out.

MARCO:	Ciao, Marisa, come va?
MARISA:	Bene, Marco. E tu?
MARCO:	Marisa, scusa, ma ho lasciato tutto° a casa. Hai un foglio da darmi°?
MARISA:	Eccolo!
MARCO:	Grazie! Ma hai anche una penna?
MARISA:	Ecco anche la penna! Ti serve nient'altro°?
MARCO:	Ma dov'è la professoressa? Non c'è?
MARISA:	Eccola! Sta arrivando°!

*I left everything
to give me*

Do you need anything else?

She is coming!

LA PROFESSORESSA: Buongiorno! Oggi guardiamo un film. C'è uno schermo?
MARCO: No, non c'è uno schermo, ma ecco il televisore.

2.4 È vero che. . . (*Is it true that. . .*)? Indicate which of the following statements are true (**Vero**) and which are false (**Falso**) according to Marco's and Marisa's conversation. Correct the false statements.

1. Lo studente si chiama Marco.

2. Marco non ha una penna.

3. Marisa non ha un foglio di carta.

4. In classe non c'è uno schermo.

Answers: 2.4
1. Vero. 2. Vero. 3. Falso. Marisa ha una penna e un foglio di carta. 4. Vero.

Occhio alla lingua!

1. What do you notice about the endings of the words in the illustration of the classroom and in the *Vocabolario* list on page 43?

2. Look at the words that refer to females. What do you notice about the endings of these words?

3. Look at the words that end in **-e**. What do you notice about them?

4. What do you think **un, uno, una**, and **un'** mean? How and when is each form used? Can you detect a pattern?

Presentation: You can use the questions in *Occhio alla lingua!* to present inductively, summarize, and/or review gender and indefinite articles.

𝒢rammatica

●●●

Il genere dei nomi

Nouns, **i nomi**, are words used to refer to people, places, objects, or ideas. In Italian, nouns have a gender (**genere**). They are masculine or feminine. Masculine nouns usually end in **-o** and feminine nouns in **-a**. Some nouns end in **-e**. These can be either masculine or feminine. Nouns that end in a consonant are usually of foreign origin and are frequently masculine.

Suggestion: You may choose to keep your grammar explanations to a minimum and assign as homework *Grammatica* and the related exercises.

Il genere dei nomi	
Maschile	**Femminile**
un amic**o**	una pen**na**
un giornal**e**	una calcolatrice
un compute**r**	

Since it is not always possible to predict the gender of nouns based on their endings, along with the noun you should always learn the article, which shows the noun's gender. Here are some additional hints to help you determine if a noun is masculine or feminine.

1. Nouns that refer to males are generally masculine, and nouns that refer to females are usually feminine.

un regista	*a male film director*	una regista	*a female film director*
un cantante	*a male singer*	una cantante	*a female singer*
un padre	*a father*	una madre	*a mother*

2. Generally, nouns ending in **–ore** are masculine and those ending in **-rice** are feminine.

un at**tore**	*an actor*	un'at**trice**	*an actress*
uno scrit**tore**	*a male writer*	una scrit**trice**	*a female writer*

3. Most nouns ending in **–ione** are feminine.

una lez**ione**	*a lesson*	una conversaz**ione**	*a conversation*
una profess**ione**	*a profession*		

4. Abbreviated nouns retain the gender of the original words from which they derive.

un'auto *f.* (automobile)	*a car*	una bici *f.* (bicicletta)	*a bicycle*
una foto *f.* (fotografia)	*a photo*	un cinema *m.* (cinematografo)	*a movie theater*

Answers: 2.5

1. maschile
2. femminile
3. maschile
4. maschile
5. femminile
6. maschile
7. maschile
8. maschile
9. femminile
10. maschile
11. femminile
12. femminile
13. femminile
14. maschile
15. maschile
16. femminile
17. femminile
18. femminile

2.5 Maschile o femminile? Indicate the gender of the following nouns.

1. film		10. direttore	
2. conversazione		11. porta	
3. orologio		12. calcolatrice	
4. computer		13. foto	
5. scrittrice		14. autobus	
6. giornale		15. cinema	
7. bar		16. bici	
8. attore		17. attrice	
9. lezione		18. madre	

L'articolo indeterminativo

The Italian indefinite article, **l'articolo indeterminativo**, corresponds to the English *a* or *an* or to the number *one* when used with a noun (as in *one book* or *one pen*). The indefinite article is used with a singular noun, which it always precedes. The gender of the noun and its first letter determine which indefinite article it will take.

L'articolo indeterminativo		
Before nouns beginning with:	**Maschile**	**Femminile**
a consonant	**un** libro	**una** matita
a vowel	**un** amico	**un'**amica
s + consonant	**uno** studente	**una** studentessa
z	**uno** zaino	**una** zebra

2.6 Che cosa c'è in classe? Identify the numbered items in the illustration. Don't forget to include the indefinite article with each.

Ⲥosì si dice: *C'è/Ci sono*

To indicate the existence of people, places, and things, you can use **c'è/ci sono**. **C'è** is used with singular nouns and is equivalent to the English *there is*. **Ci sono** is used with plural nouns and is equivalent to *there are*. For example: **In classe c'è una professoressa e ci sono molti studenti**. *In class there is a professor and there are many students*. To inquire about the existence of people, places, and things, you can ask **C'è/Ci sono. . .?** and inflect your voice: **C'è un televisore in classe?** *Is there a television in class?* To respond, you could say: **No, non c'è un televisore, ma ci sono due schermi**. *No, there isn't a television, but there are two movie screens.*

2.7 C'è. . .? Take turns playing the role of an Italian student who wants to know if the following items are in your classroom and answering his/her questions.

ESEMPIO: computer
S1: C'è un computer?
S2: Sì, c'è un computer. *o* No, non c'è un computer.

1. cestino
2. telefono
3. lavagna
4. cattedra
5. carta geografica
6. sedia
7. cancellino
8. orologio
9. calcolatrice
10. schermo
11. televisore
12. dizionario

2.8 Associazioni. What objects or people do you associate with each of the following items?

ESEMPIO: un errore → una gomma

1. una matita
2. un quaderno
3. un orologio
4. un cestino
5. una borsa

6. un libro
7. una lavagna
8. un banco
9. una cattedra
10. uno schermo

Presentation: Start by reviewing the three singular forms of **avere**. Use words for classroom objects and tell students what you have in your purse or briefcase and on your desk. Ask: **Che cosa ho io?** List what you have: **Ho una penna, una matita**, etc. Follow up by asking individuals: **Che cosa hai tu? Che cosa ha lui/lei? Chi ha una penna?** etc. Ask yes/no questions and questions that require a one-word answer. Use appropriate gestures and tone of voice to assure that the input is comprehensible.

Then introduce the plural forms by having students tell who has items such as: **un'agenda, un dizionario, un giornale.** Ask: **Chi ha un dizionario? Tu hai un dizionario. Anche tu hai un dizionario. Sì, voi avete un dizionario. Voi avete anche un calendario? No? Chi ha un calendario? Allora, vediamo un po', io ho un calendario, lui ha un calendario, lei ha un calendario. Sì, noi abbiamo un calendario. Chi ha un giornale? Lui ha un giornale. Lei ha un giornale. Loro hanno un giornale.** Use gestures to convey meaning. As students respond, write some of their answers on the board. On the left side write the singular forms of **avere** and on the right the plural ones. Then explain that **avere** expresses possession and that it is irregular.

Il presente di *avere*

Avere (*to have*) is an irregular verb. It is frequently used to express possession. **Avere** is also used in many idiomatic expressions that you will learn in later chapters.

avere			
Singolare		**Plurale**	
io **ho**	*I have*	noi **abbiamo**	*we have*
tu **hai**	*you have (informal)*	voi **avete**	*you have (informal)*
Lei **ha**	*you have (formal)*	Loro **hanno**	*you have (formal)*
lui/lei **ha**	*he/she has*	loro **hanno**	*they have*

—Chi ha una penna?   —*Who has a pen?*

—Io ho una penna.   —*I have a pen.*

2.9 Chi ce l'ha (*Who has it*)? Indicate who has what things by matching the people in column A with the statements in column B.

Answers: 2.9

1. Io ho l'indirizzo del professore. (c) 2. Tu e Carlo avete l'agenda di Luisa. (f) 3. Io e il professore abbiamo il quaderno di Luigi. (d) 4. Giovanna ha il tuo numero di telefono. (a) 5. Gli studenti hanno il libro d'italiano. (e) 6. Tu hai la borsa della professoressa. (b)

Answers: 2.10

1. Uno studente e una studentessa hanno un quaderno. 2. Io ho un libro. 3. Teresa ha uno zaino. 4. Giulio ha una calcolatrice. 5. Io e Carla abbiamo un orologio. 6. Tu e Laura avete una penna 7. Tu hai un computer. 8. Marta e Carlo hanno una matita.

A

1. Io
2. Tu e Carlo
3. Io e il professore
4. Giovanna
5. Gli studenti
6. Tu

B

a. Ha il tuo numero di telefono.
b. Hai la borsa della professoressa.
c. Ho l'indirizzo del professore.
d. Abbiamo il quaderno di Luigi.
e. Hanno il libro d'italiano.
f. Avete l'agenda di Luisa.

2.10 Che cosa hanno? Tell what items the following people have.

ESEMPIO: il professore / borsa

Il professore ha una borsa.

1. uno studente e una studentessa /quaderno
2. io/libro
3. Teresa/zaino
4. Giulio/calcolatrice

5. io e Carla/orologio
6. tu e Laura/penna
7. tu/computer
8. Marta e Carlo /una matita

Scambi

2.11 Che cos'è? Take turns pointing out various objects in the classroom, asking what they are, and responding.

ESEMPIO: S1: Che cos'è?
              S2: È un libro.

2.12 Chi ce l'ha? Go around the room and find at least two people who have the following items. The first person to complete this activity can confirm his/her findings by reading them to the rest of the class.

1. un dizionario
2. un calendario
3. un giornale
4. un orologio
5. un'agenda
6. una borsa

7. uno zaino
8. un computer
9. un foglio di carta
10. un gesso
11. una gomma

Suggestion: Have students listen to **2.13** as homework or in class.

Suggestion: Before students do **2.13**, remind them to listen for key words that they have learned. Remind them also that they can get the gist of the conversations without understanding every word.

2.13 Dov'è? Some people are having trouble finding what they need. Listen to the brief conversations, which will be repeated twice, and identify what each person is looking for by writing the number of the exchange next to the appropriate illustration of the table (**il tavolo**).

Answers: 2.13
a: 1; b: 3; c: 4; d: 2.

Script for **2.13 Dov'è?**

1. — Mamma, sai dov'è il mio zaino?
   — È sotto il tavolo.
2. — Giulia, non riesco a trovare una penna.
   — Ecco una penna, è vicino al quaderno.
3. — Dov'è il mio quaderno?
   — È sopra il tavolo.
4. — E il mio orologio, dov'è?
   — Non vedi? È sopra il tavolo, vicino alla calcolatrice.

a. _____

b. _____

c. _____

d. _____

2.14 Dov'è? Make a list of six objects in your classroom. Then take turns asking where each item is and pointing it out.

ESEMPIO: S1: Dov'è un libro?
              S2: Ecco un libro.

Presentation: To introduce Percorso II, begin by reviewing vocabulary and grammar from the previous *Percorso*, then you might want to start introducing plurals: **Dov'è una lavagna? Dov'è uno studente?** etc. **Allora, cosa c'è in classe? C'è una porta, c'è un cestino,** etc. **C'è un libro? No, ci sono, due, tre, quattro, molti libri in classe. C'è un quaderno? No, ci sono molti quaderni. Quanti banchi ci sono in classe? Cinque, sei? No! Ci sono molti banchi in classe. Quanti studenti ci sono in classe?** etc. Continue with feminine nouns and nouns that end in **-e.** Then point to various items on your desk and ask: **Quante penne ho? Ho una penna o due penne? Quanti fogli di carta ho? Ho tre o quattro fogli di carta? No! Ho molti fogli di carta!** Write answers on the right side of the board. Then ask students to change the sentences to the singular. Briefly show how the plural of nouns ending in **-o**, **-a**, and **-e** is formed by writing out these transformations: **libro → libri, borsa → borse, studente → studenti.** You might want to follow up by asking students to tell you how many pens, books, etc., they have in their backpacks.

PERCORSO II
L'UNIVERSITÀ

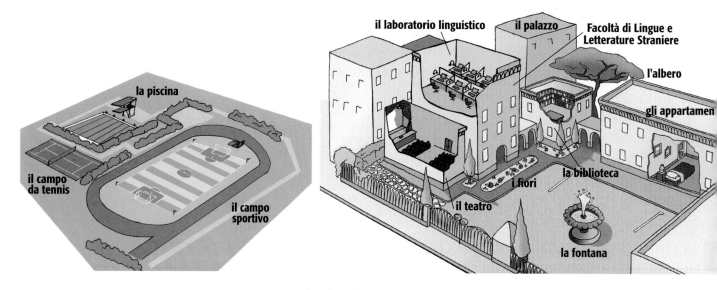

Ecco i palazzi, gli edifici e le strutture.

Vocabolario: La scuola

Presentation: Continue to practice the definite articles, using some plural forms, and introduce campus vocabulary using the illustrations in the textbook: **Guardiamo il disegno. Ecco un campus. C'è un palazzo? Sì, ecco un palazzo. Com'è il palazzo? È grande o piccolo? È nuovo o vecchio? Antico o moderno? Ci sono molti alberi? Sì, ci sono molti alberi. Quante librerie ci sono? C'è una libreria. Cosa c'è in una libreria? Ci sono i libri, molti quaderni, le penne, le matite.** etc. Use mime and simple explanations to convey meaning.

Per descrivere

alto/a *tall*
basso/a *low, short*
antico/a *antique, old*
moderno/a *modern*
bello/a *pretty, beautiful*
brutto/a *ugly, bad*
grande *big*
piccolo/a *small*
nuovo/a *new*
vecchio/a *old*

La quantità

quanti/quante?
 how many?
molti/molte *many*
pochi/poche *few*

Il posto (*Location*)

Dov'è/Dove sono? *Where is it / Where are they?*
a destra di *to the right of*
a sinistra di *to the left of*
davanti a *in front of*
dietro a *behind*
vicino a *near, next to*
lontano da qui *far from here*
qui vicino *nearby*
tra/fra *between*
sopra *on top of*
sotto *under, beneath*

L'università

la libreria *bookstore*
la mensa *cafeteria*
lo stadio *stadium*

Expansion: Practice vocabulary for describing buildings. Ask students about places at your school. Ask yes/no questions or questions that require a one-word answer: **Cosa c'è nel campus di questa scuola? C'è una libreria? Sì! Come si chiama la libreria? La libreria si chiama. . . . C'è un teatro? Come si chiama il teatro? Il teatro è grande? C'è uno stadio? Com'è lo stadio? Grande o piccolo?** etc.

Write students' responses on the board. Draw their attention to the forms of the definite article. Briefly explain adjective agreement, building on what students already know about adjectives of nationality. Keep explanations simple. Point out: **La libreria è nuova, ma il teatro è vecchio. La libreria è grande e il teatro è grande.** etc. Adjective agreement is formally presented in Capitolo 3.

2.15 Associazioni. Indicate the buildings and facilities you associate with the following activities, people, or things.

1. studenti
2. matite e penne
3. sport
4. pizza e pasta
5. film
6. libri

Suggestion: Reinforce new vocabulary by having students do **2.15, 2.16**, and **2.17**. As a whole-class activity, ask students to report back their answers. These activities can also be assigned as homework.

2.16 L'opposto. Give the opposite of the following words and expressions.

1. davanti a
2. sotto
3. vicino a
4. a sinistra di
5. molti

6. alto
7. nuovo
8. antico
9. grande
10. lontano da qui

Così si dice: Describing places and buildings

Like all adjectives, those used to describe places and buildings agree in number and gender with the nouns they describe. Adjectives whose masculine singular form ends in **-o** have four forms. Adjectives whose singular form ends in **-e** have only two forms, singular and plural.

L'accordo degli aggettivi

Singolare		Plurale	
un palazz**o** nuov**o**	*a new building*	molt**i** palazz**i** nuov**i**	*many new buildings*
una bibliotec**a** nuov**a**	*a new library*	molt**e** bibliotec**he** nuov**e**	*many new libraries*
un teatr**o** grand**e**	*a big theater*	molt**i** teatr**i** grand**i**	*many big theaters*
una piscin**a** grand**e**	*a big pool*	molt**e** piscin**e** grand**i**	*many big pools*

You will learn more about adjectives in Capitolo 3.

2.17 Quali palazzi? List all the buildings on your campus or in your city that are:

1. alti e moderni
2. grandi e antichi

3. brutti e nuovi
4. vecchi e belli

Così si dice: The prepositions *a* and *di* + *il, lo, la, l'*

To indicate location, you can use prepositions and prepositional phrases. When the prepositions **a** (*at, to*) and **di** (*of*) are followed by the definite article, they contract and become one word. **Dov'è il teatro? È vicino *allo* stadio, a destra *della* mensa.** *Where is the theater? It's near the stadium, to the right of the cafeteria.*

a + il	**al**		di + il	**del**
	lo	**allo**		lo	**dello**
	la	**alla**		la	**della**
	l'	**all'**		l'	**dell'**

Note that **sopra** (*above/on top of*) and **sotto** (*under, below*) are used with the definite article alone. *Il libro è sopra **la** cattedra. Lo zaino è sotto **il** banco.*

o sai che? The Italian University

Almost all Italian cities have a university. However, they usually don't have a centralized campus. The various schools (**facoltà**) and departments (**dipartimenti, istituti**) are scattered in buildings around the city, and each department has its own library. Since the typical Italian university does not have such facilities as a stadium, a swimming pool, or tennis courts, students use the city's facilities. As a result, they participate in all aspects of the city's communal life.

Most Italian students attend a university in their own city and live at home. Those that attend a university in a different city commute, share apartments, or live in the **Casa dello studente**, dormitories located in the city, usually near the university buildings.

L'Università IULM a Milano

The majority of Italian universities are public and tuition (**tasse**) is fairly low. There are also some private universities. The most famous of these are the Cattolica and the Bocconi in Milan, and the Cattolica and the Luiss (Libera Università Internazionale degli Studi Sociali) in Rome. The Bocconi is particularly renowned for its programs in business administration and the Luiss for law and political science.

After the first three years, students can obtain a first degree, **laurea di primo livello**, then after two more years, a second one, **laurea specialistica**. Most universities also grant master's degrees and a graduate-level research degree, **il dottorato di ricerca**.

Italian universities participate in the Socrates and Erasmus programs designed to promote student and faculty exchanges among the member nations of the European Union.

2 **2.18 L'università.** What are some similarities and differences between universities in Italy and universities in your country?

Suggestion: Pair students and have them practice reading the dialogue. Circulate around the room and help them with pronunciation. If time permits, ask for volunteers to read the dialogue to the class. Or you may choose to use the dialogue as a listening-comprehension activity to be covered in class or at home.

Suggestion: Use the dialogue as a model to practice asking about places on your campus. Ask where various buildings are located. Then have students break up into pairs and do the same.

Answers: 2.19

Student's maps should show la Facoltà di Lingue e Letterature located in Via Carlo Alberto, behind the biblioteca di Giurisprudenza. It should be to the left of the Teatro Comunale.

 ### In contesto: All'università

Roberta is asking a classmate where one of the university schools is located.

ROBERTA: Scusa, sai° dov'è la Facoltà di Lingue e Letterature Straniere?

PIETRO: Sì, è qui vicino. È in via Carlo Alberto, dietro alla vecchia biblioteca di Giurisprudenza. È il palazzo grande a sinistra del Teatro Comunale.

ROBERTA: Grazie. È un palazzo nuovo?

PIETRO: No! L'edificio è vecchio, ma le aule sono moderne.

do you know

2 **2.19 Dov'é la facoltà di Lingue?** Draw a map that shows the relationship of the places mentioned by Roberta and Pietro.

Occhio alla lingua!

1. Look at the endings of the words that refer to buildings and other facilities in the illustration on p. 50 and in the *In contesto* conversation. Which words are feminine and which are masculine? Which are singular and which plural? How can you tell?

2. What do you think **il, lo, i, gli, la**, and **le** are?

3. Look at the first letter of the words that follow **il, lo, i, gli, la**, and **le**. Do you see any pattern?

Suggestion: You can use the questions in *Occhio alla lingual* to present inductively, summarize, and/or review plurals and definite articles.

𝒢rammatica

Il plurale dei nomi

In Italian, nouns are generally made plural by changing the final vowel.

Suggestion: You may choose to keep your grammar explanations to a minimum and assign as homework *Grammatica* and the related exercises.

Il plurale dei nomi				
			Singolare	**Plurale**
Nouns ending in	**-o**	→ -i	palazz**o**	palazz**i**
	-a	→ -e	piscin**a**	piscin**e**
	-e (m. or f.)	→ -i	professor**e**	professor**i**
			lezion**e**	lezion**i**

Here are some additional rules to help you form plurals:

1. Nouns ending in **-ca** or **-ga** and most nouns ending in **-go** retain the hard guttural sound of the **-g-** in the plural, by adding an **h**.

una biblio**ca**	*a library*	due bibliote**che**	*two libraries*
un'ami**ca**	*a friend*	due ami**che**	*two friends*
un alber**go**	*a hotel*	due alber**ghi**	*two hotels*

2. Most nouns ending in **-io** have only one **-i** in the plural.

un edific**io**	*a building*	due edific**i**	*two buildings*
uno stad**io**	*a stadium*	due stad**i**	*two stadiums*

3. Nouns ending in a consonant or an accented vowel and abbreviated nouns don't change in the plural.

un compute**r**	*a computer*	due compute**r**	*two computers*
un campu**s**	*a campus*	due campu**s**	*two campuses*
un'universit**à**	*a university*	due universit**à**	*two universities*
una **foto**(grafia)	*a photograph*	due **foto**	*two photographs*
un **cinema**(tografo)	*a movie theater*	due **cinema**	*two movie theaters*

2.20 Il plurale. Indicate which indefinite article to use with the following singular nouns, and then change the nouns to the plural using **molti** or **molte**.

ESEMPIO: libro
un libro, molti libri

1. fontana	**6.** edificio	**11.** libreria
2. albero	**7.** amica	**12.** teatro
3. calcolatrice	**8.** piscina	**13.** cinema
4. computer	**9.** studente	**14.** biblioteca
5. stadio	**10.** mensa	**15.** bar

2.21 Quanti? Tell how many of the following objects and people are in your classroom.

ESEMPI: libro
Ci sono trenta libri.
telefono
Non c'è un telefono.

1. zaino	**7.** finestra	**13.** sedia
2. giornale	**8.** cestino	**14.** porta
3. ragazzo	**9.** schermo	**15.** televisore
4. orologio	**10.** computer	**16.** studentessa
5. matita	**11.** quaderno	**17.** professore
6. studente	**12.** banco	**18.** cancellino

2.22 Che cosa c'è a scuola? Tell how many of the following buildings, sites, or things are on your campus.

1. teatro	**6.** fontana
2. libreria	**7.** albero
3. campo da tennis	**8.** piscina
4. biblioteca	**9.** stadio
5. mensa	**10.** laboratorio linguistico

L'articolo determinativo

The Italian definite article, **l'articolo determinativo**, corresponds to the English *the*. Whereas in English the definite article is invariable, the Italian definite article has many forms since it agrees in number and gender with the noun it precedes. Its form also depends on the first letter of the word it precedes.

L'articolo determinativo				
Before nouns beginning with:	**Maschile**		**Femminile**	
	Singolare	**Plurale**	**Singolare**	**Plurale**
a consonant	**il** teatro	**i** teatri	**la** libreria	**le** librerie
a vowel	**l'**albero	**gli** alberi	**l'**entrata	**le** entrate
s + consonant	**lo** stadio	**gli** stadi	**la** scuola	**le** scuole
z	**lo** zaino	**gli** zaini	**la** zebra	**le** zebre

1. **Il** and **i** are used with masculine nouns beginning with a consonant.

2. **La** and **le** are used with feminine nouns beginning with a consonant.

3. **La** becomes **l'** before feminine singular nouns beginning with a vowel.

4. The plural **le** doesn't change before words beginning with a vowel.

5. **Lo** and **gli** are used before masculine nouns that begin with a vowel, **s** + a consonant, or **z**.

6. **Lo** becomes **l'** before masculine singular nouns beginning with a vowel.

7. When using a title to address someone, the definite article is not used. It is used, however, when speaking *about* someone.

Buongiorno, **professoressa** Giuliani.	*Good morning, Professor Giuliani.*
La professoressa Giuliani abita a Roma.	*Professor Giuliani lives in Rome.*
Come va, **dottor** Castri?	*How is it going, Doctor Castri?*
Il dottor Castri è italiano.	*Doctor Castri is Italian.*

2.23 Ecco! Point out the following places on your campus to a new friend.

ESEMPIO: appartamenti
Ecco gli appartamenti.

1. mensa
2. teatro
3. scuola
4. stadio
5. fontana
6. edifici
7. piscina
8. librerie
9. campi da tennis
10. laboratorio linguistico

Answers: 2.23
1. Ecco la mensa.
2. Ecco il teatro.
3. Ecco la scuola.
4. Ecco lo stadio.
5. Ecco la fontana.
6. Ecco gli edifici.
7. Ecco la piscina.
8. Ecco le librerie.
9. Ecco i campi da tennis.
10. Ecco il laboratorio linguistico.

2.24 La scuola. Describe your school, using the cues provided.

ESEMPIO: campus/piccolo
Il campus (non) è piccolo.

1. biblioteca / grande
2. edifici / bassi
3. piscina / nuova
4. laboratorio linguistico / moderno
5. campi sportivi / grandi
6. stadio / vecchio

Answers: 2. 24

Answers will vary as to whether they are affirmative or negative.
1. La biblioteca (non) è grande. 2. Gli edifici (non) sono bassi. 3. La piscina (non) è nuova. 4. Il laboratorio linguistico (non) è moderno. 5. I campi sportivi (non) sono grandi. 6. Lo stadio (non) è vecchio.

2.25 Una città italiana. Complete the following description, using the appropriate forms of the definite article.

(1)_____ città è piccola, (2)_____ palazzi sono antichi e anche (3)_____ edifici dell'università sono antichi. (4)_____ biblioteche non sono moderne, ma ci sono (5)_____ libri necessari. In città ci sono due piscine anche per (6)_____ studenti. (7)_____ piscine sono vicino ai campi da tennis e (8)_____ campi da tennis sono vicino allo stadio. (9)_____ stadio è vicino ad un museo. (10)_____ librerie in città sono grandi e belle.

Answers: 2. 25
1. La; 2. i; 3. gli; 4. Le; 5. i; 6. gli; 7. Le; 8. i; 9. Lo; 10. Le.

Before students begin **2.26**, you may wish to review the singular contracted forms of **a** and **di** + the definite article. You might also review expressions of location that require these forms: **a destra di, a sinistra di, davanti a, dietro a, vicino a.**

Answers: 2.26
Answers will vary. Some possibilities:

1. Gli studenti sono dietro ai banchi.
2. La lavagna è a destra della professoressa.
3. I banchi sono davanti agli studenti.
4. La professoressa è dietro alla cattedra.
5. La cattedra è tra la lavagna e i banchi.
6. La penna è vicino al foglio di carta.
7. L'orologio è lontano dalla finestra.
8. I quaderni sono sopra il banco.

Answers: 2. 27

1. lo stadio; 2. la libreria; 3. il campo da tennis; 4. la piscina

Suggestion: Encourage students to come up with additional descriptions of the buildings shown in the diagram and to have their class-mates figure out what they are describing.

2.26 Dove sono? Look at the classroom illustration on p. 47 and indicate the location of each of the items listed below. Be sure to use the correct form of the definite article, and come up with as many possibilities as you can.

ESEMPIO: libro
S1: Il libro è sopra il banco.
S2: Il libro è davanti allo zaino.

1. studenti
2. lavagna
3. banchi
4. professoressa
5. cattedra
6. penna
7. orologio
8. quaderni

Scambi

2.27 Dov'è? Look at the diagram and indicate which structure or location is being described.

mensa	teatro	campo sportivo
biblioteca	stadio	piscina
fontana	libreria	campo da tennis

1. È davanti al teatro, tra la biblioteca e la piscina.
2. È a sinistra del campo da tennis, davanti allo stadio.
3. È a destra della libreria, dietro alla piscina.
4. È vicino al campo sportivo, a destra dello stadio.

Suggestion: Have students listen to **2.28** as homework or in class. Then if time per-mits, have them compare their answers with each other before going over them with the class.

Answers: 2.28

1. b; 2. c; 3. a; 4. d.

Script for **2.28 Che cos'è?**

A. — Allora, sai dov'è la mensa?
    — È davanti alla libreria.
B. — Scusi, dov'è il laboratorio linguistico?
    — Dunque. . . mi sembra in Taper Hall, il palazzo a sinistra della biblioteca.
C. — La piscina è fra il campo da tennis e la palestra, vero?
    — No, è davanti allo stadio, a destra del parco.
D. — E il teatro, dov'è?
    — È dietro alla biblioteca.

2.28 Che cos'è? Listen as different students request directions, and write down the letter of the conversation that corresponds to the facility each per-son is looking for. Each conversation will be repeated twice.

_____ **1.** il laboratorio linguistico
_____ **2.** la piscina
_____ **3.** la mensa
_____ **4.** il teatro

2.29 La mia scuola. Choose three important buildings or facilities on your campus and write a one- or two-line description of each one, mention-ing the location. Then in small groups, take turns describing the places and identifying them.

Suggestion: Demonstrate **2.29** by describing one or two buildings on your campus and having students guess the names of the structures. After students have completed the activity, have a few students de-scribe one of their structures and have the class guess which structure is being described.

Lo sai che? Bologna la Dotta

Suggestion: Before assigning *Lo sai che?* use the photo to introduce the main ideas in Italian. Ask: **Che cos'è? Com'è?** etc. Have students locate Bologna on the map inside the back cover. Ask: **Che cos'è Bologna? Dov'è? Cosa c'è a Bologna? Com'è l'università di Bologna?** etc.

The Italian city of Bologna is known as **la Dotta** (*the learned one*) because of its university, which is one of the oldest in the world. Although the exact date of its founding is unknown, it is generally believed that the University of Bologna dates back to the end of the twelfth century, when groups of students all over Europe began forming their own study associations, which were independent from the Church. These associations were organized and administered directly by students, and they are considered the precursors of the modern-day university system.

Many famous Italians studied or at least spent some time in Bologna, among them Dante Alighieri, Francesco Petrarca, Leon Battista Alberti, and later Torquato Tasso and Carlo Goldoni. Thomas Becket, Desiderius Erasmus, Nicolaus Copernicus, and Albrecht Dürer also studied in Bologna.

Until 1803, the university was situated in the palace known as *Archiginnasio*, built in 1563. In this building, in 1637, an anatomical theater was constructed for the teaching of anatomy and the dissection of corpses. It was almost destroyed during World War II, but was later rebuilt in its original form. Many tourists from all over the world visit it.

Today Bologna is still one of the most important research and study centers in Italy, and it is considered a lively student town. Several foreign universities have programs in this city.

 2.30 Un'università antica. Which are the oldest universities in your country? Why are they famous?

Presentation: Begin by connecting new activity-related vocabulary to places on campus. You can ask to start: **Chi abita vicino al campus?** etc. Next you may choose to introduce gradually the singular forms of verbs for daily school activities, using the illustrations and appropriate gestures: **Chi gioca a calcio? Dove? Dove nuota Giuseppe?** Then ask students about their own activities on campus: **Allora, cosa fai tu in libreria? Mangi un panino? Ascolti i cd? No, compri i quaderni e le penne. Anch'io compro i quaderni e le penne. Chi compra i libri in libreria?** Write some singular verb forms on the board under the appropriate subject pronouns.

PERCORSO III
LE ATTIVITÀ A SCUOLA

Vocabolario: Cosa fai ogni giorno a scuola?

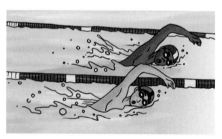

Mario e Giuseppe **nuotano** in piscina.

Giorgio **suona** la chitarra e Luisa **canta**. Gli amici **ascoltano**.

Presentation: Gradually introduce the plural forms of **-are** verbs and write some sentences on the board. Begin by asking questions such as: **In biblioteca, compriamo un libro o cerchiamo un libro? Certo, cerchiamo un libro! Cosa facciamo in piscina? Nuotiamo o guardiamo un film?** etc. Moving on to the **voi** form, you might ask: **Nel laboratorio linguistico, mangiate un panino? No, ascoltate i cd!** etc. You can refer to the illustrations to introduce the third-person plural: **Dove studiano geografia le due ragazze? Dove nuotano Mario e Giuseppe?** etc.

Using the sentences you have written on the board, ask students who they think is performing the various actions. You might point out that all of the verbs introduced end in **-are** and are regular first-conjugation verbs. Explain that they are conjugated by dropping the **-are** ending and adding the appropriate endings to the verb stem.

Le attività

abitare *to live*
arrivare *to arrive*
aspettare *to wait for*
cercare *to look for*
cominciare *to start, to begin*
desiderare *to wish*
disegnare *to draw*
domandare *to ask*
entrare *to enter*
frequentare *to attend*
guardare (la televisione) *to watch (television)*
imparare *to learn*
incontrare *to meet*

lavorare *to work*
mangiare *to eat*
parlare *to talk*
pensare *to think*
tornare *to return*

Le materie (*Academic subjects*)

l'architettura *architecture*
la biologia *biology*
la chimica *chemistry*
l'economia *economics*
la filosofia *philosophy*
la fisica *physics*
il giornalismo *journalism*
la giurisprudenza *law*

l'informatica *computer science*
l'ingegneria *engineering*
le lettere *humanities*
le lingue straniere *foreign languages*
la materia *subject*
la psicologia *psychology*
le scienze naturali *natural sciences*
le scienze politiche *political science*
la sociologia *sociology*
la storia *history*

La descrizione delle materie

difficile *hard, difficult*
divertente *fun, amusing*
facile *easy*

interessante *interesting*
noioso/a *boring*
Ti piace ...? *Do you like (+ singular noun)?*
(Non) Mi piace... *I (don't) like. . . (+ singular noun).*

Quando (When)?

la mattina *in the morning*
il pomeriggio *in the afternoon*
la sera *in the evening*
ogni giorno *every day*
stasera *this evening*

Expansion: Continue to practice and introduce new vocabulary. Introduce time and frequency expressions by having students help you list activities they do on campus and when: **In classe parliamo italiano ogni giorno. Gli studenti mangiano alla mensa ogni giorno? Quando? La mattina, il pomeriggio o la sera?** etc.

To practice the **Lei** form and new vocabulary, have students ask you questions. For example: **Professore/Professoressa, mangia alla mensa? Quando?**

Presentation: Introduce school subjects, first presenting cognates. Ask a student, for example: **Studi matematica?** Follow up by asking: **Chi studia matematica?** Then comment: **Bene, loro studiano matematica.** Write on the board the subjects students in the class study. After you present school subjects, move to degrees and ask students which one most closely relates to his/her focus: **Che facoltà frequenti, Marc? Ingegneria?**

Suggestion: You may wish to familiarize students with **ti piace** and **(non) mi piace** using school subjects: **Non mi piace la matematica. È difficile! Jennifer, ti piace la matematica?** etc. Emphasize that these forms can only be used with singular nouns.

2.31 Le attività in un campus. Which activities do you associate with these places? Match the places in column A with the activities in column B.

A
1. la libreria
2. la biblioteca
3. il laboratorio linguistico
4. la Facoltà di Architettura
5. la Facoltà di Musica
6. la piscina
7. la mensa
8. il campo da tennis
9. il cinema
10. il teatro
11. il bar
12. la scuola
13. lo stadio

B
a. parlare
b. disegnare
c. ascoltare i cd
d. mangiare un panino (*sandwich*)
e. guardare un film
f. nuotare
g. giocare a tennis
h. cercare un libro
i. guardare una commedia
l. comprare i quaderni e le penne
m. cantare
n. incontrare gli amici
o. studiare
p. imparare
q. pensare
r. guardare una partita (*game*) di calcio
s. suonare uno strumento (*instrument*)

Answers: 2.31
Answers will vary. Some possibilities:
1. h, l
2. h, o, q
3. a, c, e, o, q
4. b
5. m, s
6. f
7. d, n
8. g
9. e
10. i
11. a, n, d
12. p, q
13. r, n

2.32 La mia giornata a scuola. Use elements from each of the three columns to write sentences describing your school days.

A	B	C
1. Arrivo	i professori	davanti alla mensa
2. Aspetto	gli amici	in libreria
3. Cerco	a scuola	la sera
4. Incontro	libri e quaderni	in classe
5. Parlo	a casa	nel laboratorio linguistico
6. Ascolto	un libro	ogni giorno
7. Compro	un'amica	la mattina
8. Torno	italiano	a teatro
	i cd	in biblioteca

2.33 Le materie. Tell what subjects someone usually studies for each profession listed.

1. professore di lettere
2. dottore
3. scienziato
4. scrittore

2.34 L'Università Ca' Foscari. Look at the list of schools and departments at the Università Ca' Foscari. Then make a list of those that are similar to schools and departments in your college or university and a list of those that are different.

Dove ti trovi: **Home** > Ateneo > Amministrazione, Dipartimenti, Facoltà, Centri > Uffici

Facoltà

Facoltà di Economia - Presidenza
Telefono: 041 2349107 Fax: 041 2349362
Sito Web: http://www.unive.it/economia

Facoltà di Lingue e Letterature Straniere - Presidenza
Telefono: 041 2349569 Fax: 041 2349426
Sito Web: http://www.unive.it/lingue

Facoltà di Lettere e Filosofia - Presidenza
Telefono: 041 2347311 Fax: 041 5230279
Sito Web: http://www.unive.it/lettere

Facoltà di Scienze Matematiche, Fisiche e Naturali - Presidenza
Telefono: 041 2348518 Fax: 041 2348520
Sito Web: http://www.unive.it/scienze

Dipartimenti

Dipartimento di Americanistica
Telefono: 041 2349411 Fax: 041 2349481
Sito Web: http://www.unive.it/dip-dais

Dipartimento di Scienze del Linguaggio
Telefono: 041 2345704 /5706 Fax: 041 2345706
Sito Web: http://venus.unive.it/~lingdida/index.php

Dipartimento di Chimica
Telefono: 041 2348567 Fax: 041 2348517
Sito Web: http://venus.unive.it/~chimica/

Dipartimento di Scienze dell'Antichità e del Vicino Oriente
Telefono: 041 2347316 Fax: 041 5210048
Sito Web: http://www.unive.it/dip-avo

Dipartimento di Economia
Telefono: 041 2348700 Fax: 041 2348701
Sito Web: http://www.unive.it/~dea/

Dipartimento di Scienze Giuridiche
Telefono: 041 2347611 Fax: 041 5242482
Sito Web: http://www.unive.it/dip-scienzegiuridiche

Dipartimento di Filosofia e Teoria delle Scienze
Telefono: 041 2347211 Fax: 041 2347296
Sito Web: http://venus.unive.it/philo/

Dipartimento di Statistica
Telefono: 041 2347411 Fax: 041 2347444
Sito Web: http://www.dst.unive.it/

Dipartimento di Informatica
Telefono: 041 2348411 Fax: 041 2348419
Sito Web: http://www.unive.it/dip-informatica

Dipartimento di Storia delle Arti e Conservazione dei Beni Artistici
Telefono: 041 2346211 Fax: 041 5204911
Sito Web: http://www.unive.it/dip-arte

Dipartimento di Italianistica e Filologia Romanza
Telefono: 041 2347211 Fax: 041 2347250
Sito Web: http://www.unive.it/dip-italianistica

Dipartimento di Studi Europei e Postcoloniali
Telefono: 041 2347813/4 Fax: 041 2347822
Sito Web: http://www.unive.it/dip-sep

Dipartimento di Matematica Applicata
Telefono: 041 2346911 Fax: 041 5221756
Sito Web: http://www.dma.unive.it/

Dipartimento di Studi Storici
Telefono: 041 2349811 Fax: 041 5222517
Sito Web: http://www.unive.it/dip-studistorici

Dipartimento di Scienze Ambientali
Telefono: 041 2348564 Fax: 041 2348584

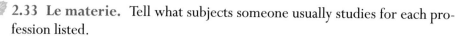

In contesto: Davanti alla biblioteca

Giorgio and Anna are chatting in front of the library.

what are you doing here?	GIORGIO:	Anna, che fai qui°?
	ANNA:	Niente, aspetto Giovanna. E tu?
	GIORGIO:	Cerco un libro d'italiano.
Do you feel like it?	ANNA:	Mangiamo un panino insieme? Ti va°?
	GIORGIO:	Bene! Alla mensa?
	ANNA:	Sì, quando arriva Giovanna.

2.35 Che cosa fanno (*What are they doing*)? Indicate which of the following statements are true (**Vero**) and which are false (**Falso**) according to Anna and Giorgio's conversation. Correct the false statements.

1. Anna ha un appuntamento con Giovanna.

2. Giorgio lavora in biblioteca.

3. Giorgio, Anna e Giovanna mangiano insieme alla mensa.

Answers: 2.35
1. Vero
2. Falso (Cerca un libro.)
3. Vero

Occhio alla lingua!

1. Look at the illustration captions on p. 58. What do you think the words in boldface type mean?

2. Do you think the words in boldface type describe something or express actions?

3. Look at the endings of the words in boldface type and the various people doing the activities. Can you detect a relationship between the verb endings and the person or people performing the activities?

Presentation: You can use the questions in *Occhio alla lingua!* to present inductively, summarize, and/or review the regular **-are** verb forms.

Grammatica

Il presente dei verbi in *-are*

An infinitive is a verb that is not conjugated. In English, infinitives consist of a verb preceded by *to.* In Italian, infinitives are distinguished by their endings. Infinitives of regular Italian verbs end in **-are, -ere**, or **-ire: parlare** (*to speak*), **scrivere** (*to write*), and **dormire** (*to sleep*). Regular verbs are conjugated by dropping the infinitive endings and adding a set of endings to the stem. Below are the present-tense endings for regular verbs whose infinitives end in **-are**. These are called first-conjugation verbs. Notice how the ending changes according to who performs the action.

Suggestion: You may choose to keep your grammar explanations to a minimum and assign as homework *Grammatica* and the related exercises.

parlare			
Singolare		**Plurale**	
io parl**o**	*I speak*	noi parl**iamo**	*we speak*
tu parl**i**	*you speak (informal)*	voi parl**ate**	*you speak (informal)*
Lei parl**a**	*you speak (formal)*	Loro parl**ano**	*you speak (formal)*
lui/lei parl**a**	*he/she speaks*	loro parl**ano**	*they speak*

The present tense in Italian can have the following meanings in English.

Studiamo l'italiano.   *We study Italian.*
                           We are studying Italian.
                           We do study Italian.

Here are some other rules you should keep in mind when using regular **-are** verbs.

1. Verbs that end in **-iare** such as **cominciare, studiare**, and **mangiare** drop the **i** of the stem in the **tu** and **noi** forms.

   cominciare: comincio, cominci, comincia, cominc**iamo**, cominciate, cominciano

   mangiare: mangio, mang**i**, mangia, mang**iamo**, mangiate, mangiano

2. Verbs that end in **-care** and **-gare** such as **giocare** (*to play*) and **spiegare** (*to explain*) add an **h** in the **tu** and **noi** forms to maintain the hard sound of the **c** and the **g** in the stem.

   giocare: gioco, gio**chi**, gioca, gio**chiamo**, giocate, giocano

   spiegare: spiego, spie**ghi**, spiega, spie**ghiamo**, spiegate, spiegano

Answers: 2.36
1. g
2. c, f
3. e
4. d
5. c, f
6. b, h
7. a
8. b, h

2.36 Chi? Indicate who is performing the following actions by matching the statements in column A with the people in column B.

A	B
1. Ascoltiamo i cd d'italiano.	**a.** io
2. Giocano a tennis.	**b.** tu e Renata
3. Compra un dizionario.	**c.** gli studenti
4. Cerchi un libro.	**d.** tu
5. Mangiano la pizza.	**e.** Fabrizio
6. Nuotate in piscina.	**f.** Luisa e Alessia
7. Imparo l'italiano.	**g.** io e Paolo
8. Incontrate gli amici.	**h.** voi

2.37 Che cosa fanno? Tell what the following people are doing.

1. Io / ascoltare il professore
2. La professoressa / insegnare
3. Tu/comprare / un quaderno
4. Tu ed un'amica / cercare un libro
5. Io e gli amici / suonare la chitarra
6. Gli studenti / nuotare in piscina
7. Una studentessa / studiare in biblioteca
8. Noi / parlare in italiano

Answers: 2.37
1. Io ascolto il professore.
2. La professoressa insegna.
3. Tu compri un quaderno.
4. Tu ed un'amica cercate un libro.
5. Io e gli amici suoniamo la chitarra.
6. Gli studenti nuotano in piscina.
7. Una studentessa studia in biblioteca.
8. Noi parliamo in italiano.

Script for **2.38 Chi lo fa?**

1. — Carlo, aspetti un amico?
   — Sì, aspetto Roberto e poi mangiamo alla mensa insieme.
2. — Anna, come è il Professor Ronconi? Spiega bene?
   — Sì, lui e la professoressa Pelosi sono molto bravi! Insegnano veramente bene.
3. — Tu e Roberto studiate insieme il pomeriggio?
   — Sì, studiamo insieme ogni giorno!
4. — Tu e Gianni suonate sempre la chitarra?
   — Certo! Suoniamo anche stasera!
5. — Giochi ancora a calcio?
   — Sì, qualche volta gioco a calcio la domenica.

Answer: 2.38

1. tu, io, noi; 2. lui, lui, loro, loro; 3. voi, noi; 4. voi, noi; 5. tu, io

2.38 Chi lo fa? Listen to the brief exchanges among various students and their friends, and indicate the subject for each verb you hear. Use the Italian subject pronouns. Each exchange will be repeated twice.

1. _____, _____, _____

Have students listen to **2.38** as homework or in class.

2. _____, _____, _____, _____
3. _____, _____
4. _____, _____
5. _____, _____

2.39 Cosa fanno? Complete the sentences to indicate what people are doing. Use the correct form of one of the verbs in this list: **disegnare, cercare, imparare, entrare, suonare, giocare.**

1. Paolo e Giovanni _____ il piano.
2. Anna _____ un albero.
3. Tu e Mario _____ il numero di telefono di un amico.
4. Io e Carlo _____ l'italiano.
5. Tu _____ a tennis.
6. Io _____ in classe.

Answers: 2.39
1. suonano
2. disegna
3. cercate
4. impariamo
5. giochi
6. entro

Il presente di *fare*

Fare (*to do, to make*) is an irregular verb. It is used in many idiomatic expressions, which you will learn in later chapters.

fare			
Singolare		**Plurale**	
io faccio	*I do, make*	noi facciamo	*we do, make*
tu fai	*you do, make (informal)*	voi fate	*you do, make (informal)*
Lei fa	*you do, make (formal)*	Loro fanno	*you do, make (formal)*
lui/lei fa	*he/she does, makes*	loro fanno	*they do, make*

—Che cosa fai questa mattina?   —*What are you doing this morning?*

—Studio. Che cosa fate tu e Carlo?   —*I am studying. What are you and Carlo doing?*

—Facciamo i compiti.   —*We are doing our homework.*

Presentation: Introduce the present tense of **fare** by asking students what they do on campus at different times and in different places. Ask: **Che cosa fai nel laboratorio linguistico? Cosa facciamo in classe?** etc. Write some of your questions on the board and have students notice first similarities with the regular present tense. Then explain that **fare** is an irregular verb and show how it is conjugated.

2.40 Che cosa fate? Ask what the following people are doing by supplying the missing forms of **fare.**

1. —Che cosa _____ Luca?
   —Gioca a calcio.
2. —Fabrizio, che cosa _____?
   —Studio.
3. —Che cosa _____ tu e Paolo?
   —Noi parliamo con gli amici.
4. —Che cosa _____ noi oggi?
   —Guardiamo un film.
5. —Che cosa _____ Roberto?
   —Aspetta Susanna.
6. —Che cosa _____ Roberto e Susanna?
   —Suonano la chitarra.
7. —Signora, che cosa _____?
   —Mangio un panino.

Answers: 2.40
1. fa
2. fai
3. fate
4. facciamo
5. fa
6. fanno
7. fa

Scambi

Suggestion: Have students exchange notes after completing **2.41**. Have them check the accuracy of the content and of the verb endings. Also, you can have pairs or small groups identify similarities and differences between Giulia's and their own weekly activities.

2.41 Che cosa fa? Look at Giulia's agenda and write a note to your teacher explaining what she is doing each day of this week and when—in the morning, afternoon, or evening.

Answers: 2.41
Some answers may vary. Some possibilities:
Lunedì pomeriggio nuota in piscina.
Martedì mattina studia in biblioteca.
Mercoledì sera guarda un film a teatro.
Giovedì mattina studia italiano nel laboratorio linguistico.
Venerdì pomeriggio suona la chitarra al conservatorio.
Sabato sera mangia con gli amici al ristorante.
Domenica pomeriggio guarda il calcio allo stadio.

OTTOBRE

lunedì **16** (10) ottobre	martedì **17** (10) ottobre	mercoledì **18** (10) ottobre	giovedì **19** (10) ottobre	venerdì **20** (10) ottobre	sabato **21** (10) ottobre
8	8	8	8	8	8
9	9	9	9 *laboratorio linguistico*	9	9
10	10 *biblioteca*	10	10	10	10
11	11	11	11	11	11
12	12	12	12	12	12
13	13	13	13	13	13
14	14	14	14	14	14
15	15	15	15	15	15
16 *piscina*	16	16	16	16	16
17	17	17	17	17 *conservatorio*	17
18	18	18	18	18	18
19	19	19	19	19	19
20	20	20	20	20	20 *ristorante*
21	21	21 *teatro*	21	21	21

domenica **22** (10) ottobre					
	10	13	16	19	
8	11	14 *stadio*	17	20	
9	12	15	18	21	

 2.42 Chi? Go around the room and find at least two classmates who do the following things. Record your findings on the form on p. 65 and report them to the class.

ESEMPIO: La mattina guarda la televisione.

S1: La mattina guardi la televisione?

S2: Sì, guardo la televisione la mattina. *o* No, non guardo la televisione la mattina.

Dopo aver guardato

2.58 Now answer the following questions.

1. Which of the following fields of study do people mention in the video?

   **architettura, economia, filosofia, geografia, giurispru-
   denza, ingegneria, matematica, psicologia, scienze
   naturali, scienze politiche, storia dell'arte**

2. Indicate which of the following statements about where Italian students
   live are true (**Vero**) and which ones are false (**Falso**) according to what
   people say in the video.

   _____ **a.** Gli studenti universitari abitano con gli amici.

   _____ **b.** Spesso gli studenti universitari abitano in famiglia.

   _____ **c.** Tutti gli studenti abitano nel campus.

   _____ **d.** Quando non abitano con i genitori (*parents*) gli studenti
   abitano in appartamenti.

3. What do people say about the campus? Explain the following statements
   according to what people say in the video.

   a. In Italia non c'è il campus.

   b. Secondo Gaia a Firenze c'è una specie di campus con tre facoltà.

4. What subjects does Emma study that are not usually taught in high
   schools in your country?

5. Think over what people in the video have said about their schools. If
   you were going to describe your school to an Italian student, would
   your description be similar to the descriptions you heard in the video?
   Why or why not?

Answers: 2.58

1. filosofia, giurisprudenza, matematica, psicologia, scienze, scienze politiche, storia del-
l'arte; 2. a. Falso; b. Vero; c. Falso; d. Vero

Questi ragazzi sono studenti? Sono a scuola? Cosa fanno?

Attraverso L'Emilia-Romagna

Bologna is known not only as **la Dotta** (*the learned one*), because it is home to one of the world's oldest universities, but also as **la grassa** (*the fat one*), because of its fine cuisine, and as **la rossa** (*the red one*), because of its red buildings and because it is the birthplace and home of the Italian political left. Bologna is the capital of the Emilia-Romagna region. Emilia-Romagna is famous for the foods produced in its fertile plains, its beautiful landscape, and its coastline cities, known as **la riviera romagnola**, which attract the young and old in search of lively and relatively inexpensive beaches and clubs. Emilia-Romagna is also an important cultural and economic center.

Bologna, la Rossa. Vista panoramica della città di Bologna con i suoi palazzi rossi e la torre degli Asinelli. Bologna è una città perfetta per giovani studenti. È ricca di storia e cultura: infatti l'Unione Europea ha designato Bologna «Città Europea della Cultura» per il 2000. Il centro storico di Bologna è uno dei più grandi e più belli d'Italia. È tipicamente medioevale (*medieval*), con strade strette (*narrow streets*), palazzi antichi e grandi chiese gotiche (*Gothic*). La chiesa di San Petronio è la più bella e la più famosa della città. Bologna è anche una città giovane e vivace, con ristoranti, negozi e caffè eleganti, musei, teatri e moderne sale per i concerti.

Un particolare (*detail*) del mosaico dell'imperatore Giustiniano—VI secolo (*century*)—nella Basilica di San Vitale, la chiesa bizantina più bella di Ravenna. Ravenna fu (*was*) la capitale dell'Impero (*empire*) Romano d'Oriente. Molti dei famosi mosaici di questa città sono infatti di quel periodo. A Ravenna c'è anche la tomba di Dante, morto nel 1321 in questa città.

PERCORSO I
LA DESCRIZIONE DELLE PERSONE

Vocabolario: Come sono?

Susanna

È giovane, alta, magra, bionda; ha i capelli lunghi e lisci; ha gli occhi chiari. È una ragazza un pò triste e molto sensibile.

Il professor Campi

È basso, grasso, calvo, con i baffi e gli occhiali. È sempre molto gentile e ottimista.

Marco e Fabrizio

Sono magri, alti, bruni, giovani, hanno la barba, hanno gli occhi castani, hanno i capelli corti e ricci. Sono sportivi e dinamici.

La signora Rossini

È anziana, ha gli occhi scuri, ha i capelli bianchi. È una signora molto seria e intelligente.

La descrizione delle caratteristiche fisiche e psicologiche

allegro/a *happy*
antipatico/a *disagreeable, unpleasant*
atletico/a *athletic*
avaro/a *stingy*
bravo/a *good, trustworthy, talented*
buffo/a *funny*
calmo/a *calm*
carino/a *nice, cute*
cattivo/a *bad*
comprensivo/a *understanding*
egoista *selfish*
elegante *elegant*
espansivo/a *friendly, outgoing*
generoso/a *generous*
materialista *materialistic*
nervoso/a *nervous, tense*
noioso/a *boring*
pessimista *pessimistic*
pigro/a *lazy*
simpatico/a (*pl.* simpatici/ simpatiche) *pleasant, nice*
stanco/a *tired*
timido/a *shy*

Chiedere e dare informazioni
Com'è? *What is he/she/it like?*
Come sono? *What are they like?*

Di che colore ha i capelli (gli occhi)? *What color is his/her hair (are his/her eyes)?*
Ha i capelli neri, castani, biondi, rossi. *He/she has black, brown, blond, red hair.*
Ha gli occhi verdi, azzurri, castani, chiari. *He/she has green, blue, brown, light-colored eyes.*

Altre espressioni per descrivere
altro/a *other, another*
caro/a *dear, expensive*
molto/a *many, a lot*
poco/a *few*
quanto/a *how many, how much*
stesso/a *same*
vero/a *real, true*

Altre parole per descrivere
molto *very*
poco *little, not very*
proprio *really*
quanto? *how much?*
troppo *too much*

Per paragonare
anche *also*
invece *instead, on the other hand*
ma, però *but*
o, oppure *or*

3.1 Il contrario. Reorganize the adjectives presented above and on p. 77 by listing them by opposites.

3.2 Come sono? Rewrite the descriptions of the people on p. 77 by expressing everything in opposite terms.

ESEMPIO: Susanna è alta e magra.
Susanna è bassa e grassa.

1. Susanna
2. Il professor Campi
3. Marco e Fabrizio
4. La signora Rossini

3.3 Quanti studenti. . . Indicate how many people in class fit each description.

1. Ha i capelli lunghi e biondi e gli occhi azzurri.
2. Ha i capelli corti e ricci e gli occhi azzurri.
3. Ha i capelli corti e lisci e gli occhi castani.
4. Ha i capelli castani, corti e ricci.
5. Ha gli occhi verdi, i capelli castani lunghi e lisci.
6. Ha i capelli corti e biondi e gli occhi castani.

In contesto: Un bel ragazzo romano

Giovanna and Teresa are talking about another student in their class.

GIOVANNA: Teresa, chi è quel° ragazzo bruno con gli occhiali? *that*

TERESA: Il ragazzo magro con gli occhi chiari e i capelli corti e ricci?

GIOVANNA: Sì, lui. Come si chiama?

TERESA: Paolo. È di Roma. È un bel ragazzo°, vero? *good-looking guy*

GIOVANNA: Sì. È proprio bello!

TERESA: È anche molto serio e intelligente, però è poco espansivo.
E poi ha già la ragazza.

GIOVANNA: Peccato°! Com'è la ragazza? *What a pity!*

TERESA: È bionda e ha i capelli lunghi e lisci. Anche lei è
carina e intelligente, però non è molto simpatica.
Conosce° tanta gente, ma ha pochi amici veri. *She knows*

3.4 Chi è? Identify Paolo and his girlfriend on the basis of Giovanna's and Teresa's descriptions.

Suggestion: Pair students and have them practice reading the dialogue. Circulate around the room and help them with pronunciation. If time permits, ask for volunteers to read the dialogue to the class. Or, you may choose to use the dialogue as a listening comprehension activity to be covered in class or at home.

Answers: 3.4
2. Paolo
4. la sua ragazza

3.5 È vero? Place a checkmark beside each statement that describes Paolo.

1. Paolo è italiano. _____

2. Paolo è brutto, ma espansivo. _____

3. Paolo ha i capelli castani. _____

4. Paolo ha molti amici. _____

5. Ha una bella ragazza. _____

Answers: 3.5
1. ✓
3. ✓
5. ✓

Così si dice: **The position of adjectives**

The adjectives **altro/a** (*other*), **molto/a** (*many, a lot*), **poco/a** (*a little, a few*), **questo/a** (*this*), **quanto/a** (*how much, how many*), **stesso/a** (*same*), and **vero/a** (*real, true*) always precede the noun they modify and always agree with it in number and gender.

Quanti ragazzi ci sono in classe?	*How many boys are there in class?*
Ci sono **molti** ragazzi, ma **poche** ragazze.	*There are many boys, but few girls.*

Così si dice: **The adverbs *molto, poco, quanto, proprio***

When **molto** (*very*), **poco** (*not very*), **proprio** (*really*), and **quanto** (*how much*) are used as adverbs (*i.e.*, when they are used to describe adjectives, adverbs, and verbs), they don't change their endings.

Anna è una ragazza **molto** brav**a**.	*Anna is a very good girl.*
Luigi e Paolo sono studenti **poco** ser**i**.	*Luigi and Paolo are not very serious students.*
Quanto costano i libri?	*How much do the books cost?*

Occhio alla lingua!

1. List all the words used to describe the people in the illustration captions on p. 77.

2. What do you notice about the endings of the words you have listed?

Grammatica

L'aggettivo

Adjectives, **aggettivi**, describe people, places, and things. In Italian, adjectives agree in gender (masculine/feminine) and number (singular/plural) with the nouns they describe. There are three types of adjectives in Italian: those that end in **-o** (**americano, alto, biondo**), those that end in **-e** (**francese, giovane, triste**), and those that end in **-ista** (**ottimista, pessimista, materialista**).

1. Adjectives that end in **-o** have four forms.

	Singolare	Plurale
Maschile	**-o**	**-i**
	un ragazzo biond-**o**	due ragazzi biond-**i**
Femminile	**-a**	**-e**
	una ragazza biond-**a**	due ragazze biond-**e**

Suggestion: You can use the questions in Occhio alla lingua! *to present inductively, summarize, and/or review descriptive adjectives.*

Suggestion: You may choose to keep your grammar explanations to a minimum and assign as homework Grammatica *and the related exercises.*

Paolo è **alto** e **bruno**.

Maria invece è **bassa** e **bionda**.

Hanno i capelli **corti** e **ricci**.

Carla e Giulia sono **italiane**.

Paolo is tall and dark-haired.

Maria, instead, is short and blond.

They have short, curly hair.

Carla and Giulia are Italian.

2. Adjectives that end in **-e** have only two forms: a singular and a plural form.

	Singolare **-e**	**Plurale** **-i**
Maschile	un ragazzo trist-**e**	due ragazzi trist-**i**
Femminile	una ragazza trist-**e**	due ragazze trist-**i**

Carlo e Renata sono molto **intelligenti**.

Martina e Luisa sono **divertenti**.

Carlo and Renata are very intelligent.

Martina and Luisa are fun.

3. Adjectives that end in **-ista** have three forms: They have the same form for the masculine and feminine singular, but different masculine and feminine forms for the plural.

	Singolare	**Plurale**
Maschile	**-ista**	**-isti**
	un ragazzo ottim-**ista**	due ragazzi ottim-**isti**
Femminile	**-ista**	**-iste**
	una ragazza ottim-**ista**	due ragazze ottim-**iste**

Marco è **pessimista**, ma Giovanna è **ottimista**.

Giulio e Anna sono **materialisti**!

Marco is pessimistic, but Giovanna is optimistic.

Giulio and Anna are materialistic!

Here are some other rules to help you use adjectives effectively:

1. When an adjective modifies two or more nouns of different genders, or a plural noun that refers to both genders, the masculine plural form of the adjective is always used.

Mari**o** e Luis**a** sono biond**i**.

Gli student**i** sono ser**i**.

Mario and Luisa are blond.

The students are serious.

2. Like nouns ending in **-ca, -ga,** and **-go,** adjectives that end in **-ca, -ga,** and **-go,** in the plural change to **-che, -ghe,** and **-ghi,** in order to maintain the hard sound of the **c** and **g**.

Le tue amiche sono simpati**che**.

Laura ha i capelli lun**ghi**.

Your friends are nice.

Laura has long hair.

3. Most adjectives usually follow the noun they modify, but there are some exceptions. The following adjectives very often precede the noun they modify.

bello/a	*beautiful, nice*	giovane	*young*
bravo/a	*good, talented*	grande	*large, great*
brutto/a	*ugly*	nuovo/a	*new*
buono/a	*good*	piccolo/a	*small*
caro/a	*dear, expensive*	vecchio/a	*old*
cattivo/a	*bad*	vero/a	*true, real*

È un **giovane** studente italiano.   *He is a young Italian student.*
È una **vera** amica.   *She is a true friend.*

3.6 Chi è? Listen to the descriptions, which will be repeated twice, of the people shown below. Beside each number, write the letter corresponding to the person or people being described.

A 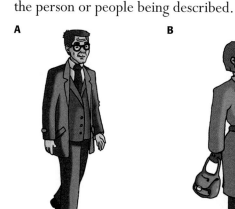   **B**   **C**

D    **E**

1. _____   **2.** _____   **3.** _____   **4.** _____   **5.** _____

3.7 Come sono questi personaggi? Describe the following celebrities using the adjectives given.

ESEMPIO: Sofia Loren / alto / simpatico
Sofia Loren è alta e simpatica.

1. Roberto Benigni / buffo / allegro

2. Cecilia Bartoli / serio / sensibile

3. Jovanotti e Zucchero / bravo / dinamico

4. Donatella Versace e Giorgio Armani / elegante / espansivo

5. Alberto Tomba / bello / ottimista

6. Laura Pausini e Irene Grandi / carino / simpatico

3.8 Una mia amica. Rewrite the following paragraph to describe a female friend, using adjectives whose meaning is the opposite of the adjectives in italics.

Ho un amico *basso* e *magro*. È *bruno* ed ha i capelli *lunghi* e *ricci* e gli occhi *scuri*. È anche *sportivo*. È un ragazzo *espansivo* e *generoso*. È *divertente* e *simpatico*.

3.9 Alcuni amici. Complete this description of some friends by supplying the appropriate endings for adjectives and adverbs.

1. Io ho molt_____ amici simpatic_____. Ho un car_____ amico italian_____, Beppe, e due car_____ amiche frances_____, Isabelle e Karine.

2. Beppe è molt_____ socievol_____ e sempre allegr_____. È un ragazzo giovan_____ e dinamic_____. È alt_____, ma non è molt_____ magr_____. Beppe è un ver_____ amico. È sempre molt_____ generos_____.

3. Isabelle è brun_____. Ha i capelli lungh_____ e ricc_____. È molt_____ intelligent_____ e allegr_____. È una ragazza divertent_____.

4. Anche Karine è una brav_____ ragazza, ma è un po' pigr_____. Non è molt_____ atletic_____.

3.10 Come sono i ragazzi e le ragazze in classe? Describe the students in your classes by completing the following sentences with appropriate adjectives from the box. Make any necessary changes.

allegro	**antipatico**	**bravo**	**buffo**	**carino**
divertente	**egoista**	**elegante**	**gentile**	**materialista**
noioso	**ottimista**	**pessimista**	**sensibile**	**serio**
sportivo	**studioso**	**timido**		

1. Molti ragazzi sono. . .

2. Pochi ragazzi sono. . .

3. Molte ragazze sono. . .

4. Poche ragazze sono. . .

3.11 Come sono i professori? Write a short note to a friend describing three of your instructors.

3.12 Un vero amico/Una vera amica. Make a list of adjectives that describe how a true friend should be. Then compare lists with a classmate. How similar are your lists?

Scambi

3.13 Indovina chi è! Take turns describing a person in the illustration on p. 79 and guessing who is being described.

3.14 Un sondaggio (*A Survey*). On a scale of 1 to 5, with 5 the highest rating, indicate which of the characteristics in the chart best describe your generation. Then compare your choices with those of several classmates and see what conclusions you can draw. Make all necessary changes in the adjectives you use.

Secondo me, le persone della mia generazione sono. . .					
	1	2	3	4	5
egoista					
indifferente					
idealista					
pessimista					
realista					
materialista					
divertente					
generoso					
intelligente					
dinamico					
tollerante					
religioso					

3.15 Paragoniamoli (*Let's compare them*)! Compare and contrast the following people. Then share your statements with the class.

ESEMPIO: Michael Jackson e Placido Domingo
Michael Jackson è magro, invece Placido Domingo è grasso.
Placido Domingo è un bravo cantante e anche Michael Jackson è bravo.

1. Jay Leno e David Letterman
2. Woody Allen e Alfred Hitchcock
3. Julia Roberts e Madonna
4. ?

3.16 Com'è il tuo migliore amico/la tua migliore amica? Prepare a list of six questions to ask a classmate about his/her best friend. Inquire about the person's appearance and personality. Then use the list to interview a classmate.

In contesto: Che bel vestito!

Giuliano is complimenting his sister, who is particularly well dressed today.

GIULIANO: Mariella, come stai bene! Che bel vestito! È nuovo?

MARIELLA: Sì, ti piace? È di Versace.

GIULIANO: Sì, mi piace moltissimo, è molto bello e poi quel colore ti sta proprio bene°. E che belle scarpe!

MARIELLA: Ma come sei gentile oggi! Cosa vuoi°? Un'altra volta la mia macchina°?

GIULIANO: E dai°! Come sei, però!

looks really great on you
What do you want?
My car again?
Come on!

3.21 Il vestito di Mariella. Based on the dialogue, indicate which of these statements are true (**Vero**) and which are false (**Falso**).

1. Oggi Mariella porta un brutto vestito vecchio.

2. A Giuliano non piace il colore del vestito di Mariella.

3. Giuliano è un ragazzo onesto e gentile.

Answers: 3.21
1. Falso
2. Falso
3. Falso

Occhio alla lingua!

1. Look at the illustrations and labels on p. 85. What do you notice about the endings of the colors that describe the articles of clothing?

2. Look at the adjective **bello**. Do you notice any pattern in its usage?

3. What do you think **dei** and **delle** mean, as used in these captions?

Suggestion: Pair students and have them practice reading the dialogue. Circulate around the room and help them with pronunciation. If time permits, ask for volunteers to read the dialogue to the class. Or, you may choose to use the dialogue as a listening-comprehension activity to be covered in class or at home.

Suggestion: You can use the questions in *Occhio alla lingua!* to present inductively, summarize, and/or review adjectives of color, the forms of **bello** and **quello**, and the use of **dei**, **degli**, and **delle** to express indefinite quantities.

𝒢rammatica

•••

La quantità: *dei, degli, delle*

Dei, degli, and **delle** can be used with plural nouns to express indefinite quantities; you can think of these forms as plural forms of the indefinite article (**un, uno, una**). They are equivalent to the English *some, a few,* or *any.* As shown in the chart below, **dei, degli,** and **delle** follow the same pattern as the plural form of the definite article, **i/gli/le. Dei** is used with masculine plural nouns that begin with a consonant. **Degli** is used with masculine plural nouns that begin with a vowel, **z,** or **s + a consonant. Delle** is used with feminine plural nouns that begin with a consonant or with a vowel.

Anna ha **dei** vestiti eleganti.   *Anna has some elegant dresses.*

Ho comprato **delle** scarpe nuove.   *I bought some new shoes.*

	Singolare	**Plurale**
Maschile	un vestito	de**i v**estiti
	un impermeabile	de**gli i**mpermeabili
	uno zaino	de**gli z**aini
Femminile	una cravatta	del**le c**ravatte
	un'amica	del**le a**miche

Suggestion: You may choose to keep your grammar explanations to a minimum and assign as homework *Grammatica* and the related exercises.

Suggestion: You can reinforce **dei/delle/degli** by describing with students what's in the classroom: **Ci sono dei banchi, dei cancellini, un cestino, degli studenti,** etc.

Suggestion: You can decide whether to teach **dei, degli,** and **delle** as vocabulary or to explain briefly that these forms consist of **di** + the plural forms of the definite article. (Point out that **di** becomes **de** in the contracted forms.)

3.22 Gli acquisti. Tell what clothes you just bought for school. Use **un, uno, una** or **dei, degli, delle**.

1. _____ giacca
2. _____ scarpe da ginnastica
3. _____ stivali
4. _____ zaino
5. _____ camicie bianche
6. _____ pantaloni neri
7. _____ maglie
8. _____ vestito
9. _____ magliette
10. _____ grande borsa

3.23 Che cosa c'è? Describe what is displayed in the store window. Use **un, uno, una** or **dei, degli, delle**, and don't forget to indicate the color of each item.

3.24 Cosa compri? Make a list of items of clothing that you would like to purchase this season. Use **un, uno, una** or **dei, degli, delle**.

Bello e quello

When placed before nouns, **bello** (*beautiful*) and **quello** (*that*) follow the same pattern as the definite article **il/lo/l'/la/i/gli/le**, as shown in the chart below.

Maschile Before:	Singolare	Plurale
a consonant	quel/bel vestito	quei/bei vestiti
a vowel	quell'/bell'impermeabile	quegli/begli impermeabili
s + consonant	quello/bello studente	quegli/begli studenti
z	quello/bello zaino	quegli/begli zaini
Femminile Before:		
a consonant	quella/bella gonna	quelle/belle gonne
a vowel	quell'/bell'amica	quelle/belle amiche

When **bello** follows the noun, it has the same four endings as adjectives that end in **-o**.

Quei pantaloni sono proprio **belli**.   *Those pants are really beautiful.*
Anche quelle camicie sono molto **belle**.   *Those shirts are also very beautiful.*

3.25 Che bello! A friend has just bought some new things for school. Comment on how beautiful they are.

ESEMPIO: la giacca
            —Che bella giacca!

1. la borsa
2. lo zaino
3. la maglietta
4. la felpa
5. l'impermeabile
6. le scarpe
7. l'orologio
8. il vestito

3.26 L'armadio (closet). Look at the clothes in your friend's closet and comment on how nice they are. Use the correct form of **bello**.

ESEMPIO: —Che bella borsa!

3.27 Quanto costa? You are shopping in a clothing and accessories store. Point out each of the following items and ask the salesperson how much they cost.

ESEMPIO: la borsa nera
            —Quanto costa *quella* borsa nera?
            le scarpe nere
            —Quanto costano *quelle* scarpe nere?

1. le scarpe da ginnastica
2. la gonna verde
3. i pantaloni corti neri
4. gli zaini rossi
5. i pantaloni grigi
6. i jeans bianchi
7. la camicia blu scuro
8. il vestito giallo

Scambi

3.28 Di chi parlano? Listen to three conversations overheard at a party. Each will be repeated twice. Beside each number write the letter that corresponds to the person being described.

1. _____

2. _____

3. _____

Answers: 3.30

Dialogue 1: D
Dialogue 2: C
Dialogue 3: F

Presentation: Before assigning the *Lo sai che?* reading on Italian fashion, brainstorm with students the names of some famous Italian designers. Ask students: **Quale stilista italiano ti piace di più?**

Lo sai che? Italian Fashion

In Italy, the art of looking good permeates every aspect of daily life. Brand names and designer labels have always played a major role in Italians' quest to achieve the "perfect" look. Italians take fashion very seriously, as can be attested by the amount of money they spend each year on quality apparel and jewelry, most of which is produced in Italy. According to recent statistics, 30 percent of Italian women wear designer clothing, **vestiti firmati**, and almost 20 percent of men own tailor-made suits. In Italy, looking good is big business, and the fashion industry is one of the most important sectors of the economy.

Italian fashion also dominates the international designer clothing market. The "Made in Italy" label has become synonymous with unsurpassed quality, craftsmanship, and style. Italian designers such as Armani, Moschino, Gucci, Versace, Valentino, Krizia, Fendi, Prada, Gianfranco Ferrè, Laura Biagiotti, and Benetton are famous throughout the world for both their designer fashions and their ready-to-wear clothing. Stores featuring their apparel can be found in the major cities of most countries.

American fashion is also very popular in Italy, especially among teenagers and young professionals who prefer a more casual look. Designers such as Ralph Lauren and Calvin Klein, and brand names such as Levi's, Guess, Timberland, Reebok, and Adidas, are very popular and can be found in stores in most Italian cities. The language of fashion has also been influenced by American English, and words like **il blazer, il top, la T-shirt, il bomber, i jeans, il look, casual, glamour, trendy**, and **top model** have become part of everyday Italian.

3.29 Il look italiano.

1. Which Italian designers are popular among members of your generation? And your parents' generation?

2. Do you own anything that is labeled *Made in Italy*?

3. Do you have any favorite Italian designers? How would you sum up the "Italian look" using adjectives that you have learned?

Answers: 3.30

Answers will vary. Some possibilities:

a. una gonna corta bianca/dei pantaloni corti bianchi, una maglietta, delle scarpe da ginnastica bianche.
b. un vestito corto, delle scarpe/una camicia, dei pantaloni.
c. un impermeabile
d. dei pantaloni, una maglietta, delle scarpe.
e. un vestito nero/dei pantaloni scuri, una camicia, una cravatta e una giacca.
f. dei pantaloni, una camicia/una maglietta, una felpa/una maglia, delle scarpe/degli stivali.

2 **3.30 Che cosa ti metteresti (*What would you wear*)?** List what you would wear for the following occasions.

a. to play tennis

b. to attend a friend's party

c. to take a walk on a rainy day

d. to travel

e. to a special dinner date

f. to go to school

G **3.31 Complimenti!** Go around the room and compliment your classmates on their clothing and looks.

ESEMPIO: S1: Che bel vestito!

S2: Ti piace? È molto vecchio.

S1: Ma è molto bello. Quel colore ti sta proprio bene!

S2: Grazie, come sei gentile!

Suggestion: Before assigning **3.31**, you may want to remind students that Italians respond differently and may play down compliments.

3.32 Com'è? Take turns pointing out and describing various items of clothing that your classmates are wearing . Use the adjective **quello** and follow the example.

ESEMPIO: S1: Com'è quella gonna?

          S2: È lunga e rossa.

3.33 Che cos'è? Make a list of six items in your classroom. Then, working with a partner, take turns describing the location, color, and size of these items and guessing what each object is.

ESEMPIO: S1: È grande e nera. È dietro alla cattedra.

          S2: La lavagna?

          S1: Sì!

3.34 Chi è? Write a description of a classmate and what he/she is wearing. Then read your description to the class and see if your classmates can guess who he/she is.

ℒ o sai che? Important Centers of Italian Fashion

Via Montenapoleone, Milano

Milan is considered the capital of the Italian fashion industry. High fashion designers (**stilisti**), such as Giorgio Armani, Miuccia Prada, Donatella Versace, and Domenico Dolce and Stefano Gabbana, are based in Milan. Some of the most expensive and exclusive designer fashion boutiques can be found in what is known as the **quadrilatero della moda**, which includes the streets around Via Montenapoleone. In addition, some of the world's most famous designers flock every year to Milan to exhibit their *haute couture* creations in the city's exclusive fashion shows.

Florence (Firenze) is also an important fashion center. A number of ready-to-wear shows are staged in the city throughout the year. *Pitti Immagine* organizes a series of exhibits, such as *Pitti Uomo* (clothing and accessories for men), *Pitti Bimbo* (for children), and *Pitti Filati* (for textile and knitwear manufacturers).

Rome, the home of Valentino, is another important fashion center. All major Italian and international designers have shops along the streets around Piazza di Spagna, Via Condotti, and Via Frattina. During the summer, an elegant fashion show, *Donna sotto le stelle*, is staged in Rome, in the beautiful Piazza di Spagna, and it is usually broadcast on TV.

3.35 La moda americana. Are there any cities in your country famous as fashion centers? Are they known for any particular lines of clothing?

PERCORSO III
LE ATTIVITÀ PREFERITE

𝒱ocabolario: Cosa ti piace fare?

A Giulio piace leggere. Legge sempre.

A Giulio e Rita piace correre. Corrono ogni mattina.

A Giulio piace dormire. Dorme sempre molto.

A Rita non piace pulire. Invece Giulio pulisce spesso la casa.

Per parlare delle attività preferite

capire (-isc) *to understand*
conoscere gente nuova *to meet new people*
dipingere *to paint*
discutere di politica / di sport *to discuss politics/sports*
finire (-isc) (di + infinito) *to finish (+ infinitive)*
parlare al telefono *to talk on the phone*

preferire (-isc) *to prefer*
prendere un caffè *to have coffee*
rispondere alle mail *to answer e-mail messages*
scrivere lettere / poesie *to write letters / poems*
seguire le partite alla televisione *to follow sports on TV*
vedere un film *to see a movie*

Esprimere i gusti

(non) gli/le piace + infinito. . .
he/she likes (doesn't like. . .) +
infinitive. . .

(non) gli/le piace + *singular*
noun. . . he/she likes (doesn't
like. . .) + singular noun

La frequenza

ogni giorno/mattina/ sera *every*
day/morning/evening
qualche volta *sometimes*
raramente *rarely*
sempre *always*
spesso *often*

Expansion: Introduce the *La frequenza* vocabulary by asking: **Cosa fanno gli studenti ogni giorno? Ascoltano il professore? Scrivono?** etc. Ask: **Chi gioca a tennis? Chi corre ogni mattina? Voi correte? Bene, loro corrono ogni mattina. Tu preferisci vedere un film spesso? Anche tu? Voi preferite vedere un film spesso? Va bene**, etc.

3.36 L'intruso. Circle the word that doesn't belong in each group.

1. capire, leggere, correre
2. rispondere alle mail, dipingere, scrivere
3. prendere un caffè, seguire le partite alla televisione, vedere un film
4. dormire, discutere di politica, leggere
5. ogni giorno, raramente, sempre
6. parlare al telefono, pulire, conoscere gente nuova

Answers: 3.36
1. correre; 2. dipingere; 3. prendere un caffè;
4. dormire; 5. raramente; 6. pulire.

3.37 Non mi piace! List activities presented in the illustrations on p. 92 and the *Vocabolario* list that you don't like. Then find classmates who dislike the same activities.

ESEMPIO: scrivere lettere
             S1: Ti piace scrivere lettere?
             S2: No, non mi piace scrivere lettere. *o* Sì, mi piace scrivere
                 lettere.

3.38 Ti piace? Ask classmates if they like doing the activities shown in the illustrations on p. 92 and in the *Vocabolario* list. Find out how often they do them.

ESEMPIO: S1: Ti piace correre?
             S2: Sì, mi piace correre.
             S1: Spesso?
             S2: Sì, ogni mattina. *o* No, raramente.

You can use these expressions with a singular noun or an activity to talk about what you or other people like. To indicate dislikes, add **non** in front of each expression.

mi piace	*I like*
ti piace	*you (sing.) like*
gli piace	*he likes/they like*
le piace	*she likes*

Expansion: You might wish to present the formal **Le piace...?** and encourage students to ask you questions: **Le piace guardare la televisione?** etc

Suggestion: Pair students and have them practice reading the dialogue. If time permits, ask for volunteers to read the dialogue to the class. Check comprehension by naming activities mentioned and having students tell which character likes them. Or you may choose to use the dialogue as a listening-comprehension activity to be covered in class or at home.

In contesto: Cosa ti piace fare?

Roberto and Cecilia are discussing what they like to do in their free time.

ROBERTO: Cosa fai quando non studi?

CECILIA: Dipende: leggo, scrivo, qualche volta ascolto musica. E poi, mi
          piace dormire! E tu?

ROBERTO: Niente di speciale! Non mi piace stare in casa. Qualche volta, se
          ho tempo, corro. Ma soprattutto, quando sono libero, preferisco
          incontrare gli amici in piazza e discutere di sport o di politica.

3.39 Hanno molto in comune (*Do they have a lot in common*)? Make a list of the activities that Roberto and Cecilia like and write at least three adjectives to describe each of the two friends. Then decide whether or not they have a lot in common.

Answers: 3.39

Answers will vary. Some possibilites:
Roberto: gli piace incontrare gli amici in piazza, discutere di politica e correre.
Aggettivi per descrivere Roberto: intelligente, dinamico, sportivo, atletico.
Cecilia: le piace leggere, scrivere e ascoltare musica.
Aggettivi per descrivere Cecilia: intelligente, sensibile, calma, seria.

Occhio alla lingua!

1. Look at the verbs that follow **piace** in the captions on p. 92 and in the *In contesto* conversation. What do you notice about these verb forms?

2. What different conjugated verb forms do you see in the captions on p. 92 and in the *In contesto* conversation? To which conjugation does each verb belong?

𝒢rammatica

● ●

Il presente dei verbi in *-ere* e in *-ire*

There are three verb conjugations in Italian: those with infinitives ending in **-are, -ere**, and **-ire**. You have learned how to form the present tense of regular **-are** verbs by dropping the infinitive ending and adding the appropriate first-conjugation endings to the stem. The charts below show the endings for regular **-ere** and **-ire** verbs. Remember to drop the **-ere** and **-ire** from the infinitives before adding the endings to the stem.

leggere	dormire
legg**o**	dorm**o**
legg**i**	dorm**i**
legg**e**	dorm**e**
legg**iamo**	dorm**iamo**
legg**ete**	dorm**ite**
legg**ono**	dorm**ono**

Dorm**ite** molto?   *Do you (pl.) sleep a lot?*
Scriv**ono** molti messaggi.   *They write a lot of messages.*
Luisa legg**e** sempre.   *Luisa is always reading.*

Some **-ire** verbs, like **preferire** (*to prefer*), **finire** (*to finish*), **pulire** (*to clean*), and **capire** (*to understand*), insert **-isc-** before the present tense endings, except in the **noi** and **voi** forms. Verbs using **-isc-** in the stem are identified in vocabulary lists.

preferire	
prefer-**isc**-o	prefer-iamo
prefer-**isc**-i	prefer-ite
prefer-**isc**-e	prefer-**isc**-ono

Che cosa prefer**isci**?   *What do you prefer?*
Prefer**isc**ono ballare.   *They prefer to dance.*
Io cap**isc**o i miei amici.   *I understand my friends.*
Quando fin**isc**e la lezione?   *When is class over?*
Noi pul**iamo** spesso la camera.   *We clean our room often.*

3.40 Che cosa fanno? Tell what everyone is doing by matching the people in column A with the activities in column B. Some activities can be used twice.

A
1. Io
2. Marta
3. Gli studenti
4. Tu
5. Io e Riccardo
6. Tu e Giovanna
7. Carlo
8. Giuseppe e Marisa
9. Voi

B
a. prende un caffè.
b. puliamo la camera.
c. non capisci l'italiano.
d. preferiscono studiare in biblioteca.
e. seguite le partite alla TV.
f. ascoltano la radio.
g. guardo la TV.
h. nuotiamo in piscina.
i. giocate a tennis.

3.41 Chi lo fa? Listen to each sentence, which will be repeated twice, and indicate who is performing the action by writing down the correct subject pronoun.

1. _____   5. _____
2. _____   6. _____
3. _____   7. _____
4. _____   8. _____

3.42 Che cosa preferite fare? Tell what you and some of your friends prefer to do on Saturdays.

ESEMPIO: Daniela / dormire
              Daniela preferisce dormire.

1. Tina / pulire la casa
2. Paolo / ballare
3. Io e Paola / vedere un film
4. Tu e Andrea / cenare in un ristorante
5. Rosanna e Maria / ascoltare la musica
6. Io / rispondere alle mail

3.43 Che cosa fate spesso? Tell what you and others do often by completing the sentences with the appropriate forms of the verbs in the box.

correre	**discutere**	**finire**	**giocare**
guardare	**prendere**	**scrivere**	**vedere**

1. Noi _____ a calcio ogni sabato mattina.
2. Paolo _____ un caffè con gli amici.
3. Io _____ ogni mattina ai giardini.
4. Giovanna _____ la televisione ogni sera.
5. Io e i miei compagni _____ i compiti.
6. Tu e Paolo _____ di politica.
7. Fabrizio _____ una mail alla sua ragazza.
8. Giovanna e Paolo _____ un film.

Answers: 3.40
Answers will vary. Some possibilities:
1. g
2. a
3. d, f
4. c
5. b, h
6. e, i
7. a
8. d, f
9. e, i

Suggestion: Have students listen to **3.41** as homework or in class.

Script for **3.41 Chi lo fa?**
1. Nuotiamo in piscina raramente.
2. Capite sempre quando il professore parla in italiano?
3. Discutono spesso di politica.
4. Chi scrive poesie qualche volta?
5. Dipingi spesso?
6. Rispondete sempre alle mail degli amici?
7. Conosco spesso gente nuova.
8. Il sabato prende sempre un caffè con gli amici.

Answers 3.41
1. noi   5. tu
2. voi   6. voi
3. loro   7. io
4. lei/lui   8. lei/lui

Answers: 3.42
1. Tina preferisce pulire la casa.
2. Paolo preferisce ballare.
3. Io e Paola preferiamo vedere un film.
4. Tu e Andrea preferite cenare in un ristorante.
5. Rosanna e Maria preferiscono ascoltare la musica.
6. Io preferisco rispondere alle mail.

Answers: 3.43
1. giochiamo
2. prende
3. corro
4. guarda
5. finiamo
6. discutete
7. scrive
8. vedono

Scambi

 3.44 Chi lo fa? Find at least two people in your class who do each of the following activities.

Attività	Nome	Nessuno
1. Corre ogni mattina.		
2. Legge il giornale ogni giorno.		
3. Suona la chitarra.		
4. Parla molto al telefono.		
5. Dorme meno di quattro ore la notte.		
6. Mangia raramente a casa.		
7. Qualche volta vede un film italiano.		
8. Pulisce spesso la casa.		

3.45 Che cosa fate ogni giorno? Discuss which of these activities you do and how often you do them.

ESEMPIO: scrivere lettere
S1: Scrivete lettere?
S2: Sì, io scrivo lettere spesso.
S3: Io invece scrivo lettere raramente.

1. scrivere poesie
2. vedere gli amici
3. leggere un libro
4. nuotare in piscina
5. discutere di politica
6. giocare a tennis
7. pulire la casa
8. ascoltare la radio
9. dormire più di dieci ore
10. rispondere alle mail

3.46 Un paragone (*A comparison*). Using the responses from activity **3.45**, write a summary comparing and contrasting your own and your classmates' activities.

ESEMPIO: Noi scriviamo lettere spesso. Paul scrive lettere qualche volta. Hillary e Natalie scrivono lettere raramente. . . .

2. Which articles of clothing does Emma mention?

   a. i jeans

   b. una gonna

   c. le scarpe da ginnastica

   d. gli stivali

   e. la felpa

   f. una maglietta

Dopo aver guardato

3.59 Now supply the information requested below.

1. Complete the chart with specific information about the personalities and preferred activities of the people listed below.

Nome	Carattere	Attività preferite
Alessandra		
Tommaso		
Iacopo		

2. Briefly describe in Italian the following items that Gaia shows.

   a. un vestito originale

   b. una gonna lunga

   c. una giacca

3. Prepare and act out with a classmate a short dialogue in which you describe yourselves and what you like to wear.

Answers: 3.59

1. *Answers will vary. Some possibilities:* Alessandra: simpatica, divertente; Tommaso: calmo, sportivo, calcio, sci; Iacopo: sensibile, espansivo, calcio, sci.

Suggestion: To expand on this activity, you can ask additional questions about the people in the video. For example: Do you remember what they are wearing? What adjectives would best sum up their look?

  You can also have students write a brief description of one of the people in the video clip, and then take turns reading their description and guessing who is being described.

Suggestion: As an alternative to #3, you can have students imagine a dialogue with one of the people in the video clip and have pairs take turns asking and answering questions and responding about what they like to wear.

Attraverso La Lombardia

Since the 1980s, Milan, the capital of Lombardy (Lombardia) and the second largest city in Italy after Rome, has been renowned worldwide as an international fashion center. In the World War II years, it was the capital of the Resistance in Italy. In the 1960s, an economic boom quickly transformed it into the industrial and financial center of the nation. Later, Milan become the target of many of the Red Brigades' terrorist attacks. Milan and the entire region of Lombardy have always played a major role in the political, economic, and cultural life of Italy. The region is also famous for its natural beauty, artistic treasures, and numerous interesting cities. For example, Bergamo is well known for its medieval monuments: the Corleoni Chapel, the Basilica di Santa Maria Maggiore, and the Duomo. Also, Gaetano Donizetti (1797–1848), one of the greatest Italian composers, was born here.

Milano: Piazza del Duomo. La piazza del Duomo è considerata il cuore (*heart*) e l'anima (*soul*) di Milano. Questa grande piazza a forma rettangolare è situata al centro della città. Il Duomo è la struttura più importante della piazza. Costruito fra il 1386 e il 1572 in stile gotico, è interamente in marmo e adornato con 3400 statue. Nel punto più alto c'è la famosa *Madonnina*, una statua di 4 metri, simbolo di Milano. La Galleria Vittorio Emanuele unisce la piazza del Duomo con un'altra famosa piazza, Piazza della Scala, dove c'è il prestigioso teatro alla Scala, probabilmente il teatro lirico più noto del mondo.

L'ultima cena **di Leonardo da Vinci (1498) nel refettorio (*refectory*) del convento domenicano della Chiesa di Santa Maria delle Grazie, a Milano.**
È un'opera tipica del Rinascimento milanese. In quest'opera Leonardo narra con un realismo straordinario l'episodio evangelico.

Presentation: Use a clock with movable hands or draw one on the board to help students tell time. Start with the time on the hour: **È l'una. Sono le due.** etc. **È mezzogiorno. È mezzanotte.** etc. Gradually add: **È l'una e un quarto, È l'una e mezza.** Briefly explain the use of the conjunction **e** and **un quarto** and **mezzo/mezza.** Then, show different times that require **meno** such as **È l'una meno dieci, meno un quarto,** and explain the use of **meno.** At this point, introduce the expressions **di mattina, del pomeriggio, di sera,** and **di notte.**

PERCORSO I
LE ATTIVITÀ
DI TUTTI I GIORNI

Suggestion: Teach students the difference between **È l'una** and **all'una** by asking them about their schedules: **Che ora è adesso? Chi ha lezione alle due?** etc. **A che ora comincia la lezione d'italiano? Comincia alle nove? A che ora finisce? Finisce alle dieci meno dieci?** etc.

Vocabolario: Cosa facciamo ogni giorno?

Suggestion: Reinforce expressions of time using the illustrations showing Riccardo's daily routine: **Guardiamo il primo disegno: Che ore sono?** At this point, emphasize only the time and do not insist on the verbs.

La mattina e la sera di Riccardo

Expansion: Have students write down the classes they have today; then ask each other in pairs at what time each class starts and ends.

Riccardo si sveglia.

Riccardo si alza.

Riccardo si lava i denti.

Riccardo si fa la doccia.

Riccardo si fa la barba.

Riccardo si veste. Si mette una camicia e i jeans.

Riccardo fa colazione con il padre e la sorella.

Riccardo si spoglia e si prepara per andare a letto.

Riccardo si addormenta.

Presentation: Begin introducing Riccardo's daily activities using the illustrations and expressions of time already presented. Use appropriate gestures and tone of voice to assure that the input is comprehensible. Focus initially on comprehension, not production. Have students look at the illustrations and ask: **A che ora si sveglia Riccardo? A che ora si alza Riccardo?** etc.

Next, introduce the first three persons of reflexive verbs by personalizing your questions and comments: **Riccardo si sveglia alle sette. Chi si sveglia alle sette? Io mi sveglio alle otto,** etc. Then ask individual students at what time they get up. Follow up by asking the class if they remember at what time different students wake up and at what time you wake up. Continue introducing the new reflexive verbs from the illustrations using this method. Check comprehension and vocabulary acquisition by asking questions about Riccardo out of sequence: **A che ora si alza? A che ora si addormenta?** etc.

Conclude by asking students to summarize Riccardo's daily routine, using **prima, poi, dopo,** and **più tardi: Allora, a che ora si sveglia Riccardo? Che cosa fa prima? E dopo?** etc.

Presentation: At this point, you may choose to present reflexive verbs more formally. Review the singular forms of **alzarsi** by asking and commenting: **Quando ti alzi? Chi si alza alle sette? Marco si alza alle sette? Mi alzo alle sette,** etc. Write the three singular forms on the board and draw students' attention to the reflexive pronoun used with each form.

Present the plural forms by repeating: **Mi alzo alle sette.** Then ask: **Quanti studenti si alzano alle sette? Due studenti si alzano alle sette! Allora, vi alzate alle sette? Io e Marco ci alziamo alle sette!** Write the plural forms on the board. Again, draw students' attention to the reflexive pronoun used with each form.

L'ora

A che ora. . .? *At what time. . .?*
adesso/ora *now*
avere fretta *to be in a hurry*
essere in ritardo *to be late*
impegnato/a *busy*

libero/a *free, available*
Che ora è?/ Che ore sono? *What time is it?*
È presto. *It's early.*
È tardi. *It's late.*

---

*C*osì si dice: *È tardi / essere in ritardo*

Use **è tardi** to say *it's late* in general. Use **essere in ritardo** when someone is late.

Sono le cinque. È tardi.   *It's five. It's late.*

Marta è sempre in ritardo per tutto.   *Marta is always late for everything.*

Le attività di tutti i giorni

avere un appuntamento *to have an appointment, to have a date*
cenare *to have dinner*
divertirsi *to have a good time*
fare la spesa *to go grocery shopping*
farsi il bagno *to take a bath*
guardarsi allo specchio *to look at oneself in the mirror*
pettinarsi (i capelli) *to comb one's hair*
pranzare *to have lunch*

riposarsi *to rest*
truccarsi *to put on makeup*

Quando?

di solito / generalmente *usually*
dopo / poi *after, then*
ogni giorno / tutti i giorni *every day*
più tardi *later*
prima *first*

---

*C*osì si dice: **Telling time**

To ask what time it is, say: **Che ora è?** or **Che ore sono?** You can respond using a complete sentence or just stating the hour and minutes: **(È) l'una e cinque.** *(It's) five after one.* **(Sono) le due meno venti.** *(It's) twenty to two.*

To indicate the time use **è . . .** with **l'una, mezzogiorno,** and **mezzanotte.** Use the plural **sono le . . .** with all other time expressions. Express the hour and minutes before or after the hour as follows: Use **di mattina** after the hour to indicate A.M. For P.M., add to the time, **del pomeriggio** (12 P.M. to 5 P.M.), **di sera** (5 P.M. to midnight), **di notte** (midnight to early morning). **Faccio colazione alle otto di mattina.** *I have breakfast at 8:00 A.M.*

To find out when something occurs, ask: **A che ora. . .?** To respond, use **a, all', alle** + the hour.

—**A che ora comincia la lezione? A mezzogiorno?**
—**No, comincia all'una e finisce alle due.**

È l'una.

È l'una e un quarto.

Sono le due meno venti.

Sono le due meno un quarto.

Sono le due e venti.

Sono le due e mezzo (mezza).

È mezzanotte. o È mezzogiorno.

Lo sai che? The 24-hour Clock

Did you know that in Italy the use of the 24-hour clock is widespread? Train, bus, plane, movie, and theater schedules are always expressed using the 24-hour clock. Subtract 12 to convert from the 24-hour clock to the 12-hour clock.

Il film comincia alle 21.30 (ventuno e trenta) e finisce alle 23.15 (ventitré e un quarto).	*The movie begins at 9:30 P.M. and ends at 11:15 P.M.*

2 4.1 A che ora? Referring to the Rai Due TV schedule below, take turns asking each other when each of the programs listed begins. Express the time using the 24-hour clock.

ESEMPIO: *Piazza Grande*
              S1: A che ora comincia *Piazza Grande?*
              S2: Comincia alle 11.00.

1. *L'Italia sul 2*
2. *Finalmente Disney* TV bambini
3. *Tg2 Costume e Società / Salute*
4. *L'isola dei famosi* Reality Show
5. *Classici Disney*
6. *Ipotesi di reato* (2002) Film

Suggestion: Gradually introduce additional reflexive verbs used to describe one's daily routine. You can use props, mime, and illustrations. You may wish to write on the board the infinitives of these reflexive verbs.

Expansion: To continue practicing reflexive verbs, pair students and have them take turns miming and guessing verbs.

Answers: 4.1
1. Comincia alle 14.00.
2. Comincia alle 17.15.
3. Comincia alle 13.30.
4. Comincia alle 19.00.
5. Comincia alle 20.15.
6. Comincia alle 21.00.

Expansion: You can also have students respond in **4.1** using the 12-hour clock.

Expansion: You may wish to have students pick out TV programs that particularly appeal to them and tell their partner when each program starts. Their partner can guess which program is being referred to.

Also, have students choose programs from RAI UNO and RAI TRE and ask each other when they start.

MARTEDÌ 12

**CANALE 5
ORE 21.00**

Il Teo
Anche questa sera sul palcoscenico saliranno molti ospiti, tra questi il cantante Samuele Bersani, l'attrice Manuela Arcuri (foto) e il comico Massimo Lopez.

✦ RAI UNO

Tg1 (ore 6.30/11.30/ 13.30/14/17/20/22.55)
13.00 Occhio alla spesa Rubr.
14.00 Batti e ribatti
14.15 Il commissario Rex TF
15.05 La signora in giallo TF
15.50 La vita in diretta Rubr.
16.50 Tg Parlamento Rubr.
17.10 Che tempo fa
18.40 L'eredità Quiz
20.30 Affari tuoi
21.00 Virginia, la monaca di Monza (2004) Film TV Biogr. con G: Mezzogiorno
23.10 Porta a porta

✦ RAI DUE

Tg2 (ore 10.00/13/18 20.30/22.55)
11.00 Piazza Grande Spettacolo
13.30 Tg2 Costume e Società/Salute
14.00 L'Italia sul 2
15.45 Al posto tuo
17.15 Finalmente Disney TV bambini
18.50 10 minuti
19.00 L'isola dei famosi Reality Show
19.45 Warner show
20.05 Braccio di ferro
20.15 Classici Disney
21.00 Ipotesi di reato (2002) Film Dramm. con Ben Affleck Samuel L. Jackson
23.00 Voyager Doc.

✦ RAI TRE

Tg3 - Tg3 Regionali (ore 12.00/14/19/23)
10.05 Cominciamo bene Rubr.
12.25 Punto donna
13.10 Fame - Saranno famosi TF
15.00 Tgr Neapolis
15.25 Melevisione
16.00 GT Ragazzi
17.00 Cose dell'altro Geo Doc.
20.10 Blob Varietà
20.25 Un posto al sole Soap
20.55 Calcio Under 21 - Qualifi. europei: Italia - Bielorussia
23.20 Primo Piano
23.40 Mestiere di vivere Doc.

4.2 Che ora è? Take turns pointing to each clock and saying what time it is.

1. _____   2. _____   3. _____

4. _____   5. _____   6. _____   7. _____

4.3 Che significa? For each expression in column A find the correct definition in column B.

A	B
1. fare colazione	**a.** mangiare a mezzogiorno
2. pranzare	**b.** comprare cose da mangiare
3. essere impegnato	**c.** mangiare la sera
4. fare la spesa	**d.** mangiare la mattina
5. avere fretta	**e.** avere molte cose da fare
6. cenare	**f.** avere poco tempo

4.4 L'intruso. Circle the word that does not belong.

1. avere fretta, cenare, impegnato/a
2. farsi il bagno, farsi la doccia, fare colazione
3. svegliarsi, addormentarsi, pranzare
4. vestirsi, divertirsi, mettersi
5. lavarsi, leggere le mail, prepararsi
6. avere un appuntamento, alzarsi, impegnato/a

4.5 In che ordine? Number the following activities in the order in which you would do them. Then compare your list to a classmate's. How similar or different are your lists?

____ Mi riposo.	____ Mi sveglio.
____ Mi vesto.	____ Faccio la spesa.
____ Ceno.	____ Guardo la televisione.
____ Pranzo.	____ Mi metto una maglietta.
____ Mi faccio la doccia.	____ Mi addormento.
____ Mi diverto con gli amici.	____ Mi spoglio.
____ Faccio colazione.	____ Parlo al telefono.
____ Mi pettino.	

In contesto: Giorno dopo giorno!

Giulio, an Italian student, has sent his new virtual America friend, Jason, an e-mail describing his daily activities.

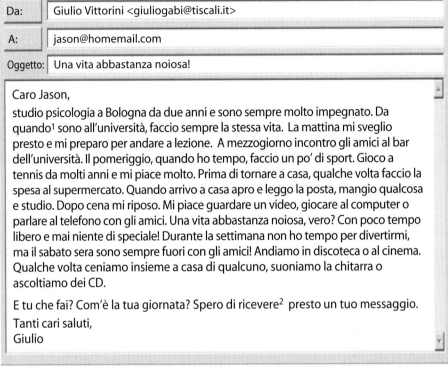

Da:	Giulio Vittorini <giuliogabi@tiscali.it>
A:	jason@homemail.com
Oggetto:	Una vita abbastanza noiosa!

Caro Jason,

studio psicologia a Bologna da due anni e sono sempre molto impegnato. Da quando[1] sono all'università, faccio sempre la stessa vita. La mattina mi sveglio presto e mi preparo per andare a lezione. A mezzogiorno incontro gli amici al bar dell'università. Il pomeriggio, quando ho tempo, faccio un po' di sport. Gioco a tennis da molti anni e mi piace molto. Prima di tornare a casa, qualche volta faccio la spesa al supermercato. Quando arrivo a casa apro e leggo la posta, mangio qualcosa e studio. Dopo cena mi riposo. Mi piace guardare un video, giocare al computer o parlare al telefono con gli amici. Una vita abbastanza noiosa, vero? Con poco tempo libero e mai niente di speciale! Durante la settimana non ho tempo per divertirmi, ma il sabato sera sono sempre fuori con gli amici! Andiamo in discoteca o al cinema. Qualche volta ceniamo insieme a casa di qualcuno, suoniamo la chitarra o ascoltiamo dei CD.

E tu che fai? Com'è la tua giornata? Spero di ricevere[2] presto un tuo messaggio.

Tanti cari saluti,
Giulio

1. Since   2. I hope to receive

4.6 La routine di Giulio. Fill in the chart by indicating three things that Giulio does each weekday morning, afternoon, and evening, and on Saturday.

La giornata di Giulio				
	la mattina	**il pomeriggio**	**la sera**	**il sabato**
1.	si sveglia			
2.				
3.				

4.7 Che tipo è? Indicate which of the following adjectives best describe Giulio and explain why: **sportivo, timido, allegro, estroverso, gentile, pigro, simpatico, studioso, triste, serio, antipatico, socievole, dinamico.**

Occhio alla lingua!

1. Look at the illustrations on p. 107 and read the captions. What kind of activities is Riccardo engaged in? What do you notice about most of the verbs used to indicate his daily activities?

2. Read Giulio's e-mail again, then consider the following verbs used in his message: **mi sveglio, mi preparo, mi riposo.** What do these verbs have in common?

3. Who or what is the subject if each verb listed in #2?

Grammatica

Il presente di verbi riflessivi

Reflexive verbs indicate that the subject acts on himself or herself. For example: *I wash* **myself**. *We dress* **ourselves**. In Italian, reflexive verbs are always accompanied by reflexive pronouns: **mi, ti, si, ci, vi, si**. In English, on the contrary, the pronouns are not always used, and many actions that the subject does to himself or herself are not expressed with a reflexive construction: *I take a shower, I get undressed, and then I go to bed.*

Simona **si** lava.	*Simona washes herself.*
Mi alzo alle otto.	*I get up at eight.*
I ragazzi **si** vestono.	*The boys are getting dressed.*

Reflexive verbs are conjugated like the other verbs you have studied. Reflexive pronouns are placed directly in front of the conjugated verb, and they are always attached to the infinitive after dropping the final **-e**.

	alzarsi	mettersi	vestirsi
io	**mi** alzo	**mi** metto	**mi** vesto
tu	**ti** alzi	**ti** metti	**ti** vesti
lui/lei	**si** alza	**si** mette	**si** veste
noi	**ci** alziamo	**ci** mettiamo	**ci** vestiamo
voi	**vi** alzate	**vi** mettete	**vi** vestite
loro	**si** alzano	**si** mettono	**si** vestono

In negative sentences, **non** always precedes the reflexive pronoun.

Non si alza mai prima delle otto.   *He never gets up before eight.*

4.8 Che cosa fanno ogni giorno? Indicate what everyone does each day by matching the people in column A with the actions in column B.

A	B
1. Tu	**a.** Vi fate la doccia.
2. Luigi	**b.** Mi alzo alle sette.
3. Io e Marco	**c.** Ti fai la barba.
4. Tu e Giovanna	**d.** Si truccano.
5. Io	**e.** Si riposa dopo cena.
6. Marcella e Cecilia	**f.** Ci mettiamo i jeans.

4.9 La routine di Luisa. Describe Luisa's daily routine by completing the passage with the correct form of one of the following verbs: **mettersi, svegliarsi, vestirsi, alzarsi, farsi, pettinarsi.**

Ogni mattina Luisa (1) _____ alle sei e mezza e (2) _____ poco dopo. Poi (3) _____ una bella doccia. Quindi (*Then*) (4) _____ e (5) _____. Quasi sempre (6) _____ i pantaloni e una camicia.

4.10 La famiglia di Giorgio. Explain what Giorgio and his family do every day. Form complete sentences by using elements from column A and column B.

A	B
1. Giorgio	svegliarsi tardi
2. Io e Carla	alzarsi presto
3. Lucia	truccarsi sempre
4. Giorgio e Marco	farsi la barba ogni mattina
5. Carla	riposarsi il pomeriggio
6. Lucia e Marco	divertirsi in casa con gli amici

4.11 Cosa fanno? Listen as different people talk about daily activities. Each person's comments will be repeated twice. Write the reflexive verb(s) that you hear in each sentence. The first one has been done for you as an example.

1. __mi alzo_____   _____
2. _____   _____
3. _____   _____
4. _____   _____
5. _____   _____
6. _____   _____

4.12 Cosa facciamo ogni giorno? Describe what you and the following people do each day by completing the sentences with the correct form of one of the verbs in the box.

> svegliarsi   addormentarsi   alzarsi   divertirsi
> riposarsi   lavarsi   cenare   spogliarsi   aprire
> fare   leggere   mettersi   pranzare   vestirsi

1. Ogni mattina io _____ alle otto del mattino e poi _____ alle otto e dieci.
2. La mattina il professore _____. Lui _____ una camicia e i pantaloni.
3. Ogni pomeriggio io e Francesca _____ la spesa al supermercato.
4. Di solito io e Luigi _____ a mezzogiorno alla mensa.
5. Stasera i ragazzi _____ un video.
6. Io _____ sempre a casa alle otto con la mia famiglia.
7. Tu e Rosalba prima _____ la posta e poi _____ con un bel libro.
8. Paolo e Giuseppe giocano a tennis ogni giorno e _____ molto.
9. La sera io _____ e _____ a mezzanotte.
10. La mattina Paolo _____ i denti.

℃osì si dice: To say *never*

• •

To express *never* in Italian, place **non** in front of the verb and **mai** after the verb: **Non mi sveglio mai presto.** *I never wake up early.*

4.13 Spesso o no? Take turns asking individuals in your group if they do the following activities, how often, and at what time. Remember to use appropriate time expressions: **sempre, spesso, qualche volta, la mattina, la sera, di solito, tutti i giorni, mai.** Conclude by preparing together a short description of the daily activities you have in common.

ESEMPIO: alzarsi
S1: Ti alzi presto?
S2: Sì, mi alzo presto tutti i giorni. *o* No, non mi alzo mai presto.
S1: A che ora ti alzi?
S2: Mi alzo alle sette . . . .

1. truccarsi/farsi la barba
2. mettersi un vestito elegante
3. lavarsi i capelli
4. lavarsi i denti
5. divertirsi
6. addormentarsi
7. riposarsi il pomeriggio
8. alzarsi

Scambi

Suggestion: Before assigning *Lo sai che?*, have students fill out the chart that follows with information about a typical day in their own country. Ask: **A che ora comincia la scuola? A che ora finisce? A che ora aprono i negozi? A che ora chiudono?** etc. This activity could be done in pairs. Then have students read the text and complete the chart about a typical Italian day as they are reading. As a whole-class activity, have students discuss differences between the two countries.

Lo sai che? Business Hours

In most Italian towns and cities, stores and other places of business still close for lunch and reopen from 3:30 P.M. or 4:00 P.M. until 7:30 P.M. or 8:00 P.M., depending on the season. It is very common for businesses to have different summer and winter schedules. Also, most stores are closed on Sunday and one morning or afternoon a week. For example, in Verona, grocery stores are always closed on Wednesday afternoons, while other stores are closed on Monday mornings. Schedules can vary from city to city, so it's always a good idea to check store hours. In Milan and a number of large cities, many stores downtown are open on Sundays and during the week have an **orario continuato**, (*i.e.*, they don't close for lunch). However, because so many businesses close for lunch and most children finish school at 1:30 P.M., lunches at home with family members, or with friends and colleagues in restaurants, remain common in Italy.

4.14 L'orario. Complete the chart below, comparing a typical daily schedule in Italy and in your country.

	Nel tuo Paese	**In Italia**
Orario della scuola		
Orario dei negozi		

4.15 Chi lo fa? Go around the room and find two classmates who do the following things.

Attività	Nome	
1. Si sveglia alle sei ogni mattina.		
2. La domenica si alza a mezzogiorno.		
3. Prima fa colazione e poi si fa la doccia.		
4. Non fa mai colazione la mattina.		
5. Si trucca o si fa la barba ogni mattina.		
6. Finisce di studiare a mezzanotte ogni sera.		
7. Si fa il bagno ogni sera prima di andare a letto.		
8. Arriva sempre tardi a scuola.		
9. Si mette i pantaloni corti per giocare a tennis.		

4.16 Intervista: Che orario hai? Interview a classmate about his/her daily class schedule and take notes. How does it compare to your own schedule?

ESEMPIO: S1: Che orario hai?

S2: Ho lezione il lunedì e il mercoledì.

S1: Che lezione hai il lunedì? A che ora?

S2: Alle otto ho lezione di matematica. . . .

4.17 Fissiamo un appuntamento. Referring to your weekly planner, write two activities you would like to do with a classmate on different days and at different times. Then set dates with two different classmates to get together at a mutually convenient day and time.

ESEMPIO: S1: Pranziamo insieme martedì a mezzogiorno?

S2: No, ho lezione di matematica. Sono libero/a lunedì a mezzogiorno.

S1: Bene. Pranziamo insieme lunedì a mezzogiorno.

4.18 Che tipo è? Use the following questions to interview a classmate about his/her daily routine. On the basis of your classmate's responses, decide which adjectives describe him/her best and write a note to your teacher explaining your conclusions.

1. Ti svegli presto o tardi la mattina? Ti piace svegliarti presto?
2. Di solito ti fai il bagno o la doccia? Quando? La mattina o la sera? Quando ti trucchi? Quando ti fai la barba?
3. Come ti vesti ogni giorno? Cosa ti metti?
4. Dove pranzi di solito? Dove ceni?
5. Di solito, hai molto tempo libero o poco? Cosa fai il pomeriggio dopo la scuola?
6. Cosa fai la sera quando torni a casa?
7. A che ora ti addormenti generalmente? Cosa fai prima?
8. Cosa fai il weekend con gli amici?

Extension: After they complete **4.15**, have students compare their own routine to that of the classmates they interviewed and, if time permits, report to the class some similarities and differences. Encourage them to use plural forms. Alternatively, they can be asked to write up their conclusions, as homework.

Suggestion: After pairs complete **4.16**, group students and have them compare their schedules. How many have classes at the same time?

PERCORSO II
I PASTI E IL CIBO

Vocabolario: Cosa mangiamo e beviamo?

Le bevande

del vino · del latte · della birra · del succo di frutta · della cioccolata · del tè · del caffè · dell'acqua minerale · un cappuccino

I primi piatti

della minestra · del riso · della pasta

I secondi piatti, i contorni e le verdure

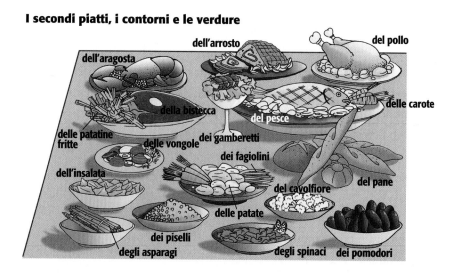

dell'arrosto · del pollo · dell'aragosta · delle carote · della bistecca · del pesce · delle patatine fritte · dei gamberetti · delle vongole · dei fagiolini · del pane · dell'insalata · del cavolfiore · delle patate · dei piselli · degli asparagi · degli spinaci · dei pomodori

I dolci e la frutta

del gelato
delle banane
dell'uva
delle arance
del formaggio
delle mele
della macedonia

I pasti
la cena *dinner*
la colazione *breakfast*
il pranzo *lunch*

Per esprimere le nostre esigenze (*needs*)

avere bisogno di *to need*
avere fame *to be hungry*

avere sete *to be thirsty*
avere voglia di *to feel like having or doing something*

Mangiare e bere
bere *to drink*
cucinare *to cook*
offrire *to offer*
ordinare *to order*
servire *to serve*

Expansion: Have students list three foods/drinks they like and two they dislike and find classmates who have similar tastes. Before they begin the activity, you may want to refer them to *Così si dice: Piace/Piacciono* on p. 120. Then follow up by having a few students report their findings.

Expansion: Reinforce food vocabulary by asking individual students if they have a favorite Italian restaurant: **Come si chiama? Dov'è? Vai spesso? Com'è?** etc. **Che cosa servono? Qual è il tuo piatto preferito?** etc. Supply students with any additional food vocabulary that they may request.

4.19 La cucina italiana. Make a list of Italian foods you are familiar with and indicate into which category they would fall: **primi piatti, secondi piatti, contorni, pane, dolci e frutta.**

4.20 L'intruso. Circle the word that doesn't belong in each group.
1. il riso, la minestra, le banane
2. l'arrosto, il pollo, il gelato
3. il pane, gli spinaci, il cavolfiore
4. la mela, l'uva, il caffè
5. il pesce, il latte, l'acqua minerale
6. le vongole, il succo di frutta, la bistecca
7. i gamberetti, l'aragosta, i fagiolini
8. le carote, il cavolfiore, il formaggio
9. il vino, l'arancia, la mela
10. i piselli, i funghi, le vongole
11. i pomodori, la birra, il tè
12. avere fame, servire, avere sete
13. avere voglia, avere bisogno, offrire

Answers: 4.20
1. le banane
2. il gelato
3. il pane
4. il caffè
5. il pesce
6. il succo di frutta
7. i fagiolini
8. il formaggio
9. il vino
10. le vongole
11. i pomodori
12. servire
13. offrire

Suggestion: If you assign **4.20** in class, you can ask students to explain their choices.

4.21 Cosa mangia? Indicate what the following people are likely to eat or drink.
1. È mattina e Mario ha sete.
2. Paola ha fame all'ora di cena e non le piace la carne.
3. A Maurizio piace molto la frutta.
4. Carla ha voglia di dolci.
5. Iacopo ha fame all'ora di pranzo e gli piacciono le verdure.
6. È sera e Carolina ha sete.

Suggestion: Pair students and have them practice reading the dialogue. Circulate around the room and help them with pronunciation. If time permits, ask for volunteers to read the dialogue to the class. Or you may choose to use the dialogue as a listening-comprehension activity to be covered in class or at home.

Suggestion: You may wish to explain the meaning of **esco, vado,** and **vieni** and to point out that these verbs will be introduced later in the chapter.

Suggestion: You can check comprehension of the *In contesto* dialogue by making statements and having students tell whether they apply to Roberta or Fabrizio: **Ha fame. Non fa colazione,** etc.

 ### In contesto: Ho fame!

Roberta runs into her friend Fabrizio in front of a café near their school.

ROBERTA: Ciao, Fabrizio, che fai?

FABRIZIO: Esco ora da lezione. Vado al bar a prendere qualcosa°. Ho proprio bisogno di mangiare! Vieni anche tu?

ROBERTA: È solo mezzogiorno. Possibile che hai già° fame?

FABRIZIO: Sai, la mattina non faccio mai colazione e quindi° a mezzogiorno ho spesso fame. Tu di solito a che ora pranzi?

ROBERTA: A casa mia pranziamo quasi sempre all'1.30. E tu, torni a casa?

FABRIZIO: No! Ho sempre fretta. Mangio qualcosa qui al bar, un panino o della pasta, dipende, e bevo del succo di frutta. Però poi la sera faccio un pasto completo: mangio il primo e il secondo e anche del contorno e della frutta. Mi piace cucinare!

ROBERTA: Dopo un bel pranzo, invece, a cena noi mangiamo solo del formaggio e dell'insalata, quasi sempre verso le 8.30.

FABRIZIO: Senti, però, perché non mi accompagni al bar lo stesso? Ti offro qualcosa da bere.

something

already

therefore

Answers: 4.22

Fabrizio—**Pasto:** Pranzo; **A che ora?:** A mezzogiorno; **Cosa mangia:** un panino o della pasta; **Pasto:** Cena; **A che ora?:** La sera; **Cosa mangia:** un pasto completo.

Roberta—**Pasto:** Pranzo; **A che ora?:** All'una e mezza; **Cosa mangia:** un bel pranzo; **Pasto:** Cena; **A che ora?:** Verso le otto e mezza; **Cosa mangia:** del formaggio e dell'insalata.

Expansion: After students complete **4.22** and compare their answers, you can have them compare their own eating schedule and habits to those of Fabrizio and Roberta. Encourage students to notice differences between the Italian schedule and their own.

Suggestion: You can use the questions in *Occhio alla lingua!* to present inductively, summarize, and/or review the indefinite quantities **del, dello, dell', della.**

4.22 I pasti di Fabrizio e Roberta. Complete the chart based on what you have learned about Fabrizio's and Roberta's eating habits, then compare your responses with those of a classmate.

	Pasto	**A che ora?**	**Cosa mangia**
Fabrizio			
Roberta			

Occhio alla lingua!

1. Look at the illustrations of foods and drinks on pp. 116 and 117. Do you remember what **dei, degli, delle** mean? What do **del, dello, dell', della** mean in this context?

2. What do you think is the difference between *degli* spinaci and *dei* gamberetti? And between *del* caffè and *della* pasta? Can you detect a pattern?

𝒢rammatica

• •

La quantità: *del, dello, dell', della*

Suggestion: You may choose to keep your grammar explanations to a minimum and assign as homework *Grammatica* and the related exercises.

In Capitolo 3, you learned that **dei, degli,** and **delle,** the equivalent of *some* or *a few* in English, are used with plural nouns that can be counted to express indefinite quantities.

Compro delle banane.   *I am going to buy some bananas.*
Mangio delle patate e dei piselli.   *I am eating potatoes and peas.*

1. **Del, dello, dell'**, and **della** are used with singular nouns to indicate a part of something, the English equivalent of *some*. They are used with words referring to food and other things that can be cut or measured, but not counted. Compare these two sentences:

Prendo della torta.   *I'll have some cake.*
Compro delle torte.   *I'll buy a few cakes.*

2. **Del, dello, dell'**, and **della** follow the same pattern as the definite article **il, lo, l', la**. The form used depends on the gender of the word and the letter it begins with.

Il partitivo		**Maschile**	**Femminile**
	a consonant	**del** formaggio	**della** torta
before	**s** + a consonant or **z**	**dello** zucchero	
	a vowel	**dell'**olio	**dell'**acqua

4.23 La borsa della spesa. Tell what's in your shopping bag by completing the sentences with the correct form of **del, dello, dell'**, or **della**.

Nella borsa della spesa ci sono _____ formaggio, _____ vino, _____ asparagi, _____ carote, _____ zucchero, _____ acqua minerale, _____ birra, _____ bistecche, _____ gamberetti.

Answers: 4.23
del, del, degli, delle, dello, dell', della, delle, dei.

Lo sai che? Meals in Italy

Breakfast is not very important for the typical Italian. It usually consists of coffee, **espresso** or **cappuccino**, and cookies (**biscotti**), a croissant (**cornetto**), or a pastry (**pasta**). For many Italians, lunch is still the most important meal and many still return home to eat with their family. A typical Italian lunch consists of a **primo piatto**, a pasta dish, rice, or soup; a **secondo piatto**, fish, meat, or chicken; and a **contorno**, a vegetable dish. Italians drink water and wine with their meals, and always conclude a meal with fruit and espresso. For those who have a large meal at lunch, dinner is usually light and consists generally of cold cuts, cheese, and a salad, often after 8:00 P.M. Pizza is also a favorite dinner item, and **pizzerie** are very popular in Italy.

No matter where they eat, Italians pay close attention to the freshness of the products.

Suggestion: As students read the information in *Lo sai che?*, have them list some of the important differences between Italian customs and those of their country. Follow up by comparing eating habits. Ask: **Qual è il pasto principale nel tuo Paese? È importante la colazione?** etc. Summarize differences and similarities on the board under the heads *In Italia* and *Nel tuo Paese*.

4.24 Al supermercato. You just arrived at the grocery store but cannot find your shopping list. Call your roommate to find out what you have to buy, asking the questions below, with the correct form of **del, dello, dell',** or **della.** Your roommate, played by another student, will respond in the negative, offering an alternative in each instance.

ESEMPIO: C'è _____ acqua minerale?

S1: C'è <u>dell'</u>acqua minerale?

S2: No, ma c'è della Coca-Cola.

1. C'è _____ vino in frigorifero?
2. Ci sono _____ spaghetti?
3. C'è _____ caffè?
4. Ci sono _____ arance?
5. C'è _____ insalata?
6. Ci sono _____ piselli per cena?

Il presente di *bere*

The verb **bere** (*to drink*) is irregular. An archaic form of its infinitive, **bevere,** is used to conjugate it. The **-ere** is dropped from **bevere** and second conjugation present tense endings are added to the stem.

bere (bevere)	
bev**o**	bev**iamo**
bev**i**	bev**ete**
bev**e**	bev**ono**

4.25 Che cosa bevete? Tell when the following people drink the beverages indicated: for breakfast, lunch or dinner?

ESEMPIO: io / del caffè

Bevo del caffè a colazione.

1. tu / del tè
2. noi / dell'acqua minerale
3. Mia madre e mio padre / del vino
4. Gianni / un cappuccino
5. Tu e Rosalba / del latte
6. Gabriella / un espresso

 4.26 E tu? Discuss what you and some of your friends drink during the day, and for breakfast, lunch, and dinner.

Scambi

Ⓒosì si dice: *Piace/Piacciono*

• •

Use **piace** when the thing liked is singular and **piacciono** when the thing liked is plural.

   For example: **Mi / Ti piace la bistecca. Non mi / ti piacciono i gamberetti.** *I/you like steak. I/you don't like shrimp.* **Gli / Le piace il pollo.** *He/She likes chicken.* **Non gli/le piacciono le verdure.** *He/She doesn't like vegetables.*

4.27 Mi piace . . ./Mi piacciono . . . Make a list of the vegetables, fruits, and meats or fish shown in the illustrations on pp. 116 and 117 that you especially like. Make a second list of anything that you don't like. With a partner, compare your lists. Do you like and dislike the same things?

4.28 La spesa. Prepare a weekly shopping list for an Italian family of four that eats all meals at home.

4.29 I tuoi pasti. Interview a classmate about his/her mealtime habits and complete the following chart. How do your classmate's habits compare to your own?

Pasto	A che ora?	Dove?	Con chi?	Che cosa mangi?	Che cosa bevi?
la colazione					
il pranzo					
la cena					

4.30 A cena a casa mia. As you listen to two friends talking about a dinner party they will be hosting, circle the phrases that best complete the statements about their plans. You will hear their conversation twice.

1. Fabio fa la spesa *questa sera / domani.*
2. A Laura piacciono *gli spaghetti con i gamberetti e le vongole / gli spaghetti con le zucchine.*
3. Laura dice (*says*) che Fabio *beve troppo caffè / cucina molto bene.*
4. Fabio cucina anche del riso perché *Giulia non si sente bene / a Giulia non piace il pesce.*
5. Per secondo, Fabio cucina *del pesce con carote e fagiolini / del pollo con patate e piselli.*
6. Laura compra *la macedonia / il gelato.*

4.31 Una cena. On a piece of paper write two things you like and one thing you don't like in the following categories: **primi piatti, secondi piatti, contorni, dolce, bevande.** Then working in small groups, organize a dinner party and decide together what to serve so everybody will enjoy the meal.

Suggestion: To give closure to the topic of food, as homework, have students use all of the information they now have about meals and food in Italy to write a letter to a friend or relative in Italy explaining the differences in meals between their country and Italy.

Suggestion: Have students listen to **4.30** as homework or in class.

Answers: 4.30

1. Fabio fa la spesa domani.
2. A Laura piacciono gli spaghetti con i gamberetti e le vongole.
3. Laura dice che Fabio cucina molto bene.
4. Fabio cucina anche del riso perché a Giulia non piace il pesce.
5. Per secondo, Fabio cucina del pollo con patate e piselli.
6. Laura compra il gelato.

Script for **4.30 A cena a casa mia.**

Fabio: Ciao, Laura, sono Fabio. Allora, va bene per domani sera? Domattina faccio la spesa presto e poi resto tutto il giorno a casa per preparare la cena.
Laura: Che fai di buono?
Fabio: Ti piacciono gli spaghetti con i gamberetti e delle vongole?
Laura: A me piacciono moltissimo e poi tu sei così bravo!
Fabio: A Giulia però non piace molto il pesce, quindi forse faccio anche del riso! Dopo il primo di pesce, penso di cucinare del pollo con patate e piselli.
Laura: E dopo? Compro del gelato?
Fabio: Perfetto! Io faccio una bella macedonia che va benissimo con il gelato. Carlo porta il vino.

PERCORSO III
LE STAGIONI E IL TEMPO

Vocabolario: Che stagione preferisci?

●●

Le stagioni

L'autunno. Fa fresco.

L'estate. C'è il sole. Il tempo è bello e fa caldo.

L'inverno. Quasi sempre il tempo è brutto. Fa freddo e nevica.

La primavera. Qualche volta piove.

Le attività nelle diverse stagioni

Marco e Giovanna fanno vela.

I ragazzi giocano a basket.

Questa sera giochiamo a carte!

Laura pattina.

Le attività nelle diverse stagioni

andare
  in bicicletta *to ride a bike*
  al cinema *to go to the movies*
  in discoteca *to go to a disco*
  al mare *to go to the beach*
  in pizzeria *to go to a pizzeria*
  a ballare *to go to dance*

fare
  dello sport *to do sports*
  una passeggiata *to take a walk*
  trekking *to go hiking*
giocare
  a baseball *to play baseball*
  a football *to play football*
  a golf *to play golf*

uscire *to go out*
venire *to come*
sciare *to ski*
prendere il sole *to sunbathe*

Che tempo fa?
È nuvoloso. *It's cloudy.*
C'è nebbia. *It's foggy.*
Tira vento./C'è vento. *It's windy.*

Caldo o freddo?
avere caldo *to be hot*
avere freddo *to be cold*

4.32 Che tempo fa? Write the names of the seasons and the months that correspond to each one. Then describe the weather conditions usually associated with each season.

2 4.33 Che fai quando . . .? Match the weather conditions in column A with the activities in column B.

A
1. C'è il sole.
2. Nevica.
3. Piove.
4. Tira vento.
5. Fa molto freddo.
6. Fa fresco.
7. Il tempo è bello.
8. Fa molto caldo.

B
a. andare al cinema
b. fare una passeggiata
c. fare vela
d. prendere il sole
e. giocare a carte
f. sciare
g. giocare a basket
h. fare trekking

4.34 Che cosa fate tu e i tuoi amici? Complete the sentences with one of the following expressions, making all necessary changes:

trekking, avere freddo, baseball, avere caldo, golf, fare vela, football, giocare a carte, andare al cinema, ballare.

1. Quando (io) _____ mi metto una felpa.
2. Il sabato sera andiamo in discoteca a _____.
3. Se c'è vento andiamo al mare a _____?
4. Domani sera, se piove, venite a casa mia a _____?
5. Ti piace _____? Hai visto l'ultimo film di Benigni?
6. Non mi piace fare una passeggiata quando c'è il sole e io _____!
7. Quali sport fai? Giochi a _____, a _____ o a _____?
8. Laura e Fabrizio vanno spesso in montagna a fare _____.

2 4.35 E tu, quando lo fai? List some activities you like to do in the different seasons. Then share your list with a partner and compare your preferences.

In contesto: Che programmi hai?

Paolo and Susanna are talking about the weather and their plans for an outing tomorrow.

PAOLO: Susanna, che fai stasera? Io esco con Giorgio. Vieni?

SUSANNA: No, non vengo, stasera non esco. Vado a letto presto, perché domani, se non piove, vado al mare a prendere un po' di sole, dopo tanti mesi in casa! Vengono anche Marco e Angela. Perché non vieni anche tu? O invece vai allo stadio?

PAOLO: Certo che vengo anch'io! Se c'è vento ho proprio voglia di fare un po' di vela. A che ora andiamo?

SUSANNA: Prestissimo! Sai° che invece Gianni e Roberta
sono a sciare? Pensa, in primavera! Io in montagna ho sempre
freddo! E poi sono pigra, lo sai, e non mi piace sciare.
Preferisco sempre l'estate e il caldo.

PAOLO: Per me invece in Italia d'estate fa troppo caldo e l'autunno
piove sempre! Mi piace la primavera, perché la temperatura è
perfetta e posso andare a correre o a giocare a tennis quasi ogni
giorno!

Do you know

4.36 I programmi di Paolo e Susanna. Indicate which of the following statements are true (**Vero**) and which are false (**Falso**) according to the conversation. Correct the false statements.

1. A Susanna piace il caldo.
2. Questa sera Susanna resta a casa.
3. Paolo ha voglia di prendere il sole.
4. Paolo è sportivo.
5. La stagione attuale è l'autunno.

Answers: 4.36
1. Vero
2. Vero
3. Falso. Paolo ha voglia di fare vela.
4. Vero
5. Falso. È primavera.

Occhio alla lingua!

1. Look at the verbs in the *In contesto* conversation. What unfamiliar verb forms do you notice?

2. What do you think is the difference between the forms **vado** and **vai**, and among the forms **vengo, vieni,** and **vengono**?

3. What expression(s) with **avere** can you find in the *In contesto* conversation? What other expressions can you remember?

Presentation: You can use the questions in *Occhio alla lingua!* to present inductively, summarize, and/or review the irregular verbs **andare, venire,** and **uscire**.

Grammatica

• •

Il presente di *andare, venire* e *uscire*

The present tense of the verbs **andare** (*to go*), **venire** (*to come*), and **uscire** (*to go out*) is irregular.

Suggestion: You may choose to keep your grammar explanations to a minimum and assign as homework *Grammatica* and the related exercises.

andare	venire	uscire
vado	vengo	esco
vai	vieni	esci
va	viene	esce
andiamo	veniamo	usciamo
andate	venite	uscite
vanno	vengono	escono

A che ora **esci** di casa la mattina?   *At what time do you leave the house in the morning?*

La sera **va** spesso a teatro.   *She often goes to the theater in the evening.*

Vengono a scuola alle otto.   *They come to school at eight.*

Answers: 4.37

Answers will vary. Answers will begin:
1. Alle nove Giovanna va. . .
2. Alle dodici e mezza noi andiamo. . .
3. Alle quattro e un quarto voi andate. . .
4. Alle sette meno un quarto tu vai. . .
5. Alle nove di sera i miei amici vanno. . .
6. Alle undici di sera Marco va. . .

4.37 Dove vanno? Imagine where the following people are going at the times indicated. Use the 12-hour clock in your responses.

ESEMPIO: 8.00 / io

       Alle otto vado a scuola.

1. 9.00 / Giovanna
2. 12.30 / noi
3. 16.15 / voi
4. 18.45 / tu
5. 21.00 / i miei amici
6. 23.00 / Marco

Answers: 4.38

1. esco
2. esce
3. uscite
4. escono
5. esci
6. usciamo

4.38 Quando usciamo? Tell when you and your friends go out. Complete the sentences with the correct forms of the verb **uscire**.

1. Io _____ tutti i sabati con gli amici.
2. Riccardo non _____ mai la sera!
3. Tu e Giulia _____ dopo cena.
4. Carlo e Mario _____ il sabato sera.
5. (Tu) _____ con noi il weekend?
6. (Noi) _____ alle cinque ogni sera.

Answers: 4.39

1. vieni   2. venite
3. vengo   4. veniamo
5. vengono   6. viene
7. vengono

4.39 Vieni a casa mia? You are having a small dinner party at your house and are discussing with a friend who is going to be there. Complete the conversation with the correct forms of the verb **venire**.

—Tu (1) _____ solo o tu e Giorgio (2) _____ insieme?

—Certo che non (3) _____ solo, io e Giorgio (4) _____ insieme.

—Sono molto contento perché (5) _____ Paolo e Anna!

—Bene! E Carla (6) _____ ?

—Sì, Carla e la sorella (7) _____ tutte e due.

4.40 Intervista. With a classmate, take turns asking each other if and when you do the following activities. Then report what you have discovered to the class.

ESEMPIO: uscire il sabato sera

       S1: Esci il sabato sera?

       S2: Sì, il sabato sera esco spesso.

1. venire all'università ogni mattina
2. andare a ballare
3. uscire la sera durante la settimana
4. venire in classe in ritardo
5. andare al mare
6. bere il caffè o il cappuccino
7. andare in pizzeria
8. uscire con gli amici

4.44 Chi lo dice? You will hear three people talking about the weather. Write the number of each person's comments, which will be repeated twice, beside the illustration to which they correspond.

1. _____

2. _____

3. _____

4.45 Che fai e quando? Indicate the activities you usually do each season and what clothes you wear. Then find a classmate who has similar tastes and habits.

Stagione	Primavera	Estate	Autunno	Inverno
Attività				
Vestiti				

4.46 Che facciamo? Discuss what you can do in the following situations.

1. Siete a Milano soltanto per due o tre giorni.
2. È sabato sera e avete voglia di uscire.
3. È un pomeriggio di ottobre e piove.
4. Avete una settimana di vacanza e avete voglia di andare al mare o in montagna.

4.47 In città. Choose two cities you know well and ask each other questions to find out what the weather is like there and what things you do at various times of the year.

ANDIAMO AVANTI!

🗣 *R*icapitoliamo

4.48 Quando lo fai? Con chi? Take turns asking and answering questions about your tastes and preferences regarding some of the topics listed below. Get as many details as you can. How similar are your responses?

> ESEMPIO: il ristorante
>
> S1: Ti piace andare al ristorante?
>
> S2: Sì! Mi piace molto!
>
> S1: Cosa mangi?
>
> S2: Mangio una bistecca e la verdura . . .

1. il ristorante
2. una cena in casa
3. una serata con gli amici
4. la biblioteca

4.49 Aiuto (*Help*)! An Italian acquaintance is coming to visit your country soon and is planning to spend a weekend with you. Imagine—and act out—your telephone conversation when he/she calls you with the following questions.

1. Com'è il tempo?
2. Come ti vesti in questo periodo?
3. Cosa pensi di fare insieme?

4.50 Per abitare insieme. Imagine that two of you are looking for a third roommate. Take turns asking a classmate about his/her daily schedule, activities, and habits. Then decide if the three of you would be compatible as roommates. Explain your decision to your classmate.

Dove sono questi giovani?
Cosa fanno?

Mentre guardi

4.60 As you watch this segment, answer the following questions.

1. Indicate at what time:

   a. si alza Felicita

   b. si alza Ilaria

   c. cena Plinio

2. What do the following people do?

   a. Chiara, quando torna a casa

   b. Felicita, la mattina

3. Circle the correct statement regarding the following people:

   a. Chiara lavora tutti i giorni dalle otto alle due.
   Chiara si alza alle otto ogni mattina.

   b. Plinio pranza sempre a mezzogiorno.
   Plinio pranza verso le due.

   c. Felicita si trucca sempre.
   Felicita va al cinema il pomeriggio.

   d. Ilaria mangia un panino a scuola.
   Ilaria pranza a casa.

4. What is Fabrizio cooking?

   a. arrosto e piselli

   b. pollo e asparagi

5. Circle the foods that are mentioned in the video: **riso, frutta, gamberetti, pollo, macedonia, pasta, verdura, succo d'arancia, caffè, asparagi, spinaci, uva.**

Answers: 4.60

1. a. alle sette; b. alle otto o otto e mezza; c. alle nove o alle dieci.
2. *Answers will vary. Some possibilities:* a. Chiara parla al telefono; b. Felicita si prepara, si trucca, si pettina, prende il caffè.
3. a. Chiara lavora tutti i giorni dalle otto alle due; b. Plinio pranza verso le due; c. Felicita si trucca sempre; d. Ilaria pranza a casa.
4. b.
5. caffè, frutta, verdura, pasta, succo d'arancia, asparagi, pollo.

Dopo aver guardato

4.61 Now discuss the following questions:

1. Compare your daily schedule with that of some of the people in the video. Indicate:

   a. a che ora ti svegli tu e a che ora si svegliano Felicita e Ilaria.

   b. a che ora pranza e cena Plinio. E tu?

2. Whose daily activities are most similar to your own? Explain why.

3. What comments can you make about Italian meals after watching the video? Do you particulary like any of the foods that are mentioned?

*A*ttraverso Le Marche

The Marche is an Italian region that stretches from the Apennine mountains to the Adriatic Sea. Few tourists visit the inland areas, probably because of its mountainous and hilly terrain, which has always acted as a barrier between the Marche region and the rest of Italy. However, for those who wish to experience everyday life in Italy, this peaceful and prosperous region is an ideal destination.

For the most part, the region is populated by proud, industrious, and self-sufficient farmers and artisans. There are also numerous family-based industries in this region.

Scattered throughout the beautiful countryside, there are splendid medieval and Renaissance towns with great artistic treasures.

La Muta (1507, Galleria Nazionale delle Marche, Urbino) di Raffaello Sanzio, uno dei grandi pittori (*painters*) del Rinascimento. In questo ritratto (*portrait*) è evidente l'influenza di Michelangelo e Leonardo. Raffaello Sanzio nacque (*was born*) a Urbino nel 1483. Affrescò (*frescoed*) le *Stanze vaticane* a Roma per il Papa (*pope*) Giulio II. Nelle sue opere (*works*) si nota il culto della perfezione delle forme e della bellezza classica. Raffaello è sepolto (*buried*) nel Pantheon, a Roma.

Urbino, una piccola città rinascimentale rinchiusa (*closed in*) tra le sue mura (*walls*) con il Palazzo Ducale. Fece costruire il palazzo (*had the palace built*) Federico da Montefeltro, il signore della città dal 1444 al 1482, il periodo più glorioso della cittadina. Frequentò (*visited*) la corte dei Montefeltro lo scrittore Baldassarre Castiglione (1478–1529). Nel suo libro *Il libro del Cortegiano* Castiglione descrive il perfetto cortigiano (*courtesan*) e la vita giornaliera dei signori che vivevano a palazzo in quegli anni. Oggi il Palazzo Ducale è la Galleria Nazionale delle Marche e contiene le opere di Piero della Francesca, di Paolo Uccello e di tanti altri famosi artisti del Rinascimento.

PERCORSO I
LA FAMIGLIA E I PARENTI

Vocabolario: Com'è la tua famiglia?

Albero genealogico di Lorenzo de' Medici

Giovanni di Bicci e Piccarda Bueri
i bisnonni di Lorenzo
(i suoi bisnonni)

nato nel 1449
morto nel 1492

Cosimo il Vecchio e Contessina de' Bardi
il nonno di Lorenzo   la nonna di Lorenzo
(i suoi nonni)

Pietro il Gottoso e Lucrezia Tornabuoni
il padre di Lorenzo   la madre di Lorenzo
(i suoi genitori)

Giovanni
lo zio di Lorenzo
(suo zio)

Lorenzo De' Medici e Clarice Orsini
la moglie di Lorenzo
(sua moglie)

Giuliano
il fratello di Lorenzo
(suo fratello)

Lucrezia e Iacopo Salviati
la figlia di Lorenzo   il marito di Lucrezia
(i suoi figli)

Piero e Giovanni
i figli di Lorenzo

Giulio
*il figlio illeggittimo
di Giuliano*

Maria Salviati
*la figlia di Lucrezia
la nipote di Lorenzo*

Lorenzo Duca d'Urbino
*il figlio di Piero
il nipote di Lorenzo*

(i suoi nipoti)

Giorgio Vasari, "Portrait of Lorenzo de' Medici (the Magnificent)", Florence, Uffizi, Scala/Art Resource, NY.

Lo stemma della famiglia Medici

Per parlare della famiglia

il bambino/la bambina *child*
il cognato/la cognata *brother-in-law/sister-in-law*
il cugino/la cugina *cousin*
il figlio unico/la figlia unica *only child*
i gemelli/le gemelle *twins*
i nonni materni/paterni *maternal/paternal grandparents*

il papà/la mamma *dad/mom*
morto/a *dead*
i parenti *relatives*
il suocero/la suocera *father-in-law/mother-in-law*
vivo/a *alive*

Presentation: Introduce family relationships referring to the de' Medici family tree. Start by briefly explaining who Lorenzo de' Medici is, or refer students to the *Attraverso la Toscana* section at the end of this chapter.

Continue by presenting new vocabulary and reviewing/introducing the third person of possessive adjectives: **Giovanni di Bicci e Piccarda Bueri sono i bisnonni di Lorenzo. Cosimo il Vecchio è suo nonno e Contessina de' Bardi è sua nonna. Cosimo de' Medici e Contessina de' Bardi sono i suoi nonni. Cosimo il Vecchio è il marito di Contessina de' Bardi. È suo marito.** Reinforce new vocabulary as you introduce it, by asking yes/no questions or questions that require a one-word answer: **Come si chiama il marito di Contessina de' Bardi? Come si chiama il marito di Piccarda Bueri?**, etc. Continue and introduce the third-person singular and plural of possessive adjectives: **Lucrezia, Piero e Giovanni sono i figli di Lorenzo. Sono i suoi figli. Sono i figli di Lorenzo e Lucrezia. Sono i loro figli. Lucrezia è la sorella di Piero e Giovanni. È la loro sorella.** Gradually introduce all the words for family members.

Expansion: Continue explaining the Medici family tree: **Giuliano de' Medici è il figlio di Pietro il Gottoso e il fratello di Lorenzo de' Medici. È il cognato di Clarice Orsini e lo zio di Lucrezia, Piero e Giovanni.** Ask students to state people's relationships to as many family members as possible: **Chi è Iacopo Salviati?** etc.

Suggestion: Pair students and have them take turns describing to each other how the people in the de' Medici family are related to each other.

Per discutere dei rapporti tra i familiari

andare d'accordo con *to get along with*
Che lavoro fa? *What does he/she do?*
È avvocato/casalinga/ ingegnere/medico *He/She is a lawyer/a housewife/an engineer/doctor*
il fratello/la sorella più grande/più piccolo/a *older/younger brother/sister*

divorziato/a *divorced*
In quanti siete? *How many are there in your family?*
Siamo in. . . *There are. . .of us*
litigare *to argue*
somigliare a *to look like/to be like*
vivere *to live*

Così si dice: I nipoti

• •

In Italian, **il nipote** and **la nipote** are used both for *grandchild* and *niece/nephew*. The same word is used to refer to males and females, but the masculine and feminine articles are used to distinguish the sex. **I nipoti** is used in the plural.

Così si dice: Di chi è?

• •

To inquire to whom something belongs, you can ask: **Di chi è/sono? Di chi sono le chiavi?** *Whose keys are they?* To indicate possession, you can use **di** + a proper name or a noun.

　　Le chiavi sono di Giovanna, la sorella di Giuseppe.　　*The keys belong to Giovanna, Giuseppe's sister.*

5.1 Le generazioni. Osserva l'albero genealogico di Lorenzo de' Medici a pagina 141 e indica quali delle frasi seguenti sono vere e quali sono false. Correggi quelle false.

1. Il fratello di Lorenzo è Giovanni.
2. Il nonno di Lorenzo si chiama Cosimo il Vecchio.
3. Giuliano è lo zio di Lucrezia, Piero e Giovanni.
4. Lucrezia, Piero e Giovanni sono i cugini di Giulio.
5. Piero e Giovanni sono i cognati di Iacopo Salviati.
6. Giovanni di Bicci è il padre di Lorenzo.

5.2 L'albero genealogico. Osserva l'albero genealogico di Lorenzo de' Medici e completa le frasi. Usa l'articolo corretto.

1. Lucrezia Tornabuoni è _____ di Pietro il Gottoso e _____ di Lorenzo.
2. Lucrezia Salviati è _____ di Piero e _____ di Giulio.

3. Maria Salviati è _____ di Lorenzo e _____ di Lucrezia.

4. Lorenzo e Giuliano sono _____ di Pietro il Gottoso.

5. Pietro il Gottoso e Lucrezia Tornabuoni sono _____ di Lorenzo e _____ di Lucrezia, Piero e Giovanni.

6. Lorenzo è _____ di Iacopo Salviati.

7. Lucrezia, Piero e Giovanni sono _____ di Giuliano.

8. Giovanni di Bicci e Piccarda Bueri sono _____ di Lorenzo.

Così si dice: **La famiglia allargata**

• •

In Italian, the words **patrigno** (*stepfather*), **matrigna** (*stepmother*), **fratellastro** (*stepbrother*), and **sorellastra** (*stepsister*) have a slightly negative connotation. Italians prefer to use expressions such as, **il secondo marito di mia madre** (*my mother's second husband*), **i figli della seconda moglie di mio padre** (*my father's second wife's children*), etc.

5.3 Chi sono? Indica chi sono le seguenti persone.

1. Il fratello di mia madre è mio _____.

2. La sorella di mio padre è mia _____.

3. La sorella di mio marito è mia _____.

4. Il figlio di mia zia è mio _____.

5. I genitori di mia moglie sono i miei _____.

6. La figlia di mia sorella è mia _____.

7. I figli dei miei figli sono i miei _____.

8. Mio padre e mia madre sono i miei _____.

Answers: 5.3
1. zio
2. zia
3. cognata
4. cugino
5. suoceri
6. nipote
7. nipoti
8. genitori

5.4 L'intruso. Elimina la parola che non c'entra.

1. il marito, il nipote, la moglie

2. andare d'accordo, somigliare, litigare

3. la zia, la nipote, la moglie

4. i fratelli, i gemelli, i suoceri

5. i parenti, i genitori, i cugini

6. divorziato, sposato, bambino

Answers: 5.4
1. il nipote
2. somigliare
3. la moglie
4. i suoceri
5. i genitori
6. bambino

Suggestion: Have students choose a person from Lorenzo de' Medici's family tree and pretend to be that person. Then have them take turns asking questions to guess the identity of the person chosen by their partner. Demonstrate this activity by modeling questions and answers: **Chi è Lorenzo? È mio marito. Sei Clarice Orsini? Sì.** etc.

Così si dice: **Azioni reciproche**

• •

The plural forms of the reflexive pronouns (**ci, vi, si**) can be used with the **noi, voi,** and **loro** forms of many verbs to indicate reciprocal actions. **Vi vedete spesso?** *Do you see each other often?* **No, ma ci telefoniamo e ci scriviamo sempre.** *No, but we always call and write to each other.* **Giuseppe e Claudia invece si vedono ogni weekend.** *Giuseppe and Claudia, on the other hand, see each other every weekend.*

Presentation: The forms of the reciprocal are introduced here so students can talk about their families. Help students with use, but keep grammatical detail to a minimum. Reciprocal verbs are formally presented in Capitolo 10.

In contesto: Una famiglia italiana

Alberto Sorrentino descrive la sua famiglia:

Mi chiamo Alberto Sorrentino. Sono di Napoli, ma lavoro a Roma da molti anni. Sono avvocato. Mia moglie, Luisa, insegna all'università di Roma. Abbiamo due belle bambine, Giulia e Patrizia. Patrizia ha cinque anni e ancora non va a scuola, ma sa già° leggere e scrivere. Giulia invece fa la terza elementare. I miei genitori vivono a Napoli. Mio padre ha 70 anni ed è in pensione. Mia madre è casalinga. I miei nonni paterni sono morti, la mia nonna materna, invece, vive con i miei genitori. Ho anche due sorelle e un fratello. La mia sorella più grande, Marisa, è medico. È sposata e ha un figlio di sette anni. Anche suo marito è avvocato, come me. Io e mio cognato andiamo molto d'accordo. Ci conosciamo da quando eravamo° bambini. Fra tutti i miei parenti, lui è il più simpatico. Giovanna, la mia seconda sorella, è divorziata. È ingegnere e lavora sempre tanto. Io somiglio molto a lei. Abbiamo lo stesso carattere e spesso litighiamo. Mio fratello Carlo è più piccolo di me. È un tipo disinvolto°, energico e allegro. Studia lingue e letterature straniere all'università di Napoli. Studia anche l'inglese, ma non lo sa parlare molto bene. Non ci vediamo molto spesso perché abitiamo lontano, ma siamo una famiglia molto unita. Ci telefoniamo spesso e ci aiutiamo a vicenda°.

already

We've known each other since we were

easy-going

we help each other

Suggestion: After presenting key vocabulary, have students read silently the *In contesto* description and complete the related activity.

Have pairs discuss and complete their answers before going over them with the class as a whole. Or you may choose to use this selection as a listening comprehension activity to be covered in class or at home.

Answers: 5.5

```
        il padre di Alberto — la madre di Alberto
       ┌──────────────┬───────────┬──────────┐
  Alberto—Luisa     Marisa    Giovanna    Carlo
   ┌────┴────┐
 Giulia   Patrizia
```

2 5.5 La famiglia di Alberto. Ricostruite l'albero genealogico della famiglia di Alberto Sorrentino.

2 5.6 Cosa sappiamo di. . .? Compila la seguente scheda (*grid*) e indica cosa sai di Alberto e dei suoi familiari. Paragona (*compare*) i tuoi risultati con quelli di un compagno/una compagna.

Nome	Marisa	Alberto	Giovanna	Carlo
professione	medico	avvocato	ingegnere	studente
stato civile	sposata	sposato	divorziata	single
figli	1	2	—	—
carattere	*Answers will vary.*	*Answers will vary.*	*Answers will vary.*	*Answers will vary.*

Occhio alla lingua!

Suggestion: You can use the questions in *Occhio alla lingua!* to present inductively, summarize, and/or review possessive adjectives and pronouns.

1. What two ways of expressing possession do you notice in the family tree of Lorenzo de' Medici? Give examples of each.

2. Now, in the family tree of Lorenzo de' Medici, focus on the words in red. What word in each instance indicates possession? What word precedes this possessive adjective in many instances?

3. What do you notice about the endings of the possessive adjectives?

Grammatica

Gli aggettivi possessivi

Possessive adjectives, **aggettivi possessivi**, are used to indicate possession. They are equivalent to the English *my, your, his/her/its/our,* and *their.* They usually precede the noun. Like all Italian adjectives, possessive adjectives agree in number and gender with the noun they modify. They do not agree with the possessor. Unlike the English possessive adjectives, they are usually preceded by the definite article, which also agrees in number and gender with the noun possessed.

Suggestion: You may choose to keep your grammar explanations to a minimum and assign as homework *Grammatica* and the related exercises.

Gli aggettivi possessivi		
	Maschile	
	Singolare	**Plurale**
my	**il** mio amico	**i** miei amici
your (*informal, sing.*)	**il** tuo amico	**i** tuoi amici
your (*formal, sing.*)	**il** Suo amico	**i** Suoi amici
his/her/its	**il** suo amico	**i** suoi amici
our	**il** nostro amico	**i** nostri amici
your (*informal, pl.*)	**il** vostro amico	**i** vostri amici
your (*formal, pl.*)	**il** Loro amico	**i** Loro amici
their	**il** loro amico	**i** loro amici
	Femminile	
	Singolare	**Plurale**
my	**la** mia amica	**le** mie amiche
your (*informal, sing.*)	**la** tua amica	**le** tue amiche
your (*formal, sing.*)	**la** Sua amica	**le** Sue amiche
his/her/its	**la** sua amica	**le** sue amiche
our	**la** nostra amica	**le** nostre amiche
your (*informal, pl.*)	**la** vostra amica	**le** vostre amiche
your (*formal, pl.*)	**la** Loro amica	**le** Loro amiche
their	**la** loro amica	**le** loro amiche

La mia casa è qui vicino.	*My house is nearby.*
Giovanna, dove sono **i tuoi fratelli**?	*Giovanna, where are your brothers?*
I suoi genitori abitano in Italia.	*Her parents live in Italy.*

The following rules will help you use possessive adjectives:

1. In Italian, *his* and *her* are both expressed by **il suo, i suoi, la sua, le sue. Il suo** is also used for the formal form of *your.* In this instance it may be capitalized—in a formal letter, for example.

Giulio è l'amico **di Carlo**.	*Giulio is Carlo's friend.*
È **il suo** amico.	*He is his friend.*
Giulio è l'amico **di Anna**.	*Giulio is Anna's friend.*
È **il suo** amico.	*He is her friend.*
Rispondo **alla Sua** lettera.	*I am responding to your letter.*

2. When possessive adjectives are used with a singular, unmodified family member, the article is usually omitted.

Sua sorella ha venti anni.	*His/Her sister is twenty years old.*
Nostro zio è socievole.	*Our uncle is sociable.*

3. **Loro** never changes form and is always used with the definite article, even with a singular, unmodified family member. The article always agrees in number and gender with the noun possessed.

La loro casa è grande.	*Their house is large.*
I loro cugini sono in Italia.	*Their cousins are in Italy.*
La loro nonna è italiana.	*Their grandmother is Italian.*

4. The article is always used with the word **famiglia**.

Di dov'è **la tua** famiglia?	*Where is your family from?*

5. The article is also used if the noun referring to a relative is plural or if it is modified by an adjective.

Le mie sorelle non vanno a scuola.	*My sisters don't go to school.*
La mia sorella **più piccola** frequenta l'università.	*My youngest sister goes to college.*

6. Idiomatic expressions such as **a casa mia** (*my home*) are never used with an article.

Andiamo **a casa mia** o **a casa tua**?	*Shall we go to my house or your house?*

Suggestion: As an ice-breaker, you can call out singular forms of the possessive adjectives and have the class supply the plural forms, and vice versa.

5.7 La casa di Riccardo. Riscrivi il seguente paragrafo e descrivi la casa di Riccardo. Fa' tutti i cambiamenti necessari.

ESEMPIO: Io non sono una persona molto ordinata, è vero . . .
Riccardo non è una persona molto ordinata, è vero . . .

Io non sono una persona molto ordinata (*neat*), è vero. Il mio cappotto è sulla sedia. La mia maglietta è sempre sul tavolo. I miei libri sono sotto il letto (*bed*). Le mie scarpe sono dietro alla porta. Non ricordo dove sono i miei CD di Pavarotti e non trovo la mia agenda da tre giorni. Chissà dove sono i miei pantaloni neri.

Answers: 5.7

Riccardo non è una persona molto ordinata, è vero. Il suo cappotto è sulla sedia. La sua maglietta è sempre sul tavolo. I suoi libri sono sotto il letto. Le sue scarpe sono dietro alla porta. Non ricorda dove sono i suoi CD di Pavarotti e non trova la sua agenda da tre giorni. Chissà dove sono i suoi pantaloni neri.

5.8 Dove sono? Domanda dove sono le tue cose e quelle dei tuoi amici. Forma delle domande complete e usa gli aggettivi possessivi.

ESEMPIO: Paolo / libri
Dove sono i suoi libri?

1. Carlo / penna

2. Luisa / zaino

3. Luisa e Carlo / scarpe da tennis

4. Tu / giacca

5. Io / quaderni

6. Io e Carlo / pantaloni

7. Tu e Luisa / penne

8. Giovanna / matite

Answers: 5.8

1. Dov'è la sua penna?
2. Dov'è il suo zaino?
3. Dove sono le loro scarpe da tennis?
4. Dov'è la tua giacca?
5. Dove sono i miei quaderni?
6. Dove sono i nostri pantaloni?
7. Dove sono le vostre penne?
8. Dove sono le sue matite?

5.9 Una domenica in famiglia. Completa le frasi con gli aggettivi possessivi. Usa l'articolo determinativo quando è necessario.

1. Tu vai a trovare _____ genitori.
2. Io parlo con _____ cugina Marta.
3. Noi pranziamo con _____ nonni.
4. Luisa gioca a tennis con _____ fratello.
5. Carlo e Giulia cenano con _____ zii.
6. Tu e Marco nuotate in piscina con _____ cugini.

Answers: 5.9
1. i tuoi
2. mia
3. i nostri
4. suo
5. i loro
6. i vostri

5.10 I parenti. Spiega chi sono le seguenti persone.

1. La moglie di mio fratello è _____.
2. Il figlio di tua sorella è _____.
3. Il fratello di vostro padre è _____.
4. I figli di sua zia sono _____.
5. Il padre e la madre dei miei genitori sono _____.
6. Le figlie dei miei genitori sono _____.
7. Le figlie dei nostri zii sono _____.
8. La madre di sua moglie è _____.
9. La madre della loro madre è _____.
10. La moglie di nostro zio è _____.

Answers: 5.10
1. mia cognata
2. tuo nipote
3. vostro zio
4. i suoi cugini
5. i miei nonni
6. le mie sorelle
7. le nostre cugine
8. sua suocera
9. la loro nonna
10. nostra zia

5.11 Brevi dialoghi. Completa i dialoghi con la forma corretta degli aggettivi possessivi.

1. GIANNA: Renata, come si chiama _____ figlia più grande?

   RENATA: _____ figlia più grande si chiama Marisa.

2. LUIGI: Paolo e Mario, dove vive _____ famiglia?

   PAOLO: _____ genitori vivono a Roma. _____ sorelle, invece, vivono a Pescara.

3. RENZO: Signora, dov'è _____ marito?

   SIGNORA: Oggi _____ marito è a casa con _____ figlie.

Answers: 5.11
1. la tua, La mia
2. la vostra, I nostri, Le nostre *or* Le mie
3. Suo, mio, le nostre

I pronomi possessivi

Possessive pronouns, **i pronomi possessivi**, express ownership. They are used in place of things and people just mentioned. Possessive pronouns correspond to the English *mine, yours, his, hers, its, ours,* and *theirs.* In Italian, possessive pronouns are identical in form to possessive adjectives. They agree in gender and number with the noun they replace.

Presentation: Ask students: **Dove abita la tua famiglia? E la tua? E la vostra?** etc. Write a few sentences on the board and briefly explain that possessive pronouns have the same forms as possessive adjectives. Mention that they are almost always used with an article, even when they replace singular unmodified nouns or family members.

Le mie cugine sono molto simpatiche.
   Come sono **le tue**?

My cousins are very nice. How are yours?

I nostri nonni sono morti. E **i tuoi**, sono ancora vivi?

Our grandparents are dead. And yours, are they still alive?

Possessive pronouns are usually used with the definite article, even when they refer to relatives.

Vado d'accordo con mia suocera.
   Tu vai d'accordo con **la tua**?

I get along with my mother-in-law. Do you get along with yours?

5.12 La mia famiglia. Spiega che cosa tu e i tuoi amici fate con i vostri parenti. Completa le frasi con i pronomi possessivi.

ESEMPIO: Io ceno con mia sorella. Luisa cena con _____.
                  Io ceno con mia sorella. Luisa cena con **la sua**.

1. Io studio con mio cugino. Tu studi con _____.
2. Io ceno con i miei genitori. Voi cenate con _____.
3. Io gioco a tennis con mio zio. Paolo gioca con _____.
4. Io cucino con mia madre. Maria e Paolo cucinano con _____.
5. Io faccio colazione con i miei suoceri. Anna fa colazione con _____.
6. Io pranzo spesso con le mie zie. Anna pranza con _____.

 5.13 La famiglia. Discutete della vostra famiglia. Poi scrivete una breve composizione e paragonate le vostre famiglie.

ESEMPIO: S1: Come si chiama tuo padre?
                  S2: Mio padre si chiama Richard. E il tuo?
                  S1: Anche il mio si chiama Richard. Com'è tua madre?
                  S2: Mia madre è bionda, alta e simpatica. Com'è la tua?

Il presente di *conoscere* e *sapere*

In Italian, *to know* can be expressed by both **conoscere** and **sapere**.

sapere	conoscere
so	conosco
sai	conosci
sa	conosce
sappiamo	conosciamo
sapete	conoscete
sanno	conoscono

The following rules will help you use **conoscere** and **sapere**.

1. **Conoscere** is a regular verb and corresponds to the English *to be familiar* or *acquainted with.* It is used with people, places, and things.

   Conosco molto bene tutta   *I know very well Carlo's entire*
      la famiglia di Carlo.   *family.*
   Conoscete Roma bene?   *Do you know Rome well?*
   Conosciamo le opere di Dante.   *We are familiar with Dante's works.*

2. **Sapere** is an irregular verb and corresponds to the English *to know a fact or some information,* or *to know how to do something.*

   —**Sai** il suo nome?   —*Do you know his/her name?*
   —Sì, e **so** anche dove abita.   —*Yes, and I also know where he/she lives.*

   Non **so** cucinare!   *I don't know how to cook!*

5.14 Una famiglia eccezionale! Giulia spiega che cosa lei e i familiari sanno fare. Completa le frasi con la forma corretta di **sapere**.

1. Io _____ cantare e ballare.

2. Mia sorella _____ suonare il pianoforte.

3. I miei fratelli _____ giocare a tennis.

4. Io e mia madre _____ parlare bene l'inglese.

5. E tu? Che cosa _____ fare?

Answers: 5.14
1. so
2. sa
3. sanno
4. sappiamo
5. sai

5.15 Fra nonno e nipote. Completa la seguente conversazione fra nonno e nipote con la forma corretta di **sapere** o **conoscere**.

NIPOTE: Nonno, è vero che tu (1) _____ parlare cinque lingue?

NONNO: No, (2) _____ parlare soltanto l'italiano, l'inglese e il francese.

NIPOTE: Nonno, è vero che tuo fratello (3) _____ il Presidente della Repubblica?

NONNO: Sì, lui (4) _____ molte persone importanti.

NIPOTE: È vero che la zia (5) _____ suonare la chitarra?

NONNO: Sì, e (6) _____ suonare anche il violino.

NIPOTE: È vero che i miei genitori (7) _____ giocare a tennis e (8) _____ molti tennisti famosi?

NONNO: Tua madre (9) _____ giocare bene, ma tuo padre non gioca più. E tu, cosa (10) _____ fare di speciale?

NIPOTE: Nonno, tu (11) _____ benissimo che io non (12) _____ fare ancora (*yet*) niente di speciale!

Answers: 5.15
1. sai   2. so
3. conosce   4. conosce
5. sa   6. sa
7. sanno   8. conoscono
9. sa   10. sai
11. sai   12. so

Scambi

5.16 I parenti. Gianluca parla della sua famiglia. Ascolta due volte la descrizione e indica quali delle seguenti affermazioni sono vere e quali false.

1. _____ Gianluca non ha sorelle.

2. _____ Vede spesso i genitori di sua madre.

3. _____ I suoi genitori sono morti.

4. _____ Sua zia non abita in Italia.

5. _____ Ha molti cugini e zii.

5.17 La tua famiglia. A turno, descrivete la vostra famiglia e ricostruite l'albero genealogico. Poi insieme controllate se le informazioni sono corrette.

5.18 I particolari (*The details*). Prepara una lista di otto domande per scoprire i particolari sulla famiglia di un compagno/una compagna. Poi usa la lista per intervistare una persona. Quindi scrivi una mail e riferisci le informazioni al tuo professore/alla tua professoressa.

Suggestion: Have students listen to **5.16** as homework or in class.

Script for **5.16 I parenti.**

La mia famiglia non è molto grande. Siamo in quattro. Mio padre, mia madre e mia sorella. I miei nonni materni sono morti quando ero piccolo. La sorella più grande di mia madre è sposata con un americano e vive a New York con la famiglia. Mio padre è figlio unico, ma i suoi genitori abitano nella nostra stessa città e quindi ci vediamo spesso.

Answers: 5.16
1. Falso   2. Falso
3. Falso   4. Vero
5. Falso

Expansion: Give closure to this activity by having a volunteer go to the board and draw another student's family tree, by asking pertinent questions.

Suggestion: Before assigning this activity, brainstorm topics with the class: **età, professione, carattere.** Encourage students to use Alberto's description on p. 144 as a model for the type of information to find out. Reinforce **conoscere** and **sapere** by having students discuss any special talents that members of their family might have. If time permits, have students report back their findings: **Cosa sai della famiglia di. . .?**

Suggestion: Have students exchange papers with their partners to check the accuracy of the information and to correct possessives.

Suggestion: Encourage students to circulate quickly around the room and to use both singular and plural forms of the verbs. Then have them report their results to the class, using all forms of **conoscere** and **sapere**.

G **5.19 Conoscenze e abilità.** Trova un compagno/una compagna che conosce le seguenti persone e/o sa fare le seguenti cose. Scopri anche i particolari.

	Nome	I particolari
1. una persona famosa		
2. la musica di Vivaldi		
3. cantare		
4. un'opera d'arte di Leonardo da Vinci		
5. fare un dolce italiano		
6. il titolo di un'opera di Verdi		
7. il nome di un buon ristorante italiano		
8. ballare il tango		
9. disegnare bene		
10. parlare tre lingue		
11. suonare il pianoforte		
12. fare vela		
13. l'autore della *Divina Commedia*		
14. una famiglia italiana		

Answers: 5.20

1. A. Roberto Benigni
   B. Andrea Bocelli
   C. Hillary Clinton
   D. Principe Carlo
   E. Donatella Versace
   F. Sofia Loren

5.20 Conoscete queste persone? Completate la scheda seguente e indicate cosa sapete di queste persone.

A    B    C

D    E    F

	A	**B**	**C**	**D**	**E**	**F**
1. il nome						
2. l'età						
3. la professione						
4. di dov'è						
5. dove abita						
6. com'è						
7. stato civile						
8. informazioni sulla famiglia						

Lo sai che? La famiglia italiana

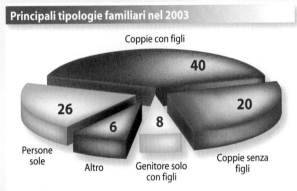

Principali tipologie familiari nel 2003

Coppie con figli 40
20 Coppie senza figli
26 Persone sole
6 Altro
8 Genitore solo con figli

Composizione percentuale.

Oggi in Italia le famiglie numerose (*large*) sono molto rare. Infatti in Italia la crescita demografica è quasi zero. Molte coppie oggi decidono di non avere figli o di avere un figlio unico, per ragioni economiche e di lavoro, anche perché le donne italiane lavorano sempre più spesso fuori (*outside*) casa. Ancora, però, come in passato, i figli sposati spesso vivono vicino ai genitori e i nonni passano molto tempo con i nipoti, particolarmente quando i genitori lavorano. I figli adulti assistono i genitori quando sono vecchi o non stanno bene. Spesso i genitori anziani vanno a vivere con i figli.

Oggi molte cose stanno cambiando (*are changing*) anche nella struttura familiare italiana: da molti anni c'è il divorzio e nuovi nuclei familiari si formano più facilmente che in passato. La famiglia però occupa sempre un posto importante nella società italiana.

Suggestion: You can assign the cultural reading as homework, and the next day, pair students and have them complete **5.21** and **5.22** in class. You can have pairs of students summarize and compare their findings for the class.

Suggestion: To preview the reading, you may wish to go over with the class the pie chart, considering the implications of this information for Italian society.

5.21 La famiglia italiana. Indicate tre cose che adesso sapete della famiglia italiana.

5.22 Simile o diversa? Le famiglie del vostro Paese sono simili o diverse dalle famiglie italiane? Come?

PERCORSO II
LE FESTE IN FAMIGLIA

Vocabolario: Che cosa festeggiate?

Oggi è il cinquantesimo anniversario di matrimonio dei nonni. Parenti e amici li festeggiano e fanno tante foto.

lo spumante
Daniela oggi si laurea in Medicina.

gli invitati

Oggi è il compleanno di Ernesto.

i regali   **la torta con le candeline**

Presentation: Introduce new vocabulary by describing the illustrations in the text: **Chi sono le persone nel disegno? Dove sono? Cosa fanno? Come si chiama il bambino? Cosa festeggiano?** etc. Then ask about other important family events and celebrations and write new vocabulary on the board: **comunione, battesimo, matrimonio, diploma,** etc. Later help students describe how their families celebrate important occasions by asking leading questions and introducing new vocabulary: **Come festeggiate i compleanni a casa tua? Invitate gli amici a casa o al ristorante?** etc.

Expansion: Present expressions Italians use for different occasions and the first-person plural of the verb **dire: Per un compleanno diciamo: «Buon compleanno!». In quasi tutte le occasioni diciamo «Auguri!» o «Tanti auguri!». Per un successo a scuola o sul lavoro diciamo «Congratulazioni!»**

Per discutere di occasioni importanti

il battesimo *baptism*
diplomarsi *to graduate from high school*
il diploma *high school degree*
laurearsi *to graduate from college*
la laurea *college degree*
il matrimonio *wedding*
la prima comunione *First Communion*
sposarsi *to get married*

Per parlare delle feste

il bicchiere *glass*

dare/fare una festa *to give / have a party*
fare gli auguri *to say best wishes*
fare un regalo *to give a present*
invitare *to invite*
mandare un biglietto di auguri *to send a card*
un invito *an invitation*
i palloncini *balloons*
regalare *to give a present*
il ricevimento *reception*
spedire (-isc-) *to mail, to send*

5.23 Che cos'è? Completa le frasi con la forma corretta della parola o espressione giusta.

1. Quando festeggiamo un compleanno spesso mangiamo _____.
2. Quando diamo una festa _____ i nostri amici e parenti.
3. Prima di una festa mandiamo _____.
4. Quando i nostri amici o parenti si sposano andiamo al loro _____.
5. Per il compleanno mettiamo _____ sopra la torta.
6. Le persone che invitiamo a una festa sono _____.
7. Quando i nostri amici e parenti festeggiano un compleanno o anniversario mandiamo loro _____.
8. Libri, CD e vestiti sono _____ che spesso facciamo per un compleanno.
9. A un matrimonio gli invitati bevono _____.
10. Le persone _____ quando finiscono gli studi all'università.

5.24 Facciamo gli auguri. Indica cosa diciamo per fare gli auguri quando . . .

1. è il compleanno del nonno.
2. due amici hanno un bambino.
3. un nostro cugino si diploma.
4. un nostro amico ha un nuovo lavoro molto interessante.

5.25 Le feste. Indicate almeno quattro attività e oggetti che associate con le seguenti occasioni:

1. un matrimonio
2. un compleanno
3. un anniversario
4. una laurea

In contesto: Una festa a sorpresa

Luca e Anna pensano di dare una festa a sorpresa per festeggiare il compleanno di Gabriella, che compie diciotto anni.

ANNA: Allora, chi compra la torta?

LUCA: **La** compro io. E i CD?

ANNA: **Li** portano Carlo e Giuseppe. Ma le candeline per la torta, dove sono?

LUCA: Ecco**le!** Va bene? Poi stasera scrivo gli inviti e domani **li** spedisco, d'accordo?

ANNA: Ma allora, invitiamo anche Giovanna e sua sorella?

LUCA: Certo che **le** invitiamo! Chissà° che bel regalo fanno a Gabriella.

ANNA: Sì, sono ricche, ma sono anche molto avare! Al massimo° portano una bottiglia di spumante scadente°!

LUCA: Ma che dici! Fanno sempre dei bei regali!

ANNA: Sarà°! Intanto°, lo spumante buono **lo** porto io!

I wonder

At the most

cheap

That may be! / In the meantime

5.26 Una festa a sorpresa. Indica quali delle seguenti affermazioni sono vere.

1. Gabriella compie 18 anni.
2. Luca compra le candeline.
3. Gabriella, Anna e Luca sono cari amici.
4. Giovanna è una ragazza povera, ma generosa.
5. Nessuno compra lo spumante.

Occhio alla lingua!

Presentation: You can use the questions in *Occhio alla lingua!* to present inductively, summarize, and/or review direct-object pronouns with **ecco** and conjugated verbs.

Look at the *In contesto* conversation and answer the following questions.

1. What do you think Luca is going to buy for the party? How do you know?
2. What do you think Carlo and Giuseppe are going to bring? How do you know?
3. What do you think each of the words in boldface type in the conversation refers to? How is each of these words used?

Grammatica

●●●

Il presente di *dare* e *dire*

Suggestion: You may choose to keep your grammar explanations to a minimum and assign as homework *Grammatica* and the related exercises.

The verbs **dare** (*to give*) and **dire** (*to say*) are irregular.

dare	dire
do	dico
dai	dici
dà	dice
diamo	diciamo
date	dite
danno	dicono

Cosa danno alla loro madre?   *What are they going to give to their mother?*

Cosa dice?   *What is he / she saying?*

Answers: 5.27
1. b   2. a   3. f   4. c   5. d   6. e

5.27 Cosa fanno? Indica che cosa fanno le seguenti persone. Abbina (*Match*) le persone della colonna A con le attività della colonna B.

A	B
1. Gli studenti	**a.** dà un regalo a mia madre per il suo compleanno.
2. Mio padre	**b.** danno una festa sabato.
3. Io	**c.** diamo gli inviti agli amici.
4. Io e i miei genitori	**d.** date lo spumante agli invitati.
5. Tu e Maurizio	**e.** dai un biglietto d'auguri a tuo fratello.
6. Tu	**f.** do un ricevimento per l'anniversario dei miei nonni.

Answers: 5.28
1. dico
2. dice
3. dite
4. dicono
5. dici
6. diciamo

5.28 Le feste. Che cosa dicono le persone seguenti nelle occasioni indicate? Completa le frasi con la forma corretta del verbo **dire**.

1. Per il suo compleanno, io _____: «Buon compleanno» a mio cugino.

2. Mio cugino _____: «Grazie del regalo.»

3. Per il loro anniversario di matrimonio, tu e tuo fratello _____: «Buon anniversario» ai vostri genitori?

4. I nostri genitori _____: «Siamo molto felici insieme ai nostri figli.»

5. Che cosa _____ tu per la laurea di tua sorella?

6. Tutti noi _____: «Congratulazioni!»

5.29 Dire o dare? Un amico che sta studiando l'italiano ti chiede aiuto per usare alcuni verbi correttamente. Completa le frasi con la forma corretta dei verbi **dire** o **dare**.

1. Per il compleanno di sua madre, Giorgio _____: «Buon compleanno!»

2. Quando incontro una persona la mattina, io _____: «Buongiorno!»

3. Noi _____ un regalo agli zii per il loro anniversario.

4. I miei cugini _____ sempre: «No!»

5. Tu e tua sorella _____ una bella festa di compleanno.

6. Tu _____ spesso: «Congratulazioni!»

Answers: 5.29
1. dice
2. dico
3. diamo
4. dicono
5. date
6. dici

I pronomi diretti: *lo, la, li, le*

A direct object is a person or a thing that receives the action directly from the verb. It answers the question: *whom?* or *what?*

Anna brings **the cake**. What does Anna bring? "The cake" is the direct-object. She sees **her uncle**. Whom does she see? "Her uncle" is the direct-object.

In Italian, there is never a preposition before the direct-object.

    Carlo invita **gli amici**.   *Carlo invites his friends.*

Direct-object pronouns, **pronomi di oggetto diretto**, are used to replace direct-object nouns.

I pronomi di oggetto diretto			
Singolare		**Plurale**	
lo	*him/it*	**li**	*them (m.)*
la	*her/it*	**le**	*them (f.)*

Conosciamo **Carlo**. > **Lo** conosciamo.   *We know Carlo.* > *We know him.*
Spedisco **gli inviti**. > **Li** spedisco.   *I mail the invitations.* > *I mail them.*

1. Direct-object pronouns agree in number and gender with the nouns they replace.

    —Non vedo **il bambino**.   —*I don't see the child.*
    —Io **lo** vedo.   —*I see him.*
    —Chi fa **la torta**?   —*Who is making the cake?*
    —**La** facciamo noi.   —*We're going to make it.*
    —Invito **le ragazze**.   —*I'm going to invite the girls.*
    —Perché **le** inviti?   —*Why are you inviting them?*

2. A direct-object pronoun always precedes a conjugated verb. If a sentence is negative, **non** is placed before the direct-object pronoun.

    Il regalo? **Lo compra** Paola.   *The gift? Paola is buying it.*
    Non lo compro io.   *I am not buying it.*

Presentation: You can introduce direct-object pronouns by asking and answering questions based on the *Vocabolario* illustrations: **Dov'è la torta? Ah, eccola! Dove sono le candeline? Eccole!**, etc. Write these sentences on the board and ask students what the "**la**," "**le**," etc., replace. Briefly explain that direct-object pronouns replace the direct-object ("what" or "whom") of the verb. Mention that they agree in number and gender with the thing or person they replace and that they are attached to **ecco**.

Suggestion: Have students prepare a list of six items that can be found in the classroom. Then pair students and have them practice direct-object pronouns by asking and answering questions using **ecco** and direct-object pronouns.

Suggestion: Introduce direct-object pronouns with conjugated verbs by telling the class you are going to have a party, and they have to help you plan it: **Allora, dove facciamo la festa? La facciamo a casa di X? Bene, e chi porta il vino? Lo porti tu?**, etc. Write students' answers on the board, and then ask them what words **lo, la, li, le** replace. Point out that direct-object pronouns are always placed directly in front of a conjugated verb.

3. **Lo** and **la** frequently become **l'** before verbs that begin with a vowel or forms of **avere** that begin with an **h**. **Lo** and **la** are always contracted when the verb that follows begins with the same vowel as the pronoun ending. The plural forms **li** and **le**, however, are *never* contracted.

—Chi invita **la zia**?	—*Who's going to invite our aunt?*
—**La** invito io. (**L'**invito io.)	—*I'll invite her.*
—Chi ordina **lo spumante**?	—*Who is going to order the sparkling wine?*
—**L'**ordino io.	—*I'm going to order it.*
—Inviti **i ragazzi**?	—*Are you going to invite the boys?*
—No, non **li** invito.	—*No, I'm not going to invite them.*

4. Direct-object pronouns are attached to **ecco**.

—Dov'è **la torta**?	—*Where is the cake?*
—Ecco**la**!	—*Here it is!*
—Dove sono **gli invitati**?	—*Where are the guests?*
—Ecco**li**!	—*Here they are!*

5.30 Dove sono? Stasera dai una festa. Tua madre ti domanda dove sono le seguenti cose e persone. Immagina le domande e le risposte.

ESEMPIO: l'acqua
             —Dov'è l'acqua?
             —Eccola!

1. le sedie	**6.** i tuoi fratelli
2. il vino	**7.** la frutta
3. la torta	**8.** i dolci
4. tuo padre	**9.** gli invitati
5. le tue sorelle	

5.31 Che cosa? Ascolta due volte i frammenti di conversazioni che seguono e segna con un cerchio la cosa di cui parlano.

Conversazione A: il vino, la torta, i dolci, le candeline

Conversazione B: i regali, gli inviti, lo spumante, le candeline

Conversazione C: le cartoline, le lettere, gli inviti, il libro

Conversazione D: lo spumante, la torta, le candeline, gli inviti

5.32 Una festa. Stasera fai una festa. Un'amica ti fa delle domande sui preparativi. Rispondi e usa un pronome oggetto diretto.

ESEMPIO: —Compri i dolci?
             —Sì, li compro. *o* No, non li compro.

1. Servi il vino?	**5.** Prepari gli antipasti?
2. Offri la birra?	**6.** Servi le pizze?
3. Compri la torta?	**7.** Metti la frutta sul tavolo?
4. Servi lo spumante?	**8.** Servi gli asparagi?

5.33 Un anniversario di matrimonio. Rossella e Paola organizzano una festa per l'anniversario dei nonni. Completa il dialogo con un pronome oggetto diretto.

ROSSELLA: Allora, quando facciamo la festa?

PAOLA: Perché non (1) _____ facciamo la sera del 20?

ROSSELLA: Quando compri i palloncini?

PAOLA: (2) _____ compro domani, va bene?

ROSSELLA: Chi prepara gli inviti? (3) _____ preparo io?

PAOLA: Benissimo. Così io faccio le telefonate. (4) _____ faccio tutte domani.

ROSSELLA: E lo spumante? Chi (5) _____ porta?

PAOLA: Forse (6) _____ porta Marco.

5.34 Cosa facciamo con. . .? Indicate cosa facciamo con le seguenti cose. Usate un pronome oggetto diretto.

ESEMPIO: lo spumante
S1: Cosa facciamo con lo spumante?
S2: Lo beviamo alle feste.

1. la torta
2. gli inviti
3. gli invitati
4. le foto

5. un regalo
6. le candeline
7. i palloncini
8. il biglietto di auguri

ℒo sai che? Le feste in famiglia

Parenti e amici si riuniscono in molte occasioni diverse, come compleanni, lauree, matrimoni. Poiché (*Since*) per la maggior parte gli italiani sono cattolici, molte feste in famiglia sono legate alla religione cattolica, come i battesimi e le comunioni. Il matrimonio si celebra generalmente in chiesa, anche se molte coppie si sposano in comune (*city hall*). In genere, alla cerimonia civile o religiosa segue un gran ricevimento. Un pranzo ricco e sontuoso (*sumptuous*) segue spesso anche alla cerimonia della prima comunione. Questa festa religiosa cattolica è un'altra occasione speciale per tante famiglie italiane. I bambini ricevono regali importanti e costosi, anche oggetti d'oro (*gold*) o d'argento (*silver*), e gli invitati ricevono sempre bomboniere (*party favours*) e confetti. I genitori spendono molto per questi festeggiamenti. Molto spesso si festeggia anche l'onomastico di una persona, cioè (*that is*) il giorno del calendario cattolico dedicato al santo o alla santa dallo stesso nome.

5.35 Le feste italiane. Indica tre occasioni che sono importanti per le famiglie italiane. Come le festeggiano?

5.36 E nel tuo Paese? Fate una lista delle feste importanti per le famiglie del vostro Paese. Sono simili o diverse da quelle italiane?

Scambi

5.37 Le feste. Intervista un compagno/una compagna e scopri (*discover*) quali sono le feste importanti nella sua famiglia. Scopri anche come festeggiano le diverse occasioni.

Suggestion: Follow up **5.38** by having groups present their party to the class and having the students choose which party they would like to attend and explain why.

5.38 Una festa! Divisi in piccoli gruppi, organizzate una festa di compleanno a sorpresa per il vostro professore. Decidete dove e quando la date e cosa fate. Decidete anche chi si occupa delle seguenti cose.

ESEMPIO: gli inviti
            S1: Chi scrive gli inviti?
            S2: Li scrive lui.

1. lo spumante
2. la torta
3. il regalo
4. le candeline
5. gli invitati

6. la cena
7. gli antipasti
8. le foto
9. le bevande
10. i biglietti di auguri

5.39 Gli inviti. Osservate l'invito che segue e indicate quattro cose che adesso sapete delle persone e dell'avvenimento (*event*) di cui si parla.

Paolo Ghirardato   *Cecilia Boggio*

annunciano il loro matrimonio

Pianezza, 22 novembre 2003
Palazzo Comunale (villa Leumann) - ore 11.30

Residenza Fontana, 2
Segrate - Milano

Via Giosuè Borsi, 82
Torino

Paolo e Cecilia
dopo la cerimonia festeggeranno con voi
a Palazzo Barolo
Via delle Orfane, 7 – Torino

È gradita una conferma
011.732971
02.26410800

PERCORSO III
LE FACCENDE DI CASA

*V*ocabolario: Che cosa devi fare in casa?

Luigi non **può** uscire adesso perché prima **deve** fare il bucato e stirare. Più tardi **vuole** andare al cinema con Mariella.

Roberto non **può** guardare la partita alla televisione perché **deve** spazzare, portare fuori la spazzatura e poi **deve** fare la spesa. La sua ragazza viene a cena fra poco.

Fabrizio e Anna **vogliono** andare al cinema con gli amici, ma non **possono** perché **devono** pulire la casa. Roberto **deve** passare l'aspirapolvere e Anna **deve** rifare il letto e mettere in ordine la camera.

Presentation: Introduce **dovere, potere,** and **volere** and household chores by describing the illustrations: **Cosa deve fare Luigi? Cosa non può fare? Cosa vuole fare più tardi?,** etc. Then tell students what you have to do every day in school and at home and continue introducing the new vocabulary: **Ogni giorno devo. . .** Tell students what you want to do and what you can do. Ask individual students what they have to do every day, what they want to do, and what they can do. Write a few of their sentences on the board and briefly explain the conjugation of **dovere, potere,** and **volere.** Point out that these verbs are frequently used with another verb, which is always in the infinitive.

Per parlare delle faccende di casa

annaffiare le piante *to water the plants*
apparecchiare la tavola *to set the table*
dare da mangiare al cane/al gatto *to feed the dog/cat*
fare giardinaggio *to work in the garden*
fare la spesa *to buy groceries*
lavare i piatti *to wash the dishes*
sparecchiare la tavola *to clear the table*
spolverare *to dust*

La frequenza

Ogni quanto? *How often?*
una volta/due volte al giorno/alla settimana/al mese/all'anno *once/twice a day/a week/a month/a year*

5.40 Che cos'è? Indica di quale attività si tratta.

1. Lo facciamo in cucina con l'acqua dopo che mangiamo.
2. Lo facciamo la mattina dopo che ci svegliamo e ci alziamo.
3. La facciamo al supermercato.
4. Lo facciamo dopo che finiamo di mangiare.
5. Lo facciamo prima di cominciare a mangiare.

5.41 Una festa in casa. Prepara una lista di faccende che fai prima di una festa e una di faccende che fai dopo una festa in casa.

5.42 Quando lo fai? Indica con quale frequenza fai le seguenti attività.

	Ogni giorno	Spesso	Una volta alla settimana	Raramente
passare l'aspirapolvere				
lavare i piatti				
fare il bucato				
spolverare				
mettere in ordine				
cucinare				
fare la spesa				
portare fuori la spazzatura				
annaffiare le piante				
stirare				

In contesto: Prima di uscire

Paolo e la madre discutono perché Paolo vuole uscire.

PAOLO: Mamma, posso uscire con i miei amici stasera? È tanto che non li vedo!

MAMMA: Dove volete andare?

PAOLO: Vogliamo andare in centro a mangiare una pizza.

MAMMA: Va bene, ma prima di uscire devi mettere in ordine la tua camera, passare l'aspirapolvere e portare la spazzatura fuori.

PAOLO: Ma mamma! La devo portare fuori proprio ora? Lo posso fare domani? È tardi e devo ancora lavarmi e vestirmi. Tutti gli altri sono già in pizzeria! Non la può portare fuori Carlo?

MAMMA: No! Carlo deve studiare.

PAOLO: Ma devo fare sempre tutto io in questa casa!

5.43 I doveri di Paolo. Completa la scheda seguente e indica le attività di Paolo.

cosa deve fare	
cosa vuole fare	
cosa può fare	

Occhio alla lingua!

1. What conjugated forms of the verbs **dovere, potere,** and **volere** can you identify in the captions on p. 159?

2. Looking at the conjugated forms of **dovere, potere,** and **volere,** can you detect a pattern?

3. What do you notice about the verbs that follow the conjugated forms of **dovere, potere,** and **volere**?

4. Looking at the *In contesto* conversation, what do you notice about the position of direct-object pronouns with **dovere, potere,** and **volere**?

𝒢rammatica

Il presente di *dovere, potere* e *volere*

Dovere (*to have to*), **potere** (*to be able*), and **volere** (*to want*) are irregular in the present tense.

dovere	potere	volere
devo	posso	voglio
devi	puoi	vuoi
deve	può	vuole
dobbiamo	possiamo	vogliamo
dovete	potete	volete
devono	possono	vogliono

1. **Dovere** and **potere** are usually followed by an infinitive. **Volere** can be used with a noun or an infinitive.

Devo spolverare i mobili.	*I have to dust the furniture.*
Cosa **possiamo fare**?	*What can we do?*
Voglio uno stereo nuovo.	*I want a new stereo.*

2. When **dovere, potere,** and **volere** are used with an infinitive, reflexive and direct-object pronouns can precede the conjugated form of the verb or they can be attached to the infinitive after dropping the final **-e**.

—Ti devi vestire. (Devi vestir**ti**.)   —*You have to get dressed.*

—Vuoi lavare i piatti?   —*Do you want to wash the dishes?*

—No, non **li** voglio lavare.   —*No, I don't want to wash them.*
(No, non voglio lavar**li**.)

—Puoi fare la spesa oggi?   —*Can you go grocery shopping today?*

—Sì, **la** posso fare. (Sì, posso far**la**.)   —*Yes, I can do it.*

5.44 Le faccende di casa. Abbina le persone della colonna A con le attività della colonna B e indica chi deve fare queste faccende a casa tua.

A	B
1. Io	**a.** deve passare l'aspirapolvere.
2. Mia madre	**b.** dobbiamo cucinare.
3. Le mie sorelle	**c.** devo apparecchiare la tavola.
4. Io e mio fratello	**d.** dovete fare il bucato.
5. Voi	**e.** devono spolverare.

5.45 Volere e potere. Indica che cosa questi ragazzi vogliono fare e che cosa i loro genitori dicono che non possono fare. Completa le frasi con i verbi **volere** e **potere**.

1. —Mamma, io e Carlo _____ andare a giocare a tennis.

—No! Oggi non _____.

2. —Mamma, io _____ andare al cinema.

—No! Non _____.

3. —Papà, Luisa _____ uscire dopo cena.

—No! Stasera non _____.

4. —Papà, Carlo e Luisa _____ andare a ballare.

—No! Il giovedì non _____.

5.46 Il compleanno. Alcuni ragazzi organizzano una festa di compleanno per un loro amico. Completa il dialogo con **dovere, potere** e **volere**.

—Allora, chi (1) _____ cercare un regalo?

—Io non (2) _____. (3) _____ fare la torta stasera.

—Io e Carla (4) _____ comprare il regalo.

—Attenzione, però non (5) _____ spendere troppo.
(6) _____ comprare un libro.

—Luisa, (7) _____ preparare la cena?

—Sì, (8) _____ preparare gli spaghetti per primo e il vitello per secondo.

—Bene, allora io (9) _____ preparare gli antipasti.

—No, gli antipasti li (10) _____ preparare Rosanna e Giulio.

5.47 Dovere, potere e volere. Indica:

1. due cose che i professori devono fare ogni sera.
2. due cose che tuo padre non può mai fare.
3. tre cose che tu e gli altri studenti non volete fare la sera.
4. una cosa che tu vuoi fare il weekend.
5. una cosa che tu e i tuoi compagni di classe non potete fare ogni mattina.

Scambi

5.48 In famiglia, chi lo fa? Cristina parla delle faccende di casa. Ascolta due volte i suoi commenti e indica chi fa le azioni di cui parla.

Attività	Chi?
1. portare fuori il cane	
2. fare giardinaggio	
3. cucinare	
4. sparecchiare la tavola	

5.49 Che disordine! Indicate che cosa dovete e/o potete fare per mettere in ordine la camera da letto (*bedroom*) del disegno.

5.50 Aiuto (*Help*)! I tuoi genitori vengono a casa tua questo weekend. Nel tuo appartamento c'è un grande disordine e in casa non c'è niente da bere e da mangiare. Hai bisogno dell'aiuto degli amici per mettere in ordine la casa. Divisi in gruppi, preparate una lista di dieci cose che dovete fare e poi decidete chi deve/vuole/può fare che cosa.

5.51 Una cena italiana. Immaginate di organizzare una cena italiana a casa vostra. Decidete cosa dovete, volete e potete fare prima della cena, durante la cena e dopo la cena. Decidete anche chi può, deve o vuole fare che cosa.

Suggestion: You can assign this activity as homework. Or, students can complete it in class and compare their answers.

Suggestion: Have students listen to 5.48 as homework or in class.

Script for **5.48 In famiglia, chi lo fa?**

1. Mio padre non vuole mai portare fuori il cane e quindi lo dobbiamo portare fuori io o mio fratello.
2. A mia madre non piace fare giardinaggio e mio padre non può farlo perché non ha mai tempo. Mia nonna invece ha tanto tempo libero e le piacciono i fiori e le piante.
3. A casa mia nessuno vuole cucinare. Mio padre non è bravo in cucina e mia sorella non vuole mai fare niente in casa. Mia madre lavora tutto il giorno e torna a casa tardi, ma deve sempre preparare la cena per tutti.
4. La sera io e mia sorella dobbiamo sparecchiare la tavola, ma io non voglio mai farlo e trovo sempre qualche scusa.

Answers: 5.48

1. Cristina o il fratello
2. la nonna di Cristina
3. la madre di Cristina
4. la sorella di Cristina

ANDIAMO AVANTI!

 ℛicapitoliamo

●●

G **5.52 Atttività in famiglia.** Indicate tre cose che dovete, volete e potete fare o non fare insieme con le seguenti persone.

	Fare			Non fare		
	volere	dovere	potere	volere	dovere	potere
genitori permissivi						
nonni anziani						
bambini						
compagni e compagne nel corso d'italiano						

5.53 La mia famiglia. Immagina di scrivere una mail a un amico/un'amica di chat. Nella mail parla di te e della tua famiglia. A chi somigli? Con chi vai più d'accordo? Perché? Spiega anche perché siete una famiglia interessante. Poi fa' tante domande al tuo amico/alla tua amica di chat sulla sua famiglia.

5.54 Il mio prossimo compleanno. Scrivi una mail ai tuoi genitori e spiega loro (*to them*) cosa vuoi fare per festeggiare il tuo prossimo compleanno.

Expansion: Have pairs act out for the class one of their dialogues.

2 **5.55 Una buona scusa (*excuse*).** Non vuoi partecipare alle situazioni indicate. Lavorate con un compagno/una compagna e immaginate le conversazioni.

ESEMPIO: un invito a cena
            S1: Ciao, Paolo. Vuoi venire a cena domani?
            S2: Mi dispiace. Non posso venire, perché devo andare a casa degli zii.

1. il compleanno della figlia di una cugina
2. una settimana a casa dei nonni
3. il matrimonio di due amici

Guardiamo

Strategie per guardare: Reviewing relevant vocabulary

Before you view an especially rich or complex video segment, you may find it useful to review related vocabulary that you have learned. This will help you not only to understand the speakers' comments but also to discuss them after you have seen the video.

Prima di guardare

5.62 Questo videoclip inizia con una scena del matrimonio di Fabrizio e Felicita. Quindi (*Then*) Felicita e Fabrizio parlano delle loro famiglie e poi Ilaria parla della sua vita a casa con le sorelle. Prima di guardare è utile ripassare (*review*) parole ed espressioni che hai studiato.

1. Fa' una lista delle parole ed espressioni che si possono usare per un matrimonio.
2. Ripassa le parole che si riferiscono (*refer*) alla famiglia, a parenti vicini e lontani.
3. Fa' una lista delle parole ed espressioni che usiamo per le faccende di casa.

Mentre guardi

5.63 Il videoclip comincia con un matrimonio. Osserva attentamente il posto (*setting*) e le persone. Ascolta anche che cosa dicono Felicita, Fabrizio e Ilaria sulla loro famiglia e completa le frasi seguenti:

1. Felicita ha. . .
   a. quattro fratelli.
   b. sette fratelli.
2. La famiglia di Fabrizio è. . .
   a. di Roma.
   b. di Firenze.
3. Ilaria parla. . .
   a. di sua sorella.
   b. delle sue sorelle.
4. Ilaria. . .
   a. cucina.
   b. apparecchia la tavola.

Dopo aver guardato

5.64 Dopo aver guardato il videoclip, completate le attività seguenti.

1. Descrivete insieme il matrimonio di Felicita e Fabrizio:
   a. Come sono i due sposi?
   b. Com'è la chiesa?
   c. Come sono e chi sono le altre persone?

2. Come immaginate la giornata (*day*) di Ilaria e delle sue sorelle? Che cosa fanno ogni giorno? E tu, devi fare faccende di casa come loro o diverse?

3. Immaginate di voler conoscere meglio le persone del video e le loro famiglie. Preparate delle domande da fare a Felicita, Fabrizio e Ilaria.

   ESEMPI: Felicita, quanti fratelli hai?
   Fabrizio, sei figlio unico?
   Ilaria, quando dai da mangiare al cane?

Attraverso La Toscana

Suggestion: These cultural readings can be completed in class or assigned as homework.

Presentation: Use the map opposite the inside front cover to introduce the region. Ask: **Come si chiama la regione al sud dell'Emilia-Romagna? Quali sono le altre regioni vicino alla Toscana? La Toscana è vicino al mare? Come si chiama il mare vicino a questa regione? Come si chiamano le piccole isole? Conoscete l'Isola d'Elba? Cosa sapete di quest'isola? Conoscete Napoleone Bonaparte? Cosa sapete di lui? E della sua famiglia? Come si chiama il fiume che attraversa Firenze? Chi conosce il Ponte Vecchio? Cosa c'è sul Ponte Vecchio?** etc.

Expansion: Continue introducing the important cities. Ask: **Come si chiamano le città importanti in Toscana? Cosa sapete di Pisa? E di Siena? E di Firenze? Come si chiama la famosa famiglia fiorentina che governò Firenze durante il Quattrocento? Cosa sapete di questa famiglia?** etc.

Suggestion: You may want to explain briefly the meaning of the Italian **Rinascimento**, either in Italian or in English. For example, you might define it as: **la riscoperta dei classici greci e latini e un nuovo interesse per i valori e le capacità umane.**

Suggestion: Remind students to use visuals, background knowledge, cognates, and key words to get meaning.

Suggestion: Review information about the other regions students have studied.

Tuscany (**Toscana**) has a long artistic and cultural tradition that began with the Etruscans and continued through Roman and medieval times. Medieval writers such as Dante (1265–1321), Petrarch (1304–1374), and Boccaccio (1313–1375) helped transform the Tuscan dialect into the Italian literary language and later the official language of the nation.

Tuscany became known throughout the world as a center of the Italian Renaissance (**Rinascimento**) beginning in the mid-1400s, when the rich and powerful Medici family gained control of the city of Florence. They ruled Florence almost without interruption from 1434 to 1537 and were generous patrons of the arts. Lorenzo de' Medici (1449–1492), known as "il Magnifico," was a poet himself and gathered in Florence some of the most prominent scholars, philosophers, artists, architects, and poets of his time. Marsilio Ficino, Angelo Poliziano, Sandro Botticelli, Michelangelo, and Leonardo da Vinci are just some of the important figures of the time that Lorenzo il Magnifico supported and encouraged in their efforts.

Tuscany is also famous for its exceptional cuisine and its beautiful landscape, hills, vineyards, and olive trees. Tuscan wines such as Brunello from Montalcino, Chianti, and wines from Montepulciano are known and appreciated internationally.

San Gimignano, la città delle torri, fra le sue antiche mura (walls). Oggi a San Gimignano sono rimaste solo 13 torri, ma nel Trecento (1300) ce n'erano (there were) 72. Nel Medioevo la torre era simbolo di potenza (power). Le famiglie ricche della città infatti costruivano queste costose e alte abitazioni per dimostrare il loro potere economico. Nel 1354 però la città si deve sottomettere a Firenze. Oggi questo pittoresco paese è un importante centro turistico, famoso per il suo vino bianco, la Vernaccia di San Gimignano.

Il centro storico di Siena, una tipica città medievale, con la Torre del Mangia e la bellissima Piazza del Campo. In questa piazza, il 2 luglio e il 16 agosto si tiene la famosa manifestazione del Palio, una corsa di cavalli (horse race). La piazza ha la forma di una conchiglia (seashell). A Siena è nata Santa Caterina, patrona (patron saint) d'Italia. Siena è anche la patria del panforte, un dolce tipico che si mangia spesso a Natale.

Suggestion: Acquaint students with the proverb from which the chapter title is derived: **Casa mia, casa mia, per piccina che tu sia, tu mi sembri una badìa.**

Suggestion: You may want to present house vocabulary over several lessons.

PERCORSO I
LE STANZE E I MOBILI

*V*ocabolario: Cosa c'è nel palazzo? E nell'appartamento? E nelle stanze?

Presentation: Introduce new active vocabulary by providing students with comprehensible input. Ask students: **Chi abita in una casa? Chi abita in un appartamento? I tuoi genitori abitano in una casa o in un appartamento? È una casa grande o piccola? Di che colore è la tua casa? C'è un giardino? Cosa c'è in giardino? Ci sono degli alberi? Dei fiori? C'è una piscina? C'è un garage?** etc. **Io abito in un appartamento in un palazzo molto grande e moderno. Il palazzo ha otto piani. È un palazzo brutto. C'è un solo ascensore.** etc. Use appropriate gestures to make input comprehensible.

Expansion: Use the illustration to present vocabulary for the exterior of a building/ house and review expressions to indicate location. Ask students: **Che cos'è? Un palazzo o una casa? Sì, è un palazzo con appartamenti. Com'è? Quanti piani ci sono? Dov'è la cantina? A casa tua c'è una cantina? Cosa mettete in cantina? Dov'è il pianterreno?** etc. Gradually introduce the rooms: **Guardiamo l'appartamento. Quante stanze ci sono? Quali stanze ci sono? Sì, e c'è anche l'ingresso. Dov'è la sala da pranzo? E il soggiorno?** etc. Present furniture and furnishings by describing the location of some objects and having students name the object: **Che cosa c'è vicino al letto?** etc.

Gradually introduce new vocabulary for indicating location, using appropriate gestures: **Che cosa c'è nel soggiorno, per terra, sotto il divano?** etc.

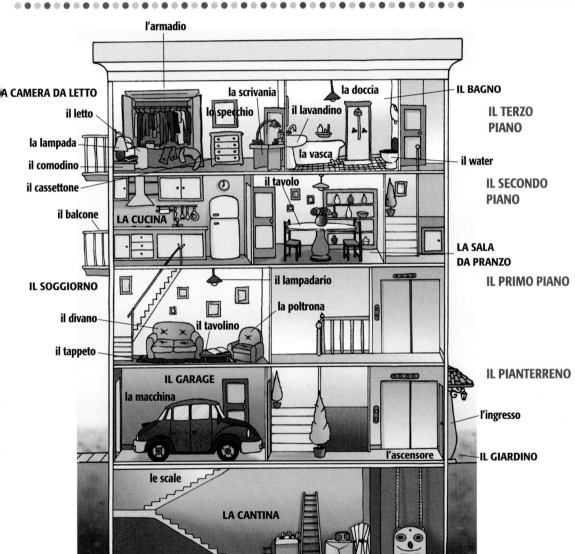

LA CAMERA DA LETTO
- l'armadio
- la scrivania
- lo specchio
- il lavandino
- la doccia
- IL BAGNO
- il letto
- la lampada
- la vasca
- IL TERZO PIANO
- il comodino
- il cassettone
- il water
- il balcone
- il tavolo
- LA CUCINA
- IL SECONDO PIANO
- LA SALA DA PRANZO
- il lampadario
- IL PRIMO PIANO
- IL SOGGIORNO
- la poltrona
- il divano
- il tavolino
- il tappeto
- IL GARAGE
- la macchina
- IL PIANTERRENO
- l'ingresso
- l'ascensore
- IL GIARDINO
- le scale
- LA CANTINA

Per discutere dell'abitazione

affittare *to rent*	**il quartiere** *neighborhood*
l'attico *penthouse*	**il monolocale** *studio apartment*
cambiare casa *to move*	**Quanto paghi d'affitto?** *How much do you pay for rent?*
il coinquilino/la coinquilina *housemate, roommate*	**la parete** *wall*
dividere (*pp.* diviso) *to share*	**lo studio** *den*
il gatto *cat*	**vivere da solo/a** *to live alone*

Expansion: Personalize your questions to introduce other vocabulary items. Ask individual students: **Tu abiti da solo/a? Hai coinquilini? Paghi molto d'affitto? Quante stanze ci sono?** etc.

Per descrivere dove

contro *against*
in centro *in the center of town, downtown*
in periferia *in the outskirts*

al centro di *in the middle of*
per terra *on the floor*
su *on*

6.1 Associazioni. Quali attività associ con ogni stanza? Scrivi almeno quattro attività diverse e poi paragona la tua lista con quella di un compagno/una compagna.

1. la camera da letto
2. la cucina
3. la sala da pranzo
4. il soggiorno

6.2 In quale stanza? Indica in quale stanza si trovano questi mobili e oggetti.

1. il tavolino, il divano, la poltrona
2. il letto, l'armadio, il comodino
3. la doccia, la vasca, il lavandino

6.3 Il palazzo. Osserva il disegno a pagina 175 e indica se le seguenti affermazioni sono vere o false. Correggi quelle false.

1. La cantina è sopra il secondo piano.
2. Il garage è a destra dell'ascensore.
3. La macchina è in garage.
4. Il balcone è al pianterreno.
5. Il tappeto è per terra.

6.4 L'intruso. Elimina la parola che non c'entra.

1. la poltrona, il comodino, il tappeto
2. la cantina, il garage, la macchina
3. il cassettone, la vasca, l'armadio
4. le scale, il primo piano, l'attico
5. il divano, l'ingresso, la poltrona
6. la sala da pranzo, la camera da letto, l'ascensore

6.5 Che cos'è? Guarda il disegno della casa a pagina 175, leggi la descrizione e indovina di quale oggetto si tratta.

1. È al centro della stanza al secondo piano. È sotto il lampadario.
2. È di fronte al letto, a sinistra della porta.
3. È sul letto, vicino ai jeans.
4. È per terra sotto la poltrona, il divano e il tavolino.
5. È sul comodino.
6. È contro la parete, vicino al letto.
7. È a destra del divano.
8. È sotto lo specchio, vicino all'armadio.

Così si dice: *Alcuni/Alcune*

In Capitolo 3, you learned that **dei/degli/delle** can be used with plural nouns to express indefinite quantities: **Sulla scrivania ci sono dei libri e delle penne.** You can also use **alcuni/alcune** with plural nouns to indicate *some/a few*. **Sulla scrivania ci sono alcuni libri e alcune penne.** *On the desk there are some books and some pens.* **Alcuni** is used with masculine nouns and **alcune** is used with feminine nouns. You will learn more about expressing indefinite quantities in Capitolo 9.

In contesto: La nuova casa

Renata, una studentessa italiana che studia all'università di Roma, descrive ad un'amica il suo nuovo appartamento.

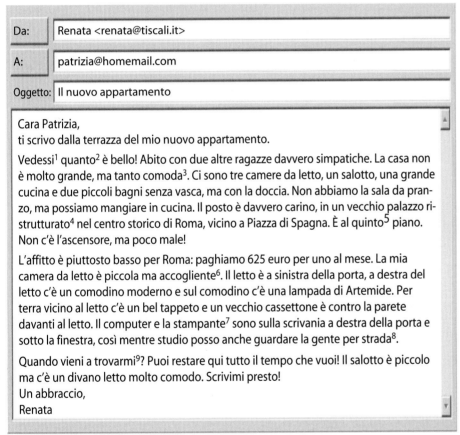

Da:	Renata <renata@tiscali.it>
A:	patrizia@homemail.com
Oggetto:	Il nuovo appartamento

Cara Patrizia,
ti scrivo dalla terrazza del mio nuovo appartamento.

Vedessi[1] quanto[2] è bello! Abito con due altre ragazze davvero simpatiche. La casa non è molto grande, ma tanto comoda[3]. Ci sono tre camere da letto, un salotto, una grande cucina e due piccoli bagni senza vasca, ma con la doccia. Non abbiamo la sala da pranzo, ma possiamo mangiare in cucina. Il posto è davvero carino, in un vecchio palazzo ristrutturato[4] nel centro storico di Roma, vicino a Piazza di Spagna. È al quinto[5] piano. Non c'è l'ascensore, ma poco male!

L'affitto è piuttosto basso per Roma: paghiamo 625 euro per uno al mese. La mia camera da letto è piccola ma accogliente[6]. Il letto è a sinistra della porta, a destra del letto c'è un comodino moderno e sul comodino c'è una lampada di Artemide. Per terra vicino al letto c'è un bel tappeto e un vecchio cassettone è contro la parete davanti al letto. Il computer e la stampante[7] sono sulla scrivania a destra della porta e sotto la finestra, così mentre studio posso anche guardare la gente per strada[8].

Quando vieni a trovarmi[9]? Puoi restare qui tutto il tempo che vuoi! Il salotto è piccolo ma c'è un divano letto molto comodo. Scrivimi presto!
Un abbraccio,
Renata

1. You should see	3. comfortable	5. fifth	7. printer	9. When are you coming
2. how	4. restored	6. cozy	8. people in the street	to visit me?

6.6 Un nuovo appartamento. Elencate (*List*) gli aspetti positivi e quelli negativi del nuovo appartamento di Renata.

6.7 La piantina (*Layout*). Disegnate una piantina della camera da letto di Renata.

6.8 E la vostra abitazione? Confrontate la vostra abitazione e quella di Renata. Come sono simili? Come sono diverse?

Lo sai che? La città e le abitazioni degli italiani

Il centro storico di una città italiana risale (*goes back*) al periodo più antico della sua storia. Qui ci sono i monumenti più importanti, i palazzi antichi e i negozi più belli. In genere, intorno al centro ci sono larghi viali alberati (*wide tree-lined streets*) e dopo i viali ci sono le zone residenziali più eleganti. La periferia è la zona più lontana dal centro: ci sono abitazioni, negozi, centri commerciali (*shopping centers*) e spesso anche alcune industrie e fabbriche (*factories*). Una caratteristica infatti delle città italiane è che in genere le abitazioni e i negozi si trovano insieme in tutti i quartieri.

Come per tutti, la casa è molto importante per gli italiani e infatti la maggior parte investe una gran parte dei soldi per l'acquisto, la ristrutturazione (*remodeling*) e l'arredamento (*furnishing*) dell'abitazione.

L'80 per cento della popolazione vive in una casa di proprietà. La maggior parte abita in appartamenti. Un'abitazione considerata di lusso è l'attico con la terrazza. La villetta monofamiliare, tipica di altri Paesi, si trova a volte solo in campagna (*country*) e molto raramente in città. Fuori (*outside*) città, però, esistono bellissime ville antiche, con giardino o parco.

In genere gli italiani hanno sempre preferito (*preferred*) vivere in città, non troppo lontano dal centro, ma negli ultimi tempi stanno cambiando i gusti (*tastes*) e le abitudini riguardo all'abitazione. Oggi molti preferiscono vivere in campagna.

🦋 **6.9 Le città e le abitazioni degli italiani.** Rispondete alle seguenti domande.

1. Trovate tre differenze fra le città e abitazioni degli italiani e quelle del vostro Paese.

2. La casa è molto importante per gli abitanti del vostro Paese? Quale percentuale della popolazione vive in una casa di proprietà secondo voi?

Occhio alla lingua!

1. Consider again the questions that accompany the illustration of the apartment building on p. 175: **Cosa c'è nel palazzo? E nell'appartmento? E nelle stanze?** What do **nel, nell'**, and **nelle** mean? What preposition and definite article have been combined in each of these forms?

2. What expressions used to indicate location in the *In contesto* e-mail do you recognize?

3. How do the prepositions **a** and **di** combine with definite articles? What examples can you find in the *In contesto* e-mail? What examples of **su**, following a similar pattern, can you identify?

Grammatica

Le preposizioni

In Capitolo 2, you learned that prepositions, **preposizioni**, can be used to indicate location. Below is a list of Italian prepositions and their English equivalents.

Le preposizioni semplici			
a	*at, to, in*	**in**	*in*
con	*with*	**per**	*for, in order to*
di	*of*	**su**	*on, over, above*
da	*from, by*	**tra (fra)**	*between, among*

Abito **con** un'amica.
Mangiamo **in** cucina.
Metto la lampada **su** questo tavolino.
La poltrona è **tra/fra** il tavolo
  e la finestra.

I live with a friend.
We eat in the kitchen.
I'll put the lamp on this coffee table.
The armchair is between the table
  and the window.

In Capitolo 2, you also learned that when the prepositions **a** and **di** are used with a definite article—**il, lo, l', la, i, gli, le**—they contract to form one word, called a **preposizione articolata**. The prepositions **da, in,** and **su** also contract when used with a definite article.

Le preposizioni articolate							
	il	**lo**	**l'**	**la**	**i**	**gli**	**le**
a	al	allo	all'	alla	ai	agli	alle
da	dal	dallo	dall'	dalla	dai	dagli	dalle
di → de	del	dello	dell'	della	dei	degli	delle
in → ne	nel	nello	nell'	nella	nei	negli	nelle
su	sul	sullo	sull'	sulla	sui	sugli	sulle

La sedia è vicino **al** tavolo.
Il divano è a sinistra **della** finestra.
Le scarpe sono **nell'**armadio.

The chair is next to the table.
The sofa is to the left of the window.
The shoes are in the closet.

The following rules will help you use contractions:

1. When the definite article that follows **a, da, di, in,** and **su** begins with an **l**, the contraction has two **l**s.

2. **Di** and **in** change to **de** and **ne** when they contract.

3. The preposition **con** is seldom contracted; however, you may hear and see the contractions **col (con il)** and **coi (con i)**.

   La stanza **col** tappeto rosso è la mia.   *The room with the red carpet is mine.*

Suggestion: You can choose to keep your grammar explanations to a minimum and assign as homework *Grammatica* and the related exercises.

Suggestion: Bring an amusing stuffed animal or doll to class and use it to practice location + articles. Introduce your toy, then place it in different locations and have students explain where it is. Write a few of their sentences on the board and review/explain how prepositions combine with the definite article. Start with **a** and **di** + articles, which students already know. Then help students to infer the patterns of **da**, **in**, and **su**. Point out that these patterns are the same as those of **a** and **di** and of **bello** and **quello**.

4. The definite article is usually not used with the preposition **in** before nouns designating rooms of a house, certain buildings, and areas of a city.

in salotto	*in the living room*
in città	*in the city*
in centro	*in the center of town, downtown*
in giardino	*in the garden*

Prendiamo il caffè **in** salotto.   *Let's have our coffee in the living room.*
Devo andare **in** centro.   *I must go downtown.*

5. As you learned in Capitolo 4, the contracted forms of **di** are also used to express an indefinite quantity.

Prendo **del** vino e **degli** antipasti.   *I'll have some wine and some hors d'oeuvres.*

6.10 Dove sono? Indica dove normalmente si trovano i seguenti oggetti in una casa. Abbina gli oggetti della colonna A ai posti della colonna B.

A	B
1. il divano	**a.** di fronte ai letti
2. i vestiti	**b.** sulla scrivania
3. il computer	**c.** sopra il primo piano
4. il tavolo e le sedie	**d.** sul tavolino
5. le riviste (*magazines*)	**e.** in soggiorno
6. la lampada	**f.** sul comodino
7. il cassettone	**g.** nell'armadio
8. la cantina	**h.** in sala da pranzo
9. il secondo piano	**i.** sotto il pianterreno

Answers: 6.10

Answers will vary. Some possibilities:
1. e
2. g
3. b
4. h
5. d
6. f
7. a
8. i
9. c

6.11 Una camera da letto. Completa la descrizione di una camera disordinata (*messy*) e usa le preposizioni articolate.

Io sono molto disordinato, quindi le mie cose non sono mai dove devono essere! (1) _____ scrivania ci sono i vestiti e le scarpe; (2) _____ armadio ci sono i libri e i CD! Davanti (3) _____ armadio c'è il letto e (4) _____ letto ci sono quaderni e penne! (5) _____ pareti ci sono alcune fotografie (6) _____ amici e (7) _____ famiglia. Mi piace leggere, quindi a sinistra (8) _____ letto c'è una bella poltrona e vicino (9) _____ poltrona c'è una lampada.

Answers: 6.11

1. Sulla
2. nell'
3. all'
4. sul
5. Sulle
6. degli
7. della
8. del
9. alla

Suggestion: For additional, interactive practice, you can have pairs or groups of students tell each other where various things are in their rooms: **la scrivania, il letto, il computer, gli armadi,** etc.

6.12 La stanza di Giuseppe. Descrivi la stanza di Giuseppe. Spiega dove sono i mobili e gli altri oggetti.

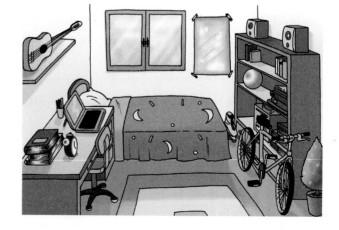

Scambi

6.13 La piantina. Ascolta due volte le due descrizioni e disegna una piantina per ciascuna (*each*).

6.14 Ti piace la tua casa? Prepara una lista di otto domande per intervistare un compagno/una compagna e scoprire (*discover*) se gli/le piace la sua casa. Prendi in considerazione:

a. il quartiere **d.** i mobili

b. il palazzo **e.** la persona con cui (*with whom*) abita

c. le stanze **f.** l'affitto

Poi usa la tua lista per intervistare una persona in classe.

6.15 Dov'è? A turno, una persona descrive dov'è un oggetto nel disegno e l'altra indovina che cos'è.

ESEMPIO: S1: È vicino al divano, a destra del tavolino.
S2: È la poltrona?. . .

6.16 La mia camera da letto. A turno, descrivete la vostra camera da letto. Indicate quali mobili ci sono e dove sono. Usate le informazioni per disegnare una piantina della camera del compagno/della compagna. Poi controllate le vostre piantine.

6.17 Dove lo mettiamo? Immaginate di arredare una nuova casa. Disegnate una piantina e decidete insieme dove mettere le seguenti cose.

ESEMPIO: il letto
S1: Dove mettiamo il letto?
S2: Lo mettiamo in camera da letto contro la parete davanti alla porta.

1. le lampade **5.** il tavolo

2. due sedie **6.** il tappeto

3. il divano **7.** la poltrona

4. il tavolino

Suggestion. You can assign **6.13** as homework or in class.

Script for **6.13 La piantina.**

1. Dovresti vedere quant'è bello il mio nuovo appartamento. Appena entri c'è un piccolo ingresso. Subito a sinistra c'è la mia camera da letto e poi il mio studio. Di fronte allo studio c'è un piccolo bagno. La cucina è in fondo all'ingresso, a sinistra dello studio, vicino al salotto.

2. Il salotto di Luisa è proprio grazioso. Di fronte all'entrata c'è una grande finestra. Il divano è contro la finestra. Ci sono due belle poltrone antiche a sinistra e a destra del divano. Al centro c'è un piccolo tavolino. Di fronte al divano c'è una poltrona moderna.

Suggestion: You may wish to have students exchange their drawings and check each other's work as they listen to the recording again. Or you can draw the plans on the board.

Suggestion: Once students have developed their lists of questions for **6.14**, have them each read one of their questions to the class.

Suggestion: Before pairing students for **6.16**, demonstrate this activity.

Suggestion: To give closure to **6.16**, have a student draw another student's room on the board.

Presentation: Use the illustration to introduce new vocabulary. Next, use it to introduce briefly large numbers up to six digits. Then tell what various items shown cost and have students guess the item: **Costa 448,00 euro. Che cos'è?** etc.

PERCORSO II
L'ARREDAMENTO DELLA CASA

Vocabolario: Cosa ci mettiamo?

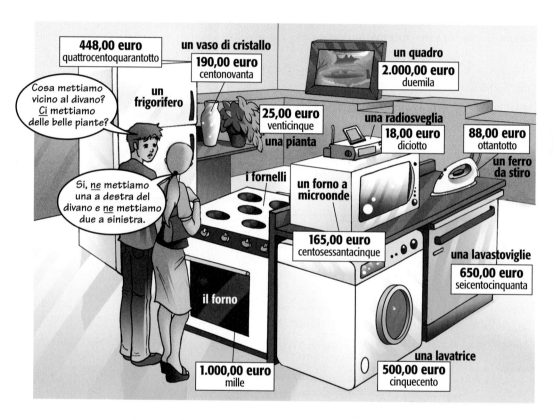

Per parlare dell'arredamento

Expansion: Continue presenting new vocabulary by telling which items you own: **Io non ho una lavatrice, ma ho un forno a microonde che uso spesso.** etc. Then ask students for similar information.

l'aria condizionata *air conditioning*
arredare *to furnish*
l'asciugatrice *dryer*
il lettore CD/DVD *CD/DVD player*
la libreria *bookcase*
la moquette *(wall-to-wall) carpet*
l'orsacchiotto di peluche *stuffed teddy bear*

il poster *poster*
Quanto costa/costano? *How much does it/do they cost?*
gli scaffali *shelves*
la scrivania *desk*
spendere (p.p. speso) *to spend*
la stampante *printer*
lo stereo *stereo system*

Answers: 6.18

1. la lavatrice
2. il lettore CD
3. il lettore DVD
4. i fornelli / il forno
5. la radiosveglia
6. il frigorifero
7. la lavastoviglie
8. la stampante
9. la libreria / gli scaffali

6.18 Quale? Quali oggetti servono per le attività seguenti?

1. fare il bucato
2. ascoltare un CD
3. guardare un DVD
4. cucinare
5. svegliarsi

6. conservare il cibo fresco
7. lavare i piatti
8. stampare documenti
9. mettere i libri

6.19 Un amico curioso. Il tuo amico vuole sapere tutto della tua casa. Rispondi alle sue domande.

1. Cosa metti sugli scaffali?
2. Quali elettrodomestici metti in cucina?
3. Cosa metti sul letto?
4. Cosa metti sulla scrivania?
5. Cosa metti nel vaso di cristallo?
6. Cosa metti nel frigorifero?
7. Cosa metti nella lavatrice?
8. Cosa metti sulla parete?

6.20 Associazioni. Quali oggetti associ con le seguenti stanze?

1. la camera da letto
2. il salotto
3. la cucina
4. lo studio

In contesto: Dove li mettiamo?

Luisa e Roberta pensano di° andare ad abitare insieme.
Trovano un appartamento in un vecchio palazzo in centro. Vanno a vederlo e discutono su come arredarlo.

ROBERTA: Io ho tanti quadri! Dove li mettiamo?

LUISA: Ne mettiamo alcuni in salotto e altri in camera. Io però ho molti libri! Come faccio? Ci sono abbastanza scaffali?

ROBERTA: Certo! Piuttosto, c'è spazio per la lavatrice?

LUISA: La mettiamo in bagno.

ROBERTA: Cosa mettiamo a destra dei fornelli? Ci mettiamo il frigorifero?

LUISA: Sì, va bene. E i nostri computer? Ne abbiamo due!

ROBERTA: Ne mettiamo uno in camera e uno in salotto.

LUISA: L'affitto è milleduecentocinquanta euro, giusto? E dobbiamo ancora comprare la lavatrice!

are thinking about

6.21 Vero o Falso? Indica quali delle seguenti affermazioni sono vere e quali false. Coreggi le affermazioni false.

1. Le ragazze vogliono mettere dei quadri in cucina.
2. Non c'è spazio per i libri di Luisa.
3. Luisa non sa dove mettere la lavatrice.
4. Le ragazze mettono la lavatrice in bagno.
5. Le ragazze mettono il frigorifero a destra dei fornelli.
6. Le ragazze non sanno dove mettere i computer.

Occhio alla lingua!

1. Look at the young couple's comments on p. 182 as they talk about furnishing their home. Where will they put plants in their living room? What expression does the pronoun **ci** replace?

2. To what does the pronoun **ne**, used by the young woman, refer?

3. With a partner, find all instances in the *In contesto* conversation in which pronouns, including **ci** and **ne**, are used. What is being referred to in each instance?

4. In the illustration of items in a home furnishings store on p. 182, what do you notice about how the prices are written? How does the formatting of these numbers differ from what you are used to?

*L*o sai che? L'euro

Dal primo gennaio 2002 l'euro è la moneta ufficiale dell'Italia e dei Paesi aderenti all'Unione Europea. Con l'introduzione dell'euro si conclude il lungo processo di integrazione economica iniziato nel 1957 con la creazione della Comunità Economica Europea.

Ci sono sette banconote in circolazione e otto monete. Le banconote sono identiche per tutti i Paesi membri. Le monete in euro, invece, hanno una faccia comune a tutti i Paesi e una specifica per ogni Paese dell'Unione. Le monete sono però valide in tutti i Paesi membri.

Adesso gli italiani usano l'euro invece della lira per i loro acquisti ma la conversione all'euro non è stata facile. Infatti con l'introduzione della moneta unica si è verificato un eccessivo aumento dei prezzi.

6.22 Un euro? Sai quanto vale un euro nella valuta del tuo Paese? Paragona i prezzi degli oggetti nel disegno a pagina 189 ai prezzi per gli stessi oggetti nel tuo Paese. Costano di più o di meno?

6.23 Le monete. Che immagini appaiono (*appear*) sulle monete italiane? Ti piacciono? Perché? In cosa sono diverse dalle monete del tuo Paese?

*G*rammatica

Ci

Ci is used to replace nouns or expressions that refer to places or locations that have just been mentioned. **Ci** is roughly equivalent to the English *there*.

—Che bella terrazza! **Ci** mangi spesso?

—Sì, **ci** ceniamo la sera d'estate.

—Metti la tua macchina in garage?

—No, mia madre **ci** mette la sua.

—*What a beautiful terrace! Do you eat there often?*

—*Yes, we have dinner there in the summer.*

—*Do you park your car in the garage?*

—*No, my mother parks hers there.*

Ci is always placed in front of a conjugated verb.

5. Numbers are written with all digits attached. You will also often see a combination of digits and words.

quattrocentomiladuecentonovanta   *four hundred thousand two hundred ninety*
400mila   *four hundred thousand*

6.29 Quant'è? Abbina i numeri in lettere della colonna A con i numeri in cifre della colonna B.

A
1. millenovecentosessantadue
2. duemilionitrecentosettantanovemila
3. ottocentonovantamiladuecentoundici
4. duecentomila
5. tremilaquattrocentocinquantacinque
6. trecentoquarantaquattromila
7. due miliardi

B
a. 344.000
b. 1962
c. 200.000
d. 2.379.000
e. 3.455
f. 890.211
g. 2.000.000.000

6.30 Gli elettrodomestici. Indica quanto costano in euro i seguenti elettrodomestici. Scrivi i numeri in lettere.

ESEMPIO: un televisore / 850,00
                 Un televisore costa ottocentocinquanta euro.

1. un frigorifero / 972,00
2. uno stereo / 1.653,00
3. una sveglia / 27,70
4. una lavatrice / 478,00
5. una lavastoviglie / 566,00

Scambi

6.31 Arrediamo la casa. Cosa ci mettiamo? Prima preparate una lista di mobili, elettrodomestici e oggetti che volete mettere nelle seguenti stanze. Poi decidete insieme dove mettere le varie cose.

ESEMPIO: S1: Cosa mettiamo nell'ingresso?
                 S2: Ci mettiamo un tavolino con un vaso di cristallo
                 e sopra ci mettiamo uno specchio.

1. l'ingresso
2. la camera da letto
3. il bagno
4. il soggiorno
5. lo studio
6. la sala da pranzo
7. la cucina

6.32 Chi ne ha uno? Usa la lista di mobili, elettrodomestici e oggetti che hai preparato per l'attività **6.31** e trova una persona che ha quegli oggetti.

ESEMPIO: S1: Hai uno stereo?
                 S2: Sì, ne ho uno (No, non ne ho). E tu?

6.33 Che cosa compriamo? Immaginate di avere duemilacinquecentocinquanta euro per arredare la cucina. Guardate il disegno a pagina 182 e decidete insieme che cosa è importante comprare e perché.

Così si dice: **Quanto costa?**

●●

When you wish to find out the price of one or more items, you can ask **Quanto costa?** *How much does it cost?* and **Quanto costano?** *How much do they cost?* It is also very common to use the verb **venire** and ask **Quanto viene?** *How much is it?* and **Quanto vengono?** *How much are they?*

Suggestion: Have students listen to the conversations as homework or in class.

6.34 Gli elettrodomestici. Ascolta due volte le conversazioni e indica di quale oggetto parlano. Scrivi il numero di ogni conversazione nello spazio vicino all'oggetto.

Answers: 6.34

a. 4	b. 1	c. —
d. 3	e. —	f. 2

Script for **6.34 Gli elettrodomestici.**

1. Female: Scusi, questo quanto viene?
   Male: 35 euro e 99.
2. Female: E questa, invece?
   Male: 761 euro e 90.
3. Female: Guarda, quanto è bello questo! Quanto costa?
   Male: 3.478 euro e 80.
   Female: Eh, sì, immaginavo. È proprio bello.
4. Female: Dio mio che prezzi! Ma guardi, per oggi prendo solo questa. Quant'è?
   Male: 155,00 euro.

a. La macchina da caffè ___

155,00 euro

b. Il tostapane ___

35,99 euro

c. Il frullatore ___

65,00 euro

d. Forno Gourmet ___

3.478,80 euro

e. Forno a microonde ___

759,60 euro

f. Lavastoviglie ___

761,90 euro

 6.35 Quanto costa? Guardate i disegni a pagina 182. A turno, uno studente/una studentessa legge un prezzo e l'altro/a deve indovinare qual è l'oggetto.

6.36 Quanto spendi? Scoprite quanto l'altra persona spende ogni mese per: l'affitto, la macchina, il cibo, i vestiti, il tempo libero. Scoprite qual è il cambio attuale dell'euro ed indicate le spese in euro.

Lo sai che? Gli italiani e la ricerca del «bello»

Gli italiani spesso spendono molto per i bagni e le cucine. Quando una persona compra o affitta una casa deve anche comprare tutti i mobili della cucina: gli armadietti (*cabinets*), il lavandino e tutti gli elettrodomestici, perché in genere le abitazioni sono completamente vuote (*empty*).

All'interno delle case è difficile trovare la moquette, perché agli italiani non piace molto. Infatti di solito preferiscono i pavimenti di mattonelle (*tiles*) di ceramica, di marmo o di legno (*wood*).

Molto spesso agli italiani piace arredare la casa con mobili e oggetti antichi insieme a mobili e oggetti moderni di famosi designer. Alcuni architetti italiani sono noti per il disegno di oggetti per la casa, come l'architetto Aldo Rossi, che ha disegnato tante cose molto belle anche per la storica fabbrica Alessi. Altri oggetti famosi sono, ad esempio, le lampade dell'Artemide e della Flos, i divani della B&B, tutti di linea molto moderna e sofisticata.

6.37 Le differenze. Trovate almeno tre differenze fra l'arredamento delle case italiane e le case del vostro Paese.

6.38 Il design italiano. Consulta Internet e trova informazioni sul design italiano e le aziende menzionate nella lettura. Poi racconta alla classe cosa hai scoperto (*discovered*).

PERCORSO III
LE ATTIVITÀ IN CASA

Vocabolario: Che cosa hanno fatto?

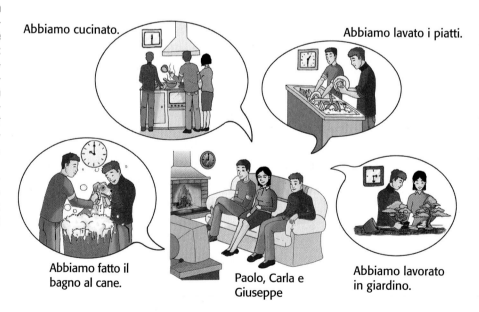

Ho fatto colazione.

Ho ricevuto delle mail.

Ho pulito il bagno.

Ho letto un libro.

Marco

Abbiamo cucinato.

Abbiamo lavato i piatti.

Abbiamo fatto il bagno al cane.

Paolo, Carla e Giuseppe

Abbiamo lavorato in giardino.

Le attività	Per esprimere il tempo nel passato
aiutare *to help*	**ieri sera** *last night*
lavare il pavimento *to mop the floor*	**tre giorni/una settimana/un**
pagare i conti *to pay bills*	**mese/un anno fa** *three days/a*
perdere (*pp.* perso, perduto) *to lose*	*week/a month/a year ago*
tagliare l'erba *to mow the lawn*	

la settimana scorsa/il mese/giovedì scorso *last week/last month/last Thursday*

il mese/l'anno passato *last month/year*

di recente/recentemente *recently*

(°osì si dice: *Già, Non... ancora, Non... mai*

• •

In Italian, **già** is placed after the verb to indicate the English *already:* **Sei già stanco?** *Are you already tired?* To express the English *not yet/never,* place **non** in front of the verb and **ancora/mai** after the verb: **Non sono ancora stanco.** *I'm not tired yet.* **Non sono mai stanco.** *I'm never tired.*

6.39 Mettiamo in ordine! Fate una lista di tutte le attività che dobbiamo/possiamo fare:

1. in casa con altre persone.
2. in casa da soli.
3. fuori.
4. con l'uso di un oggetto.

Answers: 6.39
Answers will vary. Some possibilities:
1. mangiare, pulire, parlare
2. leggere, cucinare
3. fare una passeggiata, fare il giardinaggio, tagliare l'erba
4. scrivere mail, cucinare, passare l'aspirapolvere, tagliare l'erba

6.40 Che cosa hai fatto? Indica che cosa hai fatto ieri. Abbina i verbi della colonna A con le parole della colonna B.

A	B
1. Ho pagato...	a. l'erba
2. Ho ricevuto...	b. i conti
3. Ho lavato...	c. un libro
4. Ho letto...	d. il pavimento
5. Ho pulito...	e. il cane
6. Ho perso...	f. delle mail
7. Ho tagliato...	g. il bagno

Answers: 6.40
Answers will vary. Some possibilities:
1. b
2. f
3. d
4. c
5. g
6. e
7. a

6.41 Quando l'hai fatto? Usa un'espressione della lista e indica l'ultima volta (*the last time*) cha hai fatto le attività che seguono. Poi paragona i tuoi risultati con quelli di un compagno/una compagna.

1. Ho letto un bel libro.
2. Ho scritto una lunga lettera a un amico/un'amica.
3. Ho fatto la spesa.
4. Ho lavato il pavimento in cucina.
5. Ho cenato in un ristorante con i miei genitori.
6. Ho fatto colazione a casa.
7. Ho aiutato un amico/un'amica.
8. Ho dato da mangiare al cane.
9. Ho passato l'aspirapolvere.
10. Ho spolverato i mobili.

In contesto: Cosa hai fatto oggi?

Marisa e Tina parlano al telefono di tutto quello che hanno fatto durante la giornata.

TINA: Pronto! Chi parla?

MARISA: Ciao, Tina! Sono io, Marisa. Come va?

TINA: Ah, ciao, Marisa. Non c'è male. E tu? Cosa hai fatto oggi?

Suggestion: Pair students and have them practice reading the dialogue. Circulate around the room and help them with pronunciation. If time permits, ask for volunteers to read the dialogue to the class. Or you may choose to use the dialogue as a listening-comprehension activity to be covered in class or at home.

MARISA: Mille cose! Sono stanca morta. Domani arrivano i miei cugini dall'Argentina. Ti ricordi? **Li** hai conosciut**i** due anni fa. Insomma, abbiamo messo in ordine tutta la casa e abbiamo lavorato tanto. Mio fratello e mio padre hanno pulito il garage, io ho passato l'aspirapolvere, ho spazzato e ho rifatto i letti. Mia madre, poverina, ha cucinato tutto il giorno. Mia sorella invece non ha fatto niente!

TINA: Tua sorella somiglia a mio fratello! Io invece stamattina prima ho letto un po', dopo ho scritto alcune lettere e **le** ho spedit**e**. Poi nel pomeriggio ho studiato.

Lucky you!   MARISA: Beata te!°

6.42 È vero! Trova nel dialogo informazioni per giustificare le seguenti affermazioni.

1. Tina conosce i cugini di Marisa.
2. Marisa è una ragazza dinamica.
3. Tina è una ragazza sedentaria.
4. La mamma di Marisa sa cucinare bene.
5. La sorella di Tina è pigra.
6. Il padre e il fratello di Tina lavorano molto.

Occhio alla lingua!

1. Look at the illustrations of Paolo, Carla, Giuseppe, and Marco on p. 190. Who did which activity, and at what time?
2. Looking at the captions describing Paolo's, Carla's, Giuseppe's, and Marco's activities, identify the two parts of each verb in the past tense. What part of each verb changes and when?
3. Now, underline each verb in the past tense in the *In contesto* phone conversation. Can you determine what the corresponding infinitive of each verb is?
4. Two verbs are used with a direct-object pronoun (highlighted in boldface type) in the *In contesto* conversation. What do you notice about the accompanying verb forms in these instances?

𝒢rammatica

• •

Il passato prossimo con *avere*

The present perfect, **passato prossimo**, is used to talk about activities in the past. In Italian, it always has two parts, a helping (auxiliary) verb and a past participle. The auxiliary verb is conjugated.

Io **ho lavato** i piatti.

I (have) washed the dishes.

Carlo e Giovanni **hanno cucinato**.

Carlo and Giovanni (have) cooked.

Maria **ha spazzato** il pavimento.

Maria (has) swept the floor.

In this chapter, you will learn about the present perfect of transitive verbs—verbs that can take a direct-object, like those you see in the above examples. In Capitolo 7, you will learn how to form the past tense of intransitive verbs—verbs that cannot take a direct-object.

The present perfect of transitive verbs is always formed with the present tense of **avere** + past participle. The past participle of regular verbs is formed by dropping the infinitive endings **-are, -ere**, or **-ire**, and adding **-ato, -uto, -ito** respectively to the infinitive stem.

	comprare	vendere	pulire
io	ho comprato	ho venduto	ho pulito
tu	hai comprato	hai venduto	hai pulito
lui/lei	ha comprato	ha venduto	ha pulito
noi	abbiamo comprato	abbiamo venduto	abbiamo pulito
voi	avete comprato	avete venduto	avete pulito
loro	hanno comprato	hanno venduto	hanno pulito

In negative sentences with the **passato prossimo, non** precedes the auxiliary verb.

Non ho pulito la casa.

I didn't clean the house.

6.43 Chi l'ha fatto? Indica chi ha fatto le seguenti cose fra le persone della lista.

io e mio fratello   Maria   tu   Marta e Anna   tu e Giovanni   io

1. _____ ha dato da mangiare al cane.

2. _____ avete passato l'aspirapolvere.

3. _____ ho cucinato.

4. _____ abbiamo pulito il bagno.

5. _____ hanno lavato i piatti.

6. _____ hai spolverato i quadri.

Answers: 6.43
1. Maria
2. Tu e Giovanni
3. Io
4. Io e mio fratello
5. Marta e Anna
6. Tu

6.44 Che cosa hanno fatto? Indica cosa le seguenti persone hanno fatto ieri sera. Completa le frasi con il passato prossimo di uno dei seguenti verbi.

dare   pagare   spazzare   dormire   ricevere   ascoltare   nuotare   incontrare

1. Ieri sera Mario _____ i conti.

2. Luisa e Giovanni _____ da mangiare al cane.

Answers: 6.44
1. ha pagato
2. hanno dato
3. abbiamo ricevuto
4. ha ascoltato
5. ha spazzato
6. ha incontrato
7. ho nuotato
8. avete dormito

3. Io e Luigi _____ gli amici in salotto.

4. Paolo _____ i CD.

5. Mia madre _____ il pavimento.

6. Marco _____ gli amici al bar.

7. Io _____ in piscina.

8. Tu e Marco _____ in soggiorno.

Suggestion: Have students listen to **6.45** as homework or in class.

Script for **6.45 Quando?**

1. Hanno visto un film italiano.
2. Ho incontrato gli amici al bar.
3. Puliscono la cucina.
4. Hai pulito il bagno.
5. Laviamo i piatti.
6. Avete portato il cane fuori.
7. Invitate gli amici?
8. Leggono il giornale.

6.45 Quando? Ascolta le frasi due volte. Indica se le persone hanno fatto le attività nel passato o se le fanno nel presente. Scrivi anche il soggetto di ogni azione.

	Soggetto	Presente	Passato
1.	Loro		✓
2.	Io		✓
3.	Loro	✓	
4.	Tu		✓
5.	Noi	✓	
6.	Voi		✓
7.	Voi	✓	
8.	Loro	✓	

Participi passati irregolari

Below are some common verbs that have irregular past participles, which you must memorize. Keep in mind that **-ere** verbs very often have irregular past participles.

Infinito	Passato Prossimo	Infinito	Passato Prossimo
aprire (*to open*)	ho **aperto**	mettere (*to put*)	ho **messo**
bere (*to drink*)	ho **bevuto**	offrire (*to offer*)	ho **offerto**
chiedere (*to ask*)	ho **chiesto**	perdere (*to lose*)	ho **perso** (perduto)
chiudere (*to close*)	ho **chiuso**	prendere (*to take*)	ho **preso**
conoscere (*to know*)	ho **conosciuto**	rispondere (*to answer*)	ho **risposto**
decidere (*to decide*)	ho **deciso**	scrivere (*to write*)	ho **scritto**
dire (*to say*)	ho **detto**	spendere (*to spend*)	ho **speso**
fare (*to do*)	ho **fatto**	vedere (*to see*)	ho **visto** (veduto)
leggere (*to read*)	ho **letto**		

Ha perso il gatto!　　　　　*He lost his cat!*

Ho offerto un caffè agli amici.　　*I offered a coffee to my friends.*

6.46 Cosa hanno fatto? Completa le frasi con il passato prossimo di uno dei seguenti verbi.

> **chiudere scrivere aprire prendere offrire spendere leggere fare vedere perdere**

1. Mario _____ la porta.
2. Giovanna _____ le finestre.
3. Io e Luigi _____ le chiavi di casa (*house keys*).
4. Tu e Giovanni _____ un bel libro.
5. Rosalba e Renata _____ la cena agli amici.
6. Io _____ un film italiano.
7. Noi _____ un caffè.
8. Tu e Giovanni _____ colazione al bar.
9. Chi _____ una lettera a Luisa?
10. Noi _____ molto per quei mobili.

6.47 Dove? Spiega in quali stanze le persone indicate hanno fatto le seguenti attività.

ESEMPIO:　　Noi / mangiare la pastasciutta (*pasta with sauce*)

　　　　　　Noi abbiamo mangiato la pastasciutta in cucina.

1. Io / pranzare
2. Tu e Carlo / preparare la cena
3. Marta / prendere un caffè con gli amici
4. Tu / scrivere una lettera
5. Io e Mario / guardare la televisione
6. Gli amici / ascoltare la musica
7. Giuseppe/dormire
8. Mia madre e mio padre / leggere il giornale
9. Io / rispondere alle mail
10. Tu e un tuo compagno / studiare per un esame
11. Mia nonna/cucinare
12. Io e Anna / vedere un film

6.48 Una bella serata. Descrivi la serata di Marco e Lucia. Completa il paragrafo seguente con i verbi al passato prossimo.

Ieri sera Marco (1. *invitare*) _____ Lucia a cena in un bel ristorante. I due amici (2. *mangiare*) _____ molto bene, ma (3. *spendere*) _____ una piccola fortuna! Lucia infatti (4. *prendere*) _____ la carne e Marco (5. *ordinare*) _____ il pesce. Tutti e due (6. *bere*) _____ vino e acqua minerale. Poi, dopo la cena, Marco (7. *volere*) _____ portare Lucia al

Answers: 6.46

1. ha aperto/chiuso
2. ha chiuso/aperto
3. abbiamo perso
4. avete letto/scritto
5. hanno offerto
6. ho visto
7. abbiamo preso
8. avete fatto
9. ha scritto
10. abbiamo speso

Answers: 6.47

Answers will vary. Some possibilities:

1. Io ho pranzato nella sala da pranzo.
2. Tu e Carlo avete preparato la cena in cucina.
3. Marta ha preso un caffè con gli amici in soggiorno.
4. Tu hai scritto una lettera nello studio.
5. Io e Mario abbiamo guardato la televisione in soggiorno.
6. Gli amici hanno ascoltato la musica nello studio.
7. Giuseppe ha dormito nella camera da letto.
8. Mia madre e mio padre hanno letto il giornale nella camera da letto.
9. Io ho risposto alle mail nello studio.
10. Tu e un tuo compagno avete studiato per un esame nello studio.
11. Mia nonna ha cucinato in cucina.
12. Io e Anna abbiamo visto un film in soggiorno.

Answers: 6.48

1. ha invitato
2. hanno mangiato
3. hanno speso
4. ha preso
5. ha ordinato
6. hanno bevuto
7. ha voluto
8. hanno visto
9. hanno deciso
10. hanno parlato
11. ha domandato
12. ha risposto
13. ha detto

cinema. (Loro) (8. *vedere*) _____ un film d'avventura e dopo
(9. *decidere*) _____ di fare una passeggiata vicino al mare.
(Loro) (10. *parlare*) _____ dei loro comuni amici e Lucia
(11. *domandare*) _____ a Marco se conosce Carlo. Marco
(12. *rispondere*) _____ che lo conosce benissimo e allora
Lucia (13. *dire*) _____ che Carlo le piace moltissimo!

L'accordo del participio passato con i pronomi di oggetto diretto

When the pronouns **lo, la, li, le**, and **ne** are used with the **passato prossimo**, they are placed in front of **avere** and the past participle agrees in number and gender with the pronoun. The pronouns **lo** and **la** are elided when the auxiliary verb begins with an **o, a**, or **h + o** or **a**. If it begins with a different vowel, elision is optional.

—Marco ha passato l'aspirapolvere?	—*Did Marco vacuum?*
—No, non **l'**ha passat**a**.	—*No, he didn't vacuum.*
—Hai invitato le ragazze?	—*Did you invite the girls?*
—**Le** ha invitat**e** Mario.	—*Mario invited them.*
—Avete letto il giornale?	—*Did you read the paper?*
—No, non **lo** abbiamo lett**o**.	—*No, we didn't read it.*
—Chi ha lavato i piatti?	—*Who washed the dishes?*
—**Li** ho lavat**i** io.	—*I washed them.*
—Quante amiche hai invitato?	—*How many friends did you invite?*
—**Ne** ho invitat**e** dieci.	—*I invited ten of them.*

6.49 Come hai passato la domenica? Vuoi sapere se il weekend scorso alcuni compagni hanno fatto le seguenti cose. Forma le domande e immagina le risposte. Usa il passato prossimo e un pronome di oggetto diretto.

ESEMPIO: portare il cane fuori

—Hai portato il cane fuori?

—Sì l'ho portato fuori. *o* No, non l'ho portato fuori.

1. apparecchiare la tavola
2. leggere il giornale
3. scrivere una lettera
4. ascoltare la musica
5. preparare la colazione
6. incontrare gli amici
7. fare la spesa
8. tagliare l'erba

Answers: 6.49

1. Hai apparecchiato la tavola?
   Sì, l'ho (la ho) apparecchiata. (No, non l'ho (la ho) apparecchiata.)
2. Hai letto il giornale?
   Sì, l'ho letto. (No, non l' ho letto.)
3. Hai scritto una lettera?
   Sì, l'ho (la ho) scritta. (No, non l'ho (la ho) scritta.)
4. Hai ascoltato la musica?
   Sì, l'ho (la ho) ascoltata. (No, non l'ho (la ho) ascoltata.)
5. Hai preparato la colazione?
   Sì, l'ho (la ho) preparata. (No, non l'ho (la ho) preparata.)
6. Hai incontrato gli amici?
   Sì, li ho incontrati. (No, non li ho incontrati.)
7. Hai fatto la spesa?
   Sì, l'ho (la ho) fatta. (No, non l'ho (la ho) fatta.)
8. Hai tagliato l'erba?
   Sì, l'ho (la ho) tagliata. (No, non l'ho (la ho) tagliata.)

Scambi

6.50 Chi l'ha fatto? Trova almeno due compagni che recentemente hanno fatto le seguenti cose. Scopri anche i particolari. Poi racconta alla classe cosa hai scoperto.

Suggestion: As students report what they have learned, encourage the class to identify people who did the same things and use plural forms of verbs.

ESEMPIO: S1: Hai visto un film italiano recentemente?
            S2: Sì, ne ho visto uno molto interessante
            S1: Dove l'hai visto? Con chi? Quando?. . .

	Nome	**I particolari**
1. vedere un film italiano		
2. cucinare un piatto italiano		
3. cambiare casa		
4. leggere un libro italiano		
5. scrivere a un/una parente in Italia		
6. fare un dolce italiano		
7. comprare un mobile nuovo		
8. vendere la macchina		
9. pagare l'affitto		
10. offrire il pranzo o la cena a un amico/un'amica		

6.51 Una domenica a casa. Hai passato la domenica in casa. Indica cinque attività che hai fatto e cinque che non hai fatto. Poi paragona le tue attività con quelle di un compagno/una compagna e insieme decidete chi ha passato meglio la giornata (*who had a more fun day*).

6.52 Divertente o noiosa? Usa le attività descritte in **6.51** e scrivi un biglietto al tuo professore. Parla di come tu e il tuo compagno/la tua compagna avete passato la domenica.

6.53 Al telefono. Immagina di telefonare a tua madre e di discutere con lei che cosa hai fatto oggi a casa. A coppie, ricostruite la telefonata.

ANDIAMO AVANTI!

Ricapitoliamo

6.54 Sul giornale. Immagina di essere un/a giornalista italiano/a che deve scrivere un articolo sulle abitazioni e le attività della gente del tuo Paese. Prepara una lista di sei domande e prendi in considerazione:

a. la vita in famiglia

b. i lavori di casa

c. l'abitazione e il quartiere

d. quanto spendono al mese

Usa la tua lista per intervistare una o due persone. Poi, con le informazioni che hai ottenuto, scrivi un breve articolo.

6.55 Abitiamo insieme? Hai appena visto un bell'appartamento. Cerchi un coinquilino/una coinquilina. Immagina di telefonare a un amico/a un'amica e cercare di convincerlo/la a dividere l'appartamento con te. Il tuo amico/la tua amica non vuole abitare con te. A coppie, ricostruite la telefonata e poi presentatela alla classe.

6.56 Voglio affittare una casa. Sei in Italia alcuni mesi per motivi di studio. Cerchi casa e quindi telefoni a un'agenzia immobiliare (*real estate agency*). Spieghi cosa vuoi e l'agente ti risponde. A coppie, ricostruite la telefonata e poi presentatela alla classe.

6.57 Che cos'è? Leggi le descrizioni dei mobili e accessori che si possono trovare in casa e indovina di che cosa si tratta. Poi paragona i tuoi risultati con un compagno/una compagna. Avete le stesse risposte?

1. Ne mettiamo uno a sinistra del letto e uno a destra. Ci mettiamo una lampada, un libro o una fotografia.

2. Lo mettiamo in salotto o in soggiorno o in camera da letto. Generalmente lo mettiamo contro la parete. Ci mettiamo i libri e a volte lo stereo.

3. Ne abbiamo più di uno. Lo usiamo per parlare con gli amici e i parenti.

4. Le mettiamo in cucina o in sala da pranzo, vicino al tavolo.

5. Lo mettiamo in cucina. Ci mettiamo la frutta, l'acqua, la birra e il vino bianco.

6. Lo mettiamo in soggiorno, contro la parete o la finestra. Davanti ci mettiamo un tavolino.

7. Le mettiamo in salotto, vicino al divano.

8. Lo mettiamo per terra, in soggiorno o in sala da pranzo.

6.67 In questo videoclip alcune persone descrivono la loro abitazione. Prima di guardare rispondi alle domande seguenti.

1. Che cosa sai delle abitazioni degli italiani? Gli italiani abitano in villette o appartamenti?

2. Che cosa ti aspetti (*expect*) di vedere? Case vecchie o nuove? Grandi o piccole? Perché?

3. Prepara una breve lista di parole che pensi le persone useranno (*will use*) per parlare delle stanze e dei mobili.

Suggestion: You may choose to complete the *Prima di guardare* activities with the class as a whole. Or you can assign this section as homework

Mentre guardi

6.68 Mentre guardi, completa le frasi seguenti:

1. Chiara dice che nella sua casa ci sono
   a. affreschi antichi.
   b. mobili moderni.

2. In casa di Chiara ci sono
   a. molti libri.
   b. molte sedie.

3. Chiara mostra (*shows*)
   a. due camere da letto.
   b. due scrivanie.

4. La casa di Felicita è
   a. un appartamento moderno.
   b. una villetta con giardino.

5. Sul balcone di Felicita ci sono
   a. dei fiori.
   b. i suoi cani.

6. Fabrizio passa molto tempo
   a. in cucina.
   b. nel suo studio.

7. Fabrizio resta nel suo studio fino a tardi
   a. sempre e solo per lavorare.
   b. per lavorare e navigare su Internet.

8. Plinio passa molto tempo in casa
   a. perché fa lo scrittore.
   b. perché vende libri in casa.

Suggestion: Before students begin watching this portion of the video, stress the importance of paying attention to the various houses and apartments they are going to see.

Answers: 6.68

1. a
2. a
3. b
4. b
5. a
6. b
7. b
8. a

Dopo aver guardato

6.69 Dopo aver guardato il video, completa le attività seguenti:

1. Perché la casa di Felicita è diversa dalle case della maggioranza degli italiani?

2. Quale frase corrisponde meglio a quello che dice Plinio: «La casa per me scandisce (*sets the rhythm for*) il tempo del mio lavoro»?
   a. Dopo il lavoro torno a casa e mi rilasso.
   b. Lavoro in stanze diverse ad ore diverse della giornata.
   c. Lavoro molto tempo in casa e la casa influenza il mio lavoro.

3. Descrivete le case all'inizio del video e la casa di Chiara. Fate una lista delle differenze fra le abitazioni nel vostro Paese e quelle in Italia.

Answers: 6.69

Answers will vary. Some possibilities:

1. La casa di Felicita è una casa in campagna con il giardino. Gli italiani di solito abitano in appartamenti.
2. c.

taly is the largest furniture exporter in the world. Over the years, the Friuli-Venezia Giulia and the Puglia regions have emerged as two of the leading home furnishings industry centers in Italy. Puglia is particularly important for upholstered leather furniture and Friuli for its kitchen furniture and appliances.

The two regions are also known for their agricultural and food products and their beautiful landscape. For example, in Puglia, the Promontorio del Gargano has lovely beaches and in places like Vieste one can admire Roman ruins.

Suggestion: The *Attraverso. . .* cultural readings can be assigned as homework or covered in class.

Presentation: Using the map opposite the inside front cover, introduce Friuli-Venezia Giulia and Puglia. Ask students: **Dov'è il Friuli-Venezia Giulia? Come si chiamano i Paesi vicino al Friuli-Venezia Giulia? Quale regione è vicino al Friuli? Come si chiama il mare vicino al Friuli? Qual è il capoluogo del Friuli? Come si chiamano le altre città importanti?** etc.

Presentation: Continue by introducing Puglia: **Dov'è la Puglia? Come si chiamano le regioni vicino alla Puglia? E i mari? Cosa notate della costa? Qual è il capoluogo della Puglia? Come si chiamano le altre città importanti?**

Piazza della Libertà, ad Udine: il Porticato di San Giovanni, uno dei tanti monumenti rinascimentali della città. Per molti anni Udine appartenne (*belonged*) alla città di Venezia. L'influenza della cultura veneta è evidente nelle bellissime vie e piazze della città, che conserva un aspetto medievale. Il Friuli-Venezia Giulia è una regione «a statuto speciale» e quindi (*therefore*) ha una notevole autonomia amministrativa. Nel Friuli c'è una minoranza di lingua slovena, ma l'italiano è la lingua della maggioranza. I friulani parlano anche un dialetto simile al ladino. Pier Paolo Pasolini (1922–1975), famoso regista e poeta, scrisse (*wrote*) molte poesie in friulano, la lingua della sua famiglia.

Vista panoramica della città di Trieste. Trieste entra a far parte definitivamente dello Stato Italiano nel 1954, dopo la seconda guerra mondiale. La città ha avuto una storia complessa e tormentata. Per secoli (*centuries*) politicamente legata all'Austria, Trieste prosperò durante il 1700 e per molti anni fu (*was*) il porto più importante dell'Adriatico. A Trieste convivevano (*lived together*) popolazioni, culture e religioni diverse. Per molti anni l'unione con l'Italia fu difficile per l'economia e per gli abitanti di questa città multietnica. Oggi Trieste è una città originale e unica, proprio a causa di questa diversità culturale. Italo Svevo (1861–1928), l'autore di *La Coscienza di Zeno,* nacque (*was born*) a Trieste.

PERCORSO I
LE ATTIVITÀ
DEL TEMPO LIBERO

Vocabolario: Cosa hai fatto il weekend scorso?

Sabato mattina Lucia si è svegliata presto. Si è messa le scarpe da tennis ed è andata al Tennis Club.

Sabato pomeriggio Lucia non è uscita. È restata a casa e ha suonato la batteria.

Sabato sera alcuni amici sono venuti a casa di Lucia. Hanno chiacchierato, ascoltato musica e guardato un DVD, ma si sono annoiati.

Le attività del tempo libero

andare* *to go*
  ad un concerto *to a concert*
  ad un museo *to a museum*
  fuori a cena *out to dinner*
  a teatro *to the theater*
  in campagna *to the countryside*
  in montagna *to the mountains*
  in palestra *to the gym*

fare (*pp.* fatto) *to make, to do*
  aerobica *to do aerobics*
  spese *to go shopping*
  bodybuilding *to do weightlifting*
  footing *to jog*
  alpinismo *mountain climbing*
  equitazione *horseback riding*
  scherma *fencing*
  una gita *to take an excursion*
  un viaggio *to take a trip*

Suggestion: Introduce/review sports vocabulary. You might wish to act out some activities as you indicate what you did: **Ieri mattina ho giocato a golf e ieri sera sono restata a casa**, etc.

Expansion: Have students write a list of some recreational activities they did last week using new vocabulary and vocabulary they already know. Then have them go around the room and find others who did similar things.

Suggestion: In small groups, have students mime some of the activities and the others guess what they have done.

giocare *to play*
 a biliardo *pool*
 a bowling *bowling*
 a hockey *hockey*
 a pallacanestro/a basket
   basketball
 a pallavolo *volleyball*
 a scacchi *chess*
leggere i fumetti *to read comic books*
suonare il piano *to play the piano*

Prima o dopo?

dopo *after*
infine *finally*
più tardi *later*
poi *then*
prima *before*

Answers: 7.1
Answers will vary. Some possibilities:
In casa: chiacchierare, guardare un DVD, annoiarsi, divertirsi, suonare, leggere i fumetti, giocare a biliardo, a scacchi, fare bodybuilding. Fuori: fare spese, footing, alpinismo, equitazione, una gita, un viaggio; giocare a golf, a pallacanestro, a pallavolo.

7.1 In casa o fuori? Indica quali attività e giochi puoi fare in casa e quali fuori casa.

7.2 In quale stagione? Completa la seguente scheda e indica quali attività e che tipo di abbigliamento associ con queste stagioni.

Stagione	Attività	Abbigliamento
primavera		
estate		
autunno		
inverno		

Answers: 7.3
Answers will vary. Some possibilities:
 1. c, d
 2. d
 3. d
 4. c
 5. a
 6. a
 7. a
 8. a
 9. b, c
10. a
11. a
12. b
13. b, d
14. b, c

7.3 Che tipo è? Indica quali delle seguenti personalità associ con le attività indicate.

Personalità:

 a. **attiva, dinamica, sportiva, atletica**
 b. **artistica, intellettuale, estroversa, vivace**
 c. **sedentaria, tranquilla, timida, sensibile**
 d. **socievole, estroversa, espansiva, divertente**

Attività:

_____ **1.** leggere i fumetti
_____ **2.** giocare a biliardo
_____ **3.** andare ad una festa
_____ **4.** giocare a scacchi
_____ **5.** sciare
_____ **6.** fare footing
_____ **7.** nuotare
_____ **8.** fare vela
_____ **9.** andare a teatro, a un concerto di musica classica, a un museo
_____ **10.** giocare a pallacanestro

_____ **11.** andare in palestra
_____ **12.** dipingere
_____ **13.** suonare la batteria
_____ **14.** scrivere poesie

7.4 Chi lo fa? Indica tre attività che fai spesso quando hai tempo libero. Trova una persona in classe che fa almeno due delle stesse cose. Poi decidete insieme che tipo siete e usate alcuni aggettivi delle personalità in **7.3**.

In contesto: Che giornata, ieri!

Tiziana scrive sul diario quello che ha fatto ieri.

Suggestion: Introduce/review expressions such as **prima, dopo, poi, infine,** etc., by describing what you did this morning before getting to school: **Io stamattina mi sono svegliata molto presto, poi mi sono alzata. Infine sono uscita,** etc. Then ask questions such as: **Cosa ho fatto prima? Mi sono lavata o mi sono vestita? Prima mi sono lavata!**

Expansion: Pair students and have them ask similar questions about what they did, using **prima, dopo, poi, infine,** etc. You may wish to have students write down what their classmates did, using **prima, dopo, poi, infine.** Then ask individual students to tell the class what their classmates did.

22
APRILE
sabato
s. Leonida

Caro Diario,
ieri è stata una giornata strana. Mi sono svegliata presto e mi sono preparata per uscire. Prima ho incontrato alcuni amici al bar, abbiamo preso un cappuccino e chiacchierato un po'. Dopo sono andata in centro per fare delle commissioni e ho comprato il regalo perfetto per Marisa. Più tardi ho parlato al telefono con Carlo e abbiamo litigato!
Ho suonato un po' il piano e poi mi sono preparata per andare alla festa di Marisa.

Alla festa sono venuti tutti gli amici, solo Carlo non è venuto! Per un po' mi sono annoiata, ma poi ho conosciuto un nuovo ragazzo, Giulio, che mi ha invitato a ballare. Io e Giulio abbiamo parlato molto e abbiamo fatto amicizia[1]. Giulio, preso dall'entusiasmo del ballo, è caduto[2] in mezzo alla stanza!

La serata così è finita in un mare di risate[3]. Quando sono tornata a casa, poi, ho trovato un messaggio di Carlo molto carino sulla segreteria telefonica[4]!

Suggestion: You might choose to read the diary entry yourself first and then have students read aloud portions of the page. As an alternative, you can have students read silently. If you read the page yourself, do not stop to check comprehension, but read it without interruption. If you have students read the passage, encourage them to read it quickly and to try to guess the meaning of new words from the context without stopping to check the meaning of single words.

Suggestion: After reading the passage, pair students and have them prepare lists of all the actions they remember without looking back at the text. Tell students to put these actions in the correct order, and, if time permits, have them compare their results.

1. we became friends   2. fell   3. laughs   4. answering machine

Answers: 7.5
Answers will vary. Some possibilities:
Piacevoli: Tiziana ha incontrato alcuni amici al bar; è andata in centro; ha fatto le spese; ha comprato il regalo per Marisa; ha suonato il piano; si è preparata; ha conosciuto Giulio; ha ballato e parlato con Giulio; lei e Giulio hanno fatto amicizia; ha trovato un messaggio di Carlo.

Spiacevoli: Ha litigato con Carlo. Carlo non è andato alla festa; si è annoiata.

7.5 Come è stata la giornata di Tiziana? Elencate tutte le attività piacevoli (*pleasant*) e gli eventi spiacevoli (*unpleasant*) che avete letto nel diario di Tiziana. Poi decidete se è stata una giornata bella o brutta e perché.

Occhio alla lingua!

Presentation: You can use the questions in *Occhio alla lingua!* to present inductively, summarize, and/or review the **passato prossimo** of intransitive verbs.

1. When did the activities shown in the illustrations on p. 209 occur? How can you tell?

2. What do you notice about the forms of the past tense of the verbs that are used?

 3. Read again the *In contesto* diary entry, and underline all of the verbs in the present perfect tense that are formed with **avere** and circle all of those formed with **essere**. What differences do you notice between the verbs that form the past tense with **avere** and those that form it with **essere**?

Grammatica

· ·

Il passato prossimo con *essere*

Suggestion: You can choose to keep your grammar explanations to a minimum and assign as homework the *Grammatica* and the related exercises.

The **passato prossimo** of reflexive verbs and most intransitive verbs is formed with the present tense of **essere** plus the past participle. (Remember, an intransitive verb is one that cannot take a direct object.)

andare	vestirsi
io sono andat**o**/**a**	io mi sono vestit**o**/**a**
tu sei andat**o**/**a**	tu ti sei vestit**o**/**a**
lui/lei è andat**o**/**a**	lui/lei si è vestit**o**/**a**
noi siamo andat**i**/**e**	noi ci siamo vestit**i**/**e**
voi siete andat**i**/**e**	voi vi siete vestit**i**/**e**
loro sono andat**i**/**e**	loro si sono vestit**i**/**e**

1. When the **passato prossimo** is formed with **essere**, the past participle always agrees with the subject in number and gender.

Maria **è arrivata** a casa alle nove. I fratelli **sono tornati** poco dopo; le sorelle invece non **sono uscite**.

Maria arrived home at nine o'clock. Her brothers returned shortly after; her sisters, however, didn't go out.

2. Verbs that indicate physical movement from one place to another are generally intransitive and are conjugated with **essere**. Here are some of the most common ones.

andare	*to go*	lui/lei è andato/a
arrivare	*to arrive*	lui/lei è arrivato/a
entrare	*to enter*	lui/lei è entrato/a
partire	*to leave*	lui/lei è partito/a
ritornare	*to return*	lui/lei è ritornato/a
tornare	*to return*	lui/lei è tornato/a
uscire	*to go out*	lui/lei è uscito/a
venire	*to come*	lui/lei è venuto/a

Note that **venire** has an irregular past participle.

Suggestion: You might wish to point out that a few intransitive verbs are always conjugated with **avere** in the **passato prossimo**. These include **ballare, nuotare, camminare,** and **sciare**.

3. These common intransitive verbs are also conjugated with **essere** in the **passato prossimo**:

diventare	*to become*	lui/lei è diventato/a
essere	*to be*	lui/lei è stato/a
morire	*to die*	lui/lei è morto/a
nascere	*to be born*	lui/lei è nato/a
restare	*to stay*	lui/lei è restato/a
rimanere	*to remain*	lui/lei è rimasto/a
stare	*to be, to stay*	lui/lei è stato/a

Note that **essere, morire, nascere,** and **rimanere** have irregular past participles.

4. Reflexive verbs are always conjugated with **essere** in the **passato prossimo**. The past participle agrees in number and gender with the subject.

Marisa **si è alzata** troppo tardi.   *Marisa got up too late.*

Io e Paolo **ci siamo divertiti**   *Paolo and I had a very good time.*
   moltissimo.

Suggestion: You may choose to explain the **passato prossimo** of **potere, volere,** and **dovere**: When used alone, these verbs form the past tense with **avere**: **Sei andato al cinema? No. Non ho potuto.** When followed by an infinitive they are conjugated with **avere** if the infinitive is a transitive verb: **Ieri non ho potuto giocare a golf!** They are conjugated with **essere** if the infinitive is an intransitive verb: **Domenica scorsa Serena non è voluta venire in montagna con noi.** Mention, however, that in everyday speech many Italians now tend to use **avere** with both transitive and intransitive verbs.

Suggestion: For quick practice, you can give the following infinitive forms and call on different students to provide the first-person singular forms of the **passato prossimo**. Or you can have everyone write down the first-person singular forms of: 1. alzarsi, 2. parlare, 3. fare, 4. venire, 5. vedere, 6. guardare, 7. ascoltare, 8. divertirsi, 9. studiare, 10. ballare, 11. arrivare, 12. uscire, 13. nascere, 14. morire, 15. lavarsi, 16. andare, 17. partire, 18. prepararsi, 19. sciare, 20. stare.

7.6 Che cosa hanno fatto? Indica che cosa hanno fatto le seguenti persone. Completa le frasi con un verbo della lista:

hanno giocato	è andato	abbiamo fatto	ha fatto
si è divertita	ho visto	sono andate	si è messa
sono venuti	è andata		

1. Ieri Carlo _____ in pizzeria con gli amici.

2. La settimana scorsa io e Paolo _____ vela.

3. Stamattina Giovanna e Tommaso _____ a basket.

4. L'altro ieri Edoardo _____ footing.

5. Una settimana fa Renata _____ al cinema.

6. Il mese passato io _____ un film italiano.

7. Ieri sera Laura e Olivia _____ in discoteca.

8. Stamattina Paola _____ le scarpe da tennis.

9. Ieri sera Roberto e Antonella _____ a casa mia.

10. Domenica scorsa Lucia _____ molto a giocare a golf.

Answers: 7.6
1. è andato
2. abbiamo fatto
3. hanno giocato
4. ha fatto
5. è andata
6. ho visto
7. sono andate
8. si è messa
9. sono venuti
10. si è divertita

7.7 Ieri sera. Racconta quello che le persone seguenti hanno fatto ieri sera. Cambia i verbi dal presente al passato prossimo usando **avere** o **essere**.

1. Paolo torna a casa alle sei. Suona il pianoforte per un'ora. Dopo telefona ad alcuni amici. Alle otto e mezza cena e poi guarda un po' la TV. Infine gioca a scacchi con il padre e alle 11.30 va a letto.

2. Maria arriva a casa alle due. Prima pranza e poi si riposa un po'. Va in salotto e si addormenta sul divano. Alle quattro si sveglia e si prepara. Alle sei incontra gli amici in piazza. Più tardi vanno a teatro e poi bevono qualcosa insieme al bar.

3. Giulia e Paola ritornano a casa alle sette e mezza. Poi vanno in palestra e fanno un po' di aerobica.

Answers: 7.7
1. è tornato; ha suonato; ha telefonato; ha cenato; ha guardato; ha giocato; è andato.
2. è arrivata; ha pranzato; si è riposata; è andata; si è addormentata; si è svegliata; si è preparata; ha incontrato; sono andati; hanno bevuto.
3. sono ritornate; sono andate; hanno fatto.

Script for **7.9 Un giorno come gli altri.**
— Ciao, Riccardo, come va?
— Matteo! Che fai?
— Sono stanchissimo. Che giornata! Mi sono alzato alle sette! Mi sono preparato in fretta, non ho fatto neanche colazione e sono uscito. Ho avuto lezioni tutta la mattina e parte del pomeriggio.
— Io invece per fortuna ho dormito fino alle dieci! E tu, dopo l'università, sei andato a giocare a pallacanestro?
— Certo! E mi sono divertito tanto. Abbiamo pure vinto! Poi siamo andati in pizzeria. E tu, sei restato a casa?
— No, sai, il pomeriggio io e Luisa siamo andati a cavallo insieme! È stato bellissimo! Sono tornato pochi minuti fa. Allora, ci vediamo domani?
— Certo, magari facciamo qualcosa insieme.

Answers: **7.9**

avere: fatto, avuto, dormito, vinto
essere: alzato, preparato, uscito, andato, divertito, andati, restato, andati, stato, tornato

sabato **22**
aprile

8	_____
30	_____
9	_____
30	_golf con Giulio_
10	_____
30	_____
11	_caffè con Paolo_
30	_casa_
12	_.15 ristorante con_
30	_la famiglia_
13	_____
30	_____
14	_____
30	_____
15	_casa_
30	_____
16	_____
30	_spese in centro_
17	_____
30	_palestra_
18	_____
30	_____
19	_Fabrizio in piazza_
30	_____
20	_____
30	_pizzeria con gli amici_
21	_____
30	_____
22	_festa a casa di Giorgio_
30	_____
23	_____
30	_discoteca con gli amici_
24	_____

 7.8 Come si sono preparati? Alcuni amici hanno fatto le attività seguenti. Per ognuno indicate tre cose che hanno fatto per prepararsi.

ESEMPIO: Sabato mattina Giovanni ha giocato a tennis.
Si è svegliato presto e si è vestito.
Si è messo una maglietta e i pantaloni corti.

1. Ieri pomeriggio Edoardo è uscito con la ragazza.

2. Venerdì sera Cecilia è andata in discoteca.

3. Sabato sera Giulia e Simona sono andate fuori a cena con alcuni amici.

4. Domenica pomeriggio io e Fabrizio siamo andati a teatro.

7.9 Un giorno come gli altri. Due amici si raccontano al telefono cosa hanno fatto durante il giorno. Ascolta la loro conversazione due volte. Mentre ascolti, scrivi il participio passato che senti e indica se il verbo è coniugato con **avere** o con **essere**.

Verbi coniugati con *avere*	**Verbi coniugati con** *essere*
1. _____	1. _____
2. _____	2. _____
3. _____	3. _____
4. _____	4. _____
	5. _____
	6. _____
	7. _____
	8. _____
	9. _____
	10. _____

Answers: **7.10**

Answers will vary. Some possibilities:
9.30 ha giocato a golf con Giulio; 11.00 ha preso un caffè con Paolo; 11.30 è tornata a casa; 12.15 ha pranzato al ristorante; 2.00–4.00 ha suonato la chitarra; 4.30 ha fatto spese; 5:30 è andata in palestra; 7.00 ha incontrato Fabrizio; 8.30 è andata in pizzeria; 10.00 è andata ad una festa; 12.30 si è divertita in discoteca.

Scambi

Suggestion: Before assigning **7.11**, brainstorm some possible questions that students might ask their classmates to get the details. If time permits, ask students to share their results with the class: **Chi ha visitato l'Italia? Quando l'hai visitata? Con chi?** etc.

 7.10 Il detective. Guardate l'agenda di Roberta e insieme immaginate che cosa ha fatto ieri.

7.11 Quando è stata l'ultima volta che. . . (*When was the last time that you. . .*)? Intervista un compagno/una compagna e scopri quando è stata l'ultima volta che ha fatto queste cose. Scopri anche i particolari.

ESEMPIO: è uscito/a con gli amici
S1: Quando è stata l'ultima volta che sei uscito/a con gli amici?
S2: Sabato sera.
S1: Dove siete andati?
S2: Siamo andati al cinema e poi abbiamo mangiato una pizza.

1. È andato/a in discoteca.

2. È andato/a ad un concerto.

3. È andato/a ad un museo.

4. È andato/a ad una festa.

5. Si è svegliato/a molto tardi.

6. Ha scritto una lettera.

7. È andato/a in palestra.

8. Si è annoiato/a con gli amici.

Suggestion: For extra practice, you can have students write an e-mail to a friend, telling what they did last Saturday. They can use Tiziana's diary entry (p. 211) as an example.

Suggestion: Have students bring to class photographs of some weekend activities from their recent past. Divide students in small groups and have them ask the owner of the photo questions about the photograph, using the past tense.

Così si dice: **Per indicare l'anno**

To indicate the year when you did something, you can use **nel** + the year. **Quando sei andata in Italia? Nel 1999.** *When did you go to Italy? In 1999.* **In che anno hai cominciato l'università? Nel 2004?** *When did you start college? In 2004?*

Presentation: Briefly explain how to express the year when someone did something, using **nel**. Offer examples: **Sono venuta in America nel 1980**, etc. Then ask questions: **In che anno hai iniziato la scuola? E l'università? Sei stato/a in Italia? In che anno?** Then you can ask questions about familiar historical events: **In che anno è iniziata la rivoluzione americana?** etc.

7.12 Chi si è divertito di più ieri sera? Scopri che cosa hanno fatto ieri sera tre compagni/compagne. Secondo te, chi si è divertito/divertita di più? Racconta alla classe che cosa hai scoperto (*discovered*) e spiega quali sono le tue conclusioni.

ESEMPI:
S1: Sei uscito/a ieri sera?
S2: Sì.
S1: Che cosa hai fatto?
S2: Sono andato/a in discoteca con gli amici. . .

Cosa hai scoperto?
—Jason è andato in discoteca con gli amici. Secondo me si è divertito molto.

Answers: 7.13
1. Vero.
2. Falso. Le relazioni sociali, infatti, sono molto importanti per gli italiani.
3. Falso. Il sabato mattina i giovani vanno a scuola e molte persone lavorano, quindi preferiscono andare fuori la sera del sabato.
4. Falso. Soprattutto i giovani vanno quasi sempre in discoteca.
5. Vero.
6. Falso. La febbre del sabato sera indica la voglia di uscire e di divertirsi l'unica serata veramente libera della settimana.

Lo sai che? Gli italiani e il tempo libero

Durante la settimana gli italiani, in genere, la sera stanno a casa. Prima di cena, però, prima di rientrare dal lavoro, spesso si ritrovano (*gather*) in una piazza o per una delle strade principali della città per incontrare gente, passeggiare, guardare i negozi o entrare in un bar a prendere qualcosa. Le relazioni sociali, infatti, sono molto importanti per gli italiani che spesso si riuniscono solo per mangiare insieme, chiacchierare e stare in compagnia, anche senza fare niente di speciale.

Il sabato mattina i giovani vanno a scuola e molte persone lavorano, quindi preferiscono andare fuori il sabato sera e non il venerdì. Le attività del sabato sera sono simili a quelle di tanti altri Paesi: il cinema, il ristorante, una cena a casa di amici, la discoteca. I giovani, soprattutto, restano fuori anche tutta la notte e rientrano a casa alle prime ore dell'alba (*dawn*). I locali possono servire alcolici ai ragazzi che hanno compiuto diciotto anni, ma questa regola non è severa (*strict*) e anche giovani di quindici anni possono andare in discoteca o al bar.

La frenesia (*frenzy*) del sabato, o «febbre (*fever*) del sabato sera», indica proprio la voglia di uscire e di godersi l'unica serata veramente libera della settimana.

7.13 Vero o Falso? Indica quali delle seguenti affermazioni sono vere e quali sono false. Correggi le affermazioni false.
1. Dopo il lavoro gli italiani spesso si incontrano con gli amici.
2. Gli italiani non sono molto socievoli.
3. Il venerdì sera è il momento per divertirsi.
4. Nessuno in Italia va mai in discoteca.
5. I giovani di diciotto anni possono bere alcolici.
6. La «febbre del sabato sera» è il nome di un nuovo ballo.

G **7.14 E nel vostro Paese?** Nel vostro Paese fate le stesse cose il sabato sera? Trovate delle cose simili e delle cose diverse riguardo alle sere del weekend.

Suggestion: You can complete **7.13** and **7.14** with the whole class or have students work individually or in pairs.

Suggestion: Before assigning **7.14**, have students brainstorm recreational activities popular in their countries.

PERCORSO II
LE ATTIVITÀ SPORTIVE

Vocabolario: Che sport fai?

Il calcio. Si fa in tutte le stagioni. Si indossano i pantaloncini e una maglietta. Si usa un pallone. Non si gioca mai da soli; si gioca a squadre.

Lo sci. Si fa d'inverno. Si fa in montagna. Si fa da soli o con gli amici. Si indossano i pantaloni lunghi e una giacca pesante.

Per parlare di sport

andare* a cavallo *to go horseback riding*
fare
  atletica leggera *to do track and field*
  ciclismo *to bicycle*
  il pattinaggio a rotelle / sul ghiaccio *to go rollerskating / iceskating*
pattinare *to skate*

Gli oggetti per lo sport

la mazza *bat; club*
la palla *ball*
i pattini *skates*

la racchetta da tennis *tennis racket*
gli sci *skis*

Gli sport e le attività

allenarsi *to practice, to train*
fare il tifo per *to root for*
fare dello sport *to play a sport (sports)*
il giocatore/la giocatrice *player*
la partita *game*
praticare/fare uno sport *to play a sport*
la squadra *team*
il tifoso/la tifosa *fan*
la tuta *sweats*
vincere (*p.p.* vinto) *to win*

7.15 A cosa serve? Abbina gli oggetti della colonna A con gli sport della colonna B.

A	B
1. la racchetta	a. il pattinaggio
2. il pallone	b. il golf
3. la mazza	c. il calcio
4. i pattini	d. il tennis

7.16 Sai che cos'è? Completa le frasi con uno dei termini seguenti e fa' i cambiamenti necessari: **partita, squadra, praticare, tuta, tifoso, allenarsi.**

1. Qual è la tua _____ di calcio preferita?

2. I giocatori professionisti devono _____ sempre molto.

3. Quando faccio atletica spesso mi metto la _____.

4. Per vedere una partita, i _____ vanno allo stadio.

5. Che sport _____ tu?

6. Mi piace guardare una _____ di pallacanestro alla televisione!

7.17 Riorganizziamoli! Considerate tutti gli sport di questo capitolo e quelli che avete studiato nei capitoli precedenti. Poi organizzateli secondo le seguenti categorie:

1. Si fanno soprattutto in autunno.

2. Si fanno d'estate.

3. Si fanno da soli.

4. Si fanno a squadre.

5. Si portano i pantaloni lunghi.

6. Si indossa il costume da bagno.

7.18 E tu che fai? Preparate una breve lista di sport che vi interessano fra quelli che avete studiato e indicate anche che cosa si usa per praticarli.

In contesto: Parliamo un po' di sport!

Luca, uno studente italiano, e Samantha, una studentessa americana, discutono di sport.

LUCA: In Italia il calcio è lo sport che si guarda di più alla televisione. E la domenica si va allo stadio e si fa il tifo per la squadra della propria città. E negli States? Il calcio non si segue molto, vero?

SAMANTHA: No, non molto. Molti ragazzi giocano a calcio da piccoli, ma poi quando sono grandi preferiscono il basket o il baseball e il football.

LUCA: Gli americani fanno molto sport, però, vero?

SAMANTHA: Sì, in genere sono molto sportivi. Giocano a tennis, a golf, a pallacanestro. E poi in ogni stagione vanno allo stadio e si seguono molto le partite anche alla televisione. Si fa tanto sport anche nelle scuole, sai. E gli italiani?

LUCA: Veramente in Italia si fa sempre più sport. Per esempio, si gioca sempre di più a pallavolo e naturalmente tanti giocano a tennis e d'inverno vanno a sciare in montagna. Però nelle scuole no, non si fa molto sport. A tutti, in ogni caso, piace guardare lo sport alla televisione!

7.19 È proprio vero? Trova informazioni nella conversazione per giustificare le seguenti affermazioni.

1. Gli italiani sono tifosi di calcio.

2. In America lo sport è molto importante.

3. Lo sport piace anche in Italia.

7.20 Siete d'accordo? Indicate se siete d'accordo con Samantha oppure no.

Occhio alla lingua!

Presentation: You can use the questions in *Occhio alla lingua!* to present inductively, summarize, and/or review the impersonal.

1. Look at the verbs in the descriptions of the sports on p. 216. Can you tell who is performing each of the actions?

2. Which verbs are singular and which are plural in the descriptions on p. 216? What is the difference between **si usa una palla** and **si portano i pantaloni bianchi?**

3. Reread the *In contesto* conversation and circle all of the verbs. Which verbs have a specific subject that you can identify and which do not?

Grammatica

• •

Il *si* impersonale

Suggestion: You can choose to keep your grammar explanations to a minimum and assign as homework the *Grammatica* and the related exercises.

The impersonal construction is used in Italian when there is no specific subject performing the action of a verb. It is equivalent to the impersonal use of *one* or *you* in English in such sentences as *one can play volleyball here* or *you can play volleyball here*. In Italian, the impersonal is formed with **si** + third-person singular or plural of the verb. The singular form of the verb is used when there is no object or the object is singular. The plural is used when the object is plural.

Si va allo stadio la domenica.
On Sundays one goes to the stadium.

Si usa una racchetta.
You use a racket. (A racket is used.)

Si praticano molti sport.
One plays many sports.
(Many sports are played.)

Answers: 7.21

1. si usa
2. si beve
3. si mette
4. si mangiano
5. si portano
6. si portano
7. si indossa
8. si beve

7.21 Che cosa si fa? Indica che cosa si fa generalmente nelle situazioni seguenti e completa le frasi con la forma corretta del verbo.

1. Per scrivere una mail _____ (usare) il computer.
2. La mattina _____ (bere) il caffè.
3. _____ (mettere) lo zucchero nel caffè.
4. A colazione _____ (mangiare) i biscotti.
5. D'inverno, quando fa freddo _____ (portare) i guanti e una giacca pesante.
6. Per pattinare _____ (portare) i pattini.
7. Quando si nuota _____ (indossare) il costume da bagno.
8. Quando si ha sete _____ (bere) l'acqua.

Answers: 7.22
Answers will vary. Some possibilities:
1. Si usano i pattini e si porta una gonna, un vestito corto o si portano i pantaloni lunghi.
2. Si usa una mazza da golf e si portano i pantaloni lunghi o corti.
3. Si usano gli sci e si portano i pantaloni lunghi, si porta una maglia e si porta una giacca.
4. Si usa un pallone e si portano i pantaloncini e una maglietta.

7.22 Cosa si usa? Indica cosa si usa e cosa si porta quando si fanno i seguenti sport. Usa l'impersonale.

ESEMPIO: il calcio
Si usa un pallone e si portano i pantaloncini.

1. il pattinaggio
2. il golf
3. lo sci
4. la pallavolo

7.23 Cosa si fa nel tuo Paese? Indica cosa si fa nel tuo Paese nel tempo libero. Scrivi almeno sei attività. Usa l'impersonale.

I pronomi tonici

1. Disjunctive, or stressed, pronouns (**i pronomi tonici**) are used after prepositions such as **di, a, da, in, su, per, con**, and **tra (fra)**.

   —Vuoi giocare a tennis con **me**?   —*Do you want to play tennis with me?*

   —Sì, gioco volentieri con **te**.   —*Yes, I'm happy to play with you.*

   —Hai dato la mia racchetta a Giulio?   —*Did you give my racket to Giulio?*

   —Sì, l'ho data a **lui**.   —*Yes, I gave it to him.*

2. Disjunctive pronouns can also be used, instead of direct-object pronouns, after verbs for emphasis. In English this emphasis is provided solely through intonation. Consider the examples below:

   —Ti invito alla festa.   —*I'm inviting you to my party.*

   —Invito **te** e non lui!   —*I'm inviting you and not him!*

   —Vi cerco.   —*I'm looking for you.*

   —Cerco **voi**, non loro!   —*I'm looking for you, not for them!*

Singolare		Plurale	
me	*me*	**noi**	*us*
te	*you*	**voi**	*you*
Lei	*you (formal)*	**Loro**	*you (formal)*
lui, lei	*him, her (informal)*	**loro**	*them (informal)*
sé	*himself, herself, itself*	**sé**	*themselves*

7.24 Una persona curiosa. Un'amica/un amico ti domanda cosa hai fatto di recente. Rispondi usando un pronome tonico.

ESEMPIO: —Hai giocato a tennis con il tuo migliore (*best*) amico?
            —Sì, ho giocato con lui.

1. Ti sei allenato/a con gli altri giocatori?

2. Sei andato/a al cinema con la tua ragazza/il tuo ragazzo?

3. Vai a cavallo con i tuoi amici?

4. Hai fatto aerobica con tua sorella?

5. Vieni a teatro con noi domani?

6. Giochi a pallavolo con me più tardi?

Presentation: You can introduce the **pronomi tonici** using sports vocabulary. Ask questions such as: **Questa sera vado a giocare a tennis. Vuoi giocare con me?** etc. You can also ask students about their own experiences: **Domenica sei uscita con i tuoi genitori? Esci spesso con loro?** etc.

Then write the **pronomi tonici** on the board and note that they are used after preopositions and for emphasis. Have students notice that the **pronomi tonici** are the same as the subject pronouns, except for **me** and **te**.

Answers: 7.24

1. Sì, mi sono allenato/a con loro.
2. Sì, sono andato/a al cinema con lui/lei.
3. Sì, vado a cavallo con loro.
4. Sì, ho fatto aerobica con lei.
5. Sì, vengo a teatro con voi domani.
6. Sì, gioco a pallavolo con te più tardi.

Così si dice: **La preposizione *da***

● ●

You have learned that the preposition **da** is used to express the English *from*: **Veniamo da casa mia.** It can also be used with a person's name, a disjunctive pronoun, or a noun indicating a profession or to express *at/to the house of* or *at the place of business of*. **Mangiamo spesso da Mario.** *We eat often at Mario's house.* **Vieni a cena da me?** *Will you come to dinner at my house?* **Stefano ci ha invitato a vedere la partita da lui.** *Stefano invited us to watch the game at his house.* **Ho portato la macchina dal meccanico.** *I took my car to the mechanic.*

7.25 Gli sport e gli amici. Alcuni amici parlano del tempo libero. Completa le frasi seguenti con i pronomi tonici corretti.

1.   MARCO: Lina, vieni allo stadio con _____ domenica o vai con Daniele?

              LINA: Sì, vengo con _____. Non voglio andare con _____.

2.   PAOLO: Perché vai in piscina con Carlo?

           ANNA: È simpatico. Voglio uscire con _____ da molto tempo.

3.   GIOVANNI: Ho telefonato a te e a tuo fratello per andare a sciare insieme.

        GIULIA: No, a _____ non hai telefonato, hai telefonato solo a _____!

4. PATRIZIA E LAURA: Vieni in palestra con _____?

         PIERO: In palestra con _____? No! Mai! Siete troppo brave!

5.   CARLO: Perché raccontate la partita ai compagni di scuola?

GIORGIO E CECILIA: Raccontiamo la partita a _____ perché non ci sono andati.

6.   ANNA: I pattini sono proprio per _____? Grazie, sei molto gentile!

        LUCIA: Sì, sono per _____! Andiamo a pattinare insieme?

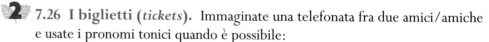

7.26 I biglietti (*tickets*). Immaginate una telefonata fra due amici/amiche e usate i pronomi tonici quando è possibile:

a. Una persona telefona all'altra per chiederle se vuole andare insieme ad un concerto di musica rock.

b. L'altra persona ringrazia e accetta l'invito.

c. Insieme vi mettete d'accordo su chi compra i biglietti e dove e quando incontrarvi.

Scambi

7.27 Indovina che sport è! Uno studente/Una studentessa sceglie uno sport e ne prepara una breve descrizione, indicando in che stagione e dove si pratica e cosa si indossa per farlo. Poi legge la sua descrizione al gruppo e gli altri studenti/le altre studentesse indovinano che sport è.

7.28 In albergo. Leggete la pubblicità per l'Hotel Dolomiti e l'Hotel Polsa e insieme indicate tutte le attività che si possono fare. Poi immaginate di esserci stati/e un weekend e raccontate in breve cosa avete fatto. Vi siete divertiti/e oppure no?

7.29 Mettiamoci d'accordo. Alcuni amici parlano di sport. Ascolta due volte le loro conversazioni e rispondi alle domande.

Conversazione A

1. Tutte e due le amiche sanno pattinare?

2. Le due amiche sanno giocare a tennis?

3. Che cosa decidono di fare le due amiche?

Conversazione B

1. Che cosa decidono di fare domenica i due amici?

2. Quando è stata l'ultima volta che è andato alla partita uno dei due amici?

3. La loro squadra sta vincendo o perdendo (*is winning or losing*)?

7.30 Sei sportivo attivo o passivo? Intervista un compagno/una compagna e decidi se è sportivo attivo, passivo o non è per niente sportivo. Fa' domande sui seguenti argomenti: gli sport preferiti, gli atleti preferiti/le atlete preferite, gli sport praticati o seguiti.

Lo sai che? Il calcio e altri sport

Gli italiani seguono molto il ciclismo e l'annuale *Giro d'Italia* e le corse (*races*) automobilistiche. Sono appassionati anche di pallacanestro, pugilato (*boxing*), tennis, sci e atletica leggera. La scherma (*fencing*) poi è una delle tradizioni sportive italiane. Lo sport più popolare però resta sempre il calcio, di cui gli italiani sono grandi tifosi. Le partite si giocano quasi sempre la domenica pomeriggio e molti vanno allo stadio o ascoltano le partite alla radio o le seguono alla televisione. Tanti italiani giocano al totocalcio, che è una lotteria settimanale legata (*linked*) alle partite di calcio. Bisogna cercare di indovinare la squadra che vince in tredici partite.

Ogni città ha la sua squadra che quasi sempre prende il nome dalla città stessa, così esistono ad esempio la Fiorentina, il Milan, la Roma, il Napoli. Alcune città più grandi poi hanno due squadre di calcio: ad esempio, a Roma ci sono la Roma e la Lazio, a Torino il Torino e la Juventus e a Milano il Milan e l'Inter.

Ogni quattro anni la squadra nazionale partecipa ai campionati mondiali di calcio e in questa occasione anche i pochi italiani che di solito non seguono le partite durante l'anno fanno il tifo per la squadra italiana. Gli atleti italiani che partecipano a giochi e partite internazionali portano tutti la maglia azzurra e sono perciò chiamati «gli Azzurri».

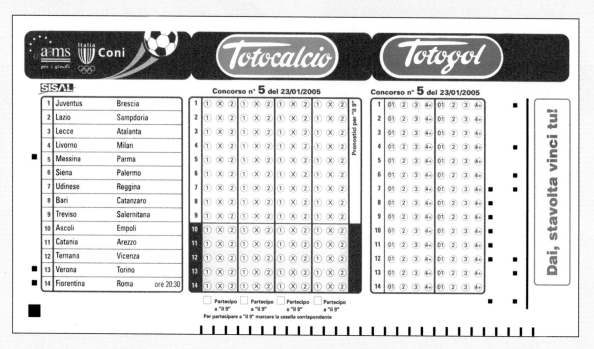

7.31 È vero che . . .? Trova almeno tre informazioni per giustificare le seguenti affermazioni.

1. Il calcio non è l'unico sport che piace agli italiani.

2. Gli italiani sono grandi tifosi di calcio.

3. I mondiali di calcio sono molto importanti per gli italiani.

G **7.32 E nel vostro Paese?** Un turista italiano/Una turista italiana vi chiede informazioni sugli sport nel vostro Paese. Insieme decidete che cosa gli/le volete dire. Quali sono gli sport più importanti?

Presentation: Review leisure activities (taught in Capitoli 3 and 4) by asking students what they like to do during their free time: **Cosa ti piace fare il weekend? Ti piace andare ad un concerto? A teatro? Fuori a cena? Vai in palestra? Giochi a basket? A biliardo?** etc.

Next, introduce vocabulary to talk about cinema, music, and theater. Talk about your preferences, saying for example: **Mi piacciono i film comici. Non mi piacciono i film romantici.** Then ask students about their own tastes: **Ti piace il cinema? Chi è il tuo attore/la tua attrice preferito/a?** etc.

Referring to the advertisements, continue to introduce new expressions by imagining that you want to make plans for the evening. Ask questions such as: **Avete voglia di vedere la commedia** *Non ti pago*? **Vi va di andare al Rocky's Club?** etc. Then introduce expressions for turning down an invitation: **Mi dispiace, ma questa sera non ho tempo. Sono molto impegnato/a. Possiamo vederci domani?**

PERCORSO III
I PROGRAMMI
PER DIVERTIRSI

𝒱ocabolario: Allora, che facciamo?

eti **Quirino**
Vittorio Gassman
DAL 21 DICEMBRE AL 9 GENNAIO
26/12 ore 16,45   31/12 ore 20 *RECITE STRAORDINARIE*

La Compagnia di Teatro
di **LUIGI DE FILIPPO**
in

NON TI PAGO!

*Commedia in tre atti
di Eduardo De Filippo*

regia di
Luigi De Filippo

Scene e costumi
Aldo Buti

Biglietteria **06.6794585**   Rete Amit **800.907080**

Rocky's Club
25 anni di esperienza

Aperto per feste private anche il sabato
✪ Feste per tutte le età
✪ Compleanni
✪ Anniversari   ✪ Musica: Piano Bar e Disco
                     ✪ Karaoke
                     ✪ Animazione a scelta

Salone per ballare!
Diverse possibilità di catering

Via Romana 25, Trento ☎ 0461–43 57 793 Fax 0461–43 56 784

PAOLO ROSSI
Milano, Teatro Studio
22-23 dicembre
La maschera del Signor Rossi inventata dall'attore milanese ritorna in *Gli esercizi per…
Il Signor Rossi contro l'impero del Male* continuazione ideale di *Il Signor Rossi e la Costituzione*. Monologhi, flash, canzoni di Paolo Rossi. Musiche scelte da Franco Battiato e sul palcoscenico la compagnia internazionale del teatro di rianimazione.

**I classici delle carte
La scopa**

I classici delle carte
Ecco gli storici giochi di carte della tradizione italiana: Scopa, Briscola, Tressette e Scala 40. E si possono sfidare altre persone tramite Internet.
Microids per Pc,
€ 12,99 cadauno.

Per fare programmi

Cosa danno al. . .? *What's playing at. . .?*
fissare di + *infinitive* *to agree upon*
mettersi d'accordo *to come to an agreement*
mi dispiace *I'm sorry*
mi/ti/gli/le piacerebbe *I/you/ he/she would like*
Ti va di + *infinitive?* *Do you feel like. . .?*
(Non) mi va di + *infinitive . . . I (don't) feel like. . .*
vorrei/vorresti/vorrebbe *I would like/you would like/he/she would like*

Per parlare di cinema, musica e teatro

l'attore/l'attrice *actor/actress*
il biglietto *ticket*
il canale TV *TV channel*
il/la cantante *singer*
il cantautore/la cantautrice *singer-songwriter*
il gruppo (musicale), la band *band*
la commedia *comedy, play*
guardare MTV *to watch MTV*

Presentation: To review interrogatives and introduce new ones, begin by talking about what you did last weekend. For example: **Sono andata ad un concerto con la mia amica Anna. Abbiamo fissato di vederci davanti al teatro alle 8.30,** etc. Encourage students to ask questions about your weekend and write them on the board. If appropriate, ask and add questions of your own: **Dove sono andata? Con chi sono andata? Quando abbiamo fissato di vederci?**

Use the questions on the board as a basis for reviewing and introducing interrogative adjectives and pronouns. Clarify the use of **quale/quali** and **quanto/quanti** as adjectives and pronouns. Explain that if used as adjectives, they agree with the noun they refer to and give examples. Compare **dove, come,** and **quale** to **dov'è, com'è,** and **qual è** and point out that **quale** becomes **qual** in front of **è**. Also, illustrate the use of a preposition at the beginning of a question: **Gioco a tennis con Marco. Con chi gioco a tennis?**

il film *film*
   comico *funny*
   drammatico *dramatic*
   di fantascienza *science-fiction*
   romantico *romantic*
   storico *historic*

il/la protagonista *protagonist*
il/la regista *film director*
lo spettacolo *show*

7.33 Per completare. . . Scegli il termine più adatto per completare le frasi.

1. La protagonista del film è un'_____ molto brava.
2. Prima di andare a teatro dobbiamo comprare il _____.
3. Quando guardo la televisione, cambio _____ continuamente.
4. Chi è Benigni? È il _____ o il protagonista del film?
5. Non possono _____ su quale film andare a vedere.
6. Non è un film drammatico, è una _____!

7.34 Che significa? Per ogni parola della colonna A trova la definizione corrispondente nella colonna B.

A	**B**
1. Un film di fantascienza	**a.** Compone le canzoni che canta.
2. Un cantautore	**b.** Musicisti e cantanti che suonano e cantano insieme.
3. Un gruppo musicale	
4. La protagonista	**c.** L'attrice principale di un film.
5. Una commedia	**d.** Uno spettacolo divertente.
	e. Un film su un immaginario futuro.

 7.35 Associazioni. Fa' una lista di tutte le cose che associ alle seguenti attività. Poi confronta la tua lista con quella di un compagno/una compagna.

1. sabato sera
2. il cinema
3. la televisione
4. il teatro

7.36 Per divertirsi. Rispondete alle domande seguenti usando le informazioni negli annunci a pagina 223.

1. Come si giocano i classici delle carte? da soli o in compagnia? Che tipo di giochi sono i classici delle carte secondo te? Quanto costa ogni gioco?
2. Dove puoi andare per vedere una commedia? Qual è il titolo? Chi è il regista? Quanti atti ci sono?
3. Che tipo di feste si possono fare al Rocky's Club? Qual è l'indirizzo del Rocky's Club?

7.38 Una serata a teatro. Giovanna e Paola vanno ad un concerto e Giovanna chiede informazioni a Paola. Completa la conversazione con gli interrogativi adatti.

1. GIOVANNA: _____ è quel ragazzo?

   PAOLA: È quello che suona la batteria.

2. GIOVANNA: A _____ ora comincia il concerto?

   PAOLA: Comincia alle 10.00.

3. GIOVANNA: _____ biglietti hai comprato?

   PAOLA: Ne ho comprati quattro.

4. GIOVANNA: _____ hai speso?

   PAOLA: Ottanta euro.

5. GIOVANNA: _____ li hai comprati?

   PAOLA: All'agenzia in Piazza Cavour.

6. GIOVANNA: _____ macchina prendiamo?

   PAOLA: Prendiamo la macchina di mia madre.

Answers: 7.38
1. Chi
2. che
3. Quanti
4. Quanto
5. Dove
6. Che/Quale

7.39 Sportivi attivi! Una tua amica ti parla delle attività sportive dei vostri amici. Per ogni frase formula tutte le domande possibili.

ESEMPIO: Paolo gioca a baseball ogni giorno.
            A che cosa gioca Paolo? Chi gioca a baseball? Quando gioca a baseball Paolo?

1. Il lunedì io faccio footing con Marco.
2. Sabato pomeriggio Roberto nuota in piscina due ore.
3. Luisa gioca a pallavolo con le amiche la domenica mattina.
4. Alberto si allena con la sua squadra ogni sabato.
5. Domenica mattina Emma gioca a tennis con Paolo al suo club.
6. Non pratichiamo sport!

Answers: 7.39
Answers will vary. Some possibilities:
1. Quando fai footing? Con chi? Che cosa fai il lunedì?
2. Quanto tempo nuota Roberto? Chi nuota due ore? Quando nuota Roberto? Dove nuota Roberto?
3. A che cosa gioca Luisa? Chi gioca a pallavolo? Quando gioca a pallavolo? Con chi?
4. Con chi si allena Alberto? Quando? Che cosa fa Alberto il sabato pomeriggio?
5. Dove gioca Emma? Quando? Con chi? A che cosa gioca?
6. Chi non pratica sport? Che cosa non praticate?

7.40 Cosa vuole sapere? Guardate le locandine del teatro e di Paolo Rossi a pagina 223 e immaginate le domande alle seguenti risposte.

1. CARLO: _____ ?

   MARIO: La commedia *Non ti pago*!

   CARLO: _____ ?

   MARIO: È Luigi De Filippo.

   CARLO: _____ ?

   MARIO: Alle otto.

   CARLO: _____ ?

   MARIO: Tre atti.

2. CARLO: _____ ?

   MARIO: Milano

   CARLO: _____ ?

   MARIO: Il 22 e il 23 dicembre.

   CARLO: _____ ?

   MARIO: Sono di Paolo Rossi.

Answers: 7.40
Answers will vary. Some possibilities:
1. Quale commedia andiamo a vedere? Chi è il regista? A che ora comincia? Quanti atti ci sono?
2. In quale città c'è Paolo Rossi? Quando c'è Paolo Rossi? Di chi sono i monologhi e le canzoni?

Expansion: After students complete **7.40**, have pairs act out the exchanges.

Scambi

7.41 Che cosa gli piace? Guardate gli annunci a pagina 223 e decidete cosa hanno scelto di fare il weekend passato le seguenti persone. Poi immaginate una conversazione con una di loro per scoprire come ha passato il weekend. Ricordate che non conoscete bene queste persone e usate il **Lei**. Preparate la conversazione per presentarla alla classe.

1. una persona sedentaria (*sedentary*), colta (*cultured*) e intelligente
2. una persona attiva e molto giovane

Suggestion: Before you assign **7.41**, have pairs or small groups discuss their personal choices and preferences regarding music and films. You can begin by asking: **Quali cantanti preferite? Che tipo di film vi piace? Perché? È un bravo cantante? È una bella attrice?** Encourage students to ask also, for example, about actors, directors, etc.

Suggestion: Have students listen to the voicemail message in class or as homework. Remind them first to look at the sentences they have to complete so they can listen with a purpose.

Script for **7.42 Un lungo messaggio.** Anna, sono Carla. Come, non ci sei? Devo assolutamente raccontarti cosa ho fatto sabato e domenica! Mi sono divertita da pazzi! Sabato mattina siamo andati tutti al mare. E abbiamo fatto vela con la barca di Marco. La sera abbiamo cenato in un piccolo ristorante e poi, pensa! c'era il concerto di Eros Ramazzotti! Siamo stati molto fortunati a trovare gli ultimi biglietti! Domenica abbiamo dormito quasi tutta la mattina, poi siamo tornati in città e il pomeriggio siamo andati alla partita. E la sera finalmente io sono uscita sola con Marco! Siamo andati al cinema e poi a ballare in discoteca. Lui mi piace sempre di più! Richiamami appena rientri!

Answers: 7.42
Answers will vary. Some possibilities:
1. Sabato mattina tutti gli amici insieme sono andati al mare e hanno fatto vela.
2. Sabato sera gli amici hanno mangiato al ristorante e poi sono andati al concerto di Ramazzotti.
3. Domenica pomeriggio tutti sono andati alla partita.

7.42 Un lungo messaggio. Carla lascia un lungo messaggio telefonico all'amica Anna e le racconta cosa ha fatto il weekend passato. Ascolta il messaggio due volte e completa le frasi.

1. Sabato mattina tutti gli amici insieme _____.
2. Sabato sera gli amici _____.
3. Domenica pomeriggio tutti _____.
4. Domenica sera Carla e Marco _____.

7.43 Informazioni per piacere! Immagina di parlare al telefono con un amico/un'amica e di discutere cosa fare sabato sera. L'amico/L'amica guarda la lista degli annunci a pagina 223 e ti informa di alcune possibilità. Tu fai molte domande al compagno/alla compagna sulle attività e lui/lei risponde alle tue domande.

7.44 Il cinema, che passione! Rispondi alle domande seguenti sul cinema e poi a gruppi discutete i vostri gusti (*tastes*) e presentate le vostre scelte alla classe.

1. Qual è il tuo film preferito? Che tipo di film è? Chi è il regista? Chi sono i protagonisti?
2. A quale film ti sei annoiato/a? A quale ti sei divertito/a? Perché?

Suggestion: Before assigning **7.44**, ask the whole class questions such as: **Vi piace andare al cinema? Quante volte alla settimana ci andate? Che tipo di film preferite? Con chi andate al cinema? Conoscete film italiani? Attori italiani? Registi italiani?**

Lo sai che? La musica in Italia

La musica ha sempre avuto un ruolo importante nella cultura italiana. Molte canzoni popolari nascono dalle tradizioni regionali ed esprimono (*express*) a volte, oltre all'amore, i problemi sociali, come l'emigrazione, la protesta e la sofferenza delle classi più povere. Temi sociali e politici hanno spesso un posto di rilievo (*relevant*) nelle canzoni di molti cantautori contemporanei come Lucio Dalla, Vasco Rossi, Francesco Guccini, Gianna Nannini e Pino Daniele. Particolarmente fra i giovani sono molto conosciuti Tiziano Ferro, Laura Pausini, Ligabue, ma anche tutti i tipi di musica moderna, soprattutto dall'Inghilterra e dall'America, e sono popolari le stesse canzoni che i giovani ascoltano in tutto il resto del mondo.

La terminologia usata per la musica moderna è quasi sempre in inglese, come *heavy metal*, *band*, *rap* e *jazz*, *hip-hop*, musica *dance* e musica *house*. Invece i termini per la musica classica usati in tutto il mondo sono in italiano, come ad esempio *lento, adagio, allegro, andante, moderato, crescendo, con brio, vivace*.

L'opera poi è di origine italiana. Le opere di Monteverdi, Donizetti, Rossini, Verdi e Puccini sono conosciute e amate in tutto il mondo. Cantanti lirici del passato e del presente, come il famoso tenore Luciano Pavarotti e la mezzo soprano Cecilia Bartoli, hanno reso la musica operistica popolare in tante parti del mondo.

Gianna Nannini

Cecilia Bartoli

7.45 La musica italiana. Rispondi alle seguenti domande.

1. Indica tre cose che adesso sai della musica contemporanea in Italia.
2. Indica due cose che adesso sai della musica lirica.
3. Conosci un cantante italiano/una cantante italiana che non è stato/a menzionato/a nella lettura? Chi è? Cosa sai di lui/di lei? Conosci un musicista italiano/una musicista italiana?

7.46 Che musica ti piace? Discutete quali tipi di musica ascoltate, quali cantanti e quali canzoni preferite.

4. Domenica sera Carla e Marco sono andati al cinema e poi hanno ballato in discoteca.

Suggestion: Before asking students to read the *Lo sai che?* passage, you may want to ask them what they already know about Italian classic or contemporary music and about Italian opera.

Mentre guardi

7.58 Mentre guardi il video, indica a chi si riferiscono le espressioni e le frasi seguenti.

	Vittorio	Dejan	Emma	Tina	Gaia	Fabrizio	Laura
a. Leggere i fumetti							
b. Film di fantascienza							
c. La partita di calcetto							
d. Ci siamo divertiti.							
e. Seguo le partite di calcio.							
f. Il mio vestito di scena							
g. Vengono fatti dei concerti, delle opere.							
h. Lo sport che pratico di più è il pattinaggio.							

Dopo aver guardato

7.59 Dopo aver visto il video, completate le attività seguenti.

1. Discutete chi sono le persone più sportive e quelle meno attive. Perché?
2. Con chi vi identificate di più per quanto riguarda il tempo libero?
3. Di recente, cosa avete fatto di simile alle persone intervistate? Dove? Con chi?
4. Riguardo al tempo libero, quali differenze avete notato fra le persone del video e le persone del vostro Paese?

Attraverso La Valle d'Aosta e il Trentino-Alto Adige

Valle d'Aosta and Trentino-Alto Adige, two regions located on the northern borders of the Italian peninsula, are ideal vacation spots for nature and mountain enthusiasts. Here the tallest and most magnificent peaks of the Alps can be found, as well as beautiful lakes, spectacular waterfalls and glaciers, and tranquil green valleys.

The Valle d'Aosta is also known for its many Roman and medieval monuments. Tourism is the most significant industry in these two regions, but agriculture, especially the growing of fruit trees and grapes, is also important to the economy.

Il Castello Reale di Sarre, in Valle d'Aosta. La Valle d'Aosta è la regione più piccola d'Italia. La maggior parte della superficie è montagnosa. Ci sono le montagne più alte della catena delle Alpi—il monte Bianco (4810 m) la montagna più alta d'Europa, il Cervino, il monte Rosa e il Gran Paradiso—e famose stazioni di sport invernali, come Courmayeur. In Valle d'Aosta ci sono anche numerosi castelli medievali molto interessanti.

Oggi la Valle d'Aosta è una regione a «statuto speciale» e quindi ha maggiore autonomia politica e amministrativa delle altre regioni italiane. Le lingue ufficiali della regione sono l'italiano e il francese.

La Valle di Valmontey, nel Parco Nazionale del Gran Paradiso. Questo parco è il più antico d'Italia. Si estende per più di 600 chilometri quadrati e comprende boschi (*forests*), ghiacciai (*glaciers*), laghi, cascate (*waterfalls*), montagne molto alte e piante e animali rari.

4. Two actions going on at the same time in the past, or an ongoing action that was interrupted

Mentre **cucinavo**, i bambini **giocavano**.

While I was cooking, the children were playing.

Giocavamo a calcio quando è cominciato a piovere.

We were playing soccer when it started to rain.

8.5 Come erano. Descrivi come erano e cosa facevano da bambini queste persone.

1. Bruno _____ (avere) i capelli biondi e corti. _____ (Portare) sempre i jeans e le scarpe da ginnastica. _____ (Essere) un bambino calmo e tranquillo. Non _____ (fare) molto sport, ma _____ (giocare) un po' a calcio.

2. Alessandra e Maria _____ (studiare) ogni pomeriggio insieme; _____ (andare) insieme in palestra e spesso _____ (cenare) anche insieme. _____ (Essere) però due ragazzine molto diverse. Per esempio, quando Alessandra _____ (volere) uscire, Maria _____ (preferire) stare a casa. Tutte e due _____ (aiutare) in casa.

3. Io e Marco _____ (essere) molto simili. _____ (Avere) la passione per le macchinine e gli aerei. Purtroppo non _____ (potere) vederci spesso perché _____ (abitare) lontano. Spesso _____ (andare) ai giardini insieme il sabato pomeriggio.

8.6 Che tempo faceva? Nel luogo dove abiti tu, come era il tempo l'anno scorso ad aprile? E durante l'estate? Come era in autunno? E d'inverno?

8.7 Come siamo cambiati (*changed*)! Due amici, Maurizio e Filippo, discutono di come sono cambiati. Ascolta la conversazione due volte e indica il soggetto delle frasi seguenti. La prima risposta è già indicata come esempio.

	Maurizio e Filippo	Maurizio	Filippo	la sorella di Maurizio	Filippo e il fratello
1. ti pensavo			X		
2. giocavamo a calcetto	✗		✗		
3. guardavamo i cartoni animati	✗		✗		
4. avevate una collezione bellissima					✗
5. ero		✗			
6. andavate in bicicletta					✗
7. giocava sempre con le bambole				✗	
8. era capricciosa				✗	

Answers: 8.5
1. aveva, Portava, Era, faceva, giocava
2. studiavano, andavano, cenavano, Erano, voleva, preferiva, aiutavano
3. eravamo, Avevamo, potevamo, abitavamo, andavamo

Answers: 8.6
Answers will vary. Some possibilities:
In primavera era nuvoloso e pioveva. D'estate faceva molto caldo e c'era il sole. Ad ottobre era fresco e tirava vento. D'inverno faceva freddo e nevicava.

Suggestion: Have students listen to **8.7** as homework or in class.

Script for **8.7 Come siamo cambiati!**

Maurizio: Ciao Filippo, come va?
Filippo: Maurizio! Che bello rivederti! Ti pensavo proprio ieri! Ti ricordi quei bei pomeriggi spensierati, quando giocavamo a calcetto a casa tua e poi guardavamo i cartoni animati a casa mia?
Maurizio: Certo che mi ricordo! Dimmi un po', tu e tuo fratello fate ancora collezione di macchinine? Avevate una collezione bellissima! Ero anche un po' geloso!
Filippo: Sì, quella ce l'ho ancora!
Maurizio: E poi a scuola? Voi due andavate sempre in bicicletta, spesso anche quando pioveva!
Maurizio: Come no! Adesso invece vado a lavoro, e solo in macchina!
Filippo: Senti, Maurizio, e tua sorella? Giocava sempre con le bambole! E come era capricciosa!
Maurizio: Veramente ora è una persona molto seria e responsabile!
Filippo: Sembra incredibile! Come passa il tempo!

8.8 Cosa facevate da ragazzini? A turno chiedete all'altra persona se lui/lei e i suoi amici/le sue amiche facevano le seguenti cose quando avevano più o meno 12 anni.

ESEMPIO: giocare a calcio
S1: Giocavate a calcio?
S2: Sì, giocavamo spesso a calcio. *o* No, non giocavamo mai a calcio.

1. dire le bugie ai genitori
2. andare in vacanza al mare
3. uscire con gli amici la sera
4. dormire fino a tardi
5. litigare con gli amici
6. ?

Scambi

8.9 Fiabe e storie. Indicate quali fiabe e film corrispondono alle descrizioni che seguono. Poi insieme rispondete alle domande: Quali leggevate da piccoli? Quali vi piacevano? Perché?

1. Era il suo compleanno; aveva sedici anni; dormiva e aspettava il principe (*prince*).

2. Era molto alta e abitava con sette persone molto basse. Queste persone le volevano molto bene. Lei era molto bella e una strega era gelosa di lei.

3. Non aveva la madre e abitava con la matrigna e tre sorelle molto cattive. Doveva fare sempre lei tutti i lavori di casa. Aveva i piedi piccoli.

4. Portava un mantello rosso e aveva la nonna malata. Non aveva paura di camminare da sola nel bosco per andare a trovare la nonna.

La bella addormentata nel bosco

Cappuccetto rosso

Cenerentola

Biancaneve e i sette nani

8.10 Chi lo faceva? Per ogni attività indicata trova in classe due compagni/compagne che la facevano da bambini/bambine. Scopri anche con quale frequenza.

Suggestion: To demonstrate **8.10**, practice a few questions before students begin. Follow up by having students report their results, telling what their friends said using the plural forms of the imperfect.

Attività	Nome	Frequenza
giocare con le bambole	1.	1.
	2.	2.
guardare i cartoni animati	1.	1.
	2.	2.
leggere i fumetti	1.	1.
	2.	2.
disegnare	1.	1.
	2.	2.
giocare a nascondino	1.	1.
	2.	2.
giocare con le macchinine	1.	1.
	2.	2.
colorare	1.	1.
	2.	2.

8.11 Amici d'infanzia. Descrivete due amici/due amiche d'infanzia. Parlate di uno/a che vi piaceva e uno/a che non vi piaceva e spiegate perché. Com'era? Cosa faceva o non faceva sempre?

Suggestion: If time permits, have pairs or small groups compare their experiences with their childhood friends.

8.12 Ricordi belli o brutti d'infanzia? Prepara una lista di sei domande per intervistare un compagno/una compagna sulla sua infanzia. Dopo decidi se ha ricordi belli o brutti e spiega perché.

Suggestion: Before assigning **8.12**, brainstorm what students can ask about: home, pets, vacations, favorite people, toys, etc. Then, if time permits, have students report their findings. Also, you can have them write a brief paragraph summarizing what they learned from their partner.

PERCORSO II
I RICORDI DI SCUOLA

Vocabolario: Com'erano i tuoi giorni di scuola?

● ●

Paola andava proprio bene a scuola! Studiava molto e diligentemente. Era una ragazza obbediente e calma.

Invece Marco e Paolo non studiavano mai e a scuola andavano male. Non erano né obbedienti né calmi, però si allenavano intensamente a calcio.

Presentation: Continue working with the imperfect. Review school subjects, adjectives to describe people, and daily activities. Gradually introduce new vocabulary. Have students talk about their memories of elementary, junior high, or high school: **Come si chiamava? Dov'era? Com'era?** Ask about their studies: **Quali materie studiavi? Studiavi matematica?** etc. **Quale materia ti piaceva di più? Quale non ti piaceva? Prendevi buoni voti?** etc.

Presentation: Continue introducing new vocabulary by describing the photos. Begin using negative expressions and adverbs: **Paola studiava molto, vero? Che cosa faceva poco? Che cosa non faceva mai secondo voi? Che cosa non facevano mai Marco e Paolo?** Write some responses on the board.

Suggestion: Describe your high school and your attitude toward school, using the new vocabulary and other negative expressions: **La mia professoressa di matematica era molto severa. Studiavo molte ore ogni pomeriggio e non facevo molto sport. Non vedevo nessuno! Non vedevo mai i miei amici. Non uscivo mai!** Write sentences with negative expressions on the board.

Per parlare di scuola

l'esame *exam*
il liceo *high school*
la materia obbligatoria *required course*
la pagella *report card*
la ricreazione *recess*
la scuola elementare *elementary school*
la scuola media *junior high school*
la scuola privata/statale *private/public school*

Per raccontare della scuola

andare* male/bene a scuola *to do poorly/well (in school)*
arrabbiarsi* *to get mad*
Che classe fai/facevi? *What grade are you/were you in?*
dimenticare/dimenticarsi* *to forget*
essere assente *to be absent*
essere bravo/a in disegno / in biologia, ecc. *to be good in drawing/in biology, etc.*

Presentation: Referring to the *Vocabolario* photo captions and the sentences you have written on the board, help students identify negative expressions and notice how they are used. Point out that Italian uses double negatives. Briefly introduce other negative expressions.

fare attenzione *to pay attention*

fare un compito in classe *to take a written exam*

marinare la scuola *to cut school*

prendere un buon/brutto voto *to get a good/bad grade*

prendere in giro *to make fun of*

punire (-isc-) *to punish*

ricordare/ricordarsi* *to remember*

scherzare *to joke, to fool around*

Per descrivere le persone

affettuoso/a *affectionate*

contento/a *happy, glad*

geloso/a *jealous*

infelice *sad, unhappy*

obbediente *obedient*

prepotente *overbearing, bullying*

ribelle *rebellious*

severo/a *strict*

terribile *terrible*

Suggestion: To reinforce new vocabulary and practice negative expressions, ask students questions about their school days: **Marinavi la scuola spesso? Che cosa non potevi mai fare a scuola?** etc. You can also encourage them to ask you about your school experiences.

Così si dice: **In bocca al lupo!**

• •

The expression **In bocca al lupo!** is used to wish someone good luck on an exam or other important venture. It is equivalent to the English expression *Break a leg!* and it literally it means *[Go] into the wolf's mouth!* The person is supposed to respond: **Crepi il lupo!**, literally, *May the wolf die!*

8.13 L'intruso. Trova l'intruso in ogni gruppo di parole e poi paragona i tuoi risultati con quelli di un compagno/una compagna.

1. terribile, ribelle, affettuoso
2. prendere in giro, dimenticare, scherzare
3. prendere un buon voto, essere bravo, la materia obbligatoria
4. punire, arrabbiarsi, ricordare
5. andare male, essere assente, essere obbediente
6. il compito in classe, l'esame, la ricreazione
7. la pagella, la scuola media, la scuola privata
8. geloso, infelice, contento

Answers: 8.13
1. affettuoso
2. dimenticare
3. la materia obbligatoria
4. ricordare
5. essere obbediente
6. la ricreazione
7. la pagella
8. contento

8.14 Cosa si fa a scuola? Pensa ai tempi della scuola e rispondi alle domande.

1. Dopo la scuola elementare, che scuola si frequenta?
2. Se un ragazzo/una ragazza è bravo/a in una materia, che voti prende?
3. Quando un ragazzo/una ragazza va male a scuola, come reagiscono i genitori?
4. Come si chiama il periodo in cui gli studenti possono giocare, scherzare e parlare fra loro?
5. Chi dimentica sempre di fare i compiti, in genere come va a scuola?
6. Cosa chiedi se vuoi sapere che anno di scuola una persona frequenta?
7. Qual è il contrario di *ricordare*?
8. Che cosa fa un ragazzo che è assente da scuola senza il permesso dei genitori?

Answers: 8.14
1. Si frequenta la scuola media.
2. Prende buoni voti.
3. Si arrabbiano.
4. Si chiama la ricreazione.
5. Va male.
6. Che classe fai?
7. Il contrario di *ricordare* è dimenticare.
8. Marina la scuola.

Suggestion: For additional practice of the Percorso *Vocabolario*, you might give students a brief written homework assignment: **Descrivete cosa faceva uno studente bravo e cosa faceva uno che andava male a scuola.** If time permits, they can share their descriptions in class.

Presentation: Before assigning the *Lo sai che?* cultural reading, activate relevant background information by having students look at the activity that follows and talk about their own educational system. Then, as they read, have them underline the relevant information about Italy. Explain that major changes in the Italian educational system are relatively recent. You may want to add information such as the fact that at the end of the school year all grades are posted and students **vanno a leggere i quadri,** *go to read the bulletin boards,* to find out whether or not they have passed.

Answers: 8.15
Answers will vary. Some possibilities:
1. prendevano in giro 3. ribelle   5. fare un compito
2. bravo   4. scherzava   6. scuola media

8.15 Che cosa ti ricordi? Tuo padre ricorda i suoi giorni di scuola. Completa le frasi con un termine della lista alle pagine 246–247 e fa' tutti i cambiamenti necessari.

1. Da bambino portavo gli occhiali e i miei compagni mi _____.
2. Io ero obbediente e studiavo molto, a scuola ero _____ soprattutto in matematica.
3. Mio fratello invece era molto _____.
4. La professoressa d'italiano era molto simpatica e _____ spesso con noi ragazzi.
5. Ogni settimana dovevo _____ d'italiano in classe.
6. Dopo la scuola elementare, che era molto lontano, sono andato alla _____ che era vicino a casa.

ℒo sai che? La scuola in Italia

In Italia la scuola è obbligatoria per tutti fino a 18 anni. I bambini cominciano la scuola elementare a 6 anni, poi vanno alla scuola media per tre anni e quindi al liceo per cinque. Dopo la scuola media, i ragazzi possono scegliere tra diversi tipi di scuola superiore: i licei, come ad esempio il liceo classico (dove fra l'altro si studiano il latino e il greco antico), lo scientifico (dove si studia molta matematica), l'artistico e quello pedagogico-linguistico, e diverse scuole o istituti professionali, come l'istituto professionale alberghiero (*school for the hotel trade*).

Si discute sempre di nuove riforme della scuola. Per esempio, per ogni tipo di liceo sono stati proposti alcuni anni obbligatori e altri con alcune materie obbligatorie e altre facoltative (*elective*).

In tutte le scuole la maggior parte degli esami sono orali. Si chiamano **interrogazioni** e si dice che un ragazzo è **interrogato** in una certa materia. Ci sono anche compiti scritti per alcune materie come l'italiano, la matematica e il latino. Al liceo i voti vanno dallo 0 al 10, ma soltanto i voti dal 6 al 10 sono considerati sufficienti per passare all'anno seguente. I professori quasi sempre sono molto severi e difficilmente danno voti superiori all'8. Alla fine del liceo gli studenti devono sostenere un esame di stato, conosciuto anche come «maturità», che consiste in prove scritte e orali sulle materie che hanno studiato. Dopo l'esame di maturità gli studenti possono iscriversi all'università.

8.16 La scuola italiana. Completate lo schema seguente e paragonate la scuola del vostro Paese a quella italiana. Poi discutete quale sistema vi sembra più interessante, quale più facile o difficile. Perché?

	nel vostro Paese	in Italia
il liceo		
gli esami		
le materie		
i voti		
gli insegnanti		

Suggestion: Have students share and discuss their conclusions from **8.16** with the class.

3. Nessuno can be used as an adjective to express the English *not. . . any*. When used as an adjective, **nessuno** precedes a singular noun and follows the pattern of **un, uno, una, un'**.

Non pratico **nessuno** sport.	*I don't play any sports.*
Non conosciamo **nessun** giocatore di calcio.	*We do not know any soccer players.*

8.19 Un'amica all'università. Un'amica ti chiede notizie su di te e su quello che facevi ai tempi del liceo. Rispondi alle domande ed usa un'espressione negativa al posto delle parole indicate.

ESEMPIO: —Uscivi *spesso* il venerdì sera? (mai)
—Non uscivo mai.

1. Studiavi *ancora* la grammatica? (più)

2. Conoscevi *tutti* gli studenti stranieri a scuola? (nessuno)

3. Ti piacevano la fisica *e* la chimica? (né. . . né)

4. Andavi *già* in discoteca? (ancora)

5. Sapevi *tutto* in classe? (niente)

Answers: 8.19
1. Non studiavo più la grammatica.
2. Non conoscevo nessuno studente straniero.
3. Non mi piacevano né la fisica né la chimica.
4. Non andavo ancora in discoteca.
5. Non sapevo niente in classe.

8.20 I gusti e le abitudini. Due amici/amiche parlano dei propri gusti riguardo al tempo libero quando erano al liceo. Completa le risposte con un'espressione negativa contraria alle parole indicate in corsivo.

ESEMPIO: —Io non andavo mai al cinema il sabato sera, *e tu?*
—Non ci andavo mai il sabato **neanche** io.

1. —Non mi piaceva l'opera. *E a te?*
   —No! Non piaceva _____ a me!

2. —Andavi *sempre* a sciare d'estate?
   —No! Non andavo _____ a sciare d'estate!

3. —Suonavi *ancora* la chitarra?
   —No, non suonavo _____ la chitarra.

4. —Giocavi *già* con il computer?
   —No, non giocavo _____ con il computer.

5. —Eri amico/a di *tutti?*
   —No, non ero amico/a di _____.

6. —Uscivi *già* con un ragazzo/una ragazza?
   —No, non uscivo _____ con un ragazzo/una ragazza.

7. —Sapevi *tutto* di calcio?
   —No, non sapevo _____ di calcio.

Answers: 8.20
1. No! Non piaceva neanche a me!
2. No! Non andavo mai a sciare d'estate!
3. No, non suonavo più la chitarra.
4. No, non giocavo ancora con il computer.
5. No, non ero amico/a di nessuno.
6. No, non uscivo ancora con un ragazzo/una ragazza.
7. No, non sapevo niente di calcio.

8.21 Che cosa non facevi? Indicate alcune attività che non facevate quando eravate al liceo. Poi paragonate la vostra lista con quella degli altri compagni/delle altre compagne.

ESEMPIO: S1: Non marinavo mai la scuola! E tu?
S2: Neanche io!

Expansion: Have students explain their answers: Why did they not do a given activity?

Gli avverbi

Adverbs are used to modify adjectives, verbs, and other adverbs. Unlike adjectives, adverbs never change their endings. Often you can form an adverb by adding **-mente** to the feminine form of the adjective. When an adjective ends in **-e** the adverb is formed by adding **-mente** directly to the adjective.

lento →	lenta + mente →	lentamente
vero →	vera + mente →	veramente
veloce →	veloce + mente →	velocemente

When adjectives end in **-le** or **-re**, **-mente** is added after dropping the final **-e**.

facile →	facil + mente →	facilmente
generale →	general + mente →	generalmente
regolare →	regolar + mente →	regolarmente

Answers: 8.22
Answers will vary. Some possibilitites:
1. facilmente
2. tranquillamente
3. pazientemente
4. gentilmente
5. lentamente
6. regolarmente
7. silenziosamente
8. rumorosamente

8.22 I giorni di scuola. Roberto racconta cosa facevano un tempo lui, i suoi amici e i professori di liceo. Completa le frasi formando un avverbio in **-mente** dagli aggettivi della lista:

> **paziente   gentile   lento   tranquillo   regolare**
> **silenzioso   rumoroso   facile**

1. Io capivo il latino. . .
2. Anche prima degli esami Carla dormiva. . .
3. La professoressa di scienze spiegava sempre tutto. . .
4. Quando non capivamo, chiedevamo. . . ai professori di ripetere.
5. Finivo i compiti tardi perché scrivevo. . .
6. Dovevamo studiare tutti i pomeriggi. . .
7. Da bambino Carlo giocava da solo con le macchinine, molto. . .
8. Invece Anna parlava a voce alta e faceva tutto. . .

Scambi

Expansion: Before students begin 8.23, activate relevant background information by asking individuals questions such as: **Quando eri alla scuola elementare, a che ora ti svegliavi? E tu, quando eri al liceo, a che ora andavi a scuola? A che ora tornavi a casa? La sera, guardavi la televisione o facevi i compiti? Che cosa dovevi fare a casa? Che cosa volevi sempre fare il pomeriggio?**

8.23 Una tipica giornata. Indica che cosa facevi o non facevi mai in una tipica giornata quando eri un ragazzino/una ragazzina. Poi, con un altro studente/un'altra studentessa paragonate le vostre liste. Come era simile e come era diversa la vostra giornata?

	In famiglia	Con gli amici
la mattina		
il pomeriggio		
la sera		

8.24 Da bambini. Due vecchi amici parlano di quando erano bambini. Ascolta la conversazione due volte e indica se le affermazioni che seguono sono vere o false. Poi descrivi come erano i due bambini.

1. La bambina prendeva buoni voti a scuola.
2. La bambina aveva molti giocattoli.
3. Il bambino era molto tranquillo.
4. Il bambino giocava molto fuori casa con i fratelli.
5. Ai bambini piacevano le favole che raccontava la nonna.
6. Com'era la bambina: _____
7. Com'era il bambino: _____

8.25 I ricordi di scuola. Prepara cinque domande per un compagno/una compagna per avere informazioni sui suoi anni di scuola elementare e di asilo. Poi a turno intervistate l'altra persona.

ESEMPIO:

S1: Com'era la tua scuola?
S2: Era una scuola statale. Era grande e vecchia.
S1: Com'erano i tuoi insegnanti?
S2: I miei insegnanti erano severi. . . .

8.26 E Lei, professore? Insieme preparate cinque domande per il vostro professore/la vostra professoressa sui suoi anni di scuola. Ricordate di usare il «Lei».

Suggestion: For **8.25**, have students report back, describing and explaining what their partner's memories are. Or, using their notes, they can write a composition about their classmate.

Suggestion: Have students listen to **8.24** as homework or in class.

Script for **8.24 Da bambini.**

Female: Da bambina io ero proprio brava a scuola e anche obbediente a casa. Però effettivamente devo riconoscere che ero un po' viziata. Sono figlia unica, lo sai, e i miei genitori mi compravano tutti i giocattoli che volevo!
Male: Io ero esattamente l'opposto. Non studiavo mai e pensavo solo a giocare. Ma avevo solo qualche macchinina e un trenino. Ti puoi immaginare! Con altri tre fratelli avevo poche cose che erano soltanto mie. Passavamo il pomeriggio a giocare fuori. Per fortuna avevamo un bel giardino. Non mi fermavo mai. Povera mamma che doveva stare dietro a noi tutto il giorno! Per fortuna ogni tanto veniva la nonna ad aiutarla.
Female: Già, mi ricordo tua nonna benissimo! Quando ci sedevamo tutti insieme e lei ci raccontava quelle belle favole! Me le ricordo ancora, sai?
Male: Erano gli unici momenti che io stavo un po' fermo!

Answers: 8.24
1. Vero; 2. Vero; 3. Falso; 4. Vero; 5. Vero;
6. La bambina era obbediente ma un po' viziata;
7. Il bambino era molto attivo.

Che cosa studiava Stefano?

Suggestion: For **8.26**, take questions from different groups and respond on the spot.

PERCORSO III
LA VITA COM'ERA

Vocabolario: Com'era una volta?

Una volta in questo paesino non c'erano né molte macchine né autobus e la gente andava quasi sempre a piedi.

Per le strade una città di oggi.

Presentation: Begin to talk about towns and cities by asking individual students about their hometowns: **Dove abiti? Di dove sei? Dov'è la tua città? Com'è? Hai abitato in altre città? Quale preferisci? Come era la tua città quando eri piccolo?** etc. Gradually introduce new vocabulary by having students describe and compare the text photos. First ask yes/no questions and questions that require a one-word answer: **Questa è una città grande e moderna? Quello è un paesino vecchio? C'è traffico in questa città?** etc.

As you discuss the photos, you may wish to review and introduce demonstrative adjectives and pronouns. Continue asking questions: **Com'è questa città? E le strade di quel paesino, come sono?** etc. Review **quello** and write the forms on the board. Introduce **questo** and write its forms on the board. Note that it has the same endings as any regular adjective.

Per discutere dei cambiamenti

l'abitante (m., f.) inhabitant
l'aria air
i cambiamenti changes
cambiare* to change
diventare* to become
la gente people
l'industria industry, factory
l'inquinamento pollution
inquinare to pollute
il progresso progress
la tecnologia technology

I mezzi di trasporto

andare* a piedi to walk
andare* in. . . to go by. . .
  aereo airplane
  autobus bus
  automobile, macchina car
  bicicletta bike
  metropolitana subway
  motocicletta motorcycle

motorino moped
taxi taxi
treno train

Per descrivere i posti

affollato/a crowded
agricolo/a agricultural
industriale industrial
inquinato/a polluted
pulito/a clean
sporco/a dirty

Suggestion: Continue introducing new vocabulary by helping students imagine how the city in the second photo was twenty or more years ago: **Com'era molti anni fa? Com'erano le strade? Com'erano i palazzi? La gente usava la macchina? Quali mezzi di trasporto usava? Com'erano le persone? Cosa portavano? C'erano molte industrie?** etc.

Così si dice: I mezzi di trasporto

With means of transportation, use the verb **prendere: Prendi l'autobus per andare a scuola?** *Do you take the bus to go to school?* To express the English *to go by* + means of transportation, use **andare in: Anna andava a scuola sempre in bicicletta.** *Anna always rode her bike to school.* Use the preposition **a** in the expression **andare a piedi**, *to walk.*

Suggestion: To practice means of transportation, tell students how you come to school and how you used to go to school: **Vengo a scuola in macchina. Quando ero al liceo, andavo a scuola a piedi.** Then ask individual students questions such as: **Come vieni a scuola? Vai mai in bicicletta? Che cosa prendi per andare da New York a Roma? Come andavi a scuola da bambino/bambina?** Continue by asking questions about means of transportation available where they live. Then ask, more generally: **Dove c'è la metropolitana? In quale città si va bene in autobus? in macchina?** etc.

Answers: 8.27
Answers will vary. Some possibilities:
1. Circolavano poche automobili e non c'erano molte industrie.
2. La gente andava a piedi e non prendeva la metropolitana.
3. L'economia era soprattutto agricola e non di tipo industriale.
4. L'aria era pulita e non inquinata come adesso.
5. Le strade erano strette e non erano molto affollate.
6. La vita cambiava lentamente e la tecnologia non progrediva velocemente.

Suggestion: Discuss some elements that contribute to the changes in a city or town, such as economy, pollution, traffic, buildings, politics, etc. Choose a well-known city and illustrate how it has changed in the last decades. Then pair students and have them describe a city of their choice in the present and, for example, fifty years ago.

8.27 Com'era? Completa le frasi con la forma corretta di una parola della lista a pagina 254 per descrivere il vecchio paesino.

1. Per le strade circolavano poche. . . e non c'erano molte industrie.
2. La gente andava a piedi e non prendeva la. . .
3. L'economia era soprattutto. . . e non di tipo industriale.
4. L'aria era pulita e non. . . come adesso.
5. Le strade erano strette (*narrow*) e non erano molto. . .
6. La vita cambiava lentamente e la. . . non progrediva (*did not progress*) velocemente.

8.28 I mezzi di trasporto. Indica quali sono, secondo te, i mezzi di trasporto più adatti nei seguenti casi e indica perché.

1. al centro di un'antica città europea
2. da una città ad un'altra nella stessa nazione
3. dalla periferia al centro della città
4. in un parco
5. da un continente all'altro
6. su un'autostrada con molto traffico

8.29 In metropolitana. Osservate il biglietto della metropolitana e rispondete alle domande.

1. In che città abita la persona che lo ha usato?
2. Quanto ha speso per comprare il biglietto?
3. Quando l'ha usato?
4. Dove doveva andare secondo voi? Perché ha preso la metropolitana?

Answers: 8.29
1. A Roma
2. 1,00 euro
3. il 9 luglio 2006
4. *Answers will vary.*

Così si dice: I suffissi

• •

In Italian, many nouns and adjectives can be modified by adding suffixes. It is important to be able to recognize these endings and understand what they mean. To denote small size and/or to convey a positive and affectionate attitude toward the person or thing described, suffixes such as **-ino** and **-etto** can be used: **una manina** *a small/cute hand*, **un paesino** *a small town*, **un ragazzino** *a young boy*, **una ragazzina** *a young girl*, **una casetta** *a small house*. The suffix **-one** is used to indicate largeness: **un palazzone** *a big, tall building*, **un portone** *a big, large front door*. Some endings, such as **-accio**, can denote poor quality and ugliness: **un tempaccio** *horrible weather*.

In contesto: Com'era. . .

Suggestion: Have students read Claudia's diary at home or in class.

Suggestion: Point out the various suffixes used in Claudia's diary and tell students that they only need to be able to recognize them. Help them determine the meaning in each instance.

Claudia, una ragazza americana di origine italiana, va in Italia per visitare il paese dove sono nati i nonni e scrive sul diario le sue impressioni.

Caro Diario,

mia madre dice sempre che il mio bisnonno, il padre di mio nonno Giuseppe, raccontava che in questo paesino non c'era traffico e che molte strade non erano nemmeno asfaltate[1]. Raccontava che andava sempre a piedi o in bicicletta. Diceva anche che allora nella piazzetta principale c'era solo un piccolo bar e che la gente non aveva sempre fretta come ora, ma aveva tempo per chiacchierare e tutti si conoscevano ed erano amici. Io invece ho trovato molto traffico, bar grandi ed eleganti e tanti bei negozi. Per strada poi tutti vanno in giro con il telefonino in mano! Ho cercato la casa dove è nato e forse l'ho trovata! È quella dietro la chiesa. Questa parte del paese per fortuna non è cambiata molto. Fuori del centro invece ci sono quei palazzoni moderni e altissimi proprio brutti, come si trovano dappertutto[2], e alcune industrie che inquinano l'aria. Ho visto che c'è anche una discoteca, ma sono sicura che quella ai tempi del bisnonno non c'era davvero!

Anche il modo di vita della gente sembra cambiato notevolmente[3]. Il bisnonno diceva che in genere le donne stavano a casa, non lavoravano, non erano indipendenti e le ragazze non potevano uscire sole, pensa! Ora invece vedo che non c'è molta differenza con le grandi città. Le donne lavorano, guidano la macchina, escono e vanno liberamente dove vogliono.

1. paved   2. everywhere   3. considerably

8.30 Com'era e com'è. Descrivi il paese del bisnonno di Claudia com'era una volta e com'è oggi. Prendi in considerazione i mezzi di trasporto, le case, i diversi posti e la gente.

Occhio alla lingua!

1. Find all the forms of **questo** and **quello** in Claudia's diary entry. Indicate each instance where a form you have identified is used as an adjective, and what word it modifies.

2. In any instance where the form of **questo** or **quello** is used as a pronoun, can you identify the word to which the pronoun is referring?

Answers: 8.30
Answers will vary. Some possibilities:
I mezzi di trasporto: Una volta la gente andava a piedi o in bicicletta, oggi c'è traffico.
Le case: Una volta c'erano casette e una chiesina, oggi ci sono palazzoni moderni e altissimi.
I diversi posti: C'era solo un piccolo bar, oggi ci sono bar grandi ed eleganti e bei negozi, e c'è anche una discoteca.
La gente: Una volta in genere le donne stavano a casa, non lavoravano fuori casa, non erano indipendenti e le ragazze non potevano uscire sole; oggi le donne lavorano, guidano la macchina, escono e vanno liberamente dove vogliono.

Presentation: You can use the questions in *Occhio alla lingua!* to present inductively, summarize, and/or review the demonstrative adjectives.

Grammatica

●●

Gli aggettivi e i pronomi dimostrativi

Demonstrative adjectives and pronouns are used to point out people or things. The demonstrative adjectives **questo** (*this*) and **quello** (*that*) precede the noun they modify.

Suggestion: You can choose to keep your grammar explanations to a minimum and assign as homework the *Grammatica* and the related exercises.

Questo ragazzo è proprio viziato.   *This kid is really spoiled.*

Quei motorini sono rumorosi.   *Those mopeds are noisy.*

1. Like other adjectives that end in **-o**, the demonstrative adjective **questo** (*this*) has four forms and agrees in number and gender with the noun it modifies.

	Singolare	Plurale
Maschile	quest**o** paesin**o**	quest**i** paesin**i**
Femminile	quest**a** strad**a**	quest**e** strad**e**

Non mi piacciono tutti **questi** cambiamenti.   *I don't like all these changes.*

Queste strade non erano affollate.   *These streets were not crowded.*

2. In Capitolo 3 you studied the different forms of the demonstrative adjective **quello**. Remember that its forms, like the forms of the definite article, depend on the gender and number of the noun modified and on the first letter of the word they precede.

Quei paesini erano proprio tranquilli.   *Those little towns were really quiet.*

Quella piazzetta era molto graziosa.   *That small plaza was very charming.*

Giravo sempre con **quel** vecchio motorino!   *I always went around with that old moped!*

3. **Questo** and **quello** can be used alone as pronouns when the noun they refer to is clear to both the speaker and the listener. Used as pronouns, they have four regular endings: **-o, -a, -i, -e.**

—Quale paese preferisci, **questo** o **quello**?

— *Which town do you prefer, this one or that one?*

—Preferisco **questo**, ma anche **quello** è bello.

— *I prefer this one, but that one is also beautiful.*

—Quali città hai visitato, **queste** o **quelle**?

— *Which cities did you visit, these or those?*

—Ho visitato **quelle**.

— *I visited those.*

Questi palazzi sono antichi e **quelli** sono moderni.

These buildings are antique and those are modern.

Questo bar è nuovo e **quello** è vecchio.

This bar is new and that is old.

Answers: 8.31
1. questa, quella
2. questa, quella
3. queste, quelle
4. questi, quegli
5. questo, quel
6. quest'; quell'
7. questi, quei
8. questa, quella

8.31 Chi è? Immagina di guardare delle vecchie foto insieme ad un'amica. Completa le sue domande e rispondi secondo l'esempio.

ESEMPIO: Chi è _____ ragazzo? _____ ragazzo è mio cugino.
Chi è **questo** ragazzo? **Quel** ragazzo è mio cugino.

1. Chi è _____ bambina? _____ bambina è mia sorella.

2. Chi è _____ signora? _____ signora è la mia maestra di piano.

3. Chi sono _____ persone? _____ persone sono i miei genitori.

4. Chi sono _____ studenti? _____ studenti sono i miei compagni di liceo.

5. Chi è _____ ragazzo? _____ ragazzo è un mio amico della scuola media.

6. Di chi era _____ automobile? _____ automobile era di mio padre.

7. Di chi erano _____ pattini? _____ pattini erano di mia sorella.

8. Di chi era _____ casa? _____ casa era dei nonni.

Answers: 8.32
1. questi, voglio provare quelli.
2. questi, voglio leggere quelli.
3. questi, voglio giocare con quelli.
4. questa, voglio ascoltare quella.
5. questo, voglio vedere quello.
6. questi, voglio giocare con quelli.

8.32 Cosa volevi? Da ragazzino tuo fratello era molto capriccioso. Quando tu volevi comprare una cosa lui ne voleva un'altra. Completa le domande con **questo** e le risposte con **quello**.

ESEMPIO: TU: Vuoi comprare _____ CD?
TU: Vuoi comprare **questo** CD?
LUI: No, _____!
LUI: No, voglio comprare **quello**!

1. TU: Vuoi provare _____ pattini?
LUI: No, _____!

2. TU: Vuoi leggere _____ fumetti?
LUI: No, _____!

3. TU: Vuoi giocare con _____ ragazzi?
LUI: No, _____!

4. TU: Vuoi ascoltare _____ canzone?

LUI: No, _____.

5. TU: Vuoi vedere _____ film?

LUI: No, _____.

6. TU: Vuoi giocare con _____ videogiochi?

LUI: No, _____.

8.33 Questo o quello? A turno, fate domande e rispondete per scoprire che cosa l'altra persona preferisce fra i due oggetti nei disegni seguenti. Seguite l'esempio.

ESEMPIO: S1: Preferisci questo motorino rosso o quella motocicletta nera?

S2: Preferisco questo motorino! E tu?

S1: Anch'io preferisco questo motorino! *o* Io preferisco quella motocicletta nera.

1.

2.

3.

4.

5.

6.

Scambi

8.34 Com'era? Scrivi una breve descrizione delle fotografie a pagina 254. Parla del paese, delle persone e delle strutture. Spiega com'erano e come sono adesso. Poi a coppie paragonate le vostre descrizioni.

8.35 Prima dell'elettronica. Preparate una lista degli elettrodomestici e degli oggetti elettronici che esistono adesso. (Pensate ai vocaboli che avete studiato nel Capitolo 6.) Immaginate come era la vita un tempo senza queste cose. Cosa doveva fare la gente? Che cosa non poteva fare?

8.36 Come era diverso! Discutete i seguenti argomenti e poi paragonate le vostre idee con altri gruppi.

1. Le differenze fra la vita giornaliera dei vostri nonni e la vostra.

2. La vostra vita scolastica oggi e dieci anni fa.

3. La vita degli studenti cinquant'anni fa.

Answers: 8.37
1. b   3. a   5. a
2. a   4. b   6. a

Suggestion: Have students listen to **8.37** as homework or in class. Before you assign it, have students read the follow-up questions, so they can listen with a purpose.

Script for **8.37 I cambiamenti.**

Marco: Giovanna! Ma sei proprio tu? Che piacere rivederti! Che ci fai qui?

Giovanna: Certo, sono proprio io! Ma Marco, tu non sei cambiato affatto!

Marco: Scherzi? Tu piuttosto sei sempre la stessa.

Giovanna: Magari noi non siamo cambiati, ma questo paese non si riconosce più! Non c'era un cinema qui? E a destra, non c'era il bar Dello Sport?

Marco: Ti ricordi benissimo! Ci passavamo delle ore dopo la scuola! No, il cinema non c'è più: adesso è molto grande e moderno, lontano dal centro. E al posto del bar c'è Internet Train.

Giovanna: Ma senti che rumore! Tutti questi motorini e la gente! Che confusione. Non è per niente come mi ricordo.

Marco: Hai ragione. Tutto è cambiato. Hai visto quei palazzi nuovi? E il nostro vecchio liceo? Ci sei tornata?

Giovanna: È cambiato anche quello, certamente!

Marco: No, per niente. La scuola è sempre la stessa e anche alcuni professori sono ancora lì. Andiamo a trovarli?

8.37 I cambiamenti. Due amici si rivedono dopo tanto tempo e parlano di come è cambiato il loro paese. Ascolta la conversazione due volte e poi completa le frasi con l'espressione corretta.

1. Secondo Marco,
   a. Giovanna è cambiata molto.
   b. Giovanna non è cambiata affatto.

2. Giovanna ricorda che una volta
   a. c'era un cinema vicino al bar.
   b. facevano molto sport.

3. Marco ricorda che
   a. passavano molte ore al bar.
   b. andavano spesso al cinema.

4. Secondo Giovanna adesso in paese
   a. ci sono troppe automobili.
   b. ci sono troppi motorini.

5. Marco dice a Giovanna che il loro liceo
   a. non è cambiato.
   b. adesso è lontano dal centro.

6. Alcuni vecchi professori di Giovanna e Marco
   a. lavorano ancora.
   b. sono andati in pensione.

Suggestion: Based on the title of the *Lo sai che?* cultural reading, brainstorm with students about information they think they will find in this passage; write suggestions on the board. Ask them what vocabulary they expect to find and write words on the board. Then have students describe the photo and ask them what relationship they think there is between it and the reading.

*L*o sai che? L'Italia di ieri e di oggi

L'Italia contemporanea è molto diversa da come era negli anni Quaranta, gli anni della seconda guerra mondiale. Prima del 1945, infatti, l'economia italiana era soprattutto agricola, il Paese non era ricco e non c'erano molte industrie. Dopo il 1945, molti paesi e città distrutti (*destroyed*) dalla guerra sono stati ricostruiti interamente e si sono sviluppati moltissimo. I nuovi palazzi in genere sono stati costruiti fuori del centro storico e soprattutto le città più grandi hanno delle zone di periferia (*suburbs*) molto estese. Con lo sviluppo (*development*) delle industrie, poi, l'Italia è diventata un Paese industriale fra i più ricchi del mondo, e quindi ci sono stati anche molti cambiamenti sociali.

Centro Direzionale di Napoli

8.38 È vero che? Indica se le seguenti affermazioni sono vere o false secondo quanto hai letto. Correggi le affermazioni false.

1. L'Italia è cambiata molto dopo la seconda guerra mondiale.
2. Le costruzioni più nuove si trovano sempre in centro.
3. In Italia ci sono molte industrie.

Answers: 8.38
Answers will vary. Some possibilities:
1. Vero.
2. Falso. In genere, si trovano in periferia.
3. Vero.

8.39 I cambiamenti nel vostro Paese. Pensate a cosa sapete del vostro Paese e rispondete alle seguenti domande.

1. Qual è stata una data determinante per importanti cambiamenti nel vostro Paese? Perché?
2. Come è oggi l'economia del vostro Paese in genere? Sapete quando è cambiata e come era prima?
3. Nelle città del vostro Paese, i palazzi nuovi sono in centro o in periferia?

Suggestion: After the reading, and before assigning **8.39,** review information students have read so far about Italian history and the Italian economy in the various *Lo sai che?* and *Attraverso* sections.

Prima di guardare

Suggestion: Before watching this segment of the video, brainstorm events and persons in their past that people may choose to recall.

Suggestion: You may want to make clear that students simply need to understand the gist of the comments below and avoid translations, using cognates or synonyms when necessary.

8.51 Nel videoclip alcune persone parlano della loro infanzia. Rispondi alle domande e poi con un compagno/una compagna decidete se i loro ricordi sono felici oppure no.

1. Laura dice: «Me le leggeva mio padre per farmi addormentare». Che cosa leggeva il padre secondo te?

2. Tina dice che durante l'estate faceva «cose molto divertenti che in città non potevamo fare». Dove andava in vacanza secondo te? Perché usa la forma plurale del verbo in «potevamo»? Secondo te, chi erano le persone con lei?

3. Plinio dice: «Le vacanze erano bellissime perché erano interminabili». A quali vacanze si riferisce secondo te?

4. Emma dice: «Questo bambolotto mi ricorda la mia infanzia». Secondo te, cosa vuol dire «bambolotto»?

5. Felicita dice: «Entravamo in due sulla stessa altalena (swing)». Chi erano le due persone secondo te? Quanti anni avevano?

Mentre guardi

8.52 Mentre guardi il video, cerca la conclusione corretta per ogni frase:

Suggestion: Remind students to pay attention to people's expressions to help understand what kind of memories they have.

1. Quando Laura era piccola. . .
   a. restava all'asilo tutto il giorno.
   b. andava all'asilo solo la mattina.

2. Da bambina Tina. . .
   a. andava in vacanza da sola.
   b. passava le vacanze con i cugini.

3. Per Plinio le vacanze erano belle perché. . .
   a. erano molto brevi.
   b. i ragazzi imparavano tante cose.

4. Da bambine, Emma e la sua amica Giulia. . .
   a. andavano al mare insieme.
   b. andavano al parco giochi.

5. Felicita ricorda quando. . .
   a. giocava con il cane.
   b. andava sull'altalena con i fratelli.

Answers: 8.52
1. a
2. b
3. b
4. b
5. b

Dopo aver guardato

8.53 Adesso discutete i seguenti punti:

1. I ricordi delle persone nel videoclip in genere sono belli o brutti? Perché?

2. Avete risposto correttamente alle domande in **8.51**?

3. Perché il bambolotto ricorda ad Emma la sua infanzia?

4. Con quale persona nel video vi identificate di più? Perché?

5. Immaginate alcune domande che potreste (you could) fare alle persone del video per sapere di più sui loro ricordi.

Suggestion: Help students understand what Plinio and Tina say about the length of their vacation. In fact, they both mention that when they were young, school did not start until October. Point out how different this is from summer vacations in North America and Italy today.

Suggestion: The *Attraverso. . .* readings can be assigned as homework or covered in class.

Suggestion: Remind students to use appropriate reading strategies: background knowledge, visuals, context, and cognates, and to focus on key words.

Attraverso Il Lazio

Lazio is characterized by low-lying mountain ranges and three large agriculturally rich plains. The economy is based on agriculture, especially the production of wine and olive oil. The largest industry, cinema, is located in Rome. Almost 75 percent of the population lives in Rome, the largest city in Italy.

Probably because «**tutte le strade portano a Roma**»—this was particularly true during the Roman Empire, when all the empire's roads radiated out of its capital—the history of Lazio closely coincides with that of its capital, Rome, known since Roman times as «**la città eterna**». From its modest rural beginnings, the glorious days of the Roman Empire, the decadence of the medieval period as the political capital of the Papal States, to modern times as the capital of the Italian nation, the history of Rome has been closely linked to the Lazio region. Here, Latin and Roman traditions are more deeply rooted than elsewhere. Monuments from different historical periods and archeological sites can be found throughout the region. The influence of Rome is also evident in many of the ancient festivals and cultural events that are still popular.

La Roma rinascimentale: Basilica di San Pietro, con la maestosa cupola (*dome*) di Michelangelo, nella bellissima Piazza San Pietro circondata dal colonnato di Gianlorenzo Bernini (1598–1680), uno degli artisti più importanti del barocco. La Basilica di San Pietro, la più grande e famosa chiesa cattolica del mondo, è nella Città del Vaticano, il centro spirituale del mondo cattolico. La Città del Vaticano è un piccolo stato indipendente il cui capo è il papa, che è la guida suprema della Chiesa Cattolica Romana. All'interno della Basilica di San Pietro e nei vicini Musei Vaticani si trovano alcuni dei capolavori (*masterpieces*) della Roma rinascimentale.

Il Colosseo, il Foro e altri resti archeologici dell'antica Roma, in mezzo al traffico automobilistico della città moderna. Nell'antica Roma il Colosseo (I sec. d.c.), per la sua funzione popolare, era simile allo stadio di oggi. L'anfiteatro, di quattro piani, poteva contenere fino a 50.000 spettatori. I romani ci andavano per vedere spettacoli di ogni genere. Il foro invece era un luogo d'incontro nel centro della città. Qui si trattavano affari, si commerciava e si faceva politica. Nei secoli, imperatori diversi hanno arricchito il foro di tanti bei monumenti.

Presentation: Begin by reviewing special occasion vocabulary learned in Capitolo 5, such as **compleanno** and **anniversario**. Review briefly seasons, months, and dates.

Next, begin to introduce holiday-related vocabulary. Write the various Italian holidays on the board, and ask students about their own experiences of these holidays or others celebrated in their homes/countries. For example: **Quali sono alcune feste che si celebrano nella tua famiglia? Come le celebrate?** As students respond, you may want to write activities associated with the holidays on the board.

PERCORSO I
LE FESTE E LE TRADIZIONI

Vocabolario: Che feste si celebrano nel tuo Paese?

Presentation: Explain that most Italian holidays are associated with observances of the Catholic Church, although many have become quite secularized. Cite examples from among the holidays described in this section. Encourage non-Catholic students to mention holidays that are part of their own cultural and religious traditions.

Then begin to introduce each of the holidays illustrated, using relevant vocabulary from the captions and referring students to the photos. In turn, ask students questions: **Che cosa si festeggia il 25 di dicembre? Quali simboli si associano di solito con questa festa? Chi di voi addobba l'albero? Che cosa porta la Befana? Chi si festeggia l'8 marzo? Quando scrivete i biglietti di auguri?** etc.

Suggestion: After presenting the vocabulary related to holidays, pair students and have them cover the photo captions with a piece of paper. Ask them to look only at the photos and come up with as many related words as they remember.

Suggestion: To reinforce new vocabulary, have the class brainstorm to describe holidays in their own countries. Ask questions to keep the discussion going: **Fate l'albero di Natale? E a Capodanno fate un cenone? Dove lo fate?** etc.

Presentation: Introduce the expressions **Per fare gli auguri: È il primo gennaio, cosa posso dire? Posso dire: Buon anno! o Felice anno nuovo! Che cosa diciamo a Pasqua?** etc. In turn, have paired students practice with each other. One student can give the name of a holiday, and the other can respond with an appropriate expression of good wishes.

Il 6 gennaio, l'Epifania, si rievoca l'arrivo dei tre Re Magi (*Three Kings*) a Betlemme con regali per Gesù bambino. La Befana è una donna vecchia e brutta che sembra una strega (*witch*) e porta giocattoli ai bambini buoni. A quelli che sono stati cattivi, invece, nelle calze **gli** lascia il carbone (*coal*).

L'8 marzo è la festa della donna. La mimosa è il primo albero che fiorisce verso la fine dell'inverno e si offrono rami (*branches*) di mimose alle donne. Amici e colleghi regalano **loro** questi fiori.

A Ferragosto, il 15 agosto, si celebra l'Assunzione in paradiso di Maria, la madre di Gesù. La festa però ha origine pagana. In Italia tutti vanno in vacanza e le città italiane sono deserte.

La vigilia di Natale, il 24 dicembre, molti festeggiano con un gran cenone a base di pesce. Il giorno dopo i bambini aprono i regali che Babbo Natale ha portato **loro** durante la notte. Si mangia il panettone e si beve lo spumante.

Le feste

addobbare *to decorate*
brindare *to drink (to toast)*
Capodanno *New Year's day*
Carnevale *Carnival*
i coriandoli *confetti*
il costume *costume*
la maschera *mask*

il panettone *traditional Italian Christmas cake*
Pasqua *Easter*
San Valentino *Valentine's day*
l'uovo (*pl.* **le uova**) *egg*
il veglione *party, dance*

Per fare gli auguri

il biglietto di auguri *greeting card*
Buon anno! / Felice anno nuovo! *Happy New Year!*
Buon Natale! *Merry Christmas!*
Buona Pasqua! *Happy Easter!*
Buone feste! *Happy Holidays!*

9.1 Associazioni! Abbina i termini della colonna B che associ con le feste nella colonna A.

A
1. Capodanno
2. Natale
3. la festa della donna
4. la Befana
5. Carnevale
6. Ferragosto

B
a. le mimose
b. i giocattoli
c. il panettone
d. i negozi chiusi
e. brindare
f. la maschera
g. addobbare
h. i coriandoli
i. il cenone
l. il veglione

9.2 Le feste. Considerate le feste nelle foto a pagina 271. Quali vocaboli potete usare per descriverle?

9.3 Indovina! Uno studente/una studentessa descrive in breve una festa e gli altri indovinano che festa è.

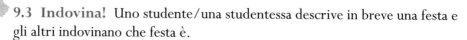

Lo sai che? Le feste, le tradizioni e le sagre

Molte feste italiane sono religiose o hanno avuto origine in tempi antichi e sono radicate (*rooted*) nella cultura popolare. Ci sono però anche feste civili. Ad esempio, il **25 aprile** si festeggia l'anniversario della liberazione dell'Italia, alla fine della seconda guerra mondiale. Si fanno sfilate (*parades*) e su tutti i palazzi pubblici si espone la bandiera (*flag*) italiana. Il **Primo Maggio**, poi, è la festa di tutti i lavoratori, mentre una festa particolarmente romantica è **San Valentino**, la festa degli innamorati, che si scambiano biglietti, fiori e regali. In Italia si celebrano anche la **festa del papà** il 19 marzo, il giorno di San Giuseppe, e la **festa della mamma** l'8 maggio.

Il Palio di Siena

Ci sono poi anche feste specifiche in determinate città e paesi. Ad Arezzo, per esempio, si gioca ogni anno la **Giostra del Saracino**, che ricorda le giostre (*tournaments*) medievali, e in tanti paesi italiani ci sono feste collegate con la natura che in genere si chiamano *sagre*. Ad esempio, a Rocca Priora, nel Lazio, la prima domenica di maggio c'è la sagra del narciso, un fiore molto profumato. Quel giorno le strade del paese sono tutte addobbate di narcisi.

Una delle tradizioni più note è la corsa del Palio delle Contrade a Siena. Le contrade sono i quartieri (*quarters*) della città. Prima c'è una sfilata in costume storico e poi una corsa di cavalli (*horse race*) che segue regole antiche. Ogni cavallo rappresenta una contrada e tutti gli abitanti della città partecipano con grande entusiasmo e animosità a questa corsa per la quale la città si prepara tutto l'anno.

9.4 Feste e sagre. Trova nel testo brevi giustificazioni alle affermazioni seguenti:
1. Il 25 aprile e il primo Maggio sono feste civili.
2. La festa di San Valentino in Italia è simile a quella nel tuo Paese.
3. A Rocca Priora c'è una festa legata alla natura.
4. Al Palio di Siena partecipa tutta la città.

9.5 Le sagre. Ci sono nel vostro Paese feste simili alle sagre? Quali sono? Come si festeggiano?

9.6 Altre tradizioni. Ci sono corse di cavalli importanti nella vostra città o in altre città che conoscete?

In contesto: Le feste a casa mia

Giulio scrive al suo amico americano Jason e gli parla di alcune feste in Italia.

Da:	Giulio Vittorini <giullogabi@tiscali.it>
A:	Jason@homemail.com
Oggetto:	Le nostre feste!

Jason,

il tuo ultimo messaggio mi ha fatto tanto piacere e come vedi **ti** rispondo appena posso.

Mi chiedi quali feste sono importanti a casa mia e come **le** festeggiamo. In Italia generalmente il Natale si celebra in famiglia e facciamo così anche noi. Sai che **da noi** si dice «Natale con i tuoi, Pasqua con chi vuoi!» Si cena sempre tardi e a mezzanotte si va a messa.

Il 25 si fa sempre un bel pranzo a casa dei nonni o qui a casa nostra. Sai che mia madre è nata il giorno di Natale? **Le** facciamo sempre due regali! Poi, per quasi tutta la settimana fra Natale e Capodanno, si va a casa di amici e si passa la serata insieme: si cena, si gioca a carte e a tombola[1], e si continua a mangiare!

Dopo Natale finalmente arriva Capodanno! **Per me** è la festa più divertente. In Italia non è proibito comprare alcuni tipi di fuochi d'artificio[2] e far**li** esplodere per strada o in terrazza e anche quest'anno ci siamo divertiti da matti[3], nella casa di campagna di un mio carissimo amico.

Adesso aspetto Carnevale. Stiamo già facendo progetti per un veglione spettacolare, ma io devo ancora decidere come mi vesto. Hai mai sentito parlare del Carnevale di Venezia? Se vieni in quel periodo, ci andiamo insieme, d'accordo?

Uno di questi giorni **ti** chiamo! Intanto **ti** faccio tanti auguri per il Nuovo Anno, anche se un po' in ritardo!

Giulio

1. bingo   2. fireworks   3. like crazy

9.7 Che cosa fa Giulio? Indica se le seguenti affermazioni sono vere o false e correggi quelle false.

1. Giulio festeggia il Natale con gli amici in montagna.
2. Il compleanno della mamma di Giulio è il 25 dicembre.
3. Il giorno di Natale la mamma riceve un solo regalo.
4. Durante le feste, Giulio gioca a carte con gli amici.
5. Giulio ha passato il Capodanno a casa con i parenti.
6. Giulio pensa di vestirsi in maschera per Carnevale.

9.8 Capodanno e altre feste. Le feste che celebrate voi sono simili o diverse da quelle che descrive Giulio? Come?

Occhio alla lingua!

1. Note that the direct-object pronouns in Giulio's e-mail message are in boldface type. Identify those with which you are already familiar and note to whom or what they refer.
2. Now consider the unfamiliar direct-object pronouns. Can you tell which corresponds to the subject pronoun **io**? To **tu**? To **noi**?

3. Reread the descriptions of **Natale, Epifania**, and **la festa della donna** in the *Vocabolario* section on p. 271. Can you tell to whom the object pronouns in boldface type refer?

4. The object pronoun **le** actually appears twice in Giulio's message. Can you tell how its meaning differs in these two instances?

Grammatica

I pronomi di oggetto diretto

In Capitolo 5, you learned that direct-object pronouns replace a direct-object noun in order to avoid repetition. They refer to people or things that have just been mentioned.

—Quando mangiate il pesce?   —*When do you eat fish?*
—**Lo** mangiamo la vigilia   —*We eat **it** on Christmas Eve.*
  di Natale.

—Regali fiori per San Valentino?   —*Do you give flowers for Valentine's Day?*
—Sì! **Li** regalo alla mia ragazza! —*Yes, I give **them** to my girl friend!*

The chart below shows all forms of the direct-object pronouns: **mi** and **ti** in the singular, and **ci** and **vi** in the plural, as well as the third-person forms, which you have already learned.

I pronomi di oggetto diretto			
Singolare		**Plurale**	
mi	*me*	**ci**	*us*
ti	*you*	**vi**	*you*
La (L')	*you (formal, m. / f.)*	**Li, Le**	*you (formal, m. / f.)*
lo	*him, it (m.)*	**li**	*them (m.)*
la	*her, it (f.)*	**le**	*them (f.)*

1. Direct-object pronouns are always placed directly in front of a conjugated verb.

   —**Ci** accompagni al veglione?   —*Will you accompany **us** to the party?*
   —Sì, **vi** accompagno volentieri.   —*Yes, I will be happy to accompany **you**.*

   —**Mi** ascolti quando parlo?   —*Do you listen to **me** when I speak?*
   —Certo! **Ti** ascolto attentamente. —*Of course! I listen to **you** carefully.*

2. When **lo, la, li**, and **le** are used with the **passato prossimo**, the past participle agrees in number and gender with the pronoun. With **mi, ti, ci**, and **vi** the agreement is optional.

   Giulia non **li** ha invitat**i** alla sua festa! *Giulia did not invite them to her party!*

   Suo padre **ci** ha accompagnat**o**   *His father drove us in his car.*
     in macchina.

3. When direct-object pronouns are used with an infinitive, the final **-e** of the infinitive is dropped and the pronoun is attached to the end of the verb.

   Penso di invitare i miei cugini per Natale. → Penso di invitar**li**.
   I think that I will invite my cousins for Christmas. → *I think I will invite them.*

9.9 Quante domande! Abbina le domande della colonna A alle risposte della colonna B.

A

1. Mi inviti?
2. Ci inviti?
3. Ti ascolta sempre?
4. Hai già addobbato l'albero?
5. Hai aspettato Babbo Natale?
6. Accompagni me e Carla al veglione?

B

a. Sì, vi invito.
b. No, non mi ascolta mai.
c. Sì, ti invito.
d. Sì, l'ho aspettato.
e. No, non vi accompagno.
f. Sì, l'ho addobbato ieri sera.

9.10 In maschera. Sei ad una festa in maschera con alcuni amici e non vi riconoscete (*recognize*) fra di voi. Completa i dialoghi con un pronome oggetto diretto.

1. CARLO: Ma chi sei? Non _____ riconosco!

   TU: Sono io! Non _____ vedi? Sono Paola!

2. CARLO: E voi due, siete Giorgio e Anna?

   GIORGIO E ANNA: Sì! Bravo! _____ riconosci anche in maschera!

   CARLO: Certo! _____ conosco troppo bene tutti e due.

3. PAOLA: Carlo, io con questa maschera sul viso non _____ vedo, dove sei?

   CARLO: Sono qui, Paola, _____ senti?

   PAOLA: _____ sento, ma non _____ vedo!

4. PAOLA: E voi, chi siete? Come siete vestiti? Quasi non _____ riconosco!

   GIORGIO E ANNA: Come non _____ riconosci! Se _____ guardi attentamente, capisci chi siamo!

9.11 Come è andata? Un amico è molto curioso su cosa hai fatto l'anno scorso durante le feste. Rispondi alle domande e usa i pronomi oggetto diretto.

1. Hai festeggiato San Valentino a casa?
2. Hai passato Ferragosto in montagna?
3. Dove hai comprato il costume di Carnevale?
4. Hai scritto i biglietti di auguri?
5. Hai bevuto lo spumante a tutte le feste?
6. Hai regalato o ricevuto le mimose?
7. Perché non mi hai invitato alla tua festa?

I pronomi di oggetto indiretto

You have learned that a direct-object pronoun can replace a direct-object noun in a sentence. Nouns and pronouns can also function as indirect-objects, indicating *to whom* or *for whom* something is done. For example, in the sentence *Anne buys a present for her mother*, "her mother" is an indirect-object. It answers the question *For whom does Anne buy a present?* An indirect object is always preceded by **a** or **per**, whereas a direct-object is never preceded by a preposition. Compare the following sentences: **Conosci la Befana?** and **Cosa regali alle donne l'otto marzo?** In the first sentence, **la Befana** is a direct object; in the second, **alle donne** is an indirect object. An indirect object introduced by **a** or **per** can be replaced by an indirect object pronoun.

Facciamo gli auguri di Pasqua **ad un amico.** → **Gli** facciamo gli auguri di Pasqua.
We wish a friend Happy Easter. → *We wish him Happy Easter.*

Compro un regalo **per mia nonna.** → **Le** compro un regalo.
I buy a present for my grandmother. → *I buy her a present.*

I pronomi di oggetto indiretto			
Singolare		**Plurale**	
mi	*(to/for) me*	**ci**	*(to/for) us*
ti	*(to/for) you*	**vi**	*(to/for) you*
Le	*(to/for) you (formal, m./f.)*	**Loro**	*(to/for) you (formal, m./f.)*
gli	*(to/for) him*	**gli/loro**	*(to/for) them (m., f.)*
le	*(to/for) her*		

1. Indirect-object pronouns precede the verb, with the exception of **loro**, which always follows the verb. In everyday usage, **gli** is often used instead of **loro**.

   —Hai comprato le uova ai bambini?
   —Sì, ho comprato **loro** delle bellissime uova!
   —Sì, **gli** ho comprato delle bellissime uova!

   —Did you buy eggs for the children?
   —Yes, I bought them some beautiful eggs!

2. Remember that **gli** and **le** are never contracted before a verb beginning with a vowel or **h**.

   Le offro un tè.
   Gli ho dato il regalo la vigilia di Natale.

   I'll offer her a cup of tea.
   I gave him his present on Christmas Eve.

3. When indirect-object pronouns are used with the **passato prossimo**, the past participle does not agree with the pronoun.

   —Hai scritto **alla Befana**?
   —No, non **le** ho ancora **scritto**.

   — Did you write to the Befana?
   — No. I didn't write her yet.

4. The following Italian verbs are commonly used with an indirect-object noun or pronoun. Note that in most instances the equivalent English verbs take a direct- rather than an indirect-object.

chiedere	*to ask*	mandare	*to send*
consigliare	*to advise*	parlare	*to speak*
dare	*to give*	regalare	*to give a gift*
dire	*to say*	rispondere	*to answer*
domandare	*to ask*	scrivere	*to write*
insegnare	*to teach*	telefonare	*to call*

Telefoniamo a Tommaso subito!   *Let's call Tommaso right away!*
Le ho consigliato di andare a Venezia.   *I advised her to go to Venice.*

5. Note that the direct- and indirect-object pronouns **mi, ti, ci,** and **vi** are the same. Only the third-person direct-object pronouns, **lo, la, li,** and **le,** and indirect-object pronouns, **gli, le,** and **loro,** are different.

Suggestion: You may want to write on the board both direct- and indirect-object pronouns in two columns to point out similarities and differences.

Ci accompagni al veglione di Capodanno?	*Will you accompany us to the New Year's Eve party?*
Ci direte dov'è la festa?	*Will you tell us where the party is?*
La chiami questa sera?	*Will you call her tonight?*
Le hai regalato un ramo di mimose?	*Did you give her a branch of mimosa?*

9.12 Che hai fatto a Natale? Un'amica ti fa delle domande sul Natale. Le rispondi completando il dialogo seguente con i pronomi indiretti.

1. —Cosa hai regalato a tua sorella?
   —_____ ho regalato un gioco per il computer.

2. —E a tuo padre?
   —_____ ho dato una bottiglia di spumante speciale!

3. —Hai fatto una festa per gli amici? Hai chiesto (*asked*) il permesso ai tuoi genitori?
   —Certo! _____ ho chiesto anche aiuto per la cena!

4. —Che cosa _____ hanno risposto?
   —_____ hanno detto di invitare poche persone.

5. —Hai organizzato la festa con tuo fratello? Avete telefonato o scritto agli amici?
   —_____ abbiamo scritto insieme!

6. —E loro, _____ hanno risposto tutti?
   —_____ hanno risposto tutti subito!

Answers: 9.12
1. Le
2. Gli
3. Gli
4. ti, Mi
5. Gli
6. vi or ti, mi or ci

9.13 Pasqua in Italia. Sei andato/a in Italia per Pasqua. Un amico ti chiede che cosa hai comprato per certe persone e a chi hai scritto. Rispondi usando i pronomi indiretti.

ESEMPIO: —Che cosa hai comprato per tua sorella? (un uovo di cioccolata) (*a chocolate egg*)
—Le ho comprato un uovo di cioccolata.

1. Che cosa hai scritto agli amici? (delle mail)

2. Che cosa hai regalato alla tua ragazza/al tuo ragazzo? (delle uova colorate)

3. Che cosa hai mandato a me? (un calendario)

4. Che cosa hai scritto a tuo fratello? E a tua sorella? (una cartolina)

5. Che cosa hai comprato per i tuoi nonni? (un bel libro)

6. Che cosa dai a me e a mia sorella quando ci vediamo? (un poster)

Answers: 9.13
1. Ho scritto loro delle mail./Gli ho scritto delle mail.
2. Gli/Le ho regalato delle uova colorate.
3. Ti ho mandato un calendario.
4. Gli/Le ho scritto una cartolina.
5. Gli ho comprato un bel libro./Ho comprato loro un bel libro.
6. Vi do un poster.

Suggestion: Before students read the *Lo sai che?* cultural note, ask questions to activate background information. Ask what they know about **Carnevale** or similar holidays when people wear masks and costumes. Then introduce a few popular Italian masks by bringing pictures and describing them. Introduce famous characters such as **Arlecchino** and **Pulcinella**, referring to the photo in the book. Ask students what they wore the last time they dressed for Halloween: **Come ti sei vestito?**, and ask questions such as: **Quali maschere sono buffe? Brutte? Belle?**

9.14 Domande curiose. A turno, rispondete alle domande usando i pronomi indiretti.

1. Telefoni spesso al tuo migliore amico/alla tua migliore amica?
2. Chiedi soldi agli amici?
3. Parli a tua madre/a tuo padre dei tuoi problemi?
4. Che cosa offri ad un amico/un'amica che viene a casa tua dopo cena?
5. Che cosa scrivi ai tuoi parenti che abitano lontano?
6. Cosa puoi domandare ad un/un'insegnante? Che cosa non puoi chiedere?

Lo sai che? Carnevale e la commedia dell'arte

Non tutti sono d'accordo sull'origine del **Carnevale**. Alcuni pensano che sia un'antica festa pagana per celebrare l'arrivo della primavera. Con il cristianesimo, il Carnevale è stato incorporato nel calendario religioso e indica l'ultima settimana prima della Quaresima (*Lent*) che poi termina con il giorno di Pasqua. Uno dei carnevali più conosciuti in Italia è quello di Viareggio, in Toscana, che consiste in una splendida sfilata di carri trionfali allegorici. Le figure dei carri sono fatte di cartapesta (*papier-mâché*) e spesso sono una rappresentazione satirica di famosi personaggi della politica e dello spettacolo.

Tipiche di queste sfilate e di Carnevale sono anche alcune maschere fisse, proprie della Commedia dell'Arte, un tipo di spettacolo che si afferma tra il XVII e il XVIII secolo. Questa commedia si basava sull'improvvisazione e su alcuni personaggi tipici: il vecchio avaro e geloso, il giovane povero e innamorato, il servo scaltro (*cunning*) che generalmente si alleava al giovane innamorato, ecc. Celebri, ad esempio, le maschere di Arlecchino, Pulcinella, Pantalone e Colombina.

Burlamacco, la maschera ufficiale del Carnevale di Viareggio

9.15 Hai capito? Rispondete alle domande seguenti sul Carnevale.

1. Quali sono le caratteristiche del Carnevale di Viareggio?
2. Che cosa rappresentavano le maschere nella commedia dell'arte?

9.16 Carnevale oppure no? Nel tuo Paese, ci sono carnevali famosi o altre feste simili? Dove? Come si festeggiano? Come si possono paragonare al Carnevale in Italia?

9.17 Le maschere. Cerca informazioni su Arlecchino, Pulcinella e Colombina e scrivi un breve paragrafo per descriverli.

Arlecchino è vestito di pezze (*rags*) di tutti i colori perché è molto povero. Qui lo accompagna Pulcinella. Pulcinella è sempre vestito di bianco.

Suggestion: If time permits, have students discuss in small groups their answers to 9.16.

Suggestion: Have students exchange what they have written and compare their answers.

Scambi

9.18 Che cosa gli/le hai comprato? Domanda ad alcuni compagni che regali hanno fatto recentemente alle seguenti persone e in quale occasione: **il padre/la madre, il fratello/la sorella, un/una parente, un amico/un'amica.** Scopri i particolari.

ESEMPIO: S1: Che cosa hai comprato a tuo fratello?

S2: Gli ho comprato una racchetta da tennis.

S1: Quando l'hai comprata?. . .

9.19 E tu che fai? Scegliete una festività non religiosa, come Capodanno o San Valentino, e insieme organizzate una festa ideale. Considerate i punti indicati.

a. dove

b. con chi

c. le attività

9.20 Che festa è? Ascolta le conversazioni due volte. Per ognuna indica di quale festa si parla e l'argomento principale.

Conversazione 1

a. Pasqua, Epifania, Ferragosto

b. viaggi, giocattoli, punizioni

Conversazione 2

a. Primo Maggio, 25 aprile, Carnevale

b. costumi, concerti, vestiti moderni

Conversazione 3

a. Natale, Capodanno, Festa delle Donne

b. fiori e pranzo, gioielli, i coriandoli

9.21 Ti ricordi? Prepara quattro o cinque frasi per descrivere una festa indimenticabile per te. Com'era? Perché la ricordi in modo particolare? Poi a gruppi presentate le vostre descrizioni. Avete qualcosa in comune?

Cosa si fa in genere a San Valentino?

Suggestion: Before beginning **9.18**, brainstorm possible gifts for important holidays, birthdays, and graduations. Ask students what gifts they have received recently. Write some examples on the board. With volunteers, demonstrate how to ask for and provide information for this activity.

Suggestion: To give closure to **9.18**, if time permits, have students report their results to the class.

Suggestion: Have students listen to **9.20** as homework or in class.

Script for **9.20 Che festa è?**

Conversazione 1
Male: Quanti giocattoli! Da chi li hai avuti?
Female: Me li ha portati la Befana! Li ho trovati questa mattina quando mi sono alzata! Però ho trovato anche del carbone! E mi sono messa a piangere!
Male: Ma era uno scherzo! Sai, però, anche a me ha portato un trenino e tante macchinine!
Female: Che bello! Vuoi giocare?

Conversazione 2
Male: Allora, ti sei divertita ieri sera?
Female: Da pazzi! E tu?
Male: Insomma, non tanto. I miei amici non sono venuti e io non conoscevo quasi nessuno. Ma dimmi, poi, come ti sei vestita?
Female: Mi sono messa un abito lungo di mia nonna, molto elegante, e dei bellissimi gioielli! Sembravo un'attrice degli anni venti!
Male: Io non ho molta fantasia, lo sai. Ho comprato un costume già pronto, così non ho dovuto fare niente!

Conversazione 3
Female 1: Che bei fiori!
Female 2: Me li ha regalati il mio direttore. Questa mattina ogni donna in ufficio ha ricevuto un mazzo di mimose come questo. Non sono splendide?
Female 1: A me invece il mio capo ha offerto il pranzo! Ottimo!

Answers: 9.20
  1. a. Epifania; b. giocattoli
  2. a. Carnevale; b. costumi
  3. a. Festa della Donna; b. fiori e pranzo

Suggestion: Before students begin **9.21**, remind them that **una festa** is both "a party" and "a holiday." Make sure they understand that the latter meaning is appropriate here. After completing **9.21**, you can have students write a message to an Italian friend and describe the holiday.

Suggestion: You may want to present this food and food-related vocabulary over two days.

PERCORSO II
I PRANZI DELLE FESTE

Vocabolario: Cosa mangiamo?

● ●

Presentation: Start by introducing items used to set the table and reviewing food-related vocabulary. Use the drawing to introduce place settings, or bring to class relevant items, introduce them one by one and ask what they are used for. Then lay them on the table to prepare a complete setting. For example, show a glass and comment: **Ecco un bicchiere. Cosa facciamo con un bicchiere? Beviamo, vero?** Show a spoon and comment: **Ecco un cucchiaio. Cosa possiamo mangiare con il cucchiaio? Una minestra?** etc.

Follow up by referring to the illustration in the book and asking questions about it: **Quanti piatti ci sono sul tavolo? Quante forchette? Dove sono le forchette?** etc.

Presentation: Still working with the items you have brought in, you may choose to introduce the informal imperative. Give directions to pairs of students: **Elizabeth e Kevin, mettete la tovaglia. Ora mettete un piatto e, sul piatto, un tovagliolo.** etc. Also, give directions to individuals: **Emily, prendi un bicchiere. Michael, prendi una tazza.** etc.

Write on the board imperative forms of some of the verbs you have used. Include the **noi** forms as well as the **tu** and **voi** forms. Ask students how they compare to forms of the present tense with which they are familiar. Note that only the **tu** form of **-are** verbs differs from the present indicative tense. Briefly point out that the negative imperative of **tu** forms consists of **non** + the infinitive. Give some examples: **Mark, prendi il coltello. Non prendere la forchetta.** etc.

Suggestion: Point out to students that they have long been using the informal imperative in classroom commands. Review classroom commands, then have students practice giving each other simple classroom commands.

Presentation: Review the courses of an Italian meal and write them on the board: **antipasti; primi piatti; secondi piatti; contorni; bevande; dolci.** Then, referring to the illustration of **le pietanze,** decide together into which category each of the items shown would fall.

Presentation: Continue to introduce new vocabulary by describing a typical meal. Bring in photos to illustrate unfamiliar terms or describe them. You may want to list **i condimenti** on the board as you present them.

Practice new vocabulary by asking questions and using various partitive forms: **Come beviamo la Coca-Cola? Con un po' di ghiaccio? Come facciamo il sugo di pomodoro? Usiamo qualche pomodoro fresco? Del sale e un po' di pepe?** etc.

Per apparecchiare la tavola

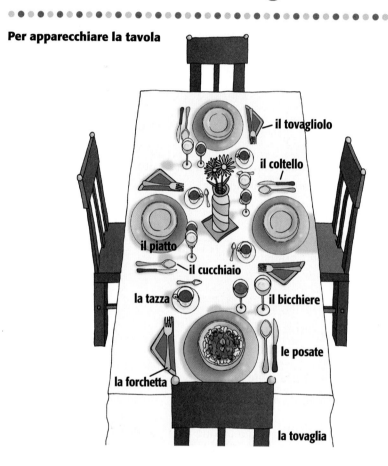

il tovagliolo
il coltello
il piatto
il cucchiaio
la tazza
il bicchiere
le posate
la forchetta
la tovaglia

Le pietanze

le lasagne
i funghi
le scaloppine di vitello
il risotto
i tortellini
la trota
il melone e il prosciutto
la crostata di frutta
le pesche l'uva
le fragole
le ciliegie

Per parlare di pranzi e di cibo

l'**agnello** *lamb*
l'**antipasto** *hors d'oeuvres*
il **ghiaccio** *ice*
la **ricetta** *recipe*
il **tacchino** *turkey*

il **pepe** *pepper*
il **peperoncino rosso** *hot red pepper*
il **ragù** *meat sauce*
il **sale** *salt*
il **sugo di pomodoro** *tomato sauce*
lo **zucchero** *sugar*

I condimenti

l'**aceto** *vinegar*
l'**aglio** *garlic*
il **burro** *butter*
il **limone** *lemon*
l'**olio d'oliva** *olive oil*
la **panna** *cream*
il **parmigiano grattugiato**
    grated Parmesan cheese

Per spiegare le ricette

aggiungere (*p.p.* **aggiunto**) *to add*
assaggiare *to taste*
condire (-isc-) *to season, to dress*
cuocere (*p.p.* **cotto**) *to cook*
mescolare *to stir, to mix*
soffriggere (*p.p.* **soffritto**) *to sauté*
tagliare *to cut*

Presentation: Use gestures to present the recipe-related vocabulary. For reinforcement, give students the recipe for a simple dish: **Come facciamo il risotto? Facciamo soffriggere della cipolla e poi aggiungiamo il riso. Dobbiamo mescolare bene! Continuiamo a cuocere con un po' di brodo. Alla fine aggiungiamo del parmigiano.**

9.22 Che cosa ci hai messo? Ieri sera hai preparato una bella tavola per il cenone di Capodanno. Completa le frasi con un termine adatto.

1. Prima di tutto ho preso la _____ bianca elegante della nonna.

2. Poi ho messo i _____ di porcellana azzurri.

3. Ho deciso di usare i _____ di cristallo per l'acqua e per il vino.

4. Sopra i piatti ho messo i _____, anche questi bianchi.

5. A destra e a sinistra di ogni piatto ovviamente ho messo le _____.

6. Poi ho messo sulla tavola anche le _____ per il caffè.

Answers: 9.22
1. tovaglia
2. piatti
3. bicchieri
4. tovaglioli
5. posate
6. tazze

Suggestion: Have students bring objects from home to set the table. Divide students in groups and have each group set a table. Assign each group a different item that they must not put on the table. The other groups have to guess what is missing from each table.

Suggestion: Divide students in small groups. One student chooses an object for setting the table and explains when and how it is used. The other students have to guess what the object is.

9.23 L'intruso. Nelle frasi seguenti indica che cosa in genere non si usa per condire i piatti indicati.

1. **insalata:** olio, zucchero, aceto

2. **tortellini:** sugo, ghiaccio, formaggio

3. **crostata di frutta:** sugo di pomodoro, zucchero, pesche

4. **tacchino:** olio, aceto, burro

5. **scaloppine di vitello:** sale, pepe, parmigiano

6. **lasagne:** ragù, limone, parmigiano

Answers: 9.23
1. zucchero
2. ghiaccio
3. sugo di pomodoro
4. aceto
5. parmigiano
6. limone

Answers: 9.24
Answers will vary. Some possibilities:
1. Prendo il caffè con lo zucchero.
2. Mangio la minestra con il cucchiaio.
3. Metto il formaggio sulle lasagne.
4. Taglio la bistecca con il coltello.
5. Bevo il latte con lo zucchero.
6. Mangio le lasagne in un piatto.
7. Condisco la bistecca con olio, sale e pepe.
8. Assaggio sempre il ragù e non aggiungo il sale.

9.24 Che strani gusti! Marco ha abitudini e gusti insoliti riguardo al cibo. Rispondi alle sue domande e indica cosa fai tu diversamente da lui.

1. Prendo il caffè con il sale. E tu?

2. Mangio la minestra con il coltello. E tu?

3. Metto lo zucchero sulle lasagne. E tu?

4. Taglio la bistecca con il cucchiaio. E tu?

5. Bevo il latte con il limone. E tu?

6. Mangio le lasagne in una tazza. E tu?

7. Condisco la bistecca con l'aceto. E tu?

8. Non assaggio mai il ragù e aggiungo sempre il sale! E tu?

9.25 Gli spaghetti al pomodoro. Completa la ricetta seguente con la forma corretta di un termine della lista a pagina 281.

Oggi parliamo di una ricetta facile per (1) _____ gli spaghetti. Prima facciamo (2) _____ un po' di cipolla con dell'olio o del burro. Laviamo i pomodori e poi li (3) _____ a pezzetti (*little pieces*). Quindi li (4) _____ alla cipolla. Facciamo cuocere per pochi minuti. Non possiamo dimenticare di (5) _____ il sugo per vedere se dobbiamo (6) _____ sale e pepe. Quando gli spaghetti sono pronti, li (7) _____ bene al sugo di pomodoro. Saranno buonissimi!

In contesto: Dammi una mano!

Riccardo deve aiutare la madre in casa per il pranzo di Pasqua.

MAMMA: Riccardo, perché non vieni ad aiutarmi, invece di perdere tempo? Forse l'agnello è pronto. **Assaggia** un po' se va bene. E poi ci sono ancora tante cose da fare! **Cerchiamo** di fare presto!

RICCARDO: Eccomi, mamma, vengo subito! Cosa devo fare?

MAMMA: Non lo sai? Prima di tutto, **apparecchia** la tavola e **usa** la tovaglia bianca. **Controlla** anche se ci sono dei bicchieri di cristallo per tutti.

silver   RICCARDO: E per le posate, metto quelle d'argento°?

MAMMA: Se non le usiamo oggi, quando si usano? Al centro della tavola **metti** dei fiori insieme a un po' di frutta.

RICCARDO: E per i piatti? Posso mettere qualche piatto azzurro con alcuni piatti bianchi?

Rather   MAMMA: Certo! Intanto, **telefona** alla nonna e poi **vieni** in cucina. Anzi°, no, **non venire** subito, prima **va'** in cantina a prendere qualche bottiglia di vino buono.

RICCARDO: Le ho già telefonato! Lei porta dei dolci.

MAMMA: Bene! Bravo! Adesso **guardiamo** cosa c'è da bere e **non dimenticare** di vedere se c'è un po' di ghiaccio nel frigo. Tu e papà, poi, **portate** tutte le sedie in sala da pranzo.

9.26 I preparativi. Indicate che cosa ha fatto e cosa deve fare Riccardo nella sequenza temporale corretta.

9.27 Il pranzo di Pasqua. Quali elementi nella conversazione indicano che si tratta di un pranzo speciale?

Occhio alla lingua!

1. In the *In contesto* conversation between Riccardo and his mother, find expressions that indicate quantity. With which of these expressions are you already familiar?

2. Look at the verbs in boldface type in the *In contesto* conversation. Notice that these verbs appear in the sentences in which Riccardo's mother is speaking to him. Can you tell what kinds of actions they specify? Who will carry out these actions?

3. Look at the endings of the verbs in boldface type. Do they look familiar?

Grammatica

Il partitivo

To express indefinite quantities in Italian—the equivalent of *some, any, a few,* in English—you can use the partitive. In Capitolo 3 and Capitolo 4, you learned to use the preposition **di** + the definite article with singular and plural nouns to express *some* or *a few.* Below are additional expressions you can use.

1. **Un po' di** is used with singular nouns to indicate an indefinite quantity.

   Beve **un po' di** vino solo alle feste.   *He drinks a little wine only at parties.*

   Dopo cena gli italiani mangiano   *After dinner Italians always eat a little*
   sempre **un po' di** frutta.   *fruit.*

2. **Alcuni** (*some*) and **alcune** are used with plural nouns.

   Ho assaggiato **alcuni** dolci   *I tasted some traditional desserts.*
   tradizionali.

   Ha usato **alcune** posate nuove.   *She used some new silverware.*

3. **Qualche** is always used with singular nouns, but it has a plural meaning. The form is the same for feminine and masculine nouns.

   Usiamo **qualche** piatto bianco   *Let's use some white plates and some*
   e **qualche** tazza azzurra.   *blue caps.*

4. Usually expressions of quantity are not used with items in a series or when asking questions, nor are they used in negative expressions.

   Con l'arrosto serviamo piselli,   *We are serving some peas, spinach,*
   carote e asparagi.   *and asparagus with the roast.*

   Per il cenone non ho bicchieri di   *For the party I don't have crystal glasses.*
   cristallo.

9.28 Al mercato. Oggi sei andato/a al mercato e hai comprato tante cose. Indica quale delle espressioni date è quella corretta.

1. Questa mattina ho comprato (alcune / della) frutta freschissima.

2. Ho riportato a casa (alcune / qualche) borse piene di cose buone da mangiare!

3. Ho comprato anche (alcune / qualche) bottiglia di acqua minerale.

4. Al mercato ho trovato (alcune / qualche) bottiglia di olio d'oliva speciale.

5. Ho comprato anche (alcuni / un po' di) ragù già pronto.

9.29 Un pranzo festivo. Indica che cosa tua madre usa per apparecchiare una bella tavola e cosa serve per una cena speciale. Usa il partitivo **di** + l'articolo determinativo.

1. bicchieri di cristallo
2. tazze da caffè
3. agnello con patate
4. cucchiai per il gelato
5. posate d'argento
6. coltelli per il pesce
7. spumanti italiani

Presentation: Remind students that they are already familiar with the basic partitive forms and write sentences on the board illustrating them. Use the food-related vocabulary students are learning in this section. Then explain that **un po' di** is used with things that one cannot count, very often with food, and it may replace the singular forms **del, dello, della,** and **dell'**. Write examples on the board to illustrate this. Point out that **qualche** is always used with singular nouns, but has a plural meaning. Like **qualche, alcuni/alcune** is used with things one can count, at times replacing the plural forms of **dei, delle,** and **degli.** Illustrate these points with examples on the board.

Suggestion: You can choose to keep your grammar explanations to a minimum and assign as homework the *Grammatica* and the related exercises.

Answers: 9.28
1. della
2. alcune
3. qualche
4. qualche
5. un po' di

Answers: 9.29
1. dei
2. delle
3. dell'
4. dei
5. delle
6. dei
7. degli

9.30 Le scaloppine. Completa la ricetta per le scaloppine ai funghi con il partitivo **di** + articolo o **un po' di**.

Dobbiamo usare _____ fettine di vitello piuttosto sottili. Mettiamo _____ burro in un tegame (*pan*) largo e facciamo soffriggere la carne. Quando le scaloppine sono dorate (*browned*), aggiungiamo _____ vino. Intanto cuciniamo i funghi con _____ olio e _____ aglio. Poi uniamo i funghi alle scaloppine e facciamo cuocere ancora con _____ panna.

 9.31 Come lo prendi? A turno, scoprite come l'altra persona prende le bevande indicate e come mangia i piatti seguenti. Usate il partitivo.

ESEMPIO: S1: Come prendi il tè?
S2: Lo prendo con un po' di zucchero.

a. il caffè
b. la cioccolata
c. il tè

d. gli spaghetti al sugo di carne
e. l'insalata

L'imperativo

The imperative form of verbs is used to give orders, suggestions, directions, and instructions. The informal imperative—the **tu, noi,** and **voi** forms of verbs—is used when talking to friends and family members.

	assaggiare	prendere	offrire	pulire
	L'imperativo informale			
(tu)	assaggia!	prendi!	offri!	pulisci!
(noi)	assaggiamo!	prendiamo!	offriamo!	puliamo!
(voi)	assaggiate!	prendete!	offrite!	pulite!

1. Note that the forms of the informal imperative of **-ere** and **-ire** verbs are identical to those of the present indicative tense. The **tu** form of verbs that end in **-are** differs from the present indicative tense; it is formed by dropping the **-re** from the infinitive.

   Offri del caffè agli amici!   *Offer some coffee to your friends!*
   Assaggia l'arrosto!   *Taste the roast!*

2. The negative imperative of the **tu** form of verbs consists of **non** + the infinitive. The negative imperative of the **noi** and **voi** forms of verbs is formed by adding **non** in front of the affirmative forms.

	assaggiare	prendere	offrire	pulire
(tu)	non assaggiare!	non prendere!	non offrire!	non pulire!
(noi)	non assaggiamo!	non prendiamo!	non offriamo!	non puliamo!
(voi)	non assaggiate!	non prendete!	non offrite!	non pulite!

Paolo, non mangiare prima di cena!   *Paolo, don't eat before dinner!*
Non servite il formaggio con il pesce!   *Don't serve cheese with fish!*

3. For recipes and other directions, you can use the **voi** form of the imperative or the infinitive.

Aggiungere (Aggiungete) del   *Add some grated Parmesan cheese.*
    parmigiano grattugiato.

4. Most verbs that are irregular in the present indicative have the same irregular forms in the imperative.

Vieni con me!   *Come with me!*
A Capodanno non bevete troppo!   *On New Year's Eve, don't drink too much!*

Suggestion: You may want to explain that these imperative forms derive respectively from the regular forms **vai**, **dai**, **fai**, **stai**, and **dici**, and that the apostrophe indicates the dropping of a letter or a syllable.

The following irregular verbs have imperative **tu** forms that differ from the indicative. The **noi** and **voi** forms are the same as those of the present indicative.

andare	va'	Va' in sala da pranzo!	*Go to the dining room!*
dare	da'	Da' un po' di dolce ai bambini!	*Give some dessert to the children!*
fare	fa'	Per favore, fa' presto!	*Please, hurry up!*
stare	sta'	Sta' calmo!	*Be calm!*
dire	di'	Di' che cosa vuoi!	*Say what you want!*

9.32 Una brava cuoca. Tua nonna ti dà qualche lezione di cucina. Tu le fai tante domande e lei ti dice che cosa devi o non devi fare.

Answers: 9.32
1. Sì, metti l'agnello nel forno!
2. No, non usare aglio!
3. No, non assaggiare il sugo!
4. Sì, prepara gli antipasti!
5. No, non cucinare la crostata prima del pollo!
6. Sì, condisci l'insalata!

ESEMPI: Metto il sale nella pasta? (Sì)

         Sì, metti il sale nella pasta!

         Metto il sale nella pasta? (No)

         No, non mettere il sale nella pasta!

1. Metto l'agnello nel forno? (Sì)

2. Uso un po' d'aglio? (No)

3. Assaggio il sugo? (No)

4. Preparo gli antipasti? (Sì)

5. Cucino la crostata prima del pollo? (No)

6. Condisco l'insalata? (Sì)

9.33 Un'altra lezione. Adesso tu dai a due amici/amiche gli stessi consigli dell'esercizio precedente.

Answers: 9.33
1. Sì, mettete l'agnello nel forno!
2. No, non usate aglio!
3. No, non assaggiate il sugo!
4. Sì, preparate gli antipasti!
5. No, non cucinate la crostata prima del pollo!
6. Sì, condite l'insalata!

ESEMPI: Mettiamo il sale nella pasta? (Sì)

         Sì, mettete il sale nella pasta!

         Mettiamo il sale nella pasta? (No)

         No, non mettete il sale nella pasta!

9.34 Consigli e suggerimenti. Hai alcuni amici che non sanno cucinare o apparecchiare la tavola bene. Ti chiedono dei consigli e tu rispondi alle loro domande usando l'imperativo.

ESEMPI: GIULIA E LETIZIA: Mettiamo i tovaglioli sopra i piatti? (No)
    TU: No, non mettete i tovaglioli sopra i piatti!
  LETIZIA: Offro il caffè dopo il dolce? (Sì)
    TU: Sì, offri il caffè dopo il dolce!

1. GIULIA E LETIZIA: Usiamo un solo piatto per la pasta e la carne? (No)
  TU: _____

2. LETIZIA: Servo il parmigiano con la pasta? (Sì)
  TU: _____

3. GIANNA: Taglio gli spaghetti? (No)
  TU: _____

4. GIANNA E MARCO: Aggiungiamo le fragole sulla torta? (Sì)
  TU: _____

5. MARCO: Metto le forchette a destra dei piatti? (No)
  TU: _____

6. GIANNA E MARCO: Usiamo un bicchiere per l'acqua e uno per il vino? (Sì)
  TU: _____

9.35 Una bella tavola! Una madre chiede ai figli di aiutarla a preparare una bella tavola per una festa. Ascolta due volte le sue richieste. Scrivi tutti gli imperativi che senti al singolare e al plurale. Poi confronta la tua lista con quella di un compagno/una compagna e insieme indicate l'infinito di ogni verbo che avete scritto.

Singolare		Plurale	
Imperativo	**Infinito**	**Imperativo**	**Infinito**

9.36 Un bambino terribile. Di' a tuo fratello, un bambino terribile, cosa deve e non deve fare questa sera quando vengono degli amici a cena. Usa l'imperativo.

1. salutare gli amici e dire «Buona sera»
2. dare la mano a tutti
3. andare in camera tua
4. non mangiare con le mani
5. stare zitto (*keep quiet*)
6. fare il bravo (*behave well*) tutta la sera
7. non dire «Non mi piace»
8. usare sempre il tovagliolo

9.37 Un nuovo coinquilino. Preparate una lista di consigli e suggerimenti per un nuovo coinquilino/una nuova coinquilina.

Scambi

9.38 I pranzi a casa tua. Indica tre occasioni speciali per cui si prepara un pasto speciale a casa tua e scrivi alcune cose che si mangiano tradizionalmente in una di queste occasioni. Poi paragona i tuoi risultati con quelli dei compagni.

9.39 Che cosa serviamo? Considerate le situazioni seguenti e suggerite quali piatti servire.

1. È Ferragosto e fa molto caldo. La signora Benini ha invitato tutta la famiglia a cena a casa sua.
2. Jacopo ha invitato l'amico Fabio a pranzo, ma Fabio non sta molto bene e non vuole mangiare molto né pesante.
3. Molti ragazzi e ragazze vanno a cena a casa di Serena per il suo compleanno.
4. Più di venti persone vengono a casa vostra per il veglione di Capodanno.
5. È San Valentino e volete preparare una cena romantica per il vostro ragazzo/la vostra ragazza. Ricordatevi che lui/lei non mangia carne!
6. Questa sera dovete giocare a calcio e volete fare un pranzo leggero.

9.40 Ricette facili. Leggete le ricette per un tipico antipasto italiano, un primo piatto semplice e saporito e un dolce per chi ha poco tempo. Poi completate le attività.

Tortellini al burro

Comprare tortellini già pronti, di una buona marca[1] o fatti a mano. I tortellini devono cuocere in abbondante acqua bollente. Intanto sciogliere[2] del burro con della panna. Quando sono pronti, mescolare i tortellini con il burro e la panna e aggiungere del parmigiano grattugiato.

Non dimenticare sale e pepe!

1. brand   2. melt

Prosciutto e melone

Si compra un bel melone maturo e del prosciutto. Si taglia in lungo il melone e si mette su un piatto largo. Poi, intorno ad ogni fetta[1] di melone, mettere una fetta di prosciutto.

Servire freddo.

1. slice

Macedonia di frutta fresca

Scegliere la frutta di stagione e fare anche attenzione ai colori. Per esempio: le fragole rosse sono belle con le banane e i kiwi verdi. Oppure mescolare pesche e melone. Tagliare sempre la frutta a pezzi piccoli, aggiungere dello zucchero e un po' di succo di limone. Si può anche servire con un po' di gelato!

1. Decidete quale piatto vi piace di più e spiegate perché.
2. A turno, scegliete una ricetta e ripetetela al compagno/alla compagna usando l'imperativo.
3. Secondo voi, in quali occasioni si possono servire questi piatti? Quali altri piatti si possono servire insieme a quelli di queste ricette? Quali bevande vanno bene con ogni piatto?

PERCORSO III
AL RISTORANTE

Vocabolario: Il signore desidera?

In un ristorante italiano

il cameriere / la cameriera
  waiter / waitress
chiedere il conto *to ask for the check*
il / la cliente *client, customer*
la mancia *tip*
il menù *menu*
ordinare *to order*

Espressioni al ristorante

C'è posto per due / quattro?
  Is there room for a party of two / four?
Il signore desidera? *What would you (singular) like to order?*
Vorrei. . . *I would like. . .*
Per favore mi porti. . . *Please bring me. . . (polite)*

Per descrivere i piatti

l'acqua gassata / liscia
  sparkling / still water
al sangue *rare*
ben cotto / a *well done*
dolce *sweet*
fresco / a *fresh*
insipido / a *bland*
leggero / a *light*
pesante *heavy, rich*
piccante *spicy*
salato / a *salty*
saporito / a *flavorful*
squisito / a *delicious*

Così si dice: *Prendere* e *Buon appetito!*

•••

To express in Italian the equivalent of "to have something to eat or drink," use the verb **prendere: Prendi anche tu del riso?** *Are you going to have some rice, too?*

When Italians sit down for a meal, before they start eating, it is customary to say: **Buon appetito!** *Enjoy your meal!*

---

*L*o sai che? I ristoranti in Italia

Oltre ai ristoranti, in Italia ci sono le **trattorie** e le **osterie**, che spesso sono meno eleganti ed offrono in genere una cucina casalinga (*homemade*) e un'atmosfera familiare. Alcune di queste sono molto tipiche e possono essere anche più care dei ristoranti. Le **rosticcerie** invece vendono cibi già cotti, come, ad esempio, le lasagne e il pollo arrosto, che si possono mangiare sul posto o portare a casa. La **pizzeria** è, ovviamente, il posto dove si va per mangiare una pizza, molto popolare, soprattutto fra i giovani, perché in genere è meno cara degli altri ristoranti. Nelle grandi città ci sono anche ristoranti di altri Paesi (cinesi, giapponesi, messicani, ecc.) e alcuni ristoranti vegetariani.

Quando si va al ristorante qualche volta si paga anche il **coperto**, che indica il posto occupato e di solito il pane. Il numero dei coperti quindi corrisponde al numero delle persone. Molti ristoranti espongono (*display*) fuori un menù **fisso** che in genere comprende il primo, il secondo, il dolce e la frutta.

Gli italiani non sempre lasciano la mancia al cameriere e, quando lo fanno, non calcolano una percentuale precisa, anche se questa di regola dovrebbe essere fra il 5 e il 10 per cento.

2 9.41 In Italia. Fate una breve lista di alcune differenze fra i ristoranti italiani e quelli del vostro Paese. Considerate ad esempio: i tipi di ristorante, la mancia, il coperto, il menù fisso.

MITTENTE	**Il Grillo Parlante** di *NICCITIELLO ANTONIO* Via Guelfa, 90/R - FIRENZE Tel. 055 475291 Part. IVA 05421470484	
☐ RICEVUTA FISCALE ☐ FATTURA (RICEVUTA FISCALE)	N. 26 DEL 5/01/05	

QUANTITÀ	NATURA E QUALITÀ DEI BENI O SERVIZI	IMPORTI
2	COPERTI	4,00
	VINO - BIRRA	
1	ACQUA MINERALE	2,00
	PIZZA	
	ANTIPASTI	
2	PRIMI PIATTI	21,00
	SECONDI PIATTI	
	CONTORNI	
	FORMAGGI	
	FRUTTA	
2	DOLCI - DESSERT	8,00
1	CAFFÈ - LIQUORI	1,00
	MENÙ A PREZZO FISSO	

CONTEGGIO IVA	
IMPONIBILE	Corrispettivo pagato
IMPOSTA	Corrispettivo non pagato
	Servizio %
TOTALE	**TOTALE € 36,00**

9.42 Al ristorante. Cosa fai quando vai al ristorante? Metti in ordine logico le seguenti frasi.

_____ Chiedi il conto.

_____ Dici: «Mi porti dell'acqua minerale».

_____ Lasci la mancia al cameriere.

_____ Chiedi: «C'è posto?»

_____ Ordini quello che vuoi mangiare.

_____ Leggi il menù.

_____ Dici «Buon appetito!»

_____ Domandi: «Qual è il piatto del giorno?»

9.43 Chi lo dice? Chi dice le frasi seguenti? Un cliente o il cameriere?

_____**1.** Ecco il menù.

_____**2.** C'è posto per quattro?

_____**3.** Prendo un risotto e una bistecca ben cotta.

_____**4.** Mi porti il conto, per favore.

_____**5.** Che cosa desidera?

_____**6.** Qual è il piatto del giorno?

_____**7.** Le porto dell'acqua? Gassata o liscia?

_____**8.** Il coperto è compreso?

9.44 Non è vero! Tu e un tuo amico/una tua amica avete gusti molto diversi. Quello che per lui/lei è buono, per te è cattivo. Indica il contrario degli aggettivi nelle frasi seguenti.

ESEMPIO: La bistecca è buona.
        — Questa bistecca è buona!
        — No! È cattiva!

1. L'arrosto è insipido.   **3.** I tortellini sono salati.

2. La minestra è calda.   **4.** Il dolce è pesante.

9.45 Come ti comporti al ristorante? Rispondi alle domande e indica che cosa si fa e si dice al ristorante.

1. Cosa dici quando inizi a mangiare?

2. Cosa leggi per sapere che piatti ordinare?

3. Come si chiama la persona che serve a tavola?

4. Che espressioni puoi usare per ordinare?

5. Cosa chiedi quando hai finito di mangiare?

6. Che cosa lasci al cameriere se sei soddisfatto/a?

In contesto: Che si mangia?

Alcuni amici vanno a cena in trattoria.

sample	CAMERIERE: Cosa desiderano per primo? Possiamo fare un assaggio° di primi: dei tortellini con la panna, degli spaghetti al pesto e delle penne all'arrabbiata piuttosto° piccanti.
rather	
	CLIENTE: Benissimo, allora, gli assaggi per tutti, vero? E per secondo? Qual è il piatto del giorno? L'ultima volta qui ho mangiato delle ottime scaloppine ai funghi. Ricordo che mi sono piaciute proprio tanto!
	CAMERIERE: Oggi il cuoco ha preparato l'arrosto di vitello, con una salsa al vino rosso. È squisito e leggero. Di solito piace a tutti.
	CLIENTE: Allora, arrosto per sei! Va bene? Ma c'è del pesce? Il mio amico, qui, veramente è vegetariano e non mangia carne.
	CAMERIERE: Ovviamente abbiamo anche del pesce freschissimo!
	CLIENTE: E di verdura cosa c'è?
pan-fried	CAMERIERE: Vi potrei portare degli spinaci saltati° al burro o al limone, e delle patatine arrosto.
	CLIENTE: A me però gli spinaci non piacciono molto.

CAMERIERE: Può prendere dell'insalata, signora. E poi le consiglio una torta
al cioccolato veramente squisita!

CLIENTE: Benissimo! La conosco! L'altra volta mi è piaciuta moltissimo!

9.46 Al ristorante. Leggi la conversazione al ristorante e poi compila la
seguente scheda.

Che piatti consiglia il cameriere:	
Che piatti ordina la cliente:	
Che cosa le piace:	
Che cosa non le piace:	

Answers: 9.46
Answers will vary. Some possibilities:
Che piatti consiglia il cameriere: un assaggio di primi, l'arrosto di vitello, dell'insalata, una torta di cioccolata. Che piatti ordina la cliente: un assaggio di primi, l'arrosto di vitello, la torta al cioccolato. Che cosa le piace: scaloppine ai funghi, la torta al cioccolato. Che cosa non le piace: gli spinaci.

Occhio alla lingua!

1. Look at the various forms of the verb **piacere** in the *In contesto* conversation. Which indicate a present experience and which a past experience?

2. What do you notice about the forms of **piacere** in the **passato prossimo**? How are they conjugated? What is the past participle?

3. How is the **passato prossimo** of **piacere** similar to that of other verbs you have learned?

Presentation: You can use the questions in *Occhio alla lingua!* to present inductively, summarize, and/or review the verb **piacere**.

Grammatica

• •

Il verbo *piacere*

You have already learned to use the verb **piacere** in the present tense. As you
know, you use **piace** when the thing liked is singular and **piacciono** when
the things liked are plural. The singular form **piace** is also used with verbs in
the infinitive.

Mi piace la pasta, ma non mi   *I like pasta, but I do not like tortellini.*
piacciono i tortellini.

A Cinzia piace andare spesso al ristorante.   *Cinzia likes to go to the restaurant often.*

The verb **piacere** in English means *to be pleasing to.* The sentence **A Roberta
piacciono i tortellini** corresponds literally to *Tortellini are pleasing to Roberta,* although this sentence would be expressed in English as *Roberta likes tortellini.* Note that the subject of the sentence is **tortellini**. The indirect-object,
Roberta, is the person doing the liking.

Suggestion: You can choose to keep your grammar explanations to a minimum and assign as homework the *Grammatica* and the related exercises.

1. **Piacere** is used with an indirect-object pronoun or **a** + a person's name.

—**A Teresa** piace la bistecca   —*Does Teresa like her steak well*
ben cotta?   *done? (Literally: Is a well-done*
     steak pleasing to Teresa?)

—Sì, **le** piace.   — *Yes, she likes it.*

—**A Carlo** non piacciono i   — *Doesn't Carlo like spicy dishes?*
piatti piccanti?

—No, non **gli** piacciono.   — *No, he doesn't like them.*

2. Piacere can also be used with the preposition **a** + a disjunctive pronoun for clarification or emphasis.

> **A me** non piacciono gli spinaci saltati. E **a te**?
> *I don't like pan-fried spinach. Do you?*

3. The past tense of **piacere** is conjugated with the verb **essere**. The past participle agrees in gender and number with the thing or person liked.

> A tua madre sono piaciut**i gli scampi**?
> *Did your mother like the prawns?*

> Al cliente non sono piaciut**i gli spaghetti**, ma gli sono piaciut**e le lasagne**.
> *The customer didn't like the spaghetti, but he liked the lasagna.*

> Ai bambini non è piaciut**o il pesce**!
> *The children didn't like the fish!*

9.47 I gusti (*Tastes*). Indica che cosa ti piace e non ti piace della lista seguente.

ESEMPIO: i piatti piccanti
Non mi piacciono i piatti piccanti. *o* Mi piacciono moltissimo!

1. il caffè	**7.** la cioccolata
2. il vino	**8.** gli asparagi
3. le lasagne	**9.** ballare
4. la carne	**10.** la musica classica
5. la frutta	**11.** cucinare
6. bere la Coca-Cola	**12.** le feste con gli amici

9.48 A cena fuori. Indica che cosa ti è piaciuto al ristorante l'ultima volta che sei andato/a. Unisci i termini delle due colonne.

A	**B**
1. il vino	**a.** mi è piaciuta
2. gli spinaci	**b.** mi è piaciuto
3. i dolci	**c.** mi sono piaciute
4. le patate	**d.** mi sono piaciuti
5. l'atmosfera	

9.49 Al ristorante. Sei andato/a al ristorante con degli amici. Indica che cosa vi è piaciuto oppure no. Abbina i termini delle colonne A e B e scrivi frasi complete con il verbo **piacere**.

A	**B**
1. al cameriere	**a.** servire i clienti
2. a me	**b.** i primi piatti
3. a noi	**c.** gli antipasti
4. a una mia amica	**d.** l'atmosfera
5. ai miei amici	**e.** il pesce

ℂosì si dice: *Anche / Neanche a me*

• •

When using the verb **piacere** to express *I like it too* or *I don't like it either* use **Anche a me** or **Neanche a me**:

—**Non mi piace il pesce! E a te?**	—*I don't like fish! And you?*
—**Neanche a me!**	—*I don't like it either!*

Suggestion: Before doing **9.50**, briefly review a typical Italian meal. Next, help students to recognize some items on the menu and to figure out what some others may be. Then explain a few dishes. Explain that terms in the menu such as **pappardelle, fettuccine, rigatoni,** and **penne** simply indicate different kinds and shapes of pasta. Also, explain that names of dishes and the way they are prepared vary considerably from one region to the other and at times even from one restaurant to another.

Scambi

9.50 Il menù. Siete al ristorante *da Pantalone* e dal menù volete scegliere dei piatti che piacciono a tutti per (1) una cena leggera e per (2) un pranzo completo.

da Trattoria-Pizzeria
Pantalone
dal 1952

Pane e coperto — 2.30

ANTIPASTI

Antipasto all'italiana — 6.00
Verdure grigliate — 6.00
Carpaccio di bresaola e rucola — 7.00
Prosciutto e melone — 7.00
Focaccia — 4.00
Olive ascolane (1) — 1.40
Mozzarelline fritte (1) — 1.50
Fiori di zucca (1) — 2.30
Bruschetta al pomodoro — 2.30

PRIMI PIATTI

Pappardelle al sugo di lepre[1] — 7.50
Fettuccine caserecce al ragù — 7.00
Gnocchi caserecci al ragù — 7.00
Rigatoni con salsiccia[2] — 7.00
Spaghetti alla carbonara — 7.00
Penne all'arrabbiata — 7.00

SECONDI PIATTI

Scaloppa al vino o limone — 9.00
Bistecca di manzo alla griglia — 10.00

Straccetti con funghi porcini — 10.00
Lombata[3] di vitello alla griglia — 10.00
Abbacchio[4] alla scottadito — 11.00
Lombata ai funghi porcini — 12.00
Filetto al pepe verde — 13.00

CONTORNI

Contorni in genere — 3.50
Rucola e pachino — 4.00

FORMAGGI

Scamorza con prosciutto — 6.00
Pecorino romano — 4.00
Parmigiano reggiano — 4.00
Formaggi misti — 5.50

FRUTTA

Ananas — 4.00
Melone — 3.50
Anguria — 3.00

PIZZERIA

Pomodoro — 4.50
Marinara — 5.00
Margherita — 5.00
Funghi — 6.00
Capricciosa — 6.00
Gorgonzola — 6.00
4 formaggi — 6.00
Funghi porcini — 7.50
Salmone affumicato — 7.50
Maionese insalate e gamberetti — 7.50
Calzone al forno — 6.00

VINO DELLA CASA

1 lt — 5.00
1/2 lt — 3.00
1/4 lt — 2.00

Acqua minerale

1 lt — 2.30
1/2 lt (solo Ferrarelle) — 1.70

BEVANDE

Coca-cola – Fanta aranciata — 3.30
Birra Peroni — 3.30
Lattine — 2.30

Caffè — 1.80

1. hare   2. sausage   3. sirloin   4. lamb

9.51 I ristoranti della mia città. Rispondete a turno alle domande seguenti. Poi paragonate i vostri risultati con quelli di altri studenti.

Suggestion: After students work in pairs, have small groups compare their results and preferences.

1. Preferisci mangiare a casa o fuori?

2. Quante volte alla settimana mangi fuori? Perché? In quali occasioni?

3. Qual è il tuo ristorante preferito? Ci vai spesso? È caro? Cosa si mangia? Quando e con chi ci vai?

4. In generale, cosa ti è piaciuto l'ultima volta che sei stato/a ad un ristorante? Che cosa non ti è piaciuto?

5. Che cosa è più importante quando scegli un ristorante? L'atmosfera, il menù, il prezzo, la qualità?

9.52 Dove andiamo a cena? Considerate gli annunci che seguono e decidete dove volete andare insieme a cena una sera di questa settimana. Perché?

AGOSTINO M.
Servizio rinfreschi
69 v. Pio X 0763 30 50 26

ANTICO MERCATO - PIZZERIA-SPAGHETTERIA

ANTICO MERCATO

La vera pizza napoletana!

Pizzeria e spaghetteria – Forno a legna
Aperto fino a tarda notte!
Sconti per ragazzi!

CHIUSO IL LUNEDÌ

ORVIETO – Via delle Mimose 22
☎ 0763 35 00 69

BARCONE
Specialità di pesce e carne alla brace
68 v. Libertà 0763 35 50 26

PIZZA & SERVICE
Consegne gratuite a domicilio
Zona Giardinetti 075 60 35 620

LE QUATTRO FONTANE - RISTORANTE

le Quattro fontane

Ambiente raffinato ed elegante
Prelibata carne argentina e pesce freschissimo
Sale prestigiose per congressi e banchetti
Sala da ballo – Parco giochi

CHIUSO IL MARTEDÌ

PERUGIA – Piazza Puccini 4
☎ 075 59 38 642

RISTORANTE OCTOPUS
Specialità di pesce
62 v. Matteotti. 075 61 30 273

9.53 Ordiniamo! Ascolta due volte una conversazione al ristorante fra una cameriera e un cliente e rispondi alle domande.

1. Che cosa non piace al Signor Benini?
2. Che cosa gli è piaciuto in passato nello stesso ristorante?
3. Che cosa gli consiglia la cameriera?
4. Che cosa ordina il Signor Benini da bere?
5. Che cosa ordina il Signor Benini per primo, per secondo e alla fine del pranzo?

9.54 Al ristorante. A gruppi di tre, immaginate di essere in un ristorante italiano la sera molto tardi. Uno studente/una studentessa fa la parte del cameriere/della cameriera e le altre due persone fanno la parte di un/una cliente vegetariano/a molto difficile e un/una cliente che vuole assaggiare tutto. Il cameriere/La cameriera è stanco/a e ha fretta. Immaginate la conversazione e ricordate di usare il «Lei» quando è necessario.

Mentre guardi

9.68 Mentre guardi, fa' particolare attenzione alle preferenze che le persone esprimono. Cerca la conclusione corretta per ogni frase:

1. Laura e i suoi familiari per le feste preferiscono
   a. andare al ristorante.
   b. mangiare a casa.

2. La festa preferita di Laura è
   a. Pasqua.
   b. Carnevale.

3. La festa preferita di Ilaria è
   a. Natale.
   b. L'Epifania.

4. Al ristorante Tina chiede al cameriere
   a. un consiglio.
   b. il conto.

5. Tina preferisce mangiare
   a. taglierini con le vongole.
   b. un arrosto con i funghi.

6. Il cameriere consiglia il pesce perché
   a. è freschissimo.
   b. fa molto caldo.

7. Secondo Plinio, è più bello andare al ristorante o in pizzeria
   a. per pranzo.
   b. per cena.

Suggestion: Before watching a video segment, it is always a good idea to remind students to look at the opening images and perhaps take notes on what they represent. Also remind them to pay attention to cultural differences and characteristics. Here, for example, you might suggest that they focus on the photo of young people around the table; the carriage with Christmas decoration; the restaurant setting, etc.

Answers: 9.68
1. a
2. b
3. b
4. a
5. a
6. a
7. b

Suggestion: You may choose to discuss more in depth the last portion of the video, in which Plinio shows **un pupo siciliano**. In this case, you can ask, for example: **Plinio dice che le storie narrate negli spettacoli dei pupi siciliani «sono di tutti i tempi». Che cosa significa secondo voi? Significa che le storie sono interessanti soltanto per gli italiani? Oppure significa che questi spettacoli narrano storie che hanno un valore universale?**

Dopo aver guardato

9.69 Dopo aver guardato il videoclip completa le attività seguenti:

1. Nella vostra famiglia le feste si celebrano come a casa di Laura? Cosa fate di simile e di diverso?

2. Quale festa nel vostro Paese è simile all'Epifania di cui parla Ilaria? Cosa fa la gente nel vostro Paese che fa anche Ilaria?
   a. La sera prima dell'Epifania Ilaria e le sorelle vanno a casa della nonna.
   b. Ilaria e le sorelle appendono le calze la sera prima dell'Epifania.
   c. La mattina dell'Epifania Ilaria trova dolci e regalini nella sua calza.

3. Al ristorante dove va Tina, cosa notate di diverso dai ristoranti del vostro Paese? Vi piacerebbe (*Would you like*) mangiare in questo ristorante? Perché?

4. Perché è bello lo spettacolo dei pupi siciliani secondo Plinio? Perché parla di guerre e di soldati o perché unisce teatro, poesia e cultura popolare? Ci sono spettacoli simili nel vostro Paese?

Attraverso L'Umbria

Umbria is known as Italy's **cuore** (*heart*) **verde** because of its lush green landscape. The region is landlocked, but the Tiber's many tributaries and the lago Trasimeno keep the vegetation green all year round. The region's rich water supply supports the most important sector of its economy: the production of hydroelectric power. Despite its **cuore verde**, agriculture in Umbria is not highly developed. However, Umbria does produce some olive oils of high quality and excellent wines. Tourism is important to the economy, but this industry has not reached its full potential.

Umbria is famous for its festivals and **sagre** rooted in medieval historical events, traditions, customs, and/or religious beliefs. Umbria is also home to famous cultural events such as il Festival dei Due Mondi, which takes place every year in Spoleto. The region is renowned also for its beautiful ceramics from Deruta, Gubbio, Perugia, and Città di Castello.

La facciata (*facade*) del Duomo di Orvieto, uno dei più belli e più importanti esempi di architettura gotica italiana. La facciata, a forma di trittico (*triptych*), è ornata con marmi (*marble*) policromi, sculture e splendidi mosaici dorati (*golden*). Hanno contribuito alla sua realizzazione alcuni dei più grandi artisti del Medioevo e del Rinascimento, fra cui Andrea Orcagna, il Beato Angelico e Luca Signorelli.

Il centro storico medievale di Perugia e la piazza centrale con la fontana Maggiore. Perugia, il capoluogo dell'Umbria, è situata su un colle (*hilltop*) come tante altre città umbre. È una città antica dove è possibile ammirare monumenti etruschi, medievali e rinascimentali. A Perugia c'è anche l'Università per Stranieri, dove arrivano studenti da tutti i Paesi del mondo per studiare l'italiano. Ogni anno nel mese di giugno, a Perugia, c'è un'importante manifestazione di Jazz, Umbria Jazz, che dura dieci giorni.

Presentation: Start by introducing new vocabulary and recycling holiday and family traditions vocabulary from Capitoli 5 and 9. Ask students: **Quali sono alcune feste e avvenimenti importanti che si festeggiano in famiglia? Come si festeggiano? Cosa si fa?** etc. Next, have students look at the illustrations and explain: **Ecco alcuni avvenimenti importanti nella vita di Raffaella.** Ask students to imagine in what years the events depicted took place.

Percorso I 🦋 trecentocinque **305**

PERCORSO I
AVVENIMENTI IMPORTANTI

Vocabolario: Cosa è successo?

Gli avvenimenti importanti nella vita di Raffaella

Sono nata il 5 agosto. Quel giorno faceva un caldo insopportabile. I miei genitori erano molto felici.

Mi sono diplomata nel 1999. Avevo 19 anni. Io ed i miei amici eravamo molto contenti.

Io e Nando ci siamo conosciuti il 14 febbraio. Avevamo 25 anni. Ci siamo innamorati subito e poco dopo ci siamo fidanzati.

Expansion: Ask students personalized questions based on the events in the illustrations and gradually introduce verbs to talk about relationships: **Quando sei nato/a? Dove? Quanti anni avevano i tuoi genitori? Dove vivevano? Quando si sono conosciuti i tuoi genitori? Dove? Come? Si sono frequentati per molto tempo? Quando si sono sposati? Quanti anni avevano quando si sono sposati?** etc. Write a few responses on the board. You may wish to explain briefly that reciprocal actions are expressed with the plural forms of reflexive pronouns—**ci, vi, si**—and the first-, second-, and third-person plural forms of verbs. Mention that, like reflexive verbs, reciprocals are conjugated with **essere** in compound tenses.

Per parlare di avvenimenti importanti

laurearsi* *to graduate from college*
prendere la patente *to get one's driver's license*
sentirsi* *to feel*

Per descrivere i rapporti fra le persone

amarsi* *to love (each other)*
abbracciarsi* *to hug (each other)*
baciarsi* *to kiss (each other)*
il bacio *kiss*
conoscersi (*p.p.* conosciuto)*
 to meet, to know (each other)
divorziare *to divorce*

fidanzarsi* *to get engaged*
il fidanzato/la fidanzata *fiancé(e)*
frequentarsi* *to go out together*
incontrarsi* *to meet, to see (each other)*
innamorarsi* **di** *to fall in love with*
lasciarsi* *to break up (with each other)*
il mio ragazzo/la mia ragazza
 my boyfriend/girlfriend
odiarsi* *to hate (each other)*
stare insieme *to go out with*
vedersi (*p.p.* visto)* *to see each other*
volersi* **bene** *to like (each other)/to love (each other)*

Mi sono sposata il 24 luglio. Portavo un bel vestito bianco. È stato il giorno più bello della mia vita! Io e Nando eravamo proprio innamorati.

Then, ask simple questions to help students invent a story about each illustration, using the **passato prossimo** and the **imperfetto**: **Quando è nata Raffaella? Che giorno era? Che tempo faceva? Come si sentivano i suoi genitori? Immaginiamo come hanno festeggiato l'avvenimento e che cosa hanno fatto.** Gradually let students take over the story-telling. Point out that the **imperfetto** sets the stage, by describing people, places, feelings, etc.; the passato prossimo relates specific events. Gradually introduce new vocabulary and provide any additional vocabulary students may require.

Suggestion: Practice narrating in the past by having the class compose a story. Write the first sentence on the board and then have each student add one or two phrases. Write students' sentences on the board. Encourage them to use new vocabulary such as **così, mentre,** etc. Revise and edit the story together; or have students copy the story and revise and edit it at home or in class in small groups. Remind them to use direct- and indirect-object pronouns to avoid repeating people and things already mentioned.

Suggestion: As a follow-up activity, and to reinforce relationship vocabulary, prepare index cards with the names of well-known couples on the contemporary scene or characters from popular TV shows. Divide students in small groups and give each group a different index card and have them reconstruct the story of the relationship between two or more of the characters. Have them narrate their stories to the class without mentioning the name of the characters or the show. The class has to guess who each group is talking about.

Suggestion: Have students bring photos of special family occasions and/or holidays to class. Have individuals describe their photo to the class or randomly distribute photos and have groups reconstruct the event depicted.

Per descrivere gli avvenimenti

favoloso/a *fabulous*
indimenticabile *unforgettable*
orribile *horrible*
meraviglioso/a *marvelous*
rilassante *relaxing*
romantico/a *romantic*
stressante *stressful*

Espressioni

ad un tratto *suddenly*
così *so, thus*
infatti *in fact, as a matter of fact*
mentre *while*
purtroppo *unfortunately*
quindi *so, therefore*

2 **10.1 I rapporti (*Relationships*).** Scrivete tutte le parole che associate con i rapporti fra le persone. Poi decidete insieme quali sono positive e quali negative. Paragonate la vostra lista con quella degli altri studenti.

2 **10.2 In quale ordine?** Metti gli avvenimenti seguenti in ordine. Poi paragona la tua lista con quella di un compagno/una compagna. Avete lo stesso ordine?

a. _____ sposarsi	**g.** _____ innamorarsi
b. _____ diplomarsi	**h.** _____ conoscersi
c. _____ frequentarsi	**i.** _____ volersi bene
d. _____ laurearsi	**l.** _____ fidanzarsi
e. _____ nascere	**m.** _____ lasciarsi
f. _____ divorziare	**n.** _____ amarsi

Answers: 10.1
Answers will vary. Some possibilities:
Rapporti positivi: Rapporti negativi:
incontrarsi   lasciarsi
amarsi   odiarsi
abbracciarsi   divorziare
baciarsi
frequentarsi
volersi bene
fidanzarsi
sposarsi
il bacio
il fidanzato/la fidanzata
il mio ragazzo/la mia ragazza

10.3 I contrari. Indica l'opposto delle seguenti parole ed espressioni.

1. sposarsi
2. odiarsi
3. incontrarsi
4. orribile
5. rilassante
6. favoloso

Answers: 10.3
Answers will vary. Some possibilities:
1. sposarsi   divorziare
2. odiarsi   volersi bene
3. incontrarsi   lasciarsi
4. orribile   meraviglioso/a
5. rilassante   stressante
6. favoloso   orribile

Answers: 10.4
1. si laurea
2. divorziare
3. prendono la patente
4. *Answers will vary. Some possibilities:* si frequentano, si fidanzano
5. *Answers will vary. Some possibilities:* si baciano, si abbracciano

10.4 Cosa fanno? Completa le frasi e indica cosa fanno queste persone.

1. Quando un ragazzo finisce gli studi all'università si dice che _____.

2. Due persone sposate che non si vogliono più bene e litigano sempre possono _____.

3. Molti ragazzi giovani _____ per guidare anche da soli.

4. Prima di sposarsi, molte persone _____ e poi _____.

5. Due persone che si amano _____ e _____ spesso.

Paolo **voleva** sposarsi quest'anno, ma non **ha potuto**.	*Paolo wanted to get married this year, but he wasn't able to.*
Paolo **ha voluto** sposarsi quest'anno.	*Paolo wanted to get married this year (and he did).*
Dovevo laurearmi quest'anno, ma **ho voluto** aspettare.	*I was supposed to graduate this year, but I wanted to wait (and I did).*
Ho dovuto laurearmi quest'anno.	*I had to graduate this year.*

- **Sapere** and **conoscere** also have different meanings when used in the **imperfetto** and **passato prossimo**. In the **imperfetto**, they are equivalent to the English *to know something or someone* or *to be familiar with a place or concept*. When used in the **passato prossimo**, they express *to find out* and *to meet someone*, respectively.

Conosceva Giuliano molto bene.	*She knew Giuliano very well.*
Sapeva tutto di lui.	*She knew everything about him.*
Ho conosciuto Giuliano nel 2000.	*I met Giuliano in the year 2000.*
Ho saputo che lui e Marisa si sono lasciati.	*I found out that he and Marisa have broken up.*

10.7 Che bella giornata! Roberto ti parla del matrimonio di sua sorella. Completa le frasi scegliendo tra il passato prossimo e l'imperfetto.

Il 3 luglio mia sorella (1. si è sposata/si sposava). (2. È stata/Era) una bella giornata d'estate. (3. Ha fatto/Faceva) caldo. Mia sorella (4. è stata/era) molto felice. (5. Ha portato/Portava) un bel vestito bianco. (6. L'ha accompagnata/L'accompagnava) all'altare mio padre. I parenti (7. le hanno fatto/le facevano) molti regali. Luisa, una sua amica (8. è arrivata/arrivava) molto in ritardo. Luisa (9. è venuta/veniva) in chiesa mentre gli sposi (10. sono usciti/uscivano). Al ricevimento (11. ci siamo divertiti/ci divertivamo). (12. Abbiamo ballato/Ballavamo) tutta la notte.

10.8 Ho sognato che. . . Immagina di raccontare un sogno ad un amico/un'amica. Cambia i verbi al passato prossimo e all'imperfetto.

Sono ad una festa. **Ho** vent'anni. **Sono** elegantissima e tutti **mi guardano**. **Porto** un bel vestito. Ad un certo punto **arriva** un giovane bellissimo. **È** un famoso attore del cinema. Improvvisamente **mi guarda** e **mi invita** a ballare. **Balliamo** tutta la sera. Dopo **mi accompagna** a casa e **mi abbraccia**. La serata **è** bellissima, non **fa** né freddo né caldo e **c'è** una bell'aria fresca. Insomma, l'atmosfera **è** perfetta ed io **sono** felicissima. Ad un tratto però **mi sveglio** mentre mia madre **mi chiama** e **mi porta** il caffè.

10.9 Una storia d'amore. Completa la storia di Paolo e Luisa con l'imperfetto o il passato prossimo.

Luisa (1) _____ (avere) diciotto anni e (2) _____ (frequentare) il liceo. Io (3) _____ (essere) più grande di lei e (4) _____ (lavorare) già. Luisa (5) _____ (abitare) in una casa vicino alla nostra e ogni giorno io la (6) _____ (vedere)

Answers: 10.7

1. si è sposata	7. le hanno fatto
2. Era	8. è arrivata
3. Faceva	9. è venuta
4. era	10. uscivano
5. Portava	11. ci siamo divertiti
6. L'ha accompagnata	12. Abbiamo ballato

Answers: 10.8
Ero a una festa. **Avevo** vent'anni. **Ero** elegantissima e tutti **mi guardavano**. **Portavo** un bel vestito. Ad un certo punto **è arrivato** un giovane bellissimo. **Era** un famoso attore del cinema. Improvvisamente **mi ha guardato** e **mi ha invitato** a ballare. **Abbiamo ballato** tutta la sera. Dopo **mi ha accompagnato** a casa e **mi ha abbracciato**. La serata **era** bellissima, non **faceva** né freddo né caldo e **c'era** una bell'aria fresca. Insomma, l'atmosfera **era** perfetta e io **ero** felicissima. Ad un tratto però **mi sono svegliata** mentre mia madre **mi chiamava** e **mi portava** il caffè.

Answers: 10.9

1. aveva	11. ha chiamato
2. frequentava	12. ha invitato
3. ero	13. ero
4. lavoravo	14. sono andato
5. abitava	15. mi sono divertito
6. vedevo	16. abbiamo parlato
7. andava	17. ho baciata
8. piaceva	18. ci siamo abbracciati
9. avevo	19. siamo stati
10. usciva	20. ci siamo sposati

mentre (7) _____ (andare) a scuola. Mi (8) _____ (piacere) molto, ma io (9) _____ (avere) paura di parlarle. Un giorno mentre io (10) _____ (uscire) di casa con alcuni amici, lei mi (11) _____ (chiamare) e mi (12) _____ (invitare) ad una festa a casa sua. Io (13) _____ (essere) molto felice. Quel sabato io (14) _____ (andare) alla festa e (15) _____ (divertirsi) tanto. Luisa ed io (16) _____ (parlare) tutta la notte e ad un certo punto io l' (17) _____ (baciare) e poi noi (18) _____ (ab-bracciarsi). Dopo quella sera noi (19) _____ (stare) insieme per quattro anni. Poi (20) _____ (sposarsi).

10.10 Cosa è successo? Completa le seguenti frasi in modo logico.

1. Avevo 18 anni quando. . .
2. Gianni e Paola parlavano mentre. . .
3. Luisa e Giulio litigavano quando. . .
4. Io e Giulio studiavamo all'università quando. . .
5. Rosalba ha conosciuto Beppe mentre. . .
6. Io mi sono laureato/a quando. . .

Azioni reciproche

In Italian, reciprocal actions, such as *we call each other, you see one another, they write to each other,* are expressed with the plural reflexive pronouns **ci, vi, si** and the plural forms of the verb.

Io e Maria **ci vogliamo** bene.	*Maria and I love each other.*
Tu e Fabio **vi frequentate** da molto tempo.	*You and Fabio have been going out together for a long time.*
Luigi e Enzo **si conoscono** da due anni.	*Luigi and Enzo have known each other for two years.*

Like reflexive verbs, verbs that indicate reciprocal actions are conjugated with **essere** in the **passato prossimo** and the past participle agrees with the subject.

Io e Mara **ci siamo lasciati**.	*Mara and I broke up (with each other).*
Marisa e Giovanni **si sono innamorati**.	*Marisa and Giovanni fell in love (with one another).*
Carla e Giovanna non **si sono** più **viste** dopo il liceo.	*Carla and Giovanna never saw each other again after high school.*

10.11 Chi? Indica chi fa le seguenti azioni. Abbina il soggetto della colonna A alle attività della colonna B.

A
1. Tu e Mario
2. Giulio e Jason
3. Io e Carlo

B
a. Si scrivevano spesso.
b. Vi incontravate ogni mattina.
c. Si aiutano sempre.
d. Si sono visti ieri sera.
e. Ci capiamo.
f. Vi telefonate ogni sera.
g. Ci vogliamo bene.
h. Vi frequentate da un anno.
i. Ci siamo conosciuti a una festa.
l. Si telefonano qualche volta.
m. Non si sono mai incontrati.

10.12 L'amicizia. Spiega che cosa fanno insieme le seguenti persone. Completa le frasi con il presente del verbo.

1. Andrea e Cecilia _____ (conoscersi) da cinque anni. Ogni mattina loro _____ (incontrarsi) davanti alla biblioteca. _____ (salutarsi) e _____ (parlarsi) per un po'.

2. Giovanna e Paola non _____ (vedersi) spesso, però _____ (telefonarsi) ogni sera.

3. Io e Luisa _____ (parlarsi) raramente perché abitiamo molto lontano. Però noi _____ (scriversi) spesso. Ogni volta che _____ (vedersi), _____ (abbracciarsi) e _____ (baciarsi) sulle guance (*on the cheeks*).

4. E tu ed i tuoi amici? _____ (vedersi) spesso? _____ (scriversi) qualche volta? Dove _____ (incontrarsi) la sera?

10.13 Una storia d'amore. Completa la storia di Franco e Caterina con il passato prossimo.

Io e Caterina (1) _____ (conoscersi) a una festa nel 2001. Noi (2) _____ (innamorarsi) e (3) _____ (frequentarsi) per un paio d'anni. (4) _____ (volersi) bene e (5) _____ (stare) insieme fino all'anno scorso quando (6) _____ (lasciarsi), perché Caterina si era innamorata di un altro uomo.

10.14 I rapporti. Usa i verbi elencati per descrivere i rapporti fra le seguenti persone. Cosa fanno spesso? Cosa non fanno mai?

aiutarsi	capirsi	scriversi	telefonarsi	vedersi
incontrarsi	volersi bene	odiarsi	frequentarsi	

a. due fidanzati

b. tu e il tuo migliore amico

c. io e gli studenti della classe d'italiano

d. due fidanzati che si sono lasciati

Scambi

G **10.15 Vi conoscete bene?** Trova due o tre compagni/compagne che fanno le seguenti cose fuori dalla scuola. Scopri anche con quale frequenza le fanno. Scrivi le risposte sul quaderno e assegna: **2 punti per «spesso», 1 punto per «qualche volta», 0 per «mai».** Alla fine controlla la tabella del punteggio e decidi se i compagni si conoscono bene.

Attività	Nome	Spesso	Qualche volta	Mai
telefonarsi				
frequentarsi				
parlarsi				
aiutarsi				
vedersi				
scriversi				
incontrarsi				
salutarsi				

Punteggio:

Da 14 a 10: Siete cari amici

Da 9 a 6: Vi conoscete bene

Da 5 a 1: Cominciate a conoscervi

0: Non vi conoscete affatto

Suggestion: Have students tell their stories to the class. The class can decide which is the funniest, the saddest, or the happiest story. Or as homework, have students write and edit their stories. The next day, pairs can exchange stories and edit their classmates' work. Remind them to focus on the correct formation and usage of the **passato prossimo** and the **imperfetto**.

2 **10.16 Un incontro indimenticabile (*unforgettable*).** Usate i seguenti verbi per raccontare una storia d'amore al passato.

sposarsi	frequentarsi	vedersi	amarsi
litigare	innamorarsi	abbracciarsi	conoscersi
divorziare	fidanzarsi	baciarsi	lasciarsi

Script for **10.17 Chi?**

a. Rita and Sandra
Rita: Vi siete visti ieri sera?
Sandra: No, ma ci siamo sentiti per telefono. Era di cattivo umore e non aveva molta voglia di parlare. Ci siamo delti poche parole. Secondo me, c'è un'altra.
Rita: Ma che dici! State insieme ormai da tanto tempo! Probabilmente era stanco.
Sandra: No, ultimamente ci vediamo e ci parliamo così poco. C'è proprio qualcosa che non va.

b. Signora Bellini and Signora Testa
Signora Bellini: Non vanno d'accordo per niente. Si detestano. Non so più cosa fare.

10.17 Chi? Alcune persone parlano con altre dei loro rapporti. Ascolta le conversazioni due volte e indica di cosa discutono.

1. _____ un'amicizia d'infanzia.

2. _____ una coppia che ha dei problemi.

3. _____ due amiche che non vanno più d'accordo.

10.18 Avvenimenti importanti. Su un foglio di carta, scrivi quattro avvenimenti importanti nella tua vita e la data di ognuno. Poi intervista due compagni e scopri due avvenimenti importanti nella loro vita. Completa la scheda con i particolari.

Nome	1.	2.
Cos'è successo?		
Quando è successo?		
Dov'è successo?		
Com'è successo?		
Descrivi la scena e le persone.		
Come ti sentivi?		

Signora Testa: Eppure dovrebbero volersi bene. Hanno la stessa età. Che peccato! Una volta erano come sorelle. Facevano tutto insieme. Chissà cosa è successo.

c. Signor Verdi
Signor Verdi: Sì, da bambini giocavamo a calcio davanti a casa mia tutti i giorni. A volte, invece di andare a scuola andavamo allo stadio a guardare la partita. A quei tempi io facevo il tifo per la Juventus e lui per il Torino. Litigavamo sempre ma nonostante ciò ci volevamo un gran bene. Adesso ci vediamo raramente. Abitiamo in città diverse.

Answers: 10.17
  1. c
  2. a
  3. b

10.19 La prima volta! Intervista un compagno/una compagna. Domanda quando ha fatto le seguenti esperienze la prima volta. Scopri anche i particolari.

1. il primo appuntamento con un ragazzo/una ragazza

2. il primo amore

3. la prima macchina

4. la prima volta che ha marinato la scuola

5. la prima volta che ha incontrato il suo migliore (*best*) amico/la sua migliore amica

6. il primo giorno di scuola

Suggestion: Before assigning **10.19**, brainstorm with students some of the questions that they might want to ask: **Quando? Dove? Com'era? Cosa è successo? Come ti sentivi?** etc.

Expansion: You can give closure to **10.18** by having random students choose one important event in their partner's lives and use their notes to describe it to the class.

Or you can have students write about an episode as homework. Before assigning the written activity, brainstorm some of the important details that they might want to include: **Quando è successo? Dove? Che tempo faceva? Chi c'era?** etc. Encourage them to use: **infatti, così, mentre,** etc.

The next day, you might have students exchange papers and edit each other's work at home or in class, paying close attention to the correct usage of the **imperfetto** and the **passato prossimo**. If time permits, have students share their written stories with the class.

PERCORSO II
RICORDI BELLI E BRUTTI

Vocabolario: Hai ricordi belli o brutti?

Una volta Paolo ha vinto una gara.

Quando avevo tredici anni ho vinto una gara di corsa. Ho ancora a casa la medaglia d'oro **che** mi hanno dato. È stato un momento indimenticabile!

Una volta Paolo ha avuto un incidente automobilistico.

Quando avevo diciotto anni ho avuto un incidente stradale. Una macchina mi ha investito. La macchina **che** guidavo non era mia, ma di un mio amico.

Una volta Paolo si è rotto la gamba.

Un giorno sono andato a sciare. Gli amici **con cui** sono andato erano sciatori bravissimi. Io invece non sapevo sciare per niente e tutto d'un tratto sono caduto. Mi sono fatto male al braccio e mi sono rotto una gamba **che** mi hanno dovuto ingessare.

Presentation: Have students look at each illustration and help them understand new vocabulary by asking yes/no questions or questions that only require a one-word answer: **Che cosa ha fatto Paolo quando aveva tredici anni? Che cosa ha vinto? Dov'è la medaglia che ha vinto?** Gradually personalize questions, based on the situations shown in the illustrations and continue introducing new vocabulary: **Chi ha vinto una gara? Che tipo di gara hai vinto? Che premio ti hanno dato? Dov'è adesso il premio che ti hanno dato? Qualcun altro ha partecipato qualche volta a una competizione sportiva o scolastica? Chi ha avuto un incidente stradale?** etc. Help students narrate their personal experiences by providing any new vocabulary that they may request.

Expansion: At this point, you may choose to draw students' attention to the use of **che** and **cui** in the illustration captions. Briefly explain that relative pronouns are used to connect two or more short phrases. Mention that **cui** must be used after a preposition and that **che** is never used with a preposition.

Per parlare di infortuni (*accidents*)

ammalarsi* *to get sick*
cadere (*p.p.* caduto)* *to fall*
farsi* male al braccio/alla gamba/alla mano/al piede/alla testa *to hurt one's arm/leg/hand/foot/head*
perdersi* in un grande magazzino *to get lost in a department store*
il pronto soccorso *emergency room*
rompere (*p.p.* rotto); rompersi* il braccio/la gamba *to break; to break one's arm/leg*

slogarsi* la caviglia/il polso *to sprain one's ankle/wrist*
soffrire (*p.p.* sofferto) *to suffer*

Per parlare di gare e competizioni

la medaglia d'argento/d'oro *silver/gold medal*
partecipare (a) *to participate, to compete*
il premio *prize*

Esclamazioni ed espressioni

Beato/a te! *Lucky you!*
Che fortuna! *What luck! How lucky!*
Figurati! *You bet! Not at all! Not on your life!*
improvvisamente *suddenly*
Ma dai!/Ma va! *No way!*

poverino/a *poor thing*
Su! Dai! *Come on! Go on!*
tutto d'un tratto *suddenly/all of a sudden*

10.20 Ricordi belli e brutti. Scrivi tutti i termini della lista precedente che associ con ricordi brutti e con ricordi belli.

10.21 Associazioni! Che eventi associ con questi oggetti?

1. una medaglia d'oro
2. il pronto soccorso
3. una macchina
4. un premio

10.22 Cosa diresti (*What would you say*)? Leggi le seguenti situazioni e decidi quali espressioni usare per dimostrare il tuo interesse e la tua partecipazione.

1. La tua migliore amica ha deciso di sposarsi con un ragazzo che ha conosciuto soltanto pochi giorni fa.

2. Il tuo ragazzo/la tua ragazza non ha voglia di uscire stasera.

3. Un'amica ti chiede se hai intenzione di uscire con un ragazzo/una ragazza che hai appena conosciuto.

4. Sei ad una partita di calcio in cui gioca un tuo caro amico/una tua cara amica.

5. Un caro amico ti parla di un suo problema molto grave.

6. Tua sorella torna a casa felice e racconta che un ragazzo che le piace molto le ha chiesto di uscire con lui.

Così si dice: Mi è successo...

To express the Italian equivalent of *it happened to me/to you/to him/to her,* you can use **Mi è successo/Ti è successo/Gli è successo/Le è successo.** For example: **Cosa gli è successo? Si è fatto male alla mano.** *What happened to him? He hurt his hand.*

Suggestion: Pair students and have them practice reading the dialogue. Circulate around the room and help them with pronunciation. If time permits, ask for volunteers to read the dialogue to the class. Or you may choose to use the dialogue as a listening-comprehension activity to be covered in class or at home.

In contesto: Non tutti i mali vengono per nuocere

Davanti alla biblioteca di facoltà Gianna incontra Simonetta, che ha un piede ingessato.

GIANNA: Simonetta, cosa ti è successo?

SIMONETTA: Lascia perdere!° È una lunga storia!

Forget it!

GIANNA: Dai! Dimmi! Cosa ti sei fatta?

SIMONETTA: Niente. Sono caduta e mi sono fatta male al piede.

GIANNA: Ma va! Com'è successo?

SIMONETTA: L'altro giorno avevo un esame di matematica e volevo arrivare a scuola presto, così ho preso la macchina di mia sorella. Sai, la macchina che è sempre dal meccanico! Si è rotta proprio mentre andavo a scuola!

GIANNA: E allora cosa hai fatto?

SIMONETTA: Cosa potevo fare? Ero disperata. Ma, improvvisamente, è apparso° Claudio che mi ha offerto un passaggio° in motorino. Figurati se io non accettavo!

appeared
ride

GIANNA: Claudio? Beata te! Però, ancora non mi hai detto come ti sei fatta male al piede.

SIMONETTA: Aspetta! Ero nervosa per il fatto che ero con Claudio, per cui non ho fatto attenzione e sono caduta mentre montavo° sul motorino!

I was getting on

Suggestion: Reinforce expressions such as **Dai!**, **Ma va!** etc., by reading the dialogue out loud with a student volunteer. Then based on the context, ask students what they think **Non tutti i mali vengono per nuocere** means.

GIANNA: Poverina, come mi dispiace! E magari non hai neanche potuto dare l'esame che avevi quel giorno.

SIMONETTA: Veramente l'esame l'ho dato e ho anche preso un bel voto! Non solo, ma Claudio mi ha chiesto di uscire sabato sera!

misfortunes
to harm

GIANNA: Che fortuna! Allora è proprio vero che non tutti i mali° vengono per nuocere°!

Answers: 10.23
Answers will vary. Some possibilities:
Episodi piacevoli:
Claudio le ha offerto un passaggio.
Ha dato l'esame e ha preso un bel voto.
Claudio l'ha invitata ad uscire con lui.

Episodi spiacevoli:
Si è rotta la macchina della sorella mentre andava a scuola.
È caduta dal motorino.
Si è fatta male al piede.

10.23 Poteva andar peggio (*It could have been worse*)! Elencate tutte le cose che sono successe a Simonetta e decidete quali sono stati gli episodi piacevoli e quali spiacevoli. Secondo voi, nel caso di Simonetta, è vero che «non tutti i mali vengono per nuocere»? Perché?

Suggestion: You can use the questions in *Occhio alla Lingua!* to present inductively, summarize, and/or review relative pronouns.

Occhio alla lingua!

1. Look at the words **che** and **cui**, which appear in boldface type in the descriptions of the scenes on p. 314. What do **che** and **cui** refer to in the sentences?

2. What kinds of words immediately precede **che** and **cui**?

3. Can you figure out what words the pronouns **che** and **cui** refer to in each sentence?

4. Reread the *In contesto* conversation and underline **che** and circle **cui**. How and when are they used?

Grammatica

I pronomi relativi *che* e *cui*

Relative pronouns are used to link two or more clauses together. Unlike in English, in Italian, relative pronouns can never be omitted.

Dov'è la medaglia **che** hai vinto?	*Where's the medal (that) you won?*
Il medico **che** lavora al pronto soccorso è molto simpatico.	*The doctor who works in the emergency room is very nice.*

Suggestion: You can choose to keep your grammar explanations to a minimum and assign as homework the *Grammatica* and the related exercises.

1. The relative pronoun **che** (*who, whom, that, which*) replaces the subject or direct-object of a clause, that is, the person or thing doing or receiving the action of the verb.

Ecco la ragazza **che** si è rotta il braccio.	*Here's the girl who broke her arm.*
Dov'è il premio **che** ti hanno dato?	*Where's the prize (that) they gave you?*

2. The relative pronoun **cui** (*whom, which*) replaces the object of a preposition.

L'ospedale **in cui** mi hanno portato è qui vicino.	*The hospital to which they brought me is close by.*
Ho perso la gara **per cui** mi sono tanto allenata.	*I lost the race (for which) I trained so much.*
Il ragazzo **a cui** hanno dato la medaglia d'oro era molto felice.	*The boy to whom they gave the gold medal was very happy.*

Remember:

Never use **che** after a preposition. **Che** and **cui** can refer to people or to things, and both are invariable.

10.24 Ti ricordi? Alcuni amici si ritrovano ad una cena fra compagni di liceo dieci anni dopo e ricordano persone, avvenimenti e cose del passato. Completa le frasi con il pronome relativo **che** o **cui**.

1. —Ti ricordi la professoressa di storia dell'arte _____ si arrabbiava sempre?
   —Ah, sì! Quella signora _____ portava sempre un vestito rosso, vero?

2. —Ti ricordi i panini _____ Luisa mangiava per la ricreazione?
   —Certo! Quei panini orribili _____ comprava davanti alla scuola.

3. —Ti ricordi l'aula in _____ dovevamo andare per la lezione di fisica?
   —Come no! Quell'aula vecchia con una sola finestra da _____ non entrava luce.

4. —Come si chiamava la ragazza di _____ si è innamorato Gino in seconda liceo?
   —La ragazza _____ era antipatica a tutti? Luisa, credo.

5. —E il ragazzo con _____ tu non sei mai voluta uscire?
   —Quel ragazzo con i capelli lunghi e lisci?
   —No, il ragazzo a _____ una volta hai prestato il motorino.
   —Già, Mario! E ha avuto un incidente proprio con il motorino _____ gli avevo prestato!

Answers: 10.24
1. che, che
2. che, che
3. cui, cui
4. cui, che
5. cui, cui, che

10.25 Ricordi di gare e competizioni. Due amici ricordano episodi passati. Usa **che** o **cui** per unire le seguenti brevi frasi.

ESEMPIO: Il medico ha ingessato la gamba. Mi sono rotto/a la gamba durante la corsa di biciclette.
Il medico ha ingessato la gamba che mi sono rotto/a durante la corsa di biciclette.

1. Ho vinto la competizione. Non volevo partecipare a quella competizione.
2. La palestra era brutta e vecchia. Noi ci allenavamo in quella palestra.
3. Dov'è il pallone? Noi abbiamo vinto la partita con quel pallone.
4. La sua squadra vinceva sempre. Facevo il tifo per la sua squadra.
5. Era una medaglia d'argento. Ho vinto una medaglia.
6. Questo è il braccio. Mi sono rotto il braccio.

Scambi

10.26 Ricordi belli e brutti. Continuate a scrivere questa semplice poesia di un amore finito male, usando i pronomi **che** e **cui**. Poi leggete la vostra poesia alla classe. La classe decide chi ha scritto la poesia più divertente, più originale o più triste.

> La stanza in cui ci siamo conosciuti
>
> I fiori che ti ho comprato
>
> Le parole che ci siamo dette
>
> La bottiglia da cui abbiamo bevuto . . .

10.27 Ricordi d'adolescenza. Una donna parla di alcuni ricordi della sua adolescenza. Ascolta due volte quello che racconta e poi indica quali delle seguenti affermazioni sono vere (V) e quali false (F).

1. La donna ha solo brutti ricordi della sua adolescenza.
2. I suoi genitori hanno divorziato quando lei era piccola.
3. Quando era giovane aveva delle care amiche.
4. Il suo primo bacio è stato molto bello.

G **10.28 Ti è mai successo?** Per ogni situazione, trova almeno un compagno/una compagna a cui è successo qualcosa di simile. Scopri anche i particolari.

ESEMPIO: S1: Hai mai avuto un incidente stradale?
S2: Sì, una volta.
S1: Quando? Cosa è successo? Di chi era la macchina che guidavi? Che cosa hai fatto? Come ti senti? . . .

1. avere un incidente stradale
2. vincere una gara o un premio
3. cadere e farsi male
4. incontrare l'anima gemella (*soulmate*)
5. perdersi
6. rompere o perdere qualcosa di prezioso
7. slogarsi la caviglia

10.29 Giovanna Melandri. In un'intervista con *Vanity Fair*, Giovanna Melandri, ministro per i Beni e le Attività Culturali dal 1998 al 2001, parla dei suoi ricordi di scuola. Leggi il brano (*passage*) e poi trova informazioni nel testo per giustificare le affermazioni che seguono.

Quale è stato il debutto sociale di Giovanna Melandri?

«È avvenuto piuttosto tardi. All'asilo non sono andata. Mia madre ha tentato di portarmici, ma io non lo sopportavo[1] proprio. Ho fatto delle cose, per dimostrare con efficacia il mio dissenso...»

Che cosa?

«Morsicavo[2] le maestre dell'asilo».

Mica male[3]...

«Avevo deciso che il mio percorso scolastico sarebbe iniziato[4] con le elementari[5]».

È stato un inizio felice?

«Sì. È avvenuto a Rimini. A cinque anni ho vissuto un po' lì, da una zia paterna. Io sono nata a gennaio...».

Quindi Capricorno...

«No, Acquario: il 28 gennaio. Comunque, le stavo dicendo... Mia mamma non stava molto bene e mi sono trasferita a Rimini, dalla zia, a cui ero molto affezionata. Ho iniziato la scuola un anno prima. E quella è stata una situazione di un certo privilegio, per me».

Perché?

«Perché mia zia era la preside della scuola. Ricordo questo grosso stabile di provincia, dove c'era la mia scuola, e poi ricordo bene la maestra, aveva un buon profumo e mi voleva bene. Ero felice. I problemi sono incominciati alle medie. Soffrivo come un cane».

Come mai[6]?

«Sono nata a New York. Mio padre faceva il giornalista, lo avevano trasferito lì e lì sono nata. Per questo motivo ho fatto le medie in una scuola inglese, a Roma. Tutte le lezioni erano in lingua, e io all'inizio non ci capivo niente. Mi sentivo molto sola. Ma c'è stata una svolta[7].

Che cosa è accaduto[8]?

«Dopo qualche mese sono stata "adottata" da due compagne, tutte e due italo-americane con una buona conoscenza dell'inglese. Mi hanno salvato[9] da una desolazione totale».

1. couldn't stand it   2. I bit   3. Not bad at all   4. would begin   5. elementary school
6. How come?   7. a turning point   8. What happened?   9. saved

1. A Giovanna non piaceva molto l'asilo.

2. Ha bei ricordi delle elementari.

3. La scuola media è stata un po' difficile, ma non impossibile.

o sai che? La scuola e lo sport

La squadra nazionale

Gli studenti universitari in Italia non hanno la possibilità di partecipare ad uno sport in connessione con la scuola. Le università italiane infatti non hanno nessuna organizzazione per gli sport. I giovani che vogliono praticare qualsiasi tipo di attività sportiva possono farlo soltanto in associazioni sportive indipendenti dalla scuola. Il **Coni** (**C**omitato **O**limpico **N**azionale **I**taliano) rappresenta tutte le discipline sportive e per il calcio esiste la **F.I.G.C.** (**F**ederazione **I**taliana **G**ioco del **C**alcio). Ci sono anche enti o organizzazioni locali che contribuiscono alla promozione di vari sport. Tutto ciò è molto diverso da quei Paesi, come gli Stati Uniti, in cui il reclutamento dei giovani per le squadre sportive delle università è un avvenimento di grande importanza.

10.30 La scuola e lo sport. Indica se le seguenti affermazioni sono vere (V) o false (F).

1. Lo sport ha un ruolo importante nella vita universitaria italiana.

2. Ogni università italiana ha una squadra di calcio.

3. In Italia lo sport si pratica soprattutto attraverso associazioni sportive.

4. In Italia le persone che praticano uno sport possono ricevere borse di studio (*scholarships*) per andare all'università.

 10.31 Lo sport a scuola. Discutete cosa sapete adesso della scuola italiana riguardo alle attività sportive. Decidete le maggiori differenze con la vostra scuola. Quali sono i vantaggi (*advantages*) e gli svantaggi (*disadvantages*) dei due sistemi?

Presentation: Introduce new vocabulary to talk about trips. Have students look at the illustrations and imagine what the two young men did. Ask yes/no questions or questions that require a one-word answer: **Dove sono andati i due ragazzi? in una banca o in un'agenzia di viaggi? Perché? Che cosa hanno fatto? Cosa hanno prenotato? Con quale linea aerea hanno viaggiato? Hanno comprato un biglietto di andata o di andata e ritorno? Hanno viaggiato in prima classe o in classe turistica? Cosa avevano fatto prima di andare all'agenzia di viaggi?** etc.

Percorso III 🌿 trecentoventuno   **321**

PERCORSO III
VIAGGI E VACANZE INDIMENTICABILI

𝒱ocabolario: Come passi le vacanze?

L'agenzia di viaggi

L'anno scorso Fabio ed Alessio sono andati in un'agenzia di viaggi per prenotare un viaggio in Calabria. Prima, però, **avevano letto** molti dépliant sulla Calabria e **avevano parlato** con alcune persone che ci **erano** già **state**.

All'aeroporto il giorno della partenza

Fabio ed Alessio sono partiti da Firenze per la Calabria il 20 luglio. I giorni precedenti **erano andati all'agenzia di viaggi, avevano prenotato il volo, avevano comprato i biglietti e avevano fatto le valigie.**

Per parlare dei programmi per le vacanze

l'aereo/l'aeroplano
  plane/airplane
andare in vacanza *to go on vacation*
il biglietto di andata/di andata e ritorno *one-way/round-trip ticket*
fare una prenotazione *to make a reservation*
fare un viaggio *to take a trip*
prenotare un albergo a una stella/a due stelle/a cinque stelle *to reserve a one star hotel/a two star hotel/a five-star hotel*
un inconveniente *a mishap*

la linea aerea *airline*
viaggiare in prima classe *to travel in first-class*
il villaggio (turistico) *resort*

Per descrivere le vacanze e i viaggi

una vacanza da sogno *a dream vacation*
eccezionale *exceptional, extraordinary*
fantastico/a *fantastic*
un incubo *a nightmare*
lussuoso/a *luxurious*
stupendo/a *wonderful*

Expansion: Recycle seasonal and leisure activities from Capitoli 4 and 7, and continue introducing new vocabulary. Ask students: **Chi ha fatto un viaggio recentemente? Dove sei andato/a? Con chi? Vi siete divertiti? Come siete andati? In aereo? È stato un bel viaggio? Avete avuto degli inconvenienti? Che cosa avete fatto?** Write on the board the date of a student's trip and some of the things he/she did in chronological order.

Presentation: You can introduce the **trapassato prossimo,** using the trip notes on the board. Help students describe what the student had done before leaving, to prepare for the trip: **Mary è partita il 20 giugno. Che cosa aveva fatto prima di partire? Aveva comprato i biglietti? Dove li aveva comprati? Che tipo di biglietto aveva comprato? Aveva fatto le valigie? Com'era andata all'aeroporto?** etc. Write some of the responses on the board and emphasize that these actions had taken place before the trip. Briefly explain the formation of the **trapassato prossimo** of transitive and intransitive verbs. Help students compare the use of the **passato prossimo** and the **trapassato prossimo.**

Expansion: Continue recycling activities vocabulary and practicing the **trapassato prossimo,** by asking students to imagine similar situations: **Carlo ha fatto una grande festa sabato sera. Cosa aveva fatto prima della festa? Maria è andata all'opera il mese scorso. Come si era preparata per la serata?** etc. This activity can also be done in pairs or small groups, giving each group a different situation. Students can present their descriptions to the class.

10.32 Un viaggio. Indica in quale ordine fai le seguenti cose.

a. _____ comprare un biglietto di andata e ritorno

b. _____ prenotare un albergo

c. _____ fare le valigie

d. _____ telefonare all'agenzia di viaggi

e. _____ leggere i dépliant

f. _____ andare all'aeroporto

g. _____ prenotare un volo

h. _____ fare le spese

i. _____ divertirsi

Answers: 10.33
1. Si prende l'aereo.
2. Si fa la prenotazione.
3. È felice.
4. Va in un albergo a cinque stelle.
5. Si va all'agenzia di viaggi.

10.33 Cosa si fa? Indica cosa si fa di solito in queste situazioni.

1. Per andare da New York a Roma si prende l'aereo o il treno?
2. Cosa si fa prima: si compra il biglietto o si fa la prenotazione?
3. Quando una persona fa una vacanza da sogno è felice o triste?
4. Chi viaggia in prima classe, di solito va in un albergo a cinque stelle o in un albergo a due stelle?
5. Per organizzare una vacanza o un viaggio si va all'agenzia di viaggi o in un albergo?

10.34 Una vacanza da sogno? Leggi le descrizioni che seguono. Secondo te, quali aggettivi descrivono meglio le vacanze di queste persone?

1. Siamo stati in un albergo a cinque stelle.
2. Siamo partiti il 14 agosto ma i miei amici avevano dimenticato di prenotare l'albergo.
3. Siamo restati senza valigie per cinque giorni. La linea aerea le aveva perse.
4. Siamo stati in un villaggio tranquillo vicino al mare.
5. La nostra camera aveva un bel terrazzo con una magnifica vista del mare.
6. Abbiamo mangiato male e ci hanno dato una camera che dava sul parcheggio.

Così si dice: Il superlativo

• •

There are two ways to express the English idea of *extremely* or *very*. You can use **molto** + an adjective: **Questo albergo è molto bello.** *This hotel is very beautiful.* You can add **-ssimo/a/i/e** to the masculine plural form of the adjective: **Questo albergo è bellissimo.** *This hotel is extremely beautiful.*

bello → belli- → + -ssimo → **bellissimo**
lungo → lunghi- → + -ssimo → **lunghissimo**
simpatico → simpatici- → + -ssimo → **simpaticissimo**

Adjectives ending in **-ssimo**, like all others, agree in number and gender with the noun they modify.

La bimba è bellissim**a**.   *The child is very beautiful.*

Le case sono bellissim**e**.   *The houses are extremely beautiful.*

In contesto: Una vacanza indimenticabile

Alessio, che è appena tornato dalla Calabria, scrive una mail a Marisa in cui le racconta il viaggio.

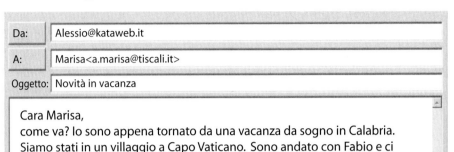

Da:	Alessio@kataweb.it
A:	Marisa<a.marisa@tiscali.it>
Oggetto:	Novità in vacanza

Cara Marisa,
come va? Io sono appena tornato da una vacanza da sogno in Calabria. Siamo stati in un villaggio a Capo Vaticano. Sono andato con Fabio e ci siamo restati due settimane. È stata un'esperienza favolosa. Mio fratello ci era stato due anni fa e gli era piaciuto moltissimo, anche se era stato in un piccolo albergo lontano dal mare.

All'inizio ci sono stati alcuni inconvenienti. Pensa, all'arrivo abbiamo scoperto che ci avevano perso le valigie! Per fortuna le hanno ritrovate poco dopo. Però poi, quando siamo arrivati al villaggio, era troppo tardi e ci hanno detto che avevano già dato la nostra camera ad altre persone e che non c'erano altre camere libere. Ovviamente ci siamo arrabbiati! Abbiamo dovuto aspettare, ma per fortuna alla fine ci hanno dato un'altra stanza. Era favolosa, con una veduta splendida del mare e della spiaggia dal balcone. La mattina facevamo colazione al bar e poi andavamo in spiaggia. Il pomeriggio ci riposavamo e poi tornavamo sulla spiaggia, facevamo vela o windsurf, oppure qualche volta andavamo a Tropea. La conosci, vero? È una città splendida vicino a Capo Vaticano. La sera andavamo in discoteca e ballavamo tutta la notte. Mio fratello poi ci aveva dato il nome di alcuni ristoranti eccezionali, quindi abbiamo anche mangiato sempre benissimo e speso poco. Che posto la Calabria! Le spiagge sono bellissime e la gente è simpaticissima. E tu, dove sei andata in vacanza? Scrivi presto!

Alessio

10.35 Il viaggio di Alessio e Fabio. Rispondete alle seguenti domande.

1. Indicate tre cose che i due ragazzi avevano fatto prima di partire per la Calabria e due cose che gli sono successe quando sono arrivati.

2. Com'era il villaggio dove sono stati?

3. Descrivete le vacanze di Alessio e Fabio. Si sono divertiti? Paragonate le vacanze dei due ragazzi e quelle del fratello di Alessio.

Occhio alla lingua!

1. Look at the photos and the captions on p. 321. When did Alessio and Fabio's trip take place? How can you tell?

2. Look at the verbs in boldface type in the captions. When did these actions take place? What do you notice about these verbs?

3. Reread Alessio's message and underline all of the verbs in a past tense. Then circle all of the verbs that express actions that took place prior to other past events. What patterns can you identify?

Grammatica

Il trapassato prossimo

Suggestion: You can choose to keep your grammar explanations to a minimum and assign as homework the *Grammatica* and the related exercises.

The **trapassato prossimo** is equivalent to the English *had* + past participle (*I had seen, I had gone*). It is used to indicate an action that occurred before another action in the past.

Il 2 giugno Carlo **è andato** a Capri. Prima di partire **aveva comprato** i biglietti e **aveva prenotato** un albergo.	*On June 2nd, Carlo went to Capri. Before he left, he had bought the tickets and had reserved a hotel.*

The **trapassato prossimo** is formed with the imperfect of **essere** or **avere** + past participle.

	prenotare	andare	vestirsi
io	avevo prenotato	ero andato/a	mi ero vestito/a
tu	avevi prenotato	eri andato/a	ti eri vestito/a
lui/lei	aveva prenotato	era andato/a	si era vestito/a
noi	avevamo prenotato	eravamo andati/e	ci eravamo vestiti/e
voi	avevate prenotato	eravate andati/e	vi eravate vestiti/e
loro	avevano prenotato	erano andati/e	si erano vestiti/e

Remember:

In compound tenses (tenses in which the verb consists of two parts, as in the **passato prossimo**), transitive verbs are conjugated with **avere**; intransitive verbs, reflexive verbs, and verbs that express reciprocal actions are conjugated with **essere**. When a verb is conjugated with **essere**, the past participle agrees in number and gender with the subject. When a verb is conjugated with **avere**, the past participle agrees with a direct-object pronoun that precedes the verb.

L'estate scorsa non **siamo andati** in vacanza perché l'estate prima **eravamo andati** a Cuba.	*Last summer we didn't go on vacation because the summer before we had gone to Cuba.*
—Perché non ha comprato i biglietti Lisa?	*—Why didn't Lisa buy the tickets?*
—Perché **li aveva** già **comprati** Giulio.	*—Because Giulio had already bought them.*

Answers: 10.36
1. Non avevo mai viaggiato da solo.
2. Non avevo mai mangiato in un ristorante messicano.
3. Non avevo mai visitato una città come Las Vegas.
4. Non mi ero mai sentito solo.
5. Non ero mai stato sulla spiaggia tutto il giorno.
6. Non mi ero mai divertito tanto.
7. Non mi ero mai perso in una città.
8. Non avevo mai visto un grattacielo.

10.36 La prima volta in America. Un amico italiano ti racconta alcune cose che non aveva mai fatto prima di venire in America.

ESEMPIO: andare in aereo
        Non ero mai andato in aereo.

1. viaggiare da solo
2. mangiare in un ristorante messicano
3. visitare una città come Las Vegas
4. sentirsi solo
5. stare sulla spiaggia tutto il giorno
6. divertirsi tanto
7. perdersi in una città
8. non vedere un grattacielo (*skyscraper*)

10.37 Ma non l'avevi già fatto? Tu e un tuo amico/una tua amica vi preparate per un viaggio. Il tuo amico ti domanda se hai fatto alcune cose. Rispondi alle domande e spiega perché non le hai fatte. Usa il trapassato e un pronome.

ESEMPIO: fare le valigie

— Hai fatto le valigie?

— Ma non le avevi già fatte tu ieri?

1. andare all'agenzia di viaggi
2. pagare i biglietti
3. prenotare un albergo
4. fare i passaporti
5. comprare delle valigie nuove
6. preparare lo zaino
7. leggere alcuni dépliant
8. controllare l'orario del volo
9. salutare gli amici
10. telefonare ai genitori

10.38 Un viaggio in Italia. Carla è stata in Italia diverse volte e ti racconta il suo ultimo viaggio. Completa il paragrafo con il trapassato prossimo, il passato prossimo o l'imperfetto.

Questa volta non (1) _____ (andare) a Firenze, perché l'(2) _____ (vedere) bene la volta precedente. Invece (3) _____ (tornare) a Roma, perché durante il mio ultimo viaggio (4) _____ (conoscere) delle persone simpaticissime e (5) _____ (volere) rivederle. Insieme (noi) (6) _____ (tornare) in una trattoria dove (noi) (7) _____ (mangiare) anche la volta precedente. Il proprietario mi (8) _____ (riconoscere) ed (9) _____ (essere) gentilissimo. Io (10) _____ (sentirsi) come a casa: tutto (11) _____ (essere) come prima.

ℒo sai che? Il turismo in Italia

L'industria turistica è una delle maggiori risorse economiche italiane. Ogni anno turisti da tutto il mondo vengono in Italia, attratti soprattutto dalle sue bellezze artistiche. Bisogna ricordare infatti che l'Italia possiede più della metà del patrimonio artistico e di importanza storica di tutto il mondo, con numerose città e monumenti riconosciuti come beni dell'umanità dall'UNESCO. I turisti sono però attratti anche dalle spiagge e dalle località di montagna che offrono tanti posti caratteristici per una bella vacanza.

Numerosissime scuole straniere poi hanno una sede in Italia, particolarmente a Firenze, Roma e Bologna. Migliaia di studenti ogni anno vengono per studiare varie materie, soprattutto la lingua italiana e la storia dell'arte. La tradizione del viaggio in Italia per ragioni educative risale (*dates back*) ai primi dell'800, quando i giovani di famiglie benestanti (*well-off*) soprattutto francesi, inglesi e tedesche, viaggiavano in Italia per approfondire (*to deepen*) la loro cultura.

10.39 Le regioni italiane. Discutete di quali regioni italiane, fra quelle che avete studiato finora, pensate di visitare. Perché?

 10.40 L'Enit. Avete l'opportunità di passare una settimana in Italia. Scegliete dove volete andare. Poi trovate informazioni utili sul sito dell'Enit (Agenzia Nazionale del Turismo)—www.enit.it—e decidete cosa volete fare esattamente. **Suggestion:** Have students compare their results with other pairs or have students share their results with the class.

Script for **10.41 Le vacanze.**

1. Luisa
Eravamo in un albergo da sogno, a 50 metri dal mare. Dal balcone della nostra camera c'era una vista stupenda. Poi non ti dico che mare! E abbiamo mangiato così bene! Certo che abbiamo speso un bel po' ma ne è valsa la pena! Ci tornerei volentieri l'anno prossimo.

2. Roberto
Insomma, diciamo che poteva andar meglio! L'albergo era molto lontano dal mare e ogni mattina dovevamo prendere la macchina per scendere in spiaggia. La camera era piccola e dalla finestra si vedeva solo il parcheggio. Il ristorante non era un gran che, ma il mare era favoloso. Certo che la sera non c'era molto da fare. Ma almeno ci siamo riposati.

3. Giovanna
Non mi posso lamentare! Abbiamo speso un bel po' ma diciamo che siamo stati bene. Oh Dio! Certo che i pasti non erano un gran che, ma il mare era bellissimo e l'albergo aveva tutti i servizi immaginabili: tennis, la piscina, il bar aperto fino a tardi ogni sera . . . Certo che l'anno scorso abbiamo speso molto meno e abbiamo mangiato benissimo. Non so se ci tornerei.

Answers: 10.41
Answers will vary. Some possibilities:
a. poteva andar peggio: 3
b. indimenticabile: 1
c. da sogno: 1
d. rilassanti: 2
e. poteva andar meglio: 2, 3

Scambi

10.41 Le vacanze. Tre persone—Luisa, Roberto e Giovanna—parlano delle loro vacanze estive. Ascolta i loro commenti due volte e indica quali delle seguenti espressioni descrivono meglio (*better*) le loro vacanze. Scrivi accanto ad ogni espressione il numero della registrazione.

_____ **a.** poteva andar peggio   _____ **d.** rilassanti

_____ **b.** indimenticabile   _____ **e.** poteva andar meglio

_____ **c.** da sogno

10.42 Una vacanza da sogno o da incubo? Intervista un compagno/una compagna e scopri se l'ultima vacanza che ha fatto è stata favolosa o un incubo.

1. Dove sei andato/a? Quando sei partito/a? Come sei andato/a?
2. Con chi hai fatto il viaggio?
3. Con quale linea aerea hai viaggiato?
4. Cosa avevi fatto prima di partire?
5. Com'era l'albergo in cui siete stati/e?
6. Vi siete divertiti/e? Avete avuto degli inconvenienti?
7. Che cosa facevate ogni giorno? e ogni sera?

Suggestion: As homework, students write a composition a their partner's vacation using notes from the interview for 10 The next day have students change papers to check if the tails are accurate. Ask studen also play close attention to the of the **imperfetto**, **passato pr mo**, and **trapassato**.

10.43 Benessere e golosità (*gluttony*). Saturnia è situata nella Maremma Toscana. Leggi l'articolo «Alberghi a Saturnia» e trova informazioni nel testo per confermare le affermazioni che seguono. Poi confronta le tue risposte con quelle di un compagno/una compagna.

1. *Terme di Saturnia Spa Resort* è il posto ideale per chi cerca relax e benessere.
2. *Terme di Saturnia Spa Resort* è il posto perfetto per chi vuole mangiare bene.

ALBERGHI A SATURNIA – Benessere e golosità

Una settimana di coccole e passeggiate mattutine guidate, esercizi di fitness, ginnastica in acqua e utilizzo delle piscine termali, hatha yoga e fit box, il tutto a un prezzo vantaggioso: è l'offerta, riservata ai lettori di *viaggiesapori*, delle «Terme di Saturnia Spa Resort», nel cuore della Maremma toscana. La promozione, perfetta per rimettersi in forma, è valida per il mese di luglio, comprende anche la sistemazione in junior suite e il trattamento di mezza pensione. Particolarmente curato l'aspetto gastronomico: tra i menu, la novità è un piatto unico denominato «Spa Cuisine», leggero e saporito che soddisfa il gusto e favorisce il contenimento calorico. Nel pacchetto è prevista anche una sosta al ristorante «Laudomia», a Montemerano, per una degustazione di prodotti tipici maremmani. La quota del soggiorno è 1154 euro a persona.

→ **Terme di Saturnia Spa Resort**
Saturnia (GR)

☎ 0564.600111,
   fax 0564.601266

Answers: 10.43
Answers will vary. Some possibilities:
1. Offre esercizi di fitness, ginnastica, yoga e fit box, oltre alle piscine termali.
2. Si può mangiare «Spa cuisine», un piatto unico leggero ma saporito. È possibile visitare il ristorante «Laudomia» per una degustazione di prodotti tipici maremmani.

10.44 Andiamo alle Terme di Saturnia Spa Resort! Hai passato una settimana alle Terme di Saturnia. Com'è stata? Una vacanza splendida oppure no? Scrivi una mail a un compagno/ una compagna e parla della tua esperienza. Usa le informazioni nell'articolo.

4. Tina pensa che le estati da bambina erano

    a. molto belle.

    b. noiose.

5. L'adolescenza di Felicita era ricca perché

    a. i genitori avevano molti soldi.

    b. lei aveva tanti amici.

6. Il concorso che si chiama *Zecchino d'oro* è

    a. una gara di canto fra bambini.

    b. una competizione fra persone famose.

7. Come ricordo del concorso di canto Felicita ha

    a. una fotografia.

    b. una medaglia.

8. Quando ha partecipato allo *Zecchino d'oro* Felicita era

    a. contenta di conoscere tante persone famose.

    b. preoccupata di cantare bene.

Dopo aver guardato

10.57 Completa le seguenti attività.

1. Cosa rivela l'espressione del viso di Chiara, Tina e Felicita quando parlano dei loro ricordi? Secondo voi, hanno ricordi felici o tristi? Perché? Avevi immaginato correttamente prima di guardare con l'audio?

2. Nella tua vita, hai avuto qualche esperienza simile a quelle che raccontano Chiara, Tina e Felicita? A turno, raccontate brevemente un episodio simile.

3. Ricostruite una conversazione con una delle persone in questo videoclip. Immaginate le domande e le risposte basandovi su quello che avete visto.

Giovani turisti americani in Piazza del Pantheon, a Roma.

Attraverso La Calabria e la Sardegna

eautiful beaches and clean, clear waters have always been favored by vacationing Italians. This is probably why Calabria and Sardegna are such popular vacation destinations. Calabria, a long, narrow, mountainous strip of land with 800 km of coastline, is almost entirely surrounded by two different seas, the Tyrrhenian and the Ionian. Sardegna, one of the largest islands in the Mediterranean, has almost 1,800 km of coastline and the most transparent water in the world. These two regions are sought out not only for their natural beauty and geographical position, but also for their fascinating history and ancient cultural traditions. The cuisine in these two regions is also unique.

Testa del Filosofo, V sec. a.C (*B.C.*), Museo Nazionale di Reggio Calabria, uno dei musei più importanti della Magna Grecia. La Calabria una volta era una colonia greca che faceva parte della Magna Grecia e Reggio era un famoso centro artistico. Questa testa di bronzo rappresenta un vecchio con la barba lunga. Sul suo viso sono evidenti molti segni della sua particolare fisionomia. Questa testa è uno dei più antichi esempi della ritrattistica greca. In questo museo si trovano anche i famosi **Bronzi di Riace**, due bellissime ed enormi statue greche del V sec. a.C., ritrovate nel 1972 a Riace, vicino a Reggio Calabria.

Picture Desk, Inc./Kobal Collection.

Suggestion: Remind students to focus on getting meaning from text by using appropriate reading strategies.

Presentation: Use the map inside the back cover to introduce the regions of **Calabria** and **Sardegna**. Ask: **Dov'è la Calabria? Come si chiamano i due mari che circondano le coste? Come si chiama l'Isola vicino alla Calabria? Qual è il capoluogo della Calabria? Quali sono le altre città importanti della regione?** etc.

Expansion: Continue by introducing **Sardegna**. Ask: **La Sardegna è un'isola grande o piccola? Dov'è? Qual è il capoluogo? Quali sono le altre città importanti?** etc.

Stilo, in Calabria: La magnifica chiesa «La Cattolica» (X secolo), un gioiello d'arte ed architettura Bizantina. La piccola chiesa è costruita sulla roccia (*rock*) all'interno di un paesaggio naturale mistico e affascinante. A Stilo, piccola città d'aspetto medievale, è nato il filosofo Tommaso Campanella (1568–1639), autore di *La Città del sole*, un'opera filosofica simile alle utopie politiche di Platone e Tommaso Moro.

Picture Desk, Inc./Kobal Collection.

Presentation: Review daily and leisure activity vocabulary from Capitoli 4 and 7, household chores from Capitolo 5, and activities at home from Capitolo 6. Ask individuals what they did last night and/or last weekend and about their plans for the evening and/or weekend. Introduce the expressions **pensare di** and **avere intenzione di: Chi pensa di giocare a tennis questo pomeriggio? Chi ha intenzione di vedere un film stasera? Chi ha intenzione di fare il bucato?** etc. Ask individuals: **Che cosa pensi di fare questo weekend?** etc.

PERCORSO I
I PROGETTI
PER I PROSSIMI GIORNI

Vocabolario: Che cosa farai?

I piani e i progetti di Giulia per i prossimi giorni

Expansion: Gradually introduce new chapter vocabulary by asking yes/no questions or questions that require a one-word answer: **Chi ha intenzione di andare in banca questa settimana? Chi pensa di andare in lavanderia questo weekend?** etc. Use appropriate gestures and body language to make input comprehensible.

Presentation: At this point, use the illustrations to begin to introduce in a more formal manner the future tense and time expressions. Use yes/no questions and questions that require a one-word answer. **Che giorno è? Cosa fa Giulia adesso? Cosa ha intenzione di fare dopo? Quando si laverà e vestirà? Quando incontrerà Paola in centro?** etc.

Martedì

Domani **porterò** la macchina dal meccanico.

Mercoledì

Dopodomani **ritirerò** i vestiti in lavanderia.

Giovedì

Lunedì

Più tardi io e Paola **ci contreremo** in un negozio del centro e **cercheremo** un regalo per mio fratello.

Fra due giorni **andrò** dal parrucchiere e **mi farò** i capelli e le unghie.

Venerdì

Lunedì

Fra poco **mi laverò, mi vestirò** e **andrò** in banca.

Venerdì prossimo **dovrò** andare dal dentista.

Expansion: Continue introducing and reinforcing the future, time expressions, and expressions to indicate uncertainty by telling students about your plans for **questa sera, domani, dopodomani, fra due giorni, la settimana prossima,** etc. **Stasera penso di restare a casa. Ho intenzione di rispondere ad alcune mail e poi probabilmente guarderò la televisione. Sicuramente non uscirò,** etc. **Sabato prossimo, invece, probabilmente andrò dal parrucchiere e mi taglierò i capelli,** etc.

Per discutere degli impegni

aggiustare la macchina
   to fix the car

avere un sacco di cose da fare
   to have a million things to do

cambiare l'olio *to change the oil*

fare commissioni *to run errands*

fissare un appuntamento *to set a date / to make an appointment*

un impegno *an engagement, commitment, errand*

pagare i conti *to pay the bills*

fare progetti *to make plans*

tagliarsi i capelli *to cut one's hair, to get a haircut*

Per esprimere incertezza e intenzione

avere intenzione di + *infinitive*
   to intend to do something

credere (di + *infinitive***)** *to believe, to think*

chissà *who knows*

Suggestion: Gradually introduce the other persons of the future by asking students what they think their classmates plan to do at different times in the future. Ask students yes/no questions or questions that require a one-word answer: **Chissà cosa farà Tom il weekend prossimo. Che cosa credete che farà Tom il weekend prossimo? Studierà, lavorerà o uscirà con gli amici? Chi pensa che si taglierà i capelli? Mah! Chissà cosa farà! Forse aggiusterà la macchina o forse farà delle commissioni in centro. E, tu, che progetti hai per il prossimo weekend? Sarai molto impegnato/a o avrai molto tempo libero?**

difficilmente *unlikely, not likely, with difficulty*
forse *maybe, probably*
Mah! *Who Knows! Well!*
pensare di + *infinitive* *to think about / intend to do something*
probabilmente *probably*
sicuramente *certainly, surely*
sperare di + *infinitive* *to hope to do something*

Espressioni per il futuro
fra due giorni / un mese / un anno *in two days / a month / a year*
fra poco *in a little while*
la settimana prossima / il mese prossimo / l'anno prossimo *next week / month / year*

---

*C*osì si dice: **Le nostre intenzioni**

• •

You can use the present tense to express in Italian what you intend to do in the near future. You can use **avere intenzione di** + *infinitive*, **pensare di** + *infinitive*, or **sperare di** + *infinitive*: **Domani abbiamo intenzione di uscire.** *Tomorrow we plan to go out.* **Penso di vedere quel film la settimana prossima.** *I'm planning to see that film next week.* **Spero di fare una passeggiata in centro questo week-end.** *I hope to take a walk downtown this weekend.* You can also use the present tense: **Domani esco con gli amici.** *Tomorrow I'm going out with my friends.*

Unlike in English, using **andare** + infinitive does not express future intent. It simply expresses movement. **Dove vai? Vado a vedere l'ultimo film di Benigni.** *Where are you going? I'm going to see Benigni's latest film.*

11.1 Con quale frequenza? Indica con quale frequenza fai le seguenti cose. Poi paragona la tua lista a quella di un compagno / una compagna. Le fate con la stessa frequenza?

1. pagare i conti
2. fare spese
3. aggiustare la macchina
4. fare commissioni
5. fare il bucato
6. ritirare i vestiti in lavanderia
7. tagliarsi i capelli
8. passare l'aspirapolvere
9. cambiare l'olio
10. lavare la macchina
11. andare in banca
12. andare al cinema

11.2 Che cosa? Fa' una lista di tutte le attività che si possono fare nei seguenti posti: **in giardino, in casa, in centro, dal parrucchiere, dal meccanico, a scuola.**

11.3 Quando? Scrivete tutte le espressioni di tempo che si possono usare per indicare attività al presente, al passato e al futuro.

(left margin notes)

...ans on the
...rò a casa
...rai con
...ciremo
...vece, **farete**
..., vero? **Paul e**
... Then briefly explain
... future tense of regular
... most common irregular ones:
...ere, **bere, dare, dovere, potere,**
..., **essere, fare, venire,** etc. Emphasize
...at the future endings are the same for all three conjugations and for irregular verbs. Use a chart to explain the future conjugation. Remind students to change the **-a-** of the infinitives of regular **-are** verbs to **-e-** before adding the future endings.

Suggestion: Reinforce the future. Write on the board: **subito dopo questa lezione, dopodomani, la settimana prossima, fra due mesi.** Have students write two activities they plan to do at each time. Then have students go around the room and, by asking yes/no questions, find a classmate that plans to do the same activity at the same time. Before assigning the activity, model questions and responses and encourage students to use expressions that indicate uncertainty and pronouns when possible: **Andrai al cinema? Sì, probabilmente ci andrò,** etc. If time permits, have students report back their findings and encourage them to use different persons of the future by pairing students performing the same activity: **Io e Tom probabilmente andremo al cinema,** etc.

Suggestion: Before assigning 11.1, brainstorm with students expressions they have learned for indicating **la frequenza** and write them on the board.

Answers: 11.3
Answers will vary. Some possibilities:

Presente	Passato	Futuro
oggi	ieri	domani
adesso	scorso	dopodomani
ora	passato	fra
	l'altro ieri	prossimo
	fa	

11.4 Che cos'è? Indica di cosa si tratta.

1. Ci andiamo quando abbiamo bisogno di soldi.

2. Si fa dal meccanico.

3. Ci andiamo per tagliarci i capelli.

4. Lo facciamo in lavanderia.

5. Di solito le facciamo in città il weekend o la sera prima di tornare a casa.

6. Le donne se le fanno spesso, gli uomini qualche volta.

Answers: 11.4
1. la banca
2. cambiare l'olio o aggiustare la macchina
3. dal parucchiere
4. ritirare i vestiti
5. le commissioni
6. le unghie

In Contesto: Fissiamo un appuntamento

Giulio e Giacomo vogliono fissare un appuntamento per fare qualcosa insieme. Discutono dei loro programmi e progetti per i prossimi giorni.

GIACOMO: Che programmi hai la settimana prossima? Vogliamo vederci giovedì sera?

GIULIO: Mah, non lo so. Giovedì dovrò lavorare fino a tardi. La sera sarà un po' difficile, ma se vuoi possiamo pranzare insieme.

GIACOMO: No, purtroppo, ho un appuntamento dal dentista alle undici e mezza e sicuramente non mi sbrigherò° molto presto. Perché non ci vediamo sabato sera invece?

GIULIO: No, non credo che sarà possibile. Sabato pomeriggio verranno i miei genitori e penso che andremo fuori a cena.

GIACOMO: Beh, allora, possiamo vederci sabato mattina o sabato pomeriggio. Possiamo prendere un caffè insieme.

GIULIO: No, sabato ho un sacco di cose da fare. La mattina mi alzerò presto: devo andare in lavanderia e voglio tagliarmi i capelli. Poi probabilmente tornerò a casa, farò il bucato e metterò un po' in ordine, visto che arrivano i miei°!

GIACOMO: Beh! Allora mi sa° che dovremo vederci la settimana prossima.

I'll get done

my parents

I think

11.5 Chi ha più impegni? Elencate cosa hanno intenzione di fare Giacomo e Giulio nei prossimi giorni. Poi decidete chi sarà più impegnato. Secondo voi, chi ha una vita più interessante? Perché?

Occhio alla Lingua!

1. Look at the verbs in boldface type in the captions accompanying the illustrations on p. 337. Do they refer to actions taking place in the present, the past, or the future? How can you tell?

2. Look at the verbs in the *In contesto* conversation. Which are in the present tense? Do any of these verbs convey actions that will take place in the future? How do you know?

3. In the *In contesto* conversation, find all the verbs in the future tense. Look at the endings of these verbs. Can you tell who the subject is? What pattern can you detect?

Presentation: Pair students and have them practice reading the dialogue. Circulate around the room and help them with pronunciation. If time permits, ask for volunteers to read the dialogue to the class. Or you may choose to use the dialogue as a listening-comprehension activity to be covered in class or at home.

Answers: 11.5
Answers will vary. Some possibilities:
Giulio   **Giacomo**
lavorare fino a tardi   andare dal dentista
andare fuori a cena con i genitori
andare in lavanderia
tagliarsi i capelli
fare il bucato
mettere la casa in ordine
Giulio sarà più impegnato.

Suggestion: To reinforce new vocabulary and structures, have students write all the things they have to do the next few days and when they have to do them. Then divide the class into small groups and have them decide who is the busiest by discussing what each person has to do. Have students use the *In contesto* dialogue as a model.

Presentation: You can use the questions in *Occhio alla lingua!* to present inductively, summarize, and/or review the future tense.

Grammatica

●●●

Il Futuro

The future tense, **il futuro**, is used to express an event that will take place in the future. Unlike English, which forms the future with two verbs—the helping verb *will* or *shall* plus a main verb—Italian expresses the future with just one verb whose ending indicates the tense.

Stasera **resteremo** a casa.	*Tonight we will stay home.*
Domani Paolo **metterà** in ordine la sua camera da letto.	*Tomorrow Paolo will clean his bedroom.*

1. The future tense is formed by adding the endings **-ò, -ai, -à, -emo, -ete, -anno** to the infinitive after dropping the final **-e**. Note that verbs ending in **-are** change the **-a-** of the infinitive ending to **-e-** before adding the future endings.

Il futuro			
	incontrare	**mettere**	**vestirsi**
io	incontr**erò**	mett**erò**	**mi** vest**irò**
tu	incontr**erai**	mett**erai**	**ti** vest**irai**
lui/lei	incontr**erà**	mett**erà**	**si** vest**irà**
noi	incontr**eremo**	mett**eremo**	**ci** vest**iremo**
voi	incontr**erete**	mett**erete**	**vi** vest**irete**
loro	incontr**eranno**	mett**eranno**	**si** vest**iranno**

—**Aggiusterai** tu la macchina?	*Will you fix the car yourself?*
—No, la **porterò** dal meccanico.	*No, I will take it to the mechanic.*
—A che ora **vi alzerete**?	*At what time will you get up?*
—**Ci alzeremo** alle otto.	*We will get up at eight.*

2. Verbs that end in **-care** and **-gare** add an **h** in front of the **-er** to retain the hard guttural sound throughout the conjugation. Verbs that end in **-ciare** and **-giare** drop the **i** before adding the future endings.

	giocare	**pagare**	**cominciare**	**mangiare**
io	gio**cherò**	pa**gherò**	comin**cerò**	man**gerò**
tu	gio**cherai**	pa**gherai**	comin**cerai**	man**gerai**
lui/lei	gio**cherà**	pa**gherà**	comin**cerà**	man**gerà**
noi	gio**cheremo**	pa**gheremo**	comin**ceremo**	man**geremo**
voi	gio**cherete**	pa**gherete**	comin**cerete**	man**gerete**
loro	gio**cheranno**	pa**gheranno**	comin**ceranno**	man**geranno**

Giocheremo a tennis.	*We will play tennis.*
Io probabilmente **mangerò** fuori.	*I will probably eat out.*
Carlo **pagherà** i conti.	*Carlo will pay his bills.*

3. The verbs **dare, fare,** and **stare** do not change the **-a-** to **-e-** before adding the future tense endings.

> **dare:** darò, darai, darà, daremo, darete, daranno
>
> **fare:** farò, farai, farà, faremo, farete, faranno
>
> **stare:** starò, starai, starà, staremo, starete, staranno

Sabato **staremo** a casa e **faremo** una festa.	*Saturday, we will stay home and have a party.*

4. Many irregular verbs have irregular stems in the future. However, the future endings are always the same.

andare	andr-	**andrò,** . . .	**potere**	potr-	**potrò,** . . .
avere	avr-	**avrò,** . . .	**vedere**	vedr-	**vedrò,** . . .
bere	berr-	**berrò,** . . .	**venire**	verr-	**verrò,** . . .
dovere	dovr-	**dovrò,** . . .	**vivere**	vivr-	**vivrò,** . . .
essere	sar-	**sarò,** . . .	**volere**	vorr-	**vorrò,** . . .

—**Verrete** da noi?	*Will you come to our house?*
—No. Mario **andrà** a casa e io **berrò** qualcosa al bar.	*No. Mario will go home and I will have something to drink at the bar.*

5. To talk about future actions and events, the future is used in clauses introduced by **quando** (*when*), **appena** (*as soon as*), and **se** (*if*). Note that English uses the present tense in these instances.

Quando ci **vedremo,** fisseremo un appuntamento.	*When we see each other, we'll set up an appointment.*
Se andrai dal parrucchiere, verrò anch'io.	*If you go to the hairdresser's, I'll also come.*

6. When an action is fairly likely to occur in the near future, Italians frequently use the present instead of the future tense.

Questa sera **andiamo** al cinema.	*This evening we are going to a movie.*

11.6 Chi lo farà? Indica chi farà che cosa. Abbina i soggetti della colonna A con le attività della colonna B.

A
1. Io
2. Giulia
3. Io e Luigi
4. Tu
5. Paola e Roberta
6. Tu e Renato

B
a. si farà le unghie.
b. andremo in banca.
c. ti taglierai i capelli.
d. cercherete un regalo in centro.
e. ritireranno i vestiti in lavanderia.
f. farò il bucato.

Answers: 11.6
1. f
2. a
3. b
4. c
5. e
6. d

11.7 Gli impegni. Tu e i tuoi amici discutete gli impegni che avrete nei prossimi giorni. Completa le frasi con i verbi al futuro.

1. Giuseppe e Roberto _____ (aggiustare) la macchina.

2. Rita _____ (essere) molto impegnata.

3. Io e Marco _____ (andare) in lavanderia.

Answers: 11.7
1. aggiusteranno
2. sarà
3. andremo
4. avrai
5. farete
6. darò
7. annaffierà, annaffieremo
8. pagherete
9. cominceremo
10. berranno

4. Tu _____ (avere) un sacco di cose da fare.

5. Tu e Carla _____ (fare) delle commissioni in centro.

6. Io _____ (dare) da mangiare al cane.

7. Chi _____ (annaffiare) le piante? Le _____ (annaffiare) io e Mario.

8. Tu e Giuseppe _____ (pagare) i conti.

9. Noi _____ (cominciare) a mettere in ordine la casa.

10. Alessia e Lisa _____ (bere) un caffè con gli amici.

11.8 Una giornata molto impegnata. Racconta a un'amica che cosa tu e un amico farete lunedì prossimo. Riscrivi il brano con i verbi al futuro e fa' i cambiamenti necessari.

Lunedì prossimo. . .

Oggi io **mi alzo** molto presto, **mi lavo** e **mi vesto**. Dopo Carlo **viene** da me e **beviamo** un caffè insieme. Più tardi **usciamo** e **andiamo** in centro per fare delle commissioni. Io **compro** un vestito nuovo e Carlo **vuole** andare in banca. Poi Carlo **si taglia** i capelli. Io, invece, **devo** andare dal dentista. Io e Carlo **torniamo** a casa molto tardi.

11.9 Le promesse per l'anno nuovo. Ascolta le promesse che alcune persone fanno per l'anno nuovo e indica il soggetto e l'infinito di ogni verbo. Sentirai ogni promessa due volte.

	Soggetto	Infinito
1.		
2.		
3.		
4.		
5.		
6.		
7.		
8.		

 11.10 Appena arriverò a casa. Scrivi almeno quattro cose che farai sicuramente appena tornerai a casa e quattro cose che molto probabilmente non farai. E il tuo professore/la tua professoressa, invece, che cosa farà sicuramente? Che cosa non farà? Confronta le tue liste con quelle dei tuoi compagni. Sono simili o diverse?

Il futuro di probabilità

In Italian, the future tense is frequently used to express probability or conjecture. The English equivalent is *must be. . .* or *probably is/are. . .*

—Dov'è Paolo adesso?
—Non lo so. **Sarà** a casa.
—Ma cosa fa a quest'ora a casa?
—Chissà. **Dormirà** o **studierà** per gli esami.

Where is Paolo right now?
I don't know. He's probably at home.
But what is he doing at home at this hour?
Who knows. He must be sleeping or studying for exams.

Presentation: You can introduce the future of probability by asking students to imagine where one or more absent classmates are today and what they are doing now. **Dov'è Mara oggi? Probabilmente è a casa. Sì, sarà a casa. Che cosa farà in questo momento?** etc.

11.11 Non lo so! Un amico ti fa un sacco di domande sui vostri comuni conoscenti. Tu non sei sicuro/a delle risposte. Rispondi alle sue domande e usa il futuro di probabilità.

ESEMPIO: —Dov'è Andrea?
—Non lo so. Sarà in biblioteca.

1. Che cosa fanno Mario e Giuseppe?
2. Dove andate tu e Giuseppe?
3. Che cosa bevono Renato e Carlo?
4. A chi telefona Luisa?
5. Cosa legge Fabrizio?
6. Quando partono Fabio e la sua ragazza?

11.12 Chissà che fanno! Immaginate due cose che faranno in questo momento le seguenti persone nei posti indicati. Usate il futuro di probabilità.

1. due studenti / nella classe di matematica
2. il professore / nella classe di francese
3. un vicino / in giardino
4. un meccanico / in garage
5. io e un amico / in centro
6. i tuoi amici / a casa
7. due signore / dal parrucchiere
8. un amico / in lavanderia

Scambi

11.13 Pensi di fare queste cose? Trova un compagno/una compagna che ha intenzione di fare le seguenti cose in un futuro immediato. Scopri anche i particolari.

Suggestion: You can give closure to **11.13** by having groups of students compare their answers. Then have groups report back to the class the activities they found most interesting or unusual.

ESEMPIO: S1: Pensi di andare al cinema?
S2: Sì, penso / spero / ho intenzione di andarci. (No, non penso di andarci.)
S1: Quando ci andrai? Con chi? Cosa vedrete? (Perché non ci andrai?)

1. farsi i capelli
2. cercare un nuovo appartamento
3. pulire l'appartamento
4. bere un caffè con gli amici
5. vedere i genitori
6. comprare una nuova macchina
7. fare un viaggio
8. seguire un altro corso d'italiano
9. fare la spesa
10. invitare la classe d'italiano a casa a cena
11. ?

11.14 Ma cosa faranno? Immaginate dove saranno le seguenti persone in questo momento e cosa faranno.

1. i tuoi genitori
2. il tuo ragazzo/la tua ragazza
3. gli studenti e il professore nell'aula vicino alla vostra
4. ?

 11.15 Che tipo sei? Completa la scheda con informazioni sui tuoi progetti per il futuro. Poi scambia (*exchange*) la scheda con un compagno/una compagna. Siete simili o diversi? Come? Secondo te, quali aggettivi vi descrivono meglio? Perché?

1. tre cose che farai stasera			
2. tre cose che farai domani			
3. tre cose che farai questo weekend			
4. tre cose che farai l'estate prossima			
5. tre cose che farai nei prossimi quattro anni			

 11.16 Fissiamo un appuntamento. Osserva la tua agenda per la settimana prossima e fissa tre appuntamenti con due persone diverse. Decidete anche che cosa farete insieme.

ESEMPIO: S1: Sei libero/a sabato all'una?

S2: No, sono impegnato/a. Pranzerò con degli amici. Cosa farai venerdì alle undici? . . .

Spese in città

Presentation: Use the illustrations to introduce new vocabulary. Ask: **Dov'è Marisa? Che cosa fa? Dov'è il telefono? Che tipo di telefono ha Marisa? Dov'è l'elenco telefonico? E la segreteria telefonica?** etc.

Expansion: Reinforce new vocabulary by asking the class when and how different items are used. **Quando usiamo l'elenco telefonico? È importante la segreteria telefonica? Perché?** etc.

Percorso II 🍃 trecentoquarantacinque   **345**

PERCORSO II
I PROGRAMMI AL TELEFONO

Vocabolario: «Pronto! Chi parla?»

Expansion: Continue introducing new vocabulary by asking students how and when they use certain items: **Dove sono le cabine telefoniche? Tu quando usi la cabina telefonica? Chi ha una scheda telefonica? Quando la usate?** etc. Use props and appropriate gestures to make input comprehensible.

Suggestion: You might choose to use the *In contesto* dialogue and the questions that follow to introduce and/or reinforce vocabulary for talking on the phone.

Expansion: Reinforce new vocabulary and introduce the progressive construction by having students look at the *Vocabolario* illustration and ask yes/no questions and/or questions that require a one-word answer: **Dov'è Marisa? Cosa sta facendo? Sta cercando un numero di telefono? Sta ascoltando la segreteria telefonica? A chi sta telefonando?** Continue: **Dov'è Maurizio? Che cosa sta facendo? Si sta divertendo o annoiando? Perchè stava pensando di telefonare a Marisa?** etc.

If you choose, write students' responses on the board, and then briefly explain that the progressive construction is formed with the present, imperfect or future of **stare** + gerund. Explain that regular verbs drop the **-are**, **-ere**, and **-ire** infinitive endings before adding the **-ando** and **-endo** endings. Explain the formation of the gerund of **fare**, **bere**, and **dire**, which is based on an archaic form of the infinitive, **facere**, **bevere**, **dicere**. Remind students that the progressive construction isn't as common in Italian as in other languages.

Suggestion: Practice the progressive by performing a series of actions and having students say what you are doing, or ask individuals what they are doing: **Che cosa stai facendo? Chi mi sta ascoltando? Chi sta scrivendo? Chi sta dormendo? Chi sta mangiando?** etc. Continue by inquiring about one or more absent classmates: **Cosa starà facendo Tom adesso? Non è in classe. Si starà divertendo**, etc.

Per fare una telefonata

abbassare *to hang up*

la cabina telefonica *phone booth*

il cellulare / il telefonino *cell phone*

fare il numero *to dial*

fare la ricarica *to get more prepaid cell phone minutes*

fare una telefonata urbana / interurbana *to make a local / long distance phone call*

la scheda telefonica *prepaid phone card*

Per parlare al telefono

Chi parla? Sono. . . *Who is it? It's. . .*

La linea è occupata. *The line is busy.*

Mi dispiace. Non c'è. *I'm sorry. He / She is not here.*

Un momento. Ti passo. . . (informal) / Le passo. . . (formal) *Just a minute. Here is. . .*

il numero verde *toll-free number*

Gli / Le vuoi lasciare un messaggio? *Do you want to leave him / her a message? (informal)*

Gli / Le vuole lasciare un messaggio? *Do you want to leave him / her a message? (formal)*

Pronto! *Hello!*

richiamare più tardi *to call back later*

sbagliare numero *to get the wrong number*

Vorrei parlare con. . . *I would like to speak with. . .*

11.17 L'intruso. Indica quale parola o espressione non c'entra.

1. il telefonino, le pagine gialle, l'elenco telefonico

2. la cabina telefonica, la scheda telefonica, il cellulare

3. il cordless, il telefono fisso, il numero verde

4. sbagliare numero, abbassare, fare la ricarica

5. la linea è occupata, lasciare un messaggio, la segreteria telefonica

11.18 Associazioni. A coppie, indicate tutte le parole ed espressioni che associate con i seguenti termini:

1. fare una telefonata

2. il cellulare

3. cercare un numero

11.19 Che cos'è? Leggi le definizioni e indica di cosa si tratta.

1. Le usiamo quando, ad esempio, cerchiamo un parrucchiere e non ne conosciamo nessuno in città.

2. La possiamo usare quando facciamo una telefonata da una cabina telefonica e non abbiamo monete (*change*).

3. Lo diciamo quando rispondiamo al telefono.

4. Lo usiamo quando cerchiamo il numero di una persona o ditta (*company*) di cui conosciamo il nome.

5. Lo diciamo quando sbagliamo numero.

6. Lo facciamo quando la persona a cui telefoniamo non è in casa.

7. Lo componiamo quando facciamo una telefonata.

8. Lo possiamo usare in casa o quando siamo in giro per parlare con gli amici.

9. Quando lo usiamo non dobbiamo pagare per la telefonata.

10. La facciamo per poter telefonare dal cellulare.

11.20 I rapporti con il telefono. Fa' le seguenti domande ad un compagno / una compagna e scopri quant'è importante il telefono nella sua vita. È molto importante, importante o per niente importante?

1. Quanti telefoni hai in casa? Dove sono? Come sono?

2. Quante telefonate fai al giorno? Fai più telefonate urbane o interurbane? Fai telefonate internazionali qualche volta? A chi?

3. A che ora preferisci telefonare? Per quanto tempo parli di solito?

4. Hai una segreteria telefonica?

5. Hai un cellulare? Quando e perché lo usi? Lo tieni sempre spento (*off*) o acceso (*on*)? Cambi spesso suoneria (*ring*)? Ti piace mandare SMS (*text messages*)? Quanti ne mandi al giorno?

6. In genere, se non trovi la persona a cui telefoni, che cosa fai?

11.4　Che cos'è? Indica di cosa si tratta.

1. Ci andiamo quando abbiamo bisogno di soldi.

2. Si fa dal meccanico.

3. Ci andiamo per tagliarci i capelli.

4. Lo facciamo in lavanderia.

5. Di solito le facciamo in città il weekend o la sera prima di tornare a casa.

6. Le donne se le fanno spesso, gli uomini qualche volta.

Answers: 11.4
1. la banca
2. cambiare l'olio o aggiustare la macchina
3. dal parucchiere
4. ritirare i vestiti
5. le commissioni
6. le unghie

In Contesto: Fissiamo un appuntamento

Giulio e Giacomo vogliono fissare un appuntamento per fare qualcosa insieme. Discutono dei loro programmi e progetti per i prossimi giorni.

GIACOMO:　Che programmi hai la settimana prossima? Vogliamo vederci giovedì sera?

GIULIO:　Mah, non lo so. Giovedì dovrò lavorare fino a tardi. La sera sarà un po' difficile, ma se vuoi possiamo pranzare insieme.

GIACOMO:　No, purtroppo, ho un appuntamento dal dentista alle undici e mezza e sicuramente non mi sbrigherò° molto presto. Perché non ci vediamo sabato sera invece?

GIULIO:　No, non credo che sarà possibile. Sabato pomeriggio verranno i miei genitori e penso che andremo fuori a cena.

GIACOMO:　Beh, allora, possiamo vederci sabato mattina o sabato pomeriggio. Possiamo prendere un caffè insieme.

GIULIO:　No, sabato ho un sacco di cose da fare. La mattina mi alzerò presto: devo andare in lavanderia e voglio tagliarmi i capelli. Poi probabilmente tornerò a casa, farò il bucato e metterò un po' in ordine, visto che arrivano i miei°!

GIACOMO:　Beh! Allora mi sa° che dovremo vederci la settimana prossima.

I'll get done

my parents

I think

11.5　Chi ha più impegni? Elencate cosa hanno intenzione di fare Giacomo e Giulio nei prossimi giorni. Poi decidete chi sarà più impegnato. Secondo voi, chi ha una vita più interessante? Perché?

Occhio alla Lingua!

1. Look at the verbs in boldface type in the captions accompanying the illustrations on p. 337. Do they refer to actions taking place in the present, the past, or the future? How can you tell?

2. Look at the verbs in the *In contesto* conversation. Which are in the present tense? Do any of these verbs convey actions that will take place in the future? How do you know?

3. In the *In contesto* conversation, find all the verbs in the future tense. Look at the endings of these verbs. Can you tell who the subject is? What pattern can you detect?

Presentation: Pair students and have them practice reading the dialogue. Circulate around the room and help them with pronunciation. If time permits, ask for volunteers to read the dialogue to the class. Or you may choose to use the dialogue as a listening-comprehension activity to be covered in class or at home.

Answers: 11.5
Answers will vary. Some possibilities:
Giulio　　　　　　　　　**Giacomo**
lavorare fino a tardi　　　andare dal dentista
andare fuori a cena con i genitori
andare in lavanderia
tagliarsi i capelli
fare il bucato
mettere la casa in ordine
Giulio sarà più impegnato.

Suggestion: To reinforce new vocabulary and structures, have students write all the things they have to do the next few days and when they have to do them. Then divide the class into small groups and have them decide who is the busiest by discussing what each person has to do. Have students use the *In contesto* dialogue as a model.

Presentation: You can use the questions in *Occhio alla lingua!* to present inductively, summarize, and/or review the future tense.

Grammatica

Il Futuro

Suggestion: You can choose to keep your grammar explanations to a minimum and assign as homework *Grammatica* and the related exercises.

The future tense, **il futuro**, is used to express an event that will take place in the future. Unlike English, which forms the future with two verbs—the helping verb *will* or *shall* plus a main verb—Italian expresses the future with just one verb whose ending indicates the tense.

Stasera **resteremo** a casa.

Tonight we will stay home.

Domani Paolo **metterà** in
ordine la sua camera da letto.

*Tomorrow Paolo will clean his
bedroom.*

1. The future tense is formed by adding the endings **-ò, -ai, -à, -emo, -ete, -anno** to the infinitive after dropping the final **-e**. Note that verbs ending in **-are** change the **-a-** of the infinitive ending to **-e-** before adding the future endings.

Il futuro			
	incontrare	**mettere**	**vestirsi**
io	incontr**erò**	mett**erò**	**mi** vest**irò**
tu	incontr**erai**	mett**erai**	**ti** vest**irai**
lui/lei	incontr**erà**	mett**erà**	**si** vest**irà**
noi	incontr**eremo**	mett**eremo**	**ci** vest**iremo**
voi	incontr**erete**	mett**erete**	**vi** vest**irete**
loro	incontr**eranno**	mett**eranno**	**si** vest**iranno**

—**Aggiusterai** tu la macchina?

Will you fix the car yourself?

—No, la **porterò** dal meccanico.

No, I will take it to the mechanic.

—A che ora **vi alzerete**?

At what time will you get up?

—**Ci alzeremo** alle otto.

We will get up at eight.

2. Verbs that end in **-care** and **-gare** add an **h** in front of the **-er** to retain the hard guttural sound throughout the conjugation. Verbs that end in **-ciare** and **-giare** drop the **i** before adding the future endings.

	giocare	**pagare**	**cominciare**	**mangiare**
io	gio**cherò**	pa**gherò**	comin**cerò**	man**gerò**
tu	gio**cherai**	pa**gherai**	comin**cerai**	man**gerai**
lui/lei	gio**cherà**	pa**gherà**	comin**cerà**	man**gerà**
noi	gio**cheremo**	pa**gheremo**	comin**ceremo**	man**geremo**
voi	gio**cherete**	pa**gherete**	comin**cerete**	man**gerete**
loro	gio**cheranno**	pa**gheranno**	comin**ceranno**	man**geranno**

Giocheremo a tennis.

We will play tennis.

Io probabilmente **mangerò** fuori.

I will probably eat out.

Carlo **pagherà** i conti.

Carlo will pay his bills.

In contesto: Una conversazione al telefono

Luca telefona a un'amica dal centro.

Suggestion: Pair students and have them practice reading the dialogue. Circulate around the room and help them with pronunciation. If time permits, ask for volunteers to read the dialogue to the class. Or, you may choose to use the dialogue as a listening comprehension activity to be covered in class or at home.

SIGNORA LENTINI: Pronto!

LUCA: Buona sera, signora Lentini. Sono Luca. Vorrei parlare con Roberta, per piacere.

SIGNORA LENTINI: Buona sera, Luca, mi dispiace, ma in questo momento Roberta sta facendo la doccia. Le vuoi lasciare un messaggio?

LUCA: No, grazie! Non fa niente. Sto andando a tagliarmi i capelli e non so a che ora tornerò. Richiamerò più tardi.

SIGNORA LENTINI: Aspetta. . . un momento, Luca. . . ti passo Roberta, è appena uscita dalla doccia. Eccola.

ROBERTA: Luca, ciao! Da dove stai telefonando? Ti ho lasciato un messaggio poco fa sulla segreteria telefonica a casa.

LUCA: Sono in centro. Ti telefono da una cabina. Il cellulare non mi funziona. Allora, cosa si fa sabato sera?

ROBERTA: Beh! Andremo al concerto di Pino Daniele, no? Stavo proprio cercando il numero del teatro sulle pagine gialle poco fa. Ci sarai anche tu, vero?

LUCA: Certo! Sto già pensando a come chiedere la macchina a mio padre.

11.21 Pronto! A coppie, leggete la telefonata di Luca e poi rispondete alle domande che seguono.

Answers: 11.21
Answers will vary. Some possibilities:
1. a. Pronto! Buona sera!
   b. Sono. . .
   c. Un momento. Te la passo. / Mi dispiace! Non c'è.
2. Roberta stava facendo la doccia. Luca stava andando a tagliarsi i capelli.
3. Andranno a un concerto di Pino Daniele. Andranno con gli amici.

1. Quali espressioni si usano:

   a. per rispondere al telefono?

   b. per identificarsi?

   c. per dire che la persona cercata c'è o non c'è?

2. Che cosa stavano facendo Luca e Roberta al momento della telefonata?

3. Cosa faranno sabato? Con chi?

Occhio alla lingua!

Presentation: You can use the questions in *Occhio alla lingua!* to present inductively, summarize, and/or review the progressive construction.

1. Look at the expressions in boldface type in Marisa's and Maurizio's conversation on p. 345. Do you think they refer to present, past, or future actions? How can you tell?

2. How many words make up each expression? Do you recognize the first word in each expression? What verb does it come from? Look at the endings of the accompanying words. Do they follow a pattern?

3. Reread the *In contesto* phone conversation and find all the verbs that refer to ongoing actions in the present or in the past. How are these actions expressed?

Grammatica

•••

Il gerundio e il progressivo

[handwritten: in media res in the middle of it]

Suggestion: You can choose to keep your grammar explanations to a minimum and assign as homework *Grammatica* and the related exercises.

The progressive construction expresses an *ongoing action* in the present, the future, or the past.

Sto facendo la doccia.	*I'm taking a shower.*
Domani a quest'ora **staremo passeggiando** per Via Caracciolo.	*Tomorrow at this time we will be strolling in Via Caracciolo.*
Stavo cercando il numero.	*I was looking for the number.*

1. The progressive construction is formed with the present, future, or imperfect of **stare** + the gerund. The gerund is equivalent to the *-ing* form of a verb in English (*watching, reading, sleeping, finishing*). It is formed by adding **-ando** to the stem of verbs ending in **-are** and **-endo** to the stem of verbs ending in **-ere** and **-ire**.

La forma progressiva					
	Stare			**Infinito**	**Gerundio**
Presente	**Futuro**	**Imperfetto**			
sto	starò	stavo	+	(guard**are**)	guard**ando**
stai	star**ai**	stav**i**		(legg**ere**)	legg**endo**
sta	star**à**	stav**a**		(dorm**ire**)	dorm**endo**
st**iamo**	star**emo**	stav**amo**		(fin**ire**)	fin**endo**
st**ate**	star**ete**	stav**ate**			
st**anno**	star**anno**	stav**ano**			

—Cosa **stai scrivendo?**	—*What are you writing?*
—Non **sto scrivendo, sto leggendo** una lettera.	—*I'm not writing, I'm reading a letter.*
Starà giocando.	*He/She is probably playing.*
Stavano partendo.	*They were leaving.*

2. Verbs that have an irregular stem in the **imperfetto** have the same irregular stem in the gerund.

   bere: **bevendo**   dire: **dicendo**   fare: **facendo**

3. Reflexive pronouns and direct- and indirect-object pronouns can either precede **stare** or be attached to the gerund.

—**Ti stai divertendo?**	—*Are you having a good time?*
—Non, non **mi sto divertendo** affatto.	—*No, I'm not having a good time at all.*
—**Stavate telefonandomi?**	—*Were you calling me?*
—Sì, **stavamo telefonandoti.**	—*Yes, we were calling you.*

4. In Italian, the progressive construction is used far less frequently than in English. The present, future, and imperfect are used to convey many actions that are expressed with the progressive in English.

Vado al cinema. *I'm going to the movies.*
Comprerà i biglietti. *He must be buying the tickets.*
Parlava con un'amica. *He was talking with a friend.*

11.22 Tutti molto impegnati! Indica almeno tre cose che tu e le seguenti persone state facendo nei posti indicati.

ESEMPIO: noi / a scuola
—Stiamo leggendo. Stiamo ascoltando il professore. Stiamo scrivendo.

1. io / in cucina
2. Paolo / in camera da letto
3. Mario e Giovanna / in salotto
4. Marisa e Fabio / in garage
5. Rosalba / in centro

11.23 Cosa stavano facendo? Indica che cosa le seguenti persone stavano facendo quando un amico ha telefonato.

ESEMPIO: tu / scrivere una mail
—Stavi scrivendo una mail.

1. io / andare in banca
2. Paola / tagliarsi i capelli
3. io e Renata / bere un tè
4. Giulia / svegliarsi
5. tu e Roberto / prendere un caffè
6. Luisa / vestirsi
7. tu e Luigi / fare delle commissioni

11.24 Ma cosa staranno facendo? Hai cercato di telefonare alle seguenti persone molte volte, ma non sono mai a casa. Fai supposizioni su cosa staranno facendo.

ESEMPIO: Pietro e Paolo
—Cosa staranno facendo?
—Staranno cenando in centro.

1. i tuoi genitori
2. tua sorella/tuo fratello
3. i compagni di classe
4. il dentista
5. il meccanico
6. il professore

Scambi

11.25 Pronto! Ascolta le telefonate due volte e scrivi la lettera che corrisponde alla conversazione. Poi indica di che cosa parlano e quando avrà luogo (*will take place*) l'avvenimento di cui parlano.

1. Conversazione: _____

Di che cosa parlano? _____

Quando avrà luogo l'avvenimento di cui parlano?

_____

Conversazione B:
Beppe Napoleone: Risponde la segreteria telefonica di Beppe Napoleone. Sono momentaneamente assente. Potete lasciare un messaggio dopo il segnale acustico.
segretaria: Sono la segretaria dell'architetto Rossini. Volevo avvisarla che l'appuntamento con l'architetto è stato spostato dal 3 maggio alle 17.00 al 4 maggio alle 18.30. Se ci sono problemi la prego di richiamare.

2. Conversazione: _____

Di che cosa parlano?

_____

_____

Quando avrà luogo l'avvenimento
di cui parlano?

_____

_____

Conversazione C:
female voice: Pronto?
male voice: Renata? Stai lavorando?
female voice: No, no, stavo leggendo il giornale. Dimmi.
male voice: Volevo chiederti se sei libera domenica pomeriggio.
female voice: Domenica? Credo di sì. Perché?
male voice: Io e Mario pensavamo di fare una passeggiata in campagna. Vuoi venire?
female voice: Sì, grazie. A che ora andate?
male voice: Alle 2.30

3. Conversazione: _____

Di che cosa parlano?

_____

_____

Quando avrà luogo l'avvenimento
di cui parlano?

_____

_____

ℒo sai che? Il telefono

L'uso del cellulare in Italia si va diffondendo (*is spreading*) sempre di più e non solo per motivi di lavoro. Oggi pochi in Italia non possiedono un cellulare e in alcune famiglie questo si usa addirittura al posto del telefono fisso. Chi ancora non ha un telefonino, comunque, può sempre chiamare da un telefono pubblico usando una scheda telefonica. Le schede telefoniche si comprano al bar, all'edicola (*newspaper stand*) o alla tabaccheria (*tobacco shop*).

In ogni città c'è anche un ufficio telefonico pubblico, Telecom, dov'è più semplice per un turista fare telefonate e dove ci sono gli elenchi telefonici di tutte le città italiane. Gli stranieri poi possono usare la carta di credito telefonica del loro Paese da qualunque telefono pubblico: parlano così con il centralino (*operator*) della loro nazione e vengono collegati con il numero della persona che vogliono chiamare.

Per fare una telefonata bisogna sempre comporre il prefisso della città prima del numero.

2 **11.26 Le telefonate.**
Quali sono alcune differenze sul modo di fare telefonate in Italia e nel vostro Paese?

Suggestion: Bring to class some euro coins, a **scheda telefonica,** and a cell phone **ricarica.** Explain when and how they are used. Then have students read *Lo sai che? Il telefono* and complete the activity that follows.

11.27 Chi parla? Mettete nell'ordine giusto le battute (*lines*) del dialogo che segue. Poi ricostruite il dialogo completo. Attenzione, c'è una battuta in più!

a. Ah! Tiziana! Come stai? Un momento. Ti passo Gino.

b. Allora, a domani! Grazie.

c. Prego.

d. Pronto! Signora Bonelli! Sono Tiziana. Vorrei parlare con Gino.

e. Che bell'idea! Così non dovremo fermarci per strada.

f. Ciao, Tiziana, sono Gino. Allora, a che ora partiremo?

g. No, mi dispiace in questo momento non c'è.

h. Alle 8.30 del mattino. Ti va bene?

i. Sì, certo! Preparerò dei panini e delle bevande per il viaggio.

11.28 Al telefono. Immaginate le seguenti situazioni e ricostruite le relative telefonate. Una persona considera la colonna A e l'altra la colonna B. Non dimenticate di usare il formale quando è necessario.

A

a. Sei la signora Genovesi e vuoi parlare con il signor Tarantini.

b. Vuoi parlare con Cecilia.

c. Vuoi parlare con Paolo. Fai il numero 889732.

B

a. Sei la signora Tarantini. Tuo marito non è in casa. Spieghi anche che cosa sta facendo.

b. Sei la madre di Cecilia. Cecilia è occupata. Spieghi anche che cosa sta facendo.

c. Il tuo numero è 899732.

11.29 Una scusa. Oggi le seguenti persone non vogliono parlare con nessuno. I loro collaboratori rispondono al telefono. Ricostruite le telefonate e immaginate le scuse che devono trovare per loro. Usate il «Lei».

ESEMPIO: un medico

         S1: Pronto! Vorrei parlare con il Dottor Rossi, per piacere.

         S2: Mi dispiace, ma il dottore sta visitando un paziente. Gli vuole lasciare un messaggio?

1. un avvocato
2. un'attrice
3. un direttore d'orchestra
4. una professoressa
5. tuo padre
6. tua madre

11.30 Elenchi telefonici. Leggi il trafiletto (*short article*) e rispondi alle domande. Poi confronta le tue risposte con quelle di un compagno/una compagna.

1. Che informazioni potranno inserire gli italiani nei nuovi elenchi telefonici?
2. Cosa potranno decidere di non fare?
3. Indica in che cosa gli elenchi telefonici italiani sono simili a quelli del tuo Paese. In che cosa sono diversi?

Elenchi telefonici a prova di privacy

Operazione **nuovi elenchi telefonici** al via, nel segno della privacy. Oltre **50 milioni di questionari**, recapitati per posta permetteranno agli italiani di decidere se e come essere inseriti nei nuovi elenchi. Si potrà decidere, per esempio, di comparire con il cognome e **la sola iniziale del nome**, con o senza domicilio, con o senza numero civico, Si potrà mettere anche titolo di studio, **numero di cellulare** e indirizzo mail. Ma soprattutto si potrà decidere **se ricevere pubblicità via telefono o a casa.**

PERCORSO III
I PIANI PER IL FUTURO

Vocabolario: Che farai dopo aver finito di studiare?

Studio biologia all'università di Genova. **Prima di laurearmi**, devo ancora dare parecchi esami. Spero di finire fra tre anni. **Dopo aver finito l'università**, spero di trovare posto in un grande ospedale come ricercatrice.

Quando saremo grandi, giocheremo per la Juventus, la nostra squadra preferita. **Dopo esserci diplomati** al liceo, diventeremo calciatori famosi e guadagneremo tanto!

I mestieri e le professioni

l'arredatore/l'arredatrice
  interior decorator
il/la giornalista *journalist*
il modello/la modella *model*
il poliziotto/la poliziotta
  policeman/policewoman
il produttore/la produttrice
  (movie) producer
lo psicologo/la psicologa
  psychologist
il ricercatore/la ricercatrice
  researcher

lo sceneggiatore/la sceneg-giatrice *script writer*
lo scienziato/a *scientist*
lo scrittore/la scrittrice *writer*
lo/la stilista *designer*
il vigile del fuoco *fireman*

Sogni e aspirazioni per il futuro

avere figli *to have children*
avere molte soddisfazioni personali *to be very satisfied in one's personal life*

avere successo *to be successful*
cercare un posto / un lavoro *to look for a position*
diventare* famoso/a, ricco/a *to become famous / rich*
fare carriera *to advance in one's career*
fare sacrifici *to make sacrifices*
fare una scoperta *to make a discovery*
fare uno stage *to do an internship*

fare un viaggio all'estero *to take a trip abroad*
guadagnare molti / pochi soldi *to make a lot / a little money*
prendere un altro titolo di studio *to get another degree*
trovare un posto / un lavoro *to find a position / job*

ℭosì si dice: **Nomi e aggettivi in *-ista* e *-ore***

• •

Words ending in **-ista**, like **musicista, dentista, ottimista, altruista**, have the same form for the masculine and feminine. In the plural, they have a masculine form ending in **-isti** and a feminine form ending in **-iste**: **Gabriele Salvatores è un bravo regista. Cristina Comencini è una brava regista.**

Some nouns ending in **-ore**, like **attore, produttore**, form the feminine with **-rice**: **attrice, produttrice.**

11.31 Che professione? Indica tutte le professioni che associ con questi termini.

1. una casa
2. i mobili
3. un crimine
4. il teatro
5. una penna
6. un computer
7. un film
8. una scoperta scientifica

11.32 Chi? Indica la professione di queste persone.
1. Scrive molti articoli.
2. Lavora in un laboratorio e fa molte scoperte importanti.
3. Disegna i vestiti.
4. Ascolta i problemi degli altri e gli dà tanti consigli.
5. È una persona che fa un film.
6. Aiuta le persone ad arredare la casa.

11.33 In che ordine? Indica in che ordine farai le seguenti cose in futuro. Poi paragona la tua lista con quella di un compagno/una compagna. È uguale?

1. _____ trovare un posto
2. _____ fare carriera
3. _____ cercare un posto
4. _____ fare un viaggio all'estero
5. _____ fare uno stage
6. _____ avere figli
7. _____ avere molte soddisfazioni personali
8. _____ guadagnare molti soldi
9. _____ diventare ricco/a
10. _____ prendere un altro titolo di studio
11. _____ fare una scoperta importante
12. _____ diventare famoso/a
13. _____ fare molti sacrifici
14. _____ sposarsi
15. _____ comprare una grande casa

Answers: 11.31
Answers will vary. Some possibilities:
1. una casa: un arredatore/un'arredatrice; un architetto
2. i mobili: un arredatore/un'arredatrice
3. un crimine: un poliziotto/una poliziotta
4. il teatro: un attore/un'attrice; un produttore/una produttrice; uno stilista/una stilista
5. una penna: uno scrittore/una scrittrice; uno sceneggiatore/una sceneggiatrice
6. un computer: uno scrittore/una scrittrice; uno scienziato/una scienziata
7. un film: un attore/un'attrice; un regista/una regista
8. uno scienziato/una scienziata

Answers: 11.32
1. un/una giornalista *o* uno scrittore/una scrittrice
2. uno/una scienziato/a
3. uno/una stilista
4. uno/una psicologo/a
5. un/una regista *o* un produttore/una produttrice
6. un arredatore/un'arredatrice

In contesto: Dall'indovino

Paolo, un ragazzo molto superstizioso, consulta un indovino (*fortune-teller*) per conoscere il suo futuro.

PAOLO: Cosa farò dopo aver finito il liceo? Andrò all'università?

INDOVINO: Sì, ci andrai, ma prima di andare all'università farai un lungo viaggio all'estero.

PAOLO: Veramente? Andrò anche in America?

INDOVINO: Sì, e ci resterai a lungo. Tornerai a casa solo dopo aver finito i soldi! Intanto conoscerai una ragazza americana e ti innamorerai.

PAOLO: La sposerò?

INDOVINO: Sì, ma non subito. Prima di sposarti, ti laureerai e cercherai un posto, ma non diventerai ricco. Avrai però molte soddisfazioni personali. Prima farai l'insegnante in una scuola elementare per qualche anno e poi ti sposerai.

PAOLO: Quanti figli avrò?

INDOVINO: Ne avrai due, un maschio e una femmina. Vivrete in una piccola casa e sarete molto felici.

PAOLO: Avrò successo nella mia carriera prima o poi?

humanity

INDOVINO: Farai carriera nella scuola. Studenti e colleghi ti rispetteranno moltissimo. I tuoi figli diventeranno molto famosi. Tua figlia farà delle scoperte scientifiche importanti che aiuteranno l'umanità° e tuo figlio diventerà un artista molto conosciuto.

11.34 Le predizioni. Leggete la conversazione un'altra volta e poi indicate se le seguenti affermazioni sono vere (V) o false (F). Correggete le affermazioni false.

1. Paolo andrà all'università dopo essere tornato dall'estero.
2. Quando sarà all'estero Paolo s'innamorerà.
3. Paolo si sposerà prima di laurearsi.
4. Dopo avere finito gli studi, avrà molte soddisfazioni personali.
5. Paolo e sua moglie saranno molto ricchi, ma non avranno figli.
6. Paolo sarà molto felice.

Occhio alla lingua!

1. Look at the expressions in boldface type in the the photo captions on p. 352. In what sequence do you think these actions will occur?
2. What follows **prima di**? What form of the verb follows **dopo**? How do the verb forms that follow **prima di** and **dopo** differ?
3. Reread the *In contesto* conversation and circle each action that occurs before another action and underline all the actions that occur after another action takes place.

Grammatica

Prima di e *dopo di* + infinito

You have already learned that **prima** and **dopo** can be used to indicate the order of actions.

Prima mi diplomo e **dopo** vado all'università.	*First I'm going to graduate from high school and then I'm going to college.*

1. To express *before doing something*, **prima di** + the infinitive is used. Pronouns are attached to the infinitive.

Prima di sposarmi, voglio trovare un lavoro.	*Before getting married, I want to find a job.*
Ho studiato all'università per due anni **prima di andare** all'estero.	*I studied at the university for two years before going abroad.*

2. To express *after doing something*, **dopo** + a past infinitive is used. The final **-e** of **avere** is often dropped before the past participle.

Dopo aver(e) finito gli studi, cercherò un lavoro.	*After finishing my studies, I will look for a job.*
Dopo essere arrivati, ti telefoneremo.	*After we arrive, we will call you.*

Note that the past infinitive is formed with **avere** or **essere** + the past participle of the verb. If the verb is conjugated with **essere**, the past participle agrees with the subject, as with all verbs conjugated with **essere**.

3. Pronouns are attached to **avere** and **essere** in a past infinitive after the final **e** is dropped.

Dopo avergli parlato, ti telefonerò.	*After having spoken to him, I'll call you.*
Dopo essermi riposata, leggerò gli annunci sui giornali.	*After having rested, I'll read the newspaper ads.*

11.35 Quando lo faranno? Ascolta due volte le conversazioni e indica l'ordine delle azioni di cui parlano le persone, scrivendo il numero 1 o 2 accanto ad ogni attività.

1. **a.** finire i compiti _____   uscire _____

   b. finire i compiti _____   mangiare _____

   c. finire i compiti _____   cenare _____

2. **a.** cominciare a lavorare _____   laurearsi _____

   b. cercare lavoro _____   girare l' Europa _____

3. **a.** dire _____   rivedere _____

   b. spiegare _____   chiedere scusa _____

Suggestion: You can choose to keep your grammar explanations to a minimum and assign as homework *Grammatica* and the related exercises.

Script for **11.35 Quando lo faranno?**

Conversazione 1:
mamma: Matteo, dove stai andando? Non dovevi finire i compiti prima di uscire?
Matteo: Mamma, mi aspettano! Devo andare! Non ti preoccupare, li finirò stasera dopo aver mangiato.
mamma: No, cenerai solo dopo avere finito i compiti.

Conversazione 2:
male voice: Arianna, comincerai a lavorare subito dopo esserti laureata?
Arianna: Veramente voglio girare l'Europa, prima di cercare un lavoro.

Conversazione 3:
female #1: Cosa gli dirai dopo averlo rivisto?
female #2: Mah, non lo so! Probabilmente dopo avergli spiegato come stanno le cose, gli chiederò scusa.

Answers: 11.35
1. a. finire i compiti 1   uscire 2
   b. finire i compiti 2   mangiare 1
   c. cenare 2   finire i compiti 1
2. a. cominciare a lavorare 2 laurearsi 1
   b. cercare lavoro 2   girare l'Europa 1
3. a. dire 2   rivedere 1
   b. spiegare 1   chiedere scusa 2

11.36 In che ordine? Indica in che ordine farai le seguenti cose scrivendo frasi con **prima di** + infinito.

ESEMPIO: svegliarsi / alzarsi
            Mi sveglierò prima di alzarmi.

1. lavarsi i denti / fare colazione
2. farsi la doccia / vestirsi
3. addormentarsi / spogliarsi
4. lavarsi i capelli / pettinarsi
5. uscire / mettersi l'impermeabile

11.37 Quando? Indica quando tu e i tuoi compagni farete le seguenti cose. Usa **dopo** + infinito passato.

ESEMPIO: fare un viaggio
            Faremo un viaggio dopo aver comprato un biglietto.

1. cercare un lavoro
2. sposarsi
3. avere un figlio
4. cambiare casa
5. comprare una nuova macchina
6. fare uno stage
7. prendere un altro titolo di studio
8. scrivere un libro

11.38 Il futuro di Paolo. Rileggi la conversazione a pagina 354 e metti nell'ordine corretto gli avvenimenti importanti nella vita di Paolo secondo l'indovino. Usa **prima di** + infinito o **dopo** + infinito passato.

ESEMPIO: Dopo avere finito gli studi, Paolo farà un viaggio all'estero. *o*
            prima di andare all'università Paolo farà un viaggio all'estero.

Scambi

11.39 Chi lo farà? Trova una persona in classe che in futuro farà le seguenti cose. Scopri anche quando le farà.

ESEMPIO: andare all'università
            S1: Andrai all'università?
            S2: Sì, ci andrò. (No, non ci andrò.)
            S1: Quando?
            S2: Ci andrò subito dopo aver finito il liceo.

1. avere molti figli
2. prendere una seconda laurea
3. viaggiare in Paesi lontani
4. scrivere dei libri
5. guadagnare molti soldi
6. sposare una persona ricca
7. andare a vivere in un'altra città o in un altro Paese
8. diventare ricco/a e famoso/a
9. fare una grande scoperta
10. ?

🖉 **11.40 I piani per il futuro.** Intervista un compagno/una compagna e scopri i suoi progetti per il futuro.

1. Che cosa farai subito dopo aver finito l'università?

2. Che cosa farai prima di incominciare a lavorare?

3. Dove pensi di vivere?

4. Che lavoro farai? Come sarà la tua vita quando incomincerai a lavorare e a guadagnare bene? Cosa farai che adesso non puoi fare?

5. Che cosa significa per te il successo? Guadagnare molti soldi? Fare carriera? Le soddisfazioni personali? L'avventura?

Suggestion: If time permits, have students summarize what they have learned. Then in class and/or as homework, have them use their notes to write a composition about their partner's future goals. The next day, have students exchange papers and check the accuracy of the information.

11.41 L'oroscopo. Su un foglio scrivi l'oroscopo ideale per un compagno/una compagna in classe. Prendi in considerazione, ad esempio, il lavoro, la scuola, la casa, la famiglia, avvenimenti particolari.

Suggestion: Encourage students to use vocabulary studied in previous chapters. After students have written the horoscopes, collect them and put them in a box. Then, have each student, at random, pick a horoscope and read it to the class, commenting on whether or not he/she thinks it is appropriate for him/her.

𝓛o sai che? L'Italia, un Paese di «mammoni»?

Sembra che il mito della «mamma» non tramonterà (*die out*) mai in Italia. Secondo i dati dell'Istat il 60 percento dei giovani italiani fra i 18 e i 34 anni vive con almeno un genitore. E sembra che siano più gli uomini che le donne i mammoni d'Italia.

I motivi per cui tanti giovani italiani scelgono (*choose*) di vivere con la famiglia più a lungo dei loro coetanei (*same age*) europei sono tanti. Alcuni sono di natura economica. La difficoltà di trovare un lavoro stabile che paghi bene contribuisce enormemente a questo fenomeno. È anche sempre più difficile trovare casa a un prezzo accessibile.

Oltre ai fattori economici, però, molti giovani vivono in famiglia perché ci stanno bene e non se ne vogliono andare. I giovani italiani vanno abbastanza d'accordo con i genitori e preferiscono le comodità che solo vivendo con loro possono avere.

G **11.42 E nel vostro Paese?** Paragonate la situazione dei giovani italiani a quella dei giovani del vostro Paese.

ANDIAMO AVANTI!

🗣 ℛicapitoliamo

11.43 Dall'indovino. Immaginate di consultare un indovino. Ricostruite la conversazione. Discutete il vostro passato e scoprite qualcosa del vostro futuro.

11.44 Una telefonata. Telefoni ad un amico/un'amica per decidere cosa farete le prossime vacanze. Sua madre, una donna curiosa, risponde e ti fa molte domande. Poi finalmente ti passa il tuo amico/la tua amica. A gruppi di tre, ricostruite prima la telefonata con la madre e poi la conversazione con l'amico/a. Non dimenticate di usare il Lei quando è necessario.

11.45 Sei ottimista o pessimista? Intervista due o tre compagni e scopri se loro sono d'accordo con le seguenti predizioni. Poi, in base alle loro risposte, decidi se sono ottimisti o pessimisti. Giustifica le tue opinioni.

ESEMPIO: S1: Pensi che troveranno una cura per il cancro?
         S2: Sì, Credo che la troveranno. (No, dubito che la troveranno.)

Fra dieci anni:

1. Una donna sarà presidente degli Stati Uniti.

2. Scopriranno un vaccino contro l'AIDS.

3. Sapere usare il computer sarà l'unica cosa che conta.

4. Tutti porteranno solo abiti unisex.

5. La gente vivrà più di cento anni.

6. Si risolverà il problema dell'effetto serra (*greenhouse*).

7. Ci sarà una guerra nucleare.

8. Con le nuove tecnologie potremo scegliere il sesso dei nostri figli.

9. L'inquinamento non sarà più un problema.

10. Il problema della fame nel mondo sarà risolto.

11.46 Le mie predizioni. Scrivi altre quattro predizioni per il futuro. Poi paragona le tue predizioni a quelle di un compagno/una compagna.

Mentre guardi

11.55 Mentre guardi, completa la seguente attività.

1. Per chi comprerà regali Felicita?

   a. per le amiche.

   b. per il marito e i fratelli.

2. Felicita comprerà soprattutto

   a. pantaloni e giacche.

   b. scarpe e borse.

3. Plinio spenderà molti soldi perché

   a. pagherà le tasse e porterà la macchina dal meccanico.

   b. farà shopping per la sua ragazza.

4. Che lavoro farà Laura dopo la laurea?

   a. La professoressa di liceo o d'università.

   b. La maestra d'asilo o di scuola elementare.

5. Nel lavoro, per Ilaria è importante soprattutto

   a. guadagnare molto.

   b. avere soddisfazioni personali.

6. Gaia studierà all'università ancora

   a. due anni.

   b. un semestre.

7. Che cosa pubblicherà Plinio?

   a. Un romanzo e un libro di racconti.

   b. Un libro di poesie e un libro di saggi (*essays*) sul cinema.

Dopo aver guardato

11.56 Dopo aver guardato il videoclip, completa le seguenti attività.

1. Nel video, chi ha programmi più immediati? Chi pensa ad un futuro più lontano?

2. Secondo voi, le persone faranno sicuramente le cose che hanno detto? Perché?

3. Immaginate di parlare del vostro futuro per un video diretto a studenti italiani. Lavorando a piccoli gruppi, a turno, raccontate che cosa farete:

   a. nei prossimi giorni

   b. dopo aver finito l'università

4. Le vostre risposte al #3 sono simili o diverse da quello che hanno detto le persone nel video?

Suggestion: After pairs discuss #2, you can have them list what the various people will do or ask: **Che cosa faranno?** or **Cosa pensano di fare?**

Suggestion: After student complete #3, have groups share and compare their discussions before they go on to #4.

Attraverso La Liguria

Presentation: Using the map opposite the inside front cover, introduce the region. Ask: **Dov'è la Liguria? Qual è il capoluogo della Liguria? Come si chiamano le città più importanti? Dove sono situate? Cosa sapete di queste città?**

Expansion: Continue introducing the region and the importance of its geographic location: **Cosa c'è al nord della Liguria? Come si chiama il mare della Liguria? Quali città straniere sono vicino alla Liguria? Cosa sapete di Nizza e Monaco? Perché sono famose? Quali regioni e nazioni sono vicino alla Liguria? Quali delle regioni sono vicine al mare? Quali no?** etc.

Suggestion: The *Attraverso . . .* readings can be assigned as homework or they can be covered in class.

Suggestion: Remind students that it is not necessary to understand every word to get meaning from text.

Liguria, a narrow strip of land wedged between the mountains and the sea, extends from the French border to Tuscany. Liguria is a region of contrasts: In this tiny stretch of land one can find beautiful pebbly beaches, rocky coves, and picturesque coastlines cultivated with lush lemon and almond trees, as well as beautiful terraced hills with flowers that are exported all over the world, olive trees, and fruit trees. This region is particularly famous for its coast, known as the Riviera ligure, and it has been a favorite vacation spot for Italians for centuries. Many Italians from the nearby regions of Lombardy and Piedmont have second homes in Liguria, and frequently spend their weekends here.

Il porto di Genova. Il porto di Genova è il più importante d'Italia. Navi (*Ships*) dall'Africa, dall'Australia, dal Centro America e da ogni altra parte del mondo arrivano ogni giorno con le materie prime per le industrie di Milano, di Torino e di tutta la Liguria. Le navi poi trasportano i prodotti delle industrie della Lombardia, del Piemonte e della Liguria in tutti i Paesi del mondo. Sono nati a Genova il compositore e violinista Niccolò Paganini (1782–1840) e Eugenio Montale (1896–1981), uno dei più grandi poeti italiani del '900, premio Nobel per la letteratura.

Il Bigo ed il Porto Antico di Genova. Il Bigo è una struttura metallica moderna con un ascensore panoramico. L'architetto Renzo Piano ha progettato questa struttura, che ha la forma di una gru (*crane*). Prendendo l'ascensore panoramico è possibile ammirare l'intera città di Genova.

Presentation: Start by recycling work-related vocabulary from Capitolo 11. Ask students: **Che lavoro può fare una persona che ama scrivere? La giornalista? Lo scrittore? E una persona che ama la moda? Lo stilista? La modella?** etc. Also, review words learned in previous chapters such as: **casalinga, ingegnere, medico, avvocato,** and **regista.** You might explain what people in different positions do and have students guess the profession. Or have students state what different professionals do and have the class guess what profession is being described.

PERCORSO I
LA SCELTA DELLA CARRIERA

Vocabolario: Che cosa vorresti fare?

Presentation: Using the photos and appropriate gestures, begin to introduce new job- and personality-related vocabulary: **Che cosa fanno le due ragazze? Dipingono, vero? Sono artiste. Come è la personalità di un artista? Questo giovane è architetto. Che cosa fa un architetto? Disegna case, vero?** etc.

Start to use the singular forms of the conditional of **volere,** which students have already learned: **L'architetto vorrebbe disegnare la casa per la sua famiglia? Non vorrebbe finire il lavoro per la casa di un cliente?** etc. Remind students that they learned **vorrei, vorresti,** and **vorrebbe** in Capitolo 7.

Suggestion: To continue to introduce job-related vocabulary, you can bring in photos of people doing different jobs and describe what they do and some related personality traits. Or name famous people in different fields of work and indicate their profession or job and related personality traits.

Le due ragazze sono molto creative e **vorrebbero** diventare artiste famose.

Un giovane architetto sta disegnando la casa per la sua famiglia, ma **dovrebbe** finire il lavoro per la casa di un cliente. È molto preciso ed ambizioso e **potrebbe** fare una bella carriera.

Expansion: To reinforce/introduce new vocabulary, ask students questions and begin to use **dovrebbe** and **potrebbe** as well as **vorrebbe: Chi di voi lavora? Chi è soddisfatto del suo lavoro? Chi è ambizioso? Chi vorrebbe fare il biologo/la biologa? Quali caratteristiche dovrebbe avere un biologo/una biologa? Dovrebbe essere intelligente? Creativo/a? Cosa potrebbe fare un biologo/una biologa? Potrebbe fare ricerca, vero?** Write some responses on the board that use the conditional forms.

Suggestion: Introduce and practice other conditional forms using the photo captions: **Che cosa vorrebbero diventare le due ragazze? Potrebbero diventare artiste famose? Perché? Perché sono molto creative? L'architetto vorrebbe disegnare la sua casa? Ma che cosa dovrebbe fare?**

Presentation: At this point you may choose to present more formally the conditional of **volere, dovere,** and **potere.** First have students focus on the forms you have already written on the board, then write the complete conjugations. Note that these verbs have a particular meaning in the conditional—the equivalent of *would like, should,* and *could.*

Ask students if they can see similarities between the conditional forms and the forms of the future tense. Note that the stems are the same as those used in the future tense. Point out the similarity between the third-person singular and plural conditional endings.

Mestieri e professioni

l'artista (m., f.) artist
il/la biologo/a biologist
il chirurgo surgeon
il/la commercialista Certified
Public Accountant
il/la commesso/a
salesman/saleswoman
il/la dirigente manager
il dottore/la dottoressa medical
doctor
l'elettricista (m., f.) electrician
l'idraulico plumber
l'impiegato/a office worker, clerk
l'infermiere/l'infermiera nurse
l'operaio/a (industrial) worker
il programmatore/la program-
matrice programmer
il/la segretario/a secretary

Il posto di lavoro

l'azienda, la ditta firm
la fabbrica factory
il negozio store
l'officina workshop, mechanic's garage
lo studio professional office

Per discutere di lavoro

disoccupato/a unemployed
insoddisfatto/a unsatisfied
il lavoro a tempo pieno/
il lavoro part-time
full-time/part-time job
la responsabilità responsibility
soddisfatto/a satisfied
la soddisfazione satisfaction
lo svantaggio disadvantage
il vantaggio advantage

Expansion: Continue to present and recycle vocabulary, discussing details of different types of work: **Il mio lavoro è a tempo pieno. Lavoro otto ore al giorno. Chi lavora tre ore al giorno lavora a tempo pieno? Chi fa il dirigente dovrebbe avere lo spirito d'iniziativa? Dove lavora un professore? A scuola, vero? E un medico? Lavora in ospedale,** etc.

Per parlare delle caratteristiche personali

l'ambizione *ambition*
la creatività *creativity*

creativo/a *creative*
l'entusiasmo *enthusiasm*
l'esperienza *experience*
lo spirito d'iniziativa *enterprising spirit, nature*

Così si dice: Che lavoro fai?

When you want to ask someone about his/her job, you can say: **Che (lavoro) fai/fa?** *What do you do?* If someone is asking you about your line of work, you can answer with expressions such as: **Faccio l'ingegnere.** *I am an engineer.* **Sono professoressa.** *I am a professor.* **Lavoro alla Fiat.** *I work at Fiat.* Notice that the definite articles (**il, la,** or **l'**) are used with **fare**, but no article is used with **essere: Il padre di Carlo è medico.** *Carlo's father is a doctor.* The indefinite articles (**un, una, uno**), however, are used when professions are modified by an adjective. **Il padre di Carlo è un medico molto noto.** *Carlo's father is a very renowned doctor.*

12.1 Dove e che cosa? Unisci le espressioni della colonna A e quelle della colonna B per formare frasi logiche.

A
1. In una fabbrica
2. Porto la macchina rotta
3. In un laboratorio
4. In un negozio

B
a. in un'officina.
b. si fa ricerca.
c. si vendono merci di vari tipi.
d. si costruiscono motociclette.

12.2 Cosa fa? Indica qual è il lavoro che corrisponde meglio alle attività e alle caratteristiche indicate.

1. scrive molto al computer
2. gli/le piace la musica
3. costruisce parti di automobili
4. disegna palazzi
5. dipinge
6. si occupa di scienze
7. opera in un ospedale
8. lavora molto con l'acqua
9. fa i conti e calcola le tasse

12.3 Che professione? Indica quali professioni associ con i personaggi seguenti.

1. Galileo Galilei
2. Leonardo da Vinci
3. Cecilia Bartoli
4. Miuccia Prada
5. Maria Montessori
6. Enzo Ferrari
7. Roberto Benigni
8. Dante Alighieri

12.4 Definizioni e caratteristiche. Rispondete alle domande usando i termini della lista alle pagine 369–370.

1. Com'è una persona senza lavoro?
2. Quali sono delle caratteristiche importanti per un artista?
3. Qual è una qualità importante per un bravo dirigente?
4. Che qualità si può acquisire con tanti anni di lavoro?
5. Come si può definire chi non è contento del suo lavoro e vorrebbe cambiare carriera?
6. Qual è una qualità importante per iniziare un nuovo lavoro?

In contesto: Hai deciso che farai?

Presto Franca e Riccardo finiranno il liceo e ora discutono dei loro progetti per il futuro.

RICCARDO: Allora, hai deciso? A quale facoltà ti iscriverai?

FRANCA: A Medicina. Vorrei fare il medico.

RICCARDO: Il medico? Davvero?! Ma è un lavoro stressante, e dovrai studiare tanti anni.

FRANCA: Sì, hai ragione. È una professione dura° che richiede molti sacrifici. Ma ci sono anche molti vantaggi. Farò un lavoro che mi piace e che mi darà molte soddisfazioni personali.

RICCARDO: Certo potresti anche guadagnare bene e soprattutto non dovrebbe essere molto difficile trovare lavoro!

FRANCA: E tu, hai deciso cosa vorresti fare?

RICCARDO: Io vorrei andare all'Accademia di Belle Arti. Sai, mi piace il disegno. Potrei davvero fare un lavoro creativo, adatto a me, ma i miei genitori non sono d'accordo. Dicono che è molto difficile affermarsi° in questo campo°. Secondo loro, dovrei fare l'avvocato e lavorare nello studio di mio padre.

FRANCA: Povero Riccardo, non ti invidio°. È una scelta difficile.

tough

succeed/field

envy

12.5 La scelta della carriera. Rispondete alle seguenti domande:

1. Cosa vorrebbero fare Franca e Riccardo dopo il liceo?
2. Che cosa non vorrebbe fare Riccardo?
3. Quali sono alcuni vantaggi e svantaggi di ogni professione secondo Riccardo e Franca? E secondo voi?
4. Secondo voi, quali altre professioni potrebbero fare Riccardo e Franca? Perché?

Occhio alla lingua!

1. Look at the forms of the verbs **dovere, volere,** and **potere** used in the captions on p. 369. What do you notice about the endings of these verbs?
2. What are the similarities and differences between the forms of **dovere, volere,** and **potere** on p. 369 and the forms of the future tense?
3. Underline all of the forms of **dovere, volere,** and **potere** in the *In contesto* conversation. Looking at the endings of these verbs, can you tell who the subject is in each instance?

Grammatica

•••

Il condizionale presente di *dovere, potere* e *volere*

Suggestion: You can choose to keep your grammar explanation to a minimum and assign as homework *Grammatica* and the related exercises.

To indicate obligation, desire, and possibility—the English equivalent of *should*, *could*, and *would like*—the verbs **dovere, potere**, and **volere** are used in the present tense of the conditional mood. (You will learn about other uses of the conditional mood later in this chapter.)

As you will note in the chart below, the stems used for the conditional mood are the same as those used for the future tense.

Il condizionale presente			
	dovere	**potere**	**volere**
io	dov**rei**	pot**rei**	vor**rei**
tu	dov**resti**	pot**resti**	vor**resti**
lui/lei	dov**rebbe**	pot**rebbe**	vor**rebbe**
noi	dov**remmo**	pot**remmo**	vor**remmo**
voi	dov**reste**	pot**reste**	vor**reste**
loro	dov**rebbero**	pot**rebbero**	vor**rebbero**

1. The present conditional of **volere** is used to express a wish or desire in the present or future. It is equivalent to the English *would like*.

   Dove **vorrebbero** lavorare?   *Where would they like to work?*
   Vorrei viaggiare!   *I would like to travel!*

2. The present conditional of **dovere** is used to give suggestions and advice. It is equivalent to the English *should/ought to* + verb.

   Dovrebbero studiare di più.   *They should study more.*
   Dovresti venire anche tu!   *You should come too!*

3. The present conditional of **potere** is equivalent to the English *could* + verb. It is frequently used to make a polite request.

   Potremmo venire domani.   *We could come tomorrow.*
   Potrebbe dirmi quanto costano   *Could you tell me how much the shoes*
   le scarpe?   *cost?*

Answers: 12.6
1. vorrei
2. vorremmo
3. vorrebbero
4. vorreste
5. vorrebbe
6. vorremmo

12.6 Cosa vorrebbero fare? Alcuni studenti spiegano cosa cercano nel lavoro. Completa le frasi con il condizionale di **volere**.

1. Io _____ guadagnare più soldi.

2. La mia ragazza ed io _____ lavorare nel cinema.

3. Luisa e Raffaella _____ più libertà e autonomia.

4. Tu e Marco _____ lavorare con gente più simpatica.

5. Gianni _____ fare delle scoperte scientifiche importanti.

6. Maria ed io _____ aiutare gli altri.

12.7 Insoddisfazioni! Tu e alcuni amici discutete di cosa potreste fare per avere più soddisfazione dal lavoro. Completa le frasi con il condizionale di **potere**.

1. Marco _____ lavorare a tempo pieno.
2. Io _____ avere più responsabilità.
3. Tu e Matteo _____ mostrare (*show*) più entusiasmo.
4. Noi _____ aprire un negozio.
5. Serena e Martina _____ cambiare lavoro.
6. Tu _____ cercare un lavoro creativo.

Answers: 12.7
1. potrebbe
2. potrei
3. potreste
4. potremmo
5. potrebbero
6. potresti

12.8 Cosa dovrebbero fare? Spiega cosa dovrebbero fare le persone indicate per risolvere i loro problemi. Usa il condizionale di **dovere**.

ESEMPIO: —Sono sempre stanco. [tu]
                 —Dovresti dormire di più.

1. Mi piace molto lavorare con il computer. [tu]
2. A Laura piace insegnare. [lei]
3. Non abbiamo molti soldi, perché lavoriamo poche ore la settimana. [voi]
4. Non ci piace il nostro lavoro. [noi]
5. Paolo e Renata vogliono un lavoro stimolante e interessante. [loro]
6. Mi piace disegnare. [io]

Answers: 12.8
Answers will vary. Some possibilities:
1. Dovresti studiare ingegneria o informatica.
2. Dovrebbe lavorare in una scuola.
3. Dovreste cercare un lavoro a tempo pieno.
4. Dovremmo cercare un lavoro diverso.
5. Dovrebbero fare un lavoro creativo.
6. Dovrei studiare architettura.

Suggestion: Have students listen to **12.9** as homework or in class.

Script for **12.9 E tu che faresti?**

1. Maurizio: Carla, tu che farai dopo la laurea? Io sono molto indeciso.
2. Carla: Non vorrei essere troppo egoista, ma penso proprio che cercherò un lavoro . . . ben pagato! Potrei fare la scrittrice, per esempio. Non mi manca la creatività.
3. Maurizio: Tutti bei sogni! Sarà anche vero che per avere successo occorre l'entusiasmo e quello certo tu ce l'hai! Ma è necessaria anche un po' di fortuna, ti pare?
4. Carla: Come sei pessimista! Ma dimmi, tu che farai?
5. Maurizio: Non so. Ho tante idee! Con la mia laurea potrei fare il commercialista o anche il dirigente! In ogni caso, vorrei fare una bella carriera! Io e Fabio, lo conosci, potremmo anche fare qualcosa insieme.
6. Carla: Vorreste lavorare nello stesso studio?
7. Maurizio: No! Penso piuttosto che potremmo aprire un'azienda, chissà! Magari cominceremo con un piccolo negozio in centro!

12.9 E tu che faresti? Due amici parlano del proprio futuro e di alcuni problemi che vorrebbero risolvere. Ascolta la loro conversazione due volte. Per ogni frase indica con una «F» quando senti un verbo al futuro e con una «C» quando senti un verbo al condizionale.

1. _____   4. _____   6. _____
2. _____   5. _____   7. _____

      _____   _____   _____

      _____   _____   _____

3. _____

Answers: 12.9
1. F   2. C, F, C   3. F
4. F   5. C, C, C
6. C   7. C, F

12.10 I suggerimenti. Prendete ad esempio la conversazione tra Franca e Riccardo in *In contesto* ed immaginate una conversazione simile. Discutete cosa vorreste fare dopo l'università e cosa dovreste e potreste fare per realizzare i vostri desideri.

Scambi

12.11 Le qualità. Quali qualità dovrebbero avere le persone che fanno i lavori indicati? Perché? Indicate quali caratteristiche sono più o meno importanti per ogni lavoro.

Professioni: avvocato, modello/a, architetto, commesso/a, attore/attrice, chirurgo

Caratteristiche: essere bello/a, onesto/a, intelligente, organizzato/a, preciso/a, severo/a, colto/a, creativo/a; avere spirito d'iniziativa, entusiasmo, esperienza; parlare molte lingue

Answers: 12.11
Answers will vary. Some possibilities:
Un architetto dovrebbe avere spirito d'iniziativa e parlare molte lingue, perché dovrebbe viaggiare molto.

Expansion: Have small groups of students discuss their strongest qualities and what type of work they themselves seem most suited for.

G 12.12 Cosa vorresti nel lavoro? Indica quali delle seguenti caratteristiche consideri più o meno importanti nella scelta del lavoro. Dopo paragona e discuti le tue scelte con alcuni compagni/alcune compagne.

Vorrei	Molto importante	Importante	Di nessuna importanza
guadagnare molto			
un lavoro interessante e stimolante			
molto tempo libero			
molta libertà ed autonomia			
lavorare con gente simpatica			
uno stipendio (*salary*) sicuro			
poche responsabilità			
molte soddisfazioni personali			
un buon orario di lavoro			
fare carriera			

2 12.13 Conosci qualcuno che. . .? Domanda a un compagno/una compagna in classe se ha amici o parenti che esercitano le professioni e i mestieri seguenti. Scopri anche i particolari.

ESEMPIO: il medico
              S1: Hai un amico/un'amica medico? Da quanto tempo fa questo lavoro? Che studi ha fatto? Gli/Le piace fare il medico?

1. il/la commercialista

2. l'operaio/a

3. l'idraulico

4. il programmatore/la programmatrice

5. l'artista

6. lo psicologo/la psicologa

12.14 Che lavoro potremmo fare? Leggete le seguenti offerte di lavoro e decidete quale sarebbe più adatto per ognuno/a di voi e perché. Prendete in considerazione le vostre capacità, gli interessi e la preparazione necessaria. Fate domande per capire e commentare le preferenze degli altri.

OFFERTE DI LAVORO

Famiglia italiana con due bambini di sette e nove anni cerca ragazza seria e affidabile di madrelingua inglese come baby-sitter e aiuto in casa nei mesi estivi. Bella villa in Sardegna sul mare. Cellulare: 333/0890292.

A contatto con i clienti. L'istituto di estetica *Incantesimo* a Venezia cerca una persona per rispondere al telefono, prendere appuntamenti, ricevere i clienti. Necessaria la conoscenza dell'inglese e preferibilmente anche del francese o del tedesco. È importante una buona capacità comunicativa e di organizzazione. Per un colloquio scrivere a incantave@libero.it. Allegare il curriculum.

Siti web. La ditta Mondo Web con sede a Roma cerca esperti e appassionati di informatica per creare siti web. Richiesta la conoscenza di Html, Java e Visual basic. Si accettano solo domande da persone con alcuni anni di esperienza. Mandare la domanda e il curriculum a mondoweb@alice.it

Fotografi. *Italia Foto* offre 10 posti per fotografi con grande esperienza nella fotografia professionale e buona conoscenza del francese e dell'inglese o del tedesco per un'estate intera in villaggi turistici in Calabria, Campania e Puglia. Inviare due foto e il curriculum a Italia Foto, Corso Vittorio Emanuele, 215, 00186 Roma. Tel.: 06/9846988

Lo sai che? Le donne e il lavoro

Per lavori tradizionalmente svolti (*carried out by*) dalle donne esistono nella lingua italiana le espressioni al femminile oltre che al maschile, come ad esempio **maestra, professoressa, direttrice, dottoressa.** Per molti lavori a cui le donne hanno accesso solo da poco tempo, il termine femminile a volte non esiste. **L'ingegnere,** per esempio, non ha equivalente femminile, così come **il medico, l'idraulico, il chirurgo, il meccanico.** Nel campo della politica soprattutto, parole come **presidente, deputato** e **sindaco** (*mayor*) non hanno il femminile. In questi casi, quindi, si usa la forma maschile anche per le donne: **Giulia fa il medico e Paola è sindaco.** *Giulia is a doctor and Paola is a mayor.* Per altre parole, come ad esempio **avvocato** e **architetto**, esistono i termini **avvocatessa** e **architetta**, ma molte donne professioniste preferiscono usare il maschile perché le forme femminili sembrano meno importanti.

12.15 Il lavoro al femminile. Quali professioni in genere non hanno la forma femminile? Perché?

G 12.16 Altre lingue. Quali sono nella vostra lingua problemi simili a quelli dell'italiano per indicare certe professioni? Che soluzioni ci sono?

PERCORSO II
SPERANZE E DESIDERI

Vocabolario: Che cosa ti piacerebbe?

Cosa faresti con i soldi di una lotteria?

Comprerei subito una bella macchina sportiva. Come mi **piacerebbe** avere tanti soldi!

Io invece mi **farei** una casa al mare!

I signori Marini **darebbero** i soldi ai figli e ai poveri.

Per parlare di sogni e desideri

altruista *unselfish*
l'aspirazione *aspiration*
da grande *as an adult*
egoista *selfish*
fare ricerca *to do research*
idealista *idealist*
sognare ad occhi aperti *to daydream*
il sogno *dream*
la speranza *hope*

Per discutere di problemi sociali

l'assistente sociale *social worker*
proteggere l'ambiente *to defend, to protect the environment*

diminuire (-isc-) le tasse *to lower taxes*
eliminare la disoccupazione *to eliminate unemployment*
l'ecologia *ecology*
fare beneficenza *to give to charity*
fare sciopero *to go on strike*
occuparsi* di politica *to be involved in politics*
la pace *peace*
i partiti politici *political parties*
riciclare il vetro, la carta, la plastica *to recycle glass, paper, plastic*
rispettare *to respect*
i senzatetto *homeless people*
il volontariato *volunteer work*
votare *to vote*

12.17 Che cosa è vero? Indica qual è, secondo te, la definizione più adatta ad ogni espressione.

1. Una persona idealista
   a. ha fiducia (*faith*) nel futuro.
   b. si occupa solo di lavoro.

2. Una persona altruista
   a. si interessa soprattutto di se stessa.
   b. si occupa degli altri.

3. Quando una persona fa sciopero
   a. non va a lavorare.
   b. va in vacanza.

4. Per proteggere l'ambiente
   a. dobbiamo diminuire le tasse.
   b. dobbiamo rispettare la natura.

5. Chi si occupa di politica
   a. va a votare.
   b. ama gli animali.

6. I poveri hanno
   a. un partito politico.
   b. pochi soldi.

7. Riciclare la carta serve a
   a. rispettare la natura.
   b. scrivere libri.

8. I senzatetto sono persone
   a. senza casa.
   b. molto occupate.

9. Il volontariato è
   a. un lavoro pagato molto bene.
   b. un lavoro non pagato.

10. Le persone che fanno beneficenza
    a. organizzano eventi sportivi.
    b. aiutano i poveri.

Presentation: Present new vocabulary related to social issues: **Cosa farebbe una persona altruista con tanti soldi? Comprerebbe un'automobile? Darebbe i soldi ai poveri? Farebbe beneficenza? I signori Marini sono altruisti? Perché? Darebbero i soldi ai figli e ai poveri!**

Avete mai fatto del volontariato? Per che cosa? Voi fate qualcosa per proteggere l'ambiente?

Chi vorrebbe occuparsi di politica? Perché? etc.

Work first with cognates, then explain expressions such as **fare sciopero** by giving a definition: **Non si va a lavorare, ma si protesta per avere condizioni migliori.**

Suggestion: To reinforce the new vocabulary, you can ask students to make short lists of positive steps that can be taken to solve some social problems.

Answers: 12.17

1. a	5. a	9. b
2. b	6. b	10. b
3. a	7. a	
4. b	8. a	

12.18 Che significa? Completa le frasi con un termine della lista a pagina 376 e fa' i cambiamenti necessari.

1. Chi non dà niente a nessuno è _____.
2. Chi è ottimista ha molte _____ per il futuro.
3. Un/Un'ambientalista (*environmentalist*) si occupa di _____.
4. Chi è molto distratto ed idealista spesso sogna _____.
5. Chi lavora senza essere pagato fa _____.
6. Per contribuire alla difesa dell'ambiente, si può _____.

Answers: 12.18
1. egoista
2. speranze
3. ecologia
4. ad occhi aperti
5. volontariato
6. riciclare la carta (il vetro, la plastica)

In contesto: Cosa farei con tanti soldi!

Giuseppe e Giulia hanno giocato al totocalcio e immaginano cosa potrebbero fare con i soldi della vincita.

GIUSEPPE: Io non andrei più a scuola e non lavorerei mai! Viaggerei per tutto il mondo sempre in prima classe.

GIULIA: Come sei egoista, però! Io penserei anche agli altri, almeno ai miei genitori e ai miei fratelli.

GIUSEPPE: Ma certo! Anch'io aiuterei la mia famiglia, cosa credi. E poi, mi interesserei ai problemi ecologici e sociali. E tu?

GIULIA: Bravo! Ambizioso e anche altruista! Io forse mi occuperei di politica.

GIUSEPPE: Di politica? Io non lo farei mai!

GIULIA: Penserei un po' anche a me, non ti preoccupare. Anch'io girerei per tutto il mondo. Ma prima finirei la scuola.

GIUSEPPE: Sei molto saggia°!

Suggestion: Pair students and have them practice reading the dialogue. Circulate around the room and help them with pronunciation. If time permits, ask for volunteers to read the dialogue to the class. Or you may choose to use the dialogue as a listening-comprehension activity to be covered in class or at home.

wise

2 **12.19 Per essere felici.** Leggete la conversazione e poi discutete se le seguenti affermazioni sono vere o false.

1. Giuseppe e Giulia sperano di vincere molti soldi.

2. Giulia pensa di dare dei soldi ai genitori.

3. Con i soldi del totocalcio Giuseppe vorrebbe pagarsi un'università privata.

4. Giuseppe e Giulia farebbero tutti e due dei bei viaggi.

5. A Giuseppe non interessa la politica.

Occhio alla lingua!

1. Read again the captions on p. 376. What do you think the verbs in bold express?

2. Do you notice a pattern in the endings of the verbs in bold? How are these verb forms similar to other verb forms you have already learned?

3. In the *In contesto* conversation underline the verbs that express wishes and aspirations. What do these verbs have in common?

𝓛o sai che? Lotterie in Italia

Oltre al **totocalcio**, in Italia ci sono altri tipi di lotterie, come quella di Capodanno, quella di Merano, associata ad una corsa di cavalli, e quella di Monza in connessione con una famosa corsa di automobili. La più antica è il **lotto**: si giocano determinati numeri e si può scegliere in quale città giocarli. Ogni giorno, con pochi soldi, si possono anche comprare i biglietti del "**Gratta e Vinci**": si gratta (*scratch*) la superficie del biglietto e si scopre una combinazione di numeri o disegni che può far vincere pochi euro o anche molti milioni.

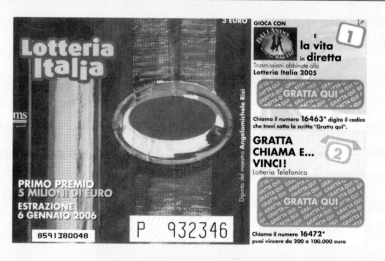

G **12.20 Le lotterie in Italia e nel vostro Paese.** Considerate quello che avete letto sulle lotterie in Italia e rispondete alle domande.

1. Nel vostro Paese, ci sono alcune lotterie simili a quelle italiane? Quali sono?

2. Voi giocate qualche volta ad una lotteria? Che cosa vorreste vincere?

Grammatica

Il condizionale presente

1. You have learned that the verbs **potere, dovere,** and **volere** convey particular meanings when used in the present conditional mood. More generally, the present conditional of Italian verbs is used to express wishes, aspirations, and preferences. It corresponds to the English *would* + verb.

Suggestion: You can choose to keep your grammar explanations to a minimum and assign as homework *Grammatica* and the related exercises.

Mi piacerebbe comprare una casa al mare.	*I would like to buy a house on the beach.*
In un mondo ideale, tutti **proteggerebbero** l'ambiente.	*In an ideal world, everyone **would protect** the environment.*
Fareste sciopero per diminuire le tasse?	*Would you go on strike to lower taxes?*
Laura **preferirebbe** fare l'assistente sociale in una grande città.	*Laura **would prefer** to be a social worker in a big city.*

2. The present conditional, in the form of a question, can also be used to make suggestions and polite requests.

Mi **direbbe** dov'è Carlo, per favore?	*Would you tell me where Carlo is, please?*
Aprireste la porta, per piacere?	*Would you please open the door?*

3. As you have also learned, the stems used for the conditional mood are the same as those used for the future tense. As for the future tense, **-are** verbs change the **-a** of the infinitive to **-e**. The present conditional endings are the same for all conjugations.

Il condizionale presente			
	comprare	**proteggere**	**preferire**
io	comprer**ei**	protegger**ei**	preferir**ei**
tu	comprer**esti**	potegger**esti**	preferir**esti**
lui/lei	comprer**ebbe**	protegger**ebbe**	preferir**ebbe**
noi	comprer**emmo**	protegger**emmo**	preferir**emmo**
voi	comprer**este**	protegger**este**	preferir**este**
loro	comprer**ebbero**	protegger**ebbero**	preferir**ebbero**

4. As in the future tense, verbs that end in **-care** and **-gare** add an **h** to the stem before adding the conditional endings. Verbs that end in **-ciare** and **-giare** drop the **-i-**.

Come gli piace il tennis! Gio**cherebbe** tutti i giorni!	*How he likes tennis! **He would play** every day!*
Mi pa**gheresti** un caffè?	*Would you pay for a coffee for me?*

5. As in the future tense, the verbs **fare, dare,** and **stare** don't change the **-a** to **-e** before adding the conditional endings, as shown.

fare	**far-**	**far**ei, . . .
dare	**dar-**	**dar**ei, . . .
stare	**star-**	**star**ei, . . .

Cosa **faresti** per l'ambiente?

*What **would you do** for the environment?*

Una persona egoista **non darebbe** nulla agli altri.

*A selfish person **would not give** anything to others.*

Piove! **Starei** volentieri a casa!

*It's raining! **I would** gladly **stay** home!*

6. Verbs that have irregular stems in the future have the same irregular stems in the conditional. However, the conditional endings for these verbs are regular.

andare	**andr-**	**andr**ei, . . .	**sapere**	**sapr-**	**sapr**ei, . . .
avere	**avr-**	**avr**ei, . . .	**vedere**	**vedr-**	**vedr**ei, . . .
bere	**berr-**	**berr**ei, . . .	**venire**	**verr-**	**verr**ei, . . .
dovere	**dovr-**	**dovr**ei, . . .	**vivere**	**vivr-**	**vivr**ei, . . .
essere	**sar-**	**sar**ei, . . .	**volere**	**vorr-**	**vorr**ei, . . .
potere	**potr-**	**potr**ei, . . .			

Andremmo volentieri in Italia.

***We would** gladly **go** to Italy.*

Carlo **sarebbe** felice anche con pochi soldi.

*Carlo **would be** happy even with little money.*

Answers: 12.21
1. comprerebbe
2. daremmo
3. fareste
4. costruirebbero
5. farei
6. aiuterebbe
7. vendereste; comprereste
8. andresti

12.21 Con i soldi della lotteria. Indica cosa farebbero le seguenti persone con i soldi di una lotteria.

1. Paolo / comprare una macchina sportiva
2. Luisa ed io / dare una festa per tutti i nostri amici
3. Tu e Luigi / fare un bel viaggio
4. Rosalba e Marcella / costruire una casa per i genitori
5. Io / fare molti regali a tutti gli amici
6. Maria / aiutare i poveri
7. Tu e Renata / vendere la vostra casa e ne / comprare una nuova
8. Tu / andare in Italia

Answers: 12.22
1. potrebbero
2. saprebbe
3. vorrei
4. dovrei
5. potrebbe
6. suggerirebbe

12.22 Per piacere! Sei in una città italiana e hai bisogno di molte cose. Cambia le frasi e usa il condizionale per essere più gentile.

1. Mi possono dire dov'è un buon ristorante?
2. Sa dirmi l'ora, per favore?
3. Voglio una scheda telefonica.
4. Quando devo tornare per parlare con il professore?
5. Mi può dare quel giornale?
6. Mi suggerisce una buona trattoria?

12.23 Abitando a Roma. . . Indica quali delle seguenti attività faresti a Roma e quali invece non potresti fare.

ESEMPIO: visitare il Colosseo
             Visiterei il Colosseo. *o* Non visiterei il Colosseo.

1. prendere un aperitivo al bar con gli amici

2. visitare il Vaticano

3. nuotare nel Pacifico

4. conoscere molti italiani

5. mangiare sempre in ristoranti francesi

6. parlare sempre in inglese

7. andare in molti musei

8. vedere molti film americani

9. giocare a tennis

12.24 Cosa faresti? A turno spiegate cosa fareste per trovare una soluzione nelle seguenti situazioni.

ESEMPIO: Ti preoccupi dell'ambiente.
             S1: Riciclerei la carta.
             S2: Studierei ecologia.

1. Questo semestre non stai andando bene a scuola.

2. Non hai i soldi per pagare la scuola il prossimo semestre.

3. Non vai d'accordo con i tuoi genitori, ma non hai i soldi per andare ad abitare da solo/a.

4. Vivi in una nuova città e non conosci nessuno. Ti senti solo/a.

5. Hai litigato con il tuo migliore amico/la tua migliore amica.

6. Sei a Milano e ti sei rotto/a un braccio.

7. Vuoi aiutare i senzatetto.

8. Desideri iniziare a occuparti di politica.

Scambi

12.25 Il mondo ideale. Scrivi cinque cose che ci sarebbero o non ci sarebbero in un mondo ideale. Poi insieme paragonate le vostre risposte.

12.26 Un brutto sogno. Immaginate come sarebbe la vostra vita senza le risorse seguenti: *il computer, il telefono, l'aereo, il cellulare, la televisione, l'automobile, il cinema.* Come sarebbe diversa la giornata? Come vivreste? Cosa fareste o non fareste?

12.27 Sognando ad occhi aperti. Prepara una lista di tre cose che faresti in ognuna delle seguenti situazioni. Poi scopri che cosa hanno scritto altre tre persone in classe. Siete molto simili, un po' simili o molto diversi?

1. Hai vinto una grossa somma di denaro alla lotteria: come la spenderesti?

2. Improvvisamente hai molto tempo a disposizione: cosa faresti?

3. Hai vinto un bel viaggio in Italia: dove e con chi andresti? Cosa faresti?

4. Hai la possibilità di abitare in un altro Paese: dove andresti? Cosa porteresti con te? Cosa faresti sempre e cosa non potresti più fare?

 **12.28 Sogni e desideri.** Una giornalista ha chiesto a due ragazzi, Ilaria e Iacopo, quali sono i loro sogni. Ascolta la conversazione due volte e indica se le seguenti affermazioni sono vere o false.

1. Ilaria studia biologia.
2. Ilaria fa il riciclaggio della carta e del vetro.
3. Ilaria ama le macchine sportive.
4. Iacopo vorrebbe aiutare i senzatetto.
5. Iacopo non ha nessuna esperienza di volontariato.
6. Iacopo va in giro per la città con il motorino.

12.29 E voi? Indicate con quale dei ragazzi della conversazione vi identificate di più e perché.

12.30 I nostri problemi. Preparate insieme una lista dei tre problemi più importanti nella vostra scuola. Poi decidete cosa potreste fare per risolverli.

A che cosa servono questi cassonetti?

Suggestion: Begin by recycling house and home vocabulary from Capitolo 6. Ask: **Quante camere ci sono a casa tua? C'è uno studio? Quanti bagni ci sono? La tua casa è in centro? Cosa c'è vicino? Ci sono dei ristoranti?** etc.

Presentation: Begin to introduce new home-related vocabulary using the photos. Ask yes/no questions or questions that require a one-word answer: **Questa casa in campagna è molto bella. È nuova o vecchia? È vecchia, ma è restaurata. C'è traffico? No, c'è tranquillità! L'aria è inquinata? No, l'aria è pulita!** etc.

PERCORSO III
LA CASA IDEALE

Then ask: **Dove sono gli appartamenti? In città o in campagna? Per la strada c'è traffico? C'è tranquillità o c'è molto rumore? Questi appartamenti hanno le finestre? Hanno il balcone? Hanno una terrazza?** etc.

Vocabolario: Dove ti piacerebbe vivere?

Presentation: Continue presenting new vocabulary by describing what kind of house you would like, where it would be, and what you would do to buy it: **Vorrei una casa al mare. Ci sarebbe una bella terrazza e la strada sarebbe molto tranquilla. Non ci sarebbe traffico.** etc. **Per comprare la casa andrei ad un'agenzia immobiliare. Chiederei il prezzo e informazioni sulla zona. Che cosa chiederesti tu all'agente?**

Help students decide what they would need to ask about an apartment or house.

Questa è una villa di campagna restaurata. Probabilmente le stanze sono molto spaziose e c'è una cantina per i vini. C'è tranquillità e l'aria è pulita.

In questi palazzi ci sono molti appartamenti. Ce ne sono di grandi e piccoli. In genere non hanno una terrazza. Per la strada c'è traffico e probabilmente c'è anche molto rumore.

Per descrivere la casa

l'agenzia immobiliare *real estate agency*
l'annuncio sul giornale *newspaper ad*
l'aria condizionata *air conditioning*
il caminetto *fireplace*
luminoso/a *bright*
mostrare *to show*
il riscaldamento *heating system*

signorile *luxurious*
trasferirsi* *to move*
la villa *villa*

Per discutere dove abitare

le manifestazioni culturali *cultural events*
la zona *area*

Presentation: Using the new vocabulary, you may choose to begin introducing double pronouns. Start with **ce ne: La mia casa ideale avrebbe poche camere. Ce ne sarebbero tre. Vorrei due caminetti; sì, ce ne sarebbero due! Vorrei una terrazza; ce ne sarebbe una,** etc. Write some of your sentences on the board.

Then ask students about their own ideal house: **Ci sarebbero molte o poche camere? Ce ne sarebbero due, tre, cinque? Ci sarebbe una terrazza? Ce ne sarebbe una?** etc.

Presentation: You may now wish to present double-object pronouns using classroom vocabulary and appropriate gestures: **Mi presti il libro? Me lo presti?** Take an object and pass it to other students and ask: **Cosa ho fatto? Ho dato il libro a Marco? Gliel'ho dato?** Write some responses on the board and ask students to what and whom the pronouns refer.

Next, write on the board simple sentences such as **Presto il libro a Carlo.** First replace only the direct object with an object pronoun, then only the indirect object. Repeat this with a few sentences, then begin substituting both pronouns. Draw students' attention to the basic

12.31 L'intruso. Indica quale parola o espressione non c'entra.

1. terrazza, luminoso, arredare
2. trasferirsi, traffico, rumore
3. aria condizionata, agenzia immobiliare, annuncio
4. caminetto, cantina, mostrare
5. manifestazioni culturali, zona, cantina

Answers: 12.31
1. arredare
2. trasferirsi
3. aria condizionata
4. mostrare
5. cantina

word order: indirect object + direct object or **ne** + verb. Point out that **mi, ti, si, ci,** and **vi** become **me, te, se, ce,** and **ve** in front of the direct pronouns. Point out that **gli** is also used for **le** and is attached to the direct-object pronouns.

Change the verbs in the sentences on the board to the **passato prossimo**, noting that the past participle has to agree with the direct-object pronoun.

12.32 Cercando casa. Rispondi alle domande ed usa i termini più adatti fra quelli della lista a pagina 383 o già studiati.

1. Cosa leggi se cerchi casa?
2. Dove andresti per trovare un appartamento?
3. Come è un appartamento che costa molto?
4. Che cosa c'è di solito quando c'è traffico?
5. Come si chiama un appartamento di una sola stanza?
6. Qual è un'altra parola simile a «balcone»?
7. Che cosa usi quando fa molto caldo?
8. Dove si possono conservare le bottiglie di vino?
9. Cosa possiamo usare se fa freddo?

12.33 Che cosa è importante per te? Quali affermazioni corrispondono meglio a quello che vorresti tu riguardo alla casa? Indica l'ordine di importanza per te e poi paragona le tue scelte con quelle di altre persone in classe. C'è qualcuno simile a te? E qualcuno molto diverso?

Importanza	Affermazioni
	La cosa più importante per me è una zona tranquilla.
	Vorrei un balcone con una bella vista.
	A me la terrazza non interessa affatto (*at all*).
	Ho pochi soldi e cerco un monolocale.
	A me non dispiace se c'è traffico, ma devo assolutamente avere due camere da letto.
	Vorrei una casa nel centro storico.
	Mi piacerebbe un caminetto.
	Per me la casa deve essere luminosa!
	Mi piacerebbe molto avere un giardino.
	Preferirei abitare in campagna.

Così si dice: *Tutto/ Tutta*

• •

When the adjective **tutto/tutta** is used in the singular, it means the *whole/entire*. When it is used in the plural, **tutti/tutte**, it means *all, every*. **Tutto/a** and **tutti/e** are commonly followed by a definite article. **Vorrei passare tutto il giorno al mare.** *I would like to spend the whole day at the beach.* **Mi piacerebbe vedere tutte le case degli annunci.** *I would like to see all the houses in the ads.*

In contesto: Cercando casa

Tommaso e Serena vorrebbero sposarsi presto e per questo cercano casa. Parlano con un agente immobiliare.

AGENTE: In che zona vorreste andare ad abitare?

SERENA: A me piacerebbe vivere proprio in centro. Mi piace la vita movimentata di Padova.

TOMMASO: Io, invece, preferirei la pace e la tranquillità. Non mi piacciono le città grandi. C'è sempre troppo traffico per me. E il rumore e l'inquinamento! Non li sopporto!

AGENTE: Per lei, signorina, avrei diversi appartamenti interessanti. Sono piccoli, ma molto carini e appena restaurati.

SERENA: Quando ce li potrebbe far vedere?

AGENTE: Glieli mostro anche domani, se vuole.

TOMMASO: Scusatemi! Ed io? Ho sempre sognato una casetta fuori città, in campagna!

AGENTE: Veramente ce ne sarebbe solo una libera. Potremmo andarci domenica.

SERENA: Prima però andiamo a vedere un paio di appartamenti in città.

AGENTE: Ve ne mostro quanti ne volete, ma dovreste mettervi d'accordo!

Suggestion: Pair students and have them practice reading the dialogue. Circulate around the room and help them with pronunciation. If time permits, ask for volunteers to read the dialogue to the class. Or, you may choose to use the dialogue as a listening comprehension activity to be covered in class or at home.

12.34 In città oppure no? Indicate le preferenze di Tommaso e Serena riguardo alla casa. Poi discutete le loro scelte. Avete gli stessi gusti? Con chi dei due siete d'accordo?

Answers: 12.34
Answers will vary. Some possibilities:
Serena: A Serena piacerebbe vivere in città, perché le piace la vita movimentata di Padova e si annoierebbe in una città piccola.

Tommaso: Tommaso preferirebbe la pace e la tranquillità. Non gli piacciono le città grandi perché c'è sempre troppo traffico. Vorrebbe una casetta in campagna.

	in città	**in campagna**	**perché**
A Serena piacerebbe la casa			
A Tommaso piacerebbe la casa			

12.35 E l'agente? Cosa farà l'agente secondo te? E tu, cosa faresti al suo posto?

Answers: 12.35
Answers will vary. Some possibilities:
Probabilmente l'agente mostrerà loro gli appartamenti in città. Io non gli mostrerei niente perché non sanno cosa vogliono!

Occhio alla lingua!

1. In the *In contesto* conversation, underline once direct- and indirect-object pronouns that are used alone. What nouns do they replace?

2. Underline twice direct- and indirect-object pronouns that are used together. What nouns do they replace?

3. When direct- and indirect-object pronouns are used together, what patterns can you identify?

Suggestion: You can use the questions in *Occhio alla lingua!* to present inductively, summarize, and/or review the use of double-object pronouns.

Grammatica

I pronomi doppi

Suggestion: You can choose to keep your grammar explanation to a minimum and assign as homework *Grammatica* and the related exercises.

You studied direct-object pronouns in Capitolo 4 and indirect-object pronouns in Capitolo 7. In Capitolo 6, you studied the use of **ne** to refer to quantities. Very often you will want to use both a direct- and an indirect-object pronoun in a sentence, or to use an indirect-object pronoun with **ne** (referring to a quantity). The chart below shows how the indirect-object pronouns **mi, ti, gli, le, ci,** and **vi** are used in combination with direct-object pronouns and **ne**.

Indiretti		Diretti o *Ne*		I pronomi doppi
mi	+	lo, la, li, le, ne	=	me lo, me la, me li, me le, me ne
ti	+			te lo, te la, te li, te le, te ne
gli/le (Le)	+			glielo, gliela, glieli, gliele, gliene
ci	+			ce lo, ce la, ce li, ce le, ce ne
vi	+			ve lo, ve la, ve li, ve le, ve ne

Presentation: Please note that the use of reflexive pronouns with direct object pronouns is presented in Capitolo 14.

1. The indirect object pronouns **mi, ti, ci,** and **vi** are used when talking directly to somebody. When these are used with direct object pronouns, the indirect object pronouns precede the direct-object pronouns.

   —Domani **ti** do l'indirizzo dell'appartamento.

   —*Tomorrow I will give you the address of the apartment.*

   —**Me lo** dai questa sera, per piacere?

   —*Will you give it to me this evening, please?*

   —Quante case **ci** mostrerà?

   —*How many houses will you show us?*

   —**Ve ne** mostrerò tre.

   —*I will show you three (of them).*

   The final **-i** of the indirect-object pronouns **mi, ti, ci,** and **vi** changes to **-e** in front of **lo, la, li, le,** and **ne**.

   —**Vi** mando gli annunci in una mail.

   —*I am sending you the ads in an e-mail.*

   —Grazie! **Ce li** mandi subito?

   —*Thanks! Are you sending them to us right away?*

2. The indirect-object pronouns **gli, le,** and **loro** are used when talking about other people.

   Gli (*to him* or *to them*), **le** (*to her*), and **Le** (*to you,* formal) become **glie-** when used with **lo, la, li, le,** and **ne**, and combine with them to become one word. **Loro** never combines with direct-object pronouns; it always follows the verb.

   —Ha dato il Suo indirizzo a Carlo?

   —*Did you give Carlo your address?*

   —Sì, **gliel'**ho dato.

   —*Yes, I gave it to him.*

   —Daresti dei soldi ai tuoi amici?

   —*Would you give some money to your friends?*

   —**Gliene** darei certamente!

   —*I would give them some for sure!*

   —Hai dato la tua camera ai genitori?

   —*Did you give your bedroom to your parents?*

   —Sì, **l'**ho data **loro** volentieri.

   —*Yes, I gave it to them gladly.*

3. Double-object pronouns are attached to the infinitive upon which they depend. With **dovere, potere,** and **volere** they can either precede the conjugated verb or be attached to the infinitive after dropping the final **-e.**

—Preferisco **affittartela**, non vendertela.

—*I prefer to rent it to you, not to sell it to you.*

—**Me la** dovresti dare. / Dovresti **darmela**.

—*You should give it to me.*

4. As you have already learned, in compound tenses, the past participle always agrees in number and gender with the direct object pronoun that precedes it. The same is true with double-object pronouns. The past participle agrees with the preceding direct-object pronoun.

—Hai dato le chiavi di casa a tua sorella? **Gliele** hai dat**e**?

—*Did you give the house keys to your sister? Did you give them to her?*

—Quante chiavi ti hanno dato?
—**Me ne** hanno dat**a** solo una.

—*How many keys did they give to you?*
—*They only gave me one (of them).*

12.36 Cosa compreresti? Un amico pensa di ricevere una grossa eredità (*inheritance*). Gli chiedi cosa comprerebbe a te e alle seguenti persone. Trova la risposta logica nella colonna B per ogni domanda nella colonna A.

Answers: 12.36
1. d
2. e
3. a
4. b
5. c
6. f

A
1. Mi compreresti una borsa di Fendi?
2. Compreresti molti regali per gli amici?
3. Ci compreresti dei CD?
4. Compreresti una casa per tua madre?
5. Compreresti uno yacht per tuo padre?
6. Compreresti un appartamento per i tuoi genitori?

B
a. Sì, ve ne comprerei.
b. Sì, gliela comprerei.
c. No, non glielo comprerei.
d. No, non te la comprerei!
e. Sì, gliene comprerei molti.
f. No, non lo comprerei loro.

12.37 Una festa in casa. La tua amica Mara ti telefona per chiederti come è andata la festa che hai fatto recentemente. Rispondi alle sue domande e sostituisci i pronomi doppi alle parole in corsivo.

Answers: 12.37
Answers will vary. Some possibilities:
1. Sì, gliel'ho preparata./ L'ho preparata loro.
2. Sì, ce li ho messi.
3. Sì, me ne ha portati tanti.
4. Sì, me ne ha fatto uno splendido.
5. Sì, gliel'ho dato.

1. Hai preparato *la cena per gli ospiti*?
2. Hai messo *i piatti di porcellana sul tavolo*?
3. Filippo *ti* ha portato *dei fiori*?
4. Giovanna *ti* ha fatto *un bel regalo*?
5. E tu, hai dato *a Giovanna il regalo* per il suo compleanno?

12.38 Ricco/a e famoso/a. . . Trova un compagno/una compagna che farebbe le seguenti cose se fosse (*if he/she were*) ricco/a e famoso/a.

ESEMPIO: regalarmi un computer

S1: Mi regaleresti un computer?

S2: Sì, certo, te lo regalerei. (No, non te lo regalerei.)

1. fare molti regali a tutti gli amici
2. comprarmi una casa
3. comprare una macchina sportiva per tuo fratello/tua sorella
4. dare dei soldi ai poveri
5. comprare una villa per tua madre
6. regalarci un nuovo lettore CD
7. invitare i tuoi compagni di classe a cena nella tua villa

Scambi

12.39 La casa ideale. Descrivete insieme la vostra casa ideale. Indicate dove sarebbe e come sarebbe.

12.40 Quale ti piace? State cercando un appartamento a Roma e leggete i seguenti annunci. Quale sarebbe più adatto a voi? Perché? Quale non andrebbe bene? Perché?

ROMA

Zona Prati. 2 locali, composto di ingresso, soggiorno, camera, bagno e cucina. Euro 185.000

Zona San Giovanni. 3 locali. Soggiorno, 2 camere, cucina, bagno, terrazza. Bella ristrutturazione. Posto macchina. Euro 425.000

Zona Parioli. Da ristrutturare. 2 camere, cucina, sala da pranzo, bagno, studio, ripostiglio, balcone. Euro 665.000.

Zona Flaminio. 3 camere, cameretta, cucina, due bagni, grande terrazzo, giardino, garage. Elegante villetta. Euro 825.000

7. Fabrizio dice: «Immagino una spiaggia rosa. . . lontano dal rumore». Dove vorrebbe abitare secondo te? Poi continua: «Tutto ciò che mi servirebbe dovrebbe essere. . . una connessione Internet molto veloce». Pensi che parli seriamente o che stia scherzando (*joking*)?

Answers: 12.59

1. Ilaria	8. Felicita
2. Fabrizio	9. Fabrizio
3. Felicita	10. Laura
4. Dejan	11. Chiara
5. Chiara	12. Dejan
6. Ilaria	13. Gaia
7. Laura	

Mentre guardi

12.59 Mentre guardi, indica a chi si riferiscono le seguenti frasi.

	Felicita	Ilaria	Laura	Fabrizio	Chiara	Dejan	Gaia
1. Preferirebbe abitare in città.							
2. Vorrebbe andare a pesca e vivere lontano dal rumore.							
3. Vorrebbe insegnare all'università.							
4. Ammira le persone creative.							
5. Di rado i giovani trovano un lavoro che dia soddisfazioni.							
6. Vorrebbe avere il caminetto.							
7. Sogna di fare l'attrice.							
8. Pensa che non sarebbe facile lavorare e avere figli.							
9. Non potrebbe vivere senza il computer.							
10. Per fare teatro occorre spirito di sacrificio.							
11. Per le donne e gli uomini la situazione riguardo al lavoro è simile.							
12. Ammira il fotografo Oliviero Toscani.							
13. Pensa che in città ci sia troppo smog.							

Dopo aver guardato

12.60 Indicate cosa fanno ora e cosa vorrebbero fare le seguenti persone: Felicita, Laura, Dejan.

12.61 Indicate dove abitano adesso e dove vorrebbero abitare in futuro Ilaria e Fabrizio.

12.62 Ora rispondete alle seguenti domande:

1. Fra le persone del video, chi vi sembra più concreta e realista? Chi invece ha più sogni? Chi è più creativa e chi meno? Perché?

2. Con chi vi identificate di più? Perché?

3. Paragonate le situazioni e le aspirazioni delle persone nel video a quelle dei giovani nel vostro Paese.

Suggestion: After students complete **12.62**, have them compare some of the issues discussed in the video with similar issues in their country. For example, ask questions such as: **Il problema del lavoro per i giovani di cui parla Chiara, secondo voi, è simile o diverso nel vostro Paese? Di quali problemi parla Gaia? Ci sono problemi simili nel vostro Paese? Cosa si potrebbe fare per risolverli?** More generally, you might ask: **Secondo voi, cosa potrebbe o dovrebbe fare una persona per conciliare il lavoro e la famiglia? Sarebbe difficile?**

Attraverso Il Veneto

Suggestion: The *Attraverso . . .* cultural reading can be covered in class or assigned as homework.

Presentation: Use the map opposite the inside front cover to introduce the region. Ask: **Dov'è il Veneto? Quali sono i confini del Veneto? Come si chiama il mare vicino al Veneto? Quali sono le città più importanti? Cosa sapete di queste città?** etc.

Expansion: Ask students what they remember of the neighboring regions of **Lombardia, Friuli-Venezia Giulia,** and **Emilia-Romagna.** Ask: **Cosa ricordate di queste regioni? Perché sono conosciute? Ci sono industrie importanti? Quali? Qual è un'altra regione vicino a queste dove ci sono molte industrie?** etc.

Veneto used to be one of Italy's poorest regions and one with the highest rates of emigration. In the past, its predominantly agricultural economy was unable to sustain adequately the population. But today, Veneto is one of the most industrialized regions in Italy, and large numbers of immigrants now flock here in search of work. Large, medium, and small industries, from chemical plants to textile factories, are all located in this prosperous region.

Agriculture is still a vital sector of the economy. Fruit, corn, grain, and fine wines from the Verona hills are produced in large quantities. Tourism is also very important. People from all over the world visit this region to view its rich cultural and historical treasures and to vacation, for example, in the lovely towns along Lago di Garda.

Veduta aerea di Venezia. La torre e la basilica romanico-bizantina di San Marco, il santo protettore di Venezia, sono di fronte al Canal Grande e alla chiesa di Santa Maria della Salute. Venezia è costruita su 118 isole che sono separate da 160 canali. Le isole sono unite da 400 ponti. Per muoversi in questa città si può usare la gondola, o il vaporetto, meno costoso e più efficiente. Naturalmente è anche possibile esplorare la città a piedi attraverso le piccole vie, «calli», e le tante piccole piazze, «campielli».

Ritratto (Portrait) dell'imperatore Carlo V a cavallo di Tiziano Vecellio (1490–1576). Tiziano, uno dei più grandi artisti del Cinquecento italiano, era il maggiore pittore della Repubblica di Venezia, nota anche come «la Serenissima». Tipici delle sue opere sono i colori accesi (*bright*) e l'uso del chiaroscuro. Nelle figure umane e soprattutto nei ritratti Tiziano riesce a catturare (*capture*) il carattere e la personalità dei personaggi.

Suggestion: Remind students to use appropriate reading strategies.

Presentation: Review travel and vacation vocabulary studied in previous chapters. Use semantic maps: Draw on the board large circles, one for places and locations, one for items needed to go on vacations, etc. In each circle, write relevant vocabulary that students suggest.

PERCORSO I
I MEZZI DI TRASPORTO

Vocabolario: Che mezzo prendi?

Alla stazione

ARIANNA: Due biglietti per Reggio Calabria, per favore.

IL BIGLIETTAIO: Quale treno?

ARIANNA: L'Intercity è **meno veloce dell'**Eurostar, vero? Vorrei un biglietto per l'Eurostar delle due. C'è anche la carrozza ristorante?

IL BIGLIETTAIO: Sì, certo. Si mangia piuttosto bene e si sta molto comodi!

Presentation: Review means of transportation studied in previous chapters. Ask: **Come possiamo girare in città? In motorino? In automobile? Come si viaggia in molte grandi città? In metropolitana? In taxi?** Then, begin to introduce new vocabulary by describing each of the photos and asking simple questions: **Guardiamo la biglietteria. Dove siamo? Siamo alla stazione. Cosa devo comprare per viaggiare in treno? Il biglietto, vero? Allora vado alla biglietteria. Perché viaggio in treno? È molto comodo ed è anche economico.** As appropriate, ask students more personal questions: **Tim, hai preso qualche volta il treno? Dove fai il biglietto? Alla biglietteria, vero? Secondo te i treni in questo Paese sono comodi? Sono economici?** etc.

E le due ragazze, dove sono? Sono al distributore di benzina, vero? Cosa fanno? Fanno benzina? Sì, devono fare benzina. Fanno il pieno? As appropriate, ask students more personal questions: **Jennifer, tu dove fai benzina? C'è un distributore di benzina qui vicino? Fai sempre il pieno?** etc.

Guardiamo la fermata dell'autobus. Cosa fanno le persone? Aspettano l'autobus? Ci sono molte persone che prendono l'autobus? As appropriate, ask students more personal questions: **Jim, c'è una fermata dell'autobus vicino a casa tua? C'è una fermata qui a scuola? Dov'è?** etc.

Il distributore di benzina

La fermata dell'autobus

OLIVIA: Dobbiamo fare il pieno, vero?

ROBERTA: Sì, ma la benzina oggi è **più cara di** ieri!

LA SIGNORA CAMPI: Con questo traffico un motorino sarebbe certo **più veloce dell'**autobus!

IL SIGNOR PERILLI: A volte anche tornare a casa a piedi sarebbe quasi **più semplice che** prendere l'autobus!

LA SIGNORA CAMPI: Eccolo! Finalmente! Meglio tardi che mai.

Per parlare dei mezzi di trasporto

l'aliscafo *hydrofoil*
l'autostrada *freeway / highway*
il binario *train track*
cambiare treno *to change trains*
la cuccetta *sleeping berth*

fare benzina *to get gas*
il pieno *to get a full tank*
fare una crociera *to go on a cruise*
la nave *ship, boat*
noleggiare un'automobile *to rent a car*

Presentation: As you continue introducing new vocabulary, you may choose to begin to introduce comparatives. Ask simple questions and write some questions and answers on the board: **È più veloce l'autobus o il motorino? L'autobus è più veloce del motorino. Ma se c'è traffico, l'autobus**

è meno veloce del motorino! Il treno è più veloce o meno veloce dell'aereo? Sì, il treno è meno veloce dell'aereo. Ma il treno è più veloce dell'automobile, vero? Sì, qualche volta il treno è più veloce dell'automobile. Briefly discuss comparisons of inequality, pointing out that the adjective agrees with the first element in the comparison and that **di** precedes the second element, combining with the article.

Ask additional questions for reinforcement: **Per andare in Italia è più veloce l'aereo o la nave? Per venire a scuola, è più adatta la macchina o è più adatto il treno? In città, quando c'è molto traffico, è più adatto l'autobus o l'automobile? Per andare su un'isola, è più adatto il treno o il traghetto?**

Suggestion: Quickly go around the room and compare objects. Ask questions: **Il libro è più grande della penna? Il quaderno è meno costoso dello zaino? In classe ci sono più studenti che studentesse, vero?** etc. You can also compare campus structures and other elements: **La biblioteca è più grande o più piccola del laboratorio linguistico? All'università ci sono più automobili che autobus, vero?**

Presentation: Introduce comparisons of equality in a similar manner, again writing sentences on the board. Ask simple questions and help students respond: **In città ci sono tante automobili quanti autobus? No, non ci sono tante automobili quanti autobus! Il treno è comodo (tanto) quanto l'aereo?** etc. Briefly explain the use of **così... come** and **tanto... quanto.** Point out that **così** and **tanto** can easily be omitted.

Suggestion: To reinforce the use of comparatives, bring to class photos—for example, of famous people, clothing, food, and buildings—and have groups compare them using adjectives they already know.

Presentation: Use the photo of the train station to introduce and review train-related vocabulary. Ask: **Per viaggiare in treno dove andiamo? Cosa compriamo prima? Dove? Viaggiamo in prima classe o in seconda classe?** etc. Introduce expressions such as il **vagone letto,** la **cuccetta,** and la **carrozza ristorante.** Explain that when we get on a train we need to know the track: **Per prendere il treno dobbiamo conoscere il numero del binario. Possiamo chiedere informazioni e domandare per esempio: Da quale binario parte?**

il porto *port, harbor*
la prima/la seconda classe
   first/economy class
il traghetto *ferry*
il vagone letto *sleeping car*

Per descrivere i mezzi di trasporto

adatto/a *appropriate*
comodo/a *comfortable, convenient*
conveniente *advantageous*
economico/a *inexpensive*
efficiente *efficient*
faticoso/a *tiring*

lento/a *slow*
pericoloso/a *dangerous*

Espressioni alla stazione

Scusi, a che ora c'è la coincidenza per . . .? *Excuse me, at what time is the connection for . . .?*
Da quale binario parte? *Which track is it leaving from?*
C'è posto in seconda? *Is there a seat in the economy class?*
Vietato fumare. *No smoking.*

Così si dice: *Prendere / Perdere*

As you already know, in Italian, **prendere,** *to take,* is used with means of transportation. **Ho preso il treno delle 5.** *I took the 5 o'clock train.* To express the Italian equivalent of *to miss,* use **perdere. Sono arrivata in ritardo e ho perso l'autobus!** *I arrived late and I missed the bus!* **Se arriviamo in ritardo rischiamo di perdere l'aereo.** *If we arrive too late, we risk missing our flight.*

13.1 Per viaggiare. Rispondi alle domande seguenti relative ai viaggi. Usa termini che già hai studiato e le parole della lista precedente.

1. Indica dove andresti per:
   a. fare benzina
   b. prendere l'autobus
   c. prendere il treno
   d. prendere l'aereo
   e. prendere il traghetto
2. Come si chiama una vacanza sulla nave?
3. Cosa usi se dormi sul treno?
4. Cosa puoi fare se non hai un'automobile?
5. Qual è il contrario di *costoso?*
6. Qual è il contrario di *veloce?*
7. Qual è il contrario di *rilassante?*
8. Se vuoi mangiare sul treno, dove vai?

Answers: 13.1
Answers will vary. Some possibilities:
1. a. Andrei al distributore di benzina
   b. Andrei alla fermata dell'autobus
   c. Andrei alla stazione
   d. Andrei all'aeroporto
   e. Andrei al porto
2. Si chiama una crociera
3. Uso una cuccetta
4. Posso noleggiare un'automobile
5. economico
6. lento
7. faticoso
8. Vado nella carrozza ristorante

13.2 In viaggio. Elenca i mezzi di trasporto più adatti per le situazioni seguenti. Per ogni mezzo, indica anche alcuni aggettivi che lo descrivono.

  a. andare su un'isola
  b. attraversare (*to cross*) l'oceano Atlantico
  c. viaggiare sull'autostrada
  d. andare da una città all'altra in Italia
  e. viaggiare da un Paese all'altro in Europa

Answers: 13.2
Answers will vary. Some possibilities:
  a. il traghetto è adatto
  b. la nave è comoda
  c. l'automobile è conveniente
  d. il treno è efficiente
  e. l'aereo è veloce

13.3 In treno. Completa il seguente dialogo fra un passeggero e il controllore (*ticket collector*) ed usa una delle espressioni della lista precedente.

1. IL PASSEGGERO: Scusi, si può mangiare un pasto regolare sul treno?

   IL CONTROLLORE: Certo, un po' più avanti c'è la _____.

2. IL PASSEGGERO: Senta, ma posso fumare?

   IL CONTROLLORE: Assolutamente no! Non lo sa che sui treni è _____?

3. IL PASSEGGERO: E per dormire? C'è posto?

   IL CONTROLLORE: Ma allora avrebbe dovuto prendere un treno con il _____ oppure prenotare una _____!

4. IL PASSEGGERO: Ha ragione lei. Ma mi dica, questo treno non va a Palermo direttamente, vero? A che ora c'è la _____?

   IL CONTROLLORE: Fra mezz'ora. Alla prossima stazione deve scendere e _____ subito treno.

*L*o sai che? In automobile, in treno e in autobus

Per i turisti che viaggiano in Italia spesso non è conveniente noleggiare la macchina: il costo della benzina è due o tre volte più alto che negli Stati Uniti e tutte le autostrade sono a pagamento, per cui un viaggio in macchina può diventare piuttosto costoso. Molto spesso è più comodo viaggiare in treno. Infatti si può prendere il treno per andare da una città ad un'altra, ma anche per visitare i paesi più piccoli.

Alcuni treni si fermano soltanto nelle città più grandi, come l'**IC** (*Inter City*) e l'**Eurostar**: questi ultimi sono più veloci di altri, ma costano di più e la prenotazione è obbligatoria. I treni denominati EET, poi, vanno in altri Paesi europei e quasi sempre ci sono anche le cuccette per dormire.

Ci sono diversi tipi di riduzioni (*discounts*) sul prezzo del biglietto, come la **carta verde** per i giovani dai 12 ai 26 anni e la **carta d'argento** per gli anziani. Il biglietto si può fare alla biglietteria della stazione o utilizzando le macchinette automatiche, oppure anche presso un'agenzia di viaggi, dove qualche volta può costare un euro in più. In ogni caso è sempre più opportuno farlo il giorno prima della partenza. All'inizio di ogni binario c'è una macchinetta gialla per convalidare (*to validate*) il biglietto: infatti, se non si convalida il biglietto prima della partenza, si rischia di prendere una multa (*fine*).

Per visitare città e paesi più piccoli sono molto comodi anche i pullman, o corriere, che collegano i posti dove il treno non passa spesso o dove non si ferma.

13.4 Per viaggiare in Italia. Dopo aver letto le informazioni sui mezzi di trasporto, indica se le seguenti affermazioni sono vere (**V**) o false (**F**).

1. In Italia si paga per viaggiare in autostrada.
2. Molti treni sono più veloci dell'Eurostar.
3. L'Eurostar si ferma solo nelle città più grandi.
4. Con la carta verde il biglietto costa di più.

13.5 E nel vostro Paese? Paragonate i mezzi di trasporto all'interno del vostro Paese con quelli all'interno dell'Italia. Indicate quali si usano di più e spiegate perché.

In contesto: Come ci vado?

Suggestion: Pair students and have them practice reading the dialogue. Circulate around the room and help them with pronunciation. If time permits, ask for volunteers to read the dialogue to the class. Or you may choose to use the dialogue as a listening-comprehension activity to be covered in class or at home.

Paul è in vacanza a Milano da alcuni giorni e adesso vorrebbe andare a Capri. Entra in un'agenzia di viaggi e chiede informazioni all'impiegata.

PAUL: Buongiorno, signora. Vorrei passare qualche giorno a Capri. Come mi consiglia di andarci?

IMPIEGATA: Veramente, dipende da quanto tempo ha lei e quanto vuole spendere. Ma vediamo un po'. Con l'aereo certamente arriva prima, ma ovviamente costa più del treno. C'è n'è uno da Milano per Napoli ogni mattina alle otto. Poi a Napoli dall'aeroporto prende un taxi per andare ai traghetti. I traghetti per Capri ci sono molto spesso, specialmente l'estate. C'è anche l'aliscafo, che è più veloce e anche più comodo.

PAUL: E il treno?

IMPIEGATA: Certamente! Ogni giorno ci sono diversi Eurostar. A che ora vorrebbe partire?

PAUL: Veramente non sono ancora sicuro. Che altre possibilità ci sono?

IMPIEGATA: Potrebbe sempre noleggiare una macchina. Certo andare in macchina è forse più lungo e più caro del treno, con il costo della benzina e dell'autostrada!

PAUL: Sono più confuso di prima! Non so proprio cosa sarebbe meglio fare.

IMPIEGATA: Senta, perché non ci pensa un po' e torna domani? Lei mi sembra un po' troppo indeciso!

Answers: 13.6
Answers will vary. Some possibilities:
1. L'aereo, il taxi, il traghetto, l'aliscafo, il treno, la macchina
2. L'aliscafo è veloce e comodo. L'aereo è costoso.
3. Noi gli consiglieremmo prima il treno perché è più economico e poi l'aliscafo perché è veloce.

2 **13.6 Per Capri.** Completate le seguenti attività.

1. Fate una lista dei mezzi che Paul può prendere per andare a Capri.

2. Indicate quale mezzo, secondo l'impiegata all'agenzia di viaggi, è o non è costoso, economico, rilassante, veloce, faticoso.

3. Indicate i vantaggi e gli svantaggi di ogni mezzo. Quale consigliereste a Paul? Perché?

Occhio alla lingua!

Suggestion: You can use the questions in *Occhio alla Lingua!* to present inductively, summarize, and/or review the comparative.

1. Look at the words in boldface type in the photo captions in the *Vocabolario* section on p. 401. These words are used to make comparisons—to indicate that something or someone is equal to, superior to, or inferior to another. Indicate in each instance what elements are being compared.

2. Underline words used to make comparisons in the *In contesto* conversation. What pattern(s) can you identify?

Grammatica

I comparativi

When you make a comparison you indicate whether one person or thing is equal to, inferior to, or superior to another. To make comparisons in Italian, use the following expressions:

Suggestion: You may choose to keep your grammar explanations to a minimum and assign as homework *Grammatica* and the related exercises.

uguaglianza (*equality*)	**maggioranza** (*superiority*)	**minoranza** (*inferiority*)
(così). . . come	più. . . di/che	meno. . . di/che
(tanto). . . quanto		

Comparativo di uguaglianza

1. When using adjectives to compare people and things that you consider equal, use **così** or **tanto** before the adjective and **come** or **quanto** after the adjective. Note that the first part of the comparison—**così** or **tanto**—is usually omitted.

   Un autobus è **(così)** veloce **come** una macchina. — *A bus is **as fast as** a car.*

   Il treno è **(tanto)** comodo **quanto** l'aereo. — *The train is **as comfortable as** the plane.*

2. When making a comparison of equality with verbs, use **tanto. . . quanto.** Usually, **tanto** is omitted.

   Il treno costa **(tanto) quanto** l'autostrada. — *The train costs **as much as** the freeway.*

3. When comparing nouns that you consider equal, use **tanto. . . quanto.** **Tanto** and **quanto** are adjectives in this instance and agree with the noun in gender and in number. **Tanto** cannot be omitted.

   In città ci sono **tante** macchine **quante** motociclette. — *In the city there are **as many** cars **as** there are motorcycles.*

Comparativo di maggioranza e di minoranza

1. To compare two different persons, places, or things, use **più. . . di** or **meno. . . di** to express the equivalent of *more than* or *less than*. The adjective agrees in gender and number with the first element. **Di** is placed in front of the second element of the comparison.

   Gli aerei sono **più** veloci **delle** navi. — *Airplanes are faster than ships.*

   Le automobili sono **meno** rumorose **dei** motorini. — *Cars are less noisy than mopeds.*

Expension: You may choose to provide further examples to illustrate the use of personal pronouns in comparisons and comparisons with numbers:

Ho viaggiato **più di te.**

Ho preso più di due coincidenze.

Presentation: You may want to provide further examples of comparisons with **che,** using chapter-related vocabulary.

Presentation: You may choose to present the following related grammar point: **Più . . . che** and **meno . . . che** are also used when the second element of the comparison is preceded by a preposition:

Si viaggia in treno più in Italia che negli Stati Uniti.

Ci sono più viaggiatori alla stazione che all'aeroporto.

È meno costoso prendere il traghetto da Sorrento che da Napoli.

Suggestion: For additional practice, have pairs of students compare their favorite bands, sport teams, actors, restaurants, etc.

Suggestion: To practice **maggiore** and **minore** pair students and have them describe their younger or older brothers and sisters.

Suggestion: Briefly review how to form regular adverbs and offer some examples: **Ho viaggiato comodamente. Gli piace viaggiare pericolosamente. I treni arrivano regolarmente.**

Suggestion: To practice **meglio** and **peggio** have students make a short list of their favorite athletes or musicians and in pairs indicate who performs better or worse than another athlete or musician.

Answers: 13.7

Answers will vary. Some possibilities:
1. I pullman sono efficienti come le automobili.
2. Non ci sono tanti traghetti quanti treni.
3. Si viaggia tanto sull'autostrada quanto in aereo.
4. Le stazioni sono affollate come gli aeroporti.
5. Ci sono tanti motorini quante automobili.
6. Gli aliscafi sono comodi come i traghetti.

Remember: **Di** combines with definite articles to form a **preposizione articolata**.

Il treno è **più** comodo **dell'**aereo.	*Trains are more comfortable than airplanes.*
Le macchine sono **meno** pericolose **delle** motociclette.	*Cars are less dangerous than motorcycles.*

2. Più . . . che and **meno . . . che** are used to compare two nouns, two adjectives, two adverbs, or two verbs that refer to the same subject.

L'aereo è **più** veloce **che** riposante.	*Airplanes are more fast than restful.*
Ci sono **più** treni **che** aerei.	*There are more trains than airplanes.*
Preferisco viaggiare **più** comodamente **che** velocemente.	*I prefer traveling more comfortably than rapidly.*

I comparativi irregolari

1. In addition to their regular forms, some adjectives also have irregular comparative forms, as shown below. Note that **minore** and **maggiore** are most frequently used to indicate younger and older brothers and sisters and to describe works of authors or artists.

buono	**cattivo**
migliore (più buono)	peggiore (più cattivo)
grande	**piccolo**
maggiore (più grande)	minore (più piccolo)

Il vagone letto è **migliore** della cuccetta.	*The sleeping car is better than the sleeping berth.*
Ho un fratello **minore** e due sorelle **maggiori**.	*I have one younger brother and two older sisters.*

2. The adverbs **bene** and **male** have irregular comparative forms, as shown:

bene	**male**
meglio *(better)*	peggio *(worse)*

In aereo abbiamo viaggiato bene, ma abbiamo viaggiato **meglio** in treno.	*We traveled well by plane, but we traveled better by train.*
Ho mangiato **peggio** in aereo che in treno.	*I ate worse on the plane than on the train.*

13.7 Come si viaggia? Un amico ti fa domande sui mezzi di trasporto nel tuo Paese. Rispondi usando **tanto. . .quanto** e **così. . .come.**

ESEMPI: —Ci sono aerei? (treni)
 —Ci sono tanti aerei quanti treni.

 —Un viaggio in aereo costa molto? (in treno)
 —Costa (tanto) quanto un viaggio in treno.

1. I pullman sono efficienti? (le automobili)
2. Ci sono i traghetti? (i treni)
3. Si viaggia molto sull'autostrada? (in aereo)
4. Le stazioni sono affollate? (gli aeroporti)
5. Ci sono molti motorini? (automobili)
6. Gli aliscafi sono comodi? (traghetti)

13.8 Paragoniamo! Confronta tra loro i vari modi di viaggiare e i mezzi di trasporto. Scrivi frasi complete usando **più di / che** o **meno di / che**. Puoi usare uno degli aggettivi seguenti: **veloce, costoso, pericoloso, migliore, peggiore, comodo, facile, numeroso, economico, vicino**.

ESEMPI: un viaggio in aereo/un viaggio in treno
Un viaggio in aereo è più veloce di un viaggio in treno. /
Un viaggio in treno è meno veloce di un viaggio in aereo.

automobili/motociclette
In città ci sono più automobili che motociclette. /
Le motociclette sono più pericolose delle automobili.

1. un viaggio in macchina / un viaggio in autobus
2. il motorino / la motocicletta
3. il cibo sull'aereo / il cibo sul treno
4. un viaggio in treno / un viaggio in aereo
5. le motociclette / le biciclette
6. gente in metropolitana / gente in autobus
7. la stazione / l'aeroporto
8. le automobili / gli autobus

13.9 Come hai viaggiato? Rispondi alle domande usando i termini dati relativi ad esperienze di viaggio. Usa comparativi ed avverbi regolari ed irregolari.

ESEMPIO: Avete viaggiato bene in treno quest'anno? (l'anno scorso)
Sì, abbiamo viaggiato meglio dell'anno scorso!

1. È stato difficile cambiare treno? (l'ultima volta)
2. Avete dormito male in vagone letto? (in aereo)
3. Quest'anno avete mangiato bene nei ristoranti? (l'estate scorsa)
4. Avete aspettato pazientemente per entrare nei musei a Napoli? (a Roma)
5. Avete chiesto informazioni bene in italiano? (la volta precedente)

13.10 In vacanza. Due amiche sono appena tornate da una vacanza e paragonano le loro esperienze. Ascolta la conversazione due volte ed indica quali affermazioni si riferiscono a Marina e quali a Silvana.

	Marina	Silvana
1. Ha fatto una crociera migliore di quella dell'anno precedente.		
2. Si è divertita meno dell'amica.		
3. Ha incontrato persone più simpatiche di quelle dell'anno precedente.		
4. È appena tornata dal mare.		
5. Secondo lei una persona si diverte di più in crociera che al mare.		
6. Non lavora ancora.		

13.11 Paragoni fra persone. Paragonate due persone famose, per esempio nel mondo dello spettacolo, dello sport o della politica e scrivete cinque frasi da presentare alla classe.

Scambi

13.12 Due viaggi. Osservate i biglietti seguenti.

A.

B.

Answers 13.12

1. a. Destinazione
   Biglietto A: Roma
   Biglietto B: Fabriano
   b. Il tipo di treno
   Biglietto A: Eurostar
   Biglietto B: Eurostar
   c. Il costo
   Biglietto A: € 24,99
   Biglietto B: € 16,94
   d. La data e l'ora della partenza
   Biglietto A: 9 settembre 2004, alle 12.53
   Biglietto B: 12 gennaio 2004 alle 11.38

1. Indicate:

   a. la destinazione

   b. il tipo di treno

   c. il costo

   d. la data e l'ora della partenza

2. Poi insieme decidete:

   a. quale viaggio è stato più/meno lungo

   b. quale biglietto è più/meno costoso

   c. chi si è svegliato più presto/tardi per partire

2. *Answers will vary. Some possibilities:*
   a. Forse il viaggio da Roma a Firenze è stato più lungo.
   b. Il biglietto per Fabriano è meno costoso del biglietto per Firenze.
   c. Si è svegliata più presto la persona con il biglietto per Fabriano.

13.13 Quali treni? Osservate l'orario dei treni e trovate due treni possibili per le seguenti persone. Poi indicate quale dei due, secondo voi, è più adatto e perché.

1. Vuole partire da Roma dopo le 12.30 e arrivare a Napoli prima delle 16.00.

2. Vuole partire da Roma prima delle 13.00 per arrivare a Formia prima delle 16.00. Vorrebbe pranzare sul treno.

3. Partono da Napoli per arrivare a Salerno la mattina stessa, ma non vogliono alzarsi troppo presto.

ROMA–FORMIA–NAPOLI

		2393 R2	525 PLUS	43 12369 R2	2395 D2	9429 ES*	1 44 2497 IR	9465 ES*	529 IC	45 1589 IC	46 1591 IC	9375 ES*	2397 R2	44 2419 IR	589 PLUS	9433 ES*	48 12373 R2
	Provenienza		GE		MI		UD		TO	MI	MI				MI	MI	
	Torino Porta Nuova																
·	**Roma Termini**	11.49	12.27		12.35	12.45	13.15	13.20				13.45	13.49	14.01		14.45	
·	Roma Tiburtina								13.21	13.41	13.41				14.20		
·	Roma Ostiense		12.01														
13	Torricola																
24	Pomezia-S. Palomba																
34	Campoleone	12.08			12.57								14.08				
50	Cisterna di Latina	12.17			13.09								14.17				
62	Latina	12.25	12.57		13.19				13.57	14.18	14.18		14.25	14.33	14.57		
71	Sezze Romano	12.33			13.27								14.35				
86	Priverno-Fossanova	12.43			13.36								14.51				
103	Monte S. Biagio	12.55			13.47								15.02				
110	Fondi-Sperlonga	13.01			13.53								15.07				
123	Itri	13.10											15.15				
129	**Formia** a.	13.16	13.32		14.04				14.32	14.54	14.54		15.20	15.10	15.32		15.47
	Formia	13.17	13.33	13.47	14.05				14.33	14.55	14.55		15.21	15.11	15.33		15.55
139	Minturno-Scauri	13.27		13.55	14.12								15.31	15.31			16.04
154	Sessa Aurunca-Roc.			14.04	14.21												16.12
165	Falciano-Mondragone			14.12	14.28												16.17
174	Cancello-Arnone			14.18													16.25
181	Villa Literno			14.25	14.38												
187	Albanova																
190	S. Marcellino-Frignano																
195	Aversa		14.05		14 50				15.05	15.27	15.27				16.05		
199	S. Antimo-S. Arpino																
201	Frattamaggiore-Grumo																
205	Casoria-Afragola																
·	**Napoli C. Flegrei** a.			14.52									15.20				16.52
·	Napoli Mergellina a.			14.59									15.26				16.59
·	**Napoli P. Garibaldi** a.			15.15									15.38				17.15
214	**Napoli Centrale** a.		14.24			15.15	14.30	16.11	15.09	15.24	15.46	15.46				16.36	16.24	16.30
	Napoli Centrale			a 15.18						15.36	15.58	15.58	a 15.42			16.36		a 17.18
268	Salerno a.			16.25						16.09	16.43	16.43	16.16			17.09		18.25
489	Paola a.									18.52	19.05	19.05	18.09			19.31		
675	Villa S. Giovanni a.									20.50	21.01	22.01	19.46			21.25		
690	Reggio Cal. C.le a.									21.06	21.16	22.15	20.00			21.40		
	Destinazione																

NAPOLI–NOCERA–TORRE ANNUNZIATA–SALERNO

		13 14 1385 E	C 1825 IR	A 2425 IR	22195 M2	16 1665 E	17 1631 E	18 3381 R2	19 22179 R2	12357 R2	20 1877 R2	3455 R2	22197 M2	22 1879 R2	833 E2	24 9371 ES*
	Provenienza	Zürich		A	TO	MI					B			MI	RM	
214	Napoli Centrale		6.48	6.48				7.06	7.08	7.18	7.34	7.50		8.12	8.22	
	Napoli C. Flegrei	6.34			6.36	6.42	6.56						7.35			8.22
	Napoli Mergellina				6.42								7.41			8.28
	Napoli P. Garibaldi				6.56								7.58			8.42
216	Napoli Gianturco															
219	Napoli S. Giovanni				7.03								8.05			
221	Pietrarsa-S.Giorgio a Cr.				7.05								8.07			
223	Portici-Ercolano		7.01	7.01	7.09			7.17			7.45	8.02	8.11	8.24		
226	Torre del Greco		7.05	7.05	7.12							8.06	8.14			
232	S. Maria La Bruna				7.17			7.24	7.26	7.34			8.19			
235	Torre Annunziata Città				7.22								8.24			
237	**Torre Annunziata** a.		7.12	7.12	7.27			7.31	7.32	7.39	7.55	8.14	8.30	8.34		
	Torre Annunziata		7.13	7.13				7.32	7.33	7.40	7.56	8.15		8.35		
240	Pompei		7.17	7.17				7.36		7.44	8.00	8.19		8.39	8.45	
242	Scafati									7.47						
246	Angri				7.23					7.51						
250	Pagani									7.55						
251	**Nocera Inferiore** a.		7.26	7.27		7.32		7.44	7.42	7.58	8.08	8.26		8.47	8.53	
	Nocera Inferiore		7.27	7.28		7.33		7.45	7.43	7.59	8.09	8.27		8.48	8.54	
254	Nocera Superiore							7.49	7.48	8.03						
260	Cava dei Tirreni							7.55	7.54	8.09				8.57		
264	Vietri sul Mare-Amalfi							8.00	7.59	8.14						
267	Salerno Duomo							8.05	8.04	8.20						
268	**Salerno** a.	7.30	7.39	7.39		7.45	7.55	8.10	8.10	8.27	8.20	8.39		9.07	9.10	9.16
268	Salerno	7.33	7.42	7.42		7.48	7.58				8.23			9.09		9.19
489	Paola a.	9.45	10.57	10.57		9.55	10.08				11.30			12.05		11.09
546	Lamezia Terme C.le a.	10.23				10.29	10.42									11.40
676	Villa S. Giovanni a.	11.55				11.47	12.49									12.46
690	Reggio Cal. C.le a.					12.07	13.05									13.00
	Destinazione		CS		C			Eboli	Eboli		Sapri			C		

13.14 I viaggi più belli. Ognuno descrive all'altra persona un viaggio che ha fatto. Poi insieme paragonate i due viaggi e decidete quale è stato migliore dell'altro. Prendete in considerazione, ad esempio, i mezzi di trasporto, il posto, il costo e le attività.

PERCORSO II
ALBERGHI E CAMPEGGI

Vocabolario: Scusi, c'è posto?

ANNA E GIACOMO: Ci sono camere libere? Vorremmo la più bella!
L'IMPIEGATA: L'unica libera è una doppia. È **la migliore** che abbiamo.
GIACOMO: La colazione è compresa nel prezzo?

Camping *Al sole.* Tante tende coloratissime **nel più incantevole** campeggio della zona, vicino al lago di Garda.

Per parlare degli alberghi e altri tipi di soggiorno

l'asciugamano *towel*
la camera singola, doppia/ matrimoniale *single, double room*
con/senza bagno *room with/without bathroom*
i comfort *amenities*
la connessione Internet *Internet connection*
incantevole *delightful*
l'ostello *hostel*
pagare con la carta di credito *to pay with a credit card*
la pensione *bed and breakfast*
il residence *apartment hotel*

il sacco a pelo *sleeping bag*
i servizi *conveniences, restrooms*
la spiaggia privata *private beach*
il villaggio turistico *resort*
la vista sul mare *ocean view*

Espressioni in albergo

Avete/Hanno la prenotazione?
Do you have a reservation?
Quanti giorni pensa di restare?
How many days do you think you will stay?
Mi dispiace, è tutto esaurito.
I am sorry, there is no vacancy.

Presentation: Briefly review vocabulary related to buildings and furnishings from Capitolo 6: **È impor-tante se l'albergo è in centro o in periferia? Cosa c'è in una camera d'albergo? Un tavolino? Una poltrona?** Then ask: **Per te l'aria condizionata è molto importante? Viaggiate con molte valige?** Then

13.15 L'intruso. Per ogni gruppo di parole ed espressioni indica l'intruso.

1. l'albergo, la pensione, la camera
2. il residence, la carta di credito, il villaggio turistico
3. l'ostello, l'asciugamano, la camera con bagno
4. la spiaggia privata, il sacco a pelo, la vista sul mare
5. la connessione Internet, la tenda, il campeggio
6. incantevole, l'albergo a quattro stelle, tutto esaurito

13.16 In albergo. Per ogni frase della colonna A trova la domanda o la risposta corrispondente nella colonna B.

A
1. Penso di restare tre giorni.
2. È proprio sicuro che non c'è posto?
3. No, non abbiamo fatto nessuna prenotazione.
4. Abbiamo solo una camera singola.

B
a. Avete la prenotazione?
b. Ci sono camere libere?
c. Quanti giorni pensa di restare?
d. Mi dispiace, è tutto esaurito.

13.17 Come si dice? Rispondi alle seguenti domande su alberghi e soggiorni ed usa i termini della lista a pagina 410.

1. Che cosa dici quando entri in un albergo?
2. Dove vai se non vuoi un albergo troppo caro?
3. Cosa puoi usare per pagare l'albergo?
4. Cosa porti in campeggio?
5. Di cosa hai bisogno per scrivere una mail o fare una ricerca su Internet?
6. Che tipo di spiaggia può avere un albergo molto costoso?

13.18 In campeggio o in albergo? Discutete i vantaggi e gli svantaggi di un albergo a quattro stelle e di un campeggio. Quale preferite? Perché?

Così si dice: *Mi serve / Mi servono*

• •

To indicate that you need something, you can use the verb **servire**, which follows the same pattern as **piacere**. When the item you need is singular, **servire** is used in the singular: **Ci serve il sacco a pelo per il campeggio?** *Do we need the sleeping bag to go camping?* When the item is plural, **servire** is used in the plural: **Mi servono una camera doppia e una singola.** *I need a double and a single room.*

Presentation: Briefly explain the use of **servire**, limiting your explanation to the third-person singular and plural in the present tense. Offer some examples such as: **Quando vado in vacanza mi serve assolutamente la carta di credito!** Ask students to list a few essential items they really need when traveling and compare their lists with those of other students.

continue to introduce new vocabulary relating to hotels and accommodations using the photos in the book or your own photos and props. Hold up a credit card and say, for example: **Quando vado in albergo pago sempre con la carta di credito.** Hold up a small towel and say: **Non porto mai gli asciugamani in albergo, ma li porto quando vado in campeggio.** Explain that **una camera singola** has only one bed, and so on.

Expansion: To practice new vocabulary, have students prepare two lists, one of what they think it is very important to have in a hotel or a campground, and another of things they can do without. Then have them compare their lists with other students. Have some students report to the class the results of their comparisons.

Before assigning this activity, model possible questions and answers based on students' lists and encourage them to use the comparative and the superlative: **Io voglio un letto comodissimo! E tu? Qual è la cosa più importante per te? Per me, quando vado in vacanza la cosa più importante è una bella vista sul mare!**

Presentation: Introduce hotel-related expressions referring to the caption with Anna and Giacomo's conversation: **Cosa vuole sapere Giacomo? Vuole una camera, vero? Ha la prenotazione? È facile trovare una camera quando non si ha la prenotazione? C'è una camera libera? C'è una doppia, vero? Cosa si dice quando non c'è una camera libera? Si dice: Mi dispiace, è tutto esaurito.**

Answers: 13.15
1. la camera
2. la carta di credito
3. l'ostello
4. il sacco a pelo
5. la connessione Internet
6. tutto esaurito

Answers: 13.16
1. c
2. d
3. a
4. b

Answers: 13.17
Answers will vary. Some possibilities:
1. Ci sono camere libere?
2. Vado in una pensione, in campeggio o in un ostello.
3. Posso usare la carta di credito.
4. Porto la tenda e il sacco a pelo.
5. Ho bisogno di una connessione Internet.
6. Una spiaggia privata.

Suggestion: Before students complete **13.18**, brainstorm with the class about aspects of the two different types of accommodations to consider.

Lo sai che? Gli alberghi in Italia

Gli alberghi italiani sono di diverse categorie, a seconda dei comfort e dei servizi che offrono, del prezzo e della località in cui si trovano. L'albergo a due stelle, per esempio, è molto più economico di un hotel a quattro stelle. Gli alberghi più lussuosi sono a cinque stelle. Nel prezzo dell'albergo spesso è compresa la prima colazione. Per quanto riguarda la pensione, molto comune nelle località di vacanza, si può scegliere la pensione completa, con colazione, pranzo e cena, o la mezza pensione, con la colazione e un altro pasto soltanto. Quando si arriva in un albergo o una pensione si deve sempre presentare un documento d'identità per ogni persona.

Grand Hotel Excelsior Vittoria sulla Costiera Amalfitana

13.19 Gli alberghi. Scrivi un breve paragrafo per descrivere ad un amico/un'amica in Italia gli alberghi del tuo Paese. Fra le altre cose, prendi in considerazione i seguenti aspetti: la pensione, la colazione e i documenti.

Suggestion: Have students exchange their paragraphs and compare their opinions after completing **13.19**.

Suggestion: Pair students and have them practice reading the dialogue. Circulate around the room and help them with pronunciation. If time permits, ask for volunteers to read the dialogue to the class. Or you may choose to use the dialogue as a listening-comprehension activity to be covered in class or at home.

Not bad!

In contesto: Costa troppo!

Tre amici leggono su una rivista la pubblicità di alcuni alberghi e discutono quale scegliere per le vacanze.

LORENZO: Guardate un po'! Offertissima! L'Hotel Due Torri sembra **bellissimo** ed è **vicinissimo** al mare. Ha tutti i servizi e ogni cosa è già compresa nel prezzo, anche una serata in discoteca. Mica male°! Mi sembra proprio **il migliore** per noi. Anche la cucina sarà **ottima**. Dovremmo prendere una camera singola ed una doppia, però. Chissà se ci sono camere triple?

PAOLO: Certo che è **il migliore,** ma è anche **il più caro**, non vedi? Un albergo a quattro stelle! Ma che sei impazzito? Io piuttosto andrei in campeggio, lo sai che sono completamente senza soldi. Sarebbe certamente **il posto meno caro**!

ANTONIO: Non so voi, ma per quello che mi riguarda, **il massimo** che posso spendere sono 50 o 60 euro al giorno. Forse a quel prezzo si trova anche qualche pensione discreta. Ecco, proviamo a telefonare a questa, Pensione Erika, e chiediamo se ci sono camere disponibili. Sembra **la più economica**!

LORENZO: Sì, e a quel prezzo sarà anche **la peggiore**, magari **lontanissima** dal mare e con una **pessima** cucina! Le camere saranno sicuramente senza l'aria condizionata! A me piace mangiare bene e odio il caldo!

PAOLO: Sentite, si potrebbe cercare un villaggio turistico proprio sul mare.

ANTONIO: Ma se hai detto che non puoi spendere? Hai un'idea di quanto costerebbe?

PAOLO: Veramente, ce ne sono di tutti i prezzi!

13.20 Tre amici in vacanza. Dopo aver letto la conversazione, rispondete alle domande.

1. Che albergo preferisce ognuno dei tre amici? Perché?
2. Dove pensate che decideranno di andare i tre ragazzi? Perché?

13.21 E voi cosa scegliereste? Decidete quale sarebbe la vostra scelta fra le sistemazioni (*accommodations*) di cui si parla nella conversazione e spiegate perché.

Answers: 13.20
Answers will vary. Some possibilities:
1. Lorenzo preferisce l'Hotel Due Torri, perché è vicino al mare, ha ogni comfort e tutto è compreso nel prezzo. Paolo preferisce il campeggio perché non è caro. Antonio preferisce la pensione Erika perché sembra più economica.
2. *Answers will vary.*

Occhio alla lingua!

1. Look at the photo captions on p. 410 and notice the words in boldface type that describe the hotel room and the campground. Can you tell what these descriptive expressions indicate about the room and the campground?
2. In the *In contesto* conversation, look at the words in boldface type. Can you tell what some of these expressions—for example, **il più caro** and **il . . . meno caro**—indicate? What does the ending **-ssimo** convey in the words **bellissimo, vicinissimo,** and **lontanissimo**?
3. What do you think **ottimo** and **pessimo** mean?
4. Can you determine from the context what the irregular form **il migliore** means?

Presentation: You can use the questions in *Occhio alla lingua!* to present inductively, summarize, and/or review the relative and the absolute superlative.

𝒢rammatica

● ●

Il superlativo relativo

1. The **superlativo relativo** is used to compare things or people with all others in a category. It is equivalent to the English *the most. . .* or *the least . . .* The **superlativo relativo** is formed as shown in the chart below by using the definite article in front of **più** or **meno** + an adjective + **di** + group.

Suggestion: You can choose to keep your grammar explanation to a minimum and assign as homework *Grammatica* and the related exercises.

Il superlativo relativo	
maggioranza *(superiority)*	**minoranza** *(inferiority)*
il/la/i /le più + aggettivo (+ di. . .)	il/la/i/le meno + aggettivo (+ di. . .)

La pensione Erika è **la meno costosa**.	*The Erika Bed and Breakfast is the least expensive.*
Gli alberghi a cinque stelle sono i **più cari della città**.	*The five-star hotels are the most expensive in the city.*

The **superlativo relativo** can be formed also with the article preceding the noun and the adjective following the noun.

Questo è il villaggio turistico più comodo di tutti.	*This is the most comfortable resort of all.*

2. In addition to their regular forms, some adjectives also have irregular relative superlative forms, as shown.

il/la migliore	**il/la peggiore**
il più buono/la più buona	il più cattivo/la più cattiva
il/la maggiore	**il/la minore**
il più grande/la più grande	il più piccolo/la più piccola

Questo è **il migliore** albergo d'Italia.

This is the best hotel in Italy.

È stata **la peggiore** vacanza della mia vita!

It was the worst vacation in my life!

Il/la minore and **il/la maggiore** are most frequently used to indicate the youngest and the oldest brothers and sisters, and to refer to the works of authors or artists.

Suggestion: To reinforce the irregular superlatives, you can ask individual students about their brothers and sisters: **Chi è il tuo fratello maggiore? E la tua sorella minore? Com'è?** You can also have pairs of students discuss their favorite athletes, singers, actors, restaurants, etc.: **Qual è la squadra migliore? Chi è il migliore giocatore? Chi è il peggiore?**

Answers: 13.22
1. È l'impiegata più gentile dell'albergo.
2. È la pensione più economica del paese.
3. È il villaggio turistico più costoso dell'isola.
4. È la camera più comoda della pensione.
5. Sono i turisti più difficili del gruppo.
6. È la sala più elegante del residence.
7. È la palestra più affollata del villaggio turistico.
8. Sono i ristoranti più buoni/migliori della città.

13.22 Un'esperienza indimenticabile. Sei in vacanza e fai dei commenti sulle tue esperienze. Usa il superlativo relativo con **più** o **meno**. Fa' tutti i cambiamenti necessari.

ESEMPIO: albergo/ lussuoso/città
È l'albergo più lussuoso della città.

1. impiegata/gentile/albergo
2. pensione/economico/paese
3. villaggio turistico/costoso/isola
4. camera/comodo/pensione
5. turisti/difficile/gruppo
6. sala/elegante/residence
7. palestra/affollato/villaggio turistico
8. ristoranti/buono/città

Suggestion: When you assign **13.23** encourage students to elaborate on their initial questions and answers. For example: **Dov'è il ristorante migliore?**

13.23 La tua città. Prepara una lista di domande da fare ai tuoi compagni/alle tue compagne sui posti migliori o peggiori della loro città. Vuoi avere informazioni, ad esempio, su alberghi, ristoranti, musei, cinema, posti da visitare, scuole, giardini, banche. Puoi usare alcuni degli aggettivi seguenti: **costoso, divertente, vicino, lontano, migliore, peggiore, elegante, comodo, interessante, economico, grande, piccolo, moderno, nuovo, antico, buono, cattivo.**

ESEMPIO: S1: Qual è l'albergo più grande della città?
S2: L'albergo più grande della città è L'Hotel Danieli.

Il superlativo assoluto

1. As you learned in Capitolo 10, the **superlativo assoluto** is used to express the equivalent of *very* or *extremely* + adjective. It can be formed by using **molto** in front of the adjective or by adding the suffix **-ssimo/a/i/e** to the masculine plural form of the adjective. The superlative adjective agrees in number and gender with the noun it modifies.

Il superlativo assoluto		
	Maschile	**Femminile**
Singolare	-ssimo	-ssima
Plurale	-ssimi	-ssime

La nostra camera era grandissima. *Our room was very big.*

I proprietari dell'albergo sono *The owners of the hotel are very nice.*
molto gentili.

2. In addition to their regular forms, some adjectives also have irregular
forms in the absolute superlative, as shown.

buono	**cattivo**
ottimo/a (*very good*)	pessimo/a (*very bad*)
grande	**piccolo**
massimo/a (*very big*)	minimo/a (*very small*)

Il Savoia è un **ottimo** albergo. *The Savoia is an excellent hotel.*

In questo albergo il servizio è *In this hotel the service is very bad.*
pessimo.

Suggestion: To practice **ottimo** and **pessimo**, have students prepare a short list of very good and very bad restaurants and share them with a classmate. To practice **massimo** and **minimo** have pairs of students discuss some recent expenses, asking, for example: **Qual è il massimo che hai pagato per un paio di jeans? E il prezzo minimo per un computer?**

13.24 In vacanza. Un'amica ti fa alcune domande sulle ultime vacanze
che hai fatto. Rispondi usando il superlativo assoluto.

ESEMPIO: la stazione / vicino
            —La stazione era grande?
            —La stazione era grandissima.

1. il servizio in camera / efficiente
2. la zona / silenzioso
3. i turisti / gentile
4. le camere / elegante
5. il ristorante / buono
6. la spiaggia / largo

Answers: 13.24
1. Il servizio in camera era efficiente? Era efficientissimo.
2. La zona era silenziosa? Era silenziosissima.
3. I turisti erano gentili? Erano gentilissimi.
4. Le camere erano eleganti? Erano elegantissime.
5. Il ristorante era buono? Era ottimo/ buonissimo.
6. La spiaggia era larga? Era larghissima.

13.25 Descriviamo! Lavori presso un'agenzia di viaggi e descrivi ad
un/una cliente le strutture e le persone che seguono. Usa gli aggettivi
superlativi relativi ed assoluti irregolari e scrivi una frase per ogni espressione
data. Usa immaginazione e fantasia!

ESEMPIO: le navi da crociera
              Le navi da crociera sono ottime, sono le migliori e le più lussuose.

1. i villaggi turistici
2. la vacanza in un residence
3. gli alberghi di lusso
4. gli altri turisti
5. il campeggio

Scambi

13.26 Mettiamoci d'accordo! Le persone seguenti sono in vacanza.
Immaginate delle brevi conversazioni nelle situazioni indicate.

1. Marito e moglie sono appena arrivati a Positano e non sanno dove
andare a cena. Chiedono un consiglio ad un impiegato/un'impiegata
dell'albergo.

2. Una giovane coppia arriva al mare per passare un paio di giorni ma è
difficile trovare una camera. Chiedono in diversi alberghi e pensioni.

3. Quattro amici sono in campeggio e piove. Due vogliono andare via e
cercare un albergo e due vogliono restare.

Suggestion: Students can read about Positano in the *Attraverso la Campania* section of this chapter.

13.27 Una conversazione al telefono. Ascolta due volte la conversazione telefonica fra l'impiegato di un albergo e una cliente e rispondi alle domande.

1. Indica se le seguenti affermazioni sono vere (**V**) o false (**F**).

   a. La cliente telefona per fare una nuova prenotazione.

   b. La cliente è già stata altre volte nello stesso albergo.

   c. L'impiegato non trova la prenotazione.

   d. La cliente si arrabbia.

   e. La signora vuole una camera economica e non le interessa la posizione.

   f. L'impiegato trova due camere doppie.

   g. L'impiegato manderà un messaggio alla cliente.

2. Immagina di essere la signora della telefonata e scrivi una mail ad un'amica per raccontare cosa ti è successo.

 13.28 Un ottimo albergo! Immaginate di telefonare al proprietario o ad un impiegato/un'impiegata per avere informazioni sull'Hotel Mercurio. Ricostruite la telefonata e ricordate di usare il «Lei».

★ ★ ★ ★

Hotel Mercurio di C. Sibilia & C. s.a.s.
Viale S. Modestino, 7
83013 MERCOGLIANO (Av)
Tel. 0825 787149 - 787509 - 787681
Fax 0825 787584
e-mail: hotelmercurio@tin.it

☐ *L'Hotel Mercurio* dispone di 52 camere tutte modernamente arredate e dotate di aria condizionata, moquette, telefono, Tv color, frigobar e servizi privati. L'ampia hall dà agli ospiti la possibilità di conversare e di intrattenersi al bar. Il ristorante dell'albergo, oltre ai piatti della cucina internazionale prepara un'ampia scelta di specialità regionali. L'Hotel inoltre è dotato di garage coperto e valide attrezzature sportive: campi da tennis e campo di calcetto.

13.29 Una situazione difficile. Osservate i disegni attentamente. Immaginate una storia basata sui disegni e una conclusione.

Presentation: Review leisure activities and sports from previous chapters. Show illustrations of people engaged in different activities and ask students to identify and describe what the people are doing. Use the impersonal to describe a sport and have students guess the sport: **Si fa d'inverno. Si fa da soli o con gli amici. Si fa in montagna,** etc.

PERCORSO III
LE VACANZE

Vocabolario: Dove andiamo in vacanza?

Alcune spiagge italiane sono veramente splendide. Spesso però ci sono **tanti** ombrelloni e c'è **troppa** gente.

In **ogni** posto di montagna c'è **qualcosa** di affascinante per **tutti**.

Presentation: Gradually begin introducing beach-related vocabulary using appropriate gestures: **Quando c'è molto sole mi abbronzo, ma uso sempre una crema abbronzante. Per nuotare, in piscina o al mare, mi metto il costume da bagno. Che sport posso fare al mare? Nuoto e posso fare windsurf.** Continue by asking individual students: **E tu? Ti piace il mare? Che sport fai? Nuoti? Fai windsurf?**
Then continue to introduce new vocabulary by describing the beach photo. **Siamo in spiaggia, vero? Ci sono molti ombrelloni! Voi andate alla spiaggia d'estate? Dove? Avete un ombrellone?** You may want to bring additional photos to introduce words such as **pinne** and **maschera,** then ask if anyone owns these items.

Presentation: Introduce mountain-related vocabulary by referring to the photo on the right. **È un posto affascinante, vero? Che cosa fanno le persone? Camminano su un sentiero. Cosa portano ai piedi? Portano scarponi per camminare meglio!** Encourage students to practice new vocabulary by asking, for example: **Vi piace la montagna? Vi piace camminare su un sentiero? Portate scarponi da montagna?** etc.

Per parlare delle vacanze

abbronzarsi* *to get a suntan*
l'agriturismo *vacation on a farm*
la crema abbronzante *suntan lotion*
il costume da bagno *bathing suit*
fare
   una scalata *to go mountain climbing*
   windsurf *to go wind surfing*
la località *site, place*

la maschera *mask*
il motoscafo *motorboat*
gli occhiali da sole *sunglasses*
le pinne *swimming fins*
gli scarponi da montagna *hiking boots*
il sentiero di montagna *mountain trail*
silenzioso/a *quiet*

Suggestion: Reinforce vacation-related vocabulary by telling students what kind of vacation you like, where you usually go, and what you like to do: **Non mi piace la montagna l'estate. Preferisco il mare. Ogni estate passo qualche settimana in una località di mare. Qualche volta mi piace fare windsurf o un po' di vela.** You can tell students about a special vacation or trip you took. Then have them ask you questions and ask them about their vacation preferences.

Expansion: Divide the class into small groups. Give each group a card with the description of a specific person, including age, occupation, likes, and dislikes. Have each group imagine where the person would go on vacation and what she/he would like or not like to do.

13.30 Al mare o in montagna? Dividi le parole della lista precedente secondo i gruppi seguenti: (1) montagna, (2) mare, (3) tutti e due. Poi aggiungi alcuni termini sulle vacanze che ricordi dai capitoli precedenti. Quindi confronta la tua lista con quella di un altro compagno/un'altra compagna. Chi ha più parole?

13.31 L'intruso. Nei gruppi di parole seguenti indica quale è l'intruso e spiega perché.

1. il sentiero di montagna, gli scarponi da montagna, l'ombrellone
2. l'agriturismo, gli occhiali da sole, le pinne
3. la spiaggia, le pinne, la maschera

Answers: 13.30
Answers will vary. Some possibilities:
1. montagna: fare una scalata, il sentiero di montagna, gli scarponi da montagna, silenzioso
2. mare: fare windsurf, il motoscafo, la maschera, le pinne, il costume da bagno, abbronzarsi
3. tutte e due: gli occhiali da sole, affascinante, la crema abbronzante

Answers: 13.31
1. l'ombrellone   4. il windsurf
2. l'agriturismo   5. splendido
3. la spiaggia

4. abbronzarsi, il windsurf, la crema abbronzante

5. nuotare, il costume da bagno, splendido

13.32 Cosa mi serve? Alcuni amici vanno in vacanza al mare e altri in montagna.

1. Gli dici che cosa non devono dimenticare per:

   a. non bruciarsi la pelle e per non prendere troppo sole

   b. fare una scalata

   c. nuotare più veloce

2. Gli dici anche che cosa gli serve per:

   a. nuotare

   b. proteggere gli occhi dal sole

   c. fare una gita sul mare

 ## In contesto: Ma allora, che si fa?

Renata e Patrizia stanno discutendo come organizzare le vacanze insieme.

RENATA: Allora è sicuro che a luglio non puoi venire in montagna anche tu? Io che faccio se non vieni? Sei tu l'esperta!

PATRIZIA: Ma sei con **tutti** gli altri, no? Madonna di Campiglio è un posto fantastico, vedrai, sono certa che ci sono molte cose da fare che ti piaceranno! Piuttosto, compra gli scarponi migliori che trovi! Potete fare **qualche** passeggiata favolosa, e anche **qualche** scalata non troppo difficile!

RENATA: Sei matta? Io le scalate!

PATRIZIA: Non parlo di scalate vere e proprie! Ci sono **alcuni** sentieri proprio facili. Vedrai, la montagna d'estate è meravigliosa! Si può andare a cavallo, giocare a tennis, e la sera **tutti** in discoteca!

RENATA: Se lo dici tu! E per il mare? Andiamo di sicuro in Sardegna ad agosto?

PATRIZIA: Certo! Ci penso io! Ho trovato un residence abbastanza economico.

RENATA: Ma perché non chiami un'agenzia e prendi informazioni sul Club Med?

PATRIZIA: Scherzi? Non sarebbe troppo caro?

RENATA: Però sarebbe fantastico! **Qualunque** località della Sardegna sarebbe splendida! Ovviamente dovresti chiedere il costo e quali sport si possono fare e che cosa è compreso nel prezzo. Io vorrei provare a fare windsurf!

PATRIZIA: D'accordo. Farò **qualche** telefonata e ti farò sapere.

13.33 È vero o no? Indicate se le seguenti affermazioni sulle vacanze di Renata e Patrizia sono vero (**V**) o falso (**F**).

1. Patrizia è appassionata di montagna.

2. Renata andrà in montagna da sola.

3. Patrizia è esperta di scalate.

4. Renata sembra preferire la montagna al mare.

5. Renata non è mai stata in vacanza in montagna.

13.34 Le vacanze di Renata e Patrizia. Rispondi alle seguenti domande e poi confronta le tue risposte con quelle di un compagno/una compagna. Siete d'accordo oppure no?

1. Quali sono gli aspetti più belli della montagna secondo Patrizia?
2. Cosa vorrebbe fare Renata al mare?
3. Cosa preferiresti tu? Il mare o la montagna? Perché?

Occhio alla lingua!

1. You have already studied the words **alcuni/e** and **qualche**. How are these words used in the *In contesto* conversation? Which are singular and which are plural forms? Why?

2. Look at other words in boldface type in the *In contesto* conversation and in the photo captions on p. 417. Which are used as adjectives and which are used as pronouns?

3. Can you determine what **qualunque** and **tutti** mean from the contexts in which they appear?

Answers: 13.34
Answers will vary. Some possibilities:
1. Si possono fare passeggiate favolose e alcune scalate non troppo difficili.
2. Vorrebbe fare windsurf.
3. *Answers will vary.*

Suggestion: You can use the questions in *Occhio alla Lingua!* to present inductively, summarize, and/or review indefinite adjectives and pronouns.

Answers: 13.35
Answers will vary. Some possibilities:
1. La maggioranza degli italiani preferisce andare al mare. Agli italiani piace anche fare viaggi all'estero: vanno in tutto il mondo, in Paesi poco conosciuti e su isole lontane ed esotiche.
2. La maggior parte degli italiani va in vacanza fra luglio ed agosto, ma molti fanno anche una settimana in montagna d'inverno.
3. I viaggi negli Stati Uniti e in Inghilterra sono popolari per ragioni di studio.

 Lo sai che? Viaggi e vacanze degli italiani

La maggior parte degli italiani va in vacanza fra luglio ed agosto, per cui in questi mesi le spiagge italiane sono affollatissime. Soprattutto a Ferragosto, nella settimana a metà del mese, praticamente tutti lasciano le città che restano deserte. La maggioranza degli italiani preferisce andare al mare, anche se la vacanza può essere molto cara: oltre all'albergo o pensione, infatti, bisogna pagare l'ombrellone, una o due sedie a sdraio (*beach chairs*) e spesso anche una cabina dove spogliarsi. In Italia infatti esistono poche spiagge libere.

D'inverno, poi, molti italiani fanno una settimana di vacanza in montagna per sciare. Questa vacanza si chiama la **settimana bianca** ed è spesso organizzata anche dalle scuole. Gli italiani inoltre hanno anche un grande interesse per i viaggi all'estero: vanno in tutto il mondo, gli piace visitare Paesi poco conosciuti ed andare su isole lontane ed esotiche. Si muovono con viaggi organizzati o anche da soli.

Molti italiani oggi studiano l'inglese e, per imparare la lingua, i giovani fanno vacanze studio in Inghilterra o negli Stati Uniti.

13.35 Gli italiani e le vacanze. Leggi le informazioni precedenti e poi rispondi alle domande.

1. In quali luoghi (*places*) gli italiani vanno in vacanza?
2. In quali periodi dell'anno preferiscono andare in vacanza?
3. Perché sono popolari i viaggi in Inghilterra e negli Stati Uniti?

13.36 Nel vostro Paese? Paragonate le preferenze e le abitudini degli italiani riguardo alle vacanze con quelle della gente nel vostro Paese. Prendete in considerazione dove le persone preferiscono andare in vacanza e perché.

Grammatica

Aggettivi e pronomi indefiniti: un riepilogo

1. As you have learned, indefinite adjectives express indefinite qualities or quantities. They can be used with people or things. You already know some of the indefinite adjectives; below is a more complete list.

Alcune località sono troppo famose.	*Some places are too famous.*
Tutti gli ombrelloni sono occupati.	*All of the umbrellas are taken.*

Aggettivi indefiniti			
ogni	*every*	qualche	*some, a few*
qualunque	*any*	alcuni/e	*some, a few*
tutto/a/i/e	*all, every*		

The indefinite adjectives **qualche, ogni**, and **qualunque** are always singular and they are used with singular nouns. **Qualche**, however, is always plural in meaning.

Qualche agriturismo può essere molto costoso.	*Some vacations on a farm can be very expensive.*
Ogni sentiero ha la sua bellezza.	*Every trail has its beauty.*
Qualunque agenzia ci può dare le informazioni.	*Any agency can give us the information.*

2. Indefinite pronouns refer to unspecified people and things.

Ognuno andrà in vacanza dove vuole.	*Everyone will go on vacation where he or she wants.*
Tutti dicono che Capri è splendida.	*They all say Capri is splendid.*
Alcuni preferiscono la montagna.	*Some people prefer the mountains.*

Pronomi indefiniti	
ognuno	*everyone, everybody, each one*
qualcuno	*someone*
qualche cosa/qualcosa	*something, anything*
alcuni/e	*some, a few*
tutti/e	*everyone, everybody, all*
tutto	*everything*

Qualche cosa/qualcosa is followed by the preposition **di** when it is used with an adjective and it is considered masculine.

C'è qualcosa di bello nella tua città?	*Is there something beautiful in your city?*

When used with an infinitive, **qualche cosa/qualcosa** is followed by the preposition **da**.

C'è qualcosa da fare la sera in montagna?	*Is there something to do at night in the mountains?*

13.37 Una vacanza in montagna. Descrivi una recente vacanza in montagna. Completa le frasi con un aggettivo o pronome indefinito.

Io e (1. tutti, qualche) _____ i miei amici siamo stati in vacanza in montagna. (2. Ogni, Ognuno) _____ mattina facevamo lunghe passeggiate per (3. qualche, tutte) _____ ora. Cercavamo (4. qualche, alcuni) _____ sentiero nuovo, portavamo (5. tutti, alcuni) _____ panini e (6. qualche, molte) _____ lattina di Coca-Cola con un po' di frutta per (7. qualcosa, tutti) _____. Spesso trovavamo anche (8. alcuni, qualche) _____ bel fungo porcino che poi ci cucinavamo la sera. (9. Qualche, Tutte) _____ volta facevamo delle scalate vere e proprie, anche difficili e lunghe. Abbiamo sempre visto (10. ognuno, qualcosa) _____ di nuovo ed interessante!

13.38 Messaggi. Tu e alcuni amici vi scambiate messaggi e parlate delle vacanze. Riscrivi le frasi con un aggettivo o pronome indefinito diverso che ha però lo stesso significato. Segui l'esempio e fa' i cambiamenti necessari.

ESEMPIO: Ho ricevuto *alcuni messaggi* divertenti da Nicola.
            Ho ricevuto *qualche messaggio* divertente da Nicola.

1. Ho letto *alcune informazioni* interessanti sulla Sardegna.
2. C'è *qualche cosa di importante* sul clima.
3. *Tutte le cartoline* che manda Carlo sono speciali.
4. *Ognuno* deve decidere cosa vuole fare.
5. Hai fatto *qualche foto* digitale?

13.39 Le vacanze. Formulate domande e risposte per discutere di vacanze e viaggi. Usate alcuni aggettivi e pronomi indefiniti.

ESEMPI: S1: Conosci qualcuno che è stato in Italia?
           S2: Conosco molte persone che sono state in Italia!

           S1: Mi consigli alcuni ristoranti non troppo cari vicino alla spiaggia?
           S2: Certo! Ce ne sono alcuni ottimi.

Scambi

13.40 In vacanza dove? Considera i tuoi gusti per quanto riguarda le vacanze indicate di seguito. Dove e come vorresti andare? Cosa vorresti fare? Perché? Poi a piccoli gruppi discutete le vostre preferenze.

a. al mare
b. in montagna d'estate o d'inverno
c. in crociera

13.41 In un agriturismo. Leggete la pubblicità dell'agriturismo *Alla vecchia fattoria* in Campania e immaginate di poter trascorrere lì alcuni giorni di vacanza. Cosa fareste? Spendereste molto o poco? Con chi andreste? Che informazioni chiedereste ai proprietari? Cosa portereste con voi?

Agriturismo
Alla vecchia fattoria

Offerta speciale:
Pensione completa per 3 giorni incantevoli.
Passeggiate a cavallo
Solo mezz'ora dal mare
Telefonate o scrivete per avere informazioni:
081 8664591 – e-mail: vecfattor@alice.it

Una bella villa di campagna restaurata, in zona tranquilla e silenziosa, ricca di località archeologiche interessanti. Cucina genuina e tradizionale della Campania. Potete anche acquistare alcuni prodotti locali.

Answers: 13.42
 1. drawing a. listening 2; drawing b.
    listening 1; drawing c. listening 3.
 2. a. descrizione 3   e. descrizione 3
    b. descrizione 1   f. descrizione 1
    c. descrizione 2   g. descrizione 1
    d. descrizione 3   h. descrizione 2

Script for **13.42 Vacanze diverse**.

[Description 1]
L'Abetone è certamente la stazione sciistica più attraente dell'Appennino.
Offre una grande scelta di piste, lunghe tanti chilometri e per tutti i livelli di difficoltà.
Le piste sono collegate fra loro molto bene e si può andare con gli sci da un posto all'altro. L'automobile non serve. I bambini fino a sei anni sciano senza pagare! Vieni a sciare nelle nostre valli, su piste tutte affascinanti!

[Description 2]
Questo albergo a quattro stelle, proprio sulla spiaggia, aspetta te per una vacanza favolosa. Qui troverai camere comode e grandi, tutte con l'aria condizionata, la televisione e una bella terrazza con vista sul mare. C'è la piscina, un solarium e anche una bella palestra. Puoi fare nuoto, windsurf, beach volley, tennis! E la sera in discoteca a ballare!

13.42 Vacanze diverse. Ascolta la pubblicità alla radio di tre diversi posti di vacanza e completa le attività che seguono.

1. Ascolta una prima volta e scrivi il numero corrispondente ad ogni descrizione.

b. _____

a. _____

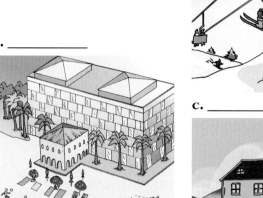

c. _____

2. Ascolta una seconda volta ed indica a quale descrizione corrispondono le caratteristiche seguenti.

	Descrizione 1	Descrizione 2	Descrizione 3
a. La cucina è ottima e genuina.			
b. Ci sono moltissimi chilometri di piste (*slopes*) per sciare.			
c. È situato in una località di mare.			
d. Il paesaggio ricorda opere d'arte antiche.			
e. Si trova vino buono e ottimo olio d'oliva.			
f. Non è necessario usare l'automobile e si può sciare dappertutto.			
g. I bambini non pagano.			
i. Si può giocare a tennis, si può nuotare e divertirsi in discoteca.			

[Description 3]
Nella campagna Toscana sembra di riconoscere il paesaggio, che è ancora come si vede, per esempio, nelle opere di Giotto e di Leonardo da Vinci. Gli alberi di olivo, le viti ed i cipressi distinguono ancora queste colline e le rendono così caratteristiche. In tutti gli agriturismi della Toscana è possibile scoprire e gustare la cucina locale ed acquistare prodotti genuini e squisiti, come l'olio e il vino.

13.43 Alcuni posti in Italia. Cercate informazioni sulle famose località italiane indicate e rispondete alle domande: (1) Sorrento e (2) Madonna di Campiglio.

1. Che mezzi dovreste prendere per arrivarci?

2. In che regione si trovano?

3. Perché sono posti famosi?

4. Cosa si può fare in questi posti per divertirsi?

Prima di guardare

13.54 In questo videoclip alcune persone raccontano esperienze di viaggi. Prima di guardare completa le attività seguenti:

1. Che cosa fa l'animatore in un villaggio turistico?
   a. prepara i pasti e dà consigli sul cibo
   b. organizza il tempo libero dei turisti

2. A che cosa serve la carta verde?
   a. ai giovani per pagare meno il treno
   b. agli studenti per viaggiare gratis

3. A cosa corrisponde la cabina di una nave da crociera?
   a. alla carrozza ristorante
   b. ad una stanza d'albergo

4. In genere, cosa succede se arriviamo tardi all'aeroporto?

5. Fate un esempio concreto per ognuna delle espressioni seguenti:
   un'avventura strana, un viaggio indimenticabile, il deserto, la modernità.

Answers: 13.54
1. b
2. a
3. b.
4. Perdiamo l'aereo.
Other answers will vary.

Suggestion: Help students to identify concrete examples: **Avete mai avuto un'avventura strana, insolita? Dove? Che cosa significa «indimenticabile»? Significa che lo ricordiamo sempre, vero? Qual è un esempio di modernità? Il computer, vero? L'automobile, l'aereo.**

Mentre guardi

13.55 Mentre guardi fa' particolare attenzione alle parole che riconosci. Completa le frasi seguenti:

1. A Vittorio piace viaggiare
   a. solo in Italia.
   b. in Italia ed in Europa.

2. Il Paese preferito da Emma è il Messico perché
   a. la gente è molto socievole.
   b. il tempo è sempre bello.

3. Laura ha fatto una crociera
   a. sul Mediterraneo in Grecia.
   b. sul Nilo in Egitto.

4. Ilaria ha perso
   a. il treno.
   b. l'aereo.

5. Plinio ha fatto
   a. alcuni viaggi indimenticabili.
   b. tanti viaggi tutti tranquilli.

Answers: 13.55
1. b
2. a
3. b
4. b
5. a

Dopo aver guardato

13.56 Rispondi alle domande che seguono.

1. Quanti posti menziona Vittorio? Quali sono alcune ragioni dei suoi viaggi?

2. In quanti Paesi e città è stata Emma?

13.57 Ricostruite il racconto di Ilaria e raccontate se avete avuto un problema simile.

13.58 Quando Plinio è nel deserto in Cina, osserva che «La modernità non ti basta più». Che cosa significa questa frase?

1. Ci sono situazioni in cui la tecnologia moderna non ci può aiutare.

2. Qualche volta rifiutiamo tutto ciò che è moderno.

3. A volte vorremmo tornare ad un sistema di vita più tradizionale.

Suggestion: After students complete **13.57**, you may want to call on pairs of students to help relate the story together in class. Then ask students who have had a similar problem to share it.

$\mathcal{A}$ttraverso La Campania

$\mathcal{T}$he ancient Romans called the Campania region **Campania felix**, *fertile country-side,* because of its rich volcanic terrain, mild climate, beautiful bays, coasts, and islands. Greeks and Romans settled here at different times and left behind traces of their cultures.

Because of its natural beauty and artistic and architectural treasures from many eras, Campania is a favorite spot of both scholars and tourists. Campania is famous as well for its coral jewelry and china products from Capodimonte. Also, for many throughout the world, its signature dishes—**maccheroni, spaghetti alle vongole, pizza, calzoni**, and **mozzarella di bufala**—are synonymous with Italian cuisine.

Veduta notturna della vivace piazzetta di Capri. Capri è probabilmente una delle isole più famose del mondo. I turisti ci vengono per passeggiare fra le sue incantevoli stradine e per vedere la Grotta Azzurra e i Faraglioni, due grandi scogli (*reefs*) in mezzo al mare. A Capri si trovano anche resti di monumenti romani, come ad esempio la villa dell'imperatore Tiberio. Altre isole nel golfo di Napoli sono Procida e Ischia.

I resti (*ruins*) del Tempio di Iside (*Isis*) a Pompei. Ancora oggi nelle città museo di Pompei ed Ercolano, seppellite (*buried*) dall'eruzione del Vesuvio nel 79 d.C., è possibile ritrovare tutto lo splendore e la ricchezza della civiltà romana. In tutti e due i paesi, che erano luogo di vacanza di ricchi romani, ci sono i resti di bellissime ville e templi.

430

Presentation: Review buildings and structures and prepositions presented in Capitolo 2 to describe location. Ask students what structures and buildings can be found on their campus and in their city and where specific structures are located: **Dov'è la libreria? Cosa c'è vicino alla libreria? C'è un parco qui vicino? Come si chiama?** etc.

PERCORSO I
FARE ACQUISTI IN CITTÀ

Vocabolario: Compriamolo in centro!

Expansion: Introduce new vocabulary. Have students look at the illustration and ask: **Ecco il centro di una città italiana. Ci sono molte vie e piazze, vero? Che altro c'è? C'è un cinema e una farmacia?** etc. Continue and have students

Il centro della città

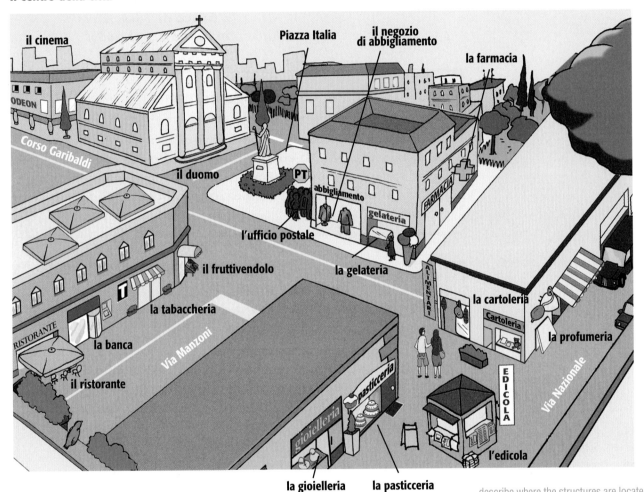

GIOVANNA: Che dici, Carlo, dove compro la torta? Vado in centro?

CARLO: Sì, **comprala** nella pasticceria all'angolo di via Nazionale. Le fanno buonissime! Intanto io penserò al gelato.

GIOVANNA: Bravo, grazie, ma **vacci** subito, ti prego! È tardi!

describe where the structures are located: **Dov'è la banca? Dov'è l'ufficio postale?** etc. **Cosa c'è a destra della banca e a sinistra del fruttivendolo? Cosa c'è di fronte alla pasticceria?** etc.

Expansion: Continue introducing new vocabulary. Ask: **Cosa possiamo comprare all'edicola? e dal fruttivendolo? Dove possiamo comprare una scheda telefonica? E i biglietti per l'autobus? Dove possiamo comprare la carne? E le paste? C'è una buona pasticceria qui vicino? Dov'è? Come si chiama?** etc. **Quante banche ci sono qui vicino? Quanti cinema? Quanti parchi?** etc.
    Briefly introduce/review the plural of nouns and adjectives that end in **-co, -ca, -go, -ga, -io, -ia, -ista,** and those that end in a conso-

Negozi e rivenditori

il centro commerciale *mall*
il/la farmacista *pharmacist*
il forno, la panetteria *bakery*
i grandi magazzini *department store*
la macelleria *butcher shop*

il mercato all'aperto *open-air martket*
la rosticceria *rotisserie*
la salumeria *delicatessen, deli*
il supermercato *supermarket*

nant or an accent. Write examples on the board and remind students that nouns and adjectives that end in **-ca, -go,** and **-ga** usually retain the hard guttur-al sound in the plural.

Suggestion: To reinforce new vocabulary, pair students and have them take turns describing the location of a structure in the drawing and guessing which structure is being described.

As a variation, have individual students describe what they can buy or do in different buildings and structures. The class has to guess the name of the structure.

Fare spese

gli affettati *cold cuts*
l'anello *ring*
la collana *necklace*
il dentifricio *toothpaste*
i prodotti alimentari *food items*
il profumo *perfume*
il sapone *soap*
lo spazzolino da denti *toothbrush*
il rasoio *razor*

I contenitori

un barattolo (di) *a jar (of)*
una busta (di) *a bag (of)*
una lattina (di) *a can (of)*
un pacco/un pachetto (di) *a (small) package (of)*
una scatola (di) *a box (of)*
una vaschetta (di) *a small tub (of)*

Indicating location

all'angolo (di) *at the corner (of)*
a fianco di *beside, next to*
in fondo a *at the end of*

Così si dice: **Per chiedere gentilmente**

• •

Remember that the conditional in the form of a question can be used to make polite requests: **Mi compreresti un chilo di mele?** *Would you buy me a kilo of apples?* Or, you can use the conditional of **potere** + infinitive. **Mi potrebbe portare mezzo litro di vino?** *Could you bring me a half liter of wine?*

Così si dice: **Pesi e misure**

• •

The metric system is used in Italy. When purchasing food, to specify how much you want of an item, express the quantity according to the metric system followed by **di: Vorrei un chilo di pane, mezzo chilo di farina, due etti di prosciutto e un litro di olio extra vergine.** *I would like a kilo of bread, a half a kilo of flour, two hundred grams of prosciutto, and a liter of extra virgin olive oil.*

1 chilo (kg) = 1.000 grammi (g) (2.2 pounds)
1 etto = 100 grammi (3.5 ounces *approx.*)
l litro (l) = (1 quart *approx.*)

Answers: 14.1

Answers will vary. Some possibilities:

Fare acquisti	Mangiare e bere	Divertirvi
la gioielleria	il ristorante	il cinema
il supermercato	la trattoria	il teatro
la macelleria	il bar	la discoteca

Answers: 14.2

Answers will vary. Some possibilities:
1. i commessi, i vestiti, le scarpe
2. gli alimentari, le scatole, i pacchetti, i barattoli
3. il caffè, il cappuccino
4. un film, gli attori, le attrici
5. i libri, gli studenti
6. una commedia, i cantanti
7. il latte, la pasta, il pane
8. i camerieri, il primo piatto, il secondo piatto
9. le camicie, le giacche, i pantaloni
10. il pane, i panini, la pizza

2 **14.1 Dove andiamo per?** Indicate dove andate in città per fare le seguenti attività: fare acquisti, mangiare e bere, divertirvi.

14.2 Associazioni. Indica tutte le cose e persone che associ con i negozi e le strutture seguenti.

1. un grande magazzino
2. un supermercato
3. un bar
4. un cinema
5. una libreria
6. un teatro
7. un negozio di alimentari
8. un ristorante
9. un negozio di abbigliamento
10. un forno

14.3 Dove lo potrei comprare? Spiega a uno studente straniero dove potrebbe comprare le seguenti cose in Italia.

1. una rivista
2. il sapone
3. le sigarette
4. il profumo
5. le mele
6. della carne
7. l'aspirina
8. un gelato
9. i panini
10. il prosciutto
11. una torta
12. un anello
13. una scheda telefonica
14. delle penne e delle matite
15. i biglietti per l'autobus

14.4 Dov'è? Indicate con un abbozzo (*sketch*) dove sono situate le seguenti strutture.

1. La gelateria è fra la cartoleria e la pasticceria.
2. La gioielleria è in fondo alla strada, di fronte alla banca e a sinistra del bar.
3. La rosticceria è all'angolo, a fianco del forno.
4. Il supermercato è dietro al cinema, a destra della macelleria.
5. La farmacia è di fronte ai grandi magazzini, vicino al fruttivendolo.

14.5 Che cosa hai comprato? Sei andato/a al supermercato a fare la spesa. Guarda i disegni e spiega a un compagno/una compagna che cosa hai comprato. Non dimenticare di specificare il tipo di contenitore.

In contesto: Spese in città

Cecilia è a casa con il raffreddore (*cold*). Paola, una sua amica, va a farle visita e le domanda se ha bisogno di qualcosa.

PAOLA: Povera Cecilia! Stai proprio male, vero? Hai bisogno di qualcosa?

CECILIA: Beh! Veramente non esco da parecchi giorni e in casa non ho più niente. Non è che potresti andare in centro a prendermi un po' di cose?

PAOLA: Sì, certo! Dimmi cosa ti serve.

CECILIA: Mi serve il pane. Fammi un piacere, va' al forno in centro, quello vicino al fruttivendolo che conosci anche tu, e compramene un chilo.

PAOLA: Va bene! Che tipo di pane vuoi?

CECILIA: Quello integrale°, e per piacere, al ritorno, fermati alla pasticceria qui all'angolo e prendi delle paste alla crema.

PAOLA: Quante ne vuoi?

CECILIA: Prendine sei.

PAOLA: Hai bisogno d'altro?

CECILIA: Beh, veramente avrei anche bisogno di due etti di parmigiano grattugiato e un paio di fettine di vitello, eh. . . ! Ah, sì! avevo dimenticato, portami anche una bottiglia di acqua minerale.

PAOLA: La carne dove la compro? Al supermercato?

whole grain

CECILIA: No, non comprarla al supermercato! Comprala alla macelleria in fondo alla piazza. Quella di fronte all'ufficio postale. Ah! e mi potresti portare il giornale e alcune riviste? Mi sto proprio annoiando.

PAOLA: Certo! C'è altro?

CECILIA: Magari se mi viene in mente qualche altra cosa poi ti telefono. Ce l'hai acceso° il telefonino, vero? Ah! sì! le aspirine.

turned on

PAOLA: Certo che non hai proprio niente in casa!

14.6 In giro per la città. Trova informazioni nel dialogo per giustificare le seguenti affermazioni.

1. Cecilia non esce di casa da alcuni giorni.
2. Cecilia ha molta fame.
3. Paola e Cecilia sono buone amiche.
4. Paola è una ragazza generosa e molto disponibile (*available*).
5. Cecilia è una ragazza un po' difficile.
6. Cecilia e Paola abitano nella stessa città.

14.7 Dove deve andare? Fa' una lista di tutti i posti dove Paola deve andare. Cosa comprerà in ogni posto? Dove andresti tu per comprare le stesse cose nella tua città?

Lo sai che? Fare acquisti

Negli ultimi anni risulta che il 76 per cento degli italiani fa la spesa al supermercato. In tutte le città italiane infatti ci sono supermercati di grandezza media o anche molto grandi che offrono prodotti di marche (*brands*) ben conosciute. Sono sempre più popolari anche i supermercati discount, che, a prezzi piuttosto bassi, vendono per lo più prodotti di marche sconosciute e in grandi quantità.

Gli ipermercati e i centri commerciali si trovano in genere alla periferia della città, occupano spazi molto vasti e sono provvisti di ampi parcheggi. Stanno diventando sempre più popolari, perché ci si può trovare di tutto e ci si arriva facilmente in macchina.

Nelle grandi città sono sempre meno gli italiani che fanno la spesa nei piccoli negozi della zona dove abitano. Invece nelle piccole città e nei paesi molti preferiscono ancora i negozi di quartiere, dove possono fermarsi a discorrere (*to chat*) e dove i prodotti alimentari sono più freschi e genuini, anche se generalmente più cari.

Per gli acquisti di abbigliamento, gli italiani continuano a preferire i piccoli negozi, anche se i grandi magazzini sono sempre più popolari. Fra questi la **Rinascente** e la **Coin**, oltre ai capi di vestiario, vendono anche profumi e cosmetici, mobili ed oggetti per la casa.

In tutte le città, grandi o piccole, ci sono i mercati all'aperto dove si possono comprare vestiti, prodotti per la casa, formaggi, frutta e verdura a buon mercato (*at an affordable price*). Spesso i prodotti alimentari che si trovano in questi mercati provengono dalle campagne vicine e sono quindi più buoni e genuini.

14.8 E nel tuo Paese? Discutete e paragonate come si fanno acquisti in Italia e nel vostro Paese. Trovate almeno tre differenze.

Occhio alla lingua!

1. Reread Giovanna's and Carlo's conversation on p. 435. Are they addressing each other formally or informally?

2. What do the verbs in bold express in the exchange between Carlo and Giovanna? Can you tell what **"ci"** and **"la"** refer to? What do you notice about their placement in the sentence?

3. Reread the *In contesto* conversation and underline all the imperative verb forms. What direct- and indirect-object pronouns are used with these verbs? Indicate what nouns these object pronouns replace.

Suggestion: You can use the questions in *Occhio alla Lingua!* to present inductively, summarize, and/or review the informal imperative with pronouns.

𝒢rammatica

Il plurale di nomi e aggettivi

In Capitolo 2 and Capitolo 3, you learned that most nouns and adjectives form the plural by changing their final vowel. For example: **il supermercato → i supermercati; la panetteria → le panetterie; il/la turista → i turisti/le turiste.**

Suggestion: You may choose to keep your grammar explanations to a minimum and assign as homework *Grammatica* and the related exercises.

1. You also have learned that most masculine nouns and adjectives that end in **-co** and **-go** form the plural in **-chi** and **-ghi**.

| il par**co** | i par**chi** | bian**co** | bian**chi** |
| l'alber**go** | gli alber**ghi** | lar**go** | lar**ghi** |

However, the plural of nouns and adjectives that end in **-ico** is **-ici**, if the stress is not on the syllable that precedes **-co**.

| il mec**canico** | i meccan**ici** | sim**patico** | simpat**ici** |
| il me**dico** | i med**ici** | anti**patico** | antipat**ici** |

There are some exceptions to this rule:

| l'am**ico** | → | gli am**ici** |
| il nem**ico** | → | i nem**ici** (*enemies*) |

2. As you have learned, most nouns and adjectives that end in **-ca** and **-ga** form the plural in **-che** and **-ghe**.

la ban**ca**	le ban**che**	sim**patica**	simpat**iche**
la biblio**teca**	le biblio**teche**	anti**patica**	antipat**iche**
la tar**ga** (*license plate*) le tar**ghe**		lun**ga**	lun**ghe**

3. As you may have noticed, most nouns that end in **-io** form the plural in **-i**. However, nouns that end in **-io** form the plural with **-ii** when the **-i** is stressed in the singular.

| l'uffic**io** postale | gli uffic**i** postali | il negoz**io** | i negoz**i** |
| lo z**ìo** | gli z**ìi** | l'add**ìo** | gli add**ìi** |

Nouns ending in **-ia** also retain the **-i** in the plural when the **-i** is stressed in the singular.

| la profumer**ìa** | le profumer**ìe** | la farmac**ìa** | le farmac**ìe** |
| la tabaccher**ìa** | le tabbacher**ìe** | la pasticcer**ìa** | le pasticcer**ìe** |

4. Some masculine nouns that end in **-a** form the plural in **-i.** These nouns derive from Greek and usually end in **-ma** and **-ta.**

il cli**ma**	i cli**mi**	il proble**ma**	i proble**mi**
il diplo**ma**	i diplo**mi**	il dilem**ma**	i dilem**mi**
il poe**ta**	i poe**ti**	il siste**ma**	i siste**mi**
il program**ma**	i program**mi**	il te**ma**	i te**mi**

5. Remember that nouns and adjectives that end in a consonant or an accented vowel do not change in the plural. Nouns that are abbreviated are also invariable in the plural.

il ba**r**	i ba**r**	il caff**è**	i caff**è**
l'universit**à**	le universit**à**	l'aut**o**(mobile)	le aut**o**
la bic**i**(cletta)	le bic**i**	il cine**ma**(tografo)	i cine**ma**

14.9 Che cos'è? Leggi le seguenti descrizioni e indica di quale struttura si tratta. Poi spiega quante di queste strutture ci sono nella tua città o nel tuo campus.

ESEMPIO: I bambini ci giocano.
              Il parco. Ci sono molti parchi nella mia città.

1. Ci compriamo le medicine.
2. Ci compriamo le torte e le paste.
3. Ci compriamo i francobolli.
4. Ci compriamo gli anelli e altri gioielli.
5. Ci compriamo la carne.
6. Ci compriamo il cibo cotto e gli affettati.
7. Ci compriamo il gelato.
8. Ci dormiamo quando siamo in viaggio.
9. Ci andiamo per trovare e leggere libri.
10. Ci studiamo dopo il liceo.
11. Ci compriamo il profumo e i cosmetici.
12. Ci compriamo i quaderni, le penne e le matite.

L'imperativo informale con i pronomi

In Capitolo 9, you learned that the imperative forms of verbs are used to give orders, instructions, and suggestions. You also learned that, when addressing friends and family members, the informal forms of the imperative are used. Reflexive, direct-, and indirect-object pronouns—with the exception of **loro**—are always attached to the affirmative forms of the informal imperative. **Loro** is never attached to the imperative. It always follows the verb.

—Ferma**ti** al bar all'angolo!   —*Stop at the bar at the corner!*

—Devo **comprarti la scheda telefonica?**   —*Do I have to buy you a calling card?*

—Sì, compra**mela**, per favore.   —*Yes, buy it for me, please.*

—Dobbiamo portar**gli la carne**?   —*Do we have to bring him the meat?*

—Sì, portate**gliela**!   —*Yes, bring it to him!*

—Dobbiamo dir**le il nome del negozio**?   —*Do we need to tell her the name of the store?*

—Sì, diciamo**glielo**!   —*Yes, let's tell it to her!*

—Devo portare **la torta alle signore**?   —*Do I have to bring the ladies the cake?*

—Sì, porta**la loro**.   —*Yes, bring it to them.*

1. In the negative form, pronouns can immediately precede the imperative or can be attached to it. Notice that in the **tu** form, the final **-e** of the infinitive is dropped before adding the pronoun.

Non venir**ci**! Non **ci** venire!   *Don't come (here)!*

Non far**glielo**! Non **glielo** fare!   *Don't do it for him / her.*

Non date**melo**! Non **me lo** date!   *Don't give it to me!*

Non scriviamo**glielo**! Non **glielo** scriviamo!   *Let's not write it to him / her.*

2. When pronouns are attached to imperatives that have only one syllable—**di', da', fa', sta', va'**—the first consonant of the pronoun is doubled. **Gli** is never doubled.

Da**mmi** la rivista! Da**mmela**!   *Give me the magazine! Give it to me!*

Fa**lle** un favore! Fa**glielo**!   *Do her a favore! Do it for her!*

Va**cci** e sta**cci** un mese!   *Go there and stay there for a month!*

Remember:

Ne is used to replace a direct object preceded by a quantity. A specific or approximate quantity often follows **ne**.

—Devo portare **del** vino?   —*Do I have to bring some wine?*

—Sì, porta**ne un po'**.   —*Yes, bring some (of it).*

14.10 Cosa deve portare? Stasera fai una festa a casa tua. Una tua amica ti chiede cosa deve portare. Rispondile, abbinando le risposte della colonna B alle domande della colonna A.

A
1. Devo portare le paste?
2. Devo portare l'acqua?
3. Devo portare il vino?
4. Devo portare delle torte?
5. Devo portare i dolci?

B
a. Sì, portane!
b. Sì, portalo!
c. Sì, portali!
d. Sì, portale!
e. Sì, portala!

14.11 Dove posso comprarlo? Alcuni studenti stranieri ti chiedono dove possono comprare le seguenti cose in Italia. Rispondi alle loro domande. Usa l'imperativo e sostituisci ai nomi i pronomi.

ESEMPI: —Dove posso comprare la carne?

       —Comprala alla macelleria!

       —Dove possiamo comprare la frutta?

       —Compratela dal fruttivendolo!

1. Dove posso comprare un anello per mia madre?
2. Dove possiamo comprare il caffè?
3. Dove posso comprare le scarpe?

Answers: 14.10
1. d
2. e
3. b
4. a
5. c

Answers: 14.11
Answers may vary. Some possibilities:
1. Compralo in una gioielleria.
2. Compratelo al supermercato.
3. Comprale in un negozio di scarpe.
4. Compratele in farmacia.
5. Compralo in un negozio di abbigliamento.
6. Compratelo in una profumeria.
7. Comprale dal fruttivendolo.
8. Mangiatelo in una gelateria.
9. Compralo al supermercato.
10. Compratelo al supermercato.

Expansion: As a follow-up activity, have students work in pairs and imagine that their partners plan to visit their hometowns. Have them ask each other questions and give each other advice and information about what they should visit and where they should go to purchase different items. Before assigning this activity, brainstorm possible questions and answers: **Mi piacciono i dolci e le torte. Dove potrei comprare una torta buona? C'è una buona pasticceria? Va'/ Comprala alla pasticceria vicino alla farmacia,** etc.

Script for **14.14 La spesa.**

Conversazione 1:
Male voice: Buongiorno, Signora! Mi dica!
Female voice: Buongiorno. Volevo del prosciutto crudo. È buono?
Male voice: Eccezionale! Quanto ne vuole?
Female voice: Tre etti.
Male voice: Poi?
Female voice: Poi mi dia... una lattina di pomodori pelati e un litro di latte.
Male voice: Una lattina di pelati, un litro di latte...
Female voice: Eh.... una bottiglia di acqua minerale.
Male voice: Liscia o gassata?
Female voice: Gassata.
Male voice: Basta così? Altro?
Female voice: No, basta così, grazie. Quant'è?
Male voice: Ventitré euro e quarantasette centesimi.
Female voice: Grazie a Lei e buongiorno.
Male voice: Buongiorno, signora.

Conversazione 2:
Customer: Mi dà La Repubblica, per favore?
Newspaper vendor: Oggi non esce, mi dispiace.
Male voice: Allora mi dia La Stampa.
Newspaper vendor: Va bene così?
Customer: Sì, grazie. Ah, no. Potrebbe anche darmi un biglietto per l'autobus?
Newspaper vendor: Certo, subito.
Customer: Quant'è?
Newspaper vendor: Due euro e cinquanta.

Conversazione 3:
Customer: Buonasera.
Vendor: Buonasera. Desidera?
Customer: Vorrei un po' di frutta. Le pere quanto vengono?
Vendor: Due e cinquanta al chilo. Sono favolose. Tutta roba locale!
Customer: Me ne dia due chili. Mi dia anche un chilo di queste pesche. Sono dolci?

4. Dove possiamo comprare le aspirine?
5. Dove posso comprare un regalo per mio fratello?
6. Dove possiamo comprare un profumo italiano?
7. Dove posso comprare le verdure fresche?
8. Dove possiamo mangiare un buon gelato?
9. Dove posso comprare un rasoio?
10. Dove possiamo comprare il dentifricio?

14.12 Hai bisogno di qualcosa? Una tua amica va in centro e ti domanda se hai bisogno delle seguenti cose. Rispondi alle sue domande. Usa l'imperativo e sostituisci ai nomi i pronomi.

ESEMPIO: S1: Devo comprarti la carne?
S2: Sì, compramela! (No, non comprarmela! No, non me la comprare!)

1. Devo comprarti due etti di prosciutto?
2. Devo portarti alcune bottiglie di acqua minerale?
3. Devo comprarti una rivista?
4. Devo comprarti le aspirine?
5. Devo comprarti una torta?
6. Devo portarti un pacco di biscotti?
7. Devo portarti una scatola di pasta?
8. Devo portarti alcune lattine di Coca-Cola.

14.13 La cena. Hai invitato il tuo insegnante d'italiano e i tuoi compagni di classe a cena a casa tua. I tuoi compagni ti chiedono cosa possono fare per aiutarti. Rispondi alle loro domande e digli che cosa devono fare. Sostituisci ai nomi i pronomi.

1. Dobbiamo mettere i piatti buoni sul tavolo?
2. Devo fare una torta?
3. Devo pulire l'appartamento?
4. Dobbiamo servire gli spaghetti agli ospiti?
5. Devo darti dei soldi?
6. Devo servire il vino agli ospiti?
7. Devo andare al supermercato?
8. Devo dare agli ospiti il nostro indirizzo?

Scambi

14.14 La spesa. Alcune persone fanno la spesa in vari negozi. Ascolta le loro conversazioni due volte e completa la scheda che segue indicando in quale negozio sono, che cosa comprano e quanto spendono.

	Negozio	**Prodotti**	**Quanto spendono**
Conversazione 1	alimentari	prosciutto crudo, pomodori pelati, latte acqua minerale gassata	ventitré e quarantasette
Conversazione 2	edicola	giornale, biglietto per l'autobus	due euro e cinquanta
Conversazione 3	fruttivendolo	pere, pesche	sette euro

14.15 Una festa indimenticabile. Organizzate una festa. Decidete dove la farete e perché. Poi fate una lista delle cose che dovrete fare prima della festa, durante la festa e dopo la festa. Decidete anche che cosa servirete agli ospiti e dove potrete comprare ogni cosa. Poi dividete i compiti e insieme decidete chi farà che cosa.

14.16 Aiuto! Mi servono molte cose! Oggi hai molte commissioni da sbrigare (*to take care of*) in centro, ma non stai bene. Un amico/Un'amica si offre di aiutarti. Prima prepara una lista delle cose che ti servono. Poi, a coppie, ricostruite la conversazione con l'amico/amica. Usate la conversazione a pagina 437 come modello.

14.17 Sondaggio. E i tuoi compagni fanno le spese come gli italiani? Completa il sondaggio che segue e poi paragona i tuoi risultati con quelli dei tuoi compagni.

Vendor: Dolcissime. Sono belle mature e solo un euro al chilo.
Customer: Allora ne prendo due chili.
Vendor: Vedrà, sono favolose. Vuole un po' di insalata? La lattuga è freschissima.
Customer: No, grazie. Basta così. Potrebbe darmi una busta?
Vendor: Sì, certo, subito!

Sondaggio

1. Dove fai acquisti? Con quale frequenza: Ogni giorno? Spesso? Una volta alla settimana? Raramente?

Dove	La frequenza
supermercato	_____
ipermercato	_____
grandi magazzini	_____
negozi di quartiere	_____
centro commerciale	_____
mercato all'aperto	_____

2. Indica con un numero da 1 a 5 quali di queste cose sono importanti per te quando fai spese.

a. _____ la convenienza

b. _____ l'accessibilità

c. _____ il parcheggio

d. _____ la qualità dei prodotti

e. _____ il rapporto personale con il negoziante

f. _____ un nome famoso

Presentation: Introduce vocabulary to give directions. Use the informal plural imperative to tell students how to get for example to your favorite Italian restaurant. As you explain, draw a map on the board and use appropriate gestures to clarify new vocabulary: **Non è molto lontano da qui. Si può anche andare a piedi. Prendete Via . . . e andate sempre dritto fino a Via . . . Poi alla seconda strada, girate a destra e poi subito a**

sinistra. Il ristorante è lì sulla destra. Write key expressions on the board and explain what they mean. Tell students that the imperative is frequently used to give directions. Mention that Italians do not use north, south, etc., when giving directions.

PERCORSO II
IN GIRO PER LA CITTÀ

Vocabolario: Scusi, per andare . . . ?

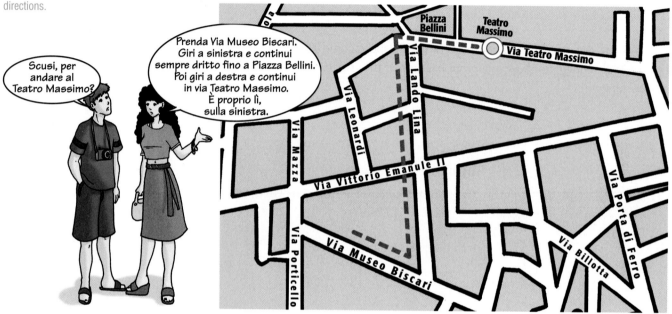

Muoversi in città

chiedere / dare indicazioni *to ask / give directions*
la piantina / la mappa *city map*

Dare e seguire indicazioni

andare (sempre) dritto *to go straight (to keep going straight)*
attraversare la piazza / il ponte *to cross the square / the bridge*
continuare *to continue*
dopo il ponte *after the bridge*
È proprio qui / qua / lì / là *It's right here / there*
fino a *up to*
girare a destra / a sinistra *to turn right / left*
prendere la prima / la seconda . . . strada / via / traversa *to take the first / second . . . road / street / crossroad*

proseguire *to continue*
il primo / il secondo semaforo *first / second traffic light*
la piazza *square*

Commissioni in città

il bancomat *ATM*
la cassetta delle lettere *mailbox*
cambiare un assegno *to cash a check*
la cartolina *postcard*
la cassa *cash register*
depositare *to deposit*
firmare *to sign*
il francobollo *stamp*
imbucare *to mail*
il pacco *package*
prelevare dei soldi / del contante *to withdraw money / cash*

Presentation: Introduce new vocabulary to run errands. Briefly review errands from Capitolo 11. Ask: **Chi deve lavare la macchina oggi? Chi deve andare in lavanderia?** etc. Then ask: **Chi deve andare in banca oggi? Perché devi andare in banca? Io non vado mai in banca. Uso sempre il bancomat per prelevare soldi. Chi va in banca? Chi usa il bancomat? C'è un bancomat qui vicino, vero?** etc. **Cosa è necessario per prelevare soldi con il bancomat? E quando siamo in Italia e abbiamo bisogno di soldi, cosa possiamo fare?** etc. **E i francobolli, invece, dove li comprate? Chi va all'ufficio postale per imbucare una lettera?** etc.

Answers: 14.18
Answers will vary. Some possibilities:
1. comprare francobolli—all'ufficio postale
2. prelevare soldi—in banca, al bancomat
3. imbucare lettere—nella cassetta delle lettere, all'ufficio postale
4. spedire un pacco—all'ufficio postale
5. cambiare un assegno—in banca

14.18 Che cosa? Indicate tutte le commissioni che si possono fare in città e dove si possono fare.

14.19 Quali? Quali verbi si possono usare con le seguenti indicazioni?

1. _____ la piazza, il ponte, l'incrocio

2. _____ dritto

3. _____ a destra, a sinistra

4. _____ la prima strada, la prima traversa

14.20 Che cos'è? Abbina la parola della colonna A con la definizione della colonna B.

A	B
1. il bancomat	**a.** Ci mettiamo le lettere che vogliamo spedire.
2. i francobolli	**b.** Le scriviamo quando facciamo un viaggio.
3. le cartoline	**c.** Li mettiamo sulle buste, le cartoline e i pacchi.
4. la cassetta delle lettere	**d.** Lo usiamo per prelevare i soldi quando non vogliamo entrare in banca.
5. la cassa	**e.** È dove paghiamo quello che compriamo.

Expansion: On a piece of paper, have students write three errands they have to take care of in the next few days. Then have them go around the room and ask their classmates if there is a place nearby where they can go to take care of those errands. Encourage students to give each other directions to the different sites. Before assigning this activity, model possible answers and questions: **Sai dov'è una lavanderia? Sì, c'è una lavanderia qui vicino, in via . . . Dov'è via . . .? È vicino alla banca. Prendi via. . . . Va' sempre dritto e poi gira a destra.** etc.

Answers: 14.19
1. attraversare, passare
2. andare, continuare, proseguire
3. girare
4. prendere

Answers: 14.20
1. d
2. c
3. b
4. a
5. e

In contesto: In giro per Catania

La signora Bellini e la signora Settembrini sono venute a Catania per vedere la città. Hanno appena visitato il Duomo, dedicato a S. Agata, la santa patrona della città, con la bellissima facciata del Vaccarini[1]. Adesso sono sedute in un bar in Piazza del Duomo. Scrivono delle cartoline agli amici in Italia e all'estero e discutono cosa fare.

SIG. BELLINI:	Questa cartolina della Badia di S. Agata voglio mandarla a Beppe. Vuoi firmarla?
SIG. SETTEMBRINI:	Sì, dammela! E ora, cosa vogliamo fare? Andiamo a fare delle spese in Via Etnea[2]?
SIG. BELLINI:	Sì, va bene, andiamoci! Però prima imbuchiamo le cartoline. Ho visto una tabaccheria lì all'angolo dove comprare i francobolli. Sai quanto costa spedire una cartolina a Los Angeles?
SIG. SETTEMBRINI:	No, non lo so. Perché non cerchiamo un ufficio postale? Ce ne dovrebbe essere uno qui vicino. Fammi vedere la piantina.
SIG. BELLINI:	Io devo trovare un bancomat. Non ho più soldi. Facciamo una cosa. So che qui vicino ci dovrebbe essere Via Crociferi, che vorrei vedere perché è considerata la via del Barocco catanese per eccellenza. Ci sarà senz'altro un bancomat da quelle parti.
SIG. SETTEMBRINI:	Va bene! Magari troviamo anche un ufficio postale. Possiamo andare a piedi?
SIG. BELLINI:	Non lo so. Chiediamo a quel signore. Senta, scusi saprebbe dirmi come arrivare a Via Crociferi?
SIGNORE:	Prenda questa via qui a destra, Via Vittorio Emanuele II e vada sempre dritto; alla seconda traversa giri a destra e prosegua dritto. Poi prenda la prima a sinistra e poi sempre dritto e troverà Via Crociferi lì in fondo.
SIG. BELLINI:	Mille grazie.
SIGNORE:	Di niente.

Suggestion: Pair students and have them practice reading the dialogue. Circulate around the room and help them with pronunciation. If time permits, ask for volunteers to read the dialogue to the class. Or you may choose to use the dialogue as a listening-comprehension activity to be covered in class or at home.

1. Noto architetto barocco.
2. Famosissima via, lunga più di 3 km. Qui si trovano i negozi più eleganti di Catania e numerosi palazzi e chiese. Camminando per questa strada si può vedere l'Etna, vulcano ancora in eruzione.

14.21 In giro per Catania. Indica quali delle seguenti affermazioni sono vere e quali false. Correggi quelle false.

1. La signora Bellini e la signora Settembrini sono di Catania.
2. La Badia di S. Agata è un monumento molto importante vicino al Duomo.
3. La signora Bellini ha già i francobolli. Deve solo trovare una cassetta per imbucare le cartoline.
4. Via Etnea è famosa per lo shopping.
5. Catania è famosa per i suoi monumenti barocchi.
6. La signora Settembrini vuole prelevare dei soldi.
7. Le due donne sono molto stanche e non hanno voglia di camminare.

Occhio alla lingua!

1. Read again the short conversation that accompanies the map on p. 444. What does the man say to get the woman's attention? Do you think they are speaking to each other in an informal or a formal manner?
2. Look at the verbs in the woman's response. What forms do you think she is using to give directions?
3. Do you recognize the verbs in the woman's response? What are their infinitive forms? What do you notice about the verb endings? Can you detect a pattern?
4. Reread the *In contesto* conversation and circle all requests, suggestions, orders, instructions, and directions. Which are formal and which are informal?

Grammatica

L'imperativo formale

The formal imperative is used to give instructions, suggestions, orders, and directions to people you don't know well. Use the singular when you are speaking to one person and the plural when you are speaking to more than one person.

—Signore, **prosegua** sempre dritto! —*Sir, continue straight ahead!*

—Signori, **proseguano dritto!** —*Gentlemen, continue straight ahead!*

In modern colloquial Italian, however, the informal plural form (the **voi** form) is frequently used when speaking to more than one person.

—Signora, **attraversi** il ponte! —*Madame, cross the bridge!*

—Signore, **attraversate** il ponte! —*Ladies, cross the bridge!*

1. The formal singular imperative of regular **-are** verbs is formed by adding an **-i** to the verb stem after dropping the infinitive ending; regular **-ere** and **-ire** verbs take an **-a** after dropping their infinitive ending. The plural formal imperative is formed by adding **-no** to the singular form. Verbs that take **-isc-** in the present indicative also have an **-isc-** in the formal imperative. The negative is formed by placing **non** in front of the affirmative form.

L'imperativo formale dei verbi regolari			
	girare	**prendere**	**seguire**	**finire (-isc-)**
Signora,	**(non)** giri	**(non)** prenda	**(non)** segua	**(non)** finisca
Signore,	**(non)** girino	**(non)** prendano	**(non)** seguano	**(non)** finiscano

—Professore, (non) gir**i** a destra!   —*Professor, (don't) turn left!*
—Signora, (non) prend**a** questa strada!   —*Madame, (don't) take this street!*
—Signore, (non) segu**ano** le   —*Ladies, (don't) follow the*
   indicazioni!   *directions!*
—Signori, (non) restitu**iscano tutto**!   —*Gentlemen, (don't) give everything back.*

2. Verbs that are irregular in the present indicative are also irregular in the formal imperative and have the same types of irregularities. The imperative of many irregular verbs can be obtained by changing the **–o** of the first-person singular of the present to **-a**. The plural is formed by adding **-no** to the singular form.

Imperativo formale dei verbi irregolari			
Infinito	**Presente Indicativo**	**Singolare Imperativo**	**Plurale Imperativo**
andare	vad**o**	vad**a**	vad**ano**
bere	bev**o**	bev**a**	bev**ano**
dire	dic**o**	dic**a**	dic**ano**
fare	facci**o**	facci**a**	facci**ano**
uscire	esc**o**	esc**a**	esc**ano**
venire	veng**o**	veng**a**	veng**ano**

3. The formal imperative of some verbs is based on the first-person plural of the present tense.

Imperativo formale dei verbi irregolari			
Infinito	**Presente Indicativo**	**Singolare Imperativo**	**Plurale Imperativo**
avere	abbia**mo**	abbia	abbia**no**
dare	dia**mo**	dia	dia**no**
essere	sia**mo**	sia	sia**no**
sapere	sappia**mo**	sappia	sappia**no**
stare	stia**mo**	stia	stia**no**

Signora, **stia** attenta!   *Madam, be careful!*
Signore, **abbiano** pazienza!   *Ladies, be patient!*

4. With the exception of **loro**, reflexive, single, and double object-pronouns always precede the formal imperative. **Loro** always follows the verb.

(Non) **si** accomodi! (Non) **si**   *(Don't) make yourself comfortable!*
   accomodino!   *(Don't) make yourselves comfortable!*
(Non) **glielo** dia! (Non) **glielo** diano!   *(Don't) give it to him/her/them!*
Me lo compri! **Me lo** comprino!   *Buy it for me!*

14.22 Cambiare soldi! Rispondi alle domande di una signora straniera e spiegale cosa fare per cambiare soldi in Italia. Usa l'imperativo formale.

ESEMPIO: —Devo scrivere la data sul traveller's cheque?
                            —Sì, scriva la data sul traveller's cheque.

1. Devo andare in banca?   3. Devo firmare il modulo?
2. Devo compilare un modulo?   4. Devo dare il passaporto all'impiegato?

Answers: 14.22
Answers may vary. Some possibilities:
 1. Sì, vada in banca!
 2. Sì, compili il modulo!
 3. Sì, firmi il modulo!
 4. Sì, dia il passaporto all'impiegato!
 5. Sì, usi la carta di credito!
 6. Sì, prelevi dei soldi da un bancomat!

5. Se non voglio andare in banca, posso usare la carta di credito?

6. Posso prelevare dei soldi da un bancomat?

14.23 In giro per la città! Due signore straniere che non conoscono bene l'Italia ti chiedono alcune informazioni. Rispondi alle loro domande. Usa l'imperativo formale e sostituisci ai nomi i pronomi.

ESEMPI: —Dove posso comprare il profumo?

        —Lo compri in profumeria.

        —Dove possiamo comprare le cartoline?

        —Le comprino alla tabaccheria.

1. Dove possiamo imbucare queste lettere?
2. Dove possiamo comprare i francobolli?
3. Dove posso spedire questo pacco?
4. Dove posso comprare il biglietto per l'autobus?
5. Dove posso cambiare questi dollari?
6. Dove posso prelevare dei soldi?
7. Dove possiamo prendere il caffè?

14.24 Scusi, potrei . . .? Un signore italiano è ospite a casa tua e ti chiede se può fare alcune cose. Rispondi alle sue domande. Usa l'imperativo formale e sostituisci ai nomi i pronomi.

ESEMPIO: —Potrei fumare una sigaretta?

        —Sì, la fumi! (No, non la fumi!)

1. Potrei aprire le finestre?
2. Potrei chiudere la porta?
3. Potrei telefonare a mia moglie?
4. Io e mia moglie potremmo venire a casa sua domani sera?
5. Potrei bere un po' di vino?
6. Potrei darle il mio numero di telefono?

14.25 Suggerimenti per girare in città. Da' suggerimenti e consigli ad alcuni stranieri che sono in Italia per qualche settimana. Riscrivi le frasi e usa l'imperativo formale.

ESEMPIO: Devono fare attenzione.
        Facciano attenzione!

1. Devono essere pazienti.
2. Non devono bere troppi superalcolici (*hard liquors*).
3. Devono fare lunghe passeggiate.
4. Devono parlare con tutti in italiano.
5. Devono dire «Buongiorno» quando entrano in un negozio.
6. Devono essere gentili con tutti.
7. Devono divertirsi.

Scambi

14.26 Catania-mania. Leggi l'articolo su Catania e poi indica quali delle seguenti affermazioni sono vere e quali false.

1. Oggi poche persone conoscono e visitano Catania.
2. Molte persone del mondo dello spettacolo e del design vanno in vacanza a Catania.

3. Catania è una grande città moderna che non ha conservato niente del suo passato barocco.

4. L'articolo parla di una festa religiosa molto importante per i catanesi.

5. Il 4 e 5 febbraio Catania si trasforma in una tranquilla cittadina di provincia.

Catania-mania

Anche un milione di persone, un successo di partecipanti e devoti che non ha niente da invidiare ai riti della Settimana Santa di Siviglia, ma quanti in Italia conoscono davvero la grande Festa di Sant'Agata che elettrizza Catania ogni anno, il 4 e 5 febbraio? È un motivo di più per andare a scoprire una delle città italiane più alla moda. La Catania-mania è un fenomeno emergente tra chi frequenta il mondo del design e dello spettacolo, tra stilisti e architetti, tra attori e cantanti che vengono qui in cerca di una casa di vacanza tra le tante e bellissime architetture barocche in bianco e nero (la lava dell'Etna), tra i giovani che avvicinano[1] la città siciliana, fatte le debite proporzioni, al fermento di Londra e alla movida di Barcellona. Basta dare un'occhiata[2] a "Lapis", la guida quindicinale agli spettacoli e agli avvenimenti catanesi, per capire che c'è solo l'imbarazzo della scelta[3], tra pub che propongono serate musicali (per esempio, al Web Caffè, in via Caronda 166), mostre d'arte di giovani che già fanno tendenza (Fermenti Vivi, via Conte Ruggero 48), serate di teatro di ricerca (Alle Ciminiere, viale Africa), profumi di zenzero, cannella e vaniglia. A Sant'Agata i catanesi rivivono in chiave cristiana l'antico culto pagano di Iside, dea a cui la città era dedicata: la Santa, ricoperta da gioielli donati anche da re e imperatori, avanza tra ali di folla che batte le mani e sventola fazzoletti bianchi[4], in strade decorate con un brulicare[5] di luci e festoni. Due giorni di processioni e notti insonni: mentre la Santa 'visita' i quartieri della città, tutte le case—specialmente quelle dei "bassi" popolari—sono aperte e illuminate. Quasi una sacra rappresentazione cittadina da cui trarre auspici per l'anno in corso. È una festa da non perdere per rendersi conto di quanto può essere intenso e gioioso il "barocco in movimento".

1. compare   2. glance   3. the embarrassment of choice   4. waves white handkerchiefs   5. swarm

14.27 Dove sei? Guarda la piantina di Catania e immagina di essere nei posti indicati. Ascolta le indicazioni due volte e scopri dove arrivi.

1. _____   2. _____   3. _____

Script for **14.27 Dove sei?**

1. Prenda Via Castello Ursino e vada sempre dritto. In fondo alla strada, giri a destra e prosegua ancora dritto. È proprio lì davanti.

2. Attraversi Piazza Mazzini e prenda Via Vittorio Emanuele a destra. Poi prenda Via Etnea a sinistra e continui sempre dritto. È proprio lì davanti.

3. Prenda Via Teatro Greco a destra. Poi giri subito a destra e continui sempre dritto. È lì sulla sinistra.

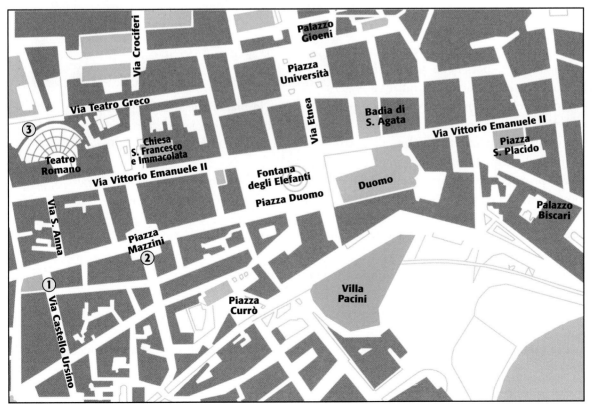

Answers: 14.27
1. Fontana dell'Elefante / Piazza Duomo   2. Piazza Università   3. Chiesa di S. Francesco e Immacolata

2 **14.28 Dov'è . . .?** Osservate la piantina di Catania a pagina 449 e completate le attività che seguono per aiutare la Signora Bellini e la Signora Settembrini a girare in città.

1. Seguite le indicazioni del signore nella conversazione *In contesto* e scoprite se la Signora Bellini e la Signora Settembrini troveranno Via Crociferi.

2. Aiutate le due signore a trovare il Palazzo Gioeni da Via Crociferi.

3. Sulla piantina trovate Piazza S. Placido e spiegate alle due signore come andare al Palazzo Biscari da questa piazza.

2 **14.29 Seguimi (*Follow me*)!** Immaginate di essere a Piazza del Duomo a Catania. Scegliete un posto sulla piantina e spiegate al compagno/alla compagna come arrivarci senza dire il nome del posto. Il compagno/La compagna deve seguire le indicazioni e scoprire dov'è.

𝓛o sai che? La piazza italiana

La piazza è sempre stata un luogo d'incontro molto importante nel mondo mediterraneo, per motivi culturali e antica tradizione: infatti fin dai tempi dell'antica Grecia era il cuore della città. In greco si chiamava **agorà** e per i romani era il **forum**.

Ancora oggi ogni città e paese ha una piazza principale, che spesso concide con la piazza del Duomo, la chiesa più importante del posto. Quasi ogni giorno gli italiani si ritrovano in piazza con gli amici per prendere un caffè o fare due passi. Soprattutto d'estate, poi, nelle piazze si tengono anche concerti e spettacoli teatrali e a

volte anche i mercati dell'antiquariato. Nei piccoli paesi è sempre in piazza che si festeggiano le sagre e le feste popolari per il Santo patrono con fiere (*fairs*) e mercati. Inoltre spesso i partiti politici organizzano comizi (*political speeches*) in piazza e, a volte, addirittura feste da ballo. Le città grandi ovviamente hanno molte piazze, ognuna delle quali costituisce un piccolo centro.

Le vie e piazze principali del centro storico delle città italiane sono generalmente chiuse al traffico, per proteggere i monumenti dallo smog e per consentire alla gente di passeggiare tranquillamente.

14.30 La piazza italiana. Indica quali di queste affermazioni sono vere.

1. Agli italiani piace vivere all'aperto.

2. Le piazze italiane sono piene di bar e negozi, ma offrono poco dal punto di vista culturale.

3. Non è possibile girare in centro in macchina.

4. Nel centro storico ci sono i monumenti artistici più importanti della città.

14.31 E nella tua città? Ci sono strutture simili alle piazze nella tua città? Quali sono i luoghi d'incontro più frequentati?

PERCORSO III
LE SPESE PER L'ABBIGLIAMENTO

Vocabolario: Su, dai, misuratelo!

Presentation: Review articles of clothing from previous chapters. Show photos of people wearing different articles of clothing and ask students to identify and describe them. Gradually add new vocabulary: **Che cosa indossa? Di che colore è il vestito? Com'è: lungo, corto, stretto, largo? Di che cos'è? di cotone, di lana, di seta?** etc.

I capi di abbigliamento

un abito da sera *an evening gown*
il bracciale d'argento *silver bracelet*
il cappello *hat*
la cintura *belt*
l'orecchino (d'oro) *(gold) earring*
le scarpe con i tacchi alti/bassi
  high-/low-heeled shoes
la sciarpa *scarf*
lo smoking *tuxedo*
il tailleur *woman's suit*
il vestito *man's suit*

La descrizione dell'abbigliamento

a fiori *flowered*
a quadretti *checkered*
a strisce *striped*

a tinta unita *solid color*
Di che cos'è? *What is it made out of?*
È di cotone/di lana/di lino/di seta. *It's cotton/wool/linen/silk.*
largo/a *wide, large (if used to describe fit)*
leggero/a *light (weight)*
pesante *heavy (weight)*
stretto/a *tight*

Per fare spese

il camerino *dressing room*
i saldi *sale*
misurarsi/provarsi *to try on*
in svendita *on sale*
la vetrina *store window*

Expansion: Introduce jewerly vocabulary: **Non mi piacciono molto i gioielli. Ho solo un anello d'oro e qualche volta mi metto un bracciale d'argento.** Use appropriate gestures to make input comprehensible.

Suggestion: After introducing new chapter vocabulary, have groups of students plan a fashion show and present it to the class. Encourage students to use adjectives to describe clothing and expressions to indicate what different articles are made of.

Expansion: At this point you may choose to present the use of direct-object pronouns with reflexive verbs. Ask individual students what their favorite articles of clothing for each season are: **Cosa ti piace portare in estate? Cosa ti metti d'inverno?** etc. **E il costume da bagno, quando te lo metti? E le scarpe da tennis?** etc. Briefly explain that **mi, ti, ci, vi** become **me, te, ce, ve** in front of **lo, la, li, le,** and **ne.**

Presentation: Introduce shopping vocabulary by telling students what you like to shop for and when: **Non mi piace comprare vestiti perché devo misurarmeli e io sono troppo pigra. Invece mi piace comprare le scarpe, perché è facile misurarmele, ma è sempre molto difficile per me trovare il numero giusto. Io compro sempre tutto in svendita.** Tell students about something unusual that happened to you one day while you were shopping. Then ask students about their shopping habits and experiences.

Espressioni per lo shopping

Si accomodi/Si accomodino *Make yourself/Make yourselves comfortable; Sit down*

Che misura/numero ha? *What shoe size are you?*

Che misura/taglia porta? *What size (clothing) do you wear?*

Come mi sta/stanno? *How does it/do they fit me/look on me?*

Mi potrebbe fare un piccolo sconto? *Could you give me a small discount?*

Quanto viene/vengono? *How much does it/do they cost?*

Così si dice: *Mi sta/Mi stanno*

• •

To describe how something fits or looks on someone, you can use the expression: **mi sta/mi stanno**. It follows the same pattern as the verb **piacere**: It is always used with an indirect object, and the singular form of the verb is used with singular nouns and the plural with plural nouns. **Quella gonna non ti sta bene. Quelle scarpe gli stanno strette.** *That skirt doesn't suit you. Those shoes are too tight on him.*

Così si dice: *Com'è bello...! Che bello...!*

• •

To express the English exclamation: *How + adjective!* You can use: **come + essere + adjective**. **Com'è elegante quel tailleur!** *How elegant that suit is!* **Come sei gentile!** *How kind you are!* **Che + adjective** is used to express the English: *What a...!* **Che bel colore!** *What a beautiful color!* Remember that when **bello** precedes a noun, it has the same forms as the definite article. **Che bel vestito! Che bei guanti!**

Answers: 14.32
Answers may vary. Some possibilities:
a fiori, comodo/a, largo/a, leggero/a, pesante, stretto, a tinta unita, a strisce, a quadretti

Answers: 14.33
Answers may vary. Some possibilities:
1. il cappotto
2. il costume da bagno
3. i guanti
4. l'impermeabile
5. la cravatta
6. la giacca
7. il maglione
8. i sandali
9. gli stivali
10. l'ombrello
11. la gonna

14.32 Descriviamoli! Fa' una lista di tutti gli aggettivi che si possono usare con capi di abbigliamento. Quali di questi descrivono meglio il tuo look? Paragona la tua lista con quella di un compagno/una compagna.

14.33 Che cos'è? Leggi le descrizioni e indovina di quale capo di abbigliamento si tratta.

1. Lo indossiamo quando fa freddo.

2. Lo usiamo al mare o in piscina quando nuotiamo.

3. Li mettiamo d'inverno quando fa molto freddo. Possono essere di lana, di cotone o di pelle.

4. Lo indossiamo quando piove.

5. Gli uomini la mettono quando vanno fuori a cena, quando hanno un appuntamento importante o a volte quando lavorano. Le donne la usano raramente.

6. Gli uomini e le donne la mettono quando fa fresco.

7. Lo portiamo in inverno sotto il cappotto quando fa molto freddo. È generalmente di lana, ma può anche essere di cotone.

8. Li portiamo ai piedi in estate.

9. Li portiamo ai piedi quando nevica.

10. Lo usiamo quando piove, ma alcune persone lo usano quando fa molto caldo per proteggersi dal sole.

11. Le donne la indossano con una maglietta, una camicia o un maglione. Può essere lunga o corta, di lana, di cotone, di seta, o a volte di pelle.

14.34 Al negozio di scarpe. Hai appena visto in vetrina delle belle scarpe e vuoi provartele. Completa il dialogo con il commesso.

TU:	Buongiorno. Vorrei _____.
COMMESSO:	Quali?
TU:	Quelle _____ vicino _____.
COMMESSO:	Va bene. _____?
TU:	37.
COMMESSO:	Subito! Eccole! Prego! _____?
TU:	Grazie. È un bel modello. Quanto _____?
COMMESSO:	Centocinquanta euro.
TU:	Posso pagare con _____?
COMMESSO:	Sì, certo! _____.

In contesto: I saldi

Nei negozi ci sono i saldi di fine stagione (*end-of-the-season sales*) e Gianni e Cristina sono in giro a fare spese. Si fermano davanti alla vetrina di un negozio di abbigliamento per ammirare alcuni capi firmati (*designer items*) in vetrina.

Expansion: Pair students and have them practice reading the dialogue. Circulate around the room and help them with pronunciation. If time permits, ask for volunteers to read the dialogue to the class. Or you may choose to use the dialogue as a listening-comprehension activity to be covered in class or at home.

CRISTINA:	Gianni, guarda com'è bello quel maglione di cashmire! Quel colore ti starebbe proprio bene. Perché non te lo provi?
GIANNI:	Sì, è vero, e guarda che bei pantaloni! Voglio misurarmeli.

Gianni e Cristina entrano nel negozio.

GIANNI:	Buongiorno. Volevo vedere quel golf di cashmire in vetrina.
COMMESSA:	Questo?
GIANNI:	Sì, quanto viene?
COMMESSA:	Viene trecentocinquanta euro con lo sconto. Vuole provarlo? Che misura porta?
GIANNI:	La 46.
COMMESSA:	C'è una 48. Se lo misuri, questi golf si portano lunghi. Non stanno bene se sono troppo stretti.
CRISTINA:	Sì, dai, misuratelo! E i pantaloni? Non te li misuri?
GIANNI:	Va bene. Potrei vedere anche quei pantaloni grigi?
COMMESSA:	Certo! Il camerino è in fondo. Si accomodi!
GIANNI:	Come mi stanno i pantaloni?
COMMESSA:	Le stanno benissimo. Sono perfetti.

Sizes in Italy

To figure out your Italian shoe size, add 30 to the American size. Italian clothing sizes correspond as follows to the American sizes: 4=38, 6=40, 8=42, 10=44, 12=46, 14=48 etc.

CRISTINA: No, non gli stanno affatto bene. Sono troppo larghi e lunghi.

COMMESSA: Mah, no! È la sua taglia. Questi non vanno stretti.

CRISTINA: No, non mi piacciono. Il golf, invece, gli sta bene.

GIANNI: Prendo solo il golf. Posso pagare con la carta di credito?

COMMESSA: Certo! Prego, si accomodi alla cassa.

Answers: 14.35
Answers will vary. Some possibilities:
1. Gli piacciono gli articoli d'abbigliamento costosi e di cashmire.
2. È di cashmire.
3. Invita Gianni ad accomodarsi. Lo aiuta a decidere quali capi comprare.
4. A Gianni e a Cristina non piacciono i pantaloni, ma la commessa insiste che sono perfetti.

2 **14.35 Spese in città.** A coppie, trovate informazioni per giustificare le seguenti affermazioni.

1. Gianni e Cristina spendono molto per i vestiti.
2. Gianni può usare il golf in inverno.
3. La commessa è molto gentile.
4. La commessa vuole vendere gli articoli in svendita.

Occhio alla lingua!

Suggestion: You can use the questions in *Occhio alla lingua!* to present inductively, summarize, and/or review reflexive pronouns with direct objects.

1. Look at the brief exchange between the two men in front of the store on p. 451. Note the verbs in boldface type: What kind of verbs are they? How are they used?

2. What do you think the object pronoun **li** refers to in the sentence **Me li misurerei?** What does **me** refer to? Do you know a similar pronoun?

2 3. Reread the *In contesto* conversation and find all reflexive verbs that are used with an object pronoun. Who or what does each pronoun refer to?

𝒢rammatica

• •

I verbi riflessivi con i pronomi di oggetto diretto

Suggestion: You may choose to keep your grammar explanations to a minimum and assign as homework *Grammatica* and the related exercises.

When the reflexive pronouns **mi, ti, ci, vi, si,** are used with the object pronouns, **lo, la, li, le,** and **ne,** they change to **me, te, ce, ve,** and **se.**

—**Ti** proverai quel costume?   —*Will you try on that suit?*

—**Me lo** sono già provato.   —*I already tried it on.*

—Misuriamo**celo!**   —*Let's try it on!*

Mi misuro il vestito.	**Me lo** misuro.
Ti misuri la gonna.	**Te la** misuri.
Si misura le scarpe.	**Se le** misura.
Ci misuriamo il cappello.	**Ce lo** misuriamo.
Vi misurate molti vestiti.	**Ve ne** misurate molti.
Si misurano un tailleur.	**Se ne** misurano uno.

When the reflexive verb is in a compound tense, the past participle agrees in number and gender with the direct-object pronoun rather than with the subject.

—Maria, ti sei misura**ta** le scarpe?   —*Did you try on the shoes?*

—Sì, me **le** sono misura**te**.   —*Yes, I tried them on.*

—Vi siete mess**i** il cappotto?   —*Did you put on your coat?*

—No, non ce **lo** siamo mess**o**.   —*No, we didn't put it on.*

14.36 Che cos'è? Ascolta due volte le conversazioni di alcune persone che fanno spese e sottolinea l'oggetto di cui parlano.

Conversazione 1: a. un cappello   **b.** una maglietta   **c.** i guanti   **d.** gli orecchini

Conversazione 2: a. gli stivali   **b.** un golf   **c.** una giacca   **d.** un impermeabile

Conversazione 3: a. una collana   **b.** un bracciale   **c.** le scarpe   **d.** i sandali

14.37 Quando te li metti? Indica quando ti metti i seguenti articoli di vestiario. Rispondi alle domande e sostituisci ai nomi i pronomi.

ESEMPIO: S1: Quando ti metti la giacca?

           S2: Me la metto quando vado fuori a cena. (Non me la metto mai.)

1. Quando ti metti l'impermeabile?
2. Quando ti metti i pantaloncini di cotone?
3. Quando ti metti un abito da sera lungo di seta?
4. Quando ti metti lo smoking?
5. Quando ti metti il costume da bagno?
6. Quando ti metti gli stivali?
7. Quando ti metti il cappello?
8. Quanto ti metti il pigiama?
9. Quando ti metti gli occhiali da sole?

14.38 Me lo metto! Un amico deve andare ad un ricevimento formale. Ti fa molte domande perché è indeciso su cosa mettersi. Rispondi usando l'imperativo informale e sostituisci ai nomi i pronomi. Segui l'esempio.

ESEMPIO: calzini

          —Mi metto i calzini?

          —Si, mettiteli! (No, non metterteli. *o* Non te li mettere.)

1. la cravatta
2. i jeans
3. la camicia
4. un completo (*suit*)
5. uno smoking
6. una giacca
7. i pantaloni di cotone
8. una cintura

14.39 Gli acquisti. Sei in un negozio a fare spese e ti piacciono molte cose. Una commessa ti invita a provarti tutto. Segui l'esempio.

ESEMPIO: —Che bei pantaloni!

          —Se li provi.

1. sandali
2. orologio
3. stivali
4. cintura
5. giubbotto
6. pullover
7. sciarpa
8. abito da sera
9. cappello

Scambi

Così si dice: Altri usi della preposizione *di*

• •

You already saw that **di** can be used to indicate possession. **Di chi sono quelle scarpe?** *Sono di Riccardo.* It can also be used to indicate the designer of an object or article of clothing. **Di chi è quella gonna? È di Moschino. Di** is also used to specify the material something is made of. **Di che cos'è quella borsa? È di pelle.** *What is that bag made of? It's leather.*

G **14.40 Indovina quanto l'ho pagato.** Fa' una lista di sei capi di vestiario che hai comprato recentemente e il prezzo di ognuno. Poi, a piccoli gruppi, fate domande per indovinare il costo.

14.41 Fare acquisti in Italia. Sei in Italia in vacanza e vuoi comprare dei regali per gli amici e parenti a casa. Prepara una lista delle persone per cui compreresti qualcosa e spiega anche che cosa compreresti ad ognuno e perché.

2 **14.42 Gli acquisti.** Immaginate le seguenti situazioni e ricostruite una breve conversazione per ognuna. Non dimenticate di usare il formale.

1. Sei in Italia e vuoi comprare un paio di scarpe da tennis rosse, ma non vuoi spendere più di ottanta euro. Le scarpe che vuoi tu non ci sono nella tua misura. Il commesso cerca di convincerti a comprare un altro paio che costa molto di più.

2. Hai visto un maglione molto bello in vetrina e decidi di misurartelo. Il maglione non ti sta bene e non ti piace il colore. Il commesso cerca di convincerti che ti sta benissimo.

3. Cerchi un cappotto nero lungo e stretto. Nel negozio non ne hanno della tua taglia. Il commesso, un ragazzo della tua età, vuole assolutamente venderti un altro cappotto.

Cosa hanno comprato queste persone?

2. Usate le vostre liste e discutete insieme che cosa avete visto e che cosa succede secondo voi nelle varie scene.

Mentre guardi

14.54 Adesso guarda il videoclip con l'audio e completa le frasi seguenti. Puoi confermare oppure no quello che avevi immaginato prima?

1. Per andare nei negozi vicino casa Ilaria prende

   a. l'autobus.

   b. il motorino.

2. Nel suo negozio preferito Chiara compra

   a. borse, scarpe e giubbotti.

   b. pantaloni, gonne e camicie.

3. La signora al mercato all'aperto vorrebbe comprare

   a. una borsa.

   b. un paio di scarpe.

4. Fabrizio ha una collezione di circa 25

   a. giubbetti.

   b. giacche.

5. Sottolinea le parole che senti nel negozio di alimentari

   a. biscotti, marmellate, succhi di frutta, carne, pollo, pane, pancetta

   b. pasta, formaggi, prosciutti, pesce, limoni, arance, tonno, salame

Dopo aver guardato

14.55 Completa le seguenti attività.

1. Descrivete insieme cosa avete notato nelle strade della città. Come sono simili e diverse dalle strade della vostra città?

2. Che cosa avete visto nel negozio di abbigliamento e in quello di alimentari? Come sono simili o diversi dai negozi nel vostro Paese? Perché?

3. Che cosa significa, secondo te, che nel negozio di alimentari: «Si tiene un po' di tutto»?

   a. Il negozio non è molto grande ma c'è una grande varietà di prodotti.

   b. Nel negozio ci sono poche cose e non c'è molta scelta.

4. Discutete se la signora al mercato all'aperto riesce ad avere uno sconto sulla borsa che vuole comprare. È possibile una scena simile nella vostra città?

$\mathcal{A}$ttraverso La Sicilia

$\mathcal{T}$he autonomous region of Sicily is the largest and most important island in the Mediterranean. Its importance is due to its strategic geographic position, its lively economy, its mild climate, its fertile land infused with the perfume of oranges and lemons, its beautiful landscape, and its great artistic and architectural treasures. Over the centuries, the island was occupied by the Greeks, the Phoenicians, the Romans, the Arabs, the Normans, and later the French and the Spanish. All left in some way their mark on the island. Under the German emperor, Federico II (1194–1250), for example, who referred to Sicily as «la pupilla degli occhi miei», Sicily flourished both economically and artistically. In Federico II's lavish Palermo court, the "Scuola Siciliana" was born and the first poems in Italian were composed.

Sicily has been home to many renowned Italian writers and artists, among them the writers Giovanni Verga (1840–1922); Giuseppe Tomasi di Lampedusa (1896–1957), the author of *Il Gattopardo;* Luigi Pirandello (1867–1936), who won the Nobel prize in literature; the Nobel prize-winning poet Salvatore Quasimodo (1901–1968); Leonardo Sciascia (1921–1989), and the great composers Alessandro Scarlatti (1660–1725) and Vincenzo Bellini (1801–1835).

Taormina, con il teatro greco-romano e con l'Etna. Taormina si trova a circa 200 metri sul mar Ionio. Per la sua collocazione geografica sembra quasi una grande terrazza sul mare. È probabilmente la località turistica più famosa di tutta la Sicilia. Oltre alle bellezze naturali, Taormina ha un magnifico teatro greco-romano del III secolo a.C. dove ancora si fanno tanti spettacoli, tra cui un festival del cinema.

Il bellissimo Duomo di Catania, in stile barocco. Catania è una delle città più belle e più ricche della Sicilia. Fondata dai greci, Catania è situata ai piedi dell'Etna in una pianura molto fertile. Ha anche un importante porto. La città fu ricostruita in stile barocco dopo essere stata distrutta dall'eruzione dell'Etna nel 1669 e da un terremoto (*earthquake*) nel 1693.

Presentation: Review parts of the body studied in previous chapters: **il braccio, la mano, il polso, la gamba, il piede, la caviglia, i capelli, gli occhi, i denti.** Point to the various parts of the body and ask: **Che cos'è?** Gradually introduce new parts, by asking yes/no answers: **Che cos'è, una mano o un piede? È il braccio o il ginocchio? Sì, è il ginocchio. Non è il braccio,** etc.

PERCORSO I
IL CORPO E LA SALUTE

Vocabolario:
Che fai per mantenerti in forma?

I bronzi di Riace

La testa

l'orecchio
la fronte
l'occhio
il naso
la faccia
la bocca
il collo

Il corpo

la spalla
il petto
il braccio
lo stomaco
il polso
la schiena
il dito
la mano
la gamba
il ginocchio
la caviglia
il piede

Expansion: Introduce/reinforce parts of the body with TPR (Total Physical Response). Review/introduce: **alzare, battere, girare, saltare, toccare.** Then tell students: **Battete le mani! Mettete le mani sul banco! Alzate la gamba! Alzate la mano! Chiudete gli occhi! Aprite la bocca!** etc. Gradually give more complex instructions: **Chiudete gli occhi e aprite la bocca! Non aprite gli occhi, mettete la mano sulla testa e alzatevi!** etc.

Suggestion: Have students take turns giving the class orders; or, divide students in groups and have them practice giving each other orders with parts of the body. Encourage them to be creative.

Expansion: Continue gradually introducing new vocabulary, and you may choose at this point also to introduce use of the infinitive with impersonal expressions. Ask: **Per mantenersi in forma, cosa è importante fare ogni giorno? Cosa è meglio non fare? Cosa è bene fare?** etc. Write students' responses on the board and briefly explain that impersonal expressions are followed by the infinitive when making general statements and no specific subject is mentioned.

Suggestion: Reinforce impersonal expressions with the infinitive. Write the expressions on the board, divide students in groups and have each group compile a list of things that: **Per stare bene, (non) bisogna fare ogni giorno, (non) è meglio fare ogni giorno,** etc. If time permits, have each group report their findings to the class.

Le parti del corpo

il cuore *heart*
l'osso (pl. le ossa) *bone*
la pelle *skin*

La salute

l'abitudine (f.) *habit*
avere un'alimentazione sana *to have a healthy diet*
dimagrire (-isc-)* *to lose weight*
esagerare *to exaggerate*
essere* a dieta *to be on a diet*
il fast-food *fast food*
evitare *to avoid*
fare bene/male *to be good/bad (for you)*

ingrassare* *to gain weight*
mantenersi in forma *to keep in shape*
nocivo/a *unhealthy, harmful*
prendere vitamine *to take vitamins*
sano/a *healthy*
vegetariano/a *vegetarian*

Espressioni impersonali

(non) bisogna *it's (not) necessary*
(non) è bene *it's (not) good*
(non) è difficile *it's not difficult*
(non) è facile *it's (not) easy, likely*
(non) è importante *it's (not) important*

(non) è indispensabile *it's (not) indispensable*

(non) è meglio *it's (not) better*

(non) è necessario *it's (not) necessary*

(non) è (im)possibile *it's (not) (im)possible*

(non) è probabile *it's (not) probable*

(non) è vero *it's (not) true*

Così si dice: Alcuni plurali irregolari

• •

The following nouns that refer to parts of the body have irregular plurals:

Singolare	Plurale
il braccio	le braccia
il dito	le dita
il ginocchio	le ginocchia
la mano	le mani
l'orecchio	le orecchie
l'osso	le ossa

15.1 Con che cosa si fa? Quali parti del corpo associ con le seguenti attività?

1. mangiare
2. ascoltare
3. ballare
4. guardare un film
5. leggere
6. scrivere
7. suonare il piano
8. volersi bene
9. pettinarsi
10. abbracciarsi
11. truccarsi
12. ?

15.2 Con quali parti del corpo? Indicate quali parti del corpo si usano quando si praticano i seguenti sport.

1. il calcio
2. il baseball
3. il pattinaggio
4. il ciclismo
5. lo sci
6. il golf
7. il nuoto
8. ?

15.3 Vestiario e accessori. Quali parti del corpo associ con i seguenti oggetti?

1. un anello
2. i pantaloni
3. i guanti
4. le scarpe
5. un bracciale
6. la collana
7. un cappello
8. l'orologio

Così si dice: L'articolo con le parti del corpo

• •

When talking about parts of the body, the definite article is used, not the possessive adjective.

Metti la mano sulla testa! *Put your hand on your head!*

Answers: 15.1

Answers will vary. Some possibilities:
1. la bocca, i denti
2. le orecchie
3. le gambe, i piedi, le braccia
4. gli occhi, le orecchie
5. le mani, gli occhi, la testa
6. la mano, le dita
7. le dita, le mani
8. il cuore
9. i capelli, la testa, le mani
10. le braccia
11. la faccia, la fronte, gli occhi, la bocca
12. *Answers will vary.*

Answers: 15.2

Answers will vary. Some possibilities:
1. le gambe, le ginocchia, la testa, i piedi
2. le braccia, le mani, le dita, le gambe
3. le gambe, le caviglie, i piedi, le braccia
4. le gambe, le ginocchia, le braccia, le mani
5. le gambe, le ginocchia, le braccia
6. le gambe, le braccia, le mani
7. le gambe, la testa, le braccia, il petto
8. *Answers will vary.*

Expansion: You can also ask students what body parts are not used for the sports listed in **15.2: Quali non si usano mai?**

Answers: 15.3

Answers will vary. Some possibilities:
1. il dito
2. le gambe
3. le mani, le dita
4. i piedi
5. il braccio, il polso
6. il collo
7. la testa
8. il polso, il braccio

15.4 In forma. Cosa si può fare per mantenersi in forma? Completa le frasi con uno dei termini seguenti e fa' tutti i cambiamenti necessari: **esagerare, ingrassare, sano/a, evitare, vegetariano/a, vitamine, dimagrire, fare bene.**

1. Ho letto che per mantenersi in forma bisogna seguire sempre un'alimentazione _____ e ogni mattina prendere delle _____.

2. Io ho sempre paura di mangiare troppo e _____, così cerco di _____ di mangiare dolci troppo spesso.

3. Io invece sono troppo magra e cerco di non _____! Cerco anche di mangiare soltanto cose che mi _____. Lo sai che non mangio carne e sono _____?

4. Veramente si può mangiare un po' di tutto, ma è importante non _____ mai.

15.5 Il corpo umano. Identificate i nomi delle parti del corpo del *David* di Michelangelo.

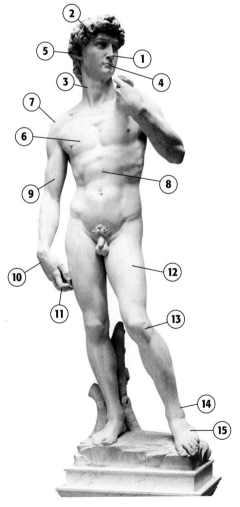

15.6 Per stare sani. Indicate che cosa bisogna fare e non fare per stare sani e mantenersi in forma. Prendete in considerazione: l'alimentazione, l'attività fisica, lo stress e i rapporti con gli altri.

In contesto: Per mantenere corpo e mente sani

Ecco alcuni consigli importanti per mantenere il corpo e la mente sani.

"12 regole da seguire per mantenere corpo e mente sani"

1. Non **bisogna** fumare.
2. **Bisogna** mangiare in modo corretto.
3. **È importante** avere un'alimentazione ricca di frutta e verdura.
4. Non **bisogna** mai seguire una dieta da fame.
5. **È bene** bere un po' di vino ogni giorno.
6. **È meglio** non consumare troppi alcolici.
7. **Bisogna** bere molta acqua.
8. **È indispensabile** dormire almeno otto ore ogni notte.
9. **È necessario** fare esercizio fisico ogni giorno.
10. **È indispensabile** divertirsi quando si fa sport.
11. **È importante** trovare il tempo per rilassarsi.
12. **Bisogna** proteggere la pelle dal sole.

15.7 Altre regole. Dopo aver letto «Le dodici regole per mantenere corpo e mente sani,» rispondi alle domande che seguono.

1. Sei d'accordo con tutte le regole?
2. Quali altre regole aggiungeresti?
3. Da' alcuni esempi concreti per spiegare le seguenti regole e usa altre espressioni impersonali:
   a. Bisogna mangiare in modo corretto.
   b. È indispensabile divertirsi quando si fa dello sport.
   c. È importante trovare il tempo per rilassarsi.
4. Quali di queste regole dovresti seguire tu? Le segui sempre? Perché?

Occhio alla lingua!

1. Look at the expressions in bold in the *In Contesto* reading. How are they used?
2. What do you notice about the verbs that follow these expressions?
3. What do these sentences express? Who or what is the subject of the verbs in these sentences?

Grammatica

Le espressioni impersonali + l'infinito

Obligation, necessity, possibility, and probability can be expressed with impersonal expressions. You have already learned some of the most common impersonal expressions (see pp. 467–468).

1. Impersonal expressions are used with an infinitive to make general statements.

   Bisogna bere molta acqua.   *It's necessary to drink a lot of water.*
   È meglio evitare il fast-food.   *It's better to avoid fast food.*
   È difficile seguire una dieta   *It's difficult to follow a strict diet for a*
   rigida per molto tempo.   *long time.*

2. Impersonal expressions can be made negative by placing **non** in front of the verb.

   Non è necessario eliminare i grassi.   *It's not necessary to eliminate fats.*
   Non bisogna fumare.   *One must not smoke.*
   Non è impossibile mangiare in   *It's not impossible to eat correctly.*
   modo corretto.

15.8 I consigli della nutrizionista. Riscrivi i consigli della nutrizionista per una sana alimentazione. Usa un'espressione impersonale + l'infinito.

> 1. Non eliminate i grassi. Per stare bene dovete mangiarne dal 15 al 30 per cento delle calorie totali.
> 2. Fate una colazione sana. Mangiate latte (o yogurt), cornflakes e frutta.
> 3. Fate cinque piccoli pasti al giorno.
> 4. A pranzo mangiate carboidrati e verdure.
> 5. Consumate meno sale. Sostituitelo con erbe aromatiche o quello iodato.

(Adapted citations from "I consigli della nutrizionista," 21 marzo 2001, p. 74. Reproduced with permission from *Donna Moderna*.)

15.9 I consigli dell'esperto. Usa un'espressione impersonale + l'infinito ed immagina cosa un esperto suggerirebbe nei seguenti casi:

1. Quando si è stanchi e nervosi e si litiga con tutti.
2. Quando si mangia male e si ingrassa.
3. Quando si è stressati e si dorme male.
4. Quando non si fa mai sport e si è sempre stanchi.
5. Quando si lavora troppo e si è stressati.
6. Quando si vuole perdere qualche chilo.
7. Quando si vogliono fare nuove amicizie.
8. Quando non si ha tempo per gli amici e i familiari.

Scambi

15.10 Di quale parte del corpo si tratta? Ascolta le descrizioni due volte ed indica di quale parte del corpo si tratta.

1. _____   4. _____
2. _____   5. _____
3. _____   6. _____

Suggestion: You can choose to keep your grammar explanations to a minimum and assign as homework *Grammatica* and the related exercises.

Answers: 15.8
Answers will vary. Some possibilities:
1. Non bisogna eliminare i grassi. Per stare bene è necessario mangiarne dal 15 al 30 per cento delle calorie totali.
2. È importante fare una colazione sana. È bene mangiare latte (o yogurt), cornflakes e frutta.
3. È meglio fare cinque piccoli pasti al giorno.
4. A pranzo è preferibile mangiare carboidrati e verdure.
5. È importante consumare meno sale. Bisogna sostituirlo con erbe aromatiche o quello iodato.

Answers: 15.9
Answers will vary. Some possibilities:
1. Bisogna riposarsi.
2. È importante avere un'alimentazione sana.
3. È necessario rilassarsi.
4. È meglio fare attività fisica.
5. È meglio lavorare di meno.
6. È importante mangiare bene.
7. È necessario uscire di più.
8. È importante trovare il tempo.

Script for **15.10 Di quale parte del corpo si tratta?**

1. Ne abbiamo due. Si usano quando si gioca a calcio. I giocatori professionisti le hanno forti e robuste.
2. In inverno quando fa freddo ci mettiamo una sciarpa intorno. Le giraffe ce l'hanno molto lungo.
3. Ne abbiamo dieci. Le usiamo quando suoniamo il pianoforte. Spesso ci mettiamo degli anelli.
4. Ne abbiamo due. Possono essere grandi, piccoli, verdi, grigi, azzurri o castani. Li usiamo per leggere e guardare un film.
5. Ne abbiamo due. Ci mettiamo gli orecchini. Le usiamo per ascoltare.
6. Ne abbiamo due. Li usiamo per camminare. Li mettiamo nelle scarpe.

Answers: 15.10
Answers will vary. Some possibilities:
1. le gambe
2. il collo
3. le dita
4. gli occhi
5. le orecchie
6. i piedi

15.11 Liscia o gassata? Dopo aver letto il trafiletto, discutete quale acqua preferiscono bere gli italiani. E nel tuo Paese, cosa si beve di più?

Liscia

Gassata

Gli italiani bevono soprattutto acqua liscia: questo è il dato emerso da una recente statistica commissionata dalla Federazione italiana delle acque naturali. Il 63,3 per cento degli intervistati ha detto di prediligere l'acqua senza bollicine. Il 15,2 per cento, invece, preferisce l'effervescente naturale. Il 14,2 per cento consuma abitualmente acqua gassata mentre soltanto il 7,3 per cento porta in tavola quella moderatamente gassata.

15.12 Cosa è meglio fare? Preparate una lista di cose che bisogna fare e di cose che è meglio non fare nelle seguenti situazioni.

1. Quando una persona ha bevuto troppo vino.
2. Quando si è molto stanchi e stressati.
3. Quando si soffre di insonnia.
4. Quando si è depressi.
5. Quando non si è in forma.
6. Quando non si ha tempo per preparare e mangiare un pasto sano.
7. Quando si soffre di solitudine.
8. ?

15.13 Abitudini sane e abitudini nocive. Intervista un compagno/una compagna e scopri se ha abitudini sane o nocive. Prima di intervistarlo/la, prepara una lista di domande sui seguenti argomenti.

1. la dieta
2. le attività giornaliere
3. il tempo libero
4. le cattive abitudini

15.14 Dovresti/Potresti. . .! Adesso usa i risultati dell'intervista **15.13** per dargli/le dei consigli e suggerimenti su come migliorare le sue abitudini e la sua salute.

Presentation: You can use the illustrations to introduce new vocabulary related to illnesses and ailments. Start by asking: **Chi ha mal di schiena? Cosa bisogna fare quando si ha mal di testa? Bisogna prendere gli antibiotici o le aspirine?** etc. **Chi ha l'influenza? Quali sono i sintomi dell'influenza? Cosa è meglio fare quando si ha mal di testa?** etc.

Percorso II 🦋 quattrocentosettantatré **473**

PERCORSO II
DAL MEDICO

Vocabolario: Come si sente?

LA SIGNORA ROSSI: Sto male. Mi fa male la gola e ho mal di stomaco.

IL DOTTORE: Penso che lei **abbia** l'influenza. <u>È importante</u> che lei **beva** molti liquidi. <u>È meglio</u> che **prenda** due aspirine ogni quattro ore. <u>Voglio</u> che lei mi **telefoni** domani.

Disturbi e malesseri

avere mal di... *to have...*
   denti *a toothache*
   gola *a sore throat*
   schiena *a backache*
   stomaco *a stomachache*
   testa *a headache*
mi fa male la testa/schiena *my head/back hurts*
ammalarsi* *to get sick*
ammalato/a *sick*
avere... *to have...*
   la febbre *a fever*
   l'influenza *the flu*
la cura *treatment*

curare *to treat, to take care of*
fare male *to hurt*
farsi male *to hurt oneself*
curare *to treat, to take care of*
la malattia *illness*
misurare la febbre *to take someone's temperature*
il sintomo *symptom*

Cure e medicine

gli antibiotici *antibiotics*
l'aspirina *aspirin*
la compressa *tablet*

la medicina *medicine*
lo sciroppo *syrup*

Dal medico

il dolore *pain*
grave *serious*

guarire (-isc-)* *to recover, to heal*
fare una radiografia *to take an x-ray*
la ricetta *prescription*
la visita medica *medical examination*

Così si dice: *Fare male e farsi male*

Mi fa male la testa/mi fanno male le gambe are used to express the equivalent of the English: *My head hurts/my legs hurt*. This construction, which always takes an indirect object, is similar to that used with the verb **piacere**. The singular form of the verb is used with singular parts of the body, and the plural form is used with plural parts of the body: **A Paolo fa male la testa. Gli fa male la testa.**

    Farsi male is used to express the equivalent of the English expression: *to hurt oneself*. **Mi sono fatto/a male al ginocchio** is the equivalent of *I hurt my knee*.

15.15 Mi sono fatto/a male! Completa le frasi con la forma corretta di **fare male** o **farsi male**.

1. Ieri mentre giocavo a calcio _____ al piede.

2. Mia nonna si lamenta sempre perché _____ le gambe.

3. Oggi _____ la testa. Devo prendere un'aspirina.

4. Carlo, che cosa hai? _____ la gola?

5. Spesso i bambini _____ quando giocano.

6. Ieri Luisa è caduta e _____ al braccio.

15.16 Che cos'è? Indica di cosa si tratta.

1. Lo prendiamo quando abbiamo la tosse.

2. Spesso la prendiamo quando abbiamo mal di testa.

3. Li prendiamo quando abbiamo un'infezione.

4. Le compriamo in farmacia.

5. La scrive il medico quando siamo ammalati.

6. Spesso la facciamo quando ci rompiamo il braccio o la gamba.

7. Li spieghiamo al medico quando non stiamo bene.

8. Quando ci fanno male dobbiamo andare dal dentista.

15.17 Scopri la malattia. Leggi i seguenti rimedi (*remedies*) e decidi per quale disturbo potrebbero essere più indicati. Poi paragona i tuoi risultati con quelli di un compagno/una compagna.

1. È importante riposarsi e bere molti liquidi.

2. È meglio prendere dello sciroppo.

3. È necessario prendere degli antibiotici.

4. Bisogna prendere due aspirine ogni quattro ore.

5. Non è indispensabile misurarsi la febbre.

6. È bene mangiare leggero.

7. È importante rilassarsi, mangiare molta frutta e verdura e fare un po' di ginnastica.

15.18 Cosa fate? Spiegate cosa fate quando soffrite di uno di questi disturbi.

Suggestion: If time permits, have students report their individual remedies to the class and compare and contrast them.

1. il mal di testa
2. il mal di stomaco
3. il mal di gola
4. il mal di denti
5. la tosse
6. il raffreddore
7. l'influenza
8. la febbre

In contesto: I malesseri di un ipocondriaco

Pietro è un po' ipocondriaco ed è sempre convinto di avere qualche malattia grave. Oggi discute con i suoi amici i suoi ultimi sintomi.

Suggestion: Pair students and have them practice reading the *In Contesto* dialogue. Circulate around the room and help them with pronunciation. If time permits, ask for volunteers to read the dialogue to the class. Or you may choose to use the dialogue as a listening-comprehension activity to be covered in class or at home.

PIETRO: Oh Dio, come sto male oggi!

LORIS: Cosa c'è che non va adesso?

PIETRO: Da due giorni ho un mal di testa terribile e mi fanno male le gambe e le braccia. Ho anche un po' di febbre. Chissà cosa avrò! Sarà il cuore?

LORIS: Ma no! Non ti preoccupare! Sarà l'influenza che c'è in giro°. Ti fa anche male la gola?

that's going around

PIETRO: No, la gola no. Semmai° un po' lo stomaco.

If anything

SILVIA: Ma non sarà niente di grave. Fa' una bella passeggiata. Vedrai che domani ti sentirai meglio.

LORIS: Mah, no! Secondo me, Pietro dovrebbe stare a letto e riposarsi per qualche giorno. È chiaro che ha l'influenza. Bisogna che beva molte spremute d'arancia. È anche meglio che mangi leggero. Potrebbe prendere un po' di brodo!

SILVIA: Dubito che Pietro abbia l'influenza. Credo che sia solo un po' raffreddato. Penso che debba mangiare qualcosa e prendere delle aspirine per il mal di testa.

PIETRO: Basta! Basta! Lo so che voi non capite niente di medicina! Non voglio che mi diciate più cosa devo o non devo fare. Forse è meglio che io vada dal dottore.

15.19 Cosa c'è che non va? Leggete la conversazione e poi completate le attività seguenti.

1. Fate una lista dei sintomi di Pietro.

2. Fate una lista dei consigli e suggerimenti che Silvia e Loris gli danno.

3. Secondo voi, Pietro ha il raffreddore o l'influenza? Cosa bisogna fare e cosa è meglio non fare quando si ha il raffreddore? e quando si ha l'influenza?

Answers: 15.19

Answers will vary. Some possibilities:

1. mal di testa, un po' di febbre, gli fanno male le gambe e le braccia
2. Secondo Silvia, Pietro dovrebbe fare una bella passeggiata. Secondo Loris, dovrebbe riposarsi, bere molte spremute di arance e mangiare leggero.
3. Potrebbe avere l'influenza. Quando si ha il raffreddore, bisogna prendere delle compresse. E quando si ha l'influenza, è importante riposarsi, è meglio non fare dello sport e bisogna bere molti liquidi.

Presentation: You can use the questions in *Occhio alla lingua!* to present inductively, summarize, and/or review the present subjunctive and its use with impersonal expressions.

Presentation: At this point, you may choose to introduce the formation of the present subjunctive and its use with impersonal expressions. Ask: **Cosa bisogna fare quando ci si rompe una gamba o un braccio?** etc. Continue eliciting responses from the class: **Allora immaginiamo, la signora X è caduta. Si è fatta male al braccio e alla testa. Cosa dovrebbe fare? Cosa potrebbe fare?** etc. Usiamo l'imperativo formale per darle dei consigli: **Signora, vada in ospedale! Faccia una radiografia! Non muova il braccio!** etc. Encourage students to use the formal imperative to give advice. Write their responses on the board and then use their responses to introduce the present subjunctive. Write sentences using the subjunctive next to their replies: **Allora, vediamo un po': Bisogna che la signora vada in ospedale o al pronto soccorso. È meglio che faccia una radiografia,** etc. **È importante che la signora non muova il braccio,** etc. Briefly explain that impersonal expressions and verbs that denote necessity, probability, possibility, and subjective attitudes require the subjunctive when a specific subject is mentioned.

Expansion: Explain the formation of the subjunctive of regular and irregular verbs. Point out that the first three singular persons and the third-person plural are similar to the formal imperative. Then compare and contrast the indicative and subjunctive moods.

Suggestion: Reinforce verbs of volition with the subjunctive. Ask individuals: **Cosa voglio io che facciate ogni giorno in classe? E lo fate sempre? Che cosa preferisco che voi non facciate? Cosa spero che facciate ogni sera?** etc. **Cosa vuole tua madre che tu non faccia? Cosa preferisce tuo padre che tu faccia?** etc. **Cosa vuoi tu che i tuoi genitori facciano? Cosa vuoi che i tuoi amici facciano?** etc.

Suggestion: Have students go around the room and find out what at least two classmates want and/or hope that the following people do in the future: **sua madre, suo padre, un parente, il suo ragazzo/la sua ragazza, un amico/un'amica.** Encourage students to use: **volere, desiderare, sperare, preferire.**

Suggestion: Reinforce the subjunctive with **pensare, credere, dubitare, sembrare.** Divide students in groups and give each group a photo. Tell them to describe the picture and to imagine a story based on it. Before assigning this activity, model responses and encourage them to use the subjunctive: **Credo che questo signore. . .** etc.

Suggestion: You can choose to keep your grammar explanations to a minimum and assign as homework *Grammatica* and the related exercises.

Occhio alla lingua!

1. Look at the verbs and expressions underlined in the brief emergency room conversation on p. 473. Do you think they express facts or opinions?

2. Now look at the verbs in bold in the conversation on p. 473. Who or what is each verb referring to?

3. Look at the endings of the verbs in bold in the conversation on p. 473. Can you detect a pattern?

4. Reread the *In contesto* conversation and underline all the verbs and expressions that indicate an objective fact and circle all the verbs and expressions that express necessity, personal opinion, uncertainty, doubt, and preferences. What do you notice about the forms of verbs that follow the verbs you have underlined? What do you notice about the forms of the verbs that follow the verbs you have circled?

Grammatica

• •

Il congiuntivo presente

In the preceding chapters, you have studied tenses (present, past, imperfect, pluperfect, and future) of the indicative mood. The indicative mood is used to state objective facts.

Carlo **è** ammalato.	*Carlo is sick.*
Domani **andrà** in ospedale.	*Tomorrow he is going to the hospital.*

In this chapter, you will study the subjunctive mood. The subjunctive mood (**il congiuntivo**) is used to express actions, states, and conditions that the speaker senses to be subjective or uncertain.

È possibile che Carlo **sia** ammalato.	*It's possible that Carlo is sick.*
Credo che domani **vada** in ospedale.	*I believe that tomorrow he is going to the hospital.*

The subjunctive is used after expressions of uncertainty, doubt, and personal feelings and attitudes. Compare the following sentences.

Carlo **prende** due compresse.	*Carlo is taking two tablets.*
Bisogna che Carlo **prenda** due compresse.	*It's necessary that Carlo take two tablets.*
È strano che Carlo **prenda** due compresse.	*It's strange that Carlo is taking two tablets.*

In the first sentence, the speaker is stating an objective fact, and the indicative mood is used. In the other two sentences, the speaker is making subjective statements, indicating what it is necessary or strange for Carlo to be doing. In these cases, the subjunctive mood is used.

1. The present subjunctive of regular **-are, -ere,** and **-ire** verbs is formed by dropping the infinitive ending and adding the appropriate subjunctive endings to the verb stem.

	misurare	prendere	dormire	guarire (-isc-)
	Il congiuntivo presente			
che io	misur**i**	prend**a**	dorm**a**	guar**isca**
che tu	misur**i**	prend**a**	dorm**a**	guar**isca**
che lui/lei	misur**i**	prend**a**	dorm**a**	guar**isca**
che noi	misur**iamo**	prend**iamo**	dorm**iamo**	guar**iamo**
che voi	misur**iate**	prend**iate**	dorm**iate**	guar**iate**
che loro	misur**ino**	prend**ano**	dorm**ano**	guar**iscano**

Note that the **io, tu, lui/lei**, and **loro** forms of the subjunctive are the same as the singular and plural formal imperative forms. The **noi** form is similar to the present indicative, and the **voi** form ends in **–iate** for all three conjugations.

È importante che tu **ti alzi** presto.	*It's important that you wake up early.*
Pare che voi **prendiate troppe** medicine.	*It seems that you take too many medicines.*
È possibile che loro **finiscano** per le due.	*It's possible that they will finish by two.*

a. Verbs ending in **–care** and **–gare** add an **h** to all forms of the present subjunctive to retain the hard sound of the **c** and **g**.

Sembra che voi **giochiate** troppo.	*It seems that you play too much.*
È probabile che lui **paghi** le medicine.	*It's probable that he pays for the medicines.*

b. Verbs ending in **–iare**, **–ciare**, or **–giare** have only one **–i** throughout the conjugation.

Pare che Carlo **studi** troppo.	*It seems that Carlo studies too much.*
Sembra che loro non **mangino** abbastanza.	*It seems that they don't eat enough.*

2. Since the first three persons of the subjunctive are identical, to avoid ambiguity, subject pronouns are frequently used.

Bisogna che **tu** pratichi uno sport.	*It's necessary that you play a sport.*
È necessario che **lui** faccia una radiografia.	*It's necessary that he get an x-ray.*

Usi del congiuntivo

1. The subjunctive is rarely used by itself; it is almost always used in dependent clauses introduced by **che**, when the verb or expression in the main clause denotes actions and states that are subjective or uncertain.

È meglio che tu **prenda** lo sciroppo.	*It's better that you take the syrup.*
Spero che Paolo **guarisca** presto.	*I hope that Paolo recovers quickly.*

2. The subjunctive is frequently used in dependent clauses introduced by the following impersonal expressions and verbs that convey uncertainty or a subjective attitude.

Espressioni impersonali	
(non) basta	it's (not) enough
(non) è bene	it's (not) good
(non) è difficile	it's (not) difficult, unlikely
(non) è facile	it's (not) easy, likely
(non) è importante	it's (not) important
(non) è (im)possibile	it's (not) (im)possible
(non) è meglio	it's (not) better
(non) è probabile	it's (not) probable
(non) pare/sembra	it (doesn't seem) seems

Desiderio e volontà	
(non) desiderare	(not) to desire
(non) piacere	(not) to like
(non) preferire	(not) to prefer
(non) sperare	(not) to hope
(non) volere	(not) to want

Opinione, dubbio e incertezza	
(non) credere	(not) to believe
(non) dubitare	(not) to doubt
(non) pensare	(not) to think

Emozioni	
(non) avere paura	(not) to be afraid
(non) essere contento/a	(not) to be happy

Expansion: This topic—the subjunctive versus the infinitive—is treated more fully in Capitolo 16.

3. The subjunctive is used only when the subject of the dependent clause is different from the subject of the main clause. When the subject of the two clauses is the same, or there is no specific subject, the infinitive is used.

Voglio misurarmi la febbre.	*I want to take my temperature.*
Voglio che ti misuri la febbre.	*I want you to take your temperature.*
Penso di **dormire.**	*I plan on sleeping.*
Penso che lui **dorma.**	*I think he is sleeping.*
È meglio riposarsi.	*It's better to rest.*
È meglio che loro **si riposino.**	*It's better that they rest.*

15.20 È possibile. Il tuo vicino di casa ti conosce da molto tempo ed è convinto di sapere tutto sulla tua famiglia. Tu invece non sei tanto sicuro/a. Riscrivi le frasi usando le espressioni in parentesi e il congiuntivo.

ESEMPIO: —Paolo partirà sicuramente domani. (è possibile)
—È possibile che lui parta domani.

1. Tu e Giulio vi alzerete presto la settimana prossima. (è probabile)
2. Roberto non studia abbastanza. (pare)
3. Giuseppe e Luisa prenderanno gli antibiotici. (è difficile)
4. Giulio consuma troppi alcolici. (sembra)
5. Giuseppe mangia poca carne rossa. (è bene)
6. I ragazzi guariranno presto. (è possibile)

15.21 I consigli. Un tuo amico si è fatto male al ginocchio mentre giocava a calcio. Spiegagli che cosa è meglio che faccia o non faccia usando i seguenti suggerimenti.

1. riposarsi
2. dormire
3. muovere il ginocchio
4. prendere antibiotici
5. telefonare al medico
6. correre

15.22 Desideri e speranze! Indica cosa vogliono le seguenti persone. Scrivi delle frasi complete ed usa il congiuntivo.

1. mia madre/volere/io/prendere buoni voti
2. io/sperare/i miei genitori/mi/regalare una nuova macchina
3. Paolo/preferire/voi/gli/prestare dei soldi
4. io/sperare/tu/vincere la lotteria
5. mio padre/preferire/io/trovare un posto in Italia.
6. mia madre/volere/che/io/guadagnare molti soldi
7. noi/sperare/loro/scoprire un vaccino contro il raffreddore
8. Io/desiderare/loro/trovare una cura per il mal di testa

15.23 L'ammalato. Sei a casa con l'influenza. Scrivi delle frasi e spiega cosa vuoi che le seguenti persone facciano per te.

1. Voglio che mio fratello _____.
2. Desidero che mia sorella _____.
3. Spero che i miei amici _____.
4. Preferisco che voi _____.
5. Non voglio che tu _____ .
6. Spero che mia madre _____.

Answers: 15.20
1. È probabile che noi ci alziamo presto la settimana prossima.
2. Pare che Roberto non studi abbastanza.
3. È difficile che Giuseppe e Luisa prendano gli antibiotici.
4. Sembra che Giulio consumi troppi alcolici.
5. È bene che Giuseppe mangi poca carne rossa.
6. È possibile che i ragazzi guariscano presto.

Answers: 15.21
Answers will vary. Some possibilities:
1. È meglio che tu ti riposi.
2. Bisogna che tu dorma.
3. È importante che tu non muova il ginocchio.
4. È preferibile che tu non prenda antibiotici.
5. È bene che tu telefoni al medico.
6. È meglio che tu non corra.

Answers 15.22
1. Mia madre vuole che io prenda buoni voti.
2. Io spero che i miei genitori mi regalino una nuova macchina.
3. Paolo preferisce che voi gli prestiate dei soldi.
4. Io spero che tu vinca la lotteria.
5. Mio padre preferisce che io trovi un posto in Italia.
6. Mia madre vuole che io guadagni molti soldi.
7. Noi speriamo che loro scoprano un vaccino contro il raffreddore.
8. Io desidero che loro trovino una cura per il mal di testa.

Suggestion: This exercise could also be completed in pairs in class and students could act out the finished product.

15.24 Dal medico. Non stai bene e vai dal medico. Completa il seguente dialogo ed immagina che cosa non va e che cosa suggerirà il medico.

MEDICO: Cosa c'è che non va?

TU: Non mi sento bene. Ho. . . e. . .

MEDICO: Pare che lei. . . È possibile che. . . È meglio che. . .

TU: Mi darà. . .

MEDICO: Sì, voglio che. . . Desidero che. . .

TU: Basta che. . .?

MEDICO: Sì, è importante che. . .

TU: Grazie.

Il congiuntivo presente dei verbi irregolari

Verbs that are irregular in the present indicative are also irregular in the present subjunctive. Here are the present subjunctive forms of some of the most common irregular verbs.

Il congiuntivo presente dei verbi irregolari
andare: vada, vada, vada, andiamo, andiate, vadano
avere: abbia, abbia, abbia, abbiamo, abbiate, abbiano
bere: beva, beva, beva, beviamo, beviate, bevano
dare: dia, dia, dia, diamo, diate, diano
dire: dica, dica, dica, diciamo, diciate, dicano
dovere: debba, debba, debba, dobbiamo, dobbiate, debbano
essere: sia, sia, sia, siamo, siate, siano
fare: faccia, faccia, faccia, facciamo, facciate, facciano
piacere: piaccia, piacciano
potere: possa, possa, possa, possiamo, possiate, possano
sapere: sappia, sappia, sappia, sappiamo, sappiate, sappiano
stare: stia, stia, stia, stiamo, stiate, stiano
uscire: esca, esca, esca, usciamo, usciate, escano
venire: venga, venga, venga, veniamo, veniate, vengano
volere: voglia, voglia, voglia, vogliamo, vogliate, vogliano

Answers: 15.25

Answers will vary. Some possibilities:
1. Non voglio che lei beva molti caffè.
2. Voglio che lei faccia più sport.
3. Spero che lei vada in palestra più spesso.
4. Preferisco che lei non esca ogni sera fino a tardi.
5. Penso che lei sappia cosa mangiare.
6. Sono contenta che le piacciano le verdure e la frutta.
7. Spero che lei sia più paziente.
8. Sono contenta che lei voglia imparare a mangiare meglio.

Note that the **io, tu, lui/lei,** and **loro** forms of the present subjunctive of irregular verbs are the same as the formal imperative. The **noi** form is the same as the present indicative. The **voi** form follows the pattern of regular verbs.

È possibile che Carlo **stia** a casa.	*It's possible that Carlo is staying home.*
Dubito che **vengano** domani.	*I doubt they will come tomorrow.*
Bisogna che io **esca** stasera.	*It's necessary that I go out tonight.*

15.25 L'opinione della nutrizionista. Vuoi metterti in forma e consulti una nutrizionista. Le spieghi le tue abitudini. Immagina i suoi consigli e suggerimenti.

Usa **credo, penso, voglio, dubito, spero, preferisco, sono contenta, pare.**

ESEMPIO: —Studio troppo.
—Voglio che lei studi di meno.

1. Bevo molti caffè.
2. Faccio poco sport.
3. Vado in palestra raramente.
4. Esco ogni sera fino a tardi.
5. Non so mai cosa mangiare.
6. Mi piacciono le verdure e la frutta.
7. Sono poco paziente.
8. Voglio imparare a mangiare meglio.

15.26 L'opinione dell'esperto.
Domanda ad un esperto di nutrizione se crede che le seguenti affermazioni siano corrette. Immagina le sue risposte ed usa un verbo o un'espressione che indica incertezza oppure un verbo o espressione che indica certezza.

ESEMPIO: —Troppi grassi fanno male?
—Sì, è vero che troppi grassi fanno male.

1. Una sana alimentazione è molto importante?
2. Il fast-food fa bene?
3. Le persone in forma mangiano molta frutta e verdura?
4. Le persone in forma bevono molto alcool?
5. Le persone in forma seguono una dieta equilibrata?
6. Le persone in forma fanno molta ginnastica?
7. Le persone in forma vanno in palestra ogni giorno per molto tempo?
8. Le persone in forma fumano dieci sigarette al giorno?
9. Le persone in forma dormono solo sei ore la notte?
10. Le persone in forma non soffrono d'insonnia?

15.27 È importante che. . .
Durante il periodo degli esami una tua amica ti parla dei problemi suoi e di alcuni vostri amici. Dille che cosa è meglio che facciano. Usa le varie espressioni impersonali con il congiuntivo.

ESEMPIO: —Giulio è stanco.
—Bisogna che lui si riposi.

1. Paolo mangia poco.
2. Io ho sempre un gran mal di testa.
3. Io e Giulio non abbiamo più tempo per uscire.
4. Giovanna e Giulia non fanno più sport.
5. Giuseppe ha mal di gola.
6. Tu hai la tosse.

Scambi

🎧 **15.28 Dal medico.** Ascolta due volte le brevi conversazioni e indica di quale problema si tratta.

1. Conversazione 1 _____
2. Conversazione 2 _____
3. Conversazione 3 _____

Answers: 15.26
Answers will vary. Some possibilities:
1. È vero che una sana alimentazione è molto importante.
2. Non credo che il fast-food faccia bene.
3. So che le persone in forma mangiano molta frutta e verdura.
4. Dubito che le persone in forma bevano molto alcool.
5. Penso che le persone in forma seguano una dieta equilibrata.
6. È possibile che le persone in forma facciano molta ginnastica.
7. Dubito che le persone in forma vadano in palestra ogni giorno per molto tempo.
8. Non credo che le persone in forma fumino dieci sigarette al giorno.
9. Dubito che le persone in forma dormano solo sei ore la notte.
10. È possibile che le persone in forma non soffrano d'insonnia.

Script for **15.28 Dal medico.**

Conversazione 1:
Luisa: Sono caduta mentre giocavo a calcio. Mi fa male, molto male. Non posso camminare.
Dottore: Bisogna fare una radiografia. E probabilmente bisogna ingessarla. È meglio che non cammini. Prenda queste compresse ogni quattro ore per il dolore.

Conversazione 2:
Giovanni: Non riesco a respirare. Mi fanno male le gambe e le braccia.
Dottore: Ha mal di gola?
Giovanni: Sì, mi fa anche male la gola e ieri sera avevo un po' di febbre.
Dottore: È necessario che lei beva molti liquidi. Mangi leggero e si riposi.
Giovanni: Devo prendere qualcosa?
Dottore: Potrebbe prendere delle aspirine per la febbre e i dolori.
Giovanni: E gli antibiotici no?
Dottore: No, non credo che abbia bisogno di antibiotici. Bisogna che vada a casa e si riposi.

Conversazione 3:
Roberto: Sono sempre molto stanco. Non ho energia. La notte non riesco a dormire. Mangio poco e male.
Dottore: Come va il lavoro?
Roberto: Ho sempre tantissimo da fare. Ogni giorno nuove scadenze. Non ce la faccio più! Non ho mai un attimo libero.
Dottore: E l'esercizio fisico?
Roberto: Non ho propio tempo. Una volta andavo in palestra quasi ogni giorno. Adesso non faccio niente.
Dottore: Non credo che sia nulla di grave. Lei lavora troppo. Provi a rilassarsi. Lavori di meno e ogni giorno cerchi di camminare almeno mezz'ora.

Answers: 15.27
Answers will vary. Some possibilities:
1. Bisogna che Paolo mangi di più.
2. È importante che tu ti rilassi.
3. È meglio che voi usciate.
4. È bene che facciano dello sport.
5. Bisogna che lui dorma di più e che mangi meglio.
6. È meglio che io prenda dello sciroppo.

Suggestion: This exercise could also be completed in pairs, with students exchanging roles.

Answers: 15.28
Answers may vary. Some possibilities:
1. Si è rotta la gamba.
2. Ha l'influenza.
3. È stressato.

15.29 Come ti senti? Immagina di essere uno dei pazienti nei disegni a pagina 473. Descrivi i tuoi sintomi. Il tuo compagno/la tua compagna ti dà dei consigli e suggerimenti. Usate la conversazione a pagina 475 come modello.

15.30 Cosa sai della nutrizione e della salute? Discutete cosa pensate e cosa dubitate che le persone che vogliono mettersi in forma debbano fare. Prendete in considerazione i seguenti argomenti:

1. la dieta
2. la ginnastica e lo sport
3. i rapporti personali
4. il tempo libero
5. il lavoro
6. le attività giornaliere

15.31 Le cattive abitudini. Leggi il breve articolo sulla salute degli uomini e delle donne. Poi a coppie decidete chi, secondo, voi ha le abitudini peggiori. Motivate le vostre opinioni. Come potrebbero queste persone migliorare le loro abitudini?

Il maschio, la femmina... e le cattive abitudini

Tra donne e uomini, chi è che mette più a rischio il proprio cuore? Ecco qualche dato. **Pressione alta[1]:** colpisce il 33 per cento degli uomini e il 31 per cento delle donne. **Colesterolemia:** il 21 per cento degli uomini e il 25 per cento delle donne hanno il colesterolo uguale o superiore a 240 mg/dl. **Sedentarietà:** il 34 per cento degli uomini e il 46 per cento delle donne non svolgono alcuna attività fisica durante il tempo libero. **Fumo:** gli uomini fumano di più delle donne, 17 sigarette al giorno contro le 13 di una donna fumatrice. **Obesità:** è il problema del 18 per cento degli uomini e dei 22 per cento delle donne. **Glicemia:** hanno i valori alti il 9 per cento degli uomini e il 6 per cento delle donne.

1. high blood pressure

(From "Il maschio, la femmina … e le cattive abitudini," maggio 2004, p. 202. Reproduced with permission from *Donna Moderna*.)

Lo sai che? L'assistenza sanitaria

La Costituzione italiana garantisce a tutti i cittadini il diritto (*right*) alla salute e quindi all'assistenza medica. I cittadini italiani contribuiscono al finanziamento del Sistema Sanitario Nazionale attraverso le tasse.

Tutti i cittadini hanno una tessera (*identity card*) sanitaria che devono presentare per visite mediche o ricoveri ospedalieri. Possono scegliere il proprio medico ed usare tutti gli ospedali sul territorio nazionale. Per i farmaci, invece, devono pagare un ticket (*fixed percentage*) da cui sono esenti (*exempt*) i redditi (*incomes*) più bassi, gli invalidi totali ed i malati cronici.

Negli ultimi anni però l'assistenza sanitaria sta cambiando. La tutela (*the protection*) della propria salute non è più completamente gratuita per tutti: molti devono pagare un ticket per le visite specialistiche e gli accertamenti diagnostici ed anche alcuni medicinali sono a carico (*must be paid*) del malato.

Istituto Europeo di Oncologia, Milano

L'Italia, come tanti altri Paesi europei, si trova in una situazione economica difficile e l'assistenza sanitaria è spesso nel mirino (*sight*) dei tagli (*cuts*). Oltre agli ospedali e ai medici pubblici ci sono in Italia anche molti ospedali e cliniche private e si possono anche fare assicurazioni private.

15.32 Il sistema sanitario. Preparate una lista delle differenze fra il sistema sanitario in Italia e quello del vostro Paese. Quali pensate che siano i pro e i contro dei due sistemi?

PERCORSO III
L'AMBIENTE
E LE NUOVE TECNOLOGIE

Vocabolario: Credo che le nuove tecnologie abbiano solo danneggiato l'ambiente.

1. light bulbs   2. faucet

■ ■ ■ Ogni litro di benzina bruciato[1] corrisponde a 75 centesimi impiegati per la cura sanitaria di malattie respiratorie ■ ■ ■

1. burned

QUALITA' ARIA NON ACCETTABILE

LORENZO: <u>Pensi</u> che i gas dalle auto **abbiano danneggiato** lo strato dell'ozono?

FABIO: Non lo so. <u>Credo</u> che tutte le sostanze inquinanti **abbiano avuto** un ruolo.

L'ecologia

l'aria *air*
la benzina verde *unleaded gasoline*
distruggere (*p.p.* **distrutto**) *to destroy*
ecologico/a *ecological*
l'effetto serra *greenhouse effect*
la foresta *forest*
i gas serra *greenhouse gases*
la natura *nature*
l'ossigeno *oxygen*
i pesticidi *pesticides*
proteggere l'ambiente *to protect the environment*
respirare *to breathe*
riciclare *to recycle*
i rifiuti *garbage, waste*
risolvere *to resolve, to solve*
il riscaldamento globale *global warming*

le risorse naturali *natural resources*
risparmiare *to save*
salvaguardare *to protect*
lo smog *smog*
sprecare *to waste*
lo strato dell'ozono *ozone layer*

La tecnologia

gli alimenti transgenici *genetically altered foods*
la biotecnologia *biotechnology*
il cibo biologico *organic food*
i conservanti *preservatives*
l'energia solare / nucleare *solar energy / nuclear energy*
la macchina ibrida *hybrid car*

15.33 Fanno bene o male? Prepara due liste, una di fattori ambientali che fanno bene alla salute e una di quelli che fanno male. Poi paragona i tuoi risultati con quelli di un compagno/una compagna.

15.34 Associazioni. Scrivete tutte le parole ed espressioni che associate con gli argomenti dati: l'ambiente, l'inquinamento, la natura, la biotecnologia.

15.35 Che cos'è? Prendi in considerazione le espressioni seguenti e trova un'altra parola che puoi associare ad ognuna di esse. Poi leggi le tue associazioni ai compagni/alle compagne e gli altri studenti/le altre studentesse indovinano a quale espressione della lista si riferiscono.

1. respirare
2. riciclare
3. la macchina ibrida
4. l'effetto serra
5. i pesticidi
6. il cibo biologico
7. lo smog
8. i rifiuti
9. i conservanti
10. le risorse naturali
11. il riscaldamento globale

15.36 In ordine d'importanza. Indica con un numero da 1 a 12 quali di questi fattori che minacciano (*threaten*) l'ecosistema pensi che siano più gravi. Paragona i tuoi risultati con quelli di un compagno/una compagna.

1. _____ l'inquinamento dell'aria
2. _____ l'inquinamento dei mari
3. _____ lo smog
4. _____ la sovrappopolazione
5. _____ la distruzione delle foreste
6. _____ l'uso dei pesticidi
7. _____ la biotecnologia
8. _____ l'effetto serra
9. _____ gli alimenti transgenici
10. _____ i gas serra
11. _____ l'energia nucleare
12. _____ i rifiuti nucleari

In contesto: Piccolissime azioni per cambiare il mondo.

Il movimento inglese, *We Are What We Do,* propone a tutti di fare qualcosa perché il mondo sia migliore.

piccolissime azioni per cambiare il mondo

Non inquinare
- Non usare sacchetti di plastica.
- Usa i mezzi pubblici di trasporto.
- Non bere il caffè in bicchieri di plastica. Utilizza sempre tazze di ceramica.

Non avere paura di comunicare
- Fa' amicizia con una persona di un'altra generazione.
- Sorridi a tutti.
- Impara ad ascoltare.

- Sii cordiale con gli altri.
- Non dimenticare di dire «Per favore» e «Grazie».
- Da' il tuo numero di telefono ad alcuni vicini di casa per le loro emergenze.
- Abbraccia una persona.
- Prepara una bella cena per un amico.

Risparmia le risorse naturali
- Ricordati di spegnere gli elettrodomestici.
- Non lasciare gli elettrodomestici in stand by.

- Chiudi il rubinetto dell'acqua mentre ti lavi i denti.
- Abbassa il termostato a casa e in ufficio.

Ricicla tutto
- Ricicla il cellulare.
- Dona il computer, i libri, gli occhiali a organizzazioni di beneficenza.
- Scrivi su tutti e due i lati dei fogli di carta.

15.37 Ecologia, solidarietà, risparmio, gentilezza. Elencate cosa bisogna che le persone facciano per cambiare il mondo secondo il brano. Prendete in considerazione l'ecologia, la solidarietà, il risparmio e la gentilezza.

Occhio alla lingua!

1. Look at Lorenzo and Fabio's brief conversation on p. 484. Look at the underlined verbs and determine whether they are expressing factual knowledge or their own opinions.
2. Look at the verbs in bold in the dependent clauses. Do the actions they describe occur before the actions of the main clause or do they occur at the same time or later? How can you tell?

Grammatica

Il congiuntivo passato

1. You have learned that the subjunctive is used in a dependent clause after verbs and expressions that denote uncertainty, personal preferences, necessity, feelings, or points of view. When the verb of the main clause is in the present tense, the present subjunctive is used in the subordinate clause to express actions, conditions, and states in the present or in the future. The past subjunctive is used in the subordinate clause to express actions that have taken place before the action of the main clause. Compare the following sentences.

Penso che le grandi industrie **inquinino** l'ambiente.	*I believe that large industries pollute the environment.*
Penso che le grandi industrie **abbiano inquinato** l'ambiente.	*I believe that large industries have polluted the environment.*

2. The past subjunctive is formed with the present subjunctive of **avere** or **essere** + the past participle. Verbs that can take a direct object are conjugated with **avere**. Reflexive verbs and intransitive verbs—verbs that cannot take a direct object—are conjugated with **esscre**.

Il congiuntivo passato			
	riciclare	**venire**	**ammalarsi**
che io	abbia riciclato	sia venuto/a	mi sia ammalato/a
che tu	abbia riciclato	sia venuto/a	ti sia ammalato/a
che lui/lei	abbia riciclato	sia venuto/a	si sia ammalato/a
che noi	abbiamo riciclato	siamo venuti/e	ci siamo ammalati/e
che voi	abbiate riciclato	siate venuti/e	vi siate ammalati/e
che loro	abbiano riciclato	siano venuti/e	si siano ammalati/e

 15.38 Dubbio o certezza? Quando? Ascolta le frasi due volte e indica se le persone parlano di fatti oggettivi o soggettivi. Indica anche se parlano del presente, del futuro o del passato.

	Fatti		Quando		
	Oggettivi	**Soggettivi**	**Presente**	**Futuro**	**Passato**
1.	X		X		
2.	X				X
3.		X			X
4.		X			X
5.	X				X
6.		X	X	X	
7.	X		X		
8.		X			X

15.39 L'inquinamento. Due amici discutono sulle cause dell'inquinamento atmosferico e su alcune possibili soluzioni. Completa la conversazione scegliendo fra il congiuntivo presente e passato.

1. TOMMASO: Pensi che negli ultimi anni la benzina verde (risolva, abbia risolto) veramente tutti i problemi dell'aria in città?

2. MARGHERITA: Non lo so, ma credo che, per tanti anni ormai (*now*), le macchine (causino, abbiano causato) l'inquinamento atmosferico.

3. TOMMASO: Ma non solo le macchine! Adesso bisogna che tutti noi (proteggiamo, abbiamo protetto) l'ambiente in molti modi diversi.

4. MARGHERITA: Secondo me, a questo punto è importante che soprattutto gli abitanti delle grandi città (imparino/abbiano imparato) ad usare più spesso i mezzi pubblici.

5. TOMMASO: Sono d'accordo con te. Credo che anche le biciclette (siano, siano state) molto utili.

6. MARGHERITA: Certo, ma è necessario anche che nelle città (ci sia, ci sia stato) più verde. Dovrebbero costruire dei bei giardini!

15.40 Idee diverse. Il tuo amico è convinto che il mondo è perfetto così com'è. Tu non sei d'accordo con le sue affermazioni. Riscrivi le frasi usando un verbo o un'espressione che indica incertezza e facendo tutti i cambiamenti necessari.

ESEMPIO: —La benzina verde ha risolto i problemi dell'ambiente.
—Non credo che la benzina verde abbia risolto i problemi dell'ambiente.

1. Il governo ha salvaguardato l'ambiente.
2. Le persone non hanno sprecato le risorse naturali.
3. Io ho sempre usato i mezzi pubblici.
4. Il weekend scorso io e i miei abbiamo usato la bicicletta per andare in centro.
5. I miei genitori sono andati in centro a piedi.
6. La qualità dell'aria in città è sempre stata accettabile.
7. Il governo ha sempre protetto la qualità del cibo.
8. A casa mia abbiamo sempre comprato cibo biologico.
9. Il weekend scorso io e la mia famiglia abbiamo partecipato a una manifestazione (*demonstration*) contro il traffico.
10. Il traffico non ha causato lo smog.

Scambi

15.41 Come pensi che abbiano cambiato il loro stile di vita? Immaginate che cosa gli abitanti di Verona (pagina 483) abbiano fatto in famiglia, in ufficio, nel condominio e nella città per vivere in sintonia con l'ambiente.

15.42 Cosa ne pensi? Intervista un compagno/una compagna e scopri cosa pensa dei problemi che minacciano l'ecosistema.

1. Ti interessi di ecologia? Cosa fai nella tua vita giornaliera per salvaguardare l'ambiente? Cosa pensi che debba fare la gente?

2. In genere, cerchi di conservare energia e altre risorse naturali? Cosa fai? Cosa bisogna che gli altri facciano?

3. Qual è secondo te il problema ecologico maggiore? Come pensi che questo problema si sia verificato? Pensi che si possa risolvere? Come?

G **15.43 Nell'anno 2100.** È l'anno 2100. Un'astronave arriva da un pianeta lontano. Come pensate che i viaggiatori extraterrestri trovino il pianeta Terra? Parlate dell'ambiente, delle risorse naturali, delle città e della salute della gente.

2 **15.44 È possibile che abbiano. . .** Immaginate di essere i viaggiatori extraterrestri dell'attività **15.43**. Fate supposizioni su cosa pensate che gli abitanti della Terra abbiano fatto o non abbiano fatto in passato.

*L*o sai che? Il cibo biologico

Frutta, verdura, carni ed altri prodotti alimentari biologici seguono un metodo di produzione regolato da leggi italiane e comunitarie europee. I cibi biologici sono prodotti con tecniche tradizionali che rispettano l'ambiente. Nell'agricoltura biologica non si possono usare le sostanze chimiche sintetizzate, come i pesticidi e gli OGM (organismi geneticamente modificati). Tutto deve essere naturale. La coltivazione biologica aiuta anche a proteggere tanti prodotti e gusti italiani tradizionali che altrimenti sarebbero scomparsi (*would have disappeared*).

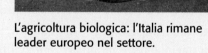

L'agricoltura biologica: l'Italia rimane leader europeo nel settore.

L'Italia ha il primato europeo per la coltivazione naturale. Le aziende che producono alimenti biologici sono più di 50.000. Nonostante (*In spite of*) il costo elevato di questi prodotti, gli italiani, sempre più preoccupati per la salute, l'ambiente, e la genuinità del cibo che consumano, li preferiscono agli altri prodotti. Nel 2004, il 64 percento degli italiani ha acquistato alimenti naturali.

2 **15.45 Il cibo biologico.** Indicate almeno quattro cose che avete imparato sul cibo biologico in Italia. E i vostri connazionali, consumano molto cibo biologico? Perché?

Guardiamo

Suggestion: Before students watch this video segment, remind them to observe carefully the expressions of the people as they talk and to try to understand if each appears, for example: **preoccupato/a, soddisfatto/a, serio/a, ironico/a.**

Strategie per guardare: Using your prior knowledge to anticipate content

Often, you can use your prior knowledge of a topic as the basis for anticipating and understanding the content of people's comments. For example, knowing that the speakers in the video sequence you are about to see address rather specific concerns about health, fitness, and the environment, you can think about what you already know about these fields generally and also from a specifically Italian perspective. This will help you to follow the discussion and the ideas expressed more easily.

Prima di guardare

15.56 In questo videoclip Gaia descrive cosa fa per tenersi in forma e Tina parla del suo rapporto con i medici. Plinio invece esprime delle idee più generali su quello che dovrebbero fare tutti per prendersi cura di se stessi, mentre Fabrizio discute problemi che riguardano la società. Prima di guardare completa le attività seguenti:

1. Che cosa sai della medicina e dei medici in Italia?
2. Cosa pensi che faccia Gaia per tenersi in forma? Cosa pensi che mangi di solito?
3. Pensi che Tina vada dal medico più spesso per il mal di testa o il mal di stomaco? O per quali altre ragioni?
4. Cosa dirà Plinio su quello che si deve fare per stare bene?
5. Di quali problemi che riguardano il benessere (*well-being*) della società pensi che si preoccupi Fabrizio?

Mentre guardi

15.57 Mentre guardi, completa le frasi seguenti:

1. Gaia dice che per mantenersi in forma mangia
   a. molta carne e dolci.   **b.** frutta e verdura.

2. Fabrizio dice che vent'anni fa in Italia
   a. c'era meno inquinamento.   **b.** si faceva meno sport.

3. Tina dice che soffre di
   a. mal di denti.   **b.** mal di testa.

4. Secondo Plinio ogni cittadino dovrebbe cercare soprattutto di
   a. farsi curare dal medico.   **b.** fare molta attività fisica.

Answers: 15.56
1. b
2. a
3. b
4. b

Dopo aver guardato

15.58 Completa le seguenti attività.

1. Di che cosa si interessa Gaia riguardo alla salute? Che cosa fa per mantenersi in forma?
2. Oltre ai (*Besides*) problemi dell'inquinamento, Fabrizio è preoccupato per un'altra ragione. Qual è? Vi sembra serio o ironico. Perché?
3. Come sono le vostre opinioni diverse da quelle delle persone del video?

Attraverso L'Abruzzo

Presentation: Use the map opposite the inside front cover to introduce the Abruzzo region. Ask: **Dov'è l'Abruzzo? Come si chiamano le regioni che circondano l'Abruzzo? Come si chiama il mare? Qual è il capoluogo? Quali sono le altre città importanti?** etc.

Suggestion: Remind students to use appropriate reading strategies.

The Abruzzo region is located in central Italy. Almost two-thirds of its surface is covered by the Apennine mountains, whose highest peaks are located here. Development of the region's economy has been hindered by the mountainous terrain. The Abruzzo region also has a large expanse of beautiful beaches.

Abruzzo is known as a region of parks. There are three national parks (del Gran Sasso, della Majella, d'Abruzzo), one regional park (Sirente-Velino), and many nature preserves; in fact, one-third of its territory is protected by environmental legislation.

The Abruzzo region is also rich in artistic and architectural treasures.

Parco Nazionale d'Abruzzo, Lazio e Molise: una vasta zona in cui la flora e la fauna sono protette dalle leggi. In questa zona i monti sono in gran parte coperti di boschi (*woods*). Qui si trovano anche varie specie di animali, come l'orso (*bear*) e il lupo (*wolf*), che sono scomparsi da altre regioni. In estate e in inverno numerosi turisti vengono a stare nei paesini del parco. In uno di questi paesini, Pescasseroli, è nato il filosofo Benedetto Croce.

La bella e antica cittadina di Sulmona, la patria del poeta romano Ovidio (43 aC.–18 d.C). Sulmona diventò particolarmente fiorente sotto gli Svevi e gli Angioini e nel 1228 l'imperatore Federico II fondò proprio qui un'università. È conosciuta per l'artigianato di oggetti d'oro, di rame (*copper*) e di ferro battuto. Inoltre in tutto il mondo sono particolarmente noti i confetti prodotti qui per i quali si usano le mandorle (*almonds*) di Avila, forse le migliori in Italia, ricoperte di zucchero, di solito bianco. Ci sono comunque confetti di tanti colori, a seconda delle occasioni. A Sulmona poi i confetti sono spesso confezionati per riprodurre un fiore o anche un mazzo di fiori.

PERCORSO I
IL GOVERNO ITALIANO
E GLI ALTRI PAESI

𝒱ocabolario: Com'è il governo italiano?

La bandiera italiana

Lo Stato italiano

Il Presidente della Repubblica

Il Governo

Il Parlamento

Il Presidente del Consiglio/il Primo Ministro

La Camera dei deputati

Il Senato

Il Consiglio dei Ministri

Per parlare del governo

il cittadino/la cittadina *citizen*
la costituzione *constitution*
la democrazia *democracy*
il diritto *right*
eleggere (*pp.* eletto) *to elect*
le elezioni *elections*
la libertà di parola, di pensiero
  freedom of speech, of thought

il sindacato *labor union*
il voto *vote*

Per parlare di altre nazioni

confinare *to border (upon); to confine*
il confine *border*
la frontiera *border*

16.1 La politica. Per ogni parola della colonna A trova la definizione corrispondente nella colonna B.

A	B
1. la democrazia	**a.** È la più alta carica politica.
2. la libertà di parola	**b.** Protegge i diritti dei lavoratori.
3. il sindacato	**c.** I cittadini scelgono il governo attraverso libere elezioni.
4. la costituzione	**d.** È composto dei rappresentanti dei partiti votati dai cittadini.
5. il parlamento	**e.** Indica i principi su cui si basa il governo di una nazione.
6. il presidente	**f.** È il diritto di esprimere liberamente la propria opinione.

16.2 Non solo politica. Nella lista a pagina 499 trova le parole che corrispondono meglio alle descrizioni seguenti. Poi confronta le tue risposte con un compagno/una compagna e insieme scrivete delle frasi usando le parole della vostra lista.

1. È un'organizzazione che protegge i diritti dei lavoratori.
2. I cittadini esprimono la loro volontà politica e scelgono le persone che vogliono al governo.
3. Si attraversa quando si viaggia dal nostro Paese verso uno straniero.
4. Rappresenta l'accordo di molti Paesi europei.

16.3 I nostri governi. Fate una breve lista dei vocaboli relativi al governo italiano e alla politica che potete usare anche per parlare del governo del vostro Paese.

16.4 Fra i Paesi. A turno fate le domande e rispondete.

1. Con quali nazioni confina il tuo Paese?
2. Con quali nazioni confina l'Italia?

 In contesto: Sono andato a votare!

Un giovane che ha appena finito il liceo incontra la sua professoressa di storia e insieme parlano delle recenti elezioni.

PROFESSORESSA: Allora, Riccardo, alla fine, hai deciso di votare?

RICCARDO: Certo! E lei, non era in vacanza?

PROFESSORESSA: Lo sai come la penso. Io credo proprio che votare sia molto importante. Ero al mare, ma sono tornata apposta! Ma tu, dimmi, era la prima volta che votavi, vero?

RICCARDO: Più o meno. Prima di queste elezioni avevo votato solo per un referendum sulla pubblicità alla televisione! Al momento di votare, le confesso, mi sono sentito molto indeciso. Non credevo di avere tanti dubbi. Questa volta mi sembrava che

dovessi fare particolare attenzione a non dare un voto sbagliato.

PROFESSORESSA: Ma, dimmi, sono curiosa, hai votato per la coalizione di destra o quella di sinistra? Per me i partiti all'interno delle coalizioni sono ancora così diversi!

RICCARDO: Professoressa, ce lo ha insegnato lei che il voto è segreto! Come vorrei però che la politica **fosse** più semplice!

PROFESSORESSA: E a me piacerebbe che **si formasse** una colazione più di centro, per chi non vuole votare né a destra né a sinistra.

RICCARDO: Ecco, professoressa, anche noi, come tutti gli italiani, finiamo sempre col parlare di politica!

16.5 Le opinioni della professoressa e di Riccardo. Leggete la conversazione fra la professoressa e Riccardo e indicate se le seguenti affermazioni sono vere o false. Correggete quelle false.

1. In Italia ci sono due grandi coalizioni e i partiti politici hanno tutti idee simili.
2. Secondo Riccardo la politica è complicata.
3. La professoressa è soddisfatta delle due principali coalizioni fra i partiti.
4. Gli italiani non discutono mai di politica.

Answers: 16.5
Answers will vary. Some possibilities:
1. Falso. I partiti all'interno delle coalizioni sono molto diversi
2. Vero.
3. Falso. Vorrebbe una coalizione di centro.
4. Gli italiani parlano spesso di politica.

o sai che? L'Italia oggi

Fino alla seconda guerra mondiale in Italia c'era la monarchia con il re (*king*) e per vent'anni gli italiani hanno anche subito un regime dittatoriale fascista con a capo Mussolini (1924-1944). Dopo la guerra, con la caduta (*fall*) di Mussolini, l'esilio (*exile*) del re e la fine del fascismo, il Paese è diventato una repubblica parlamentare con il referendum del 1946. Questo significa che il Presidente del Consiglio ha potere esecutivo.

Sotto il fascismo i diversi partiti politici erano proibiti, mentre oggi sono piuttosto numerosi e hanno ideologie e programmi spesso molto diversi fra loro. In tempo di elezioni i diversi partiti si riuniscono formando due coalizioni. Gli italiani quindi votano per una coalizione e, per ora, non votano per il Presidente della Repubblica né per il Presidente del Consiglio. Il Parlamento e il Senato sono composti dai rappresentanti dei partiti che i cittadini hanno votato. Il Governo è quindi composto dalla coalizione che vince le elezioni. L'Italia non è una repubblica federale come, ad esempio, gli Stati Uniti: c'è un solo governo centrale, ma le ventuno regioni hanno autonomia amministrativa.

16.6 Che cosa è cambiato? Discutete quali sono stati in Italia i principali cambiamenti dopo la seconda guerra mondiale riguardo a: il tipo di governo, i partiti politici e le elezioni.

16.7 Votare in Italia. Pensate che sarebbe interessante votare in Italia? Sarebbe molto diverso dal votare nel vostro Paese? Fate una lista degli aspetti simili e di quelli diversi.

Suggestion: After students have completed **16.7**, if time permits, you can have them compare their lists.

16.8 Le votazioni. Fate una breve inchiesta fra i vostri compagni per sapere se votano oppure no. Perché? Poi paragonate le risposte che avete avuto con quelle di altri studenti. Che cosa potete concludere?

 o sai che? L'Italia e l'Europa

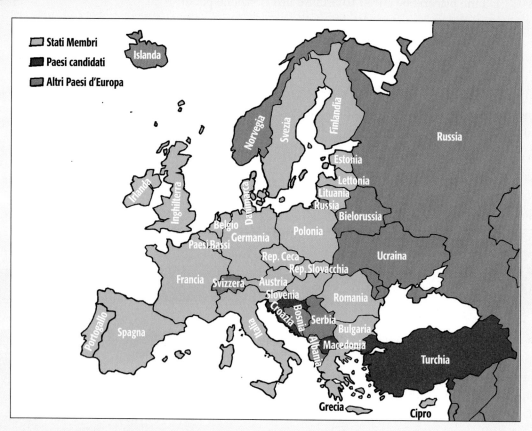

L'Italia fa parte dell'Unione Europea da molti anni. Per l'Italia la partecipazione alla UE implica alcuni fattori pratici molto importanti, come, ad esempio:

- L'euro è la moneta di quasi tutti i Paesi dell'UE. Quando viaggiano, quindi, gli italiani possono usare la valuta del proprio Paese e possono anche usare le banche dei Paesi dell'UE.

- Gli italiani possono viaggiare liberamente da un Paese all'altro dell'Unione con la sola carta d'identità; esiste inoltre il passaporto UE uguale per tutti i cittadini europei.

- I cittadini italiani hanno la possibilità di lavorare in una delle nazioni dell'UE e di trasferirsi da un Paese all'altro per motivi di studio senza problemi di visto (*visa*).

- Da tempo c'è anche il parlamento europeo a Strasburgo, in cui vengono eletti rappresentanti italiani oltre che degli altri Paesi dell'UE. Il Parlamento si occupa di leggi (*laws*) che riguardano questioni comuni a tutti i Paesi dell'UE, come, ad esempio, il turismo, la sanità, l'ambiente.

G **16.9 L'Unione Europea.** Rispondete insieme alle seguenti domande:

1. Quali sono per gli italiani alcuni vantaggi della partecipazione all'UE?

2. Il vostro Paese fa parte o dovrebbe fare parte di un accordo politico o economico simile all'UE? Prendete in considerazione: la moneta e le possibilità di lavoro e di studio.

Occhio alla lingua!

1. Look again at the *In contesto* conversation, and find the verbs in boldface type. Do these verbs refer to a present, past, or future situation? Do you think these verbs are in the indicative or the subjunctive?

2. What verbs or expressions introduce the verbs in boldface type? In what tense are these verbs and expressions? Can you draw any conclusions?

3. With a classmate, look at the other verbs in the *In contesto* conversation. Which are in the indicative and which are in the subjunctive? Can you explain in each instance why the indicative or the subjunctive is used?

4. Find and underline all verbs in the infinitive form. What expressions and verbs do they follow?

Suggestion: You can use the questions in *Occhio alla Lingua!* to present inductively, summarize, and/or review the subjunctive versus the indicative, the subjunctive versus the infinitive, and the imperfect subjunctive.

Grammatica

Il congiuntivo o l'indicativo

As you learned in Capitolo 15, the subjunctive is used in dependent clauses introduced by **che** when the verb or expression in the main clause indicates desire, personal opinion, doubt, or uncertainty. The indicative is used in dependent clauses introduced by **che** when the verb or expression in the main clause indicates certainty. The verbs and expressions in the chart below indicate certainty and are therefore followed by verbs in the indicative.

Suggestion: You may choose to keep your grammar explanations to a minimum and assign as homework *Grammatica* and the related exercises.

Presentation: You can review the use of the subjunctive versus the indicative by asking questions such as: **Sapete che l'Italia è un Paese democratico? Pensate che l'Italia sia un Paese democratico?** Point out the difference between **sapete** and **pensate**. Write statements such as the following on the board: **La libertà di parola è molto importante. Credete che la libertà di parola sia molto importante?** Ask students to explain why the indicative is used in one instance and the subjunctive in the other.

Verbi ed espressioni che indicano certezza			
è certo/sicuro	*it's certain/sure*	sono/è certo/sicuro	*I am/It is certain/sure*
è chiaro	*it's clear*	riconosco	*I recognize*
è ovvio	*it's obvious*	so	*I know*
è vero	*it's true*	vedo	*I see*

Note the difference between the expressions of certainty and the more subjective expressions in the sentences below.

So che il Presidente viene nella mia città.   *I know the President is coming to my town.*

Credo che il Presidente venga nella mia città.   *I think that the President will come to my town.*

È vero che c'è un nuovo partito.   *It's true that there is a new party.*

È possibile che ci sia un nuovo partito.   *It's possible that there is a new party.*

16.10 La mia opinione. Tu e una tua amica discutete di politica. Lei non è molto sicura e ti fa tante domande. Rispondi usando un'espressione che indica sicurezza e segui l'esempio.

ESEMPIO: Credi che questo partito sia d'accordo con i sindacati?
Sono sicuro/a che questo partito è d'accordo con i sindacati.

1. Pensi che la coalizione di destra diminuisca le tasse?

2. È possibile che gli studenti facciano sciopero?

Answers: 16.10
Answers will vary. Some possibilities:
1. È chiaro che la coalizione di destra diminuisce le tasse.
2. Sono sicuro/a che gli studenti fanno sciopero.
3. Sono certo/a che molte persone votano a queste elezioni.
4. So che quel giornalista combatte sempre per la libertà di parola.
5. Ti assicuro che il Presidente del Consiglio nomina i ministri migliori.

3. Dubiti che molte persone votino a queste elezioni?

4. Credi che quel giornalista combatta sempre per la libertà di parola?

5. Hai paura che il Presidente del Consiglio non nomini i ministri migliori?

16.11 La politica. Un amico straniero ti chiede informazioni sulla politica italiana. Rispondi alle sue domande usando l'indicativo quando sei sicuro e il congiuntivo quando non sei sicuro. Usa alcune delle seguenti espressioni: **credo che, so che, sono certo che, è ovvio che, è probabile che.**

1. Gli italiani votano ogni quattro anni?

2. Quanti partiti ci sono?

3. C'è la democrazia in Italia?

4. Eleggete anche deputati europei?

5. Chi elegge il Presidente del Consiglio?

Il congiuntivo o l'infinito

As you learned in Capitolo 15, the subjunctive is used in the dependent clause after verbs that express uncertainty, personal opinion, doubt, and desire when the subjects of the dependent clause and the main clause are different.

Spero che tu sia andato a votare.	*I hope you went to vote.*
Il sindacato vuole che voi facciate sciopero.	*The union wants you to go on strike.*

When the subject of the two clauses is the same, the infinitive is used.

Il Presidente crede di agire per difendere la Costituzione.	*The president thinks he is acting to defend the Constitution.*
Crede di sapere già tutto sulle elezioni europee.	*He thinks he already knows everything about European elections.*

1. Verbs like **volere, dovere, potere, preferire,** and **desiderare** are followed directly by an infinitive.

Desidero tenermi al corrente sui partiti.	*I wish to keep current on political parties.*
Preferisci fare sciopero o andare a lavorare?	*Do you prefer to go on strike or go to work?*

2. Some verbs require a preposition before the infinitive. The following verbs require the preposition **di.**

avere paura di	*to be afraid*	dubitare di	*to doubt*
credere di	*to believe*	pensare di	*to think*
decidere di	*to decide*	sperare di	*to hope*

Spera di vincere le elezioni.	*He / She hopes to win the elections.*
Pensiamo di passare la frontiera facilmente.	*We plan to cross the border easily.*

16.12 Una ricerca al computer. Tu e i tuoi compagni dovete fare una ricerca al computer per avere informazioni sull'Italia. I compagni ti chiedono se tu fai alcune cose. Rispondi usando l'infinito come nell' esempio e fa' tutti i cambiamenti necessari.

ESEMPIO: Sai trovare il sito ufficiale del Governo? (Credo)
              Sì, credo di sapere trovare il sito ufficiale del Governo.

   1. Completi tu la ricerca sui partiti? (Penso)

   2. Prendi informazioni sul sito? (Preferisco)

   3. Cerchi tu la prima pagina dei giornali? (Voglio)

   4. Prepari tu le informazioni sulle elezioni? (Spero)

16.13 Ancora la stessa ricerca. Adesso rispondi alle stesse domande dell'esercizio **16.12** dicendo che un'altra persona fa le stesse cose. Usa il congiuntivo come nell'esempio:

ESEMPIO: Sai trovare il sito ufficiale del Governo? (Credo/Marisa)
              Credo che Marisa sappia trovare il sito ufficiale del Governo.

   1. Completi tu la ricerca sui partiti? (Penso/Carla)

   2. Prendi informazioni sul sito? (Preferisco/Giuseppe e Tommaso)

   3. Cerchi tu la prima pagina dei giornali? (Voglio/Marco)

   4. Prepari tu le informazioni sulle elezioni? (Spero/tu e Anna)

16.14 Brevissimi messaggi elettronici. Hai trovato un sito dove puoi parlare di politica con persone della tua età. Rispondi alle domande sui problemi indicati e usa le espressioni con il congiuntivo o l'infinito. Poi scambia le tue risposte con quelle di un compagno/una compagna e insieme discutete le vostre idee.

ESEMPIO: S1: Quando hai votato la prima volta, è stato facile?
              S2: È stato facile decidere per chi votare.

   1. Pensi che sia importante far parte di un sindacato? Perché?

   2. Credi che sia importante pagare più tasse o meno tasse?

   3. Cosa pensi che faccia il Parlamento europeo?

   4. Cosa credi che debba fare un partito politico?

Il congiuntivo imperfetto

The verbs and expressions that govern use of the present subjunctive also govern use of the imperfect subjunctive. The imperfect subjunctive is used when the verb of the main clause is in a past tense and the action of the dependent clause took place at the same time or later than that of the main clause.

Era difficile che **potesse** vincere le elezioni.

It was unlikely that he could win the election.

Sperava che io **andassi** a votare con lui.

He hoped I would go to vote with him.

The imperfect subjunctive is formed by dropping the **-re** of the infinitive and adding the appropriate endings.

Il congiuntivo imperfetto				
	votare	**eleggere**	**servire**	**capire**
che io	vota**ssi**	elegge**ssi**	servi**ssi**	capi**ssi**
che tu	vota**ssi**	elegge**ssi**	servi**ssi**	capi**ssi**
che lui/lei	vota**sse**	elegge**sse**	servi**sse**	capi**sse**
che noi	vota**ssimo**	elegge**ssimo**	servi**ssimo**	capi**ssimo**
che voi	vota**ste**	elegge**ste**	servi**ste**	capi**ste**
che loro	vota**ssero**	elegge**ssero**	servi**ssero**	capi**ssero**

1. The following verbs have the same irregular stems in the imperfect subjunctive as in the imperfect indicative.

	bere (bevevo)	**dire (dicevo)**	**fare (facevo)**
che io	beve**ssi**	dice**ssi**	face**ssi**
che tu	beve**ssi**	dice**ssi**	face**ssi**
che lui/lei	beve**sse**	dice**sse**	face**sse**
che noi	beve**ssimo**	dice**ssimo**	face**ssimo**
che voi	beve**ste**	dice**ste**	face**ste**
che loro	beve**ssero**	dice**ssero**	face**ssero**

Pensavo che gli studenti
facessero sciopero.

I thought students were on strike.

Era impossibile che **dicesse** la
verità.

*It was impossible that he was telling
the truth.*

2. The following verbs have irregular infinitive stems and regular endings.

	essere	**dare**	**stare**
che io	fo**ssi**	de**ssi**	ste**ssi**
che tu	fo**ssi**	de**ssi**	ste**ssi**
che lui/lei	fo**sse**	de**sse**	ste**sse**
che noi	fo**ssimo**	de**ssimo**	ste**ssimo**
che voi	fo**ste**	de**ste**	ste**ste**
che loro	fo**ssero**	de**ssero**	ste**ssero**

Speravi che **dessimo** appoggio
ai Verdi?

*Were you hoping we would support the
Green Party?*

Credevamo che il ministro **fosse**
onesto.

We thought the minister was honest.

Non era possibile che loro **stessero**
zitti.

It was impossible for them to be quiet.

16.15 Non credevo! Hai appena imparato alcune cose sulla politica italiana e sei molto meravigliato/a. Riscrivi le frasi usando il congiuntivo imperfetto secondo l'esempio.

ESEMPIO: In Italia si vota a 18 anni. (Non credevo)
Non credevo che in Italia si votasse a 18 anni!

1. Il Presidente nomina il Presidente del Consiglio. (Non sapevo)

2. In Italia ci sono il Parlamento e il Senato. (Dubitavo)

3. L'Italia fa parte della Comunità Europea. (Non sapevo)

4. Esiste un Parlamento europeo. (Non credevo)

5. Le tasse per l'importazione di alcuni prodotti sono molto alte. (Non immaginavo)

6. L'Europa ha una moneta unica. (Non sapevo)

7. La moneta unica europea si chiama euro. (Non sapevo)

8. La coalizione vincente forma il Governo. (Non immaginavo)

16.16 La politica. Un amico/Un'amica molto giovane ti esprime alcune opinioni politiche e tu scopri che un tempo avevi le stesse idee. Riscrivi le frasi cambiando i verbi dal presente al passato e seguendo l'esempio.

ESEMPIO: Penso che le elezioni ci siano ogni anno.
Anch'io pensavo che le elezioni ci fossero ogni anno.

1. Ho paura che la coalizione di centro perda.

2. Credo che i miei genitori votino sempre per la coalizione di destra.

3. Dubito che tutti facciano sciopero.

4. Non penso che ci sia la libertà di parola in tutto il mondo.

5. Non sono sicuro/a che il Presidente formi il governo.

6. Penso che l'Unione Europea sia un sogno!

7. Non credo che esista una costituzione europea.

8. Non so chi elegga i deputati al Parlamento europeo.

9. Ho paura che non tutti esprimano la loro opinione liberamente.

16.17 L'Italia com'era. Ascolta due volte quello che dice un anziano signore italiano sull'Italia di molti anni fa. Su un foglio di carta, per ogni frase indica se afferma un fatto oggettivo o se esprime una sua opinione personale.

Scambi

16.18 Tu e la politica. Intervista alcuni compagni per scoprire cosa sanno del governo del proprio Paese e qual è il loro atteggiamento verso la politica. Prepara cinque domande sui punti seguenti:

    a. la loro partecipazione in un partito o un'associazione politica

    b. le esperienze di scioperi

Answers: 16.15
1. Non sapevo che il Presidente nominasse il Presidente del Consiglio.
2. Dubitavo che in Italia ci fossero il Parlamento e il Senato.
3. Non sapevo che l'Italia facesse parte della Comunità Europea.
4. Non credevo che esistesse un Parlamento europeo.
5. Non immaginavo che le tasse per l'importazione di alcuni prodotti fossero molto alte.
6. Non sapevo che l'Europa avesse una moneta unita.
7. Non sapevo che la moneta unica europea si chiamasse euro.
8. Non immaginavo che la coalizione vincente formasse il Governo.

Answers: 16.16
Answers will vary. Some possibilities:
1. Anch'io avevo paura che la coalizione di centro perdesse.
2. Anch'io credevo che i miei genitori votassero sempre per la coalizione di destra.
3. Anch'io dubitavo che tutti facessero sciopero.
4. Non pensavo che ci fosse la libertà di parola in tutto il mondo.
5. Non ero sicuro/a che il Presidente formasse il governo.
6. Anch'io pensavo che l'Unione Europea fosse un sogno!
7. Non credevo che esistesse una costituzione europea.
8. Non sapevo chi eleggesse i deputati al Parlamento europeo.
9. Anch'io avevo paura che non tutti esprimessero la loro opinione liberamente.

Suggestion: Have students listen to the statements as homework or in class.

Suggestion: Before assigning **16.17**, review what students may know about Mussolini and the fascist era, offer additional information, and discuss in general the implications of a dictatorship. Ask questions such as: **Secondo voi, che cosa non sono libere di fare le persone che vivono sotto una dittatura?**

Script for **16.17 L'Italia com'era.**
1. Quando ero bambino io c'era ancora Mussolini.
2. Avevo l'impressione che i miei genitori avessero paura dei fascisti.
3. Non c'era molta libertà di parola.
4. Nessuno pensava che il governo fosse democratico!
5. Era difficile che mio padre facesse parte di un sindacato.
6. Le donne non avevano il diritto di voto.
7. Era impossibile che qualcuno parlasse dell'Unione Europea.
8. Sono sicuro che nessuno poteva fare sciopero.
9. Molta gente pensava che non ci fosse la libertà di parola.
10. Il regime fascista non favoriva i rapporti con le altre nazioni.

Answers: 16.17
1. Fatto oggettivo
2. Opinione personale
3. Fatto oggettivo
4. Opinione personale
5. Opinione personale
6. Fatto oggettivo
7. Opinione personale
8. Fatto oggettivo
9. Opinione personale
10. Fatto oggettivo

16.19 Il Paese ideale. Immaginate di poter vivere in un Paese ideale. Decidete insieme i seguenti punti e giustificate le vostre opinioni: il nome, il tipo di governo, le elezioni e i partiti, i rapporti con altre nazioni.

16.20 Le donne e la politica. Leggete le opinioni di alcune italiane a proposito delle donne e la loro presenza nel mondo della politica. Poi rispondete alle domande.

«Ho letto che in Italia in Parlamento la presenza delle donne è del 9,8%, mentre in Svezia è del 42,7%! È incredibile! Personalmente, con un programma politico simile e altri elementi uguali, fra un uomo e una donna io preferirei sempre la donna e voterei per lei!» (Carla Marini)

«Secondo me le donne sarebbero più brave degli uomini a trovare soluzioni pacifiche. Con più donne al governo di vari Paesi del mondo, secondo me ci sarebbero meno guerre, perché le donne preferiscono trovare un accordo quando possibile.» (Roberta Santini)

«In realtà è un problema storico, perché le donne sono state escluse per secoli dal potere e non hanno potuto partecipare al governo.» (Emma Narducci)

«Per la mia esperienza, non solo in politica, ma in tutti i campi del lavoro, le donne devono lavorare molto di più degli uomini per avere gli stessi riconoscimenti.» (Antonella Fabbrini)

1. Dalle opinioni che avete letto, potete dedurre se sia più o meno difficile per le donne italiane fare carriera in politica? Perché?
2. Come pensavi che fosse la situazione delle donne italiane nel mondo della politica prima di leggere le opinioni precedenti?
3. Secondo voi, le donne del vostro Paese sarebbero d'accordo oppure no con le opinioni che avete letto? Di quali altri problemi discuterebbero?

Palazzo Chigi a Roma, sede del Governo. Chi pensi che lavori qui?

Presentation: Begin to present the immigration-related vocabulary in this section by working with cognates and words students already know: **Parliamo dell'immigrazione, vero? Parliamo degli immigrati che vivono in Italia. Ci sono gli immigrati legali e gli immigrati illegali. Gli immigrati legali hanno il permesso di soggiorno. Gli immigrati illegali hanno il permesso di soggiorno?** etc.

Then ask students about immigrants in your own area: **Ci sono molti immigrati qui? Da dove vengono? Una persona di un altro Paese può lavorare qui? Cosa deve avere? Il permesso di soggiorno o il visto? Credete che ci siano molti immigrati illegali qui?** etc.

PERCORSO II
I NUOVI ITALIANI

Vocabolario: Chi vive in Italia?

• •

Presentation: Briefly review vocabulary students already know for discussing social and economic issues: **Nel vostro Paese ci sono molte industrie? E in Italia?** Then introduce additional new vocabulary: **Allora, secondo voi, l'Italia è un Paese industrializzato? Come è il vostro Paese? Una persona di un Paese povero, vorrebbe venire nel vostro? Perché? Per lavorare? Per mantenere la famiglia?** Ask students, **Quali problemi troverebbe qui?** and help them respond, making a list on the board as you go along. For example, ask: **Ci sono qui differenze culturali fra persone di Paesi diversi? Quali sono?** Continue the discussion, bringing in other social problems immigrants encounter: **la mentalità chiusa, il pregiudizio, gli stereotipi, la povertà,** etc. Ask also about positive qualities (**la mentalità aperta,** etc.) and list them on the board, too. Have students supply examples to illustrate the various social issues.

Sono stato fortunato. Ho il permesso di soggiorno e qui in Italia sto benissimo, ma, se potessi, tornerei al mio Paese.

E pensare che al mio Paese ho studiato biologia … E ora faccio la badante … ma se fossi a casa mia non guadagnerei abbastanza per mantenere i miei figli.

L'immigrazione

accettare *to accept*
la classe sociale *social class*
la differenza culturale/sociale
   cultural/social difference
discriminare *to discriminate*
extracomunitario/a *an immigrant*
   who is not from the UE
illegale *illegal*
l'immigrazione (f.) *immigration*
l'immigrato/a *immigrant*
industrializzato/a *industrialized*
legale *legal*
la mentalità aperta/chiusa
   open/closed mentality

il Paese emergente *developing*
   country
la povertà *poverty*
il pregiudizio *prejudice*
lo stereotipo *stereotype*
lo straniero/la straniera
   foreigner
tollerante *tolerant*
la tolleranza *tolerance*
l'uguaglianza *equality*
il visto *visa*

Suggestion: To practice new vocabulary, have groups make lists of words associated with **le differenze culturali** and **una mentalità chiusa/aperta** using words from the vocabulary list. Then have groups compare their ideas.

Presentation: Use the two photos on this page to introduce additional vocabulary. Ask, for example: **La persona più giovane aiuta quella più vecchia, vero? Non è un'infermiera. Che lavoro fa? Fa la badante, vero? Perché fa la badante? È ricca o povera? Vuole fare la badante? No, fa la badante per mantenere i suoi figli.**

Guardiamo l'uomo nella foto. È una persona di successo? Perché? È evidente che sta benissimo in Italia. Come sappiamo che sta benissimo? etc. Elaborate by asking: **Credete che sia italiano? Non lo sappiamo, vero? Se non è nato in Italia, è uno straniero,** etc.

16.21 Che significa? Unisci le parole della colonna A con la definizione corrispondente nella colonna B.

A	B
1. l'uguaglianza	a. divisione dei cittadini secondo la loro condizione economica
2. la classe sociale	b. non c'è nessuna differenza fra persone diverse
3. Paesi emergenti	c. non hanno il permesso di risiedere in Italia
4. immigrati illegali	d. è necessario per risiedere legalmente in Italia
5. il permesso di soggiorno	e. nazioni non ancora industrializzate
6. gli extracomunitari	f. persone di Paesi che non fanno parte dell'UE

16.22 La società. Completa le frasi seguenti con il vocabolo più adatto fra quelli della lista: **tolleranti, pregiudizi, industrializzato, badante, visto, discriminazione, immigrati.**

1. Se fossi imprenditore, darei lavoro anche agli _____ senza permesso di soggiorno.

2. Molti cercano lavoro in Italia perché è un Paese _____ e ci sono molte fabbriche.

3. Mi piacerebbe che nessuno avesse _____ contro altre culture.

4. Per accettare persone molto diverse da noi dobbiamo essere _____.

5. Una persona, spesso straniera, che si prende cura degli anziani fa il/la _____.

6. Se una persona è pagata meno di un'altra per lo stesso lavoro, c'è _____.

7. Per entrare in molti Paesi stranieri dobbiamo avere il _____ sul passaporto.

16.23 Valori positivi e negativi. Fa' una breve lista delle espressioni che rappresentano valori positivi per accettare gli stranieri e una lista dei valori negativi.

16.24 Le definizioni. Scegliete quattro parole dalla lista a pagina 509 e scrivete una semplice definizione di ognuna. Poi leggete le vostre definizioni al compagno/alla compagna che deve indovinare di che parola si tratta.

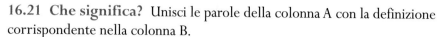

In contesto: Lei cosa farà?

Una giornalista italiana parla con due immigrati, Jorge e Nadja, che hanno preso decisioni molto diverse riguardo al loro futuro.

GIORNALISTA: Lei, Jorge, da quanto tempo è in Italia? E lei, Nadja?

JORGE: Sono arrivato dal Guatemala con la famiglia circa otto anni fa. Mia figlia è nata qui.

NADJA: Io sono qui da cinque, ma ho dovuto lasciare i figli in Ucraina.

GIORNALISTA: Che lingua parlate a casa?

JORGE: Io e mia moglie parliamo spagnolo, naturalmente, ma nostra figlia si sente italiana. Soprattutto fuori di casa. Se qualcuno le parlasse spagnolo, lei risponderebbe in italiano!

NADJA: Io parlo sempre italiano per il mio lavoro. Con le mie amiche, che stanno qui come me, parlo ucraino.

GIORNALISTA: Che lavoro fate?

JORGE: Io lavoro in una fabbrica. Per fortuna ho il permesso di soggiorno e posso lavorare legalmente. Mi piacerebbe che tutti e tre, però, potessimo prendere la cittadinanza, così mi sentirei più sicuro.

NADJA: Io sono un'immigrata illegale. Per le persone come me, lei lo sa, è molto difficile. Faccio la badante per una signora anziana che per fortuna mi vuole tanto bene. Se avessi i documenti e il permesso di soggiorno forse potrei trovare un lavoro migliore, chissà!

GIORNALISTA: Cosa pensate di fare in futuro? Vorreste tornare al vostro Paese o pensate di restare in Italia?

JORGE: Io e mia moglie vorremmo restare qui. Lo facciamo per nostra figlia. In Guatemala se tornassi non troverei lavoro. E poi, ripeto, vorremmo che nostra figlia crescesse qui.

NADJA: Io mando i soldi a casa. Ho due figli che sono rimasti con mia madre. Io vorrei che venissero in Italia anche loro, ma a mia madre piacerebbe che io tornassi . . . e anche a me. Non mi sono mai adattata bene.

16.25 Un'intervista. Discutete i seguenti punti riguardo all'intervista:

1. Qual è il problema principale di cui si discute?

2. Quali sono alcuni punti di vista diversi delle persone intervistate?

3. Per chi provate più simpatia? Perché?

16.26 I consigli. Che consigli dareste a Jorge e Nadja? Cosa fareste voi nella loro situazione?

Occhio alla lingua!

1. Look at the verbs that follow the expressions **vorrei che** and **mi piacerebbe che** in the *In contesto* interview. Can you detect a pattern?

2. In the interview there are several sentences that start with **se**, *if*. Are the verbs that follow **se** in the indicative or the subjunctive? Are they in the present or imperfect tense? What is the tense and mood of the verb in the main clause of these sentences? What pattern can you identify?

3. With a partner, determine if the sentences introduced by **se** refer to situations that the speaker is certain will occur or that he/she is less sure about.

Answers: 16.25
Answers will vary. Some possibilities.
1. Il problema principale è il lavoro in Italia per gli stranieri.
2. Jorge vorrebbe restare in Italia ma Nadja preferirebbe tornare al suo Paese.
3. *Answers will vary.*

Suggestion: You can use the questions in *Occhio alla Lingua!* to present inductively, summarize, and/or review the imperfect subjunctive and hypothetical sentences with **se**.

Presentation: At this point, you may choose to present hypothetical sentences with **se**. Work with questions #2 and #3 in *Occhio alla lingua!* After students complete #2, write a couple of additional sentences on the board. Ask students what pattern they see. What is the mood and tense of the verb in each clause? Point out that the *if* clause expresses a condition and the main clause expresses the result of that condition. The main clause is always in the conditional and the *if* clause is in the imperfect subjunctive. Ask students to analyze the clauses introduced by **se**. Do they express situations that seem likely or unlikely to occur? Emphasize that for real or likely situations, the **se** clause is always in the indicative, and give some examples.

Suggestion: Practice hypothetical sentences by presenting simple scenarios. First, write on the board a few dependent clauses and have students complete them with the conditional: **Se avessi tanto tempo. . ., Se potessi viaggiare. . ., Se dovessi cambiare lavoro. . .,** etc. Then write a few main clauses in the conditional and have students complete them: **Dormirei di più se. . ., Lavorerei in Italia se. . ., Comprerei una casa al mare se. . .** etc. Then have students practice situations connected with the *Percorso* topic. You can ask questions such as: **Cosa faresti se volessi aiutare un immigrato? Cosa faresti per eliminare la discriminazione? Pensate che tutti gli immigrati tornerebbero al loro Paese se potessero?**

Suggestion: Before assigning the cultural reading, brainstorm issues students already may be familiar with about immigration in Italy and related problems.

*L*o sai che? L'immigrazione in Italia

In seguito ad un grande sviluppo economico ed industriale, dall'inizio degli anni '80 l'Italia è diventata terra d'immigrazione. Attualmente in Italia ci sono oltre 2 milioni di stranieri soprattutto nelle grandi città come Roma, Milano, Napoli e Torino. La maggior parte proviene (*comes*) da altri Paesi europei, ma molti vengono anche dall'Asia, dall'Africa e dall'America. Oggi in Italia c'è anche il fenomeno molto complicato degli immigrati illegali. Molti di loro attraversano (*cross*) il Mediterraneo su vecchie barche piene di gente e in condizioni terribili. Spesso arrivano in Sicilia, in particolare all'isola di Lampedusa, dove ci sono i centri di accoglienza (*reception centers*). Qui vivono in condizioni difficili e spesso poi sono rimandati (*sent back*) nei loro Paesi di origine.

Una scena dal film *Quando sei nato non puoi più nasconderti* **(2005) di Marco Tullio Giordana.** Sandro, un ragazzo di dodici anni, si perde in mare e viene salvato da una barca di clandestini (*illegal immigrants*) che stanno cercando di arrivare in Italia e troveranno una situazione molto triste e difficile.

Gli italiani hanno opinioni diverse riguardo a questo fenomeno. Alcuni hanno paura della disoccupazione e di perdere l'omogeneità etnica e culturale. Altri promuovono la tolleranza e sono favorevoli ad una società multietnica. Il governo e i partiti politici cercano di proporre riforme sociali e leggi (*laws*) per regolare l'immigrazione e la permanenza (*stay*) degli extracomunitari.

🦋 16.27 Gli immigrati in Italia. Dopo aver letto le informazioni sull'immigrazione in Italia, rispondete alle domande.

1. Quali sono i possibili motivi dell'immigrazione in Italia?
2. Di cosa hanno paura gli italiani per quanto riguarda l'immigrazione?
3. Che cosa cercano di fare alcuni politici e intellettuali?
4. Come pensate che la foto e il film siano connessi con le informazioni lette?

🦋 16.28 L'immigrazione nel vostro Paese. La storia dell'immigrazione nel vostro Paese è molto diversa da quella in Italia? Quali problemi nel vostro Paese sono simili a quelli dell'immigrazione in Italia?

Suggestion: Have students find information on the movie director Marco Tullio Giordana and his movie *Quando sei nato non puoi più nasconderti* (2005). Then you can ask what other films they are familiar with that treat a similar topic.

Answers: 16.27
Answers will vary. Some possibilities.
1. Le ragioni potrebbero essere la povertà nei Paesi di origine e lo sviluppo economico in Italia.
2. Gli italiani hanno paura, fra l'altro, che la società italiana, finora omogenea, perda la sua identità culturale.
3. Alcuni politici ed intellettuali cercano di promuovere una società multietnica. Cercano di promuovere la tolleranza e di fare riforme sociali per regolare l'immigrazione.
4. *Answers will vary.*

Suggestion: You may choose to keep your grammar explanations to a minimum and assign as homework the *Grammatica* and related exercises.

*G*rammatica

Il congiuntivo imperfetto (II)

You have learned about use of the imperfect subjunctive when the verb of the main clause is in a past tense. The imperfect subjunctive is used also in a dependent clause when the verb of the main clause is in the present conditional and the two clauses have two different subjects.

Vorrei che mia sorella **smettesse** di fumare!   *I wish my sister would quit smoking!*

Mi piacerebbe che tutti **avessero** un lavoro.   *I would be pleased if everybody had a job.*

Preferirei che tu non gettassi la carta per terra.   *I would prefer that you not throw paper on the ground.*

16.29 Loro vorrebbero che. . . I tuoi genitori ti fanno spesso molte raccomandazioni riguardo all'ambiente. Racconta ad un amico/un'amica che cosa vorrebbero che tu e i tuoi fratelli faceste riguardo alle seguenti cose.

ESEMPIO: l'acqua
Vorrebbero che ci facessimo la doccia con poca acqua!

1. la carta
2. la benzina
3. il vetro e la plastica
4. la bicicletta
5. il fumo

16.30 Cosa vorresti? Esprimete i vostri sogni e desideri riguardo ai problemi sociali indicati e spiegate che cosa fareste voi usando le espressioni **vorrei, mi piacerebbe** e **preferirei**. Spiegate anche che cosa vorreste che facessero altre persone.

a. i pregiudizi   b. l'immigrazione   c. la tolleranza

Frasi con il *se*

Hypothetical (*if*) sentences describe a situation that the speaker believes might occur but is unlikely. *If* sentences consist of two clauses: the *if* clause that expresses a condition and the main clause that expresses the result of that condition. Use **se** + the imperfect subjunctive to express the condition and use the present conditional to express the outcome.

Se avessimo un buon lavoro, troveremmo anche un bell'appartamento.
If we had a good job, we would also find a nice apartment.

Se tu avessi il permesso di soggiorno, potresti guadagnare di più.
If you had the residence permit, you could make more money.

Jorge capirebbe l'italiano meglio se a casa non parlasse sempre spagnolo.
Jorge would understand Italian better if he didn't always speak Spanish at home.

In sentences that express a real or a likely situation, the main clause and the *if* clause are always in the indicative.

Se vuoi andare all'università in Italia devi studiare l'italiano.
If you want to go to college in Italy, you must study Italian.

Dovete avere il visto se volete andare in Italia!
You must have a visa if you want to go to Italy!

Se volete provare un buon ristorante cinese andate a Piazza di Spagna.
If you want to try a good Chinese restaurant, go to Piazza di Spagna.

16.31 Una discussione. Completa le seguenti frasi con la forma corretta del condizionale e del congiuntivo.

1. Tu _____ (andare) in un altro Paese, se non _____ (trovare) lavoro qui?

2. Se noi _____ (avere) una mentalità veramente aperta, non _____ (pensare) troppo alle differenze culturali.

3. Se i miei amici stranieri _____ (volere) il permesso di soggiorno, che cosa _____ (dovere) fare?

4. Se i nostri amici _____ (volere) conoscere il mondo, _____ (viaggiare) di più.

5. La povertà _____ (finire) se i Paesi industrializzati _____ (aiutare) i Paesi emergenti.

6. Se voi _____ (occuparsi) di politica, _____ (fare) una legge per regolare l'immigrazione?

16.32 Una società perfetta. Immagina come ogni cosa sarebbe diversa se cambiassero determinate circostanze. Completa le frasi con la forma corretta del congiuntivo usando anche termini come, ad esempio: **discriminare, capire le differenze culturali, dare il permesso di soggiorno, stereotipi.**

1. Ci sarebbe più uguaglianza se . . .
2. Ci sarebbero meno immigrati illegali se il governo italiano . . .
3. La gente capirebbe meglio gli stranieri, se. . .
4. Ci sarebbero meno pregiudizi nel mondo, se. . .

🍂2 16.33 Sogniamo e immaginiamo! Oggi voi e i vostri amici state sognando sulle tante possibilità della vita e del futuro. Completate le frasi seguenti con il condizionale o il congiuntivo.

1. Se vincessimo la lotteria . . .
2. Saremmo molto felici se . . .
3. Se andassi ad abitare in un Paese straniero. . .
4. Se fossi il Presidente della Repubblica. . .
5. Sarei poco intelligente se. . .
6. Se tornassi ad essere bambino/a. . .
7. Sarei un/un'artista famoso/a se. . .
8. Se potessi essere un'altra persona. . .
9. Se tutti avessero la posta elettronica . . .
10. Parleremmo molte lingue se . . .
11. Se nessuno fosse senza lavoro . . .
12. Potrei lavorare sempre a casa se . . .

Scambi

G 16.34 Una società multiculturale. Considera la lista seguente e indica con un numero da 1 a 6, in ordine di importanza, quali sono secondo te i principi più importanti per una società multiculturale. Poi fa' un'inchiesta fra i tuoi compagni per vedere chi ha idee simili.

_____ a. regolare l'immigrazione

_____ b. combattere le discriminazioni

_____ c. correggere i pregiudizi

_____ d. conservare il proprio patrimonio culturale

_____ e. rispettare le differenze culturali

_____ f. cercare di conoscere e capire gli stranieri

16.35 *Metropoli.* Leggete la pubblicità di *Metropoli* e completate le seguenti attività.

1. *Metropoli* si può comprare tutti i giorni o una volta alla settimana?

2. *Metropoli* si compra da solo o insieme ad un altro giornale?

3. Fate una lista degli argomenti che potete leggere su *Metropoli*. A quali problemi si riferiscono?

4. Secondo voi, perché si pubblica un giornale come *Metropoli*? Quale aspetto della società italiana riflette?

5. Di quali argomenti scrivereste voi se poteste creare un giornale simile a *Metropoli* nel vostro Paese?

16.36 La vita allora. Immaginate come sarebbe la vita se viveste in un'altra epoca. Potete scegliere il periodo che preferite e poi potete prendere in considerazione, fra le altre cose: che cosa potreste o non potreste fare, quali oggetti avreste oppure no, come sarebbero i rapporti sociali, quale sarebbe la situazione economica e politica.

ESEMPI: S1: Se vivessimo nel 1800 non ci sarebbe il computer!

S2: È vero, e se fossimo in un'altra epoca ci sarebbe anche meno uguaglianza sociale.

16.37 L'immigrazione nelle scuole. Ascolta due volte le notizie alla radio sull'immigrazione e la scuola. Poi completa le attività che seguono.

1. Indica con i numeri 1 e 2 a quale titolo corrisponde ognuna delle notizie.

a. _____

La carica degli studenti stranieri

b. _____

Nelle elementari e medie di Firenze ci sono ragazzini di 45 nazionalità

2. Quali delle seguenti affermazioni sono vere e quali false?
   a. Ci sono pochissimi bambini stranieri nelle scuole italiane.
   b. Ci sono corsi speciali per insegnare l'italiano ai bambini stranieri.
   c. Molti studenti stranieri in Italia provengono dall'Unione Europea.
   d. La scuola serve come punto di incontro e scambio fra le culture.
   e. Gli studenti stranieri nelle università sono sempre di più.
   f. Nelle università italiane ci sono moltissimi studenti albanesi.

In arrivo al porto di Otranto. Chi saranno? Da dove verranno?

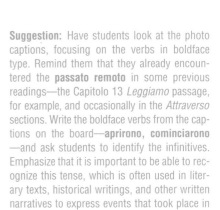

PERCORSO III
LA PRESENZA
ITALIANA NEL MONDO

Vocabolario: Da dove vieni? Dove vai?

Oggi ci sono diversi negozi di alimentari *Balducci's* negli Stati Uniti. All'inizio, nel 1916, era una semplice bancarella (*fruit stand*) di Louis «Pop» Balducci, un italiano emigrato dalla Puglia. Poi, nel 1946, Pop e il figlio **aprirono** il primo negozio al Greenwich Village.

I fratelli Luciano, Giuliana, Gilberto e Carlo Benetton **cominciarono** la loro attività nel settore dell'abbigliamento nel 1965 e **aprirono** il primo negozio a New York nel 1980. Oggi i loro negozi sono presenti in 120 Paesi.

Concept: O. Toscani. Courtesy of United Colors of Benetton.

Per parlare dell'emigrazione

abbandonare *to abandon*
il coraggio *courage*
le difficoltà economiche *economic difficulties*
la discriminazione *discrimination*
l'emigrante (m./f.) *emigrant*
fare fortuna *to find good fortune, to become wealthy*
la generazione *generation*
l'ignoto *unknown*
l'inserimento *integration*

inserirsi* *to become integrated*
la nostalgia *homesickness; nostalgia*
la patria *fatherland*
il patrimonio culturale *cultural background*
la perseveranza *perseverance*
la radice *root*
la ricerca scientifica *scientific research*
i tempi duri *hard times*
la tradizione *tradition*

16.38 L'intruso. Per ogni gruppo di parole, indicate qual è l'intruso e spiegate perché.

1. coraggio, perseveranza, generazione
2. radice, abbandonare, tradizione
3. tempi duri, difficoltà economiche, ignoto
4. fare fortuna, inserirsi, nostalgia
5. tradizione, patrimonio culturale, ricerca scientifica
6. patria, emigrante, ricerca scientifica
7. difficoltà economiche, inserirsi, abbandonare
8. ignoto, generazione, tradizione

16.39 L'emigrazione. Completa le frasi con uno dei vocaboli seguenti: **radici, coraggio, inserirsi, patrimonio, ignoto, abbandonare, tradizioni.**

1. Credo che sia necessario avere molto _____ per _____ il proprio Paese ed andare verso l'_____.
2. Penso che per i miei nonni non sia stato facile _____ in questa città straniera.
3. Mia madre pensava che fosse importantissimo conservare alcune abitudini e _____ italiane e che noi conoscessimo il nostro _____ culturale.
4. Mio padre aveva paura che noi figli insieme alla lingua perdessimo anche le nostre _____.

16.40 Ancora sull'emigrazione. Per ogni parola della colonna A trova la definizione corrispondente nella colonna B.

A	B
1. la nostalgia	a. uno studio molto approfondito
2. la patria	b. una persona che lascia il proprio Paese
3. l'emigrante	c. la nazione in cui siamo nati
4. la ricerca scientifica	d. la tristezza che proviamo per quello che non abbiamo più

 16.41 In giro per il mondo. Per ognuna delle domande seguenti fate una breve lista delle parole ed espressioni che potreste usare.

1. Per quali motivi potreste lasciare il vostro Paese?
2. Che cosa provereste?
3. Quali qualità sono necessarie secondo voi per cambiare vita radicalmente?

In contesto: Una discussione sull'emigrazione

Una ricercatrice arrivata negli Stati Uniti da pochi anni e un anziano signore emigrato in America con i genitori quando era ragazzo si ritrovano insieme ad un programma televisivo e discutono le loro esperienze.

LA RICERCATRICE: Io qui negli Stati Uniti sto benissimo, soprattutto per il mio lavoro di ricerca all'università. È molto improbabile che torni a vivere in Italia.

L'ANZIANO SIGNORE: Beata lei, dottoressa! Mi sembra anche che lei vada e venga dall'Italia quando vuole, vero? Quindi forse non sa neppure cosa sia la nostalgia.

LA RICERCATRICE: È vero, lo so di essere fortunata. In Italia ci vado almeno un paio di volte l'anno! Avevo lavoro anche prima di venire e parlavo l'inglese già bene. Non posso certo dire di aver avuto problemi ad inserirmi!

L'ANZIANO SIGNORE: Quando sono venuto io dall'Italia con la mia famiglia, i tempi erano duri per tutti, sa. Mica come ora! Io l'inglese l'ho imparato a scuola e sono andato in Italia una volta, pochi anni fa. Mia madre e mio padre invece non sono mai neanche tornati! Hanno sempre fatto tanti sacrifici, ma tutti noi figli abbiamo un'ottima posizione.

ℒo sai che? L'emigrazione italiana nel mondo

Fra il 1860 e la fine degli anni '70 circa ventinove milioni di italiani hanno lasciato il loro Paese. La mancanza di lavoro e un grande sviluppo demografico hanno portato gli italiani ad emigrare verso altre nazioni europee, negli Stati Uniti, nei Paesi del Sud America e anche in Africa e Australia. In alcune città americane come New York si sono formati quartieri completamente italiani e in alcune nazioni, come l'Argentina, la popolazione di origine italiana rappresenta la maggioranza. Gli italiani all'estero hanno contribuito grandemente al progresso economico e sociale della società in cui sono andati a vivere e si sono inseriti con successo in tutto il mondo. Attualmente la maggior parte degli italiani residenti in

Mulberry Street a New York, ai primi del '900

altre nazioni è di terza e quarta generazione. Spesso hanno il desiderio di riscoprire le proprie radici, imparare la lingua, riprendere i contatti con l'Italia e ritrovare le tradizioni familiari.

Dagli anni '70 in poi, con il benessere economico, solo poche migliaia di persone lasciano l'Italia annualmente. Spesso sono tecnici che lavorano all'estero per periodi limitati: questa si chiama appunto **emigrazione tecnologica**. Oppure sono studiosi e ricercatori che trovano in altre nazioni, come negli Stati Uniti, possibilità di ricerca e studio più vaste che in Italia. Quest'ultimo fenomeno è indicato a volte come la **fuga dei cervelli** (*brain drain*).

16.42 L'emigrazione. Conferma le seguenti affermazioni con esempi tratti dal testo.

1. Gli italiani sono emigrati in tanti Paesi diversi.
2. In genere gli italiani all'estero hanno fatto fortuna.
3. Per gli italiani di terza o quarta generazione è importante riscoprire la cultura e la lingua italiane.
4. Oggi molti italiani emigrano solo temporaneamente e per lavoro.

G **16.43 Le esperienze degli emigranti.** Dopo aver letto la conversazione alle pagine 518–519, completate le seguenti attività:

1. Quali sono le differenze principali nelle esperienze della ricercatrice e dell'anziano signore? Che cosa invece hanno in comune?

2. Quale fra le due diverse esperienze di emigrazione rappresenta meglio la realtà contemporanea? Perché? Come riflettono queste due esperienze la differenza di classe economica?

3. Immaginate gli aspetti che l'emigrazione potrà assumere in futuro:
   a. Da quali Paesi immigreranno maggiormente nel vostro? Perché?
   b. Emigrare da un Paese ad un altro sarà più facile o più difficile? Perché?

Occhio alla lingua!

1. In the *In contesto* conversation, look at the verbs in sentences that have more than one clause. In these sentences, do the verbs express events or circumstances occurring in the past, present, or future?

2. In the sentences that have more than one clause, can you tell how the tense of the verb in the main clause determines the tense of the verb in the dependent clause?

3. The verbs in boldface type in the photo captions on p. 517 are in a past tense, the **passato remoto**, which is often used in written or literary texts. Do you recognize these verbs? Can you indicate their infinitive forms? Do they express events that occurred in the recent or distant past?

𝒢rammatica

●●●

Il congiuntivo: l'uso dei tempi

You have studied three tenses of the subjunctive: the present, past, and imperfect. The use of one of these tenses in a dependent clause depends on the tense and mood of the verb in the main clause, and on the time relationship between the actions expressed in the main clause and in the dependent clause.

Present or future indicative + present subjunctive (same time or future action)	
Credo che sia difficile inserirsi in un nuovo Paese.	*I think it's hard to become integrated in a new country.*
Non permetterò che voi lasciate l'Italia per sempre!	*I won't permit that you leave Italy forever.*
Dubito che in futuro l'emigrazione aumenti.	*I doubt emigration will increase in the future.*
Present indicative + past subjunctive (past action)	
Sono contenta che abbiano imparato l'inglese subito!	*I am happy that they learned English quickly!*

Indicative past tenses + imperfect subjunctive (same time or future action)

Pensavo che voi conosceste alcune tradizioni italiane.	*I thought you were familiar with some Italian traditions.*
Ho creduto che loro volessero sapere di più sulla storia della loro famiglia.	*I believed that they wanted to learn more about the history of their family.*

Conditional + imperfect subjunctive (same time or future action)

Come sarei contenta se trovassero subito lavoro!	*How happy I would be if they found a job soon!*

16.44 La nonna si lamenta. Una signora anziana, emigrata dall'Italia tanti anni fa, si lamenta un po' dei suoi figli e del passato. Completa le frasi con il congiuntivo presente o passato.

1. Ho paura che loro non _____ (parlare) più l'italiano.
2. Credo che ormai (*by now*) i miei figli _____ (dimenticare) le nostre tradizioni.
3. Non permetterò che i miei nipoti _____ (abbandonare) la loro cultura.
4. Non penso che tutti gli emigranti del passato _____ (fare) fortuna.
5. È difficile che tutti _____ (incontrare) le stesse difficoltà economiche!
6. Pensate che fino ad oggi la mia vita _____ (essere) facile e che io non _____ (provare) mai nostalgia?
7. Ho paura che i miei figli non _____ (apprezzare) tutto quello che hanno.
8. Spero che in tutti gli anni passati qui voi non _____ (assorbire) troppo questa mentalità straniera.

16.45 Prima di venire. Alcuni emigrati da varie parti del mondo indicano cosa pensavano del tuo Paese prima di venire. Completa le loro affermazioni con il tempo corretto del congiuntivo.

1. Io credevo che questo Paese _____ (essere) molto ricco e che tutti _____ (trovare) lavoro facilmente.
2. Mia madre pensava che tutte le donne _____ (lavorare).
3. Mio padre sperava che noi _____ (imparare) subito la lingua.
4. I nonni volevano che nessuno _____ (perdere) le proprie radici, ma che tutti _____ (conservare) le abitudini del loro Paese.
5. Tutti noi speravamo che la gente _____ (volere) conoscerci.
6. Avevamo paura che voi _____ (avere) dei pregiudizi.

16.46 Le mie esperienze. Un giovane scienziato italiano che adesso lavora negli Stati Uniti risponde alle domande di una giornalista sulle sue esperienze. Completa le domande e le risposte con il presente o l'imperfetto del congiuntivo.

1. GIORNALISTA: Perché pensava che in Italia non _____ (potere) fare ricerca?

   SCIENZIATO: Pensavo che _____ (essere) molto difficile avere fondi (*funds*) dall'università.

2. GIORNALISTA: È contento della sua decisione?

SCIENZIATO: Penso che in Italia studiosi come me _____ (avere) ancora tante difficoltà nella ricerca e qui sto benissimo! Credo che una persona nel mio ambiente di lavoro _____ (trovare) facilmente buoni colleghi e amici.

3. GIORNALISTA: Credeva che _____ (essere) più o meno difficile adattarsi al nuovo ambiente?

SCIENZIATO: Veramente ero già stato tante volte in America. E poi speravo che il mio lavoro di ricerca mi _____ (aiutare) a inserirmi.

4. GIORNALISTA: E adesso? Pensa di tornare in Italia?

SCIENZIATO: È sempre possibile che prima o poi io _____ (tornare), chissà! Dipende. Tornerei se qualcuno mi _____ (offire) una possibilità interessante!

16.47 Come pensavi che fosse? Come immaginavi alcune persone, posti e situazioni prima di conoscerli realmente? Scrivi quattro frasi seguendo l'esempio. Poi paragona i tuoi commenti con quelli di un compagno/una compagna.

ESEMPIO: l'italiano
Pensavo che l'italiano fosse come lo spagnolo!

a. una città   **c.** il lavoro
b. la scuola   **d.** una persona straniera

Il passato remoto

Presentation: The **passato remoto** is presented here primarily for recognition purposes. It was initially introduced in conjunction with the *Leggiamo* section of Capitolo 13. To help students learn to recognize the endings, point out that many forms retain the characteristic vowel of the infinitive, and that the third-person singular ending of regular **-are** verbs is **-ò**, that of regular **-ere** verbs is usually **-è**, and that of **-ire** verbs is **-ì**. Note that second-conjugation verbs may have two different interchangeable sets of endings for the first-person singular and the third-person singular and plural.

The **passato remoto** is used to express events that took place in the distant past and have no relationship to the present. The **passato remoto** is used in contemporary Italian mostly in literary and other written texts.

Quando **arrivò** in America, mio nonno **cercò** subito lavoro.	*When he arrived to America, my grandfather looked for a job right away.*
Dante **scrisse** la *Divina Commedia*.	*Dante wrote the* Divine Comedy.

In conversational Italian, use of the **passato remoto** is regional. It is more commonly used in the south and in some regions in central Italy than in the north. As a beginning Italian student, you should use the **passato prossimo** conversationally and learn to recognize the **passato remoto** when you encounter it in your readings.

Recognizing the infinitives and the endings of the **passato remoto** of regular verbs will help you to identify actions and determine who is doing them. The context can help you to identify irregular verbs.

Conobbi molte persone interessanti.	*I met many interesting people.*
Diede il libro al ragazzo.	*He gave the book to the boy.*

Like the **passato prossimo**, the **passato remoto** is used with the imperfect and the past perfect to talk about the past.

Quando **andammo** a Roma **faceva** freddo.	*When we went to Rome, it was cold.*

1. The **passato remoto** of regular verbs is formed by adding the appropriate endings to the infinitive stem.

Il passato remoto				
	raccontare	**credere**	**dormire**	**capire**
io	raccont**ai**	cred**ei (-etti)**	dorm**ii**	cap**ii**
tu	raccont**asti**	cred**esti**	dorm**isti**	cap**isti**
lui/lei	raccont**ò**	cred**è (-ette)**	dorm**ì**	cap**ì**
noi	raccont**ammo**	cred**emmo**	dorm**immo**	cap**immo**
voi	raccont**aste**	cred**este**	dorm**iste**	cap**iste**
loro	raccont**arono**	cred**erono (-ettero)**	dorm**irono**	cap**irono**

2. Some verbs are irregular only in the first- and third-person singular **(io, lui/lei)**, and the third-person plural **(loro)**, and they follow a 1-3-3 pattern. The first-person singular always ends in **-i**, the third-person singular in **-e**, and the third-person plural in **-ero**. The other persons are regular.

avere	**ebbi**, avesti, **ebbe**, avemmo, aveste, **ebbero**
chiedere	**chiesi**, chiedesti, **chiese**, chiedemmo, chiedeste, **chiesero**
conoscere	**conobbi**, conoscesti, **conobbe**, conoscemmo, conosceste, **conobbero**
dipingere	**dipinsi**, dipingesti, **dipinse**, dipingemmo, dipingeste, **dipinsero**
dire	**dissi**, dicesti, **disse**, dicemmo, diceste, **dissero**
fare	**feci**, facesti, **fece**, facemmo, faceste, **fecero**
leggere	**lessi**, leggesti, **lesse**, leggemo, leggeste, **lessero**
mettere	**misi**, mettesti, **mise**, mettemmo, metteste, **misero**
nascere	**nacqui**, nascesti, **nacque**, nascemmo, nasceste, **nacquero**
prendere	**presi**, prendesti, **prese**, prendemmo, prendeste, **presero**
sapere	**seppi**, sapesti, **seppe**, sapemmo, sapeste, **seppero**
scrivere	**scrissi**, scrivesti, **scrisse**, scrivemmo, scriveste, **scrissero**
vedere	**vidi**, vedesti, **vide**, vedemmo, vedeste, **videro**
venire	**venni**, venisti, **venne**, venimmo, veniste, **vennero**
volere	**volli**, volesti, **volle**, volemmo, voleste, **vollero**

3. Some verbs in the **passato remoto** are irregular in all their forms.

bere	bevvi, bevesti, bevve, bevemmo, beveste, bevvero
dare	diedi, desti, diede, demmo, deste, diedero
essere	fui, fosti, fu, fummo, foste, furono

16.48 L'azione. Indica l'infinito e il soggetto dei verbi seguenti.

1. mangiammo
2. finisti
3. aprirono
4. preparai
5. dissero
6. vide
7. studiaste
8. dovetti
9. si divertì
10. scrissero

Answers: 16.48
1. mangiare, noi
2. finire, tu
3. aprire, loro
4. preparare, io
5. dire, loro
6. vedere, lui/lei
7. studiare, voi
8. dovere, io
9. divertirsi, lui/lei
10. scrivere, loro

16.49 Tanto tempo fa. Alcune persone parlano di eventi passati. Cambia i verbi dal passato remoto al passato prossimo.

1. And**arono** al cinema con gli amici.

2. Vid**i** un bel film.

3. Fabrizio, a che ora ritorn**asti** a casa?

4. Chi scriss**e** quel libro?

5. Quando fac**este** la festa? Chi invit**aste**? Venn**ero** i tuoi genitori?

6. **Fu** un momento molto difficile.

7. —Cosa d**esti** a Carlo per il suo compleanno?

    —Gli d**iedi** una bella camicia.

8. Scriss**ero** molte opere importanti.

9. Non usc**ii**. Stud**iai** in casa tutto il giorno.

10. Marina venn**e** a casa mia ma io non voll**i** vederla.

16.50 La storia di un immigrato in America. Leggi il brano seguente, sottolinea i verbi al passato remoto ed indica qual è l'infinito di ogni verbo.

Un mio bisnonno nacque in un paesino di montagna in Calabria da una famiglia molto povera. A vent'anni decise di partire per l'America. Andò a Napoli, dove prese una nave che andava a New York. Era con altri due giovani amici. Arrivarono a New York dopo molti giorni di viaggio. Trovarono dei parenti e gli chiesero aiuto. Questi gli dettero da mangiare e una stanza per dormire i primi tempi. Mio bisnonno si mise subito a lavorare e dopo qualche mese prese un appartamentino con gli amici. Quello fu un periodo molto difficile della sua vita, ma un giorno mio nonno ebbe l'idea di tornare a scuola. In poco tempo imparò bene l'inglese e finì presto il liceo. Non fece l'università ma lesse sempre molto. Scrisse anche un diario dei primi anni in America.

Scambi

 16.51 Giornalismo. Leggete gli annunci che seguono e rispondete alle domande.

Suggestion: You might wish to encourage class or group discussion about the meaning of "culture" by asking questions such as: **Quali elementi rappresentano la cultura e le**

1. Che cosa significa secondo voi che in America esiste un giornale dal titolo *America Oggi*? Chi sono i possibili lettori di questo giornale?

2. Quale annuncio si riferisce alla televisione? Che tipo di programmi italiani riconosci?

3. Discutete che cosa rivelano gli annunci sulla presenza degli italiani negli Stati Uniti.

16.52 Che faresti? Immagina di essere un emigrato/un'emigrata ed indica cosa faresti nelle seguenti situazioni. Poi discuti le tue opinioni con altri due compagni/e.

a. Se provassi nostalgia del tuo Paese.

b. Se avessi abbastanza soldi per tornare a vivere nel tuo Paese.

c. Se i tuoi figli non volessero parlare la tua lingua d'origine.

16.53 Fuori d'Italia. Ascolta due volte l'intervista a Silvia e Renzo, due italiani che vivono negli Stati Uniti, e poi completa le attività che seguono.

1. A quale delle due persone intervistate si riferiscono le seguenti affermazioni?

_____ a. In Italia la mia famiglia era molto povera.

_____ b. Mio padre ha deciso per tutti.

_____ c. In America non avevo i nonni, né zii e cugini.

_____ d. La lingua è stata la difficoltà maggiore per me.

_____ e. Negli Stati Uniti ho fatto fortuna.

_____ f. In America mi è stato facile studiare.

_____ g. Mi piace l'Italia per le sue bellezze naturali.

_____ h. Non sento molta nostalgia dell'Italia.

_____ i. La lingua è stata la difficoltà maggiore per i miei genitori.

2. Pensate che l'esperienza di Silvia e Renzo sia tipica di tanti italiani emigrati in America? Perché?

3. Che immagine dell'Italia e degli Stati Uniti risulta dalle interviste che avete ascoltato?

16.54 Le vostre esperienze. Rispondi alle domande seguenti e poi scopri che cosa hanno risposto gli altri compagni/le altre compagne. Cosa avete in comune? Cosa c'è di diverso nelle vostre risposte?

1. Conosci degli italiani o persone di origine italiana? Qual è la loro storia? Come si sono integrati nel nuovo Paese?

2. Conosci le tue radici e quelle della tua famiglia? In che modo cerchi di conservare le tradizioni della tua famiglia?

3. Cosa pensi del fenomeno della «fuga dei cervelli» dall'Italia? Quali sono secondo te i vantaggi e gli svantaggi del lavorare in un Paese straniero?

Suggestion: If time permits, have some groups report their findings in **16.54** to the class.

tradizioni di un Paese? Come si riflettono nella vita di tutti i giorni? Pensate che le radici di una persona siano importanti? Perché? Come si riflettono nelle tradizioni di una famiglia?

Suggestion: Have students do the listening activity in class or as homework.

Script for **16.53 Fuori d'Italia.**

Interviewer: Quanti anni aveva quando ha deciso di andare negli Stati Uniti?
Silvia: Avevo solo un anno e mezzo! Mio padre voleva fare fortuna. Non perché stesse male in Italia, ma pensava che qui la vita fosse meno dura e più bella.
Renzo: Sono arrivato in America a ventuno anni, subito dopo la guerra. Io in Italia avevo sofferto la fame. Però sono venuto prima di tutto perché mi sono innamorato di una americana!
Interviewer: Quali sono state le difficoltà maggiori che ha incontrato ad inserirsi nella società americana?
Silvia: Per i miei genitori certamente è stato imparare la lingua. Per me invece soprattutto, quando crescevo, la difficoltà maggiore era di non avere tutti i parenti intorno.
Renzo: La sola difficoltà per me era la lingua, anche se adesso, dopo quarantacinque anni, ormai parlo inglese meglio dell'italiano! Ma mi dispiace avere ancora un accento.
Interviewer; Che opportunità le ha offerto l'America?
Silvia: Ho studiato biologia all'università, ad Hunter College, a New York. Una cosa che a quei tempi in Italia penso fosse molto più difficile per una donna.
Renzo: Le opportunità che mi si sono presentate sono state molte e varie. Ho preferito seguire la vocazione della gioielleria e sono diventato orafo e gioielliere. Con gli anni ho potuto aprire ben tre negozi di gioielli!
Interviewer: Cosa pensa dell'Italia lei che abita dall'altra parte dell'oceano?
Silvia: Penso che sia un Paese di cultura e di arte, e anche di bei paesaggi. Posti incantevoli.
Renzo: La mia posizione riguardo all'Italia è abbastanza neutra. Non ho un amore particolare per essa, perché l'Italia non mi ha offerto le possibilità che ho trovato qui.

Answers: 16.53
1. a. Renzo; b. Silvia; c. Silvia; d. Renzo; e. Renzo; f. Silvia; g. Silvia; h. Renzo; i. Silvia

Suggestion: Have pairs or small groups prepare questions they would like to ask Silvia and Renzo to find out more about their experiences. Then have students imagine an interview with them, using the **lei** form of address. If time permits, you can have students act out the interviews in class.

16.55 Italiani in America. Cerca informazioni su due o tre dei seguenti personaggi di origine italiana o trovane anche altri che ti interessano. Poi in gruppo discutete le similarità e le differenze fra le esperienze dei vari personaggi. Fra le altre cose, discutete:

1. La loro origine
2. La loro famiglia
3. Il loro lavoro
4. Perché sono famosi in America o in altri Paesi

Arte e Cultura	Italo Caruso, Frank Sinatra, Madonna, Mario Puzo, Don De Lillo, Frank Stella, Roger Morigi, Camille Paglia
Cinema	Robert De Niro, Rodolfo Valentino, Al Pacino, Silvester Stallone, Francis Ford Coppola, Martin Scorsese
Politica e Economia	Geraldine Ferraro, Giovanni Giannini, Rudi Giuliani, Fiorello La Guardia
Scienze	Antonio Meucci, Enrico Fermi

Che negozi pensate ci siano in questo quartiere di San Diego? Di chi saranno?

3. Dejan pensa che far parte dell' Unione Europea per l'Italia
   a. sia un privilegio inutile.
   b. sia un fatto positivo.

4. Secondo Ilaria andare a votare è una forma
   a. di democrazia.
   b. un vantaggio economico.

5. Fabrizio pensa che gli italiani
   a. non abbiano avuto successo all'estero e siano tornati tutti in Italia.
   b. abbiano avuto un ruolo rilevante nella costruzione della società americana.

Dopo aver guardato

16.70 Dopo aver guardato il video, completa le attività seguenti.

Answers: 16.70
1. a: V; b: F c: V; d: V, e: V; f: F, g: V; h: F.
Other answers will vary.

1. Indica quali delle seguenti affermazioni sono vere e quali false.

   _____ a. Vittorio pensa che sia bene che in Italia ci siano il Presidente del Consiglio e il Presidente della Repubblica.

   _____ b. Secondo Vittorio una vera democrazia non ha bisogno di molti rappresentanti dei cittadini in Parlamento.

   _____ c. Dejan pensa che l'emigrazione riguardi tanti Paesi diversi.

   _____ d. Dejan dice che molti italiani emigravano verso altri Paesi ai primi del '900.

   _____ e. Secondo Dejan, in Europa ci sono Paesi economicamente più ricchi dell'Italia.

   _____ f. Ilaria non va mai a votare perché secondo lei sarebbe inutile.

   _____ g. Secondo Fabrizio, se gli italiani si ricordassero della loro storia di emigrati, sarebbero comprensivi verso chi viene nel nostro Paese.

   _____ h. Secondo Fabrizio gli immigrati che vengono in Itàlia non vogliono fare fortuna ma soltanto conoscere meglio il nostro Paese.

2. Da questo videoclip risulta che la democrazia è importante per le persone intervistate? Perché? Si preoccupano delle differenze culturali?

3. Considerate le questioni di cui parlano le persone nel video e discutete cosa direste voi e cosa direbbero i vostri amici su problemi simili nel vostro Paese.

Attraverso Il Molise e la Basilicata

The Molise region, one of the youngest in Italy (before 1963 it was part of Abruzzo), and the Basilicata region, the smallest in southern Italy, used to be considered among the least developed in the nation. Both Molise and Basilicata have been traditionally isolated from the country's main transportation arteries, and therefore, until recently, tourism has never flourished in these regions, despite their natural beauty and significant history.

Agriculture is the principal industry, but because the terrain is arid and not very fertile, over the years the inhabitants of these regions were often forced to leave in search of jobs and better living conditions. Recently, however, the opposite has been happening and many people are returning to their homeland. This is probably due in part to recent economic development that has taken place in both regions, especially in Basilicata, where large deposits of natural gas have been discovered. Also, the construction of major freeways and other roads has recently contributed to the development of tourism, and people are now discovering the regions' often unspoiled beauty.

I resti del tempio dorico a Metaponto, in Basilicata. Metaponto, "città fra i fiumi", era una delle colonie più importanti della Magna Grecia. Fu fondata dai greci nel VII secolo a.C. Oggi è importante per gli scavi archeologici che continuano a rivelare nuove informazioni sulla vita ai tempi della Magna Grecia.

I Sassi a Matera, in Basilicata. I Sassi sono una pittoresca architettura rupestre (*rocky*) nella parte antica della città. Sono un insieme di abitazioni molto antiche. Queste specie di grotte (*caves*) erano scavate (*dug*) nella roccia. Qui viveva un tempo una gran parte della popolazione di Matera e adesso sono meta di visitatori e turisti.

VERBI REGOLARI			
Verbi semplici			

INFINITO (INFINITIVE)	VERBI IN **-are** parlare	VERBI IN **-ere** vendere	VERBI IN **-ire** partire	VERBI IN **-ire** (**-isc-**) finire
PRESENTE (PRESENT INDICATIVE)	parl **o** parl **i** parl **a** parl **iamo** parl **ate** parl **ano**	vend **o** vend **i** vend **e** vend **iamo** vend **ete** vend **ono**	part **o** part **i** part **e** part **iamo** part **ite** part **ono**	fin **isc o** fin **isc i** fin **isc e** fin **iamo** fin **ite** fin **isc ono**
IMPERFETTO (IMPERFECT INDICATIVE)	parla **vo** parla **vi** parla **va** parla **vamo** parla **vate** parla **vano**	vende **vo** vende **vi** vende **va** vende **vamo** vende **vate** vende **vano**	parti **vo** parti **vi** parti **va** parti **vamo** parti **vate** parti **vano**	fini **vo** fini **vi** fini **va** fini **vamo** fini **vate** fini **vano**
PASSATO REMOTO (PAST ABSOLUTE)	parl **ai** parl **asti** parl **ò** parl **ammo** parl **aste** parl **arono**	vend **ei** vend **esti** vend **è** vend **emmo** vend **este** vend **erono**	part **ii** part **isti** part **ì** part **immo** part **iste** part **irono**	fin **ii** fin **isti** fin **ì** fin **immo** fin **iste** fin **irono**
FUTURO (FUTURE)	parler **ò** parler **ai** parler **à** parler **emo** parler **ete** parler **anno**	vender **ò** vender **ai** vender **à** vender **emo** vender **ete** vender **anno**	partir **ò** partir **ai** partir **à** partir **emo** partir **ete** partir **anno**	finir **ò** finir **ai** finir **à** finir **emo** finir **ete** finir **anno**
CONDIZIONALE PRESENTE (PRESENT CONDITIONAL)	parler **ei** parler **esti** parler **ebbe** parler **emmo** parler **este** parler **ebbero**	vender **ei** vender **esti** vender **ebbe** vender **emmo** vender **este** vender **ebbero**	partir **ei** partir **esti** partir **ebbe** partir **emmo** partir **este** partir **ebbero**	finir **ei** finir **esti** finir **ebbe** finir **emmo** finir **este** finir **ebbero**
IMPERATIVO (IMPERATIVE)	——— parl **a** (non parlare) parl **i** parl **iamo** parl **ate** parl **ino**	——— vend **i** (non vendere) vend **a** vend **iamo** vend **ete** vend **ano**	——— part **i** (non partire) part **a** part **iamo** part **ite** part **ano**	——— fin **isc i** (non finire) fin **isc a** fin **iamo** fin **ite** fin **isc ano**
CONGIUNTIVO PRESENTE (PRESENT SUBJUNCTIVE)	parl **i** parl **i** parl **i** parl **iamo** parl **iate** parl **ino**	vend **a** vend **a** vend **a** vend **iamo** vend **iate** vend **ano**	part **a** part **a** part **a** part **iamo** part **iate** part **ano**	fin **isc a** fin **isc a** fin **isc a** fin **iamo** fin **iate** fin **isc ano**
CONGIUNTIVO IMPERFETTO (IMPERFECT SUBJUNCTIVE)	parl **assi** parl **assi** parl **asse** parl **assimo** parl **aste** parl **assero**	vend **essi** vend **essi** vend **esse** vend **essimo** vend **este** vend **essero**	part **issi** part **issi** part **isse** part **issimo** part **iste** part **issero**	fin **issi** fin **issi** fin **isse** fin **issimo** fin **iste** fin **issero**
GERUNDIO (GERUND)	parl **ando**	vend **endo**	part **endo**	fin **endo**
Verbi composti			
PARTICIPIO PASSATO (PAST PARTICIPLE)	parl ato	vend uto	part ito	fin ito
INFINITO PASSATO (PAST INFINITIVE)	avere parlato	avere venduto	essere partito/a/i/e	avere finito
PASSATO PROSSIMO (PRESENT PERFECT INDICATIVE)	ho parlato hai parlato ha parlato abbiamo parlato avete parlato hanno parlato	ho venduto hai venduto ha venduto abbiamo venduto avete venduto hanno venduto	sono partito/a sei partito/a è partito/a siamo partiti/e siete partiti/e sono partiti/e	ho finito hai finito ha finito abbiamo finito avete finito hanno finito

Verbi composti				
TRAPASSATO PROSSIMO (PAST PERFECT INDICATIVE)	avevo parlato	avevo venduto	ero partito/a	avevo finito
	avevi parlato	avevi venduto	eri partito/a	avevi finito
	aveva parlato	aveva venduto	era partito/a	aveva finito
	avevamo parlato	avevamo venduto	eravamo partiti/e	avevamo finito
	avevate parlato	avevate venduto	eravate partiti/e	avevate finito
	avevano parlato	avevano venduto	erano partiti/e	avevano finito
FUTURO ANTERIORE (FUTURE PERFECT)	avrò parlato	avrò venduto	sarò partito/a	avrò finito
	avrai parlato	avrai venduto	sarai partito/a	avrai finito
	avrà parlato	avrà venduto	sarà partito/a	avrà finito
	avremo parlato	avremo venduto	saremo partiti/e	avremo finito
	avrete parlato	avrete venduto	sarete partiti/e	avrete finito
	avranno parlato	avranno venduto	saranno partiti/e	avranno finito
CONDIZIONALE PASSATO (CONDITIONAL PERFECT)	avrei parlato	avrei venduto	sarei partito/a	avrei finito
	avresti parlato	avresti venduto	saresti partito/a	avresti finito
	avrebbe parlato	avrebbe venduto	sarebbe partito/a	avrebbe finito
	avremmo parlato	avremmo venduto	saremmo partiti/e	avremmo finito
	avreste parlato	avreste venduto	sareste partiti/e	avreste finito
	avrebbero parlato	avrebbero venduto	sarebbero partiti/e	avrebbero finito
CONGIUNTIVO PASSATO (PRESENT PERFECT SUBJUNCTIVE)	abbia parlato	abbia venduto	sia partito/a	abbia finito
	abbia parlato	abbia venduto	sia partito/a	abbia finito
	abbia parlato	abbia venduto	sia partito/a	abbia finito
	abbiamo parlato	abbiamo venduto	siamo partiti/e	abbiamo finito
	abbiate parlato	abbiate venduto	siate partiti/e	abbiate finito
	abbiano parlato	abbiano venduto	siano partiti/e	abbiano finito
CONGIUNTIVO TRAPASSATO (PAST PERFECT SUBJUNCTIVE)	avessi parlato	avessi venduto	fossi partito/a	avessi finito
	avessi parlato	avessi venduto	fossi partito/a	avessi finito
	avesse parlato	avesse venduto	fosse partito/a	avesse finito
	avessimo parlato	avessimo venduto	fossimo partiti/e	avessimo finito
	aveste parlato	aveste venduto	foste partiti/e	aveste finito
	avessero parlato	avessero venduto	fossero partiti/e	avessero finito
GERUNDIO PASSATO (PAST GERUND)	avendo parlato	avendo venduto	essendo partito/a/i/e	avendo finito

VERBI IRREGOLARI

The following verbs are irregular only in the tense and moods here noted. The other forms are regular.

accendere to turn on, to light
Passato remoto: accesi, accendesti, accese, accendemmo, accendeste, accesero
Participio passato: acceso

andare to go
Indicativo presente: vado, vai, va, andiamo, andate, vanno
Futuro: andrò, andrai, andrà, andremo, andrete, andranno
Condizionale: andrei, andresti, andrebbe, andremmo, andreste, andrebbero
Congiuntivo presente: vada, vada, vada, andiamo, andiate, vadano
Imperativo: va'!, andiamo!, andate!, vada!, vadano!

bere to drink
Indicativo presente: bevo, bevi, beve, beviamo, bevete, bevono
Imperfetto: bevevo, bevevi, beveva, bevevamo, bevevate, bevevano
Passato remoto: bevvi, bevesti, bevve, bevemmo, beveste, bevvero
Futuro: berrò, berrai, berrà, berremo, berrete, berranno
Condizionale: berrei, berresti, berrebbe, berremmo, berreste, berrebbero
Congiuntivo presente: beva, beva, beva, beviamo, beviate, bevano
Congiuntivo imperfetto: bevessi, bevessi, bevesse, bevessimo, beveste, bevessero
Imperativo: bevi!, beviamo!, bevete!, bevano!, bevano!

Participio passato: bevuto
Gerundio: bevendo

cadere to fall
Passato remoto: caddi, cadesti, cadde, cademmo, cadeste, caddero
Futuro: cadrò, cadrai, cadrà, cadremo, cadrete, cadranno
Condizionale: cadrei, cadresti, cadrebbe, cadremmo, cadreste, cadrebbero

chiedere to ask
Passato remoto: chiesi, chiedesti, chiese, chiedemmo, chiedeste, chiesero
Participio passato: chiesto

chiudere to close
Passato remoto: chiusi, chiudesti, chiuse, chiudemmo, chiudeste, chiusero
Participio passato: chiuso

comprendere to understand, to comprehend (see prendere)

condividere to share (see dividere)

conoscere to know, to be acquainted
Passato remoto: conobbi, conoscesti, conobbe, conoscemmo, conosceste, conobbero
Participio passato: conosciuto

correre to run
Passato remoto: corsi, corresti, corse, corremmo, correste, corsero
Participio passato: corso

crescere to grow
Passato remoto: crebbi, crescesti, crebbe, crescemmo, cresceste, crebbero
Participio passato: cresciuto

cuocere to cook
Passato remoto: cossi, cocesti, cosse, cocemmo, coceste, cossero
Participio passato: cotto

dare to give
Indicativo presente: do, dai, dà, diamo, date, danno
Passato remoto: diedi (detti), desti, diede (dette), demmo, deste, diedero (dettero)
Futuro: darò, darai, darà, daremo, darete, daranno
Condizionale: darei, daresti, darebbe, daremmo, dareste, darebbero
Congiuntivo presente: dia, dia, dia, diamo, diate, diano
Congiuntivo imperfetto: dessi, dessi, desse, dessimo, deste, dessero
Imperativo: da'!, diamo!, date!, dia!, diano!

decidere to decide
Passato remoto: decisi, decidesti, decise, decidemmo, decideste, decisero
Participio passato: deciso

dire to say, to tell
Indicativo presente: dico, dici, dice, diciamo, dite, dicono
Indicativo imperfetto: dicevo, dicevi, diceva, dicevamo, dicevate, dicevano
Passato remoto: dissi, dicesti, disse, dicemmo, diceste, dissero
Congiuntivo presente: dica, dica, dica, diciamo, diciate, dicano
Congiuntivo imperfetto: dicessi, dicessi, dicesse, dicessimo, diceste, dicessero
Imperativo: di'!, diciamo!, dite!, dica!, dicano!
Participio passato: detto
Gerundio: dicendo

discutere to discuss
Passato remoto: discussi, discutesti, discusse, discutemmo, discuteste, discussero
Participio passato: discusso

dividere to divide
Passato remoto: divisi, dividesti, divise, dividemmo, divideste, divisero
Participio passato: diviso

dovere to have to, must
Indicativo presente: devo (debbo), devi, deve, dobbiamo, dovete, devono (debbono)
Futuro: dovrò, dovrai, dovrà, dovremo, dovrete, dovranno
Condizionale: dovrei, dovresti, dovrebbe, dovremmo, dovreste, dovrebbero
Congiuntivo presente: deva (debba), deva (debba), deva (debba), dobbiamo, dobbiate, debbano

fare to make, to do
Indicativo presente: faccio, fai, fa, facciamo, fate, fanno
Imperfetto: facevo, facevi, faceva, facevamo, facevate, facevano
Futuro: farò, farai, farà, faremo, farete, faranno
Condizionale: farei, faresti, farebbe, faremmo, fareste, farebbero
Congiuntivo presente: faccia, faccia, faccia, facciamo, facciate, facciano
Congiuntivo imperfetto: facessi, facessi, facesse, facessimo, faceste, facessero

Imperativo: fa'!, facciamo!, fate!, faccia!, facciano!
Participio passato: fatto
Gerundio: facendo

leggere to read
Passato remoto: lessi, leggesti, lesse, leggemmo, leggeste, lessero
Participio passato: letto

mettere to place, to put
Passato remoto: misi, mettesti, mise, mettemmo, metteste, misero
Participio passato: messo

morire to die
Indicativo presente: muoio, muori, muore, moriamo, morite, muoiono
Congiuntivo presente: muoia, muoia, muoia, moriamo, moriate, muoiano
Imperativo: muori!, moriamo!, morite!, muoia, muoiano
Participio passato: morto

nascere to be born
Passato remoto: nacqui, nascesti, nacque, nascemmo, nasceste, nacquero
Participio passato: nato

perdere to lose
Passato remoto: persi, perdesti, perse, perdemmo, perdeste, persero
Participio passato: perso (perduto)

piacere to like
Indicativo presente: piaccio, piaci, piace, piacciamo, piacete, piacciono
Passato remoto: piacqui, piacesti, piacque, piacemmo, piaceste, piacquero
Congiuntivo presente: piaccia, piaccia, piaccia, piacciamo, piacciate, piacciano
Participio passato: piaciuto

piangere to cry
Passato remoto: piansi, piangesti, pianse, piangemmo, piangeste, piansero
Participio passato: pianto

porre to put, to place
Indicativo presente: pongo, poni, pone, poniamo, ponete, pongono
Imperfetto: ponevo, ponevi, poneva, ponevamo, ponevate, ponevano
Passato remoto: posi, ponesti, pose, ponemmo, poneste, posero
Futuro: porrò, porrai, porrà, porremo, porrete, porranno
Condizionale: porrei, porresti, porrebbe, porremmo, porreste, porrebbero
Congiuntivo presente: ponga, ponga, ponga, poniamo, poniate, pongano
Congiuntivo imperfetto: ponessi, ponessi, ponesse, ponessimo, poneste, ponessero
Imperativo: poni!, poniamo!, ponete!, ponga!, pongano!
Participio passato: posto

potere to be able
Indicativo presente: posso, puoi, può, possiamo, potete, possono
Futuro: potrò, potrai, potrà, potremo, potrete, potranno
Condizionale: potrei, potresti, potrebbe, potremmo, potreste, potrebbero
Congiuntivo presente: possa, possa, possa, possiamo, possiate, possano

prendere to take
Passato remoto: presi, prendesti, prese, prendemmo, prendeste, presero
Participio passato: preso

ridere	to laugh
Participio passato:	risi, ridesti, rise, ridemmo, rideste, risero
Participio passato:	riso

rimanere	to remain
Indicativo presente:	rimango, rimani, rimane, rimaniamo, rimanete, rimangono
Passato remoto:	rimasi, rimanesti, rimase, rimanemmo, rimaneste, rimasero
Futuro:	rimarrò, rimarrai, rimarrà, rimarremo, rimarrete, rimarranno
Condizionale:	rimarrei, rimarresti, rimarrebbe, rimarremmo, rimarreste, rimarrebbero
Congiuntivo presente:	rimanga, rimanga, rimanga, rimaniamo, rimaniate, rimangano
Imperativo:	rimani!, rimaniamo!, rimanete!, rimanga!, rimangano!
Participio passato:	rimasto

rispondere	to answer
Passato remoto:	risposi, rispondesti, rispose, rispondemmo, rispondeste, risposero
Participio passato:	risposto

salire	to get on, to go up, to come up
Indicativo presente:	salgo, sali, sale, saliamo, salite, salgono
Congiuntivo presente:	salga, salga, salga, saliamo, saliate, salgano
Imperativo:	sali!, saliamo!, salga!, salgano!

sapere	to know
Indicativo presente:	so, sai, sa, sappiamo, sapete, sanno
Passato remoto:	seppi, sapesti, seppe, sapemmo, sapeste, seppero
Futuro:	saprò, saprai, saprà, sapremo, saprete, sapranno
Condizionale:	saprei, sapresti, saprebbe, sapremmo, sapreste, saprebbero
Congiuntivo presente:	sappia, sappia, sappia, sappiamo, sappiate, sappiano
Imperativo:	sappi!, sappiamo!, sappiate!, sappia!, sappiano!

scegliere	to choose
Indicativo presente:	scelgo, scegli, sceglie, scegliamo, scegliete, scelgono
Passato remoto:	scelsi, scegliesti, scelse, scegliemmo, sceglieste, scelsero
Congiuntivo presente:	scelga, scelga, scelga, scegliamo, scegliate, scelgano
Participio passato:	scelto

scendere	to go down, to come down, to descend, to get off
Passato remoto:	scesi, scendesti, scese, scendemmo, scendeste, scesero
Participio passato:	sceso

scrivere	to write
Passato remoto:	scrissi, scrivesti, scrisse, scrivemmo, scriveste, scrissero
Participio passato:	scritto

sedere	to sit
Indicativo presente:	siedo, siedi, siede, sediamo, sedete, siedono
Congiuntivo presente:	sieda, sieda, sieda, sediamo, sediate, siedano
Imperativo:	siedi!, sediamo!, sedete!, sieda!, siedano!

spendere	to spend
Passato remoto:	spesi, spendesti, spese, spendemmo, spendeste, spesero
Participio passato:	speso

stare	to stay, to remain, to be
Indicativo presente:	sto, stai, sta, stiamo, state, stanno
Indicativo imperfetto:	stavo, stavi, stava, stavamo, stavate, stavano
Futuro:	starò, starai, starà, staremo, starete, staranno
Condizionale:	starei, staresti, starebbe, staremmo, stareste, starebbero
Congiuntivo presente:	stia, stia, stia, stiamo, stiate, stiano
Congiuntivo imperfetto:	stessi, stessi, stesse, stessimo, steste, stessero
Imperativo:	sta'!, stiamo!, state!, stia!, stiano!
Participio passato:	stato

tenere	to keep, to hold,
Indicativo presente:	tengo, tieni, tiene, teniamo, tenete, tengono
Passato remoto:	tenni, tenesti, tenne, tenemmo, teneste, tennero
Futuro:	terrò, terrai, terrà, terremo, terrete, terranno
Condizionale:	terrei, terresti, terrebbe, terremmo, terreste, terrebbero
Imperativo:	tieni!, teniamo!, tenete!, tenga!, tengano!

uscire	to go out
Indicativo presente:	esco, esci, esce, usciamo, uscite, escono
Congiuntivo presente:	esca, esca, esca, usciamo, usciate, escano
Imperativo:	esci!, usciamo!, uscite!, esca!, escano!

vedere	to see
Passato remoto:	vidi, vedesti, vide, vedemmo, vedeste, videro
Futuro:	vedrò, vedrai, vedrà, vedremo, vedrete, vedranno
Condizionale:	vedrei, vedresti, vedrebbe, vedremmo, vedreste, vedrebbero
Participio passato:	visto (veduto)

venire	to come
Indicativo presente:	vengo, vieni, viene, veniamo, venite, vengono
Passato remoto:	venni, venisti, venne, venimmo, veniste, vennero
Futuro:	verrò, verrai, verrà, verremo, verrete, verranno
Condizionale:	verrei, verresti, verrebbe, verremmo, verreste, verrebbero
Congiuntivo presente:	venga, venga, venga, veniamo, veniate, vengano
Imperativo:	vieni!, veniamo!, venite!, venga!, vengano!
Participio passato:	venuto

vivere	to live
Passato remoto:	vissi, vivesti, visse, vivemmo, viveste, vissero
Participio passato:	vissuto

volere	to want
Indicativo presente:	voglio, vuoi, vuole, vogliamo, volete, vogliono
Passato remoto:	volli, volesti, volle, volemmo, voleste, vollero
Futuro:	vorrò, vorrai, vorrà, vorremo, vorrete, vorranno
Condizionale:	vorrei, vorresti, vorrebbe, vorremmo, vorreste, vorrebbero
Congiuntivo presente:	voglia, voglia, voglia, vogliamo, vogliate, vogliano

argomento, l' (*m.*) topic, 4
arguto, witty, 11
aria, l' (*f.*), air, 6
armadio, l' (*m.*), closet, 3
armeggiare, to fumble, 12
arrabbiarsi, to get angry, 5
arrampicarsi, to climb, 8
arredamento, l' (*m.*), furnishing, 6
arredare, to furnish, 6
arredatore/arredatrice, l' (*m./f.*), interior decorator, 1
arricchimento, l' (*m.*), enrichment, 16
arricchire, to enrich, 8
arrivare, to arrive, 2
arrivederci/arrivederla, so long, good-bye, 1
arrivo, l' (*m.*), arrival, 6
arrosto, l' (*m.*), roast, 4
arte, l' (*f.*), art, 2
articolato, combined with an article, 6
articolo, l' (*m.*), article, 2
artigianato, l' (*m.*), handicraft, 15
artista, l' (*m.*), artist, 1
artistico, artistic, 5
ascensore, l' (*m.*), elevator, 6
asciugacapelli, l' (*m.*), hair dryer, 7
asciugamano, l' (*m.*), towel, 13
asciugatrice, l' (*f.*), dryer, 6
ascoltare, to listen, P
asilo, l' (*m.*), preschool, 8
asparagi, gli, asparagus,
aspettare, to wait, 2
aspettarsi, to expect, 6
aspetto, l' (*m.*), appearance, aspect, 5
aspirapolvere, l' (*m.*), vacuum, 5
aspirazione, l' (*f.*), ambition, aspiration, 12
aspirina, l' (*f.*), aspirin, 14
assaggiare, to taste, 9
assaggio, l' (*m.*), taste, 9
assegno, l' (*m.*), check, 14
assente, absent, 8
assieme, together, 7
assistente sociale, l' (*m./f*), social worker, 12
assistenza sanitaria, l' (*f.*), health care, 15
assistere, to assist, to be present, 5
associazione, l' (*f.*), association, 1
associare, to associate, 5
assolutamente, absolutely, 13
assoluto, absolute, 13
assorbire, to absorb, 16
assumere, to hire, 16
Assunzione, l' (*f.*), Assumption, 9
assurdo, absurd, 15
astrofisico, l' (*m.*), astrophysicist, 12
astrologo, l' (*m.*), astrologer, 9
astronave, l' (*f.*), spaceship, 11
astronomia, l' (*f.*), astronomy, 11
atleta, l' (*m./f.*), athlete, 7
atletica leggera, l' (*f.*), track and field, 7

atletico, athletic, 3
atmosfera, l' (*f.*), atmosphere, 5
atmosferico, atmospheric, 15
attaccapanni, l' (*m.*), coat rack, 16
attaccare, to tie, 15
atteggiamento, l' (*m.*), attitude, 9
attentamente, carefully, 5
attenzione, l' (*f.*), attention, P
attico, l' (*m.*), penthouse, 6
attirare, to attract, 7
attività, l' (*f.*), activity, 2
attivo, active, 4
atto, l' (*m.*), act, 7
attore/attrice, l' (*m./f.*), actor, P
attorno, around, 16
attrarre, to attract, 10
attraversare, to cross, 8
attraverso, through, P
attrezzatura, l' (*f.*), equipment, 13
attuale, current, 6
audio, l' (*m.*), sound, 10
augurio, l' (*m.*), greeting, best wishes, P
aula, l' (*f.*), classroom, 2
aumento l' (*m.*), increase, 6
auspicio, l' (*m.*), omen, 14
australiano, Australian, 1
austriaco, Austrian, 6
autobiografia, l' (*f.*), autobiography, 8
automatico, automatic, 13
automobile/auto, l' (*m./f.*), automobile, car, P
automobilistico, car, 1
autonomia, l' (*f.*), autonomy, 6
autore, l' (*m.*), author, 5
autostrada, l' (*f.*), expressway, 8
autunno, l' (*m.*), autumn, fall, 4
avanguardia, l' (*f.*), forefront, 15
avanti, ahead, 1
avanzare, to proceed, 14
avaro, stingy, 3
avere, to have, 1
avere bisogno di, to need, 4
avere caldo, to be hot, 4
avere fame, to be hungry, 4
avere freddo, to be cold, 4
avere fretta, to be in a hurry, 4
avere sete, to be thirsty, 4
avere sonno, to be sleepy, 4
avere la tosse, to have a cough, 15
avere voglia, to feel like, 4
avvenimento, l' (*m.*), event, 5
avvenire, to happen, 10
avvenire, l' (*m.*), future, 16
avventura, l' (*f.*), adventure, 6
avverbio, l' (*m.*), adverb, 8
avvicinare, to approach, 14
avvocato, l' (*m.*), lawyer, 1
azienda, l' (*f.*), business, company, 1
azione, l' (*f.*), action, 5
azzurro, light blue, 3

B ● ● ●

babbo, il, dad, 9
Babbo Natale, Santa Claus, 9
baccano, il, noise, 5

baciare, to kiss, 10
bacio, il, kiss, 10
badante, la, caretaker, 16
badia, la, abbey, 14
bagaglio, il, luggage, 10
bagno, il, bath, 4
baffi, i, moustache, 3
baia, la, bay, 11
balbettare, to stutter, 15
balcone, il, balcony, 6
ballare, to dance, 3
ballerina, la, dancer, 8
ballo, il, dance, 7
balzare, to jump, 15
bambino, il, child, boy, 4
bambina, la, girl, 12
bambola, la, doll, 8
banana, la, banana, 4
banca, la, bank, 2
bancarella, la, stall, 14
banco, il, student desk, 2
bancomat, il, ATM, 14
bancone, il, counter, 14
banconota, la, bill, 6
bandiera, la, flag, 9
bar, il, coffee shop, bar, 2
barattolo, il, jar, 14
barba, la, beard, 3
barbiere, il, barber, 4
barca, la, boat, 11
barocco, il, Baroque, 8
basarsi, to be based on, 9
base, la, basis, 4
basilica, la, basilica, 8
basso, short, 2
bastare, to be sufficient, 7
battere (le mani), to clap (hands), 14
batteria, la, drums, 7
battesimo, il, baptism, 5
battuta, la, line, 3
beige, beige, 3
bellezza, la, beauty, 3
bello, beautiful, 3
ben cotta, well done, 9
bene, well, fine, 1
beneficenza, la, charity, 12
benessere, il, comfort, 10
benestante, well off, 6
benzina, la, gasoline, 13
benzina verde, la, unleaded gas, 15
bere, to drink, 4
berretto, il, cap, 8
bevanda, la, beverage, 9
biancheria, la, linen, 6
bianco, white, 1
bibita, la, soft drink, soda, 10
biblioteca, la, library, 2, 6
bicchiere, il, glass, 5, 9
bicicletta/bici, la, bicycle, 2
bifamiliare, il, duplex, 6
biglietteria, la, ticket office, 7, 13
biglietto, il, ticket, 7
biliardo, il, pool, 7
binario, il, platform, train track, 11
biologia, la, biology, 2

biologico, biological, 15
biondo, blond, 3
biotecnologia, la, biotechnology, 15
birra, la, beer, 4
birreria, la, pub, 13
biscotto, il, cookie, 4
bisnonni, i, great-grandparents, 5
bisogno, il, need, 12
bistecca, la, steak, 4
bizantino, Byzantine, 2
bocca, la, mouth, 8
bollente, boiling, 9
bollicina, la, small bubble, 15
bomboniera, la, party favor, 5
bontà, la, goodness, kindness, 5
borsa, la, handbag, 2
borsa di studio, la, scholarship, 10
bosco, il, woods, 7
bottiglia, la, bottle, 5
bottone, il, button, 15
bracciale, il, bracelet, 14
braccio, il, arm, 4
brano, il, selection, 8
brasiliano, Brazilian, 1
bravo, good, clever, 3
breve, short, 5
brevemente, concisely, 12
brindare, to toast, 9
britannico, British, 8
brodo, il, broth, 15
bronzo, bronze, 10
bruciare, to burn, 13
brulicare, to swarm, 14
bruno, brown, dark, 3
brutto, ugly, 2
bucato, il, laundry, 5
buffo, funny, 3
bugia, la, lie, 8
buonanotte, good night, 1
buonasera, good evening/good night, 1
buongiorno, good morning, 1
buono, good, P
burro, il, butter, 9
bus, il, bus, 2
busta, la, envelope, bag, 14
buttarsi, to plunge, 16

C ● ● ●

cabina, la, booth, 11
caccia, la, hunting, 14
cadavere, il, cadaver, 15
cadere, to fall, 7
caduta, la, fall, 16
caffè, il, coffee, P
calcare, limestone, 6
calcio, il, soccer, 1
calcolare, to calculate, 9
calcolatrice, la, calculator, 2
caldo, il, warmth, heat, 4
calendario, il, calendar, P
calmarsi, to calm down, 16
calmo, calm, 3
calore, il, warmth, 9
calorico, caloric, 10
calvo, bald, 3
calza, la, stocking, 8

cambiamento, il, change, 7
cambiare, to change (cambiare casa, to move), 5
cambio, il, exchange, change, 6
camera, la, room, 3
Camera dei deputati, la, Chamber of deputies, 16
camera da letto, la, bedroom, 6
cameriera, la, waitress, 8
cameriere, il, waiter, 9
camerino, il, dressing room, 14
camicia, la, shirt, 3
caminetto, il, fireplace, 12
camino, il, chimney, P
camminare, to walk, 8
cammino, il, walk, P
campagna, la, countryside, P
campanile, il, bell tower, 5
campeggio, il, camping, 13
campionato, il, championship, 7
campo, il, field, 2
canadese, Canadian, 1
canale, il, channel, 7
cancellino, il, eraser, 2
cancro, il, cancer, 11
candela, la, candle, 5
cane, il, dog, 5
cannella, la, cinnamon, 14
canottiera, la, undershirt, 13
cantante, il/la, singer, 2
cantare, to sing, 2
cantautore, il/cantautrice, la, singer-songwriter, 7
cantina, la, cellar, 6
canto, il, singing, 10
capace, able, 304
capacità, la, ability, 9
capelli, i, hair, 3
capellone, il, long-haired person, 13
capire, to understand, P
capitale, la, capital city, 2
capitolo, il, chapter, 1
capo, il, head, item, 8
capodanno, il, New Year's Day, 9
capolavoro, il, masterpiece, 8
capoluogo, il, capital city, P
cappello, il, hat, 8
cappotto, il, coat, 5
cappuccino, il, cappuccino, 4
capriccioso, naughty, 8
capricorno, il, Capricorn, 10
capsula, la, capsule, 16
carattere, il, personality, trait, 5
caratteristica, la, trait, feature, 3
caratteristico, distinctive, 7
carboidrato, il, carbohydrate, 15
carbone, il, coal, 9
carcere, il, jail, 16
carica, la, office, charge, 16
carino, cute, 6
carne, la, meat, 4
carnevale, il, carnival, 9
caro, dear, expensive, 3
carota, la, carrot, 4
carriera, la, career, 10
carrozza, la, wagon, 13

carta, la, paper, card, 2
carta geografica, la, map, 2
cartoleria, la, stationery, 14
cartolina, la, postcard, 9
cartoni animati, i, cartoons, 8
cattedra, la, teacher's desk, 2
casa, la, house, home, P
casalinga, la, homemaker, 5
casalingo, homemade, 9
cascata, la, waterfall, 7
cascina, la, farmhouse, 6
caso, il, case, 7
cassa, la, cash register, 14
cassetta delle lettere, la, mailbox, 14
cassettone, il, chest of drawers, 6
castano, brown, 3
castello, il, castle, 7
categoria, la, category, 7
categorico, categorical, 15
catena, la, range, 7
cattolico, Catholic, 5
cattivo, bad, 3
catturare, to capture, 12
cavallo, il, horse, 5
caviglia, la, ankle, 10
cavolfiore, il, cauliflower, 4
celebrare, to celebrate, 9
celebre, famous, 9
cemento, il, cement, 10
cena, la, supper, P
cenare, to eat dinner, 3
cenere, la, ash, 16
cenone, il, Christmas Eve/New Year's Eve dinner, 9
cento, one hundred (per cento, percent), 1
centralino, il, switchboard, 11
centro, il, center, 1
ceramica, la, ceramic, 6
cerca, la, search, 14
cercare, to look for, 2
cerchio, il, circle, 5
cerimonia, la, ceremony, 5
cero, il, candle, 9
certezza, la, certainty, 2
certo, definitely, 4
cervello, il, brain, 16
cespuglio, il, bush, 13
cestino, il, wastebasket, 2
che, what, that, P
che cosa, what, P
cherubino, il, cherub, P
chi, who, P
chiacchierare, to chat, 7
chiacchierata, la, chat, 7
chiamare, to call, P
chiarezza, la, clarity, 13
chiaro, clear, 3
chiaroscuro, il, chiaroscuro, 12
chiassoso, noisy, 14
chiave, la, key, 5
chiedere, to ask, 8
chiesa, la, church, 2
chilo, il, kilo (100 grams; 2.2 lb.), 14
chilometro, il, kilometer, 6
chimica, la, chemistry, 2

chirurgo, il, surgeon, 12
chissà, who knows, 5
chitarra, la, guitar, 2
chiudere, to close, P
chiuso, closed, 16
chiusura, la, closing, 5
ciao, hello, hi, good-bye, P
cibo, il, food, 4
ciclismo, il, cycle racing, 7
ciglio, il, eyelash, P
ciliegia, la, cherry, 9
cima, la, top, 8
cinema, il, cinema, 1
cinese, Chinese, P
cinquanta, fifty, 1
cinquantesimo, fiftieth, 5
cinque, five, 1
cintura, la, belt, 14
cioccolata, la, chocolate, 4
cioè, that is, 12
cipolla, la, onion, 9
circolare, circular, 10
circolazione, la, circulation, 4
circondare, to surround, to move, 6
circostanza, la, circumstance, 16
città, la, city, P
cittadina, la, small city, town, 4
cittadino, il, citizen, 16
civico, public, 11
civile, secular, 9
civiltà, la, civilization, 7
clandestino, il, clandestine, 16
classe, la, classroom, class, 2
classico, classic, 3
cliente, il, client, 6
clinica, la, clinic, 15
clima, il, climate, 13
coalizione, la, coalition, 16
coccola, la, berry, 10
coetaneo, il, (of) the same age, 11
cogliere, to seize, 14
cognata, la, sister-in-law, 5
cognato, il, brother-in-law, 5
cognome, il, last name, P
coincidenza, la, connection, 13
coincidere, to coincide, 14
coinquilino, il, housemate, 6
colazione, la, breakfast, 4
colesterolemia, la, cholesterole-mia (high cholesterol), 15
colesterolo, il, cholesterol, 15
collaborare, to cooperate, 11
collana, la, necklace, 14
colle, il, hill, 9
collega, il/la, colleague, 9
collegare, to link, 5
collezione, la, collection, 7
collina, la, hill, 1
collo, il, neck, 15
collocazione, la, position, 14
colloquio, il, interview, 12
colonia, la, colony, 10
colonna, la, column, 6
colorare, to color, 8
colorato, colored, 9
colore, il, color, 3

Colosseo, il, Colosseum, 8
colpa, la, fault, 8
colpire, to hit, 15
colpo, il, strike, 10
coltello, il, knife, 9
coltivare, to farm, 1
coltivazione, la, farming, 15
colto, well-read, 7
combattere, to fight, 12
combinazione, la, combination, 12
come, how, as, P
comfort, il, amenity, 13
comico, il, comedian, funny, 4
cominciare, to begin, 2
comizio, il, political rally, 1
commedia, la, comedy, play, 7
commentare, to comment, 12
commento, il, comment, 5
commerciale, business (centro commerciale, mall), 6
commercialista, il/la, professional accountant (CPA), 12
commerciare, to do business, 8
commercio, il, trade, 11
commissario, il, officer, 4
commesso, il, salesperson, 12
commissionare, to order, 15
commissioni, le, errands, 7
comodino, il, bedside table, 6
comodità, la, comfort, 11
comodo, comfortable, 6
compagine, la, structure, 15
compagnia, la, company, 7
compagno, il, companion, classmate, 2
comparativo, il, comparative, 13
comparire, to appear, 11
compatriota, il/la, of the same country, 16
compera, la, purchase, 11
competizione, la, competition, 10
compiere, to turn, 5
compilare, to compile, 5
compito, il, homework, chore, 2
compleanno, il, birthday, 1
complesso, complex, 1
completamente, completely, 6
completare, to complete, 5
completo, il, suit, 4
complicato, complicated, 16
complimento, il, compliment, 15
comporre, to compose, 7
comportamento, il, behavior, 15
comportarsi, to behave, 12
compositore, il, composer, 2
composizione, la, composition, 5
comprare, to buy, 2
compravendita, la, trading, 6
comprendere, to include, 6
comprensivo, comprehensive, understanding, 3
compressa, la, tablet, 15
comune, il, city hall, common, 3
comunicare, to communicate, 15
comunicativo, communicative, 12

comunione, la, communion, 5
comunità, la, community, 6
comunitario, community, 15
comunque, anyhow, 4
concerto, il, concert, 2
conchiglia, la, seashell, 5
concludere, to conclude, 5
conclusione, la, conclusion, 7
concorso, il, competition, 10
concreto, concrete, 11
condire, to season, 9
condizionale, il, conditional, 12
condizionamento, il,
    conditioning, 12
condizionare, to condition, 15
condizionato, conditioned, 6
condizione, la, condition, 2
condominio, il, condominium, 15
conferenza, la, conference, 1
conferire, to confer, 14
conferma, la, confirmation, 5
confermare, to confirm, 7
confessare, to confess, 16
confetti, i, sugar candy, 5
confezionare, to package, 15
confinare, to border, 16
confine, il, border, 16
confrontare, to compare, 6
confusione, la, confusion, 1
confuso, confused, 13
congiuntivo, il, subjunctive, 15
congratulazione, congratulation,
    5
congresso, il, conference, 9
coniugare, to conjugate, 7
connazionale, il, from the same
    country, 15
connessione, la, connection, 10
connessione Internet, la,
    Internet connection, 13
connettere, to connect, 12
cono, il, cone, 6
conoscente, il/la, acquaintance,
    11
conoscenza, la, knowledge, 10
conoscere, to know, to meet, P
conquistare, to conquer, 7
consegnare, to hand, 13
consentire, to allow, 14
conservante, il, preservative, 15
conservare, to keep, to save, 6
considerare, to consider, 1
considerazione, la,
    consideration, 6
consigliabile, advisable, 14
consigliare, to advise, 9
consiglio, il, advice, 5
Consiglio, il, Council, 16
consistente, consistent, 5
consistere, to consist, 8
consolidare, to consolidate, 15
consonante, la, consonant, P
consultare, to consult, 6
consumare, to consume, 15
contadino, il, peasant, 13
contante, il, cash, 14
contare, to count, 11

contattare, to contact, 6
contatto, il, contact, 12
contemporaneo, contemporary, 7
contenere, to contain, 4
contenitore, il, container, 14
contento, happy, 8
contessa, la, countess, 5
contesto, il, context, 2
continente, il, continent, 8
continuamente, continuously, 7
continuare, to continue, 12
conto, il, bill, calculation, 6
contorno, il, side dish, 4
contrada, la, district, 9
contraddire, to contradict, 7
contrario, il, opposite, 3
contribuire, to contribute, 10
contro, against, 9
controllare, to check, 5
controllore, il, ticket collector, 13
convalidare, to validate, 13
conveniente, convenient,
    advantageous, 6
convenienza, la, convenience,
    14
convento, il, convent, 3
conversare, to talk, 13
conversazione, la, conversation, P
convincente, convincing, 12
convincere, to convince, 6
convivere, to live together, 4
convocare, to summon, 12
coperto, il, table setting, 9
coppia, la, pair, couple, 5
coprire, to cover, 13
coraggio, il, courage, 16
corda, la, rope, 8
coreano, Korean, 1
coriandoli, i, confetti, 9
cornetto, il, croissant, 4
corpo, il, body, 15
correggere, to correct, 5
correre, to run, 3
correttamente, correctly, 5
corretto, correct, 5
corridoio, il, corridor, 8
corriera, la, bus, 13
corrispondente, il,
    correspondent, 7
corrispondere, to correspond, 3
corsa, la, race, 5
corsivo, il, italics, 8
corso, il, course, current, 11
corso (nel), during, 10
corte, la, court, 3
cortigiano, il, courtesan, 4
cortile, il, courtyard, 5
corto, short, 3
cosa, la, thing, 4
coscienza, la, conscience, 15
così, so, like this, 1
cosmetici, i, makeup, 14
cosmo, il, cosmos, 11
costa, la, coast, 10
costare, to cost, 3
costituire, to make up, 10
costituzione, la, constitution, 16

costo, il, cost, 6
costoso, expensive, 5
costruire, to build, 3
costruzione, la, construction, 6
costume, il, custom, 4; costume, 9
costume da bagno, il, swimming
    suit, 7
cotone, il, cotton, 14
cotto, cooked, 9
cravatta, la, tie, 3
creare, to create, 1
creatività, la, creativity, 12
creativo, creative, 12
creazione, la, creation, 6
credito, il, credit, 11
crema, la, lotion, 13
crescita, la, growth, 5
crimine, il, crime, 11
cristallo, il, crystal, 6
cristianesimo, il, Christianity, 9
cristiano, Christian, 14
crociera, la, cruise, 13
cronologico, chronological, 10
cronico, chronic, 15
crostata, la, jam tart, pie, 9
cubo, il, cube, 6
cuccetta, la, berth, 13
cucchiaio, il, spoon, 9
cucina, la, cuisine, kitchen, 4
cucinare, to cook, 4
cucire, to sew, 5
cugino, il/cugina, la, cousin, 5
culto, il, worship, 4
cultura, la, culture, 2
culturale, cultural, 6
cuocere, to cook, 9
cuoco, il, chef, 9
cuore, il, heart, 3
cupola, la, dome, 5
cura, la, treatment, 15
curare, to cure, to take care, 5
curioso, curious, 6
curvatura, la, curvature, 14

D ●●●

danneggiare, to damage, 15
danza, la, dance, 7
dappertutto, everywhere, 8
dare, to give, 1
data, la, date, P
dati, i, data, 1
davanti, front, ahead, 2
davvero, really, 6
debito, il, due, debt, 14
debutto, il, beginning, 10
decidere, to decide, 5
decisione, la, decision, 7
decorativo, decorative, 14
dedicare, to dedicate, 5
dedurre, to infer, 14
definitivamente, definitely, 6
definizione, la, definition, 7
degnarsi, to deign, 15
degustazione, la, tasting, 10
delizia, la, delicacy, 8
delusione, la, disappointment, 16
democratico, democratic, 16

democrazia, la, democracy, 16
demografico, demographic, 5
denominato, called, 10
denso, dense, 11
dente, il, tooth, 4
dentifricio, il, toothpaste, 14
dentista, il/la, dentist, 1
dépliant, il, brochure, 10
depositare, to deposit, 14
depresso, depressed, 15
deputato, il, deputy, 12
descrivere, to describe, 4
descrizione, la, description, 3
deserto, il, deserted, 9
desiderare, to wish, 2
desiderio, il, wish, 12
designare, to designate, 2
desinare, to dine, 11
desolato, neglected, 13
desolazione, la, neglect, 10
destra, la, right, 2
determinante, crucial, 8
determinativo, definite, 2
determinato, particular, 9
detto, il, saying, 13
devoto, devout, 14
diagnostico, diagnostic, 15
dialetto, il, dialect, 6
dialogo, il, dialogue, 5
diario, il, diary, 7
dicembre, December, 1
diciannove, nineteen, 1
diciassette, seventeen, 1
diciotto, eighteen, 1
dieci, ten, 1
dieta, la, diet, 15
dietro, behind, 2
difesa, la, defense, 12
differenza, la, difference, 6
differenziazione, la,
    differentiation, 12
difficile, difficult, 2
difficilmente, unlikely, 8
diffidare, to mistrust, 14
diffondere, to spread, 11
digitale, digital, 13
dilemma, il, dilemma, 14
diligente, diligent, 8
dimagrire, to lose weight, 15
dimenticare, to forget, 5
diminuire, to lower, 12
dimostrare, to display, 4
dimostrativo, demonstrative, 8
dinamico, dynamic, 1
dintorni, i, neighborhood, 14
dipartimento, il, department, 2
dipendere, to depend, 3
dipingere, to paint, to depict, 3
dipinto, il, painting, 8
diploma, il, high school degree, 5
diplomarsi, to graduate, 5
dire, to say, to tell, P
direttamente, directly, 7
diretto, direct, 5
direttore, il, director, 2
dirigente, il/la, manager, 12
diritto, right, straight, 12

disastro, il, disaster, 16
disattento, absent-minded, 8
disciplina, la, discipline, 7
discorrere, to talk, 14
discoteca, la, disco, 4
discreto, moderate, 13
discrezione, la, discretion, 13
discriminante, discriminating, 12
discriminare, to discriminate, 16
discriminazione, la, discrimination, 16
discutere, to discuss, 3
disegnare, to draw, to design, 2
disegno, il, drawing, 5
disinvolto, casual, 5
disoccupato, unemployed, 12
disoccupazione, la, unemployment, 12
disordinato, messy, 6
disordine, il, mess, 5
disperare, to despair, 16
disperato, desperate, 10
disperso, scattered, 9
dispiacere, to be sorry, 8
disponibile, available, 4
disporre, to have, 13
disposizione, la, disposal, 12
dissenso, il, disapproval, 10
distante, distant, 10
distanza, la, distance, 14
distinto, distinguished, 6
distinzione, la, distinction, 12
distratto, absent-minded, 12
distributore di benzina, il, gas station, 13
distruggere, to destroy, 8
distruzione, la, destruction, 15
disturbo, il, ailment, 15
dito, il, finger, 10
ditta, la, company, 11
dittatoriale, dictatorial, 16
divano, il, sofa, 6
divenire, to become, 14
diventare, to become, 4
diversità, la, diversity, 6
diverso, different, diverse, several, 2
divertente, funny, 2
divertimento, il, good time, 9
divertirsi, to have a good time, 4
dividere, to divide, to share, 5
divisione, la, partition, 16
divorziare, to divorce, 10
divorziato, divorced, 5
divorzio, il, divorce, 5
dizionario, il, dictionary, P
doccia, la, shower, 4
documento, il, document, 6
documenti, i, legal papers, 16
dodici, twelve, 1
dolce, sweet, dessert, 4
dollaro, il, dollar, 6
dolore, il, pain, 15
domanda, la, question, application, 5
domandare, to ask, 2
domani, tomorrow, 1

domenica, la, Sunday, 1
domenicano, Dominican, 3
domestico, household, 6
domicilio, il, residence, 11
dominare, to rule, 14
dominazione, la, rule, 14
donare, to give, 14
donna, la, woman, 2
dopo, after, 1
dopotutto, above all, 16
dopodomani, il, day after tomorrow, 1
doppio, double, 6
dorato, browned, golden, 9
dorico, Dorian, 14
dormire, to sleep, 2
dotare, to supply, 13
dottorato di ricerca, il, research doctorate, 2
dottore, il,/**dottoressa,** la, doctor, P
dove, where, P
dovere, il, duty, 5
dovere, should, to have to, 5
drammatico, dramatic, 7
droga, la, drug, 16
dubbio, il, doubt, 4
dubitare, to doubt, 11
due, two, 1
duna, la, dune, 13
duomo, il, cathedral, 14
durante, during, 1
durare, to last, 9
duro, hard, tough, 6

E ● ● ●

e, and, 1
eccellenza, l' (f.), excellence, 14
eccessivo, excessive, 6
eccezionale, exceptional, 5
ecco, here it is, 2
eco, l' (f.), echo, 15
ecologia, l' (f.), ecology, 12
ecologico, ecological, 12
economia, l' (f.), economy, 3
economico, economic, 5
ecosistema, l' (m.), ecosystem, 15
edicola, l' (f.), newspaper stand, 11
edificatore, l' (m.), builder, 14
edificio, l' (m.), building, 2
educativo, educational, 10
educazione, l' (f.), upbringing, 8
effervescente, sparkling, 15
effetto l' (m.), effect, 11
effettuare, to carry out, 14
efficace, effective, 11
efficiente, efficient, 12
egoismo, l' (m.), selfishness, 16
egoista, selfish, 3
egregio, dear, 6
elegante, elegant, 2
eleggere, to elect, 16
elementare, elementary, 5
elemento, l' (m.), component, 7
elencare, to list, 6
elenco, l' (m.) list, 11
elettricista, l' (m./f.) electrician, 12

elettrizzare, to electrify, 14
elettrodomestici, gli, appliances, 6
elettronico, electronic, **indirizzo elettronico,** l' (m.) e-mail, 1
elevato, high, 15
elezione, l' (f.) election, 16
eliminare, to exclude, to eliminate, 5
emergente, rising, developing, 14
emergere, to surface, 15
emigrante, l' (m./f.), emigrant, 16
emigrare, to emigrate, 16
emigrazione, l' (f.) emigration, 7
emozionato, excited, 8
energico, lively, 5
energia, l' (f.), energy, 10
enorme, huge, 10
ente, l' (m.), organization, 10
entrambi/e, both, 5
entrare, to enter, to go in, 2
entusiasmo, l' (m.), enthusiasm, 7
Epifania, l', (f.), Epiphany, 9
episodio, l' (m.), episode, 3
epoca, l' (f.), times, 12
equilibrio, l' (m.), balance, 15
equitazione, l' (f.), horseback riding, 7
equivalente, corresponding, 12
erba, l', (f.), grass, 6
erbe aromatiche, le, herbs, 15
errore, l' (m.), error, 2
eruzione, l' (f.), eruption, 13
esagerare, to exaggerate, 15
esame, l' (m.), exam, 6
esaminare, to examine, 11
esattamente, exactly, 10
esaurito, sold out, 13
esausto, exhausted, 8
escludere, to exclude, 16
esclusivamente, exclusively, 2
esecutivo, l' (m.), executive, 16
esempio, l' (m.), example, 2
esente, exempt, 15
esercitare, to exercise, 4
esercitazione, l' (f.), training, 8
esigenza, l' (f.), need, 6
esilio, l' (m.), exile, 16
esistere, to exist, 6
esortazione, l' (f.), exhortation, 7
esotico, exotic, 13
esotismo, l' (m.), exoticism, 14
espansivo, outgoing, friendly, 3
esperienza, l' (f.), experience, 7
esperto, expert, 3
esplodere, to blow up, 9
esplorare, to explore, 12
esporre, to exhibit, 9
esposizione, l' (f.), exposition, 1
espressione, l' (f.), expression, P
espresso, l' (m.), espresso, 4
esprimere, to express, 3
essere, to be, 1
essere impegnato, to be busy, 4
essere in ritardo, to be late, 4
estate, l' (f.), summer, 2
estendere, to extend, 7

estero, foreign, 8
estetica, l' (f.), beauty, 12
estivo, summer, 6
estraniato, estranged, 15
estroverso, extroverted, 3
età, l' (f.), age, 1
eterno, eternal, 8
etnico, ethnic, 16
etrusco, Etruscan, 9
etto, l' (m.), 100 grams, 14
euro, l' (m.), Euro, 6
europeo, European, 2
evangelico, evangelic, 3
evento, l' (m.), occurrence, 9
evidente, evident, 4
evitare, to avoid, 4
extracomunitario, from outside the UE, 16
extraterrestre, extraterrestrial, 15

F ● ● ●

fabbrica, la, factory, 6
faccende, le, housework, 5
faccia, la, face, 5
facciata, la, facade, 9
facile, easy, 2
facilità, la, easiness, 13
facilmente, easily, 5
facoltà, la, department, school (e.g., School of Medicine = Facoltà di Medicina), 2
facoltativo, elective, 8
fagioli, i, beans, 4
fagiolini, i, string beans, 4
falso, false, 1
fame, la, hunger, 4
famiglia, la, family, P
familiare, familiar, family member, 5
famoso, famous, 1
fantascienza, la, science fiction, 7
fantasia, la, imagination, 7
fantastico, fantastic, 10
fare, to do, to make, P
farmacia, la, pharmacy, 1
farmacista, il, pharmacist, 14
farmaco, il, medicine, 15
farsi la barba, to shave, 4
fascismo, il, fascism, 16
fascista, il, fascist, 16
fase, la, phase, 15
fastidio, il, nuisance, 15
fastoso, sumptuous, 14
faticoso, tiring, 13
fattore, il, factor, 11
fattoria, la, farm, 6
fauna, la, fauna, 15
favola, la, story, tale, 8
favoloso, fabulous, 10
favore, il, favor, **per favore,** please, P
favorevole, favorable, 16
favorire, to favor, 10
fazzoletto, il, handkerchief, 14
febbraio, February, 1
febbre, la, fever, 7
federale, federal, 16

federazione, la, federation, 10
felice, happy, 3
felicità, la, happiness, 9
felpa, la, sweatshirt, 3
femmina, la, female,
femminile, feminine, 2
fenicio, Phoenician, 14
fenomeno, il, phenomenon, 11
ferie, le, vacation, 13
fermare, to stop, 11
fermata, la, stop, 11
fermento, il, ferment, 14
ferragosto, il, August 15, 9
ferreo, rigid, 8
ferro, il, iron, 4
fertile, fertile, 6
festa, la,/festeggiamento, il, party, festivity, 5
festeggiare, to celebrate, P
festività, la, holiday, 9
festone, il, festoon, 14
fetta, la, slice, 9
fettina, la, minute steak, 9
fianco, il, side, 14
fidanzarsi, to get engaged, 10
fidanzato, il, fiancé, 10
fiducia, la, confidence, 10
figli, i, children, 5
figlia, la, daughter, 5
figlio, il, son, 5
figura, la, figure, 8
filastrocca, la, nursery rhyme, 11
filo, il, wire, strand, 11
filosofia, la, philosophy, 1
filosofico, philosophical, 10
filosofo, il, philosopher, 10
finale, final, 1
finalmente, lastly, 8
finanziamento, il, funding, 15
finché, until, 8
fine, la, end, 7
finestra, la, window, 2
finire, to finish, 3
fino a, until, 4
fiore, il, flower, 2
fiorente, thriving, 15
fiorire, to blossom, 9
firmare, to sign, 14
fisica, la, physics, 10
fisicità, la, physicalness, 7
fisico, physical, 3
fisima, la, fixation, 15
fisionomia, la, features,
fisso, fixed, 9
fissare, to set, 4
fiume, il, river, 8
flora, la, flora, 15
fluido, flowing, 10
focaccia, la, flat bread, 9
foglio, il, sheet of paper, P
folklore, il, folklore, 15
folla, la, crowd, 14
fondare, to found, 8
fondo, il, bottom, 14
fondi, i, resources, 16
fontana, la, fountain, 2
fonte, la, source, 14

footing, il, jogging, 7
forchetta, la, fork, 9
foresta, la, forest, 15
forma, la, form, shape, 3
formaggio, il, cheese, 4
formale, formal, 1
formare, to form, 5
formazione, forming, 13
formidabile, formidable, 15
formulare, to formulate, 7
fornello, il, burner, 6
forno, il, oven, bakery, 6
foro, il, forum, 8
forse, maybe, 5
forte, strong, 5
fortuna, la, fortune, luck, 8
fortunato, fortunate, 13
foto, la, photo, picture, 1
fotografia, la, photo, picture, photography, 1
fotografo, il, photographer, 12
fragola, la, strawberry, 9
frammento, il, fragment, 5
francese, French, 1
francobollo, il, stamp, 14
frase, la, sentence, 5
fratellastro, il, stepbrother, 5
fratello, il, brother, 5
freddo, cold, 4
frenesia, la, frenzy, 7
frenetico, frenzied, 9
frequentare, to attend, 2
frequentarsi, to go out together, 10
frequenza, la, frequency, 3
fresco, cool, fresh, 4
fretta, la, haste, 8
frigorifero, il, refrigerator, 4
friulano, of Friuli, 6
fronte, la, forehead, 14
fronte (di), on the opposite side, 12
frontiera, la, border, 16
frullatore, il, blender, 6
frutta, la, fruit, 4
fruttivendolo, il, greengrocer, 14
fulmine, il, lightning, 10
fumare, to smoke, 13
fumatore, il/fumatrice, la, smoker, 15
fumetti, i, comics, 7
fumo, il, smoke, 15
funghi, i, mushroom, 9
funzione, la, function, 8
fuori, out, outside, 4
futurismo, il, futurism, 1
futurista, il, futurist, 1

G ● ● ●

galleria, la, gallery, 3
gamba, la, leg, 10
gamberetti, i, shrimp, 4
gara, la, competition, 7
garage, il, garage, 6
garantire, to warrant, 15
gas, il, gas, 15
gassato, fizzy, 15

gastronomico, gastronomic, 10
gatto, il, cat, P
gelateria, la, ice cream parlor, 8
gelato, il, ice cream, P
geloso, jealous, 8
gemello, il, twin, 5
genealogico, genealogical, 5
generale, general, common, 4
generalmente, generally, 5
generazione, la, generation, 5
genere, il, gender, in genere, generally, 2
generoso, generous, 3
geneticamente, genetically, 15
genitori, i, parents, 2
gennaio, January, P
gente, la, people, folks, 3
gentile, gentle, dear, 3
gentilezza, la, kindness, 15
genuinità, la, genuineness, 15
genuino, genuine, 13
geografia, la, geography, P
geografico, geographical, 14
Germania, la, Germany, 9
gerundio, il, gerund, 11
gesso, il, chalk, 2
gesto, il, gesture, 10
ghetto, il, ghetto, P
ghiacciaio, il, glacier, 7
ghiaccio, il, ice, 7
ghirlanda, la, wreath, P
già, already, P
giacca, la, jacket, 3
giallo, yellow, 3
giapponese, Japanese, 1
giardinaggio, il, gardening, 5
giardino, il, garden, 3
ginnasio, il, high school, 12
ginnastica, la, exercise, 10
ginocchio, il, knee, 15
giocare, to play, 2
giocatore, il, player, 7
giocattolo, il, toy, 8
gioco, il, game, 1
gioielleria, la, jewelry store, 14
gioielli, i, jewelry, 5
gioiello, il, jewel, 10
gioioso, joyful, 14
giornale, il, newspaper, 2
giornaliero, daily, 4
giornalismo, il, journalism, 2
giornalista, il/la, journalist, 6
giornalmente, daily, 6
giornata, la, day, 2
giorno, il, day, P
giostra, la, tournament, 9
giovane, il, young, 2
Giove, Jupiter, 11
giovedì, il, Thursday, 1
girare, to turn, to go around, 8
giro, in, around, 8
gita, la, excursion, 7
giubbotto, il, bomber jacket, 14
giugno, June, 1
giurisprudenza, la, law, 2
giustificare, to justify, 5
giusto, correct, just, 5

glicemia, la, glycemia, 15
glorioso, glorious, 4
godere, to enjoy, 7
gola, la, throat, 15
golfo, il, gulf, 11
golosità, la, gluttony, 10
gomma, la, eraser, 2
gondola, la, gondola, 12
gonna, la, skirt, 3
gotico, Gothic, 2
governante, la, housekeeper, 8
governo, il, government, 16
gradire, to appreciate, 5
grammatica, la, grammar, 1
grande, great, large, più grande, older, 1
grandi magazzini, i, department store, 10
grasso, fat, 2
gratis, free, 7
grattare, to scratch, 12
grattacielo, il, skyscraper, 10
grattugiare, to grate, 9
gratuito, free, 15
grave, serious, 10
grazie, thanks, P
grazioso, pretty, 6
greco, Greek, 1
grigio, gray, 3
grigliato, grilled, 9
grosso, large, big, 11
grotta, la, cave, 16
gru, la, crane, 11
gruppo, il, group, 3
gruppo musicale, il, band, 7
guadagnare, to earn, 11
guancia, la, cheek, 10
guanti, i, gloves, 14
guardare, to look, to watch, 1
guarire, to recover, 15
guerra, la, war, 8
guida, la, guide, P
guidare, to drive, 8
guidato, guided, 10
gusto, il, taste, 3

I ● ● ●

idea, l' (f.), idea, 11
ideale, ideal, 9
idealista, idealistic, 12
identico, identical, 6
identificare, to identify, 7
identità, l' (f.), identity, 13
ideologia, l' (f.), ideology, 16
idiota, idiotic, 15
idraulico, l' (m.), plumber, 12
ieri, yesterday, 6
ignoto, l' (m.), unknown, 16
illegale, illegal, 16
illegittimo, illegitimate, 5
illudere, to delude, 16
illuminato, lighted, 14
illusione, l' (f.), illusion, 16
illustrare, to expound, 12
imbarazzo, l' (m.), embarrassment, 14
imbucare, to mail, 14

immaginare, to imagine, 5

immaginario, imaginary, 7

immagine, l' (f.), image, 8

immediato, immediate, 11

immergere, to immerse, 6

immersione, l' (f.), dive, immersion, 13

immigrato/a, l' (m./f.), immigrant, 16

immigrazione, l' (f.), immigration, 16

immobiliare, l' (m.), real estate, 6

immortalare, to immortalize, 3

impacciato, awkward, 10

imparare, to learn, 2

impatto, l' (m.), impact, 15

impazzire, to go insane, 13

impegnato, busy, 8

impegno, l' (m.), engagement, 10

imperativo, l' (m.), imperative, 9

imperatore, l' (m.), emperor, 2

imperfetto, l' (m.), imperfect, 8

impermeabile, l' (m.), raincoat, 3

impero, l' (m.), empire, 2

impersonale, impersonal, 7

impianto, l' (m.), plant, 15

impiegare, to use, 15

impiegato, l' (m.), clerk, 11

importanza, l' (f.), importance, 9

importante, important, 1

importare, to matter, to import, 7

possibilità, l' (f.), possibility, 16

impossibilità, l' (f.), impossibility, 16

improbabile, unlikely, 16

improvvisamente, unexpectedly, 10

improvvisazione, l' (f.), improvisation, 9

ingessare, to put in plaster, 10

ingessato, in plaster, 10

incantevole, charming, 10

incertezza, l' (f.), uncertainty, 2

incerto, uncertain, 13

inchiesta, l' (f.), survey, 16

incidente, l' (m.), accident, 10

includere, to include, 10

incominciare, to begin, 10

incontaminato, uncontaminated, 11

incontrare, to meet, 2

incontro, l' (m.), meeting, 7

inconveniente, l' (m.), mishap, 10

incoraggiare, to encourage, 10

incorporare, to include, 9

incredibile, incredible, 10

incubo, l' (m.), nightmare, 10

incurabile, incurable, 15

indeciso, undecided, 13

indefinito, indefinite, 13

indeterminativo, indefinite, 2

indicare, to show, to point to, 5

indicativo, l' (m.), indicative, 16

indicato, shown, 9

indicazione, l' (f.), direction, 14

indietro, behind, 10

indimenticabile, unforgettable, 9

indipendente, independent, 8

indiretto, indirect, 9

indirizzare, to address, 6

indirizzo, l' (m.), address, 1

indispensabile, indispensable, 15

individuo, l' (m.), person, 15

indossare, to wear, 3

indovinare, to guess, 1

indovino, l' (m.), fortune teller, 11

industria, l' (f.), industry, 1

industriale, industrial, 1

industrializzato, industrialized, 11

ineguaglianza, inequality, 13

inesistente, nonexistent, 16

infanzia, l' (f.), childhood, 8

infatti, therefore, in fact, 2

infatuazione, infatuation, 15

infelice, unhappy, 8

inferiore, lower, 14

infermiere, l' (m.)/infermiera, l' (f.), nurse, 12

infernale, hellish, 11

infezione, l' (f.), infection, 15

infido, treacherous, 15

infine, finally, 7

infinitamente, boundlessly, 6

infinito, l' (m.), infinite, 3

inflessibile, rigid, 4

influente, influential, 8

influenza, l' (f.), influence, flu, 4

influenzare, to affect, 6

influire, to influence, 15

infondere, to infuse, 9

informale, informal, 1

informare, to inform, 7

informatica, l' (f.), computer science, 2

informazione, information, 1

ingegnere, l' (m.), engineer, P, 5

ingegneria, l' (f.), engineering, 2

ingiusto, unfair, 16

inglese, English, 1

ingrandimento, l' (m.), enlargement, 11

ingrassare, to gain weight, 15

ingresso, l' (m.), entrance hall, 6

iniziale, initial, 9

iniziare, to begin, 5

iniziativa, l' (f.), enterprise, 12

inizio, l' (m.), beginning, 6

innamorarsi, to fall in love, 10

innamorato/a, l' (m./f.) lover, in love, 9

inquinamento, l' (m.), pollution, 8

inquinare, to pollute, 8

insalata, l' (f.), salad, 4

insediamento, l' (m.), settlement, 14

insegna, l' (f.), sign, 16

insegnante, l' (m./f.), teacher, 8

insegnare, to teach, 1

inserimento, l' (m.), integration, 16

inserire, to insert, 11

inserirsi, to integrate, 16

insipido, bland, 9

insieme, together, 2

insistere, to insist, 8

insoddisfazione, l' (f.), dissatisfaction, 12

insoddisfatto, unsatisfied, 12

insolito, unusual, 9

insomma, in short, 6

insonne, sleepless, 4

insonnia, l' (f.), insomnia, 15

insopportabile, unbearable, 10

intanto, meanwhile, 5

integrale, whole-grain, 14

integrarsi, to integrate, 15

integrazione, l' (f.), integration, 6

intellettuale, intellectual, 7

intelligente, intelligent, 3

intenso, intensive, heavy, 8

intenzione, l' (f.), intention, 6

interamente, entirely, 3

interdetto, dumbfounded, 15

interessante, interesting, 2

interessare, to interest, 7

interminabile, endless, 8

internazionale, international, 7

interno, internal, interior, 8

intero, entire, 10

interplanetario, interplanetary, 11

interrogare, to test orally, 8

interrogativo, interrogative, 7

interrogatorio, l' (m.), questioning, 15

interrogazione, l' (f.), interrogation, 8

interscambiabile, interchangeable, 12

interurbano, long distance, 11

intervista, l' (f.), interview, 4

intervistare, to interview, 5

intervistato, l' (m.), interviewee, 15

intorno, around, 9

intransigente, intransigent, 4

intrattenersi, to linger, 13

intravedere, to catch a glimpse, 16

introdurre, to introduce, 9

introduzione, l' (f.) introduction, 6

intruso, l' (m./f.) intruder, 1

inutile, unnecessary, 4

invalido, disabled, 15

invece, instead, 1

inventare, to invent, to make up, 7

invernale, winter, 1

inverno, l' (m.), winter, 4

investire, to invest, to collide, 6

inviare, to send, 6

invidiare, to envy, 12

invitare, to invite, 5

invitato, l' (m./f.) guest, 5

invito, l' (m.), invitation, 5

iodato, iodate, 15

ipotesi, l' (f.), hypothesis, 4

iraniano, Iranian, 1

ironico, ironic, 11

irregolare, irregular, 6

irresistibile, irresistible, 4

ipermercato, l' (m.), hypermarket, 14

ipocondriaco, hypochondriac, 15

irriconoscibile, unrecognizable, 13

iscriversi, to register, to enroll, 1

isola, l' (f.), island, 4

isolato, isolated, 15

ispirare, to inspire, 12

istituto, l' (m.), institute, 2

Italia, l' (f.), Italy, P

italiano, Italian, P

J ●●●

jeans, i, denim, jeans, 3

K ●●●

kiwi, il, kiwi, 9

L ●●●

labbra, le, lips, 13

laboratorio, il, laboratory, 2

ladino, Ladin (Romance language dialect), 6

lago, il, lake, 3

lamentarsi, to complain, 8

lampada, la, lamp, 6

lampadario, il, chandelier, 6

lampadina, la, light bulb, 14

lana, la, wool, 8

largo, wide, 9

lasagne, le, lasagna, P

lasciare, to leave, 2

lasciarsi, to break up, 10

latte, il, milk, 4

lattina, la, can, 13

laurea, la, university degree, 5

laurearsi, to graduate, 5

lava, la, lava, 14

lavagna, la, blackboard, P

lavanderia, la, cleaners, 11

lavandino, il, sink, 6

lavastoviglie, la, dishwasher, 6

lavatrice, la, washer, 6

lavare, to wash, 4

lavorare, to work, 2

lavoratore, il, worker, 8

lavoro, il, job, work, position, 5

legale, legal, 11

legame, il, link, 5

legare, to tie, to link, 4

legge, la, law, 16

leggere, to read, P

leggero, light, 9

legno, il, wood, 6

lentamente, slowly, 8

lento, slow, 13

lettera, la, letter, 2

letteralmente, literally, 10

letteratura, la, literature, 2

lettere, le, humanities, 2

letto, il, bed,

    letto matrimoniale, il, full-size bed, 4

lettore/lettrice, il/la, reader, 10

lettura, la, reading, 1
lezione, la, lesson, class, 2
lì, there, 10
libanese, Lebanese, 1
liberamente, freely, 16
liberazione, la, liberation, 9
libero, free, 3
libertà, la, freedom, 16
libreria, la, bookcase, book store, 6
libro, il, book, P
liceo, il, high school, 1
lieto, happy, 1
limitare, to restrict, 4
limitato, limited, 16
limite, il, limit, 4
limone, il, lemon, 9
linea, la, style, 6
linea aerea, la, airline, 10
lingua, la, language, P
lingue straniere, le, foreign
    languages, 2
linguistico, language,
    linguistic, 2
lino, il, linen, 14
liquido, fluid, 2
lirico, lyric, 3
liscio, smooth, plain, 3
lista, la, list, 5
litigare, to argue, 5
litro, il, liter, 15
livello, il, level, 2
locale, il, premise, 7
località, la, place, 6
località turistiche, le, resorts, 3
locandina, la, playbill, 7
logico, logical, 9
logoro, worn out, 10
lontano, far, 2
lotteria, la, lottery, 7
lotto, il, lottery, 12
luce, la, light, 2
luglio, July, P
luminoso, bright, 12
lunedì, il, Monday, P
lungo, long, along, 3
lupo, il, wolf, 15
luogo, il, place, P
lusso, luxury, 6
lussuoso, luxurious, 3

M ●●●

ma, but, 1
macchina, la, car, 3
macchina da caffè, la, coffee
    maker, 6
macchina ibrida, la, hybrid car,
    15
macchinina, la, toy car, 8
macedonia, la, fruit salad, 4
macelleria, la, butcher shop, 14
madre, la, mother, 5
madrelingua, la, native language,
    12
maestà, la, majesty, 8
maestoso, majestic, 8
maestro, il, teacher, 7
magari, perhaps, 7

magazzino, il, storage
    (grande magazzino, il,
    department store), 14
maggio, May, P
maggioranza, la, majority, 6
maggiore, major, further, 5
magistrale, masterly school, 10
maglia, la, sweater, 3
maglietta, la, T-shirt, 7
magro, thin, 3
mai, ever (**non . . . mai,** never), 4
maionese, la, mayonnaise, 9
malanno, il, illness, 10
malato, sick, 8
malattia, la, illness, 15
male, bad, **(non c'è male,** not
    too bad), P
mamma, la, mom, 5
magnifico, magnificent, 10
malvagio, bad, 13
mancare, to miss, 1
mancanza, la, lack, 16
mancia, la, tip, 9
mandare, to send, 5
mandorla, la, almond, 15
mangiare, to eat, 2
maniera, la, manner, way, 5
manifestare, to display, 16
manifestazione, la, display, event,
    5
mano, la, hand, 9
mantello, il, coat, 8
mantenere, to support, 16
manzo, il, beef, 9
mappa, la, map, 14
marca, la, brand, 9
mare, il, sea, P
marinare, to cut school, 8
marinara, sailor style, 8
marino, marine, 7
marito, il, husband, 5
marmellata, la, jam, 4
marmo, il, marble, 3
marrone, brown, 3
marzo, March, 1
martello, il, hammer, 12
martedì, il, Tuesday, 1
maschera, la, mask, 9
maschile, masculine, 2
maschio, il, male, 11
massimo, highest, 4
matematica, la, mathematics, P
materia, la, subject, 2
materia prima, la, raw material,
    11
materno, maternal, 5
materialista, materialistic, 3
matita, la, pencil, 2
matrigna, la, stepmother, 5
matrimonio, il, wedding, 5
mattina, la, morning, 2
matto, crazy, 9
mattonella, la, tile, 6
mattutino, morning, 10
maturità, la, high-school diploma,
    8
maturo, mature, ripe, 4

mazza, la, bat, club, 7
meccanico, il, mechanic 7
meccanico/a, mechanical, 7
medaglia, la, medal, 1
mediare, to mediate, 16
mediazione, la, mediation, 4
medicina, la, medicine, 5
medicinale, il, medicine, 15
medico, il (*m./f.*), doctor, 5
medio, middle, 8
medioevale, medieval, 2
Medioevo, il, Middle Ages, 5
mediterraneo, il, Mediterranean,
    14
meglio, better, 1
mela, la, apple, 4
melone, il, melon, 9
membro, il, member, 6
memoria, la, memory, 15
meno, minus, less, 1
mensa, la, cafeteria, 2
mentalità, la, mentality, 16
mente, la, mind, 8
mentre, while, 1
menzionare, to mention, 6
menù, il, menu, 7
meravigliato, surprised, 16
meraviglioso, marvelous, 3
mercato, il, market, 9
merce, la, merchandise, 12
mercoledì, il, Wednesday, 1
mescolare, to stir, 9
mese, il, month, P
messa, la, mass, 9
messaggio, il, message, 4
messicano, Mexican, 1
mestiere, il, trade, 4
meta, la, destination, 9
metà, la, half, middle, 8
metallico, metallic, 11
metro, il, meter, 1
metropolitana, la, subway, 8
mettere, to put, 2
mettersi a, to start, to begin, 4
mezzanotte, la, midnight, 4
mezzo, il, middle, means, 7
mezzogiorno, il, noon, 4
microonde, il, microwave, 6
microrganismo, il,
    micro-organism, 7
migliore, better, best, 3
migrazione, la, migration, 16
milanese, Milanese, 3
miliardo, il, billion, 6
milione, il, million, 6
mille, one thousand, 6
mimosa, la, mimosa, 9
minacciare, to threaten, 15
minerale, mineral, 4
minestra, la, soup, 4
minimo, lowest, least, 4
ministro, il, minister, cabinet
    member, 8
minoranza, la, minority, 6
mio, my, mine, 5
mirino, il, sight, 15
misticismo, il, mysticism, 9

mistico, mystic, 10
misura, la, measure, size, 7
misurare, to measure, 14
mito, il, myth, 11
mobili, i, furniture, 5
mobilificio, il, furniture factory,
    13
moda, la, fashion, 3
modalità, la, manner, 15
modello, il, pattern, model, 10
moderatamente, moderately, 15
modernità, la, modernity, 13
moderno, modern, 2
modesto, modest, 8
modificare, to modify, 15
modo, il, way, 8
modulo, il, form, 14
moglie, la, wife, 5
molto, much, very, a lot, 3
momento, il, moment, 7
monaca, la, nun, 4
monarchia, la, monarchy, 16
mondiale, world, 5
mondo, il, world, 3
moneta, la, currency, coin, 6
monetario, monetary, 6
monofamilare, il, single family, 6
monolocale, il, studio apartment,
    6
montagna, la, mountain, P
montagnoso, mountainous, 7
montare, to climb, 10
monte, il, mountain, 1
monumenti, i, monuments, 6
motivare, to justify, 8
morbido, soft, 4
morsicare, to bite, 10
morto, dead, 5
mosaico, il, mosaic, 2
mostra, la, show, 14
mostrare, to show, 6
motivo, il, reason, 6
motocicletta, la, motorcycle, 8
motorino, il, moped, 8
motoscafo, il, motorboat, 13
movimentato, lively, 12
movimento, il, movement, 8
mozzarella, la, mozzarella, 16
multa, la, fine, 13
multietnico, multi-ethnic, 6
multifunzionale, versatile, 1
muovere, to move, 9
muro, il, wall, 3
muscoloso, muscular, 10
museo, il, museum, 2
musica, la, music, P
musicista, il/la, musician, P
mutuo, il, mortgage, 6

N ●●●

nano, il, dwarf, 8
napoletano, Neapolitan, 9
narciso, il, narcissus, 9
narrare, to tell, to narrate, 3
narratore, il/**narratrice,** la,
    narrator, 8
nascere, to be born, 1

nascita, la, birth, 5
nascondere, to hide, 16
nascondino, il, hiding place, 8
nascosto, hidden, 10
naso, il, nose, 15
nastro, il, ribbon, 8
Natale, il, Christmas, 5
natalizio, Christmas, 7
natura, la, nature, 7
naturale, natural, 2
naturalismo, il, naturalism, 9
naturalmente, naturally, 7
nave, la, ship, 8
navigare, to navigate, to sail, 6
nazionale, national, 4
nazionalità, la, nationality, P
nazione, la, nation, P
neanche, not even, 8
nebbia, la, fog, 4
nebbioso, foggy, 15
nebulosa, la, nebula, 11
necessario, necessary, needed, 2
necessità, la, need, 6
negativo, negative, 8
negoziante, il/la, merchant, 14
negoziare, to negotiate, 4
negoziatore, il, negotiator, 4
negozio, il, store, 1
nemmeno, neither, not even, 4
neolatino, Neo-Latin, 7
neppure, not even, 15
nero, black, 3
nervoso, tense, nervous, 3
nessuno, no one, 5
Nettuno, Neptune, 11
nevicare, to snow, 4
nevrotico, neurotic, 15
niente, nothing, 2
nipote, il/la, nephew, niece, grandchild, 5
nocivo, harmful, 15
nodulo, il, nodule, 10
noioso, boring, 2
noleggiare, to rent, 13
nome, il, noun, P
nominare, to appoint, 16
nonno, il, grandfather, 5
nonna, la, grandmother, 5
nonostante, in spite of, 12
nord, il, north, 4
normanno, il, Norman, 14
nostalgia, la, nostalgia, homesickness, 8
nostro, our/ours, 5
notare, to note, 4
noto, known, 1
notevole, considerable, 6
notte, la, night, P
notturno, night, 13
novanta, ninety, 1
nove, nine, P
novembre, November, 1
novità, la, novelty, 10
nozze, le, marriage, (**viaggio di nozze,** il, honeymoon), 5
nucleare, nuclear, 11
nucleo, il, nucleus, unit, 5

nudo, bare, nude, 14
numero, il, number, P
numeroso, numerous, 5
nuocere, to harm, 10
nuotare, to swim, 2
nuovo, new, 2
nutrizione, la, nutrition, 15
nutrizionista, il/la, nutritionist, 15
nuvoloso, cloudy, 4

O ●●●

o, or, 3
obbediente, obedient, 8
obbligatorio, required, 8
obesità, l' (f.), obesity, 15
occasione, l' (f.), occasion, 5
occhiali, gli, eyeglasses, 3
occhiali da sole, gli, sunglasses, 13
occhiata, l' (f.), glance, 14
occhio, l' (m.), eye, P
occorrere, to need, 7
occupare, to occupy, 5
occuparsi, to take care of, to get involved, 5
oceano, l' (m.), ocean, 13
odiare, to hate, 8
offerta, l' (f.), offer, 10
officina, l' (f.), workshop, 12
offrire, to offer, 4
oggettivo, objective, 16
oggetto, l' (m.), object, 5
oggi, today, P
ogni, every, 2
ognuno, each, 7
olimpico, olympic, 1
olio, l' (m.), oil, 9
oliva, l' (f.), olive, 6
oltre, besides, 7
ombra, l' (f.), shadow, 16
ombrellone, l' (m.), beach umbrella, 13
omogeneità, l' (f.), homogeneity, 16
omogeneizzare, to homogenize, 15
onesto, honest, 3
onomastico, l' (m.), saint's day, 5
onore, l' (m.), honor, 9
opaco, dull, 10
opera, l' (f.), work of art, opera, 1
operaio, l' (m.), worker, 12
operistico, operatic, 10
opinione, l' (f.), opinion, 4
opportuno, suitable, 13
opposto, opposite, 1
oppure, or, 3
ora, l' (f.), hour, now, 3
orale, oral, 8
orario, l' (m.), schedule, 2
orchestra, l' (f.), orchestra, 2
ordinare, to order, 4
ordinato, neat, 5
ordine, l' (m.), order, 1
orecchino, l' (m.), earring, 14
orecchio, l' (m.), ear, 5

organismo, l' (m.), organism, 15
organizzare, to organize, 5
organizzato, organized, 3
organizzazione, l' (f.), organization, 10
orgoglioso, proud, 6
orientale, eastern, 7
oriente, l' (m.), east, 2
originale, original, 3
origine, l' (f.), origin, 1
ormai, by now, 7
ornare, to decorate, 9
oro, l' (m.), gold, 5
orologio, l' (m.), clock, watch, 2
oroscopo, l' (m.), horoscope, 11
orrendo, dreadful, 15
orribile, horrible, 10
orsacchiotto, l' (m.), teddy bear, 6
orso, l' (m.), bear, 15
ospedale, l' (m.), hospital, 1
ospedaliero, hospital, 15
ospite, l' (m./f.), guest, 4
osservare, to observe, 5
osservatorio, l', (m.), observatory, 11
ossessione, l' (f.), obsession, 15
ossigeno, l' (m.), oxygen, 15
osso, l' (m.), bone, 15
ostello, l' (m.), hostel, 13
osteria, l' (f.), tavern, 9
ottanta, eighty, 1
ottenere, to attain, 10
ottimo, best, 7
ottimista, optimistic, 3
otto, eight, 1
ottobre, October, 1
ovviamente, obviously, 9
ozono, l'(m.), ozone, 15

P ●●●

pacchetto, il, small package, 10
pacco, il, package, 14
pace, la, peace, 12
pacifico, peaceful, 16
padre, il, father, 2
paesaggio, il, landscape, 4
paese, il, country, village, 2
pagamento, il, payment, 13
pagano, il, pagan, 9
pagare, to pay, 6
pagella, la, report card, 8
pagina, la, page, 7
paio, il, pair, 9
palazzo, il, building, 2
palcoscenico, il, stage, 4
paleoantropologico, paleoanthropological, 16
paleolitico, Paleolithic, 16
palestra, la, gym, 7
pallacanestro, la, basketball, 7
pallavolo, la, volleyball, 7
pallido, pale, 15
palloncino, il, balloon, 5
pallone, il, ball, 7
pancetta, la, bacon, 8
pane, il, bread, 4
panetteria, la, bakery, 13

panettone, il, panettone, 9
panino, il, sandwich, 4
panna, la, cream, 9
panorama, il, panorama, 1
panoramico, panoramic, 2
pantaloncini, i, shorts, 7
pantaloni, i, pants, 3
papa, il, pope, 4
papà, il, dad, 5
paradiso, il, heaven, 9
paragrafo, il, paragraph, 8
paragonare, to compare, 3
paragone, il, comparison, 3
parcheggio, il, parking, 6
parco, il, park, 3
parecchio, a lot, 13
parentela, la, kinship, 5
parenti, i, relatives, 5
parete, la, wall, 6
parlamentare, parliamentary, 16
parlamento, il, Parliament, 16
parlare, to speak, P
parmigiano, parmesan, 9
parola, la, word, P
parte, la, part, 6
partecipare, to take part, 2
partecipante, il/la, participant, 14
partecipazione, la, participation, 16
partenza, la, departure, 6
participio, il, participle, 6
particolare, il, particular, detail, 2
particolarmente, particularly, 2
partire, to leave, 10
partita, la, game, 2
partitivo, il, partitive, 9
partito, il, party, 16
passaggio, il, ride, 10
passaporto, il, passport, 10
passare, to pass, to spend, 5
passatempo, il, pastime, 13
passato, il, past, 5
passeggero, il, passenger, 13
passeggiare, to take a walk, 7
passeggiata, la, walk, 4
passione, la, enthusiasm, 7
passivo, passive, 7
passo, il, step, 7
Pasqua, la, Easter, 9
pasta, la, pasta, pastry, 2
pastasciutta, la, pasta, 6
pasticceria, la, pastry shop, 8
pasto, il, meal, 4
patata, la, potato, 4
patatine, le, french fries, 4
patente, la, driver license, 10
paterno, paternal, 5
patria, la, homeland, 5
patrimonio, il, heritage, 10
pattinaggio, il, skating, 7
pattinare, to skate, 4
pattini, i, skates, 7
patrigno, il, stepfather, 5
patronale, patron, 16
patrono, il, patron, 5
paura, la, fear, 8
pavimento, il, floor, 6

paziente, patient, 3
pazzo, crazy, 8
peccato, il, sin, pity, 3
pedagogico, pedagogical, 8
peggio, worse, 10
peggiorare, to worsen, 10
pelle, la, skin, leather, 13
pellegrino, il, pilgrim, 9
pena, la, punishment, P
penisola, la, peninsula, P
penna, la, pen, feather, P
pensare, to think, 2
pensione, la, pension (**essere in pensione,** to be retired), room and board, 5; bed and breakfast, 13
pepe, il, pepper, 9
percentuale, la, percentage, 5
percepire, to perceive, 12
perché, because, why, 4
percorso, il, journey, 10
perdere, to lose, to miss, 6
perdere tempo, to waste time, 6
perfetto, perfect, 2
perfezionamento, il, specialization, 11
perfezionare, to improve, 7
perfezione, la, perfection, 4
pericoloso, dangerous, 13
periferia, la, outskirt, suburbs, 6
periodo, il, period, 2
perla, la, pearl, 7
permanenza, la, stay, 16
permanente, permanent, 16
permesso, il, permission, permit, 4
permettere, to allow, 8
permissivo, lenient, 5
però, but, 3
perseveranza, la perseverance, 16
persona, la, person, (**persone,** people), 3
personaggio, il, character, 3
personale, personal, 1
personalità, la, personality, 3
pesante, heavy, 7
pesca, la, peach, fishing, 9
pesce, il, fish, 4
pessimista, pessimist, 3
pesticidi, i, pesticides, 15
petardi, i, fireworks, 9
pettinare, to comb, 4
petto, il, chest, 15
pezzo, il, piece, 9
piacere, il, pleasure, to please, P
piacevole, pleasant, 7
pianeta, il, planet, 11
piangere, to cry, 8
piano, il, floor, plan, 6
pianoforte, il, piano, 7
pianta, la, plant, 5
pianterreno, il, ground floor, 6
piantina, la, layout, 6
pianura, la, plain, flat land, 1
piatto, il, dish, 4
piazza, la, square, 3
piccante, spicy, 9

piccolo, small, 1
piede, il, foot, 1
pieno, full, 13
pietanza, la, dish, 9
pietra, la, stone, 6
pigiama, il, pajamas, 14
pigro, lazy, 3
pinne, le, swimming fins, 13
piovere, to rain, 4
piselli, i, peas, 4
piscina, la, swimming pool, 2
pista, la, track, 1
pittore, il, painter, 4
pittoresco, picturesque, 3
pittura, la, painting, 9
più, more, più tardi, later, 1
piuttosto, rather, 6
pizza, la, pizza, 2
pizzeria, la, pizzeria, pizza restaurant, 4
plastica, la, plastic, 12
plurale, plural, 1
Plutone, Pluto, 12
poco, un po', little, 3
poesia, la, poem, 3
poeta, il, poet, P
poi, after, 3
poiché, since, 5
policromo, polychromatic, 9
politica, la, politics, 3
politicamente, politically, 6
politico, il, politician, political 3, P
poliziotto, il, police officer, 11
pollo, il, chicken, 4
polmone, il, lung, 15
polso, il, wrist, 10
polvere, la, dust, 13
poltrona, la, armchair, 6
pomeriggio, il, afternoon, 2
pomodoro, il, tomato, 4
ponte, il, bridge, 12
popolare, popular, 7
popolazione, la, population, 6
porcellana, la, porcelain, 9
porgere, to hand, 16
porta, la, door, 2
portafoglio, il, wallet, 13
portare, to bring, to wear, 3
porticato, il, arcade, 6
portinaio, il, doorman, 11
porto, il, port, 6
portoghese, Portuguese, 14
posate, le, silverware, 9
positivo, positive, 10
posizione, la, location, 13
possedere, to own, 1
possessivo, possessive, 5
possibile, possible, 4
possibiltà, la, possibility, 2
posta, la, mail, 4
postale (ufficio), post office, 14
poster, il, poster, 6
posto, il, place, position, 4
potenza, la, power, 5
potere, to be able to, can, 5
povero, poor, 5
povertà, la, poverty, 16

pranzare, to eat lunch, 4
praticamente, virtually, 13
praticare, to practice, 7
pratico, practical, 13
precedente, previous, 7
preciso, precise, 11
prediligere, to like better, 15
predizione, la, prediction, 11
preferenza, la, preference, 9
preferibilmente, preferably, 12
preferire, to prefer, 3
preferito, favorite, 3
prefisso, il, area code, 11
pregiato, refined, 1
pregiudizio, il, prejudice, 16
prego, you are welcome, 1
preistorico, prehistorical, 10
prelevare, to withdraw, 14
prelibato, excellent, 9
premio, il, award, 10
prendere, to take, to have, P
prendere in giro, to make fun of, 15
prenotare, to book, 6
prenotazione, la, reservation, 6
preoccuparsi, to worry, 4
preoccupato, worried, 10
preparare, to prepare, 5
prepararsi, to get ready, 4
preparativo, il, preparation, 5
preposizione, la, preposition, 6
prepotente, bullying, 8
presentare, to introduce, to present, 1
presentazione, la, introduction, 1
presente, present, 1
preservare, to preserve, 16
preside, il/la, principal, 10
presidente, il president, 7
pressione, la, pressure, 15
presso, near, 14
prestare, to lend, 10
prestigioso, prestigious, 3
presto, soon, early, 1
pretesto, il, excuse, 9
previsioni, le, forecast, 4
previsto, expected, 4
prezzo, il, price, 6
prima, before, premiere, 1
prima, la, opening night, 7
primato, il, leadership, 15
primavera, la, spring, 4
primo, first, 1
principale, main, 5
principe, il, prince, 8
principio, il, principle, 9
privato, private, 7
probabile, probable, 15
probabilmente, probably, 3
problema, il, problem, 7
processione, la, procession, 14
processo, il, process, 6
profumo, il, perfume, 13
prodotto, il, product, 1
produrre, to produce, 1
produttore, il,/**produttrice,** la, producer, 11

produzione, la, production, 15
professionale, professional, 8
professione, la, profession, 2
professionista, il/la, professional (person), 7
professore, il/**professoressa,** la, professor, P
profumato, scented, 9
profumo, il, scent, 10
progettare, to design, 11
progetto, il, project, 9
programma, il, program, 2
programmatore, il/ **programmatrice,** la, programmer, 12
progredire, to progress, 8
progressivo, progressive, 11
progresso, il, progress, 8
proibito, forbidden, 9
promozione, la, promotion, 10
promuovere, to promote, 16
pronome, il, pronoun, 1
pronto, ready, 9
pronunciare, to pronounce, P
proporre, to propose, 8
proporzione, la, proportion, 14
proposta, la, proposal, 16
proprietà, la, property, 6
proprietario, il, owner, 1
proprio, really, own, right, proper, 3
prosciutto, il, ham, 2
proseguire, to continue, 14
prosperare, to thrive, 6
prospettiva, la, perspective, 3
prossimo, next, 5
protagonista, il/la, protagonist, main character, 7
proteggere, to protect, 12
protesta, la, protest, 7
protestare, to protest, 11
protettore, il, guardian, 12
prova, la, test, 1
provare, to try, to feel, 14
provenienza, la, origin, 13
provenire, to originate, 14
provincia, la, province, 1
provino, il, audition, 8
provvedere, to provide, 14
provvisorio, provisional, 7
privato, private, 7
privilegio, il, privilege, 10
psicologia, la, psychology, 2
psicologico, psychological, 3
psicologo, lo, psychologist, 4
psicoterapeuta, lo/la, psychotherapist, 4
pubblicare, to publish, 11
pubblicità, la, advertisement, 2
pubblico, il, public, 11
pugilato, il, boxing, 7
pulire, to clean, 3
pulito, clean, 8
pullman, il, bus, 13
punire, to punish, 8
punteggio, il, score, 10
punto, il, point, 3
puntualità, la, punctuality, 11

pupo, il, puppet, 9
purtroppo, unfortunately, 8

Q ●●●

quaderno, il, notebook, 2
quadrato, square, 7
quadro, il, picture, 6
qualche, some (**qualche volta,** sometimes), 3
quale/qual, which, what, 1
qualcosa, something, 4
qualcuno, someone, 4
qualità, la, quality, 9
qualunque, any, 11
quando, when, 2
quantità, la, quantity, 4, amount, 10
quanto, how much, 3
quaranta, forty, 1
quaresima, la, lent, 9
quartiere, il, neighborhood, 6
quasi, almost, 4
quattordici, fourteen, 1
quattrini, i, money, 11
quattro, four, 1
quello, that, 2
questionario, il, questionnaire, 11
questione, la, issue, 12
questo, this, 2
quindi, therefore, 4
quindici, fifteen, 1
quindicinale, il, biweekly, 14
quinto, fifth, 6
quota, la, price, 10
quotidiano, il, daily, 16

R ●●●

racchetta, la racket, 7
raccomandazione, la, advice, 16
raccontare, to tell, 7
racconto, il, short story, 11
radersi, to shave, 13
radicalmente, totally, 16
radicare, to root, 9
radice, la, root, 16
radio, la, radio, 3
radiografia, la, x-ray, 15
radiotelefono, il, radiophone, 13
radunare, to gather, 8
raffreddore, il, cold, 14
ragazza, la, girl, 1
ragazzo, il, boy, 1
raggiungere, to reach, 14
ragione, la, reason, 5
ragù, il, meat sauce, 9
raffinato, refined, 3
rame, il, copper, 15
ramo, il, branch, 9
rapporto, il, relationship, 5
rappresentante, il/la, representative, 15
rappresentare, to represent, 5
rappresentazione, la, representation, 8
raramente, rarely, 3
raro, rare, 5
rasoio, il, razor, 14
rata, la, installment, 3, P

razzismo, il, racism, 16
re, il, king, 14
reagire, to react, 8
realismo, il, realism, 3
realista, realistic, 3
realistico, realistic, 8
realizzare, to accomplish, 12
realizzazione, la, realization, 9
realtà, la, reality, 6
recapitare, to deliver, 11
recente, recent (**di recente,** recently), 7
recentemente, recently, 6
reciproco, reciprocal, 5
reclutamento, il, recruiting, 10
record, il, record, 5
reddito, il, income, 15
referendum, il, referendum, 16
refettorio, il, refectory, 3
regalare, to give (as a present), 5
regalo, il, present, 5
regia, la, direction, 7
regime, il, government, 16
regionale, regional, 7
regione, la, region, P
regista, il/la, director, P
registrazione, la, recording, 10
regno, il, kingdom, 14
regola, la, rule, 7
regolare, regular, 14
regolare, to regulate, 15
relativo, relative, 10
relazione, la, relationship, 7
religioso, religious, 3
rendere, to render, 7
rendersi conto, to realize, 14
repubblica, la, republic, 12
residente, il/la, resident, 16
residenza, la, residence, 5
resistenza, la, resistance, 10
respirare, to breathe, 15
respiratorio, respiratory, 15
responsabilità, la, responsibility, 12
restare, to remain, 7
restaurare, to restore, 12
resto, il, rest, 10
resti, i, ruins, 13
rete, la, net, 13
rettangolare, rectangular, 3
riassumere, to summarize, 9
ribelle, rebellious, 8
ricamo, il, embroidery, 11
ricapitolare, to review, 1
ricarico, il, reloading, 11
ricchezza, la wealth, 13
riccio, curly, 3
ricco, rich, 1
ricerca, la, search, 6
ricercatore, il/**ricercatrice,** la, researcher, 11
ricetta, la, recipe, prescription, 9
ricevere, to receive, 4
ricevimento, il, reception, 5
richiamare, to call back, 11
richiamo, il, appeal, 4
richiedere, to require, to apply, 12

richiesta, la, request, 9
riciclare, to recycle, 12
riconoscere, to recognize, 3
riconoscimento, il, recognition, 16
ricoprire, to cover, 14
ricordare, to remember, 5
ricordo, il, memory, 8
ricostruire, to rebuild, 5
ricovero, il, admission, 15
ricreazione, la, recess, 8
ridere, to smile, 13
riduzione, la, discount, 13
rientrare, reenter, to return, 7
rientro, il, return, 4
rievocare, to commemorate, 9
rifare, to remake, 5
riferire, to report, 5
riferirsi, to refer, 5
rifiutare, to refuse, 13
rifiuti, i, garbage, 12
riflessivo, reflexive, 4
riflesso, il, reflex, 15
riflettere, to consider, 6
riforma, la, reform, 8
rigido, rigid, 15
riguardare, to concern, 7
riguardo, about, 6
rilassante, relaxing, 10
rilassarsi, to relax, 6
rileggere, to reread, 6
rilievo, il, relief (**di rilievo,** relevant), 7
rima, la, rhyme, 4
rimandare, to send back, to postpone, 16
rimanere, to remain, 5
rimedio, il, remedy, cure, 15
rimettersi, to recover, 10
rimproverare, to reproach, 16
rinascimentale, renaissance, 4
Rinascimento, il, Renaissance, 3
rinchiudere, to enclose, 3
Ringraziamento, il, Thanksgiving, 9
ringraziare, to thank, 5
rinunciare, to renounce, 9
ripensare, to reconsider, 15
ripetere, to repeat, 2
risalire, to date back, 10
risata, la, laughter, 7
riscrivere, to write again, 8
riso, il, rice, 1
risolvere, to solve, to figure out, 12
ripassare, to review, 5
ripetere, to repeat, P
riposarsi, to rest, 4
riposo, il, rest, 10
ripostiglio, il, storeroom, 12
riprendere, to recapture, 16
risalire, to go back, 6
riscaldameneto, il, heating, 8
riscaldamento globale, il, global warming, 15
rischio, il, risk, 15
riservato, reserved, 10

risiedere, to reside, 16
risistemare, rearrange, 16
risotto, il, risotto, 9
risorsa, la, resource, 10
risparmiare, to save, 15
risparmio, il, saving, 15
rispettare, to honor, to respect, 4
rispondere, to answer, P
risposta, la, answer, 6
ristorante, il, restaurant, 2
ristrutturare, to renovate, 6
ristrutturazione, la, remodeling, 6
risultare, to result, 9
risultato, il, result, 5
ritardo, il, delay, 11
ritelefonare, to call again, 7
ritentare, to try again, 10
ritirare, to get back, 11
rito, il, ritual, 14
ritrattistica, la, portrait painting, 10
ritratto, il, portrait, picture, 4
ritrovamento, il, recovery, 14
ritrovare, to find again, to find, 8
ritrovarsi, to gather, to get together, 7
riuscire, to succeed, 12
riunione, la, meeting, 5
riunirsi, to get together, 5
rivedere, to see again, 8
rilevare, to reveal, 16
riviera, la, coastline, 2
rivista, la, magazine, 14
rivivere, to revive, 14
rivolgersi, turn to, 15
robusto, well built, 13
roccia, la, rock, 7
romanico, Romanesque, 6
romano, Roman, 7
romantico, romantic, 7
romanzo, il, novel, 3
rompere, to break, 10
rosa, la, rose, pink, P
rosticceria, la, deli, 9
rosso, red, P
rotto, broken, 12
routine, la, routine, 4
rovescio, il, reverse, 15
rovina, la, ruin, 8
rubinetto, il, faucet, 15
rumore, il, noise, 8
rumoroso, noisy, 8
ruolo, il, role, 7
rupestre, rocky, 16
russo, Russian, 1

S ●●●

sabato, il, Saturday, 1
sabbia, la, sand, 13
sacco a pelo, il, sleeping bag, 13
sacro, sacred, 14
sacrificio, il, sacrifice, 11
saggio, il, sage, sample, 11
sagra, la, festival, 9
sala, la, hall, 2
salmone, il, salmon, 9
salato, salted, 9

saldi, i, clearance sale, 14

sale, il, salt, 9

salire, to climb, to go up, 4

salone, il, hall, 7

salotto, il, living room, 6

saltare, to jump, 5

salto, il, jump, 12

salume, il, salami, 14

salumeria, la, deli, 14

salutare, to greet, 9

salute, la, health, 4

saluti, i, greetings, 1

salvaguardare, to protect, 15

salvare, to save, 10

salve, hello, 1

salsa, la, sauce, 9

sandali, i, sandals, 14

sanità, la, health care, 16

sanitario, medical, 15

sano, healthy, 15

santo, il, saint, holy, 5

sapere, to know, P

sapone, il, soap, 14

sapore, il, taste, 16

saporito, tasty, 9

saraceno, Saracen, 14

satirico, satirical, 9

Saturno, Saturn, 11

sbagliare, to err, to mistake, 11

sbagliato, wrong, 16

sbarra, la, gate, 13

sbrigare, to take care, 2

sbuffare, to puff, 13

scacchi, gli, chess, 7

scadente, cheap, 5

scaffale, lo, shelf, 6

scalata, la, climb, 13

scale, le, stairs, 6

scaletta, la, list, outline, 5

scalone, lo, staircase, 8

scaloppina, la, cutlet, 9

scambiare, to exchange, 9

scambio, lo, exchange, 1

scandire, to stress, 6

scarpa, la, shoe 3 (**scarpe da ginnastica,** le, sneakers, 3),

scarponi, gli, boots, 13

scatola, la, box, 14

scattare, to snap, 10

scavare, to dig, 16

scavo, lo, excavation, 16

scegliere, to choose, 4

scelta, la, choice, 7

scena, la, scene, 7

scendere, to get off, 13

sceneggiatore, lo/**sceneggiatrice,** la, script writer, 11

scheda, la, form, grid, 5

scheda telefonica, la, phone card, 11

schema, lo, outline, 5

scherma, la, fencing, 7

schermo, lo, screen, 2

scherzare, to joke, to fool around, 8

scherzoso, joking, 11

schiena, la, back, 15

sci, gli, skis, 7

sciare, to ski, 4

sciarpa, la, scarf, 14

sciatore, lo, skier, 10

scientifico, scientific, 8

scienza, la, science, 2

scienziato, lo, scientist, 2

sciogliere, to melt, 9

sciopero, lo, strike, 12

sciroppo, lo, syrup, 15

scivolare, to slip, 7

scoglio, lo, reef, 13

scolastico, educational, 8

scomparire, to disappear, 15

sconosciuto, lo, unknown, 14

sconto, lo, discount, 9

scontro, lo, clash, 4

scoperta, la, discovery, 11

scoprire, to find out, discover, 5

scorpacciata, la, (**fare una**), to gorge, 16

scorrere, to skim through, 9

scorso, past, last, 6

scritta, la, writing, 13

scrittore, lo/**scrittrice,** la, writer, P

scrittura, la, writing, 1

scrivania, la, desk, 6

scrivere, to write, P

scuola, la, school, 1

scuro, dark, 3

scusa, la, excuse, 11

scusi, excuse me, 1

sdraio, lo, deck chair, 13

secolo, il, century, 2

secondo, second, according to, 4

sedentarietà, la, sedentariness, 15

sedentario, sedentary, 6

sedia, la, chair, 2

sedici, sixteen, 1

sei, six, 1

sega, la, saw, 12

segnare, to mark, 5

seguente, following, 5

segretario, il, secretary, 12

segreteria telefonica, la, answer machine, 7

seguire, to follow, 3

semaforo, il, stoplight, 14

semestrale, biannual, 15

semestre, il, semester, 12

semmai, if anything, 15

semplice, simple, 6

sembrare, to seem, 6

sempre, always, 3

senato, il, senate, 16

sensibile, sensitive, 3

senso, il, sense, 16

sentiero, il, path, trail, 13

sentimento, il, feeling, 8

sentire, to listen, to hear, 4

sentirci, to feel, 5

senzatetto, il, homeless, 12

separare, to separate, 12

seppellire, to bury, 4

sequenza, la, sequence, 9

sera, la, evening, P

serale, of the evening, 8

serata, la, evening, 4

sereno, serene, calm, 5

serio, serious, 3

serra, la, greenhouse, 11

servire, to need, to serve, 2

servizio, il, service, 6

servizi, i, restroom, conveniences, 13

sessanta, sixty, 1

sesso, il, sex, 11

seta, la, silk, 8

sete, la, thirst, P

sette, seven, P

settembre, September, 1

settanta, seventy, 1

settentrionale, northern, 10

settimana, la, week, 1

settimanale, weekly, 16

settimanalmente, weekly, 6

settore, il, field, 16

severo, severe, strict, 4

sfilata, la, parade, 9

sfogarsi, to vent, 15

sfruttamento, lo, exploitation, 16

sgridare, to yell, 5

siccome, since, 12

siciliano, Sicilian, 9

sicurezza, la, security, 15

sicuro, certain, sure, 5

sigaretta, la, cigarette, 14

significare, to mean, P

significativo, significant, 16

significato, il, meaning, 13

signor(e), il, gentleman, lord, Mr., 1

signora, la, lady, Mrs., Ms., 1

signorile, luxurious, 12

signorina, la, miss, 1

silenzioso, silent, 8

simbolo, il, symbol, 1

similarità, la, similarity, 16

simile, similar, 5

simpatia, la, sympathy, 16

simpatico, nice, 3

sindacato, il, labor union, 16

sindaco, il, mayor, 12

singolare, singular, 1

sinistra, la, left, 2

sintetizzato, synthesized, 15

sintomo, il, symptom, 15

sintonia, la, agreement, 15

sistema, il, system, 1

sistemazione, la, housing, accommodation, 6

sito, il, site, 10

situare, to place, 3

situazione, la, situation, 5

slogare, to sprain, 10

sloveno, Slovenian, 6

smeraldo, lo, emerald, 10

smog, lo, smog, 15

smoking, lo, tuxedo, 14

snobbare, to snub, 10

snodarsi, to wind, 14

sobbalzo, il, jolt, 16

sociale, social, 7

socialista, socialist, 16

società, la, society, 4

socievole, friendly, 3

sociologia, la, sociology, 2

sociologo, il, social scientist, 9

soccorso, il, assistance (**pronto soccorso,** emergency room), 10

soddisfare, to satisfy, 9

soddisfazione, la, satisfaction, 11

soddisfatto, satisfied, 9

sofferenza, la, suffering, 7

soffriggere, to sauté, 9

soffrire, to suffer, 10

sufficiente, sufficient, passing, 8

soggetto, il, subject, 1

soggiorno, il, living room, residence, stay, 6

sognare, to dream, 8

sogno, il, dream, 10

solare, solar, 15

sole, il, sun, 4

solo, alone, only, 8

soldato, il, soldier, 8

soldi, i, money, 6

soluzione, la, solution, 15

solidarietà, la, solidarity, 15

solito, usual (**di solito,** usually), 4

solitudine, la, loneliness, 8

solo, alone, only, 4

soltanto, only, 8

somigliare, to look like, to be like, 5

sondaggio, il, survey, 3

sonno, il, sleep, P

sopito, dormant, 10

sopportare, to bear, 6

sopra, on, on top of, 2

soprattutto, above all, 3

sorella, la, sister, 4

sorellastra, la, stepsister, 5

sorpresa, la, surprise, 5

sorridere, to smile, 15

sorriso, il, smile, 16

sorte, la, luck, 10

sorvegliante, il/la, guard, 13

sosta, la, stop, 10

sostanza, la, substance, 15

sostenere, to take, 8

sostituire, to substitute, 12

sotterraneo, il, underground, 15

sottile, thin, 9

sotto, underneath, under, 2

sottolineare, to underline, 6

sottomettere, to subject, 5

sovrano, il, monarch, 14

sovrappopolazione, la, overpopulation, 15

spaghetti, gli, spaghetti, P

spagnolo, Spanish, P

spalla, la, shoulder, back, 9

spazio, lo, space, 14

spazzolino da denti, lo, toothbrush, 14

sparecchiare, to clear (the table), 5

spaventare, to frighten, 16

spavento, lo, fright, scare, 16

spaziale, space, 11

spazio, lo, space, 1

spazioso, spacious, 12

spazzare, to sweep, 5

spazzatura, la, garbage, 5

specchio, lo, mirror, 4

speciale, special, 3

specialistico, specialized, 15

specialmente, especially, 4

specialità, la, specialty, 6

specie, la, species, kind, 4

specifico, specific, 6

spedire, to mail, to ship, 5

spegnere, to turn off, 11

spendere, to spend, 5

speranza, la, hope, 9

sperare, to hope, 4

spesa, la, shopping, 4

spese, le, expenses, shopping, 6

spesso, often, P

spettacolare, fantastic, 9

spettacolarità, la, spectacularity, 8

spettacolo, lo, show, 7

spettatore, lo, spectator, 8

spettrale, ghostlike, 16

spiacevole, unpleasant, 7

spiaggia, la, beach, 10

spiegare, to explain, 2

spinaci, gli, spinach, 4

spirito, lo, spirit, 12

spirituale, spiritual, 8

splendido, shining, 7

spogliarsi, to undress, 4

spolverare, to dust, 5

sporco, dirty, 8

sport, lo, sport, 7

sportivo, sportsman, P

sposarsi, to get married, 5

sposato, married, 5

sposi, gli, newlyweds, 5

spostarsi, to move, 15

sprecare, to waste, 15

spremuta d'arancia, la, orange juice, 15

spruzzare, to spray, 13

spumante, lo, sparkling wine, 5

squadra, la, team, (**squadra di calcio,** soccer team), 1

squallido, bleak, 15

squisito, refined, delicious, 7

stabile, steady, 10

stabile, lo, building, 10

stabilimento, lo, factory, plant, 1

stabilito, set, 4

stadio, lo, stadium, 2

stagione, la, season, 4

stamattina, this morning, 6

stampante, la, printer, 6

stampare, to print, 6

stancarsi, to get tired, 10

stanco, tired, 3

stanza, la, room, 7

stare, to stay, to be, P

stasera, tonight, 2

statico, motionless, 1

statistica, la, statistics, 15

statale, state, 8

stato, lo, state, 6

stato civile, lo, marital status, 1

statua, la, statue, 3

statuto, lo, charter, 6

stazione, la, station, 7

stella, la, star, 8

stento, lo, difficulty, 13

stereo, lo, stereo, 5

stereotipo, lo, stereotype, 16

stesso, lo, same, 3

stesura, la, draft, 5

stile, lo, style, 3

stilista, lo/la, designer, 3

stimolante, stimulating, 12

stipendio, lo, salary, 12

stirare, to iron, 5

stivali, gli, boots, 3

stomaco, lo, stomach, 15

storia, la, history, 2

storico, historic, 2

strada, la, street, road, 2

stradale, road, 10

strano, strange, 7

straniero, lo, foreigner, 1

straordinario, remarkable, 3

strategia, la, strategy, 1

strato, lo, layer, 15

strega, la, witch, 8

stressante, stressful, 10

stressato, stressed, 12

stretto, narrow, tight, 2

stropicciare, to rub, 13

strumento, lo, instrument, 2

struttura, la, structure, organization, 1

studente, lo/**studentessa,** la, student, P

studiare, to study, P

studio, lo, study, den, professional shop, 1

studioso, lo, studious, scholar, 3

stupendo, wonderful, 10

stupidamente, foolishly, 16

su, on, 6

subconscio, il, subconscious, 10

subire, to endure, 16

subito, right away, 14

succedere, to happen, 7

successivo, following, 10

successo, il, success, 11

succinto, concise, 6

succo, il, juice, 4

sud, il, south, 1

suggerimento, il, hint, 6

suggerire, to suggest, to hint, 1

sugo, il, juice, 9

suo, his/her/hers, 5

suocera, la, mother-in-law, 5

suocero, il, father-in-law, 5

suonare, to play (an instrument), 2

suoneria, la, ring tone, 11

superalcolici, i, hard liquors, 14

superficie, la, area, surface, 7

superiore, higher, 8

superlativo, il, superlative, 10

supermercato, il, supermarket, 4

superstizioso, superstitious, 11

supposizione, la, assumption, 7

supremo, supreme, 8

svantaggio, lo, disadvantage, 10

sveglia, la, alarm clock, 6

svegliarsi, to wake up, 4

sveglio, awake, 9

svendita, la, sale, 14

sventolare, to wave, 14

sviluppare, to develop, 8

sviluppo, lo, development, 8

svolgere, to happen, to carry out, 10

svolta, la, turning point, 10

svuotare, to empty, 13

T ● ● ●

tabaccheria, la, tobacco shop, 11

tacchino, il, turkey, 9

tacco, il, heel, 14

tacere, to be silent, 11

taglia, la, size, 14

tagliare, to cut, 6

taglio, il, cut, 15

tailleur, il, woman's suit, 14

talvolta, at times, 13

tango, il, tango, 5

tanto, so much, so many, 3

tappeto, il, carpet, 6

tardi, late, 1

tassa, la, tax, 11

tavolo, il, table, 5

taxi, il, taxi, 8

tazza, la, cup, 9

tè, il, tea, 4

teatrale, theater, 14

teatro, il, theater, 2

tecnica, la, technique, 1

tecnico, il, technician, 16

tecnologia, la, technology, 8

tecnologico, technological, 16

tedesco, German, 1

tegame, il, pot, 9

telefonare, to call (to phone), P

telefonata, la, phone call, 5

telefonino, il, cell phone, 8

telefono, il, phone, P

televisione, la, television, P

televisore, il, television set, 2

tema, il, theme, 7

temere, to fear, 15

temperatura, la, temperature, 4

tempio, il, temple, 13

tempo, il, time, weather, 3

temporale, il, temporal, storm, 9

temporaneamente, temporarily, 16

tenda, la, tent, 13

tendenza, la, tendency, 14

tenere, to hold, to keep, 1

tennis, il, tennis, 7

tennista, il/la, tennis player, 5

tenore, il, tenor, 7

tentare, to try, 10

tentatrice, la, temptress, tempting, 8

tepore, il, warmth, 9

termale, thermal, 10

terminare, to end, 9

termine, il, term, word, 7

terminologia, la, terminology, 7

termostato, il, thermostat, 15

terra, la, earth (**per terra,** on the floor), 6

terrazza, la, terrace, 6

terremoto, il, earthquake, 14

terribile, terrible, 8

territorio, il, territory, 15

terzo, third, 5

tesoro, il, treasure, 13

tessera, la, identity card, 15

testa, la, head, 10

testo, il, text, 5

tetto, il, rooftop, 1

ticket, il, co-payment, 15

tifo, il, rooting, 7

tifoso, il,/**tifosa,** la, fan, 7

timidezza, la, shyness, 13

timido, shy, 3

tinta, la, dye, 14

tipicamente, typically, 2

tipico, typical, 3

tipo, il, type, 6

tipologia, la, typology, 5

tirato, tense, 15

titolo, il, title, 5

tollerante, lenient, broad-minded, 3

tolleranza, la, tolerance, 16

tomba, la, tomb, 2

tonico, tonic, 7

tonno, il, tuna, 14

tono, il, tone, 14

tormentato, tortured, 6

tornare, to return, 2

torre, la, tower, P

torta, la, cake, 4

tortellini, i, tortellini, 8

Toscana, la, Tuscany, 5

Toscano, Tuscan, 10

tosse, la, cough, 15

tostapane, il, toaster, 6

totale, total, 10

totocalcio, il, (football) pool, 7

tovaglia, la, tablecloth, 9

tovagliolo, il, napkin, 9

tra, between, 2

traccia, la, trace, 13

tradizionale, traditional, 5

tradizione, la, tradition, 7

tradurre, to translate, 11

traffico, il, traffic, 8

trafiletto, il, paragraph, 11

traghetto, il, ferry, 13

tragitto, il, route, 14

tramontare, to decline, 11

tranne, except, 14

tranquillamente, peacefully, 14

tranquillità, la, calmness, 12

tranquillo, clam, 7

transgenico, transgenic, 15

trapiantare, to transplant, 16

trapassato, il, past perfect, 10

trasferire, to transfer, 6

trascinare, to drag, 8

trascorrere, to spend (time), 9

trascurare, to neglect, 13
traslocare, to move, 16
trasparente, transparent, 10
trarre, to pull, 8
trasmettere, to convey, 14
trasportare, to transport, 11
trasporto, il, transportation, 8
trattamento, il, treatment, 10
trattare, to deal, 5
trattoria, la, eatery, 9
traversa, la, crossroad, 14
tre, three, 1
tredici, thirteen, 1
tremante, shaking, 16
trenino, il, toy train, 8
treno, il, train, 8
trenta, thirty, 1
trentacinque, thirty-five, 1
trentadue, thirty-two, 1
trentanove, thirty-nine, 1
trentaquattro, thirty-four, 1
trentasei, thirty-six, 1
trentasette, thirty-seven, 1
trentatré, thirty-three, 1
trentotto, thirty-eight, 1
trentuno, thirty-one, 1
trionfante, triumphant, 9
triplo, triple, 13
triste, sad, 3
trittico, il, triptych, 9
troppo, too much, 3
trota, la, trout, 9
trovare, to find, 3
truccarsi, to put on makeup, 4
tulipano, il, tulip, 7
tuo, your, yours, 5
turismo, il, tourism, 1
turista, il/la, tourist, 3
turistico, tourist, 2
turno, il, turn, 5
tuta, la, overall, 7
tutela, la, protection, 15
tutto, everything, all, P
tutti, everyone, 6

U ●●●

Ucraina, Ukraine, 16
ucraino, Ukrainian, 16
ufficiale, official, 6
ufficio, l' (m.), office, 1
uguaglianza, l' (f.), equality, 13
uguale, equal, 15
ultimamente, lately, 10
ultimo, l' (m.) last, 3
umanità, l' (f.), humanity, 10

umbro, Umbrian, 9
undici, eleven, 1
unico, only, unique, 5
unione, l' (f.), union, 6
Unione Europea, l' (f.),
    European Union, 16
unire, to unite, to put together, 3
unito, united, close, 5
università, l' (f.), university, P
universitario, university, 10
uno, one (number), a/an (article), P
uomo, l' (m.), man, 2
uovo, l' (m.), egg, 9
urbano, local, 11
urlare, to shout, 5
urlo, l' (m.), shout, 16
usanza, l' (f.), custom, 9
usare, to use, 1
uscire, to go out, 4
uso, l' (m.), usage, 3
utile, useful, 5
utilizzare, to utilize, 13
utilizzo, l' (m.), utilizer, 10
utopia, l' (f.), utopia, 10
uva, l' (f.), grapes, 4

V ●●●

vacanza, la, vacation, 4
vaccino, il, vaccine, 11
vagone letto, il, sleeping car, 13
valere, to be worth, 6
valido, valid, 6
valigia, la, suitcase, 10
valle, la, valley, 7
valore, il, value, 16
valuta, la, currency, 6
vaniglia, la, vanilla, 14
vantaggio, il, advantage, 10
vantaggioso, advantageous, 10
vaporetto, il, steamboat, 12
varietà, la, variety, 8
vario, various, 8
variopinto, multicolored, 14
vasca, la, tub, 6
vaso, il, vase, 6
vasto, large, 14
vaticano, il, Vatican, 4
vecchio, old, 2
vedere, to see, 1
vedovo, il/**vedova,** la, widower,
    widow, 13
vegetariano, vegetarian, 9
vegetazione, la, vegetation, 10
veglione, il, ball, 9
vela, la, sail, 4

veloce, fast, 12
velocità, la, speed, 8
vendere, to sell, 6
vendicativo, revengeful, 15
vendita, la, sale, 12
venditore, il, vendor, 11
venerdì, il, Friday, 1
Venere, Venus, 11
veneto, from the Veneto region, 6
venire, to come, 4
venti, twenty, 1
venticinque, twenty-five, 1
ventidue, twenty-two, 1
ventinove, twenty-nine, 1
ventisei, twenty-six, 1
ventisette, twenty-seven, 1
ventiquattro, twenty-four, 1
ventitré, twenty-three, 1
vento, il, wind, 4
ventoso, windy, 16
ventotto, twenty-eight, 1
ventuno, twenty-one, 1
veranda, la, porch, 6
veramente, truly, 7
verbale, verbal, 12
verbo, il, verb, 4
verde, green, 3
verdura, la, vegetable, 4
vergognarsi, to be ashamed, 13
verificare, to check, to happen, P
verificarsi, to come true, 6
verità, la, truth, 8
vero, true, 1
versione, la, draft, 1
verso, around, line, 4
vestiario, il, clothing, 14
vestirsi, to get dressed, 4
vestito, il, man's suit, dress, 3
vestiti, i, clothes, 5
vetrina, la, store window, 8
vetro, il, glass, 12
via, la, street, 1
viaggiare, to travel, 10
viaggio, il, travel, trip, 3
vicenda, la, event (**a vicenda,**
    one another), 5
vicino, next to, near, 1
video, il, video, 4
videogioco, il, video game, 8
vietare, to forbid, 13
vigile del fuoco, il, fireman, 11
vigilia, la, eve, vigil, 9
villa, la, country house, 3
vincere, to win, 7
vincita, la, win, 12

villaggio, il, resort, 10
villeggiatura, la, holiday, 13
vino, il, wine, 1
violinista, il/la, violin player, 11
violino, il, violin, 5
visita, la, visit, examination, 14
visitare, to visit, 3
viso, il, face, 9
visto, il, visa, 16
vista, la, view, sight, 2
vita, la, life, 2
vitamina, la, vitamin, 15
vite, la, vine, 5
vitello, il, veal, 5
vittoria, la, victory, 10
vivace, lively, 2
vivere, to live, 4
vivo, alive, 5
viziato, spoiled, 8
vocabolario, il, vocabulary, P
vocabolo, il, word, 8
vocale, la, vowel, P
voce, la, voice, 10
voglia, la, desire, 7
volante, flying, 9
volentieri, gladly, 7
volere, to want, 1
volo, il, flight, 10
volontà, la, will, 16
volontariato, il, volunteer work,
    11
volta, (**una volta,** once,
    due volte, twice, **a volte,**
    sometimes), 8
vongole, le, clams, 4
vostro, your/yours, 5
votare, to vote, 12
votazione, la, vote, 16
voto, il, grade, vote, 8
vuoto, empty, 6

W ●●●

water, il, toilet, 6

Z ●●●

zaino, lo, backpack, 2
zebra, la, zebra, 2
zenzero, lo, ginger, 14
zero, lo, zero, 5
zia, la, aunt, 10
zio, lo, uncle, 5
zitto, quiet, 9
zona, la, area, zone, 1
zucca, la, pumpkin, 9
zucchero, lo, sugar, 9

Appendix C — VOCABOLARIO INGLESE–ITALIANO

The English–Italian vocabulary includes most words and expressions used in this book. The meanings are based on the contexts in which they appear within the chapters. Each entry includes the number of the chapter in which a word or expression first appears. The gender of nouns is indicated by the definite article or the abbreviation *m.* or *f.* The masculine form of adjectives is given.

A ●●●

abandon (to), abbandonare, 10
abbey, badia, la, 14
ability, capacità, la, 12
able, capace, 9
about, riguardo, 6
absent, assente, 8
absolute, assoluto, 13
absolutely, assolutamente, 13
absorb (to), assorbire, 16
absurd, assurdo, 15
academy, accademia, l' (*f.*), 3
accept (to), accettare, 7
acceptable, accettabile, 15
access, accesso, l' (*m.*), 11
accessibility, accessibilità, l' (*f.*), 14
accessible, accessibile, 11
accessory, accessorio, l' (*m.*), 6
accident, incidente, l' (*m.*), 10
accomplish (to), realizzare, 12
according to, secondo, 5
accustom (to), abituare, 12
acquaintance, conoscente, il/la, 11
acquire (to), acquisire, 12
act, atto, l' (*m.*), 7
action, azione, l' (*f.*), 5
active, attivo, 4
activity, attività, l' (*f.*), 2
actor, attore, l' (*m.*), P
actress, attrice, l' (*f.*), P
actually, addirittura, 11
ad, annuncio, l' (*m.*), 12
adapt (to), adattarsi, 16
add (to), aggiungere, 9
address, indirizzo, l' (*m.*), 1
address (to), indirizzare, 6
adherent, aderente, 6
adjective, aggettivo, l' (*m.*) 3
adjust (to), adeguarsi, 16
administrative, amministrativo, 6
admire (to), ammirare, 9
admission, ricovero, il, 15
admit (to), ammettere, 10
adolescence, adolescenza, l' (*f.*), 4
adolescent, adolescente, l' (*m.*), 4
adopt (to), adottare, 10
adopted, adottivo, 9
adult, adulto, l' (*m.*), 5
advantage, vantaggio, il, 10
advantageous, vantaggioso, conveniente, 10
adventure, avventura, l' (*f.*), 6
adverb, avverbio, l' (*m.*), 16
advertisement, pubblicità, la, 2
advice, consiglio, il, raccomandazione, la, 5
advisable, consigliabile, 14

advise (to), consigliare, 9
aerobics, aerobica, l' (*f.*), 7
affect (to), influenzare, 6
affection, affetto, l' (*m.*), 5
after, dopo, poi, 1
afternoon, pomeriggio, il, 2
against, contro, 6
age, età, l' (*f.*), 1
agent, agente, l' (*m.*), 6
agreement, accordo, l' (*m.*), sintonia, la, 5
agricultural, agricolo, l' (*m.*), 1
agriculture, agricoltura, l' (*f.*), 1
ahead, avanti, 1
ailment, disturbo, il, 15
air, aria, l' (*f.*), 6
airline, linea aerea, la, 10
airplane, aeroplano, l' (*m.*), 10
airport, aeroporto, l' (*m.*), 1
Albanian, albanese, 16
alcoholic, alcolico, 7
alienation, alienazione, l' (*f.*), 15
alive, vivo, 5
all, tutto, P
allegoric, allegorico, 9
allow (to), permettere, consentire, 8
almond, mandorla, la, 15
almost, quasi, 4
alone, solo, 4
alphabetic, alfabetico, 1
alpine, alpino, 7
already, già, P
also, anche, ancora, 1
alternate, alternativo, 7
always, sempre, 3
ambition, ambizione, l' (*f.*), aspirazione, l' (*f.*), 12
ambitious, ambizioso, 12
amenities, comfort, il, 13
American, americano, P
amount, quantità, la, 10
amphitheater, anfiteatro, l' (*m.*), 8
analysis, analisi, l' (*f.*), 12
ancient, antico, 2
animal, animale, l' (*m.*), 7
animation, animazione, l' (*f.*), 7
animosity, animosità, l' (*f.*), 9
ankle, caviglia, la, 10
anniversary, anniversario, l' (*m.*), 5
announce (to), annunciare, 5
announcement, annuncio, l' (*m.*), 3
answer, risposta, la, 6
answer (to), rispondere, P
antibiotic, antibiotico, l' (*m.*), 15
any, qualunque, 10
anyhow, comunque, 4

anxiety, ansia, l' (*f.*), 4
anxious, ansioso, 15
aperitif, aperitivo, l' (*m.*), 12
appeal, richiamo, il, 4
appear (to), apparire, comparire, 6
appearance, aspetto, l' (*m.*), 5
appetizer, antipasto, l' (*m.*), 5
apple, mela, la, 1
appliances, elettrodomestici, gli, 6
application, domanda, la, 12
apply (to), applicare, richiedere, 15
appoint (to), nominare, 16
appointment, appuntamento, l' (*m.*), 2
appreciate (to), gradire, apprezzare, 5
approach (to), avvicinare, 14
April, aprile, 1
arcade, porticato, il, 6
archaeological, archeologico, 13
architect, architetto, l' (*m.*), 1
architecture, architettura, l' (*f.*), 2
area, superficie, la, 7
area code, prefisso, il, 11
Argentinean, argentino, 1
argue (to), litigare, 5
arm, braccio, il, 4
armchair, poltrona, la, 6
around, in giro, intorno, 8
arrival, arrivo, l' (*m.*), 6
arrive (to), arrivare, 2
art, arte, l' (*f.*), 2
article, articolo, l' (*m.*), 2
artist, artista, l' (*m.*), 1
artistic, artistico, 5
ash, cenere, la, 16
ask (to), domandare, chiedere, 2
asparagus, asparagi, gli (*m.*), 4
aspect, aspetto, l' (*m.*), 13
aspiration, aspirazione, 12
aspirin, aspirina, l' (*f.*), 14
assertion, affermazione, l' (*f.*), 5
assessment, accertamento, l' (*m.*), 15
assist (to), assistere, 5
associate (to), associare, 5
association, associazione, l' (*f.*), 1
assumption, supposizione, la, (also Assunzione), l' (*f.*), 7
astrologer, astrologo, l' (*m.*), 9
astronomy, astronomia, l' (*f.*), 11
astrophysicist, astrofisico, l' (*m.*), 1
at (Internet terminology), @, chiocciola, la, 1

athlete, atleta, l' (*m.*)/l' (*f.*), 7
athletic, atletico, 3
ATM, bancomat, il, 14
atmosphere, atmosfera, l' (*f.*), 5
atmospheric, atmosferico, 15
attain (to), ottenere, 10
attend (to), frequentare, 2
attention, attenzione, l' (*f.*), P
attitude, atteggiamento, l' (*m.*), 9
attract (to), attirare, attrarre, 7
audition, provino, il, 8
August, agosto, P
aunt, zia, la, 10
Australian, australiano, 1
Austrian, austriaco, 6
author, autore, l' (*m.*), 5
autobiography, autobiografia, l' (*f.*), 8
automobile, car, l' (*m.*), P
autonomy, autonomia, l' (*f.*), 6
available, disponibile, a disposizione, 4
avoid, (to), evitare, 4
awake, sveglio, 9
award, premio, il, 10
awkward, impacciato, 10

B ●●●

back, schiena, la, 15
backpack, zaino, lo, 2
bacon, pancetta, la, 14
bad, male, malvagio, cattivo, P
bag, busta, la, 14
bakery, panetteria, la, forno, il, 14
balance, equilibrio, l' (*m.*), 15
balcony, balcone, il, 6
bald, calvo, 3
ball, pallone, il, veglione, il, 7
balloon, palloncino, il, 5
band, gruppo musicale, il, 7
bank, banca, la, 2
baptism, battesimo, il, 5
barber, barbiere, il, 4
bare, nudo, 14
Baroque, barocco, il, 8
basilica, basilica, cattedrale, la, 8
basis, base, la, 4
basketball, pallacanestro, la, 7
bat, mazza, la, 7
bath, bagno, il, 6
bathing suit, costume da bagno, il, 14
bay, baia, la, 11
be (to), essere, stare, 1
beach, spiaggia, la, 10
bear, orso, l' (*m.*), 15
bear (to), sopportare, 6

beard, barba, la, 3
beautiful, bello, 2
beauty, bellezza, la, estetica, l' (*f.*) 3
because, perché, 4
become (to), diventare, divenire, assumere, 4
bed, letto, il, 4
bedroom, camera da letto, la, 6
beef, manzo, il, 9
beer, birra, la, 4
before, prima, 1
begin (to), cominciare, iniziare, incominciare, mettersi, 2
beginning, inizio, l' (*m.*), debutto, il, 6
behave (to), comportarsi, 12
behavior, comportamento, il, 15
behind, indietro, alle spalle, 10
beige, beige, 3
belong (to), appartenere, 6
belt, cintura, la, 14
berry, coccola, la, 10
berth, cuccetta, la, 13
besides, oltre, 7
best, ottimo, 7
better, meglio, migliore, 1
between, tra, 2
beverage, bevanda, la, 9
biannual, semestrale, 15
bicycle, bicicletta, la, 2
big, grosso, grande, 2
bill, conto, il, 6
billion, miliardo, il, 6
biological, biologico, 15
biology, biologia, la, P
biotechnology, biotecnologia, la, 15
birth, nascita, la, 5
birthday, compleanno, il, 1
bite (to), morsicare, 10
black, nero, 3
blackboard, lavagna, la, P
bland, insipido, 9
bleak, squallido, 15
blender, frullatore, il, 6
blond, biondo, 3
blossom (to), fiorire, 9
blow up (to), esplodere, 9
blue, azzurro, blu, 3
boat, barca, la, 11
body, corpo, il, 15
boiling, bollente, 9
bone, osso, l' (*m.*), 15
book, libro, il, P
book (to), prenotare, 6
bookcase, libreria, la, 6
boots, stivali, scarponi, gli, 3
booth, cabina, la, 11
border, confine, il, frontiera, la 16
border (to), confinare, 16
boring, noioso, 2
both, entrambi, 5
bottle, bottiglia, la, 5
bottom, fondo, il, 14
boundlessly, infinitamente, 6
box, scatola, la, 14
boxing, pugilato, il, 7

boy, ragazzo, il, 2
bracelet, bracciale, il, 14
brain, cervello, il, 16
branch, ramo, il, 9
brand, marca, la, 9
Brazilian, brasiliano, 1
bread, pane, il, 4
break (to), rompere, 10
breakfast, colazione, la, 4
breathe (to), respirare, 15
breathless, ansante, 16
bridge, ponte, il, 12
bright, luminoso, acceso, 12
bring (to), portare, 3
British, britannico, 8
brochure, dépliant, il, 10
broken, rotto, 12
bronze, bronzo, 10
broth, brodo, il, 15
brother, fratello, il, 5
brother-in-law, cognato, il, 5
brown, marrone, castano, 3
browned, dorato, 9
build (to), costruire, 3
builder, costruttore, il, 14
building, stabile, lo, 10
burner, fornello, il, 6
bullying, prepotente, 8
burn (to), bruciare, 13
bury (to), seppellire, 4
bus, pullman, il, corriera, la, 13
bush, cespuglio, il, 13
business, commerciale, commercio, il, affari, gli, 6
busy, impegnato, 8
butcher shop, macelleria, la, 14
but, ma, però, 1
butter, burro, il, 9
button, bottone, il, 15
buy (to), comprare, 2
biweekly, quindicinale, il, 14

C ●●●

cadaver, cadavere, il, 15
cafeteria, mensa, la, 2
calculate (to), calcolare, 9
calculation, conto, il, 12
calculator, calcolatrice, la, 2
calendar, calendario, il, P
call (to), chamare, telefonare, P
called, denominato, 10
calm, calm, tranquillo, 3
calmness, tranquillità, la, 12
caloric, calorico, 10
cake, torta, la, 4
camping, campeggio, il, 13
Canadian, canadese, 1
can, lattina, la, 13
cancer, cancro, il, 11
candle, candela, la, cero, il, 5
cap, berretto, il, 8
Capricorn, capricorno, 10
capture (to), catturare, 12
car, automobile, l' (*m.*), macchina, la, P
carbohydrates, carboidrati, i, 15
card, carta, cartolina, la, biglietto, il, 4

career, carriera, la, 10
carefully, attentamente, 5
caretaker, badante, il/la, 16
carnival, carnevale, il, 9
carpet, tappeto, il, 6
cartoon, fumetti, cartoni animati, i, 7
case, caso, il, 7
cash, contante, il, 14
cash register, cassa, la, 14
castle, castello, il, 7
casual, disinvolto, 5
cat, gatto, il, P
categorical, categorico, 15
category, categoria, la, 7
cathedral, duomo, il, 14
catholic, cattolico, 5
cauliflower, cavolfiore, il, 4
cave, grotta, la, 16
celebrate (to), festeggiare, celebrare, 5
cellar, cantina, la, 6
cement, cemento, il, 10
center, centro, il, 1
century, secolo, il, 2
ceramic, ceramica, la, 6
ceremony, cerimonia, la, 5
certain, sicuro, certo, 5
certainly, sicuramente, 11
certainty, certezza, la, 2
chair, sedia, la, 2
chalk, gesso, il, 2
Chamber of deputies, Camera dei deputati, la, 16
championship, campionato, il, 7
chandelier, lampadario, il, 6
change, cambio, cambiamento, il, 6
change (to), cambiare, 5
channel, canale, il, 7
chapter, capitolo, il, 1
character, personaggio, il, 3
characteristic, caratteristico, 13
charge, carica, la, 16
charity, beneficenza, la, 12
charming, affascinante, incantevole, 3
charter, statuto, lo, 6
chat, chiacchierata, la, 7
chat (to), chiacchierare, 7
cheap, scadente, 5
check, assegno, l' (*m.*), 14
check (to), verificare, controllare, P
cheek, guancia, la, 10
cheerful, allegro, 3
cheese, formaggio, il, 4
chef, cuoco, il, 9
chemistry, chimica, la, 2
cherry, ciliegia, la, 9
cherub, cherubino, il, P
chess, scacchi, gli, 7
chest, petto, il, 15
chiaroscuro, chiaroscuro, il, 12
chicken, pollo, il, 4
childhood, infanzia, l' (*f.*), 8
children, figli, bambini, i, 5
chimney, camino, il, P

Chinese, cinese, 2
choice, scelta, la, 7
cholesterol, colesterolo, il, 15
cholesterolemia, colesterolemia, la, 15
choose (to), scegliere, 4
chore, compito, il, 9
Christian, cristiano, 14
Christmas, Natale, il, natalizio, 5
Christmas Eve dinner, cenone, il 9
Christianity, critianesimo, il, 9
chronic, cronico, 15
chronological, cronologico, 10
cigarette, sigaretta, la, 14
cinema, cinema, il, 1
cinnamon, cannella, la, 14
circle, cerchio, il, ambito, l' (*m.*), 5
circular, circolare, 10
circulation, circolazione, la, 6
circumstance, circostanza, la, 16
citizen, cittadino, il, 16
city, città, la, (**capital city,** capoluogo, il, P), P
civilization, civiltà, la, 7
clams, vongole, le, 4
clandestine, clandestino, il, 16
clarity, chiarezza, la, 13
clash, scontro, lo, 4
class, classe, la, 7
classic, classico, 3
classmate, compagno, il, 2
classroom, aula, l' (*f.*), classe, la, 2
clean, pulito, 8
clean (to), pulire, 3
cleaners, lavanderia, la, 11
clear, chiaro, 3
clear (to) the table, sparecchiare, 5
clerk, impiegato, l' (*m.*), 11
clever, bravo, 3
client, cliente, il, 6
climate, clima, il, 13
climb, scalata, la, 13
climb (to), salire, 4, arrampicarsi, montare, 8
clinic, clinica, la, 15
clock, orologio, l' (*m.*), 2
close, vicino, unito, 5
close (to), chiudere, P
closed, chiuso, 16
closet, armadio, l' (*m.*), 3
closing, chiusura, la, 5
clothes, vestiti, i, 5
clothing, vestiario, il, abbigliamento, l' (*m.*), 3
cloudy, nuvoloso, 4
club, mazza, la, 7
coal, carbone, il, 9
coalition, coalizione, la, 16
coast, costa, la, 10
coastline, riviera, la, 2
coat, cappotto, il, mantello, il, 5
coffee, caffè, il, P
coffee maker, macchina da caffè, la, 6
coin, moneta, la, 6

coincide (to), coincidere, 14
coinquilino, il, housemate, 6
cold, freddo, 4
cold, raffreddore, il, 14
colleague, collega, il/la, 9
collection, collezione, la, 7
collide (to), investire, 10
colony, colonia, la, 10
color, colore, il, 3
color (to), colorare, 8
colored, colorato, 9
Colosseum, Colosseo, il, 8
column, colonna, la, 6
comb (to), pettinare, 4
combination, combinazione, la, 12
come (to), venire, 4
comedy, commedia, la, 7
comfort, benessere, il, comodità, la, 10
comfortable, comodo, 6
commemorate (to), rievocare, 9
comment, commento, il, 5
comment (to), commentare, 12
common, comune, 3
communicate (to), comunicare, 15
communicative, comunicativo, 12
communion, comunione, la, 5
community, comunità, la, comunitario, 6
company, compagnia, ditta, la, 7
comparative, comparativo, il, 13
compare (to), paragonare, confrontare, 3
comparison paragone, il, 3
competition, competizione, la, concorso, il, 10
compile (to), compilare, 5
complain (to), lamentarsi, 8
complete, completo, 4
complete (to), completare, 5
completely, completamente, 6
complex, complesso, 1
complicated, complicato, 16
compliment, complimento, il, 15
component, elemento, l' (*m.*), 7
compose (to), comporre, 7
composer, compositore, il, 2
composition, composizione, la, 5
computer science, informatica, l' (*f.*), 2
concern (to), riguardare, 7
concert, concerto, il, 2
concise, succinto, 6
concisely, brevemente, 12
conclude (to), concludere, 5
conclusion, conclusione, la, 7
concrete, concreto, 11
condition, condizione, la, 2
condition (to), condizionare, 15
conditional, condizionale, il, 12
conditioned, condizionato, 6
conditioning, condizionamento, il, 12
condominium, condominio, il, 15

cone, cono, il, 6
confer (to), conferire, 14
conference, conferenza, la, congresso, il, 1
confess (to), confessare, 16
confetti, coriandoli, i, 9
confidence, fiducia, la, 10
confirm (to), confermare, 7
confirmation, conferma, la, 5
confused, confuso, 13
confusion, confusione, la, 1
congratulation, congratulazione, la, 5
conjugate, coniugare, 7
connect (to), connettere, 12
connection, connessione, coincidenza, la, 10
conquer (to), conquistare, 7
conscience, coscienza, la, 15
consider (to), considerare, riflettere, 1
considerable, notevole, 6
consideration, considerazione, la, 6
consist (to), consistere, 8
consistent, consistente, 5
consolidate (to), consolidare, 15
consonant, consonante, la, P
constitution, costituzione, la, 16
construction, costruzione, la, 6
consult (to), consultare, 6
consume (to), consumare, 15
contact, contatto, il, 12
contact (to), contattare, 12
contain (to), contenere, 4
container, contenitore, il, 14
contemporary, contemporaneo, 7
context, contesto, il, 2
continent, continente, il, 8
continue (to), continuare, proseguire, 12
continuously, continuamente, 7
contradict (to), contraddire, 7
contribute (to), contribuire, 10
contribution, apporto, l' (*m.*), contributo, il, 14
convenience, convenienza, la, 14
convenient, conveniente, 6
convent, convento, il, 3
conversation, conversazione, la, P
convey (to), trasmettere, 14
convince (to), convincere, 6
convincing, convincente, 12
cook (to), cuocere, 9
cooked, cotto, 9
cookie, biscotto, il, 4
cool, fresco, 4
cooperate, collaborare, 11
copayment, ticket, il, 15
copper, rame, il, 15
corner, angolo, l' (*m.*), 8
correct, corretto, giusto, 5
correct (to), correggere, 5
correspond (to), corrispondere, 3

corresponding, corrispondente, il, equivalente, 7
corridor, corridoio, il, 8
cosmos, cosmo, il, 11
cost, costo, il, 6
cost (to), costare, 3
costume, costume, il, 4
cotton, cotone, il, 14
cough, tosse, la, 15
Council, Consiglio, il, 16
count (to), contare, 11
counter, bancone, il, 14
countess, contessa, la, 5
country, Paese, il, 1
countryside, campagna, la, P
couple, coppia, la, 10
courage, coraggio, il, 16
course, corso, il, 11
court, corte, la, 3
courtesan, cortigiano, il, 4
courtyard, cortile, il, 5
cousin, cugino, il, cugina la, 5
cover (to), coprire, ricoprire, 13
cozy, accogliente, 6
crazy, pazzo, matto, 8
crane, gru, la, 11
cream, panna, la, 9
create (to), creare, 1
creation, creazione, la, 6
creative, creativo, 12
creativity, creatività, la, 12
credit, credito, il, 11
crime, crimine, il, 11
cross (to), attraversare, 8
crossroad, traversa, la, 14
crowd, folla, la, 14
crowded, affollato, 8
crucial, determinante, 8
cruise, crociera, la, 13
cry (to), piangere, 8
crystal, cristallo, il, 6
cube, cubo, il, 6
cultural, culturale, 6
culture, cultura, la, 2
cup, tazza, la, 9
cura, la, rimedio, il, 15
cure (to), curare, 5
curious, curioso, 6
curly, riccio 3
currency, moneta, valuta, la, 6
current, attuale, 6
curvature, curvatura, la, 14
custom, usanza, l' (*f.*), 9
cut, taglio, il, 12
cut (to), tagliare, 6
cute, carino, 9
cutlet, scaloppina, la, 9
cycling, ciclismo, il, 7

D ●●●

dad, papà, babbo, il, 5
daily, giornaliero, giornalmente, quotidiano, il, 4
damage (to), danneggiare, 15
dance, ballo, il, danza, la, 7
dance (to), ballare, 3
dancer, ballerino, il, 8

dangerous, pericoloso, 13
dark, scuro, 3
data, dati, i, 1
date, data, la, P
daughter, figlia, la, 5
dawn, alba, l' (*m.*), 7
day, giorno, il, giornata, la, P
dead, morto, 5
deal (to), trattare, 5
dear, costoso, caro, gentile, egregio, 3
December, dicembre, 1
decide (to), decidere, 5
decision, decisione, la, 10
deckchair, sdraio, la, 13
decline (to), tramontare, 11
decorate (to), addobbare, ornare, 9
decorated, adornato, 3
decorative, decorativo, 14
dedicate (to), dedicare, 5
defense, difesa, la, 12
definitely, certo, definitivamente, 4
definition, definizione, la, 7
degree, laurea, la, diploma, il, 5
deign (to), degnarsi, 15
delay, ritardo, il, 11
deli, rosticceria, salumeria, la, 9
deliberately, apposta, 16
delicacy, delizia, la, 8
delicious, squisito, 9
deliver (to), recapitare, 11
delude (to), illudere, 16
delusion, illusione, l' (*f.*), 16
democracy, democrazia, la, 16
democratic, democratico, 16
demographic, demografico, 5
demonstrative, dimostrativo, 8
den, studio, lo, 6
denim, jeans, i, 3
denomination, banconota, la, 6
dense, denso, 11
dentist, dentista, il/la, 1
department store, grandi magazzini, i, 10
departure, partenza, la, 6
depend (to), dipendere, 3
deposit (to), depositare, 14
depressed, depresso, 15
deputy, deputato, il, 12
describe (to), descrivere, 4
description, descrizione, la, 3
deserted, deserto, 9
design (to), disegnare, progettare, 6
designate (to), designare, 2
designer, stilista, lo/la, 3
desire, voglia, la, desiderio, il, 7
desire (to), desiderare, 2
desk, banco, il, scrivania, la, 2
despair (to), disperare, 16
desperate, disperato, 10
dessert, dolce, il, 4
destination, meta, la, 9
destroy (to), distruggere, 8
destruction, distruzione, la, 15
detail, particolare, il, 2

develop (to), sviluppare, 8
developing, emergente, 16
development, sviluppo, lo, 8
devout, devoto, 14
diagnostic, diagnostico, 15
dialect, dialetto, il, 6
dialogue, dialogo, il, 5
diary, diario, il, 7
dictatorial, dittatoriale, 16
dictionary, dizionario, il, P
diet, dieta, la, 15
difference, differenza, la, 6
differentiation, differenziazione, la, 12
difficult, difficile, 2
difficulty, stento, lo, difficoltà, la, 13
dig (to), scavare, 16
digital, digitale, 13
dilemma, dilemma, il, 14
diligent, diligente, 8
dine (to), cenare, pranzare, 11
direct, diretto, 5
direction, regia, la, indicazione, l' (f.), 7
directly, direttamente, 7
director, direttore, il, regista, il/la, P
dirty, sporco, 8
disadvantage, svantaggio, lo, 10
disappear (to), scomparire, 15
disappointment, delusione, la, 16
disapproval, dissenso, il, 10
disaster, disastro, il, 16
discipline, disciplina, la, 7
disco, discoteca, la, 4
discount, sconto, lo, riduzione, la, 9
discover (to), scoprire, 16
discovery, scoperta, la, 11
discretion, discrezione, la, 13
discriminate (to), discriminare, 16
discriminating, discriminante, 12
discrimination, discriminazione, la, 16
discuss (to), discutere, 3
dish, pietanza, la, piatto, il, 4
dishwasher, lavastoviglie, la, 6
display, manifestazione, la, 5
display, (to), manifestare, esporre, 16
disposal, disposizione, la, 12
dissatisfaction, insoddisfazione, l' (f.), 12
distance, distanza, la, 14
distant, distante, 10
distinction, distinzione, la, 12
distinguished, distinto, 6
distinctive, caratteristico, 7
distress, angoscia, l' (f.), 15
district, contrada, la, 9
diversity, diversità, la, 6
divide (to), dividere, 5
divorce, divorzio, il, 5
divorce (to), divorziare, 10
divorced, divorziato, 5

do (to), fare, P
doctor, dottore, il, dottoressa, la, medico, il, P
document, documento, il, 6
dog, cane, il, 5
doll, bambola, la, 8
dollar, dollaro, il, 6
dome, cupola, la, 5
Dominican, domenicano, 3
door, porta, la, 2
doorman, portinaio, il, 11
Dorian, dorico, 14
dormant, sopito, 10
dot, punto, il, 1
double, doppio, 6
doubt, dubbio, il, incertezza, l' (f.), 4
doubt (to), dubitare, 11
drag (to), trascinare, 8
draft, versione, stesura, la, 1
dramatic, drammatico, 7
draw (to), disegnare, 2
drawing, disegno, il, 5
draw (to), disegnare, 2
dreadful, orrendo, 15
dream, sogno, il, 10
dream (to), sognare, 8
dress, abito, l' (m.), 14
drink (to), bere, 4
drive (to), guidare, 8
driving license, patente, la, 10
drug, droga, la, 16
drums, batteria, la, 7
due, debito, il, 14
dull, opaco, 10
dumbfounded, interdetto, 15
dune, duna, la, 13
duplex, bifamiliare, il, 16
during, durante, nel corso, 1
dust, polvere, la, 13
dust (to), spolverare, 5
duty, dovere, il, 5
dwarf, nano, il, 8
dwelling, abitazione, l' (f.), 6
dye, tinta, la, 14
dynamic, dinamico, 1

E ●●●

each, ciascuno, ognuno (**each other,** a vicenda), 5
ear, orecchio, l' (m.), 5
earring, orecchino, l' (m.), 14
earn (to), guadagnare, 11
earthquake, terremoto, il, 14
easiness, facilità, la, 13
east, oriente, est, l' (m.), 2
Easter, Pasqua, la, 9
eastern, orientale, 7
easy, facile, 2
easily, facilmente, 5
eat (to), mangiare, pranzare, 2
eatery, trattoria, la, 9
echo, eco, l' (f.), 9
ecological, ecologico, 12
ecology, ecologia, l' (f.), 12
economic, economico, 5
economy, economia, l' (f.), 2

ecosystem, ecosistema, l' (m.), 15
educational, scolastico, educativo, 8
effect, effetto, l' (m.), 11
effective, efficace, 11
efficient, efficiente, 12
egg, uovo, l' (m.), 9
eight, otto, 1
eighteen, diciotto, 1
eighty, ottanta, 1
elderly, anziano, l' (m.), 3
elect (to), eleggere, 16
elective, facoltativo, 8
election, elezione, l' (f.), 16
electrician, elettricista, l' (m.), 12
electrify (to), elettrizzare, 14
elegant, elegante, 2
elementary, elementare, 5
elevator, ascensore, l' (m.), 6
eleven, undici, 1
eliminate (to), eliminare, 12
e-mail, indirizzo elettronico, l', 1
embroidery, ricamo, il, 11
emerald, smeraldo, lo, 10
emergency room, pronto soccorso, il, 10
emigrant, emigrante, l' (m./f.), 16
emigrate (to), emigrare, 16
emigration, emigrazione, l' (f.), 7
emperor, imperatore, l' (m.), 2
empty, vuoto, 6
empty (to), svuotare, 13
enclose (to), rinchiudere, allegare, 3
encourage (to), incoraggiare, 10
end, fine, la, 7
end (to), terminare, finire, 9
endless, interminabile, 8
endure (to), subire, 16
energy, energia, l' (f.), 10
engagement, impegno, l' (m.), 10
engineer, ingegnere, l' (m.), 5
engineering, ingegneria, l' (f.), 2
English, inglese, 1
enjoy (to), godere, 7
enlargement, ingrandimento, l' (m.), 11
enrich (to), arricchire, 8
enrichment, arricchimento, l' (m.), 16
enroll (to), iscriversi, 1
enter (to), entrare, 2
enterprise, iniziativa, l' (f.), 12
enthusiasm, entusiasmo, l' (m.), passione, la, 7
entire, intero, 10
entirely, interamente, 3
environment, ambiente, l' (m.), 4
environmentalist, ambientalista, l' (m./f.), 12
envy (to), invidiare, 12
Epiphany, Epifania, l' (f.), 9
episode, episodio, l' (m.), 3
equal, uguale, 15

equality, uguaglianza, l' (f.), 13
equipment, attrezzatura, l' (f.), 13
eraser, cancellino, il, gomma, la, 2
err (to), sbagliare, 11
errands, commissioni, le, 7
error, errore, l' (m.), 2
eruption, eruzione, l' (m.), 13
especially, specialmente, 4
espresso, espresso, l' (m.), 4
essay, saggio, il, 11
establish, affermarsi, 9
estranged, estraniato, 15
eternal, eterno, 8
ethnic, etnico, 16
Etruscan, etrusco, 9
euro, euro, l' (m.), 6
European, europeo, 2
European Union, Unione Europea, l' (f.), 16
evangelic, evangelico, 3
eve, vigilia, la, 9
evening, sera, serata, la, P
event, avvenimento, l' (m.), manifestazione, la, 5
ever, mai, 4
every, ogni, 2
everyone, tutti, 6
everything, tutto, P
everywhere, dappertutto, 8
evident, evidente, 4
exactly, esattamente, 10
exaggerate (to), esagerare, 15
exam, esame, l' (m.), 6
examine (to), esaminare, 11
example, esempio, l' (m.), 2
excavation, scavo, lo, 16
excellent, prelibato, eccellente, 9
except, tranne, 14
exceptional, eccezionale, 5
excessive, eccessivo, 6
exchange, scambio, lo, cambio, il, 1
exchange (to), scambiare, 9
excited, emozionato, 8
exclude (to), eliminare, escludere, 5
exclusively, esclusivamente, 2
excursion, gita, la, 7
excuse, scusa, la, pretesto, il, 5
executive, esecutivo, l' (m.), 16
exempt, esente, 15
exercise, ginnastica, la, 10
exercise (to), esercitare, 4
exhausted, esausto, 8
exhibit (to), esporre, 9
exhortation, esortazione, l' (f.), 7
exile, esilio, l' (m.), 16
exist (to), esistere, 6
exoticism, esotismo, l' (m.), 14
explain (to), spiegare, 2
exploitation, sfruttamento, lo, 16
export, esportazione, l' (f.) 16
export (to), esportare, 16
exposition, esposizione, l' (f.), 1

expound (to), illustrare, 12
expect (to), aspettarsi, 6
expected, previsto, 4
expense, costo, il, 6
expensive, costoso, 5
express (to), esprimere, 3
expression, espressione, l' (*f.*), P
experience, esperienza, l' (*f.*), 7
expert, esperto, 3
explore (to), esplorare, 12
expressway, autostrada, l' (*f.*), 8
exotic, esotico, 13
extend (to), estendere, 7
extended, allargato, 5
extraterrestrial, extraterrestre, 15
extrovert, estroverso, 3
eye, occhio, l' (*m.*), P
eyeglasses, occhiali, gli, 3
eyelash, ciglio, il, P

F ● ● ●

fabulous, favoloso, 10
facade, facciata, la, 9
face, faccia, la, viso, il, 5
face (to), affrontare, 12
factor, fattore, il, 11
factory, stabilimento, lo, fabbrica, la, 1
false, falso, 1
fall, caduta, la, 16
fall (to), cadere, 7
family, famiglia, la, P
family member, familiare, 5
famous, famoso, celebre, 1
fan, tifoso, il, 7
fantastic, spettacolare, fantastico, 9
far, lontano, 2
farm, fattoria, la, 6
farm (to), coltivare, 1
farmhouse, cascina, la, 6
farming, coltivazione, la, 15
fascinated, affascinato, 16
fascism, fascismo, il, 16
fascist, fascista, il/la, 16
fast, veloce, 12
fat, grasso, 2
father, padre, il, 2
father-in-law, suocero, il, 5
faucet, rubinetto, il, 15
fault, colpa, la, 8
fauna, fauna, la, 15
favor (to), favorire, 10
favorable, favorevole, 16
favorite, preferito, 3
fear, paura, la, spavento, lo, 8
fear (to), temere, 15
feature, caratteristica, la, 3
feather, penna, la, P
February, febbraio, 1
federal, federale, 16
federation, federazione, la, 10
feel (to), sentirsi, provare, 5
feeling, sentimento, il, 8
female, femmina, la, 12

feminine, femminile, 2
fencing, scherma, la, 7
ferment, fermento, il, 14
ferry, traghetto, il, 13
fertile, fertile, 6
festival, sagra, la, 9
festivity, festa, la, 1
festoon, festone, il, 14
fever, febbre, la, 7
few, pochi/e, qualche, 3
fiancé, fidanzato, il, 10
field, campo, settore, il, 2
fifteen, quindici, 1
fifth, quinto, 6
fiftieth, cinquantesimo, 5
fifty, cinquanta, 1
fight (to), combattere, 12
figure, figura, la, 8
final, finale, 1
finally, infine, 7
find (to), trovare (**to find out, scoprire**), 3
finger, dito, il, 10
fine, multa, la, 13
finish (to), finire, 3
fireman, vigile del fuoco, il, 11
fireplace, caminetto, il, 12
fireworks, petardi, i, 9
firm, azienda, l' (*m.*) 12
first, primo, 1
fish, pesce, il, 4
five, cinque, 1
fixation, fisima, la, 15
fixed, fisso, 9
fizzy, gassato, 15
flag, bandiera, la, 9
flight, volo, il, 10
flora, flora, la, 15
flower, fiore, il, 2
flowing, fluido, 10
flu, influenza, l' (*f.*), 15
fluid, liquido, 2
flying, volante, 9
fog, nebbia, la, 4
foggy, nebbioso, 15
folklore, folclore, il, 15
follow (to), seguire, 3
following, seguente, successivo, 5
fond, affezionato, 10
foolishly, stupidamente, 16
food, cibo, il, 4
foot, piede, il, 1
forbid (to), vietare, proibire, 13
forbidden, proibito, 9
forecast, previsioni, le, 4
forefront, avanguardia, l' (*f.*), 15
forehead, fronte, la, 14
foreign, straniero, lo, estero, 1
foreign languages, lingue straniere, le, 2
forest, foresta, la, 15
forget (to), dimenticare, 5
fork, forchetta, la, 9
form, modulo, il, scheda, la, 5
form (to), formare, 5

formal, formale, 1
formidable, formidabile, 15
forming, formazione, la, 12
formulate (to), formulare, 7
fortunate, fortunato, 7
fortune, fortuna, la, 8
fortune-teller, indovino, l' (*m.*) 11
forty, quaranta, 1
forum, foro, il, 8
found (to), fondare, 8
fountain, fontana, la, 2
four, quattro, 1
fourteen, quattordici, P
fragment, frammento, il, 5
free, libero, gratis, gratuito, 3
freely, liberamente, 16
freedom, libertà, la, 9
French, francese, 1
French fries, patatine, le, 4
frenzied, frenetico, 9
frenzy, frenesia, la, 7
frequency, frequenza, la, 3
fresco, fresco, 3
fresco (to), affrescare, 4
fresh, fresco, 4
Friday, venerdì, 1
friend, amico, l' (*m.*) P
friendly, socievole, amichevole, 3
friendship, amicizia, l' (*f.*), 5
fright, spavento, lo, 16
frighten (to), spaventare, 16
fruit, frutta, la, 4
full, pieno, 13
fumble (to), armeggiare, 12
function, funzione, la, 8
funding, finanziamento, il, 15
funny, buffo, divertente, 2
furnish (to), arredare, 6
furnishing, arredamento, l' (*m.*), 6
furniture, mobili, i, 5
future, futuro, il, avvenire, l' (*m.*), 11
futurism, futurismo, il, 1
futurist, futurista, il, 1

G ● ● ●

gallery, galleria, la, 3
game, gioco, il, partita, la, 1
garage, garage, il, 1
garbage, spazzatura, la, rifiuti, i, 5
garden, giardino, il, 3
gardening, giardinaggio, il, 5
garlic, aglio, l' (*m.*), 9
gas, gas, il, 15
gasoline, benzina, la, 13
gastronomic, gastronomico, 10
gate, sbarra, la, 13
gather (to), radunare, 8
gather (to), ritrovarsi, 7
genealogical, genealogico, 5
general, generale, 4
generally, generalmente, in genere, 2
generous, generoso, 3
generation, generazione, la, 5

genetically modified, transgenico, 15
gentle, gentile, 3
genuine, genuino, 13
genuineness, genuinità, la, 15
geographical, geografico, 14
geography, geografia, la, P
German, tedesco, 1
Germany, Germania, la, 9
gerund, gerundio, il, 11
gesture, gesto, il, 10
ghetto, ghetto, il, P
ghostlike, spettrale, 16
gift, regalo, il, 11
ginger, zenzero, lo, 14
girl, ragazza, bambina, la, 2
give (to), dare, donare, 1
glacier, ghiacciaio, il, 7
gladly, volentieri, 7
glance, occhiata, l' (*f.*), 14
glass, bicchiere, vetro, il, 5
global warming, riscaldamento globale, il, 15
glorious, glorioso, 4
gloves, guanti, i, 14
glycemia, glicemia, la, 15
go (to), andare, 1
gold, oro, l' (*m.*), 5
golden, dorato, 9
gondola, gondola, la, 12
good, buono, P
gorge (to), fare una scorpacciata, 16
Gothic, gotico, 2
Government, governo, il, regime, il, 16
grade, voto, il, 8
graduate (to), laurearsi, diplomarsi, 5
grammar, grammatica, la, 1
grandchild, nipote, il/la, 5
grandfather, nonno, il, 5
grandmother, nonna, la, 5
grapes, uva, l' (*f.*), 4
grass, erba, l' (*f.*), 6
grate (to), grattugiare, 9
gray, grigio, 3
great, grande, 1
great-grandparents, bisnonni, i, 5
Greek, greco, 1
green, verde, 3
greengrocer, fruttivendolo, il, 14
greenhouse, serra, la, 11
greet (to), salutare, 9
greeting, augurio, l' (*m.*), saluto, il, P
grilled, grigliato, 9
grocery, alimentari, gli, 14
growth, crescita, la, 5
guard, sorvegliante, il/la, 13
guardian, protettore, il, 12
guess (to), indovinare, 1
guest, ospite, l' (*m./f.*), invitato, l' (*m.*), 4
guide, guida, la, P
guided, guidato, 10

guitar, chitarra, la, 2
gulf, golfo, il, 11
gym, palestra, la, 7

H ●●●

habit, abitudine, l' (f.) 4
hair, capelli, i, 3
hairdresser, parrucchiere, il/la, 11
hair dryer, asciugacapelli, l' (m.), 7
half, metà, 8
hall, sala, la, salone, il, 2
ham, prosciutto, il, 2
hammer, martello, il, 12
hand, mano, la, 9
hand (to), consegnare, porgere, 13
handbag, borsa, la, 2
handicapped, invalido, 15
handicraft, artigianato, l' (m.), 15
handkerchief, fazzoletto, il, 14
hang (to), appendere, 9
happen (to), succedere, avvenire, svolgere, verificare, 7
happy, lieto, contento, felice, allegro, 1
happiness, felicità, la, 9
hard, duro, 6
harm (to), nuocere, 10
harmful, nocivo, 15
haste, fretta, la, 8
hat, cappello, il, 14
hate (to), odiare, 8
have (to), avere, disporre, 1, dovere, 5
head, capo, il, testa, la, 8
health, salute, la, 4
health care, sanità, la, assistenza sanitaria, l' (f.), 15
healthy, sano, 15
hear (to), sentire, 7
heart, cuore, il, 3
heat, caldo, il, 6
heating, riscaldamento, il, 8
heaven, paradiso, il, 9
heavy, pesante, intenso, 7
heel, tacco, il, 14
hellish, infernale, 11
hello, ciao, salve, P
help, aiuto, l' (m.), 4
help (to), aiutare, 6
her/hers, suo, 5
herbs, erbe aromatiche, le, 15
heritage, patrimonio, il, 10
hide (to), nascondere, 16
hidden, nascosto, 10
high, alto, elevato, 1
higher, superiore, 8
highest, massimo, 4
hill, collina, la, colle, il, 1
hint, suggerimento, il, 6
his, suo, 8
historic, storico, 2
history, storia, la, 2
hit (to), colpire, 15
hold (to), tenere, 1
holiday, festività, villeggiatura, la, ferie, le, 9

holy, santo, 14
home, casa, la, P
homeland, patria, la, 5
homeless, senzatetto, il, 12
homemade, casalingo, 9
homemaker, casalinga, la, 5
homesickness, nostalgia, la, 8
homework, compito, il, 2
homogeneity, omogeneità, l' (f.), 16
homogenize (to), omogeneizzare, 15
honest, onesto, 3
honeymoon, viaggio di nozze, il, luna di miele, la, 5
honor, onore, l' (m.), 9
honor (to), rispettare, 4
hope, speranza, la, 9
horoscope, oroscopo, l' (m.), 11
horse, cavallo, il, 5
horrible, orribile, 10
hospital, ospedale, l' (m.), ospedaliero, 1
hostel, ostello, l' (m.), 13
hot, caldo, 4
hotel, albergo, l' (m.), alberghiero, 8
hour, ora, l' (f.), 3
house, casa, la, P
housekeeper, governante, la, 8
household, domestico, 6
housework, faccende, le, 5
housing, sistemazione, la, 6
how, come, P
how much, quanto, 3
hug (to), abbracciare, 5
huge, enorme, 10
Humanities, lettere, le, 2
humanity, umanità, l' (f.), 10
hunger, fame, la, 4
hunting, caccia, la, 16
hurry (to), sbrigarsi, 11
husband, marito, il, 5
hybrid car, macchina ibrida, la, 15
hydrofoil, aliscafo, l' (m.), 13
hypermarket, ipermercato, l' (m.), 14
hypochondriac, ipocondriaco, 15
hypothesis, ipotesi, l' (f.), 4

I ●●●

ice, ghiaccio, il, 7
ice cream, gelato, il, P
idea, idea, l' (f.), 11
ideal, ideale, 9
idealistic, idealista, 12
identical, identico, 6
identify (to), identificare, 7
identità, identità, l' (f.), 13
ideology, ideologia, l' (f.), 16
idiot, idiota, 15
illegal, illegale, 16
illegitimate, illegittimo, 5
illness, malanno, il, malattia, la, 10

image, immagine, l' (f.), 8
imaginary, immaginario, 7
imagination, fantasia, immaginazione, la, 7
imagine (to), immaginare, 5
immediate, immediato, 11
immerse (to), immergere, 6
immersion, immersione, l' (f.), 13
immigrant, immigrato, il/la, 16
immigration, immigrazione, l' (f.), 16
immortalize (to), immortalare, 3
impact, impatto, l' (m.), 15
imperative, imperativo, l' (m.), 9
imperfect, imperfetto, l' (m.), 8
impersonal, impersonale, 7
importance, importanza, l' (f.), 9
important, importante, 1
impossible, impossibile, 15
improve (to), migliorare, perfezionare, 7
improvisation, improvvisazione, l' (f.), 9
include (to), comprendere, incorporare, includere, 6
income, reddito, il, 15
increase, aumento, l' (m.), 6
incredible, incredibile, 10
incurable, incurabile, 15
indefinite, indeterminativo, indefinito, 2
independence, indipendenza, l' (f.) 1
independent, indipendente, 8
indicative, indicativo, 16
indirect, indiretto, 9
indispensable, indispensabile, 15
industrial, industriale, 1
industrialized, industrializzato, 11
industry, industria, l' (f.), 1
inequality, ineguaglianza, 13
infatuation, infatuazione, l' (f.), 15
infection, infezione, l' (f.), 15
infer (to), dedurre, 14
infinite, infinito, l' (m.), 3
inform (to), informare, 7
informal, informale, 1
influence, influenza, l' (f.), 4
influence (to), influire, 15
influential, influente, 8
information, informazione, la, 1
infuse (to), infondere, 9
initial, iniziale, 9
inquiry, inchiesta, l' (f.), 16
insert (to), inserire, 11
insist (to), insistere, 8
insomnia, insonnia, l' (f.), 15
inspire (to), ispirare, 12
installment, rata, la, 11
instead, invece, 1
institute, istituto, l' (m.), 2
instrument, strumento, lo, 2
integrate (to), integrarsi, inserirsi, 15

integration, integrazione, l' (f.), inserimento, l' (m.), 6
intellectual, intellettuale, il/la, 7
intelligent, intelligente, 3
intensive, intenso, 8
intention, intenzione, l' (f.), 6
interchangeable, interscambiabile, 12
interior, interno, 13
interest (to), interessare, 7
interesting, interessante, 2
interior decorator, arredatore/arredatrice, l' (m./f.), 11
internal, interno, 8
international, internazionale, 7
Internet connection, connessione Internet, la, 13
interplanetary, interplanetario, 11
interrogation, interrogazione, l' (f.), 8
interview, intervista, l' (f.), colloquio, il, 4
interview (to), intervistare, 1
interviewee, intervistato, l' (m.), 15
intransigent, intransigente, 4
introduce (to), presentare, introdurre, 1
introduction, presentazione, la, 1
intruder, intruso, l' (m.) 1
invent (to), inventare, 7
invest (to), investire, 6
invitation, invito, l' (m.), 5
invite (to), invitare, 5
Iranian, iraniano, 1
irregular, irregolare, 6
iron, ferro, il, 4
iron (to), stirare, 5
ironic, ironico, 11
irresistible, irresistibile, 4
island, isola, l' (f.), 4
isolated, isolato, 15
issue, questione, la, 12
Italian, italiano, P
italics, corsivo, il, 8
Italy, Italia, l' (f.), P
item, capo, il, 14

J ●●●

jacket, giacca, la, 3
jail, carcere, il, 16
jam, marmellata, la, 14
January, gennaio, P
Japanese, giapponese, 1
jar, barattolo, il, 14
jealous, geloso, 8
jeans, jeans, i, 3
jewel, gioiello, il, 10
jewelry, gioielli, i, 5
jewelry store, gioielleria, la, 14
job, lavoro, il, 5
jogging, footing, il, 7
joke (to), scherzare, 8
joking, scherzoso, 11
jolt, sobbalzo, il, 16

journalism, giornalismo, il, 2
journalist, giornalista, il/la, 6
journey, percorso, il, 10
joyful, gioioso, 14
juice, succo, il, 4
July, luglio, P
jump, salto, il, 12
jump (to), saltare, balzare, 8
Jupiter, Giove, 11
justify (to), giustificare, motivare, 5

K ••●

keep (to), conservare, 6
key, chiave, la, 5
kid, ragazzo, il, 1
kilometer, chilometro, il, 3
kindness, bontà, gentilezza, la, 5
king, re, il, 14
kingdom, regno, il, 14
kinship, parentela, la, 5
kiss, bacio, il, 10
kiss (to), baciare, 10
kitchen, cucina, la, 6
kiwi, kiwi, il, 9
knee, ginocchio, il, 15
knife, coltello, il, 9
know (to), sapere, conoscere, P
knowledge, conoscenza, la, 10
Korean, coreano, 1

L ●●●

labor union, sindacato, il, 16
lack, mancanza, la, 16
Ladin, ladino, 6
lake, lago, il, 3
lamb, agnello, l' (*m.*), 9
lamp, lampada, la, 6
landscape, paesaggio, il, 4
language, lingua, la, P
large, largo, grosso, vasto, 9
lasagna, lasagne, le, P
last, ultimo, l' (*m.*) 3
last (to), durare, 9
lastly, finalmente, 8
late, tardi, 1
lately, ultimamente, 10
later, più tardi, 1
laughter, risata, la, 7
laundry, bucato, il, 5
lava, lava, la, 14
lavish, fastoso, 14
law, giurisprudenza, legge, la, 2
lawyer, avvocato, l' (*m.*), 1
layer, strato, lo, 15
layout, piantina, la, 6
lazy, pigro, 3
leadership, primato, il, 15
lean (to) appoggiarsi, 8
learn (to), imparare, 2
leather, la, pelle, 14
leave (to), lasciare, partire, 2
left, sinistra, la, 2
leg, gamba, la, 10
legal, legale, 11
lend (to), prestare, 10
lemon, limone, il, 9

lenient, permissivo, tollerante, 3
lent, quaresima, la, 9
letter, lettera, la, 2
level, livello, il, 2
liberation, liberazione, la, 9
library, biblioteca, la, 9
lie, bugia, la, 8
life, vita, la, 2
light, luce, la, leggero, 2
lighted, illuminato, 14
lightning, fulmine, il, 10
limit, limite, il, 4
limit (to), limitare, 4
limited, limitato, 8
line, verso, il, linea, la, 8
linen, biancheria, la, lino, il, 6
linger (to), intrattenersi, 13
linguistic, linguistico, 2
link, legame, il, 5
link (to), collegare, abbinare, 5
lips, labbra, le, 13
list, lista, la, elenco, l' (*m.*), 5
list (to), elencare, 6
listen (to), ascoltare, P
liter, litro, il, 15
literally, letteralmente, 10
literature, letteratura, la, 2
little, poco, 1
live (to), abitare, 2
lively, energico, movimentato, 2
local, locale, urbano, 11
location, posizione, la, 13
logical, logico, 9
loneliness, solitudine, la, 8
long, lungo, 3
look, aspetto, 6
look (to), guardare, 1
look for (to), cercare, 2
look like (to), somigliare, 5
lose (to), perdere, 6
lord, signore, il, 4
lotion, crema, la, 13
lottery, lotteria, la, lotto, il, 7
love, amore, l' (*m.*), 7
love (to), amare, 3, voler bene, 7
lover, innamorato, 9
loving, affettuoso, 5
lower, inferiore, 14
lower (to), diminuire, 12
lowest, minimo, 4
luck, fortuna, sorte, la, 10
luggage, bagaglio, il, 10
lung, polmone, il, 9
luxurious, lussuoso, signorile, 3
luxury, lusso, il, 6
lyric, lirico, 3

M ••●

magazine, rivista, la, 14
magnificent, magnifico, 10
maid, cameriera, la, 8
mail, posta, la, 4
mail (to), spedire, imbucare, 5
mailbox, cassetta delle lettere, la, 14
main, principale, 5
majestic, maestoso, 8

majesty, maestà, la, 8
major, maggiore, 5
majority, maggioranza, la, 6
male, maschio, il, 11
mall, centro commerciale, il, 14
man, uomo, l' (*m.*), 2
management, amministrazione, l' (*f.*), 11
manager, dirigente, il, 12
manner, maniera, modalità, la, 5
many, molto, 3
map, carta geografica, mappa, piantina, la, 2
marble, marmo, il, 3
March, marzo, 1
marine, marino, 7
marital status, stato civile, lo, 1
mark (to), segnare, 5
market, mercato, il, 9
married, sposato, 5
marry (to), sposare, 5
masculine, maschile, 2
mask, maschera, la, 9
mass, messa, la, 9
masterpiece, capolavoro, il, 8
match (to), abbinare, 6
materialistic, materialista, il/la, 3
maternal materno, 5
matter (to), importare, 7
mature, maturo, 4
maybe, forse, 5
mayonnaise, maionese, la, 9
mayor, sindaco, il, 12
meal, pasto, il, 4
mean (to), significare, P
meaning, significato, il, 13
means, mezzo, 8
meanwhile, intanto, 5
measure, misura, 7
measure (to), misurare, 14
meat, carne, la, 4
mechanic, meccanico, il, 11
mechanical, meccanico, 7
medal, medaglia, la, 10
mediate (to), mediare, 16
mediation, mediazione, la, 4
medical, sanitario, 15
medicine, farmaco, il, medicina, la 15
medieval, medioevale, 2
Mediterranean, mediterraneo, il, 14
meet (to), incontrare, 2
meeting, riunione, la, 5
meeting, incontro, l' (*m.*), 7
melon, melone, il, 9
melt (to), sciogliere, 9
member, membro, il, 6
memory, ricordo, il, memoria, la, 8
mentality, mentalità, la, 16
mention (to), menzionare, 6
menu, menù, il, 7
merchandise, merce, la, 12
merchant, negoziante, il/la, 11
mess, disordine, il, 5

message, messaggio, il, 4
messy, disordinato, 6
metal, metallo, il, metallico, 11
meter, metro, il, 1
Mexican, messicano, 1
micro-organism, microrganismo, il, 7
microwave, microonde, il, 6
midday, mezzogiorno, il, 4
middle, mezzo, medio, metà, la, 7
midnight, mezzanotte, la, 4
migration, migrazione, la, 16
Milanese, milanese, 3
milk, latte, il, 4
million, milione, il, 6
mimosa, mimosa, la, 9
mind, mente, la, 8
mine, mio, 5
mineral, minerale, 4
minister, ministro, il, 8
minority, minoranza, la, 6
minus, meno, 1
mirror, specchio, lo, 4
mishap, inconveniente, l' (*m.*), 10
miss, mancare, perdere, 1
mistake (to), sbagliare, 11
mistrust (to), diffidare, 14
model, modello, il, 11
moderate, discreto, 13
moderately, moderatamente, 15
modern, moderno, 2
modernity, modernità, la, 13
modest, modesto, 8
modify (to), modificare, 15
mom, mamma, la, 5
moment, momento, il, 7
monarch, sovrano, il, 14
monarchy, monarchia, la, 16
Monday, lunedì, P
monetary, monetario, 6
money, soldi, quattrini, i, 6
month, mese, il, P
monument, monumento, il, 6
moped, motorino, il, 8
more, più, 1
morning, mattina, la, mattutino, 2
mortgage, mutuo, il, 6
mosaic, mosaico, il, 2
mother, madre, la, 2
mother-in-law, suocera, la, 1
motionless, statico, 1
motorboat, motoscafo, il, 13
motorcycle, motocicletta, la, 8
mountain, montagna, la, P
mountainous, montagnoso, 7
mouth, bocca, la, 8
move (to), muovere, cambiare, circolare, spostarsi, traslocare, 6
movement, movimento, il, 8
mozzarella, mozzarella, la, 16
mushroom, funghi, i, 9
music, musica, la, P
multicolored, variopinto, 14
multiethnic, multietnico, 6
muscular, muscoloso, 10
museum, museo, il, 2

musician, musicista, il/la, P
my, mio, 5
mystic, mistico, 10
mysticism, misticismo, il, 9
myth, mito, il, 11

N ●●●

nail, unghia, l' (f.), 11
name, nome, il, (last name, cognome, il), P
napkin, tovagliolo, il, 9
narcissus, narciso, il, 9
narrator, narratore/narratrice, il/la, 8
narrow, stretto, 2
nation, nazione, la, P
national, nazionale, 4
nationality, nazionalità, la, P
natural, naturale, 2
naturalism, naturalismo, il, 9
naturally, naturalmente, 7
nature, natura, la, 7
naughty, capriccioso, 8
navigate (to), navigare 6
Neapolitan, napoletano, 9
near, vicino, presso, 14
neat, ordinato, 5
nebula, nebulosa, la, 11
necessary, necessario, 2
neck, collo, il, 15
necklace, collana, la, 14
need, bisogno, il, esigenza, l' (f.), necessità, la, 6
need (to), sevire, aver bisogno di, occorrere, 2
negative, negativo, 8
neglect, desolazione, la, 10
neglect (to), trascurare, 16
neglected, desolato, 13
negotiate (to), negoziare, 4
negotiator, negoziatore, il, 4
neighborhood, quartiere, il, dintorni, i, 6
neither, nemmeno, 4
nephew, nipote, il, 5
Neptune, Nettuno, 11
net, rete, la, 13
neurotic, nevrotico, 15
never, non . . . mai, 4
new, nuovo, 2
newlywed, sposi, gli, 5
newspaper, giornale, il, 2
next, prossimo, vicino, 5
niece, nipote, la, 5
night, notte, la, notturno, P
nightmare, incubo, l' (m.), 10
nine, nove, P
nineteen, diciannove, 1
ninety, novanta, 1
nodule, nodulo, il, 10
noise, rumore, baccano, il, 5
noisy, rumoroso, chiassoso, 5
non-existent, inesistente, 16
Norman, normanno, il, 14
north, nord, il, 4
northern, settentrionale, 10
nose, naso, il, 10

note (to), notare, annotare, 4
notebook, quaderno, il, 2
notes, appunti, gli, 6
nothing, niente, 2
notice (to), accorgersi, 15
noun, nome, il, P
nourishment, alimentazione, l' (f.), 15
novel, romanzo, il, 3
novelty, novità, la, 10
November, novembre, 1
now, adesso, P
nuclear, nucleare, 11
nuisance, fastidio, il, 15
number, numero, il, P
numerous, numeroso, 5
nun, monaca, la, 4
nurse, infermiere/a, l' (m./f.), 12
nursery rhyme, filastrocca, la, 11
nutrition, nutrizione, la, 15
nutritionist, nutrizionista, il/la, 15

O ●●●

obedient, obbediente, 8
obesity, obesità, l' (f.), 15
object, oggetto, l' (m.), 5
objective, oggettivo, 16
observatory, osservatorio, l' (m.), 11
observe, osservare, 5
obsession, ossessione, l' (f.), 15
obviously, ovviamente, 9
occasion, occasione, l' (f.), 5
occupy (to), occupare, 5
occurrence, evento, l' (m.), 9
ocean, oceano, l' (m.), 13
October, ottobre, 1
offer, offerta, l' (f.), 10
offer (to), offrire, 4
office, carica, la, 16
office, ufficio, l' (m.), agenzia, l' (f.), 1
official, ufficiale, 6
often, spesso, P
oil, olio, l' (m.), 9
old, vecchio, 2
oliva, olive, l' (f.), 6
Olympic, olimpico, 1
omen, auspicio, l' (m.), 14
on, su, sopra, 2
one, uno, P
once, una volta, 8
onion, cipolla, la, 9
only, unico, solo, soltanto, 5
open, aperto, 7
open (to), aprire, P
operatic, operistico, 7
opinion, opinione, l' (f.), 4
opposite, opposto, contrario, il, 1
optimistic, ottimista, 3
or, o, oppure, 3
oral, oral, 8
orange, arancia, l' (f.) (orange juice, spremuta d'arancia, la), 4
orange color, arancione, 3

orchestra, orchestra, l' (f.), P
order, ordine, l' (m.), 1
order (to), commissionare, ordinare, 4, 15
organism, organismo, l' (m.), 15
organization, organizzazione, l' (f.), struttura, la, ente, l' (m.), 1
organize (to), organizzare, allestire, 5
organized, organizzato, 3
organizer, animatore, l' (m.), 13
origin, origine, l' (f.), provenienza, la, 1
originate (to), provenire, 13
other, altro, 1
our/ours, nostro, 5
out, outside, 4
outline, scaletta, la, schema, lo, 5
outside, fuori, 16
outskirt, periferia, la, 6
oven, forno, il, 6
overpopulation, sovrappopolazione, la, 15
own, proprio, 3
own (to), possedere, 1
owner, proprietario, il, 1
oxygen, ossigeno, l' (m.), 15
ozone, ozono, l' (m.), 15

P ●●●

package, pacchetto, pacco, il, 10
package (to), confezionare, 15
pagan, pagano, il, 9
page, pagina, la, 7
paint (to), dipingere, 3
painter, pittore, il, 4
pajamas, pigiama, il, 14
paleoanthropological, paleoantropologico, 14
Paleolithic, paleolitico, 16
painting, dipinto, il, pittura, la, 8
pain, dolore, il, 15
pair, coppia, la, paio, il, 5
pale, pallido, 15
panorama, panorama, il, 1
panoramic, panoramico, 2
panettone, panettone, il, 9
pant (to), ansimare, 8
pants, pantaloni, i, 3
paper, carta, la, 2
parade, sfilata, la, 9
paragraph, paragrafo, trafiletto, il, 8
parents, genitori, i, 2
Parliament, parlamento, il, 16
parliamentary, parlamentare, 16
park, parco, il, 3
parking, parcheggio, il, 6
parmesan, parmigiano, 9
part, parte, la, 6
participant, partecipante, il/la, 14
participation, partecipazione, la, 16
participle, participio, il, 6
particular, determinato, 9
partition, divisione, la, 16

party, festa, la, festeggiamento, partito, il, 5
pass (to), passare, 5
passenger, passeggero, il, 13
passing, sufficiente, 8
passive, passivo, 7
passport, passaporto, il, 10
past, passato, il, scorso, 5
pasta, pasta, pastasciutta, la, 6
pastime, passatempo, il, 13
pastry, pasta, la, (pastry shop, pasticceria, la), 14
paternal, paterno, 5
path, sentiero, il, 13
patient, paziente, 3
patron, patrono, il, patronale, 5
pattern, modello, il, 10
pay (to), pagare, 6
payment, pagamento, il, 13
peas, piselli, i, 4
peace, pace, la, 12
peaceful, pacifico, 16
peacefully, tranquillamente, 14
peach, pesca, la, 9
pearl, perla, la, 7
peasant, contadino, il, 13
pedagogical, pedagogico, 8
pen, penna, la, P
pencil, matita, la, 2
peninsula, penisola, la, P
pension, pensione, la, 3
people, gente, la, 3
pepper, pepe, il, 9
perceive (to), percepire, 12
percent, per cento, 6
percentage, percentuale, la, 5
perfect, perfetto, 2
perfection, perfezione, la, 4
perfume, profumo, il, 13
period, periodo, il, 1
perhaps, magari, forse, 7
permanent, permanente, 16
permission, permesso, il, 4
permit, permesso, il, 4
perseverance, perseveranza, la, 16
person, persona, la, individuo, l' (m.), 3
personal, personale, 1
personality, personalità, la, 3
perspective, prospettiva, la, 3
pessimistic, pessimista, 3
pesticides, pesticidi, i, 15
pesto, pesto, il, 9
pharmacist, farmacista, il, 14
pharmacy, farmacia, la, 1
phase, fase, la, 15
phenomenon, fenomeno, il, 11
philosopher, filosofo, il, 10
philosophical, filosofico, 10
philosophy, filosofia, la, 1
Phoenician, fenicio, 14
phone, telefono, il, P
phone call, telefonata, la, 5
photographer, fotografo, il, 12
photography, fotografia, la, 12
physical, fisico, 3
physicality, fisicità, la, 7

physics, fisica, la, 10
piano, piano, pianoforte, il, 7
picture, quadro, ritratto, il, 6
piece, pezzo, il, 9
pilgrim, pellegrino, il, 9
pizza, pizza, la, 2
pizzeria, la, pizzeria, 4
place, luogo, posto, il, località, la, P
place (to), situare, 3
plain, pianura, la, 1
plan, progetto, il, 11
plane, aereo, l' (*m.*), 8
planet, pianeta, il, 11
plant, pianta, la, impianto, l' (*m.*), 5
plastic, plastica, la, 12
platform, binario, il, 11
play (to), suonare, giocare, 2
playbill, locandina, la, 7
player, giocatore, il, 7
pleasant, piacevole, 7
please, per favore, P
pleasure, piacere, il, P
plentiful, abbondante, 9
plumber, idraulico, l' (*m.*), 12
plunge (to), buttarsi, 16
plural, plurale, 1
plus, più, 1
Pluto, Plutone, 11
poem, poesia, la, 3
poet, poeta, il, poetessa, la, P
point, punto, il, 3
point (to), accennare, 16
police officer, poliziotto, il, 11
political, politico, 10
political rally, comizio, il, 1
politically, politicamente, 6
politician, politico, il, 1
politics, politica, la, 3
pollute (to), inquinare, 8
pollution, inquinamento, l' (*m.*), 8
polychromatic, policromo, 9
pool, biliardo, il, piscina, la, (**football pool,** totocalcio, il), 7
poor, povero, 5
pope, papa, il, 4
popular, popolare, 7
population, popolazione, la, 6
porcelain, porcellana, la, 9
porch, veranda, la, 6
port, porto, il, 6
portrait, ritratto, il, 4
Portuguese, portoghese, 14
position, collocazione, la, posto, lavoro, il, 11
positive, positivo, 10
possessive, possessivo, 5
possibility, possibilità, la, 2
possible, possibile, 4
post office, ufficio postale, l' (*m.*) 14
postcard, cartolina, la, 9
poster, poster, il, 6
postpone (to), rimandare, 16
pot, tegame, il, 9

potato, patata, la, 4
poverty, povertà, la, 16
power, potenza, la, potere, il, 5
practical, pratico, 13
practice (to), praticare, 7
precise, preciso, accurato, 11
precisely, appunto, 12
prediction, predizione, la, 11
prefer (to), preferire, 3
preferably, preferiblmente, 12
preference, preferenza, la, 9
prehistorical, preistorico, 10
prejudice, pregiudizio, il, 16
premise, locale, il, 7
preparation, preparativo, il, 5
prepare (to), preparare, apparecchiare, 5
preposition, preposizione, la, 6
preschool, asilo, l' (*m.*), 8
prescription, ricetta, la, 15
present, presente, regalo, il, 1
present (to), presentare, 6
preserve (to), preservare, 16
president, presidente, il/la 7
President of the Republic, il Presidente della Repubblica, 16
pressure, pressione, la, 15
pretty, grazioso, 6
previous, precedente, 7
price, prezzo, il, quota, la, 6
prince, principe, il, 8
principal, preside, il/la, 10
principle, principio, il, 9
print (to), stampare, 6
printer, stampante, la, 6
private, privato, 7
privilege, privilegio, il, 10
probability, probabilità, la, 11
probable, probabile, 15
probably, probabilmente, 3
problem, problema, il, 7
proceed (to), avanzare, 14
process, processo, il, 6
procession, processione, la, 14
produce (to), produrre, 1
producer, produttore/produttrice, il/la, 11
product, prodotto, il, 1
production, produzione, la, 15
profession, professione, la, 2
professional, professionista, il/la, professionale, 7
professor, professore, il, professoressa, la, P
program, programma, il, 2
programmer, programmatore, il, programmatrice, la, 12
progress, progresso, il, 8
progress (to), progredire, 8
progressive, progressivo, 11
project, progetto, il, 9
promise, promessa, la, 11
promote (to), promuovere, 16
promotion, promozione, la, 10
pronoun, pronome, il, 1
pronounce (to), pronunciare, P

property, proprietà, la, 6
proportion, proporzione, la, 14
proposal, proposta, la, 16
propose (to), proporre, 8
protagonist, protagonista, il/la, 7
protect (to), proteggere, salvaguardare, 12
protection, tutela, la, 15
protest, protesta, la, 7
protest (to), protestare, 11
proud, orgoglioso, 6
provide (to), provvedere, 14
province, provincia, la, 1
provisional, provvisorio, 7
publish (to), pubblicare, 11
puppet, pupo, il, 9
purchase, acquisto, l' (*m.*), compera, la, 3
purchase (to), acquistare, 6
psychological, psicologico, 3
psychologist, psicologo, lo 4
psychology, psicologia, la, 2
psychotherapist, psicoterapeuta, lo/la, 4
pub, birreria, la, 13
public, pubblico, il, civico, 11
puff (to), sbuffare, 13
pull (to), tirare, 5
pumpkin, zucca, la, 9
punctuality, puntualità, la, 11
punish (to), punire, 8
punishment, pena, la, P
put (to), mettere, 2

Q ●●●

quality, qualità, la, 9
quantity, quantità, la, 4
question domanda, la, 5
questioning, interrogatorio, 15
questionnaire, questionario, il, 11
quiet, silenzioso, zitto, 8

R ●●●

race, corsa, gara, la, 5
racism, razzismo, il, 16
racket, racchetta, la, 7
radio, radio, la, 3
radiophone, radiotelefono, il, 13
rain (to), piovere, 4
range, catena, la, 7
rare, raro, 5
rare (meat), al sangue 9
rather, piuttosto, 6
razor, rasoio, il, 14
reach (to), raggiungere, 14
react (to), reagire, 8
read (to), leggere, P
reader, lettore, il, lettrice, la, 10
reading, lettura, la, 1
ready, pronto, 9
realism, realismo, il, 3
realistic, realista, 3
realistic, realistico, 8
reality, realtà, la, 6
realize (to), rendersi conto, 14

realization, realizzazione, la, 9
really, davvero, 6
rearrange, risistemare, 16
reason, motivo, il, ragione, la, 5
rebellious, ribelle, 8
rebuild (to), ricostruire, 5
recapture (to), riprendere, 16
receive (to), ricevere, 4
recent, recente, 10
recently, recentemente, di recente, 6
reception, ricevimento, il, accoglienza, l' (*f.*), 5
recess, ricreazione, la, 8
recipe, ricetta, la, 9
reciprocal, reciproco, 5
recognition, riconoscimento, il, 16
recognize (to), riconoscere, 3
reconsider (to), ripensarci, 15
record, record, il, 5
recording, registrazione, la, 10
recover (to), rimettersi, guarire, 10
recovery, ritrovamento, il, 14
recruiting, reclutamento, il, 10
rectangular, rettangolare, 3
recycle (to), riciclare, 12
red, rosso, P
reef, scoglio, lo, 13
refectory, refettorio, il, 3
refer (to), riferirsi, 5
referendum, referendum, il, 16
refined, pregiato, squisito, raffinato, 1
reflex, riflesso, il, 15
reflexive, riflessivo, 4
reform, riforma, la, 8
refrigerator, frigorifero, il, 4
refuse (to), rifiutare, 13
region, regione, la, P
regional, regionale, 7
register (to), iscriversi, 1
regular, regolare, 14
regulate (to), regolare, 15
relationship, rapporto, il, relazione, la, 5
relative, relativo, 10
relatives, parenti, i, 5
relax, (to), rilassarsi, 6
relaxing, rilassante, 10
relevant, di rilievo, rilevante, 7
reliable, affidabile, 12
reloading, ricarico, il, 11
remain (to), restare, rimanere, 4
remake (to), rifare, 5
remarkable, straordinario, 3
remedy, rimedio, il, 15
remember (to), ricordare, 5
remodeling, ristrutturazione, la, 6
Renaissance, rinascimentale, Rinascimento, il, 3
render (to), rendere, 7
renounce (to), rinunciare, 9
renovate (to), ristrutturare, 6
rent, affitto, l' (*m.*), 6

rent (to), affittare, noleggiare, 6
repair (to), aggiustare, 5
repeat (to), ripetere, 2
report (to), riferire, 5
report card, pagella, la, 8
represent (to), rappresentare, 5
representation, rappresentazione, la, 8
representative, rappresentante, il/la, 15
reproach (to), rimproverare, 16
republic, repubblica, la, 12
request, richiesta, la, 9
require (to), richiedere, 12
required, obbligatorio, 8
reread (to), rileggere, 6
researcher, ricercatore/ricercatrice, il/la, 11
reservation, prenotazione, la, 6
reserved, riservato, 10
reside (to), risiedere, 16
residence, residenza, la, soggiorno, domicilio, il, 5
resident, abitante, l' (m./f.), residente, il/la, 6
resistance, resistenza, la, 10
resort, villaggio turistico, il, 10
resource, risorsa, la, 10
resources, fondi, i, 16
respect (to), rispettare, 12
respiratory, respiratorio, 15
responsibility, responsabilità, la, 12
rest, resto, il, riposo, il, 10
rest (to), riposarsi, 4
restore (to), restaurare, 12
restrict (to), limitare, 4
result, risultato, il, 5
result (to), risultare, 9
return, rientro, il, 4
return (to), rientrare, ritornare, 2
reveal (to), rivelare, 16
revengeful, vendicativo, 15
reverse, rovescio, il, 15
review (to), ricapitolare, ripassare, 1
revive (to), rivivere, 14
rhyme, rima, la, 4
ribbon, nastro, il, 8
rice, riso, il, 1
rich, ricco, 1
ride, passaggio, il, 10
right, destra, la, diritto, il, straight, 1
rigid, inflessibile, ferreo, rigido, 4
ring, anello, l' (m.), 14
rising, emergente, 14
risk, rischio, il, 15
risotto, risotto, il, 9
ritual, rito, il, 14
river, fiume, il, 8
road, strada, la, stradale, 2
rock, roccia, la, 7
rocky, rupestre, 14
role, ruolo, il, 1
Roman, romano, 2

Romanesque, romanic, 6
romantic, romantico 7
rooftop, tetto, il, 1
room, camera, stanza, la, 3
root (to) for, farc il tifo per, 9
rooting, tifo, il, 7
rope, corda, la, 8
rose, rosa, la, P
route, tragitto, il, 14
routine, routine, la, 4
rub (to), stropicciare, 13
ruin, rovina, la, 8
ruins, resti, i, 13
rule, regola, dominazione, la, 7
rule (to), dominare, 14
run (to), correre, 3
Russian, russo, 1

S ● ● ●

sacred, sacro, 14
sacrifice, sacrificio, il, 11
sad, triste, 3
sail, vela, la, 4
saint, santo, il, 5
salad, insalata, l' (f.), 4
salary, stipendio, lo, 12
sale, vendita, svendita, la, saldi, i, 12
salesperson, commesso, il, commessa, la, 12
salmon, salmone, il, 9
salt, sale, il, 9
salted, salato, 9
salami, salame, il, 14
same, stesso, 3
sand, sabbia, la, 13
sandals, sandali, i, 14
sandwich, panino, il, 4
Saracen, saraceno, 14
satirical, satirico, 9
satisfaction, soddisfazione, la, 11
satisfied, soddisfatto, 9
satisfy (to), soddisfare, appagare, 9
Saturday, sabato, 1
Saturn, Saturno, 11
sauce, sugo, il, 9
sauté (to), soffriggere, 9
save (to), salvare, risparmiare, conservare, 10
saving, risparmio, il, 15
saw, sega, la, 12
say (to), dire, P
saying, detto, il, 13
scarf, sciarpa, la, 14
scattered, disperso, 9
scene, scena, la, 7
scent, profumo, il, 10
scented, profumato, 9
schedule, orario, l' (m.), 2
scholar, studioso, lo, 16
scholarship, borsa di studio, la, 10
school, scuola, la, liceo, il, 1
science, scienza, la, 2
science fiction, fantascienza, la, 7

scientific, scientifico, 8
scientist, scienziato, 2
score, punteggio, il, 10
scratch (to), grattare, 12
screen, schermo, lo, 1
script writer, sceneggiatore/sceneggiatrice, lo/la, 11
sea, mare, il, P
search, ricerca, la, 6
seashell, conchiglia, la, 5
season, stagione, la, 4
season (to), condire, 9
second, secondo, 4
secretary, segretario, il, 12
security, sicurezza, la, 15
sedentariness, sedentarietà, la, 15
sedentary, sedentario, 6
see (to), vedere, 1
seem (to), sembrare, 6
seize (to), cogliere, 16
selection, brano, il, raccolta, la, 8
selfish, egoista, 3
selfishness, egoismo, l' (m.), 16
sell (to), vendere, 6
semester, semestre, il, 12
senate, senato, il, 16
send (to), mandare, inviare, 5
sense, senso, il, 16
sensitive, sensibile, 3
sentence, frase, la, 5
separate (to), separare, 12
September, settembre, 1
sequence, sequenza, la, 9
serene, sereno, 5
serious, grave, serio, 3
service, servizio, il, 6
set (to), fissare, 4
settlement, insediamento, l' (m.), 14
seven, sette, P
seventeen, diciassette, 1
seventy, settanta, 1
several, diversi, 7
severe, severo, 4
sew (to), cucire, 5
sex, sesso, il, 11
shadow, ombra, l' (f.), 16
shaking, tremante, 16
shape, forma, la, 7
share (to), condividere, dividere, 6
sharp, acuto, P
shave (to), farsi la barba, 4
sheet (of paper), foglio, il, P
shelf, scaffale, lo, 6
shining, splendido, 7
ship, nave, la, 8
shoe, scarpa, la, 3
short, basso, corto, 2
shorts, pantaloncini, i, 7
shoulder, spalla, la, 9
shout, urlo, l' (m.), 16
shout (to), urlare, 5

show, spettacolo, lo, mostra, la, 7
show (to), indicare, mostrare, 5
shower, doccia, la, 4
shown, indicato, 9
shrimp, gamberetti, i, 4
shy, timido, 3
shyness, timidezza, la, 13
Sicilian, siciliano, 9
sick, ammalato, 15
side, lato, fianco, il, 14
sign, insegna, l' (f.), 16
sign (to), firmare, 14
significant, significativo, 16
silk, seta, la, 8
silver, argento, l' (m.), 9
silverware, posate, le, 9
similar, simile, 5
similarity, similarità, la, 16
simple, semplice, 6
sin, peccato, il, 3
since, poiché, 5
sing (to), cantare, 2
singer, cantante, il/la 2
singing, canto, il, 10
singular, singolare, 1
sink, lavandino, il, 6
sister, sorella, la, 4
sister-in-law, cognata, la, 5
situation, situazione, la, 5
sick, malato, 8
sight, vista, la, 10
site, sito, il, 10
six, sei, 1
sixteen, sedici, 1
sixty, sessanta, 1
size, misura, taglia, la, 14
skate (to), pattinare, 4
skates, pattini, i, 7
skating, pattinaggio, il, 7
sketch, abbozzo, l' (m.), 14
ski (to), sciare, 4
skier, sciatore, lo, 10
skill, abilità, l' (f.), 2
skin, pelle, la, 13
skirt, gonna, la, 3
skis, sci, gli, 7
skyscraper, grattacielo, il, 10
sleep, sonno, il, P
sleep (to), dormire, 2
sleeping bag, sacco a pelo, il, 13
sleepless, insonne, 4
slice, fetta, la, 9
slip (to), scivolare, 7
Slovenian, sloveno, 6
slow, lento, 13
slowly, lentamente, 8
small, piccolo, 1
smart, bravo, 8
smile, sorriso, il, 16
smile (to), ridere, sorridere, 13
smog, smog, lo, 15
smoke, fumo, il, 15
smoke (to), fumare, 13
smoker, fumatore/fumatrice, il/la, 15
smooth, liscio, 3

snap (to), scattare, 10
sneaker, scarpa da ginnastica, la, 3
snow (to), nevicare, 4
soap, sapone, il, 14
soccer, calcio, il, 1
social, sociale, 7
social worker, assistente sociale, l' (m./f.), 12
socialist, socialista, 16
society, società, la, 4
soda, bibita, la, 6
sofa, divano, il, 6
soft, morbido, 4
soldier, soldato, il, 8
solution, soluzione, la, 15
some, alcuni, qualche, 3
someone, qualcuno, 4
something, qualcosa, 4
sometimes, qualche volta, 8
solar, solare, 15
solidarity, solidarietà, la, 15
solve (to), risolvere, 12
son, figlio, il, 5
soon, presto, 1
soul, anima, l' (f.), 3
sound, audio, l' (m.), 10
soup, minestra, la, 4
source, fonte, la, 14
south, sud, il, 1
space, spazio, lo, spaziale, 1
spaceship, astronave, l' (f.), 11
spacious, spazioso, 12
spaghetti, spaghetti, gli, P
Spanish, spagnolo, P
sparkling, effervescente, 15
speak (to), parlare, P
speaker, altoparlante, l' (m.), 11
specific, specifico, 6
special, speciale, 3
specialist, specialista, specialistico, 15
specialization, perfezionamento, il, 11
specialty, specialità, la, 6
spectacularity, spettacolarità, la, 8
spectator, spettatore, lo, 8
speed, velocità, la, 8
spend (to), spendere, passare, 5
spicy, piccante, 9
spinach, spinaci, gli, 4
spirit, spirito, lo, 12
spiritual, spirituale, 8
splendid, splendido, 13
spoiled, viziato, 8
spoon, cucchiaio, il, 9
sport, sport, lo, 7
sportsman, sportivo, lo, P
sprain (to), slogare, 10
spray (to), spruzzare, 13
spread (to), diffondere, 11
spring, primavera, la, 4
square, piazza, la, quadrato, il, 3
stadium, stadio, lo, 2
stairs, scale, le, 6
stall, bancarella, la, 14
stamp, francobollo, 14

star, stella, la, 8
start (to), mettersi, cominciare, 4
state, stato, lo, statale, 6
station, stazione, la, 7
stationery, cartoleria, la, 14
statistics, statistica, la, 15
statue, statua, la, 3
stay, soggiorno, il, permanenza, la, 10
stay (to), stare, P
steak, bistecca, la, 4
steady, stabile, 11
steamboat, vaporetto, il, 12
step, passo, il, 7
stepbrother, fratellastro, il, 5
stepfather, patrigno, il, 5
stepmother, matrigna, la, 5
stepsister, sorellastra, la, 5
stereo, stereo, lo, 5
stereotype, stereotipo, lo, 16
still, ancora, 5
stimulating, stimolante, 12
stir (to), mescolare, 9
stocking, calza, la, 2
stomach, stomaco, lo, 15
stone, pietra, la, 6
stop, sosta, la, fermata, la, 10
stop (to), fermare, 11
stoplight, semaforo, il, 14
store, negozio, il, 1
storeroom, ripostiglio, il, 12
story, favola, la, 8
straight, diritto, 14
strand, filo, il, 13
strange, strano, 7
strategy, strategia, la, 1
strawberry, fragola, la, 9
street, strada, via, la, 2
stress (to), scandire, 6
stressed, stressato, 12
stressful, stressante, 10
strict, severo, 4
strike, sciopero, lo, colpo, il, 10
strong, forte, 5
structure, compagine, struttura, la, 15
student, studente, lo, studentessa, la, P
study, studio, lo, 1
study (to), studiare, P
stutter (to), balbettare, 15
style, stile, lo, linea, la, 3
subconscious, subconscio, il, 10
subject, soggetto, il, materia, la, 1
subject (to), sottomettere, 5
subjunctive, congiuntivo, il, 15
substance, sostanza, la, 15
substitute (to), sostituire, 12
subway, metropolitana, la, 8
succeed (to), riuscire, 12
success, successo, il, 11
suffer (to), soffrire, 10
suffering, sofferenza, la, 7
sufficient, sufficiente, 8
sugar, zucchero, lo, 9
suggest (to), suggerire, 1

suit, abito, l' (m.), vestito, il, completo, il, 3
suitable, adatto, appropriato, opportuno, 5
suitcase, valigia, la, 10
summarize, riassumere, 9
summer, estate, l' (f.), estivo, 2
summon (to), convocare, 12
sumptuous, fastoso, 14
sun, sole, il, 4
Sunday, domenica, la, 1
sunglasses, occhiali da sole, gli, 13
superlative, superlativo, il, 10
supermarket, supermercato, il, 4
superstitious, superstizioso, 11
supper, cena, la, P
supply (to), dotare, fornire, 13
support, appoggio, l' (m.), 16
support (to), mantenere, 16
supreme, supremo, 8
surface (to), emergere, 15
surgeon, chirurgo, il, 12
surprise, sorpresa, la, 5
surprised, meravigliato, 16
surround (to), circondare, 6
surrounded, circondato, 3
survey, sondaggio, il, 3
swarm (to), brulicare, 14
sweater, maglia, la, 3
sweats, tuta, la, 14
sweatshirt, felpa, la, 3
sweep (to), spazzare, 5
swim (to), nuotare, 2
swimmimg suit, costume da bagno, il, 7
swing, altalena, l' (f.), 8
symbol, simbolo, il, 1
sympathy, simpatia, la, 16
symptom, sintomo, il, 15
synthesized, sintetizzato, 15
syrup, sciroppo, lo, 15
system, sistema, il, 8

T ● ● ●

table, tavolo, il, 5
tablecloth, tovaglia, la, 9
tablet, compressa, la, 15
take (to), prendere, sostenere, P
take a walk (to), passeggiare, 7
tale, favola, la, 8
talk (to), conversare, discorrere, 13
tango, tango, il, 5
task, impegno, l' (m.), 11
taste, gusto, sapore, il, 3
taste (to), assaggiare, 9
tasting, degustazione, la, 10
tasty, saporito, 9
tavern, osteria, l' (f.), 9
towel, asciugamano, l' (f.), 13
tax, tassa, la, 11
taxi, taxi, il, 8
tea, tè, il, 4
teach (to), insegnare, 1
teacher, maestro, il (m.), insegnante, l' (m./f.), 7

teacher's desk, cattedra, la, 2
team, squadra, la, 1
technician, tecnico, il, 16
technique, tecnica, la, 1
technological, tecnologico, 16
technology, tecnologia, la, 8
teddy bear, orsacchiotto, l' (m.), 6
television, televisione, la, P
television set, televisore, il, 2
tell (to), dire, raccontare, narrare, P
temperature, temperatura, la, 4
temple, tempio, il, 13
temporal, temporale, il, 9
temporarily, temporaneamente, 16
tempting, tentatrice, la, 8
ten, dieci, 1
tendency, tendenza, la, 14
tennis, tennis, il, 7
tenor, tenore, il, 7
tense, nervous, tirato, 3
tent, tenda, la, 13
terminology, terminologia, la, 7
terrace, terrazzo, il, 6
terrible, terribile, 8
territory, territorio, il, 15
test, prova, la, 1
text, testo, il, 5
thank (to), ringraziare, 5
thanks, grazie, P
Thanksgiving, (la festa del) Ringraziamento, il, 9
that, quello, 2
theater, teatro, il, teatrale, 2
theme, tema, il, 7
then, allora, 5
there, lì, 10
therefore, infatti, quindi, 2
thermal, termale, 10
thermostat, termostato, il, 15
thin, magro, sottile, 3
thing, cosa, la, 4
think (to), pensare, 2
third, terzo, 2
thirst, sete, la, P
thirteen, tredici, 1
thirty, trenta, 1
thirty-eight, trentotto, 1
thirty-five, trentacinque, 1
thirty-four, trentaquattro, 1
thirty-nine, trentanove, 1
thirty-one, trentuno, 1
thirty-six, trentasei, 1
thirty-seven, trentasette, 1
thirty-two, trentadue, 1
this, questo, 2
thousand (one), mille, 6
threaten (to), minacciare, 15
three, tre, 1
thrive (to), prosperare, 6
thriving, fiorente, 15
throat, gola, la, 15
through, attraverso, P
throw (to), buttare, 15
Thursday, giovedì, il, 1

ticket, biglietto, il, 7
ticket office, biglietteria, la, 7
tie, cravatta, la, 3
tie (to), legare, attaccare, 4
tight, stretto, 14
tile, mattonella, la, 6
times, epoca, l' (f.), 12
tip, mancia, la, 9
tired, stanco, 3
tiring, faticoso, 13
title, titolo, il, 5
toast (to), brindare, 9
toaster, tostapane, il, 6
today, oggi, P
together, insieme, assieme, 2
toilet, water, il, 6
tolerance, tolleranza, la, 16
tomato, pomodoro, il, 4
tomb, tomba, la, 2
tomorrow, domani, 1
tone, tono, il, 14
tonic, tonico, 7
tonight, stasera, 2
too, troppo, 13
too much, troppo, P
tooth, dente, il, 4
toothbrush, spazzolino da denti,
    lo, 14
toothpaste, dentifricio, il, 14
top, apice, l' (m.), cima, la, 7
topic, argomento, l' (m.), 4
tortellini, tortellini, i, 8
total, totale, 10
totally, radicalmente, 16
tough, duro, 12
tourism, turismo, il, 1
tourist, turista, il/la, turistico, 2
tournament, giostra, la, 9
tower, torre, la, P
town, cittadina, la, 14
toy, giocattolo, il, 8
trace, traccia, la, 13
track, pista, la, 1
track and field, atletica leggera,
    l' (f.), 7
trade, mestiere, commercio, il, 4
trading, compravendita, la, 6
tradition, tradizione, la, 7
traditional, tadizionale, 5
traffic, traffico, il, 8
train, treno, il, 8
train (to), allenarsi, 7
training, esercitazione, l' (f.), 8
trail, sentiero, il, 13
trait, caratteristica, la, carattere,
    il, 5
transfer (to), trasferire, 6
transgenic, transgenico, 15
translate (to), tradurre, 11
transparent, trasparente, 10
transplant (to), trapiantare, 16
transportation, trasporto, il, 8
transport (to), trasportare, 11
travel, viaggio, il, 3
travel (to), viaggiare, 10
treacherous, infido, 15
treasure, tesoro, il, 13

treatment, trattamento, il, cura,
    la, 10
tree, albero, l' (m.), 2
trip, viaggio, il, 7
triple, triplo, 13
triptych, trittico, il, 9
triumphant, trionfante, 9
trout, trota, la, 9
true, vero, 1
truly, veramente, 7
truth, verità, la, 7
try (to), tentare, provare, 10
T-shirt, maglietta, la, 7
tub, vasca, la, 6
Tuesday, martedì, 1
tulip, tulipano, il, 7
tuna, tonno, il, 14
turkey, tacchino, il, 9
turn, turno, il, 5
turn (to), compiere, girare,
    rivolgersi, 5
turn off (to), spegnere, 11
turn on (to), accendere, 11
turning point, svolta, la, 10
Tuscany, Toscana, la, toscano, 5
tuxedo, smoking, lo, 14
twenty, venti, 1
twenty-eight, ventotto, 1
twenty-five, venticinque, 1
twenty-four, ventiquattro, 1
twenty-nine, ventinove, 1
twenty-one, ventuno, 1
twenty-seven, ventisette, 1
twenty-six, ventisei, 1
twenty-three, ventitré, 1
twenty-two, ventidue, 1
twin, gemello, il, 5
twelve, dodici, 1
twenty, venti, 7
two, due, 1
type, tipo, il, 6
typical, tipico, 3
typically, tipicamente, 2
typology, tipologia, la, 5

U ●●●

ugly, brutto, 2
Ukraine, Ucraina, la, 16
Ukranian, ucraino, 16
Umbrian, umbro, 9
unbearable, insopportabile, 10
uncertain, incerto, 13
uncertainty, incertezza, l' (f.), 15
uncle, zio, lo, 5
uncontaminated,
    incontaminato, 11
undecided, indeciso, 13
under, sotto, 2
underground, sotterraneo, il,
    15
underline (to), sottolineare, 6
undershirt, canottiera, la, 13
understand (to), capire, P
undress (to), spogliarsi, 4
unemployed, disoccupato, 11
unemployment, disoccupazione,
    la, 12

unexpectedly, improvvisamente,
    10
unfair, ingiusto, 16
unforgettable, indimenticabile, 9
unfortunately, purtroppo, 8
unhappy, infelice, 8
union, unione, l' (f.), 6
university, università, l' (f.),
    universitario, P
unite (to), unire, 3
United States, Stati Uniti, gli, 1
unknown, sconosciuto, ignoto, 14
unleaded gas, benzina verde, la, 15
unlikely, difficilmente,
    improbabile, 8
unnecessary, inutile, 4
unpleasant, antipatico,
    spiacevole, 3
unrecognizable, irriconoscibile,
    13
unsatisfied, insoddisfatto, 12
unselfish, altruista, 12
until, fino a, finché, 4
unusual, insolito, 9
upbringing, educazione, l' (f.), 8
usage, uso, l' (m.), 3
use (to), usare, impiegare, 1
useful, utile, 5
usually, abitualmente, 15
utilize (to), utilizzare, 13
utilizer, utilizzo, l' (m.), 10
utopia, utopia, l' (f.), 10

V ●●●

vacation, vacanza, la, ferie, le, 4
vaccine, vaccino, il, 11
vacuum, aspirapolvere, l' (m.), 5
valid, valido, 6
validate (to), convalidare, 13
valley, valle, la, 7
value, valore, il, 16
vanilla, vaniglia, la, 14
variety, varietà, la, 8
various, vario, 8
vase, vaso, il, 6
Vatican, Vaticano, il, 4
veal, vitello, il, 5
vegetable, verdura, la, 1
vegetarian, vegetariano, 9
vegetation, vegetazione, la, 10
vendor, venditore, il, 11
vent (to), sfogarsi, 15
Venus, Venere, 11
verb, verbo, il, 4
verbal, verbale, 12
versatile, multifunzionale,
    versatile, 1
victory, vittoria, la, 10
video, video, il, 4
villa, villa, la, 3
village, paese, il, 2
vine, vite, la, 1
vinegar, aceto, l' (m.), 9
violin, violino, il, 5
virtually, praticamente, 13
visa, visto, il, 16
visit, visita, la, 14

visit (to), visitare, 3
vitamin, vitamina, la, 15
vocabulary, vocabolario, il, P
voice, voce, la, 10
volleyball, pallavolo, la, 7
vote, voto, il, votazione, la, 16
vote (to), votare, 12
vowel, vocale, la, P

W ●●●

wagon, carrozza, la, 13
wait (to), aspettare, 2
waiter, cameriere, il, 9
wake up (to), svegliarsi, 4
walk, cammino, il, passeggiata, la,
    P
walk (to), camminare, andare a
    piedi, 8
wall, muro, parete, il, 3
wallet, portafoglio, il, 13
war, guerra, la, 8
warm, caldo, 4
warmth, tepore, calore, il, 9
warrant (to), garantire, 15
wash (to), lavare, 4
washer, lavatrice, la, 6
waste (to), sprecare, 15
wastebasket, cestino, il, 2
watch, orologio, l' (m.), 2
watch (to), guardare, 5
water, acqua, l' (f.), 4
water (to), annaffiare, 5
waterfall, cascata, la, 7
wave (to), sventolare, 14
way, modo, il, 8
wealth, ricchezza, la, 13
wear (to), portare, indossare, 3
wedding, matrimonio, il, 5
Wednesday, mercoledì, 1
week, settimana, la, 1
weekly, settimanalmente,
    settimanale, 6
well, bene, 1
well done (meat), ben cotta, 9
well-off, benestante, 6
what, che, che cosa, P
when, quando, 2
where, dove, P
which, quale, 1
while, mentre, 1
white, bianco, 1
who, chi, P
why, perché, 4
wide, ampio, 13
wife, moglie, la, 5
will, volontà, la, 16
win, vincita, la, 12
win (to), vincere, 7
wind, vento, il, 4
wind (to), snodarsi, 14
window, finestra, la, 2
windy, ventoso, 16
wine, vino, il, (sparkling wine,
    spumante, lo), 1
wing, ala, l' (f.), 14
winter, inverno, l' (m.), invernale, 1
wire, filo, il, 11

wise, saggio, 12
wish, desiderio, il, 12
wish (to), desiderare, 2
witch, strega, la, 8
withdraw (to), prelevare, 14
withdraw (to) money/cash, prelevare soldi 14
witty, arguto, 11
wolf, lupo, il, 15
woman, donna, la, 2
wonderful, meraviglioso, 10
wood, legno, bosco, il, 6

wool, lana, la, 14
word, parola, la, vocabolo, il, P
work, lavoro, il, 5
work (to), lavorare, 2
worker, lavoratore, il, operaio, l' (m.) 8
workshop, officina, l' (f.), 11
world, mondo, il, mondiale, 3
worried, preoccupato, 10
worry (to), preoccuparsi, 4
worse, peggio, 10
worsen (to), peggiorare, 10

worship, culto, il, 4
wreath, ghirlanda, la, P
wrist, polso, il, 10
write (to), scrivere, P
writer, scrittore, lo, scrittrice, la, P
writing, scrittura, scritta, la, 1
wrong, sbagliato, 16

Y ●●●

year, anno, l' (m.), 1
yearly, annuale, annualmente, 7

yell (to), sgridare, 5
yellow, giallo, 3
yesterday, ieri, 6
you, tu, voi, 1
young, giovane, il, 2
your/yours, tuo/vostro, 5

Z ●●●

zebra, zebra, la, 2
zero, zero, lo, 5
zip code, C.A.P., 1
zone, zona, la, 1

Credits

●●

Photo Credits

Page 1 Dallas and John Heaton/The Stock Connection; **page 4** John Heseltine/Dorling Kindersley Media Library/John Heseltine © Dorling Kindersley, courtesy of Opera Di S. Maria del Fiore Di Firenze; **page 7** Julian Baum/Photo Researchers, Inc.; **page 10 (left)** Philippe Clement/Nature Picture Library; **page 10 (right)** Paul Harris and Anne Heslope/Dorling Kindersley Media Library/Paul Harris and Anne Heslope © Dorling Kindersley; **page 11 (top)** Demetrio Carrasco/Dorling Kindersley Media Library/Demetrio Carrasco © Dorling Kindersley; **page 11 (bottom left)** Michael Dent/Dorling Kindersley Media Library/Michael Dent © Dorling Kindersley; **page 11 (bottom right)** Pawel Kumelowski/Omni-Photo Communications, Inc.; **page 12** Jean-Bernard Carillet/Lonely Planet Images/Photo 20–20; **page 21** Francesca Italiano; **page 26** Francesca Italiano; **page 35** Alitalia/Courtesy of Alitalia; **page 37** Pearson Education/PH College; **page 38 (top)** Pasicc/CuboImages srl/Alamy Images/© CuboImages srl/Alamy; **page 38 (bottom)** Nicolas Sapieha/Picture Desk, Inc./Kobal Collection; **page 39 (left)** Streano/Havens/The Stock Connection; **page 39 (right)** Scala/Art Resource, N.Y./Carlo Carra (1881–1966), "Interventionist Manifesto, or Paintings-Words in Liberty", 1914, Collage on cardboard, 38.5 × 30cm. Scala/Art Resource, NY. © 2008 Artists Rights Society (ARS), New York/SIAE, Rome; **page 42** I. Marchigiani/Università degli Studi di Salerno; **page 52** Getty Images/De Agostini Editore Picture Library; **page 57** Jonathan Blair/CORBIS-NY/© Jonathan Blair/CORBIS All Rights Reserved; **page 65** I. Marchegiani; **page 70** Pearson Education/PH College; **page 71** Markus Dlouhy/Das Fotoarchiv./Peter Arnold, Inc.; **page 72 (top)** Sanchez, Siqui/Getty Images Inc.-Image Bank; **page 72 (bottom)** Christel Gerstenberg/Corbis/Bettmann; **page 73 (top)** Turner, Pete/Getty Images Inc.-Image Bank; **page 73 (bottom)** Luca Gusso/CORBIS-NY/© Luca Gusso/Grand Tour/CORBIS. All Rights Reserved; **page 76 (top left)** Bobby Yip/Corbis/Reuters America LLC; **page 76 (top middle)** Getty Images-WireImage.com/© Biasion Studio/WireImage.com; **page 76 (top right)** Giuseppe Cacace/Getty Images/Getty Images, Inc.; **page 76 (bottom)** PATRICK HERTZOG/Getty Images/© PATRICK HERTZOG/AFP/Getty Images; **page 90** AP Wide World Photos; **page 91** Paul Harris and Anne Heslope/Dorling Kindersley Media Library/Paul Harris and Anne Heslope © Dorling Kindersley; **page 98** I. Marchegiani; **page 100** Pearson Education/PH College; **page 101** Francesca Italiano; **page 102 (top)** Dallas and John Heaton/The Stock Connection; **page 102 (bottom)** Edimèdia/Corbis/Bettmann/© EdimÈdia/CORBIS; **page 103 (left)** Ellen Rooney/Robert Harding World Imagery; **page 103 (right)** Art Resource, N.Y.; **page 106** Dallas and John Heaton/The Stock Connection; **page 114** Francesca Italiano; **page 119** David R. Frazier/Photo Researchers, Inc.; **page 122 (top left)** Gail Dohrmann/Creative Eye/MIRA.com; **page 122 (top right)** Simeone Huber/Getty Images Inc.-Stone Allstock; **page 122 (bottom left)** A. Riedmiller/Das Fotoarchiv/Peter Arnold, Inc.; **page 122 (bottom right)** Fotopic/Omni-Photo Communications, Inc.; **page 130** David R. Frazier/Photo Researchers, Inc.; **page 134** Pearson Education/PH College; **page 136 (left)** The Bridgeman Art Library International/Portrait of a Woman (La Muta), 1507 (oil in canvas), Raphael (Raffaello Sanzio of Urbino) (1482–1520)/Palazzo Ducale, Urbino, Italy/The Bridgeman Art Library; **page 136 (right)** John Heseltine/Dorling Kindersley Media Library/John Heseltine © Dorling Kindersley; **page 137 (left)** John Heseltine/Dorling Kindersley Media Library/John Heseltine © Dorling Kindersley; **page 137 (right)** Carri-Anania/Alamy Images/© CuboImages srl/Alamy; **page 140** Marion Kaplan/Alamy Images; **page 141 (left)** Art Resource, N.Y./Giorgio Vasari, "Portrait of Lorenzo de'Medici (the Magnificent)", Florence, Uffizi, Scala/Art Resource, NY; **page 141 (right)** Alison Harris/Dorling Kindersley Media Library/Alison Harris © Dorling Kindersley; **page 150 (top left)** Sergio Strizzi/Melampo Cinematografica/Picture Desk, Inc./Kobal Collection/Sergio Strizzi/Melampo Cinematografica/The Kobal Collection; **page 150 (top middle)** GRAHAM SALTER/Lebrecht Music & Arts Photo Library; **page 150 (top right)** Ron Sachs/CORBIS-NY/© Tim Graham/Corbis; **page 150 (bottom left)** Tim Graham/Corbis/Bettmann; **page 150 (bottom middle)** Rune Hellestad/CORBIS-NY; **page 150 (bottom right)** Getty Images-WireImage.com/© TassPhoto/WireImage/Getty Images; **page 151** Eddie Lawrence/Dorling Kindersley Media Library/Eddie Lawrence © Dorling Kindersley; **page 157 (top)** Sepp Seitz/Woodfin Camp & Associates; **page 157 (bottom)** Jonathan Blair/National Geographic Image Collection; **page 165** David Woolley/Getty Images, Inc. –Taxi/© David Woolley/Taxi/Getty Images; **page 166** David Woolley/Getty Images, Inc. –Taxi/© David Woolley/Taxi/Getty Images; **page 169** I. Marchegiani; **page 170 (left)** Kim Sayer/Dorling Kindersley Media Library; **page 170 (right)** Philip & Karen Smith/AGE Fotostock America, Inc.; **page 171 (top)** Italian Government Tourist Board/Courtesy of the Italian Government Travel Office (Los Angeles); **page 171 (bottom)** Scala/Art Resource, N.Y.; **page 174** Streano/Havens/The Stock Connection; **page 178 (top)** Carl Schneider/Creative Eye/MIRA.com; **page 178 (bottom)** Linda Whitwam/Dorling Kindersley Media Library/Linda Whitwam © Dorling Kindersley; **page 184 (top)** Brand X/Superstock Royalty Free; **page 184 (bottom)** Karen Mancinelli/Mancinelli Photography; **page 188 (top left)** De'Longhi America, Inc.; **page 188 (top middle)** De'Longhi America, Inc./Courtesy DeLonghi America, Inc.; **page 188 (top left)** De'Longhi America, Inc./Courtesy of DeLonghi America, Inc.; **page 188 (bottom left)** De'Longhi America, Inc./Photo Courtesy of DeLonghi America, Inc.; **page 188 (bottom middle)** Aeg Electrolux; **page 188 (bottom right)** De'Longhi America, Inc./Photo Courtesy of DeLonghi America, Inc.; **page 189** Francesca Italiano; **page 202** Pearson Education/PH College; **page 204 (left)** Getty Images/De Agostini Editore Picture Library; **page 204 (right)** John Heseltine/Dorling Kindersley Media Library/John Heseltine © Dorling Kindersley; **page 205 (top)** Dagli Orti/Picture Desk, Inc./Kobal Collection; **page 205 (bottom)** Dagli Orti (A)/Picture Desk, Inc./Kobal Collection; **page 208** Peter Poulides/Getty Images Inc.-Stone Allstock; **page 215** W. Lynn Seldon Jr./Omni-Photo Communications, Inc.; **page 216 (left)** AP Wide World Photos; **page 216 (right)** A. Riedmiller/Das Fotoarchiv/Peter Arnold, Inc.; **page 228 (top)** Giuseppe Cacace/Getty Images/© Giuseppe Cacace/ Getty Images;

Text Credits

Index

A ●●●

a, 51, 179, 255, 291, 292
abitare, 30
Abruzzo, 2, 494–495
absolute superlative, 322, 414–415
accent, written, 6
activities
  at home, 92, 159, 190
  children's, 239
  daily, 92, 107, 108, 337
  family, 152
  leisure-time, 92, 123, 209–210,
    215, 223–224, 337, 417
  school, 58–59, 246–247
addressing people, 17
adjectives
  agreement of, 51, 80–82
  comparison of, 405–406
  demonstrative, 257–258
  descriptive, 50–51, 77–78, 247,
    254
  forms of, 80–81
  gender of, 51, 80
  indefinite, 420
  of nationality, 26–27
  plural of, 51, 439–440
  position of, 80, 82
  possessive, 29, 145–146
  singular of, 51
Adriatic Sea, 136, 204
adverbs, 80, 93, 108, 176, 210,
  252, 338
Agnelli family, 38
Agrigento, 463
Alba, 39
Alberobello, 205
Alberti, Leon Battista, 57
alcuni/alcune, 177, 185, 283, 420
Alighieri, Dante, 4, 57
alphabet, 3
Alps, 38, 234
Amalfi, 431
Amalfitana, Costiera, 431
anche, 292
ancora, 250
andare, 125–126, 285, 338, 341,
  380, 424, 441, 447, 480
Antonelli, Alessandro, 38
Aosta, Valle d', 10, 234
Apennine mountains, 136, 494, 495
appena, 341
Armani, Giorgio, 90, 91
articles
  definite, 54–55, 370, 468
  indefinite, 46, 87, 119–120, 370
  partitive, 119, 283
Assisi, 301
auxiliary verbs, 192–193

avere, 30, 48, 192–193, 324, 341,
  355, 380, 447, 480, 486, 523
  expressions, 127, 338

B ●●●

banking vocabulary, 444
Bartoli, Cecilia, 228
Basilicata, 534–535
Becket, Thomas, 57
Bellagio, 103
Bellini, Vincenzo, 462
bello, 88, 322
bene, 406
Benetton, 90, 517
bere, 120, 242, 341, 348, 380,
  447, 480, 506, 523
Bergamo, 102
Bernini, Gianlorenzo, 266, 267
Biagiotti, Laura, 90
Bianco, monte, 234
Boccaccio, 4, 170
body vocabulary, parts of the, 467
Bologna, 57, 72
Bolzano, 235
Botticelli, Sandro, 170
Brunelleschi, Filippo, 170
Buonarroti, Michelangelo, 171
buono, 406, 414, 415
business hours, Italian, 114

C ●●●

Calabria, 2, 332–333
calendar, 22–23
Campanella, Tommaso, 332
Campania, 2, 430–431
Campiglio, Madonna di, 235
Capodimonte, 430
Capri, 7, 430
Capriccioli, 333
Caravaggio, 267
Carlo V, 396
Carnevale, 278
Carrà, Carlo, 39
Castiglione, Baldassarre, 136
Catania, 462
Caterina, Santa, 171
cattivo, 406, 414, 415
c'è/ci sono, 47
celebrations, 271, 272
  family, 152, 157
Celsius vs. Fahrenheit, 128
che, 317, 406, 477, 503
  Che bello...!, 452
Chi, 226
chiedere, 523
children's activities, 239
ci, 184
-ciare verbs, 62, 340, 379, 477
Cimabue, 301

Cinque Terre, 365
cities, Italian, 178
Città di Castello, 300
city vocabulary, 254
classroom objects, 43
clock, 24-hour, 109
clothing vocabulary, 85, 451–452
cognates, 9, 67
colors, 85
come, 405
Com'è bello...!, 452
commands, 284–285, 440–441,
  446–447
Como, Lake, 103
comparison of adjectives, 405–406
con, 179
conditional mood, 372, 379–380,
  436, 512, 513, 521
conoscere, 148, 309, 523
consonants, 5–6
contractions, 51, 179
Copernicus, Nicolaus, 57
così, 405
Courmayeur, 234
courses, school, 58–59
Croce, Benedetto, 494
cui, 317

D ●●●

da, 179, 220, 420
daily activities, 337
Dalla, Lucio, 228
Daniele, Pino, 228
D'Annunzio, Gabriele, 495
Dante, 72, 170
dare, 154, 285, 341, 380, 441,
  447, 480, 506, 523
dates, expressing, 22–23, 242
da Vinci, Leonardo, 102, 136, 170
days of the week, 22–23, 337
definite articles, 54–55, 370, 468
degrees, university, 52
demonstrative adjectives, 257–258
demonstrative pronouns, 257–258
Deruta, 300
descriptive adjectives, 50–51,
  77–78, 247, 254
desiderare, 504
di, 30, 51, 179, 180, 283,
  405–406, 413, 420, 456, 504
dialects, 4
dipingere, 523
dire, 154, 242, 285, 348, 424,
  441, 447, 480, 506, 523
directions, giving, 444
direct-object pronouns, 155–156,
  196, 274, 275–277, 324, 348,
  386–387, 440–441, 447,
  454–455

disjunctive pronouns, 219, 292
Dolce, Domenico, 91
Dolomite Mountains/le Dolomiti,
  235
Donizetti, Gaetano, 102, 228
dopo, 355
Dotta, la, 57, 72
double-object pronouns, 386–387,
  447
dovere, 161–162, 249, 308–309,
  341, 372, 379, 380, 387, 424,
  480, 504
dreams and hopes, future, 376
Dürer, Albrecht, 57

E ●●●

ecco, 44, 156
ecology vocabulary, 376, 483–484
Elba, 7
emigration
  Italian, 519
  vocabulary, 517
Emilia-Romagna, 2, 72–73
environment vocabulary, 376,
  483–484
Eolie Islands, 7, 463
Erasmus, Desiderius, 57
essere, 30–31, 212–213, 242,
  292, 310, 324, 341, 355, 370,
  380, 447, 480, 486, 506, 523
Etna, Mount, 462
euro, 184, 502
European Union, 52, 72, 184, 502
events, important personal,
  305–306, 314
exclamatory expressions, 315
expressions, impersonal, 467–468,
  471, 478, 503

F ●●●

families
  activities/celebrations, 152, 157
  Italian, 151, 152, 157
  vocabulary, 141–143
fare, 63, 242, 285, 341, 348, 370,
  380, 441, 447, 480, 506, 523
  fare/farsi male, 474
fashion, Italian, 90, 91
Federico II, 462, 494
Fendi, 90
Ferragosto, 271
Ferrè, Gianfranco, 90
Ferro, Tiziano, 228
festivals, 271, 272
Ficino, Marsilio, 170
Florence/Firenze, 4, 91, 170
food/drink vocabulary, 116–117,
  280–281, 288
Francesca, Piero della, 136
Friuli-Venezia Giulia, 204–205
furniture vocabulary, 175, 182

future
    actions, 337–338
    dreams and hopes, 376
    progressive tense, 348
    tense, 340–341, 343

G ● ● ●

Gabbana, Stefano, 91
Garda, Lago di, 396
-gare verbs, 62, 340, 379, 477
Gargano, Promontorio del, 204
gender
    of adjectives, 51, 80
    of nouns, 45–46
Genoa/Genova, 364
geography of Italy, 2, 7, 10–11
gerund, 348
già, 191
-giare verbs, 62, 340, 379, 477
Giordana, Marco Tullio, 512
Giotto, 170, 301
Giovannitti, Arturo, 535
Giulio II, Papa, 136
Giustiniano, imperatore, 72
Goldoni, Carlo, 57
government
    Italian, 501, 502
    vocabulary, 499
grande, 406, 414, 415
greetings, 14, 15
Gubbio, 300, 301
Gucci, 90
Guccini, Francesco, 228

H ● ● ●

healthcare, Italian, 482
health vocabulary, 467, 473–474
history of Italy, 10–11
holidays, 271, 272
homes, Italian, 189
hotels
    Italian, 412
    vocabulary, 410
house vocabulary, 175, 182, 383
housework vocabulary, 92, 159, 190

I ● ● ●

-iare verbs, 62
if sentences, 513
illnesses, 473–474
immigration
    in Italy, 512
    vocabulary, 509, 517
imperative
    formal, 446–447
    informal, 284–285, 440–441
imperfect indicative tense, 241–243, 308–309
imperfect progressive tense, 348
imperfect subjunctive tense, 505–506, 512, 513
impersonal constructions, 218
impersonal expressions, 467–468, 471, 478, 503
in, 179, 180, 215
in bocca al lupo!, 247

indefinite adjectives, 420
indefinite articles, 46, 87, 119–120, 370
indefinite pronouns, 420
indicative tenses
    sequence of, 520–521
    vs. subjunctive tenses, 503
indirect-object nouns, 291
indirect-object pronouns, 275–277, 291, 348, 386–387, 440–441, 447
infinitives
    past, 355
    vs. subjunctive, 478, 504
    with object pronouns, 274, 355, 387
interrogatives, 226
interrupted actions, 243
intransitive verbs, 212–213, 324, 486
Ionian Sea, 332
Ischia, 7, 430
Isernia, 535
-ista, 353
Italy
    after 1945, 260
    Europe and, 502
    geography of, 2, 7, 10–11
    history of, 10–11
    today, 501

J ● ● ●

job vocabulary, 352–353, 369–370

L ● ● ●

Lampedusa, Giuseppe Tomasi di, 462
L'Aquila, 495
La Spezia, Golfo di, 365
Latin, 4, 9
Lazio, 2, 266–267
leggere, 523
leisure-time activities, 92, 123, 209–210, 215, 223–224, 337, 417
Leopardi, Giacomo, 137
Let's + verb, 225
lifestyles, 357
Ligabue, 228
Liguria, 2, 364–365
living arrangements, 357
living quarters, 383
Lombardy/Lombardia, 2, 10, 102–103
Lorenzetti, Pietro, 301
lottery, Italian, 378
lungo, 322

M ● ● ●

maggiore, 406, 414
mai, 250
male, 406
Mantegna, Andrea, 103
Manzoni, Alessandro, 103
Marche, 136–137
Martini, Simone, 301
massimo, 415

Matera, 534
meals, Italian, 119
medical vocabulary, 314, 467, 473–474
Medici, Giuliano, 171
Medici, Lorenzo de', 170, 171
Mediterranean Sea, 332
meglio, 406
meno, 405–406, 413
Metaponto, 534
metric system, 436
mettere, 523
Michelangelo, 136, 170, 266
mi è successo, 315
migliore, 406, 414
Milan/Milano, 91, 102, 114
minimo, 415
minore, 406, 414
Molise, 2, 534–535
molto, 80, 322, 414
Montale, Eugenio, 364
Montefeltro, Federico da, 136
Monteverdi, 228
months of the year, 22–23
Mosca, August, 336
Moschino, 90
music, Italian, 228
Mussolini, 501

N ● ● ●

names, Italian, 20
Nannini, Gianna, 228
Napoli, 431
nascere, 523
nationality, adjectives of, 26–27
ne, 185, 386, 387, 441
neanche a me, 292
negative expressions, 250–251
negatives, 19, 193, 441, 446
nessuno, 250–251
never, 113
non... ancora, 191
non... mai, 191
nouns
    gender of, 45–46
    indicating possession, 142
    plural of, 51, 53, 439–440, 468
    singular of, 45–46
number of adjectives/nouns, 51, 80
numbers, 24, 186–187

O ● ● ●

object pronouns with infinitives, 274, 355, 387
ogni, 420
ognuno, 420
Orcagna, Andrea, 300
-ore, 353
organic food, Italian, 488
ottimo, 415
Ovidio, 494

P ● ● ●

Paganini, Niccolò, 364
Palermo, 462
Palladio, Andrea, 397
Papal States, 266

Parma, 73
partire, 424
partitive articles, 119, 283
Pasolini, Pier Paolo, 204
passato prossimo, *see* present perfect tense
passato remoto, *see* past tense
past infinitives, 355
past participles
    agreement of, 196, 212–213, 274, 276, 292, 310, 324, 387, 454–455
    irregular, 194–195, 212–213
    regular, 192–193, 212
past perfect tense/**trapassato prossimo**, 324
past subjunctive tense, 486
past tense/**passato remoto**, 424, 522–523
past tenses, differences between, 522
Pausini, Laura, 228
Pavarotti, Luciano, 228, 328
peggio, 406
peggiore, 406, 414
pensare, 338
perdere, 402
personal information, 26–27
Perugia, 300
Pesaro, 137
Pescara, 495
Pescasseroli, 494
pessimo, 415
Petrarca, Francesco, 3, 57, 170
phone numbers, Italian, 32
piacere, 92–93, 120, 291–292, 379, 411, 474, 480
Piano, Renzo, 364
piccolo, 406, 414, 415
Piedmont/Piemonte, 38–39
Pirandello, Luigi, 462
più, 250, 405–406, 413
plural
    of adjectives, 439–440
    of nouns, 51, 53, 439–440, 468
poco, 80
political vocabulary, 376, 499
Poliziano, Angelo, 170
Pompei, 430
Portofino, 365
Positano, 431
position of adjectives, 80
possession
    using adjectives, 29, 145–146
    using nouns, 142
    using pronouns, 147
post office vocabulary, 444
potere, 161–162, 249, 308–309, 341, 372, 379, 380, 387, 436, 480, 504
Prada, Miuccia, 90, 91
preferire, 504
prendere, 289, 402, 523
prepositions, 51, 179–180
present perfect tense/**passato prossimo**
    negative expressions, 250
    reflexive verbs, 212, 213

vs. imperfect, 308–309
with **avere,** 192–193
with **essere,** 212–213
present progressive tense, 348
present subjunctive tense, 476–478
prima, 355
probability, expressing, 343
Procida, 430
professions
    Italian, 375
    vocabulary, 142, 352–353,
      369–370
progressive construction, 348–349
pronouns
    demonstrative, 257–258
    direct-object, 155–156, 196,
      274, 275–277, 324, 348,
      386–387, 440–441, 447,
      454–455
    disjunctive, 219, 292
    double-object, 386–387, 447
    indefinite, 420
    indirect-object, 275–277, 291,
      348, 386–387, 440–441, 447
    possessive, 147
    reciprocal, 143
    reflexive, 310, 348, 387, 440,
      454–455
    relative, 317
    stressed, *see* disjunctive pronouns
    subject, 17–18
    with infinitives, 274, 355, 387
pronunciation, 3, 6
proprio, 80
Puccini, 228
Puglia, 2, 204, 205

Q ● ● ●

qualche, 283, 420
qualcosa, 420
qualcuno, 420
qualunque, 420
quando, 341
quanto, 405
Quanto, 80, 226
    Quanto costa?, 188
Quasimodo, Salvatore, 462
quello, 88, 257–258
questions, asking, 19, 226
questo, 257–258

R ● ● ●

Ravenna, 72
reciprocal actions, 310, 324
reciprocal pronouns/verbs, 143
Red Brigade, 102
reflexive pronouns, 310, 348, 387,
    440, 454–455

reflexive verbs, 107, 112, 212, 213,
    324, 454–455, 486
Reggio Calabria, 332
relationship vocabulary, 305
relative pronouns, 317
relative superlatives, 413–414
Renaissance, Italian, 136, 170, 171
Resistance, 102
restaurants
    Italian, 289
    vocabulary, 288
Ripabottoni, 535
Riviera ligure, 364
Riviera romagnola, 72, 73
Romance languages, 4
Roman Empire, 266
Rome/Roma, 7, 91, 266–267
Rossi, Aldo, 189
Rossi, Vasco, 228
Rossini, Gioacchino, 137, 228

S ● ● ●

San Gimignano, 170
San Marino, Republic of, 7
San Martino di Castrozza, 235
Sanzio, Raffaello, 136
sapere, 148, 309, 380, 447, 480,
    523
Sardinia/Sardegna, 2, 7, 10,
    332–333
Saturnia, 326
Scarlatti, Alessandro, 462
schools
    activities/courses, 58–59,
      246–247
    Italian, 248
    vocabulary, 43, 50, 246–247
Sciascia, Leonardo, 462
scrivere, 523
se, 341, 513
seasons of the year, 122, 242
sequence of tenses, 520–521
servire, 411
shopping
    in Italy, 438
    vocabulary, 435–436, 451–452
Sì, 19
Sicily/Sicilia, 2, 7, 10, 462–463
Siena, 171, 272
Signorelli, Luca, 300
si, impersonal, 218
simpatico, 322
singular
    of adjectives, 51
    of nouns, 45–46
sizes of clothing/shoes, Italian,
    453
Smeralda, Costa, 333

social exchanges, 14, 15
social issues vocabulary, 376, 509
sopra, 51
sotto, 51
spelling, 5
sperare, 338
sports
    Italian, 222, 320
    vocabulary, 123, 209–210, 216
squares, Italian town, 450
-ssimo, 322, 414
stare, 18–19, 285, 341, 348, 380,
    441, 447, 452, 480, 506
Stilo, 332
stress, tonic, 6
stressed pronouns, *see* disjunctive
    pronouns
Stromboli, 463
students, Italian university, 320
su, 179
subject pronouns, 17–18
subjunctive mood
    imperfect, 505–506, 512, 513
    past, 486
    present, 476–478
    sequence of tenses, 520–521
    vs. indicative, 503
    vs. infinitive, 478, 504
suffixes, 256
Sulmona, 494
superlatives
    absolute, 322, 414–415
    relative, 413–414
Svevo, Italo, 204

T ● ● ●

table setting vocabulary, 280
tanto, 405
Taormina, 462
Tasso, Torquato, 57
technology vocabulary, 483–484
telephones
    Italian, 350
    vocabulary, 345
temperature, 128
Tiberio, 430
time expressions, 59, 93, 108, 159,
    190–191, 242, 338
time, telling, 108
titles with names, 21, 55
Toscanini, Arturo, 73
tourism industry, Italian, 325
town squares, Italian, 450
trains, Italian, 403
transitive verbs, 193, 324, 486
transportation
    means of, 401–402, 403
    vocabulary, 254, 255

trapassato prossimo, *see* past per-
    fect tense
travel vocabulary, 321, 410, 417
Trentino-Alto Adige, 234, 235
Trieste, 204
Tuscany/Toscana, 4, 170–171
tutto/tutta/tutti/tutte, 384, 420
Tyrrhenian Sea, 332

U ● ● ●

Uccello, Paolo, 136
Udine, 204
Umbria, 300–301
universities
    Italian, 52, 57
    vocabulary, 50
un po' di, 283
Urbino, 136
uscire, 125–126, 447, 480

V ● ● ●

vacations
    Italian, 419
    vocabulary, 321, 410, 417
Valentino, 90
Valle d'Aosta, 10, 234
Valmontey, Valle di, 234
Vatican City/Città del Vaticano, 7,
    266
Vecellio, Tiziano, 396
vedere, 341, 380, 523
Veneto, 396–397
Venice/Venezia, 2, 204, 396
venire, 125–126, 341, 380, 447,
    480, 523
Verdi, Giuseppe, 73, 228, 397
Verga, Giovanni, 462
Verona, 114, 397
Veroni, Adua, 328
Versace, Donatella, 90, 91
Vesuvio, 430
Victor Emmanuel II, King, 10
Vieste, 204
vivere, 341, 380
volere, 161–162, 249, 308–309,
    341, 372, 379, 380, 387, 480,
    504, 523
vowels, 4

W ● ● ●

weather expressions, 122–123,
    128, 242
work-related vocabulary, 352–353,
    369–370

Y ● ● ●

year, indicating the, 215
you, 17